必携 発達障害支援ハンドブック

下山晴彦・
村瀬嘉代子・
森岡正芳———編著

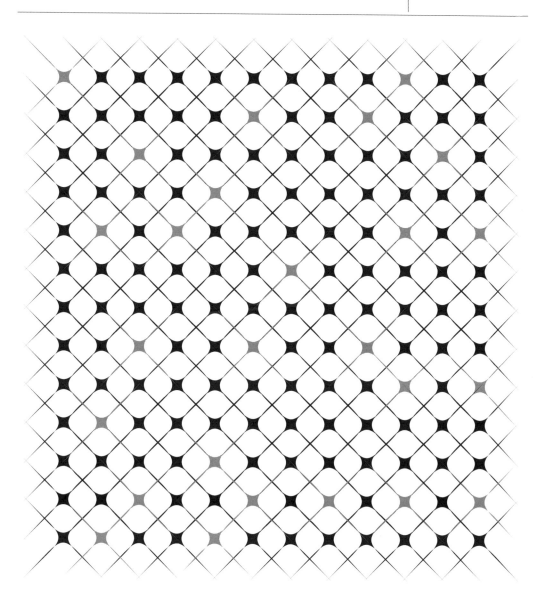

金剛出版

はじめに

2015年に公認心理師法が国会で成立し，心理職の国家資格化が実現した。それによって，これまで民間団体の認定制度によってしか規定されていなかった心理職が国公認の専門職として社会制度の中に正式に位置づけられることになった。それは，同時に心理職にとって国民のニーズに応えることが重要な社会的責任となったことを意味する。また，心理職の活動が社会施策に沿って規定されるものになるということでもある。

このことと最も密接に関わってくるのが発達障害の理解と支援である。発達障害に関連する社会的環境とその支援の制度は刻々と変化発展している。発達障害者支援法が2005年に施行された後に，2006年に改正障害者雇用促進法が施行され，2007年には特別支援教育に関わる学校教育法の改正があった。2007年には障害者権利条約が署名されている。また，発達障害者支援と密接に関わる障害者虐待防止法が2011年に，障害者総合支援法が2013年に施行となった。さらに，2013年に障害者差別解消法が成立し，2016年には新たな改正障害者雇用促進法とともに施行された。法律によって，発達障害を含む障害者の差別禁止と合理的配慮が義務として求められることになった。合理的配慮とは，障害者が社会的活動にアクセスし，参加する際に不利にならないように，つまりイコールアクセスを可能にするための適切な配慮をすることである。

このような発達障害者の支援施策においては，国家資格化された心理職が心理的支援という重要な役割を担うことになる。本書は，発達障害者の支援の現状と課題を確認し，さらに問題の改善や解決に向けて心理職が知っておくべき最新の知識と，習得しておくべき支援方法を包括的に整理したハンドブックである。単に心理職の専門的技法をまとめたものではない。発達障害の当事者や保護者の視点，行政職からの意見，学校やコミュニティとの連携，さらには最新の研究成果等を含めて心理職が知っておくべき知識と方法をまとめた，真に包括的なハンドブックになっている。

多くの心理職が本書を活用して発達障害者の幅広い支援に向けて貢献できることを祈っている。

編者を代表して
下山 晴彦

目次

はじめに 下山晴彦 …… 3

第Ⅰ部
理解と支援の基本

第1章　発達障害の理解と支援

⦿発達障害の理解と支援に向けて
　発達障害の理解と支援に向けて❶｜本田秀夫 ── 15
　発達障害の理解と支援に向けて❷｜本田秀夫 ── 25

⦿発達障害の概念
　DSM-5における生涯発達の視点｜黒木俊秀 ── 35
　DSM-5と成人期の病態像｜髙貝就 ── 42
　発達障害概念の社会性｜人は障害をどう生きるか｜森岡正芳＋山本智子 ── 48

⦿二次障害の問題
　不登校・学校での不適応の背景として｜髙柳伸哉 ── 54
　子ども虐待の背景として｜永田雅子 ── 59
　神経発達障害を考える｜触法行為の背景として｜門本泉 ── 64
　罪を背負って広汎性発達障害を生きる｜青島多津子 ── 69
　発達障害を背景とするひきこもりケースについて｜近藤直司 ── 73

第2章　発達障害の支援の基本

⦿適応と自己理解の支援
　早期発達支援プログラム｜山本淳一＋松﨑敦子 ── 81
　問題行動を適応行動に変える応用行動分析｜井上雅彦 ── 88
　感情調整を支援する認知行動療法プログラム｜明翫光宜 ── 93
　自己理解を支援する｜吉田友子 ── 98
　自分の障害の理解を支援する｜木谷秀勝 ── 105

◉生活の支援
　発達障害と生活臨床｜村瀬嘉代子 ── 110
　当事者の生活と生活障害臨床｜田中康雄 ── 117
　生活のなかで発達障害者を「支援」する｜浮貝明典 ── 123

◉社会参加の支援
　就労自立と社会参加における現状と課題｜山岡 修 ── 129
　就労につなげる児童・思春期の支援｜氏家 武 ── 133
　社会参加に向けての大学生から社会人への移行支援｜高橋亜希子 ── 138
　知的に遅れのない発達障害者と就労支援｜米田衆介 ── 145
　社会参加促進を目指すコミュニティづくり支援｜本田秀夫＋鮫島奈緒美 ── 150

第3章 支援の基盤を提供する発達障害研究

◉発達障害研究の目的と方法
　生活することを支える研究と支援｜辻井正次 ── 157
　臨床から研究の発展に期待する｜杉山登志郎 ── 162
　発達障害研究の意義と役割｜下山晴彦 ── 165

◉発達障害研究の最新動向
　発達障害研究の展望と意義❶｜生物的側面を中心に｜米田英嗣＋野村理朗 ── 169
　発達障害研究の展望と意義❷｜心理的側面を中心に｜別府 哲 ── 173
　発達障害研究の展望と意義❸｜社会的側面を中心に｜辻井正次 ── 178

◉研究の実際
　自閉症スペクトラム障害の脳画像研究｜山末英典 ── 184
　社会脳研究からみた自閉症スペクトラム障害｜千住 淳 ── 188
　共同注意の発達と障害｜実藤和佳子 ── 194
　自閉症スペクトラム児の自己像認知｜菊池哲平 ── 199
　自閉症スペクトラムの縦断的発達研究｜神尾陽子 ── 205
　チック・衝動性と発達障害研究｜トゥレット症候群を中心に｜金生由紀子 ── 209

第4章 生涯発達の観点から支援する

◉生涯発達に基づく支援
　発達障害のある人の人生に寄り添うこと｜村瀬嘉代子 ── 215
　発達障害児を支える生涯発達支援システム｜辻井正次 ── 220
　それぞれの生を全うするということ｜こころみ学園を訪れて｜村瀬嘉代子 ── 225

- ◉成人期以前の発達段階における"つなぐ"支援
  - 乳幼児健診において発達相談から療育につなげる｜中島俊思 —— 232
  - 支援をつなぐ発達相談｜家族支援の広がりのために｜中田洋二郎 —— 238
  - 療育での成長を小学校につなげる｜小笠原恵 —— 243
  - 中学生の困難事例を医療・福祉・教育につなげる｜
    井上雅彦＋松尾理沙＋原口英之 —— 247
  - 高校教育から就労支援につなげる｜木谷秀勝 —— 252

- ◉成人期以後の発達段階における支援
  - 成人になった人たちが抱える課題と可能な支援｜辻井正次 —— 256
  - 地域で孤立する成人を支援の場にどうつなげていくのか｜萩原拓 —— 261
  - 地域でつながりながら生きるための支援｜鈴木康之 —— 266
  - 成人期の豊かな生活のための支援を構築する｜
    福祉的支援への橋渡し｜肥後祥治＋松田裕次郎 —— 271

第Ⅱ部
生活の場における支援

第5章 家族を支援する

- ◉家族への支援
  - 養育者は子どもの障害をどう受け止めていくか｜
    障害の認識と意味づけ｜山根隆宏 —— 281
  - 子どもの育ちを支える家族への支援｜
    保護者ときょうだいへの支援のあり方｜中田洋二郎 —— 285
  - 発達障害特性をもつ親への支援｜野村和代 —— 290
  - 発達障害を抱える夫婦の支援｜加藤潔 —— 295

- ◉ペアレント・プログラム｜発達障害や子育てが難しい時の最初のステップ
  - ペアレント・プログラムを始める｜辻井正次 —— 300
  - 第1回セッション｜辻井正次 —— 303
  - 第2回セッション・第3回セッション｜辻井正次 —— 307
  - 第4回セッション｜辻井正次 —— 311
  - 第5回セッション｜辻井正次 —— 314
  - 第6回セッション｜辻井正次 —— 317

第6章 学校における支援

⦿ 学校における支援の課題

教育における特別支援教育の現状と課題｜増田健太郎 ─── 323

専門機関の連携と今後の課題｜辻井正次 ─── 329

臨床心理学的知見を学校支援に活かす｜木谷秀勝 ─── 334

スクールカウンセリングでの支援｜学校現場の支援における現実｜伊藤亜矢子 ─── 338

大学における学生の支援と課題｜西村優紀美 ─── 343

⦿ 学校における問題のアセスメントと方向付け

対人トラブルのためのアセスメントと方向付け｜稲田尚子 ─── 349

過敏反応への対応のためのアセスメントと方向付け｜梅田亜沙子＋岩永竜一郎 ─── 355

こだわり行動のアセスメントとつまずきに対する方向付け｜白石雅一 ─── 360

コミュニケーションの難しさへのアセスメントと方向付け｜水間宗幸 ─── 367

不注意や落ち着きの問題のためのアセスメントと方向付け｜村山恭朗 ─── 371

学業不振や理解のためのアセスメントと方向付け｜片桐正敏 ─── 376

⦿ 教室における支援

通常の学級における指導と課題｜井澤信三 ─── 385

通級指導教室における指導と臨床心理的課題｜城 和正 ─── 390

特別支援学校における関わり｜森 孝一 ─── 396

特別支援学級における指導と臨床心理学的ニーズ｜青山新吾 ─── 401

第7章 社会的支援の発展に向けて

⦿ 発達障害の社会的支援

社会的支援と発達障害❶｜
尾辻秀久＋村木厚子｜下山晴彦＋辻井正次＋村瀬嘉代子＋森岡正芳 ─── 409

社会的支援と発達障害❷｜
尾辻秀久＋村木厚子｜下山晴彦＋辻井正次＋村瀬嘉代子＋森岡正芳 ─── 419

社会的支援と発達障害❸｜
尾辻秀久＋村木厚子｜下山晴彦＋辻井正次＋村瀬嘉代子＋森岡正芳 ─── 427

⦿ 社会的支援の現状と課題

社会的支援と発達障害｜辻井正次 ─── 433

発達障害の生活支援等の施策について｜日詰正文 ─── 438

⦿ 施設・地域における支援

児童養護施設の発達障害の子どもたち｜宮地菜穂子 ─── 442

児童自立支援施設の発達障害の子どもたち｜望月直人 ─── 447

触法障害者が地域で生活できるための取り組み｜岡本英生 ─── 453

第III部
当事者・家族の視点

⦿ 人として生きる道を求めて
これまでの道・これからの道｜浅利俊輔＋浅利吉子＋村瀬嘉代子 ─── 459

⦿ 当事者の視点
発達障害当事者と日々の生活｜上嶋一華 ─── 464

発達障害と交友・恋愛・結婚｜高橋今日子 ─── 472

成人発達障害当事者による居場所づくり｜金子磨矢子 ─── 477

⦿ 当事者研究
発達障害当事者研究｜目的と現実をつなぐ知識を求めて｜綾屋紗月 ─── 483

発達障害当事者研究｜当事者サポーターの視点から｜熊谷晋一郎 ─── 488

⦿ 当事者家族の視点
当事者家族として心理職にわかっていてほしいこと❶｜河島淳子 ─── 495

当事者家族として心理職にわかっていてほしいこと❷｜
私の受けたカウンセリングで思うこと｜森口奈緒美 ─── 498

当事者家族として心理職にわかっていてほしいこと❸｜明石洋子 ─── 501

当事者家族として心理職にわかっていてほしいこと❹｜高森 明 ─── 504

当事者家族として心理職にわかっていてほしいこと❺｜岩本導子 ─── 507

当事者家族として心理職にわかっていてほしいこと❻｜堀田あけみ ─── 510

当事者家族として心理職にわかっていてほしいこと❼｜鈴木慶太 ─── 513

当事者家族として心理職にわかっていてほしいこと❽｜星先 薫 ─── 516

当事者家族として心理職にわかっていてほしいこと❾｜大屋 滋 ─── 519

当事者家族として心理職にわかっていてほしいこと❿｜村上由美 ─── 522

当事者家族として心理職にわかっていてほしいこと⓫｜
安定した環境で広がる子どもの可能性と二次障害予防について｜氏田照子 ─── 525

当事者家族として心理職にわかっていてほしいこと⓬｜佐伯比呂美 ─── 528

執筆者一覧 ⋯⋯ 532

編著者略歴 ⋯⋯ 534

第I部
理解と支援の基本

第1章
発達障害の理解と支援

⦿発達障害の理解と支援に向けて

発達障害の理解と支援に向けて❶ [*]

本田秀夫

I　発達障害臨床

　おはようございます。先ほどご紹介いただきました本田秀夫と申します。本日はこのような場にお招きいただきまして大変光栄です。今日はまずはじめに私の経歴をご紹介しながら，同時に今日に至るまでの発達障害臨床の変遷を私の視点から簡単に振り返ってみたいと思います。

　私は横浜で20年くらい臨床に従事してまいりましたが，当時の横浜では発達障害児の早期発見が積極的に取り組まれていました。特に，1歳半健診で自閉症の早期発見に率先して熱心に取り組んでいたのが，横浜の保健師さんたちでした。そして実際，知的な遅れのない自閉症やADHDと思われる子どもたちが，1歳半健診で次々に私のところにも紹介されてきました。ただ，当時は保健師以外の職種の人たちがまだ十分なレベルに追いついていなくて，たとえば紹介されてきたものの，知能検査や新版K式発達検査などを施行してみるとIQが80あるから大丈夫だといって，そのまま支援につながらないことも多かった。もちろんさまざまな要因はありますが，当時はそういう時代でした。そこで私は当時一緒に仕事をしていた清水康夫先生とともに，知的障害のない高機能自閉症という概念があるという話をして，援助者たちの理解を広げる草の根の活動を続けていました。

　私が横浜市総合リハビリテーションセンター発達精神科に移ったのは1991年のことですが，この年から4，5歳のアスペルガー症候群とADHDの幼児のためのグループを始めていました。25年前のことですから，当時の子どもたちが今はもう20代後半になりますね。横浜市総合リハビリテーションセンター発達精神科では当時は早期発見・早期教育のみを謳っていて，学校に入学したら支援は終了という方針だったのですが，いざ始めてみると，就学したからといって支援は終わらないということがよくわかってきました。だからといって放置するわけにもいきませんので，私は当時から診ていた子どもたちをこっそり外来で診ていました。こうして就学が支援の終了ではないと方針を転じると，今度はどちらかと言うと年齢の高い患者が徐々に多くなってきて，1991年からおよそ20年が経って私が山梨県立こころの発達総合支援センターに移る段階では，私が診ていた何百人もの患者たちの過半数は中学生以上になっていました。幸い長く同じ機関に勤めていたおかげで，幼児から大人になるまで発達障害の人たちと長くかかわる経験ができたことは，私の臨床家としての一番の財産になっています。山梨県立こころの発達総合支援センターに移ったあと，今度は信州大学医学部附属病院子どものこころ診療部に移って現在に至るのですが，今でも横浜で外来の診察は続けています。そこで当時子どもだった青年に定期的に会っていたりするのです

[*] 本稿は，2014年5月3日，金剛出版主催により開催された「発達障害の理解と支援のためのシンポジウム＋ワークショップ」のプログラムの一環としての教育講演の内容をもとに，加筆修正を加えて掲載している。

が，そこから学ぶことは非常に多い。正直なところ，文献から学ぶよりはるかに得るところが多いと感じています。今日はそういった私の経験を中心にお話しして，皆さんに役立てていただけるよう努めたいと思います。

ですから最前線の文献を読んで最新の研究を紹介するということはほとんどありません。ご紹介するのはあくまで私自身の臨床経験やそこから学んだことになりますので，その点はどうかご承知おきください。

II 自閉症臨床の光景
——臨床と研究の循環構造

現在の発達障害研究は基礎研究から臨床研究まで幅広く取り組まれていますが，私が考えている臨床研究のあるべき姿について話しておきたいと思います。現在まで続く発達障害研究の大きな転換点を知るためには，まずレオ・カナー[1]の仕事を振り返っておく必要があります。1943年，レオ・カナーは11例の症例報告をしたうえで，それらに共通する特徴を指して「早期乳幼児自閉症（early infantile autism）」という概念を提出しました。カナーが他者との感情的コミュニケーションや言語機能に障害が見られる一群を指して「自閉」と呼んだのが，いわば自閉症臨床史の始まりと言われています。このときカナーが「早期乳幼児自閉症」という概念に適合する特徴をもつ子どもたちを一群として指摘した功績は大きいわけですが，一方で，誤解に基づくある種の「神話」のようなものが形成されてしまったことも事実です。たとえば，この子どもたちの問題は親の養育態度に原因があるという仮説，この子どもたちには知的障害がないという仮説，親の社会階層が高いという仮説などです。これらの仮説は現在ではすべて否定されていて，その実効力もほぼ崩れてきているのですが，この神話がかなり長い間臨床の世界を席巻してきました。発達障害研究にはこうした負の歴史があったことをしっかり認識しておいていただきたいと思います。

こういった誤解や神話が形成されるという問題は臨床医学領域ではよく起こることですが，私はそのメカニズムが「研究者は研究をして臨床家は臨床をする」というセグメント化された構造にあると考えています。臨床家は研究に対して，良く言えば謙虚，悪く言えば自信がないところがあるものですから，高名な研究者による文献を読むとそこに書かれたことが真実だろうとナイーブに信じてしまう。臨床現場で目の前にいる子どもたちを見ても，その行動や症状を文献に書いてある通りに理解しようとしてしまうことがあります。そして逆に文献に書かれていないことが臨床現場で起こると，文献に書かれていないから自分の理解が誤っているのではないかと考えてしまう。これはある意味で臨床家の性，さらに言うなら「悪しき性」かもしれません。

一方で，このようなことが起こる原因は研究者の側にもあります。たとえ研究者でも実際の臨床場面を見ていないと研究はできませんから，ある程度は臨床現場に関わるのですが，それはどうしても部分的な関与にとどまります。その部分的で一面的な臨床データを頼りにして，自分なりの仮説を立て，研究デザインを組み立て，研究を進めて，そして研究論文として発表します。ただ，研究者が自分の目で見たものが臨床現場や患者のすべてだという保証はありませんから，そもそも研究の出発点が不安定なものになる可能性もあります。実は先ほどのカナーによる報告がまさにその実例でして，たとえば「親の社会階層が高い」という仮説にしても，カナーが症例報告をした11例ではそうでした。4例が

---

[1] レオ・カナー（Leo Kanner）。アメリカのジョンズ・ホプキンス大学の児童精神科医。「早期乳幼児自閉症」の概念は次の論文のなかで発表された。Kanner L (1943) Autistic disturbances on affective contact. Nerv. Child 2 ; 217-250.

精神科医の親をもつ子どもで，一般人口における精神科医の割合に比べるとあまりに高い割合ですし，そのほかの患者も比較的社会階層の高い人たちが多かったようです。これは当時カナーが勤めていた病院の特徴によるところが大きいと考えられています。カナーはアメリカのジョンズ・ホプキンス大学附属病院に勤めていましたが，ここは世界で初めて児童精神科を設置した大学病院でした。こういった特殊な大学病院に来る人たちですから，生活にもゆとりのある層，つまり社会階層が高い親が子どもを連れてきていました。いわゆる一般市民が自分の子どもを連れてくるタイプの病院ではなかったわけですから，このような特殊な環境下にあったカナーの臨床経験から導かれた仮説には，データサンプルに大きな偏りがあった可能性が残されます。

　このようにカナーの仮説にはいくつかの問題も散見されますが，自閉症研究の礎を築いた彼の研究以後，自閉症研究は急速に深化していくことになります。その中心にいたのがマイケル・ラター[2]やローナ・ウィング[3]といった臨床家で，彼らは旧来の自閉症概念を意欲的に変革していきました。代表的な観点として，カナーが自閉症は情緒障害だという仮説を提出したのに対して，ラターは自閉症が情緒障害ではなく認知と言語の障害だという仮説を提示しました。そして続くウィングは，ラターによる自閉症の概念をさらにラディカルに変革したことで有名

です。ラターがカナーの仮説を再定義したところにとどまったのに対して，ウィングは，自閉症はカナーの定義やラターの再定義より広い概念だと考え，対人関係（社会性相互交渉）の障害，コミュニケーションの障害，イマジネーションの障害からなる「自閉症の三つ組」の概念を提出して，それまでの自閉症臨床の光景を一変させました。

　個人的なことを申しますと，私はローナ・ウィングの臨床研究スタイルに強く影響を受けています。先人が何と言おうと，ウィングは自分が臨床で見て体験したもののなかにこそ真実があると信じ，それを徹底して考え抜いた人だと私は考えています。自分で臨床実践をしながら仮説を創案した彼女の姿勢には，今でも臨床家が学ぶべきところが多くあります。私はこのように臨床仮説を提示するところまでは臨床家の役割だと考えていますが，その仮説をもとに研究デザインを組み立てて研究を進めていくことにかけては，研究者のほうが優れていると考えています。ただし，研究者が仮説をもとに文献を調べながら研究を進めて発表した研究結果が実際の臨床現場で有効かどうかということは，あらためて臨床家自身が臨床実践のなかで検証していかなければなりません。このような臨床家と研究者による終わりのない循環関係こそが，臨床研究のあるべき姿だろうと思います。ウィングの一貫した現場主義の姿勢はそのことを教えてくれています。そしてそれは臨床家がつねに参照すべき模範でもあるように思います。この作業を省いて，高名な研究者が言っているから正しいだろうと安易に考えていると，かえって臨床において道に迷うことになるのではないでしょうか。その危険はつねに臨床家自身の姿勢のなかに潜んでいます。日常的な臨床現場にいる臨床家のほうが圧倒的に数も多いわけですから，臨床家が自分自身で「本に書いてあることは本当に正しいのか？」という批評的な目をつねに携えていること，そしてもしかしたら自分

---

[2] マイケル・ラター（Michael Rutter）。イギリスのモーズレー病院の精神科医。1960年代後半，自閉症は先天性の脳障害だという説を発表する。主著──Rutter M & Schopler E (Eds.) (1978) Autism : A Reappraisal of Concepts and Teatment. New York : Plenum Press.（丸井文男 監訳（1982）自閉症──その概念と治療に関する再検討．黎明書房）．

[3] ローナ・ウィング（Lorna Wing）。英国王立精神医学会（Royal College of Psychiatrists）フェロー。対人関係（社会性相互交渉）の障害，コミュニケーションの障害，イマジネーションの障害からなる「自閉症の三つ組」の仮説を発表する。

が体験して見つけたことのなかに誰も見つけていない真実があるかもしれないということも，ぜひ注意深く考えておく必要があると考えています。臨床家だからといって研究と無関係ではありません。臨床家もまた独自の仕方で研究に参加しているという矜持が求められているのです。

III 自閉症スペクトラム──多様性の集合

最近，自閉症スペクトラムという言葉が臨床現場でも非常によく使われるようになりました。この言葉の起源をたどると，これも先ほどお話ししたローナ・ウィングによって提唱された仮説であることがわかります[4]。しかし，この「スペクトラム」という概念は一体どのような概念なのでしょうか。ここからは，少しこの概念について説明してみたいと思います。

自閉症だけでなく，おそらくADHDも学習障害もそうですが，発達障害の臨床と研究においては基本的にこのスペクトラムという考え方を身に付けておくことが非常に重要です。ここでひとつ自閉症スペクトラムを理解するための参考になる尺度をご紹介しておきましょう。対人応答性尺度（Social Responsiveness Scale：SRS）という，アメリカのコンスタンティーノたちが開発した尺度です[5]。これは自閉症的な社会関係やコミュニケーション行動が多く見られる人ほど高得点になるように設計された評価尺度で，日本では神尾陽子先生が翻訳されています[6]。

コンスタンティーノと共同研究者はこのSRSを一般の人たちに受検してもらった結果を報告しています[7]。その研究報告によると，受検結果は図に示すような分布になりました（図1）。この図を見ると，高得点になればなるほど人数が少なくなっていることがよくわかります。これはいわゆる正規分布とはやや異なるのですが，図のなかで25点から35点の範囲に一番のピークがある山型の分布を示していることがわかるでしょうか。ちょっと形は違いますけれど，たとえば身長の分布やIQの分布なども同じような山型の分布を示します。さて，ここで重要なことは，自閉症の人たちは当然この尺度で高得点を示すわけですが，自閉症ではないと思われている人のなかにも一部高得点になってしまう人がいるということです。自閉症の人と自閉症ではない人が2つの山にくっきり分かれるわけではなくて，高得点の人と高得点でない人の境界が曖昧だということです。

このことを先ほどの身長の分布と比較しながら考えてみましょう。たとえば背が高い人というのは世の中に確実に存在するわけで，男性でいうと一般的に190cmあれば背が高い人とみなされます。男性の平均身長は約170cmですから，感覚的にも170cmだと背が高い人とは言えませんが，190cmだと背が高い人と言えます。しかし，背が高い人と背が高くない人の境界線はどこかと考えると，どうにもはっきりとしたことが言えなくなる。180cmならば背が高い人かもしれませんが，179cmや178cmだとどうでしょう。こうして180cmから1cm刻みで見ていくと，背が高い人と定義できるかどうか曖昧なままに，気がつくと170cmになってしまうわけ

---

[4] Wing L (1996) The Autistic Spectrum : A Guide for Parents and Professionals. New York : Constable. （久保紘章，佐々木正美，清水康夫 監訳（1998）自閉症スペクトル──親と専門家のためのガイドブック．東京書籍）

[5] Constantino JN & Gruber CP (2005) Social Responsiveness Scale™ (SRS™). Los Angeles : Western Psychological Services.

[6] 神尾陽子ほか（2009）対人応答性尺度（Social Responsiveness Scale : SRS）日本語版の妥当性検証──広汎性発達障害日本自閉症協会評定尺度（PDD-Autism Society Japan Rating Scales : PARS）との比較．精神医学 51-11 ; 1101-1109.

[7] Constantino JN, Davis S, Todd R, Schindler M, Gross M, Brophy S et al. (2003) Validation of a brief quantitative measure of autistic traits : Comparison of the Social Responsiveness Scale with the Autism Diagnostic Interview-Revised. Journal of Autism and Developmental Disorders 33 ; 427-433. ［doi : 10.1023/A:10250149292 12］

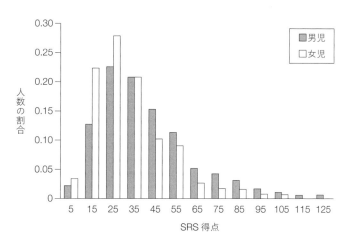

図1 対人応答性尺度（SRS）の分布（Constantino et al., 2003）

です。仮に175cmを境界線にしようと決めたとしても，では174.9cmの人はどうなるのかという疑問が残るわけで，どこまで行っても完全な境界線を示すことができません。

　これと同じようなことが発達障害の診断を巡る議論のなかではつねにあります。そして，こうした決着のつかない議論をするときによく持ち出されるのがスペクトラム概念です。スペクトラムは連続体という意味だからどこにも境界線がないまま続いていると考えるわけですね。しかし，実はスペクトラムという言葉は，正確には「連続体」という意味ではありません。自閉症スペクトラムという言葉を最初に提案したローナ・ウィングは，当初，"autism continuum"という言葉を使用していました。"continuum"という言葉は日本語に訳すとまさに「連続体」です。ところが少し経ってからウィングは用語を改めて，"autistic spectrum"という言葉を使うようになりました。これは今に至るまで使用されている用語です。ウィング本人も"continuum"という言葉より"spectrum"のほうが事実に即しているると語っている通り，「連続体」と「スペクトラム」は異なるのです。

　日本語ではスペクトラムという言葉ではなく，もともとスペクトルという言葉がよく使われていました。物体を燃やして生じた光をプリズムに当てると分光するのですが，科学の分野では，この分光した状態のことをスペクトルと呼びます。たとえば，鉄を燃やして生じる光を分光すると，この光は紫から赤までの範囲に分布するのですが，鉄を燃やして生じた光のスペクトルは連続ではないのです。スペクトルは，多様なものがひとまとまりになっている状態を指す概念です。そして物理学の領域では，連続スペクトル，離散スペクトル（非連続スペクトル）という言葉があるくらいで，スペクトルだからといって連続とは限らないことがおわかりいただけると思います。これが本来のスペクトルという概念の意味です。

　一方，精神科領域では，スペクトルと訳さずスペクトラムと訳すことが多いのですが，どちらも同じ言葉の言い換えですから，基本的には連続体ではなく多様性ということを意味します。ただし，多様でありながらひとつのまとまりでもある，多様でありつつゆるやかに同属を成す，というのがスペクトラムの本来の意味です。

　発達障害に話を戻しましょう。発達障害の臨床像はまさにこのスペクトラムの本来の意味に

通じるところがあります。臨床的にも，発達障害の特性が弱くなればなるほど，発達障害以外の特徴も加味されて前景化してきますから，患者によって状態像は多様性を帯びてきます。また，同じ患者を何年も縦断的に診ていますと，時間の経過とともに一人の患者にさまざまな状態変化が起こります。その状態変化が必ずしもワンパターンではないというところも発達障害の特徴ですから，まさに発達障害をスペクトラムの本来の意味で考えていくと，一層理解が進んでくると思います。

IV　DSM-5と上手につきあう
――ためらいのない支援のために

　精神医学の国際診断基準には，WHOが発表しているICDとアメリカ精神医学会が発表しているDSMの2つがあります。DSMは2013年に改訂されましたが，一方のICDはICD-10が現行版で，1992年にガイドライン，1993年に研究診断基準が発表されています。DSM-IVは1994年に発表されましたから，前回の改訂がDSMよりICDのほうが早かったのに対し，今回の改訂はICDよりDSMのほうが早かったという経過があります。

　これらの診断基準については，医師以外の専門職も医師自身もかなりの割合でその使用法を誤解をしているようです。さまざまな患者を診るときに，金科玉条のようにDSMの本を取り出して，ぱらぱらっとめくって，この項目が当てはまる／当てはまらないと診断をする――どうもこういった使用法がまかり通っているのですが，DSM自体にもそれは誤った使用法であるとはっきり明記されています。DSM-IVでは，「診断基準はあくまで臨床的判断に対して補助的に用いられるものであり，DSMはレシピ本のように用いるものではない」とはっきり断っています。つまり，ある程度の臨床経験を積んで，ある水準の臨床の技術を身に付けた人が，支援者同士が用いる共通言語としてDSMを参照するのが本来の使い方だということです。ですから，最初からまるで教科書のようにDSMを学んで，そこから臨床経験を積んでいき，この症状に当てはまる／当てはまらないといったことをしていても無意味ですし，まったくの本末転倒だということです。DSM-IVからDSM-5への改訂によって用語も診断基準も変更されましたが，だからといって全員で一斉に教科書の書き換えをするように頭のなかをまっさらに整理し直しても，いつまで経っても振り回されるだけです。いや，むしろ今回の改訂の意図もそこにはありません。今回の診断基準の狙いは，もともとあった概念を現在の最新の知識と技術からみて，最も適した共通言語としてまとめるということです。ですから，いずれDSM-5も改訂されることになるでしょうけれど，改訂されるたびに概念の変更に振り回されないためにも，自分自身の経験にもとづく臨床概念の感覚をもっていることが大切です。それが本来臨床家のなすべきことだと私は考えています。

　しかし，もうひとつ難しいことがあります。実際に臨床現場にいると，DSMの診断基準がすべて当てはまるような典型例にほとんど出遭わないということです。むしろ，一部当てはまる人や一部当てはまらない人たちのほうが圧倒的多数と見ていいでしょう。たとえば，診断基準のリストの6項目を満たすとある障害に該当すると書いてあったとして，あるクライエントは5項目しか満たさないからその障害ではない，だから支援の対象ではないと考えていいのかというと，それもまた本末転倒です。6項目を満たしていても5項目しか満たしていなくても，支援を必要としている人にはためらいなく支援をすべきなのです。たしかに，診断基準に当てはまらなかった場合に，ある特定の支援を進めてもいいのか迷うこともあるでしょう。その場合，支援が必要かどうかという臨床的判断は，診断基準のリストに何項目当てはまるかという機械

的な処理ではなくて，目の前のクライエントが支援を必要とする「類型分類」に当てはまるかということで考えます。

今申し上げた「類型分類」という考え方をご存知でしょうか。ICDには2種類の診断基準が記載されています。ひとつは文章で叙述的に書かれた「臨床用ガイドライン」です。これは「以下の項目に6項目以上当てはまると○○障害である」という書き方ではなくて，ある症状を顕著に示す人たちのことをある特定の概念でとらえるということが書かれています。それに対してもうひとつ「研究用診断基準」というものがあって，こちらには「以下の項目に6項目以上当てはまると○○障害である」ということが書かれています。

なぜICDには2種類の基準があるのでしょうか。まず「臨床用ガイドライン」がある理由は非常にシンプルで，臨床家が使うのに便利だからです。つまり，ある症状を顕著に示す人たちのことを特定の概念でとらえるとして，やや広くゆるく考えていいとしているのが臨床用ガイドラインの特徴です。そのほうが臨床現場で臨機応変に対応ができるということですね。それに対して研究をするときには，あまりに多様な人たちをまとめてしまうと，せっかく研究論文を書いても再現性の高い結果が得られるか保証はできなくなってしまう。ですから，厳密に条件は設定しておいて，その条件を満たす人たちを研究対象とするための基準が「研究用診断基準」です。研究のための統計データのサンプリングでも同じことで，「ある基準を満たす人たちが統計上どのくらい存在するのか」といったことを調べるときに使うのも「研究用診断基準」です。

ではもう一方のDSMにも2種類の基準があるのでしょうか。DSMは，ICDの臨床用ガイドラインに書かれているような類型分類的記述と，研究用診断基準に書かれているような規格分類的基準，その両方をあわせたような形で編纂さ

れています。ですからちょっと誤解しやすいところもあって，本来は研究や統計に使うべき基準を臨床的基準として使用してしまう可能性もあります。「5項目しか満たさないから○○障害ではない。だからもう病院には来ないでください」といった粗雑な使用法が今でも一部の臨床現場で行なわれているのには，このような事情が関係しているのです。

診断分類を，私たち支援者はもうちょっときちんと理解しておく必要があると思います。生物学的分類学者の中尾佐助の言葉に「類型分類を厳密に突き詰めていくと明確な境界を引くことはできない」というものがあります[8]。先ほどの身長の例でもそうでしたが，何かを分類するための境界線を引くという操作はきわめて難しいものです。それは生物学でも精神医学でも同じことが言えます。

分類体系に一番求められる条件を考えてみると，その分類を私たちが理解しやすいということです。ですから，ある分類を正しいとか間違っているというレベルで論じることはできません[9]。背が高い人の例で言うと，「背が高い」と言えばすぐにそれが何を指しているかわかることが重要な条件です。しかし「背が高い人は何cm以上なのか」と問いはじめた途端にわからなくなる。では何cm以上が「背が高い」と完全に定義することはできないから「背が高い」という概念は不要かというと，そうではないですね。やはり「背が高い」という概念は日常生活を送るうえでもとても便利ですから。

これは臨床でも同じことです。臨床現場で仕事をしていると，私たち支援者は，たとえばADHDと言ったときにこういうタイプの人だということが頭のなかでピンと来るはずです。先ほどの「背が高い」という概念と同じような作

---

[8] 中尾佐助（1990）分類の発想――思考のルールをつくる．朝日新聞社．

[9] 三中信宏（2006）系統樹思考の世界．講談社．

業を自動的に行なっているわけです。ところが，ちょっとそそっかしいタイプの人を果たしてADHDと言っていいのかというと，一気に断言は難しくなってくる。ちょっとそそっかしいことが社会で生きていくうえでハンディキャップになっているのであれば支援の対象になりますが，多少そそっかしくても何とか自分で社会生活を営んでいけるのであれば支援の必要はなくなります。このあたりの微妙なニュアンスは臨床的判断で考えていけばいいことであって，規格分類的基準＝研究用診断基準を満たすから支援の対象にするといった判断は必要がないどころか，臨床的判断にとってはマイナスではないかと思います。

V　自閉症スペクトラム
―― 階層構造で診断概念を考える

さて，ここでふたたび論点を自閉症スペクトラムに戻しましょう。私はおそらく自閉症スペクトラムをとても広く考えているタイプの臨床家だろうと思っています。私自身も自閉症スペクトラムです。私は障害者手帳も取得していませんし，それなりの人づきあいもするほうですが，人づきあいはちょっと面倒臭いと思っています（笑）。自分で面倒臭いことがわかっているから，面倒臭い人づきあいをしすぎないようにして何とか生きているのです（笑）。このように当人のキャラクターを最もよく説明するのが自閉症スペクトラムの特徴である場合，当人のキャラクターを最もよく説明するのは他の類型分類だけれど，よく見ると自閉症スペクトラムの特徴も見られる場合，このくらいのレベルの人たちも自閉症スペクトラムであると私は考えています――私自身がそうであるように。先ほどの説明と関連させると，このような自閉症スペクトラムの考え方は，自閉症スペクトラムの類型分類と呼べるものでしょう。

後ほどご説明しますが，実際に私が2，3歳の頃から診ていて現在は成人になった人のなかには，小さい頃は紛れもなく自閉症の特徴をもっていたのに，成人して普通の生活を送っている人たちもいらっしゃいます。ましてADHDの特徴はもっとそういったことが起こるように思います。小さい頃にはADHDの特徴がかなり目立っていた人も，大きくなってくると多動がほぼ収まることも珍しくありません。ちょっとそそっかしい，けれど活発でとても明るくて元気にやっている人なんて，世の中にたくさんいますからね。では成人になって，その人のADHDの特徴がすっかりなくなったかというと，どうやらそういうことではないらしい。完全に消滅はしていないために，安心しているとケアレスミスが多くなって，仕事で失敗したり，悪ければ解雇されたりする人もいるでしょう。そういう人たちは支援の対象となるADHDですが，ADHDの特徴を備えているけれど支援の対象にならないケースも決して少なくありません。今はそういう境界域にある人たちのことをどう考えるかということが，臨床現場において非常に重要になってきています。

実際に診断や支援が必要になってくる人たちについては，自閉症スペクトラムの臨床判断が必要になります。まず，社会のなかで不適応状態にあって，その主な要因が自閉症スペクトラムの特性にあるときは，明らかに診断すべきだと言えるでしょう。複数にわたる社会不適応の主な要因のひとつが自閉症スペクトラムの特徴である場合も，やはり同じように診断の必要があります。たとえば，自閉症スペクトラムの特徴もあり，ADHDの特徴もあって，現在はうつになっているという状態の人であれば，それらはすべて不適応の要因かもしれません。そのうちのひとつに自閉症スペクトラムが含まれていたら，この人を自閉症スペクトラムと診断する必要性は高まります。

現在の精神科領域で最も話題になっているのは，社会不適応の主な要因が他にあるけれど，

自閉症スペクトラムの特徴に配慮することによって社会不適応の問題が改善されるケースです。これは特に成人に多く見られるケースかもしれません。たとえば、うつや不安障害といった他の精神疾患が疑われて精神科を受診し、しばらく治療しているけれど、通常のうつや不安障害の治療だけではなかなか改善しないケースを想像してみてください。しばらくつきあってよく見てみると、生活の特徴、対人関係の特徴、興味関心に、うっすらと自閉症スペクトラムの特徴が見えてくる。そしてその特徴に配慮したカウンセリングをしたり生活環境を整えたりすることによって、いつの間にかうつも改善するということがありうるわけです。このタイプのクライエントには、たとえ自閉症スペクトラムの特徴がうすくても、積極的に自閉症スペクトラムと診断したほうがうまくいく場合もあります。ただし、研究対象としたり統計を取ったりするときには、このタイプの人たちは自閉症スペクトラムには入らない可能性が高いでしょう。研究や統計にはICDの研究用診断基準やDSMを用いても、臨床的判断はそれとは完全には一致しないということを頭に入れておきましょう。このように階層構造で診断概念をとらえておくことが、これからの援助専門職にとって重要になってくると思います。ですが、逆に、臨床的判断に頼りきって、研究論文の研究対象になっている人たちの特徴を認識していないと、研究論文を正確に読みこなすこともできなくなりますし、臨床的判断にも混乱を来たしてしまいます。

VI DSM-5における発達障害概念の変更点

今回改訂されたDSM-5の診断基準を紹介しておきましょう（表1）。詳細は省きますが、今回の改訂の特徴は、今までの広汎性発達障害（PDD）とは違って、下位分類をなくした代わりに重症度によって1、2、3というレベルを設定したことです。改訂前は対人関係、コミュニケーション、興味の限局という3徴候とされていたのですが、対人関係とコミュニケーションをまとめて1つの特徴としたため、3徴候から2徴候にまとめられました。また感覚の問題やカタトニアも従来より指摘はされていながら診断基準に入っていませんでしたが、それらが診断基準に収められました。そして、ADHDとの併記が可能になったこと、下位分類が廃止されたこと、支援ニーズによる重症度の設定がなされたことなどが、今回の改訂の大きなポイントになります。

一方、ADHDは、細かい具体的な記述は増えていますが、診断基準はほぼ変わっていません

表1 自閉症スペクトラム障害（DSM-5の要約）（Autism Spectrum Disorder）

A.	対人コミュニケーションおよび対人交流の持続的な欠陥
(1)	対人的-情緒的な相互性の欠陥
(2)	対人交流に用いられる非言語的コミュニケーション行動の欠陥
(3)	対人関係を築き、維持し、理解することの欠陥
B.	行動、興味、活動の限局し反復的なパターン（以下の少なくとも2つ）
(1)	常同的または反復的な運動、物の使用、または言語
(2)	同一性への固執、ルーチンへの執着、言語／非言語行動への儀式的パターン
(3)	程度や対象が異常な非常に限局され固着した興味
(4)	感覚刺激への過敏または鈍感、または環境の感覚的な側面への異常な興味
C.	症状は発達早期に存在（対人的要求が本人の能力の限界を超えるまでは明らかにならないか、学んだ処世術で隠れるか）
D.	症状は対人、職業、その他の重要な領域で臨床的に有意な欠陥を引き起こす
E.	知的障害（知的発達障害）や全般発達遅延では説明できない／知的障害としてしばしば併存し、併存診断するのは全般的な発達レベルよりも対人コミュニケーションが低いとき

表2 注意欠如・多動性障害（DSM-5の要約）
（Attention-Deficit / Hyperactivity Disorder）

A.	機能または発達を妨げるような不注意および／または多動・衝動性 (1) 不注意 (2) 多動・衝動性
B.	症状のいくつかは12歳より前に出現
C.	複数の状況で基準が当てはまる
D.	対人・学業・職業の機能を妨げたり質を低下させている明らかな証拠がある
E.	統合失調症などの経過中のみに見られるものではなく、他の精神障害でよりよく説明できるものでもない（例気分障害，不安障害，解離性障害，パーソナリティ障害，物質中毒または離脱）

（表2）。ただし特記事項として、前回までは「7歳よりも前に特徴的な症状が出現する」と記述されていた部分が「12歳より前」に変更されていて、確認すべき年齢帯が上がったという点が挙げられます。他に大きな変更は見られません。

改訂のポイントとしては、自閉症スペクトラム障害との併記が可能になったこと、発症年齢の記述が7歳未満から12歳未満になったことにまとめられそうです。この発症年齢の記述が7歳未満から12歳未満になった一番の理由は、おそらく成人のADHDをより診断しやすくするための配慮だろうと考えられます。

DSM-5全体を見ると、発達の視点を重視していることも特徴的です。DSM-IVの「通常，幼児期，小児期または青年期に初めて診断される障害」のセクションが解体され、「神経発達症群」というセクションと成人期以降に発症する障害群の複数のセクションに分割されました。自閉症スペクトラム障害もADHDも「神経発達症群」というセクションの下位項目としてまとめられています。このような改訂の方針も、発達の視点を重視すると同時に、成人の発達障害を診断しやすくすることを目的としていると考えられるでしょう。

⊙発達障害の理解と支援に向けて

発達障害の理解と支援に向けて❷[*]
本田秀夫

I 「障害」とは限らない？

　ここからは，私が数年前から言っていることですが，自閉症スペクトラムは必ずしも障害とは限らないという話をしたいと思います。

　まずモデルとなるケースを紹介します。私が3歳から診ているBさんは，現在20代後半の男性で，高校卒業と同時に電機メーカーに正社員として就職しています。上司に対しても臆せず問題の指摘や提言を行なう積極性を買われて，入社5年目からチーフになりました。後輩の指導のためにコンピュータ端末の操作方法のマニュアルを自作するなどして，社内で好評を博したそうです。職場はシフト制のため，職場の人たちと職場外でつきあうことは少ないようですが，チーフになってからは仕事明けに後輩たちと食事に行って，おごってあげたりもしているそうです。趣味はアイドルのファンクラブイベントに出かけること，テレビゲーム，CD鑑賞です。

　Bさんは障害者手帳を取得していませんし，高校卒業という経歴の社員が入社5年目でチーフになるのは会社始まって以来の異例の抜擢だそうで，むしろ社内の出世頭と言える存在です。ところがBさんは，私が面接をした3歳の時点では典型的な自閉症でした。その後の成長とともに言語能力が急速に伸びていったのですが，特別な早期療育などは積極的に受けておらず，どちらかというと自然な経過のなかで言語能力が伸びた方でした。しかし，小学校に入った頃にはむしろおしゃべりすぎて，いわゆるアスペルガー症候群という診断がしっくりくる状態になっていました。

　現在成人になったBさんの状態をみると，幼少期の自閉症スペクトラムの特性がまったくなくなったわけではありません。たとえば上司に対して臆せず問題の指摘や提言を行なうという行動も，非常に素直な態度と言えなくもないのですが，運が悪ければ上司から「干される」ことになりかねない。先ほどコンピュータ端末の操作方法のマニュアルをつくったことを紹介しましたが，BさんはExcelが大好きで，Excelを駆使してマニュアルをどんどんつくるんですね。これもこの会社では運良く評価されましたが，相手を間違えると，ちょっとうっとうしいと思われるかもしれない。

　自閉症スペクトラムの特性がゼロになったわけではなくて，大人になった今でも残っている。けれども，現在のBさんをみて，この方が小さいときに典型的な自閉症だったと言い当てるのはかなり難しいかもしれません。幼少時から専門職が診ているため，その治療効果で良くなったと考えるのは簡単です。ただ，同じような条件でも良くならない人が多くいるなかで，なぜBさんだけが良くなったのか。たしかに小さいときから自閉症の典型的な特性があったけれど，

---

*本稿は，2014年5月3日，金剛出版主催により開催された「発達障害の理解と支援のためのシンポジウム＋ワークショップ」のプログラムの一環としての教育講演の内容をもとに，加筆修正を加えて掲載している。

同時に社会適応を果たすまでに成長する素因もあったと考えざるをえません。

その意味で、成長とともに本当にいろいろな経過をたどる人がいるということを痛感します。そしてもうひとつ、成人のなかにはBさんのような方が一定数いらっしゃるということも強調しておきたいと思います。Bさんは特別変わった人ではありません。おそらく皆さんの職場の同僚やお知り合いの10人に1人はいるような、ちょっとオタクで気の良いお兄ちゃんです。こういう人たちを診る経験を通して、私は自閉症スペクトラムの裾野がきわめて広いということを日々感じています。

では、もう一例紹介しましょう。Cさんは、Bさんと似たタイプの方で、現在28歳の女性です。中学生の頃まではおとなしくて目立たず、思春期の女の子たちがグループをつくっていつも一緒に行動するのは肌に合わないと感じていました。仲の良い友達はいたけれど、どこかに出かけるときも現地集合で、ほかのグループのメンバーたちが途中で待ち合わせて集合場所まで行くのを不合理だと思っていたそうです。高校生のときに、ある作家の描く漫画のファンになって、その作家の漫画はすべて買い集め、ファンクラブイベントにも熱心に参加するようになりました。そして、ファンが運営しているインターネットのサイトやブログ、ツイッターなどに毎晩熱中し、それらを通じて何人か知り合いもできました。その後は地元の大学を卒業し、親の知人の紹介で小さな会社の事務職に就くことになり、仕事は几帳面にこなして会社からも信頼されているようです。

みなさんどう思われましたか？ Cさんのような方は、やや引っ込み思案な人で、かつて精神医学用語で「統合失調質」と言われていたタイプの人ですが、幼少期からフォローしていると、実は自閉症スペクトラムであることがわかります。DSMのような診断基準に完全に合致するかは別として、臨機応変にふるまわなくてはならない対人関係が苦手で、自分の関心や自分のペースの維持を最優先したいという指向が強いタイプの人たちは、広い意味で自閉症スペクトラムと考えられるのではないでしょうか。

このタイプの人たちの何割かは、大人になっても幼少期の特徴を留めているのですが、社会適応は決して悪くない。むしろBさんのように、会社で出世する人もいるわけですから、こういった特徴をしっかりと理解したうえで発達障害臨床に携わる必要があります。これはADHDにもまったく同じことが言えます。ちょっと不注意でそそっかしくても、社会に適応できている人は多くいるわけです。

発達障害の特性を留めていても、決してそれを「障害」とみなす必要がない人たちに、われわれ支援者はもっと注目すべきだろうと思います。杉山登志郎先生は「発達凸凹」という言葉で、このようなタイプの人たちの特徴を言い表わしています[1]。この概念ともかなり重なりますが、私は「非障害自閉症スペクトラム（Autism Spectrum Without Disorder：ASWD)」という言葉を使って、自閉症スペクトラムの特性を備えているものの「障害」ではない彼／彼女たちの状態像を定義してきました[2]。このタイプの人たちと、明確に「障害」と診断されて専門的支援対象となる人たちとの違いはどこにあるのか。このことを支援者はよく考えておく必要があると思います。

---

[1] 杉山登志郎（2011）発達障害のいま．講談社現代新書．
[2] 本田秀夫（2012）併存障害を防ぎ得た自閉症スペクトラム成人例の臨床的特徴．精神科治療学27；565-570（再掲：本田秀夫（2013）子どもから大人への発達精神医学——自閉症スペクトラム・ADHD・知的障害の基礎と実践．金剛出版）

II 「定型」自閉症スペクトラムとして育てる

　図1に示したように，AS（Autism Spectrum）というのは自閉症スペクトラムの特性をもつ人で，ASD（Autism Spectrum Disorder）というのは自閉症スペクトラムの特性をもっていて「障害」も伴っている人，いわゆる自閉症スペクトラム障害を示しています。図1のdに当たるのが，自閉症スペクトラムの特性をもつ群で，先ほど紹介したBさんやCさんのように社会適応を果たしている人たちが含まれます。一方，図1のaに当たる，自閉症スペクトラムの特徴が強い群には，専門的な障害対応が必要になります。もちろんこのタイプの人たちも現に多く存在するわけですが，自閉症スペクトラムの特徴が薄ければ，それだけでは「障害」とはならない可能性もあります。ところが，自閉症スペクトラムの特徴に別の問題が併存すると，問題がきわめて深刻化することもある。これが図1のcに当たる群です。たとえば，自閉症スペクトラムの特徴が原因で，いじめ被害にあって引きこもる，自信を失ってうつになるなどの可能性も考えられます。ですから，早期発見や早期療育が最も有効なのは，実はこの併存群の予防対策ではないかと考えています。

　残念ながら，さまざまな技法を試したからといって，自閉症スペクトラムの特性自体が根本から消滅するのかどうか，私には確たる答えが見つかりません。幼少期からさまざまな技法や支援を試してみて，たしかに自閉症スペクトラムの特徴が弱くなった人たちに多くお会いしますが，同じように願った通りの効果が得られなかった人たちにもお会いしてきました。それでも，併存する問題の多くは二次的で，環境の影響によるものですから，それを予防することはできます。そして，症状が弱い人たちに対して，予防的支援によって現状維持に努め，症状が悪化して障害に発展しないようにすることは十分

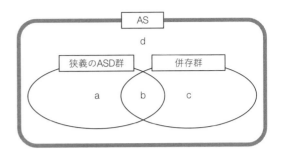

図1　自閉症スペクトラム（AS）と自閉症スペクトラム障害（ASD）との関係　「狭義のASD群」と「併存群」の和集合（a＋b＋c）が「広義のASD群」，それ以外（d）が障害のないAS（ASWD）となる。

可能だと考えています。

　支援者はそのような視点をつねに携えて，当事者のライフステージに沿った発達障害の理解と支援をしっかりと考えていく必要があるでしょう。文献だけを手がかりに自閉症スペクトラムの人たちをイメージしているだけでは，本当に当事者のためになる支援は期待できません。では当事者にとって望ましい支援とは何でしょうか。乳幼児期は，対人交流が希薄で，こだわりも強く，集団参加もうまくいかず，大人の指示に従わない，ということがよく問題になります。しかしそれは，どちらかと言うと大人の視点から見た子どもの問題行動です。学齢期にも同じようなことが言えます。特に低学年のうちは，集団行動が苦手だったり空気を読まない言動が続いたりして，クラスの仲間や教師から疎まれたり，場合によってはいじめの標的にされることもあります。ところが思春期以降になってくると，自己肯定感が低い，うつになりやすい，不安などの精神症状がある，不登校になる，といったことが新たな問題として浮上してくる。こういった思春期以降の二次障害の問題は，もはや周囲が困っているものではない。むしろ当事者本人が困っている問題です。こうしてライフステージによって問題の性質も変化するわけですから，文献の情報に頼るだけではなく，実

際の臨床経験と照らし合わせながら，次々に変わっていく問題にもしっかりと対応しなくてはなりません。

市川宏伸先生は講演でよくこんなふうにおっしゃっています。発達障害の人たちは，周囲の人間からは困った子どもだと見られがちだが，実際に一番困っているのは本人であると。たしかに学齢期前半くらいまでは，周囲の人たち，家族や教員やクラスメートが発達障害の人たちの言動に困っています。しかし支援者までその発想に留まっていたら，思春期を越えると本人が自分の特性で困るようになることなど，とても思い至らないでしょう。周囲が困っているという発想で当事者本人の支援や指導をしても，「困った人たち」の行動を半強制的に修正しようという傾向が強くなるだけです。

一方，思春期になってようやく自分の周りが見えてきた発達障害の人たちは，むしろ人一倍まじめに自分で自分を律しようとすることがあります。すると，過去の支援や指導で強い行動修正を強いられてきた経験を思い出して，「自分はなんてだめな人間だったんだろう」と思い，そこで一気に自信を失うことがよくあります。これは私の経験からですが，思春期以降で自己肯定感が低い人の何割かは，他人の不適切な干渉がその原因ではないかと考えています。

その意味では，これからの発達障害支援は，当事者を定型発達のいわゆる「普通の人」に近づけようとするモデルを一度完全に切り捨てなくてはなりません。アンデルセンの童話に「みにくいアヒルの子」という物語がありますよね。他のアヒルとは異なる姿をした雛は，親鳥や家族からのいじめに耐えかねて逃げだすけれど，他の群れでもやはり醜いといじめられる。生きることに疲れた雛が白鳥の水辺に行くと，いつの間にか大人になっていた雛鳥は，自分がアヒルではなく美しい白鳥であったことに気づく……という有名な物語です。この物語では，雛は親からも家族からも，「普通とは違う」「醜い」といじめられていました。ですが，もしはじめから大人になれば美しい白鳥になるとわかっていたら，一体どうなっていたでしょう。同じアヒルの群れで一羽浮いていたとしても，はじめから白鳥として育てていたら，何か大きく変わっていたのではないでしょうか。これと同じことが発達障害児の教育にも言えると思います。定型発達の子どもを基準にして発達障害当事者を支援するのではなく，はじめから独自の存在として支援することを優先すべきです。

早期発見が大切だと言われますが，これも早期に発達障害を見つければ，それだけ「普通」に近づくということではありません。むしろ目標は，早期に発達障害を発見して，早期から発達の特性に応じた個性的な人生を歩むということにあります。発達障害の特性をもちながら堂々と世に出て行ける人に育てればいいわけだし，そそっかしくて同時に魅力のある大人に育てればいいわけです。このような発想なくして発達障害支援はありえないとさえ私は考えるようになっています。

III 発達障害者の発達曲線

発達心理学はもともと，多くの子どもを観察して，その共通項となる特徴を導き出す学問です。過去に育ってきた子どもたちの経験から抽出された知識の集積による学問ということですよね。ところが近年，いわゆる英才教育が流行するなかで，発達心理学の知識が誤用されていると思うことがあります。たとえば，3歳になったらトイレット・トレーニングを始めましょうと言うけれど，それは多くの子どもが3歳ぐらいになるとおむつが外れるという過去のデータが根拠になっている。ですが，3歳になったからといって，当然おむつが外れない子もいる。それなのに子どもが3歳になったらおむつを外しましょうと言われたら，親御さんは焦るに決まっています。こういったことの積み重ねから，

表1 自閉症スペクトラムの乳幼児期の特徴

対人コミュニケーション
1. 人と物とを分け隔てない
2. 母子関係に特別な意味はない
3. 愛着や共感に乏しいが，信頼形成は可能
4. 従命行動にまったく動機づけられない
5. 情報の伝達と共有に関心が低い

注意・感覚・感情・意欲
1. 視覚刺激への志向性がきわめて高い
2. 他児と共通点の少ない選択的注意
3. 「予定通り」で安定,「予定外」で大混乱
4. 興味のあることに過集中，興味がないと無視

記憶とイマジネーション
1. 過去の体験や関心のある事項への良好な記憶
2. 未体験のことへのイマジネーションの欠如

無意識のうちに親御さんの子どもに対する否定的な感情が生まれてくる。このように発達心理学から得た知識が，本来の意味とは異なる形で流通してしまい，それが親のノルマのように肩にのしかかってくる。その弊害が多くあるのではないかと思うのです。

むしろ今後支援者が考えていかなければいけないのは，発達障害に特有の発達曲線ということです。表に示したのは，私が普段の臨床経験から考えていることで，今は特に学術的な根拠があるものではなく，まだ仮説に留まります（表1）。ただ，私はこのようなことを考えながら普段患者さんたちを診ていますので，参考にしていただきたいと思います。

まず対人コミュニケーションの特徴から見ていきましょう。自閉症スペクトラムの人たちは，乳幼児期には基本的に人と物を分け隔てないと考えられています。よく乳幼児期は母子関係が大事だと言われますが，誤解を恐れずに言えば，自閉症スペクトラムの人たちにとって母子関係にさほど特別な意味はない。ですから，自閉症スペクトラムの人は愛着や共感に乏しいけれど，この時期にかならず愛着関係を育てなくてはいけないわけでもない。そのような彼／彼女たちであっても信頼関係は形成できます。彼／彼女たちにとって，わかりやすい法則を示してくれる大人だけが信頼できる人ですから，そのような信頼関係を親との間に築くことは可能ですし，それこそが重要なことだと思います。ただし，それは決して愛情という抽象的なものではありません。大切なのは，法則性を彼らに教えられるかどうかということです。また，人の命令に従うという動機がないのも特徴的で，親からすると，言うことを聞かない難しい子どもだと思えてしまうかもしれません。そして，情報の伝達と共有への関心があまり高くないことも特徴的です。

次に，注意・感覚・感情・意欲ということに関して言うと，視覚刺激への志向性がきわめて高く，注意の対象が限定され，他児との共通点が少なく，非常に選択的だということも特徴的です。予定通りの状況では安定しているけれど，予定外のことが起こると感情が乱れて大混乱に陥る。また興味のあることだけに過剰に集中し，興味がないと完全に無視する。こういった特徴がすでに乳幼児期から見られるようになります。

記憶とイマジネーションの特徴については，過去の体験や関心のあることはとてもよく覚えているけれど，興味のないことや未体験のことがまったく想像できません。この点，過去がよく覚えているのに未来がすこしも想像できないというギャップが，彼／彼女たちに非常に特徴的だと私は思います。そしてこの特徴について，周囲はちょっとイライラしてしまうわけです。

IV 自閉症スペクトラムの思春期支援

では次に，発達に伴う対人コミュニケーションの変化について整理しておきましょう（表2）。まず発達とともに，対人コミュニケーションにおいて「理念」としての正義感や思いやりといっ

**表2 自閉症スペクトラムの思春期の特徴
　　　──対人コミュニケーション**

1. 理念としての正義感や思いやりが先行
2. 前後して，ルール遵守への意欲が高まる
3. 次いで，形式的な向社会的行動が出現
4. 遅れて他者への関心やマインドリーディングへの意欲が出現
5. その後，ようやく自発的な協調性が出現
6. 前後して，自分が対人コミュニケーションにおいて少数派であることに気づくケースが増える

たものが先行して身につきます。あるアスペルガー症候群の人は，世界の難民問題を憂いているのに，目の前でおばあさんが転んだときに手を貸そうとしませんでした。つまり，「理念」として人間には思いやりが大事だとわかるのですが，目の前の現実に応用できないわけです。

このような「理念」が身につくのと前後して，ルールへの意欲が高まります。次いで，「形式的な」向社会的行動が出現します。この「形式的」ということがポイントで，たとえば，おばあさんと見れば必ず席を譲ってあげるという行動に表われます。しかし，本当はおばあさんと思われたくなさそうな人にも席を譲ってあげようとして，ひんしゅくを買うこともあるかもしれません。そこからやや遅れて，他者への理解や関心，マインドリーディングへの意欲が出現します。定型発達の場合には，マインドリーディングの出現が先行して，それから向社会的行動が身につくのですが，自閉症スペクトラムの人たちは「理念」が先行して，後から感情がついてくるという印象です。

その後，ようやく自発的な協調性が出現してきます。私の印象では，この自発的な協調性の出現が見られるのは，知的な遅れがない場合で早くて小学校高学年から中学生ぐらいでしょうか。それと前後して，対人コミュニケーションに関して自分がマイノリティであることを自覚するケースも増えてきます。ここも重要なポイ

ントで，自発的な協調性に即した行動が出現するのと同時に，それまで見えていなかった自分の周囲が見えてきて，逆に周囲との比較で自分自身も見えてきます。ですから，ここで失敗すると自信を失うことにもなりかねないので，注意が必要です。これらの特徴がおおよそ思春期くらいに現われてきます。

自閉症スペクトラムの支援は，こういった発達に伴う変化を含む特徴を理解しておくことが前提となります。ポイントになるのは思春期です。たとえば定型発達を想定した一般論では，5歳で挨拶ができないと問題があると思われます。発達障害，特に自閉症スペクトラムの人は，5歳では臨機応変に挨拶ができなかったりしますが，それは仕方のないことです。ただ，ここで無理に挨拶を教える必要はないと思います。みなさんもよくご存じの「発達の最近接領域」[3]という考え方からすると，少しも身につける気配がないことを教えようとしても習得は難しい。挨拶はそのモチベーションが生まれたところで教えるのがベストで，自閉症スペクトラムの場合，その時期がものすごく遅い場合もめずらしくありません。

発達障害支援では思春期が重要な時期ですが，あえて大胆に言ってしまうと，発達障害の人たちは物心つくのが思春期ではないかとも思っています。つまり，定型発達の人であれば小学校に上がる前後で見えてくる世界が，彼／彼女たちには思春期前後に見えてくる。この仮説が正しければ，この世界の出現より前に，わかってもいないことを無理やり押しつけられても身につくはずがありませんし，結局思春期以降に自信を失う芽になる可能性もあるのではないでしょうか。

---

[3]「発達の最近接領域」は，ロシアの心理学者レフ・ヴィゴツキーによって提唱された概念で，「自力では到達できないものの他者の援助があれば問題解決可能な水準」を指す（レフ・ヴィゴツキー［柴田義松 訳］（2001）新訳版・思考と言語．新読書社）。

思春期をうまく乗り越えてきた発達障害の人たちは，基本的にまじめなタイプ，言行一致で信頼できる人たちになります。理念としての正義感や思いやりが備わっていて，協調性のある行動を取る意欲も身についているけれど，臨機応変な対人関係が苦手——こういうタイプの青年になるわけです。小さい頃に親の言うことを聞かなかったために，「この子は非行に走るのではないか」と心配する親御さんもいますが，まったくそんなことはありません。むしろ小さい頃に行儀よくしていた人たちのほうが非行に走ることもありますからね。発達障害の子どもたちは，こういった思春期以降の未来を予想して育てていく。ですから，思春期より前は言うことを聞かない子であっても，叱責したり行動を修正したりするのは最低限に留めるべきです。むしろ保護的な環境を提供して，得意なことができる状況を十分に保障して自信をもたせてあげてほしいと思います。そして，不得意なことは苦手意識をもたせない程度にしておく。

もうひとつ重要なのは大人の存在です。大人は自分にとって大事な存在で，大人に相談したらうまくいったという成功体験を経験させることが重要です。そのためには，厳密に構造化した保護的な環境のなかで，子どもがさほど深く考えなくても，何かすれば基本的にはうまく物事が進むような状況を提示してあげてほしいと思います。

また周囲の目標の持ち方も大事です。たとえば，普段は時間にルーズだけど肝心な時には絶対に遅れない人がいたとすると，つい私たちは，肝心な時に遅れないだけでなく，普段から時間に遅れないように指導しますよね。でも，このタイプの人たちは，肝心な時に遅れないか普段時間に遅れないかのどちらかしかないわけです。もっと言えば，普段からがんばって遅れないようにしているけれど肝心な時だけ遅刻してしまうか，普段は時間にルーズだけれど肝心な時だけは遅刻しないか，どちらかにしか育てられない。とすると，どちらがいいのか方針を決めておかなくてはなりません。言い換えると，日頃からコツコツがんばるが本番には弱い人に育てるか，それとも日頃コツコツがんばるのは苦手だが本番には強い人に育てるか。この2つに1つしかないという，いわば究極の選択をする必要があるのです。

支援の目標は当事者に自信をもってもらうことですから，コツコツがんばるのが難しければ，「一発勝負」を狙う人に育てればいい。要は発想を転換すればいいのです。「一発勝負」を狙う人に育てるなら，普段は全然できなくてもいいと考えるようにします。夏休みの宿題なども，普段からコツコツ数ページずつ取り組むように指導するのではなくて，「普段は遊んでいてもいいから直前に一気にがんばろう」という指導のほうが向いている子どもがいるのです。

つまり，これからの発達障害支援は，当事者の個性に合わせた育て方をいかに徹底してできるかということが，非常に重要になってくるのではないかと思っています。

V 自律スキルとソーシャルスキル
——合意と意欲を基礎とする

自閉症スペクトラムやADHDの特徴をもつ人たちが大人になって社会に出ていくときに一番重要な要素は，自律スキルとソーシャルスキルだと私は考えています。「自律」というのは，何から何まで自分でこなすという意味（「自立」）ではなく，自己コントロールという意味です。要は自分を知るということですね。小さい頃から，できることは最後まで取り組ませてもらえて，できないことは無理に取り組まなくてもいい環境に育っていると，できることはしっかりやるけれど，できないことは「できない」と言えるようになります。ところが，無理に苦手分野を克服させようと育てていると，子どもが「できない」と言っても，大人は「自力でがんばり

なさい」と返すばかりになってしまう。そうすると，本人はすっかり自信を失ってしまう。そして，自分にできることの限界がわからなくなってしまう。

　自分の力の限界を知っていて，できないときは潔く「できません」と言えることは，最も基本的なソーシャルスキルのひとつである，「困ったときに人に援助を求めるスキル」です。この援助希求能力をうまく伸ばしていくことによって，コミュニケーション能力も育ち，自信も育っていく。ところが，子どもが「できない」と訴えても「簡単にできないなんて言うんじゃない！」と返していたら，そこで人に相談するという子どものモチベーションの芽を摘んでしまうことになります。

　できることにはしっかり取り組む，できないことは「できない」と言う。そういうことをしっかり教えるとき，大切なのは子どもとの「合意」という概念です。TEACCHプログラム[4]を実践している人たちが取り組んでいる「構造化」とは，実際はこの「合意」を取りつけるための手続きだと思います。たとえばTEACCHプログラムでは視覚情報の提示が重視されているのですが，親御さんのなかには，「絵カードを見せたけれど，子どもが少しも言うことを聞きません」と言う人がいます。それは，子どもに言うことを聞かせようと思って絵カードを見せているからうまくいかないのであって，絵カードはあくまで情報をわかりやすく伝えるためのツールです。わかりやすく伝えた結果，子どもが納得して「合意」したところで，続けて実施する。

　ですから，「合意」という考え方の背景には，どのような情報提示をすれば子どもが理解し，納得し，そして意欲が生まれてくるのかという予測があります。そして親や支援者は，この予測にもとづいて適切な提案をできるかどうかが問われます。特に幼いうちは，子どもは自分で多くを判断できませんから，子どもが理解しやすいように親や支援者が工夫する必要があるでしょう。逆に，子どもがやりたいことを思う存分やらせてあげるべきだという考え方もありますが，必ずしもそれが最善とは限りません。子どもの希望を何でも許していると切りがないので，どこかで子どもの行動を止めなければならないのですが，親が何かのタイミングで止めようとしても，子どもからすれば「さっきまで何をしてもいいと言っていたのに……」と混乱してしまいます。

　子どもに言うことを聞かせるのでもなく，子どもの希望を何でも許すのでもなく，はじめから「合意」を意識する必要があります。そのためには，特に年齢の小さいお子さんほど，大人がリードして提案する。そして子どもがそれに合意する。この習慣を家庭内で早期に身につけることがとても重要なことです。

　大人は，どのタイミングでどのように提示すると子どもが理解して意欲が生まれるのかを予測して，しかも子どもが自分から「やりたい」と言う前に，大人からリードして提案をすることが望ましい。うまくできるようになれば，大人は今より子どもの気持ちを汲むことができるようになりますから，「合意」を得ることはもちろん，生活全般で子どもの気持ちがわかるようになってきます。小さい頃からこうしたことを積み重ねていけば，子どもにも自律スキルとソーシャルスキルが自然と身についていくというわけです。

VI　思春期の変化と成人期の支援

　思春期を越えてくる頃になると，子どもの性格特徴も変化していきます。周囲が見えなくて

---

[4] TEACCH。アメリカ・ノースカロライナ州で実施されている自閉症などコミュニケーションに障害のある子どもたちやその家族への包括的プログラム。個別のアセスメントを重視し，「構造化された環境で個々の能力を十分に発揮する」というコンセプトにしたがって実施される。

自分中心だった状態から，少し周りが見えてきて，自分なりに社会のなかで生きていこうとするモチベーションが生まれてくる。そして，親から言われるのではなく，自分の意志で新たなことに挑戦したいという気持ちも強くなる。ですから思春期以降は，大人があまりリードしすぎないように，子どもの試行錯誤を陰から支援するのがいいと私は考えています。黒子に回るということですね。試行錯誤ですから失敗もありますが，失敗しても非難せず，方針転換することも認めてあげる。これが思春期以降にふさわしいサポートだと思います。

今は，成人期の発達障害の人たちへの支援も大きな課題になっています。発達障害特性だけが主な課題になっている成人もいますが，発達障害特性以外の問題が併存している人たちも少なくありません。ある精神障害が主な課題で，よく見ると背景に発達障害特性があるという人たちもいます。ですから成人期の発達障害支援は，発達障害特性に対する支援と併存する精神障害への対応という両面から進める必要があります。特に多くの方は，成人に至るまでの過程で，対人ストレスや対人トラブル，場合によっては非常に深刻なトラウマを受けていることがあります。支援者はその部分をしっかりと分析して，二次障害に対する支援も考慮に入れなくてはなりません。

成人になって初めて相談に訪れた当事者に対して，支援者がよく犯す典型的なミスがあります。相談に来た当事者が支援を求めているとは限らないのに，支援者がそれにまったく気づかないというものです。ニーズを完全に取り違えているわけですね。当事者としては，理由はわからないけれどむしゃくしゃして，どこか専門機関に行ったほうがいいのではないかといった程度の気持ちでいる。そこで発達障害者支援センターや病院を訪れて，「自分は発達障害ではないか」ということを聞いて回る。こういったことは稀ではありません。実際に発達障害の場合，「たしかに発達障害ですね」と申し上げるだけで，妙にすっきりして帰っていって，それから二度と来談しない方もいらっしゃいます。もちろんごく一部ではありますけれど。つまり，自分のことをもっとよく知りたいというモチベーションだけがある方も，来談者のなかにはいらっしゃるということです。支援者としては，このようなニーズもしっかり把握しておきたいところです。発達障害だということがわかっても，誰かにアドバイスしてもらいたいというモチベーションが本人にはまったくないこともよくあります。この理解も支援の重要なターニングポイントです。自分から相談に来ているからには専門職のアドバイスが聞きたいのだろうと思っていると，「余計なおせっかいだ」「お前の言った通りにしたら失敗した」と言われる。当事者のニーズを捉え損なうと，こういったトラブルに発展しかねません。

成人の発達障害支援で重要なのは，本人が問題意識をもっているかどうか，信頼できる相談相手にアクセスしようと思っているかどうか，その点を正確にアセスメントすることです。支援者は「この人は何のためにここに来たのか」「自分の希望が達成できたあとはどうしたいのか」「誰に相談したくて相談相手を求めているのか」ということに敏感であってほしいと思います。来談したもののその後は十分な支援に至らない方もいますし，アドバイスは求めないけれど話だけは聞いてほしいという方もいます。ですから，当事者の希望をよく見極めて，そこから支援の道筋を組み立てていくという発想が大切になってきます。

発達障害特性が主な問題ではない場合，それが果たして本当に精神科医療の対象になるのか，ということはつねに悩みの種です。「話を聞いてほしい」と来談してきて，ひとしきり20分ほど話をして，すっきりして帰っていく。当事者ニーズを満たしていることにはなりますが，それは果たして精神科病院が担うべき支援の形なのかと，

医療者として何とも微妙な気持ちになることもあります。実際，私が以前所属していた山梨県立こころの発達総合支援センターでも，このタイプの相談を何度も経験しました。当事者本人が相談だけを希望してアドバイスや具体的な支援を求めていないのに，医療者の独断で支援を進めようとするのはただのエゴイズムですが，当事者の状態をアセスメントして専門的支援が本当に必要ではないかどうか判断することも支援者の仕事です。当事者の希望を満たすことを基本として，同時に専門的支援の必要性を見極めることも，支援者の技量と言えるでしょう。

Ⅶ 多層構造の支援体制

これからの発達障害支援は，大きく3つの水準で整備していく必要があると考えています。第1に日常生活水準の支援です。この水準では，発達障害当事者の特性や生活のことをある程度わかっていることが前提になります。たとえば，学校の先生，幼稚園や保育園の先生，職業安定所の人たち——こういった発達障害の専門家ではない一般の支援者たちが発達障害に対して一定程度対応できなければならない時代に，これからは入っていくのではないかと考えています。

第2に専門的水準の支援です。心理学や教育学の専門知識をもっていて，第1の水準の支援者より詳しく発達障害のことがわかっていて，より専門的に対応できる人たちも，やはり同様に必要です。この水準の支援者層が充実していけば，これからの発達障害支援はかなり理想的に進めていけるのではないかと思います。現在，各地域で発達障害者支援センターなどが整備されつつある状況は，言いかえれば，この第2水準の支援の場を広げている作業に相当するでしょう。

そして第3に，高度な精神医学的水準の支援です。たとえば，精神医学的診断がなければ何も始まらないケース，複雑な問題を抱えていて薬物療法も時に必要となるケースには，この第3水準の支援が求められます。できればこのようなケースは少数派であってほしいところですが，重篤で深刻な問題を抱えている当事者に対しては，第1水準や第2水準の支援だけではなく，精神医学的水準の支援が求められます。

今後の発達障害支援は，このようないくつかの異なる支援の階層が必要になってくると私は予測しています。現在はどの階層も充実しているとは言い難いのですが，発達障害の知識をもつサポーターたちは着実に増えてきていることも実感しています。発達障害支援のニーズは今後ますます高まるでしょうから，この機をとらえて多層的な支援のプラットフォームをつくっていく。当然，職種や領域を超えた協働作業になってきますから，今日こういう研究の場にお集まりくださった皆さんには高い意識をもっていただいて，それぞれの活動のフィールドで率先して支援の輪を広げていただきたいと切に願います。もちろん私も，その輪に積極的に関わっていきたいと考えています。

＊

以上をもって私の話とさせていただきます。本日の話題が参加者である支援者の皆様にとって，明日からの発達障害支援に役立つことを願っております。ご静聴ありがとうございました。

◆参考文献

本田秀夫（2013a）子どもから大人への発達精神医学——自閉症スペクトラム・ADHD・知的障害の基礎と実践.

本田秀夫（2013b）自閉症スペクトラム——10人に1人が抱える「生きづらさ」の正体. ソフトバンク新書.

本田秀夫，日戸由刈 編（2013）アスペルガー症候群のある子どものための新キャリア教育——小・中学生のいま，家庭と学校でできること. 金子書房.

清水康夫，本田秀夫 編（2012）幼児期の理解と支援——早期発見と早期からの支援のために. 金子書房.

◉発達障害の概念

DSM-5における生涯発達の視点

黒木俊秀

I　はじめに

　米国精神医学会は，2013年5月に精神障害の診断分類体系であるDiagnostic and Statistical Manual of Mental Disorders（DSM）の改訂第5版（DSM-5）を発表した（APA, 2013）。今回は，DSM-IV以来，実に19年ぶりの改訂となった。この間，長い歳月を改訂の準備と作業に費やしており，その動向が注目されてきた。とくに児童青年精神医学の領域では，DSM-IVの策定を指揮したFrances（2013）自身が，1990年代に北米において自閉症や注意欠如・多動症，あるいは小児の双極性障害の有病率が著しく増加した原因の一因は，その診断基準の些細な改訂にあったと認めているように，分類や診断基準の変更は予期せぬ甚大な影響を与える。実際，先にDSM-5の草案が発表された段階においても米国のメディアはこれを大きく報道した。

　果たしてDSM-5では，従来以上に発達の視点が強調されている。それも，DSM-IVの「通常，幼児期，小児期または青年期に初めて診断される障害」の大カテゴリーをあえて解体するという大胆な手法を採用したのである。本稿では，生涯発達の視点から見たDSM-IVからDSM-5への変更点とその意義について概説したい。なお，2014年現在，日本精神神経学会は，DSM-5の診断名の訳語について検討しており，ここでは，同学会・精神科病名検討連絡会のガイドライン（案）に従った。

II　章構成の新機軸

　DSM-5を，これまでの改訂と比較した場合，最も大きく変わったのは，各精神障害群の章（チャプター）の構成である。DSM-IIIおよびDSM-IVの章構成はほぼ共通しており，冒頭に児童青年期精神障害が位置し，続いて器質性精神障害（せん妄，認知症，健忘性障害など），物質関連障害，統合失調症・精神病性障害，気分障害，不安障害……の順序であった。これに対して，DSM-5では生涯発達（lifespan development）の軸に沿って各章を配列している。すなわち，発達過程との関連が推測される人生早期に出現する障害群（神経発達症群（neurodevelopmental disorders），統合失調症スペクトラムおよび他の精神病性障害群（schizophrenia spectrum and other psychotic disorders））を先頭に置き，その後に青年期と成人期早期に出現することの多い障害群（双極性障害，抑うつ障害，不安症の各群）が続き，最後は老年期に関連する障害群（神経認知障害群（neurocognitive disorders））で終わる（APA, 2013）（図1）。

　こうした生涯発達モデルによる構成に加えて，もう1つの章構成の軸として，精神病理症状の因子分析の構造に従い，内在化障害群（internalizing disorders）（抑うつ，不安，身体症状を呈する精神障害群）と外在化障害群（externalizing disorders）（反社会性，素行症，嗜癖，衝動制御障害群）の2因子による階層構造モデルに対応するように配置されている。これは，一般人口

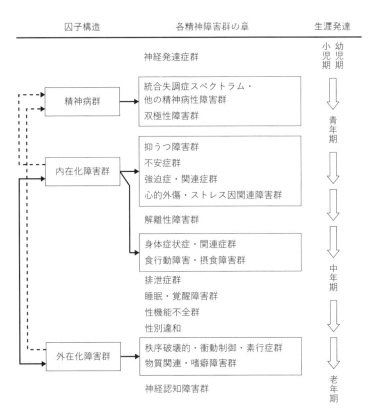

図1 DSM-5の構造 各精神障害群の章（チャプター）を生涯発達の軸に沿って配列するとともに，内在化－外在化の2因子モデルの構造に対応するように配置されており，近接する障害群同士はより上位のクラスターに属する可能性を示唆している。マニュアルでは，上記の章の後にパーソナリティ障害群，パラフィリア障害群，その他の精神障害群などの章が続く。

における精神疾患の疫学調査のデータをもとに，主要な精神障害（Ⅱ軸障害を含む）の精神病理症状を確認的因子分析した結果，内在化と外在化の2因子による階層構造モデルに適合したことに基づいている（Andrews et al., 2009）。また，統合失調症スペクトラムおよび他の精神病性障害群と双極性障害群は，因子分析の結果，精神病群クラスターに包括された。この因子構造のモデルは，同じクラスターに属する精神障害群が互いに併発しやすいことをよく説明し，また近接する章の障害群同士がより上位のクラスターに属する可能性を示している。以上のように，DSM-5は各精神障害群の章の配列を再構成することによって，より病態に基づく診断分類の仮説的モデルを提示しており，DSM-IVの体系を刷新する新機軸といえよう。

Ⅲ 発達への注目を高めるための改訂

注目すべきは，DSM-IVの「通常，幼児期，小児期または青年期に初めて診断される障害」がDSM-5では解体され，一部は神経発達症群の章に含まれるが，残りは成人期以降に発症する障害群の複数の章に振り分けられた点である（表1）。それに伴い各障害カテゴリー（章）も再構成された。例えば，不安症群のカテゴリーでは，発達の軸に沿って分離不安症，選択的緘黙，特異的恐怖症，社交不安症……の順に配列

表1 児童青年期精神障害の分類──DSM-IVとDSM-5の対照表 DSM-IVの「通常,幼児期,小児期または青年期に初めて診断される障害」章の各障害が属するDSM-5の章(下線部)を示す。

DSM-IV	DSM-5
	<u>神経発達症群 Neurodevelopmental Disorders</u>
知的障害	知的能力障害(知的発達症)
コミュニケーション障害	コミュニケーション症
広汎性発達障害	自閉スペクトラム症
注意欠陥・多動性障害	注意欠如・多動症
特異的学習障害	限局的学習症
運動能力障害	運動症
発達性協調運動障害	発達性協調運動症
常同運動障害	常同運動症
チック障害	チック症
	<u>抑うつ障害群 Depressive Disorders</u>
	重篤気分調整症
	<u>不安症群 Anxiety Disorders</u>
分離不安障害	分離不安症
選択性緘黙	選択性緘黙
	<u>心的外傷およびストレス因関連障害群 Trauma- and Stressor-Related Disorders</u>
反応性愛着障害	反応性愛着障害
	脱抑制型対人交流障害
哺育・摂食障害	<u>食行動障害および摂食障害群 Feeding and Eating Disorders</u>
異食症	異食症
反芻性障害	反芻性障害
幼児期または小児期早期の哺育障害	回避・制限性食物摂取障害
排泄障害	<u>排泄症群 Elimination Disorders</u>
遺糞症	遺糞
遺尿症	遺尿
	<u>秩序破壊的・衝動制御・素行症群 Disruptive, Impulse Control, and Conduct Disorders</u>
素行障害	素行症
反抗挑戦性障害	反抗挑発症
特定不能の破壊的行動障害	特定不能の秩序破壊的・衝動制御・素行症
	<u>臨床的関与の対象となることのある他の状態 Other Conditions That May Be a Focus of Clinical Attention</u>
	関係性問題
	家族の養育に関連する問題
	虐待とネグレクト

DSM-5の訳語は,日本精神神経学会・精神科病名検討連絡会作成の「DSM-5病名・用語翻訳ガイドライン(案)」に従った。

している。

　さらに，すべての障害の解説部分に「発展と経過（Development and Course）」の項目が設けられ，それぞれの障害の発症と症状が生涯を通していかに変化するかについて記述されている。こうした発達上の注目すべき知見を解説全編にわたって提供しているのも，DSM-5の新しい特色である。

　今般，以上のような大胆な改訂を提言したのは，小児期および青年期障害群ワークグループの委員長であるPine Dである。現在，国立精神保健研究所（NIMH）内研究プログラムの発達および感情神経科学部門の主任を務めるPineは，1990年以降に精神医学のトレーニングを受けた比較的若い世代の児童精神科医であるが，DSM-5開発の初期段階より近年の発達科学の成果をDSMに反映させることの重要性とそのための研究計画について，才気溢れる意欲的な提言を行ってきた（Pine et al., 2002）。

　Pineらは，今日，精神疾患の診断において発達の視野が重要になりつつあることを踏まえ，DSM-5では発達への注目を高めるための具体的な方策を提言してきた（Pine et al., 2011）。もっとも簡便な方法はマニュアルの解説の改訂であり，前述したように，DSM-5では，解説部分の「発展と経過」の項目において，自然経過に関する知見（例えば，大うつ病のリスクは，青年期の女性で特に高く，さらに不安症を有する女児では顕著に高いことなど）をレビューしている。

　しかし，Pineらに言わせれば，解説の改訂は，確かに多少は発達への注目を高めるだろうが，DSM-IV-TRという前例に見るように，それだけでは臨床家の考え方や診療に及ぼす効果には限界がある。そこで，より広範かつ大規模な変更として，DSM-IVの「通常，幼児期，小児期または青年期に初めて診断される障害」のカテゴリーを削除し，代わりにDSM-5の各障害カテゴリーにおいて発達の課題に焦点を当てるようにすることを提言した。これには，関連領域のDSM-5ワークグループ内でも激しい議論が交わされたようである。発達の視点が際立つ独立のカテゴリーを排して，他の障害カテゴリーに分散させることは，各病態における発達的特性に対する注目を高める好機となるが，一方ではそれを弱めてしまう懸念もある。最終的にPineらの提言が採用されたことは，DSM-5の大きな挑戦を示している。

　その他にも，年齢に関連する症状発現，あるいは年齢に関連する障害亜型を明記することにより発達への注目を高めることを意図した。これはすでにDSM-IVの一部の障害の診断基準に付記されていたが，その範囲がDSM-5ではさらに拡大された。例えば，分離不安症の診断基準では，発症を18歳未満に特定するDSM-IVの基準を削除する代わりに，一過性の恐怖を過剰診断しないようにするために持続期間に関する記述──「成人の場合，多くは6カ月以上持続する」──が追加された。また，心的外傷後ストレス障害（PTSD）に6歳以下の小児を対象とする亜型の独立した診断基準が設けられた。

IV　神経発達症群

　DSM-5の生涯発達モデルの最初に置かれた神経発達症群とは，発達早期に出現する障害群であり，多くは学童期以前にみられ，限局的な学習能力や認知機能の問題からソーシャル・スキルや知能の広範な障害まで，さまざまな発達上の機能障害を呈する障害と定義される。その症状は，定型の発達段階におけるマイルストーンを欠く場合もあれば，過剰に表出される場合もある（例えば，自閉スペクトラム症）。また，各神経発達症は互いに併発しやすい（例えば，自閉スペクトラム症の児童は，知的能力障害を伴っていることが多い）。

　以下に，神経発達症群に含まれる各障害の診断基準について，DSM-IVとの相違について述べる（APA, 2013）。

1 知的能力障害（知的発達症）（Intellectual Disability ; Intellectual Developmental Disorder）

DSM-IVでは知的障害（mental retardation）という用語が使われていたが，近年，米国社会で広く使用されている用語に変更したものである。診断基準では，認知的能力（IQ）と適応機能の双方を評価することに力点を置いている。重症度は，IQ値よりも適応機能によって決定される。すなわち，従来のようにIQ値のみで重症度を切り分けず，臨床の現場におけるより柔軟な対応を許容している。

2 コミュニケーション症群（Communication Disorders）

DSM-IVの音韻障害や吃音症が新たに命名されたもので，言語症（language disorder）（従来の表出性言語障害と受容－表出性言語障害を包括したもの），語音症（speech sound disorder）（従来の音韻障害），および児童期発症吃音症（childhood-onset fluency disorder）（従来の吃音症）が含まれる。さらに社会的（語用論的）コミュニケーション症（social (pragmatic) communication disorder）が新たに加わった。これは，言語性，非言語性コミュニケーションの社会的場面における使用に常に困難のある病態をいい，従来の特定不能の広汎性発達障害の一部が相当する。

3 自閉スペクトラム症（Autism Spectrum Disorder：ASD）

DSM-IVでは広汎性発達障害に自閉症性障害（自閉症），小児期崩壊性障害，レット障害，アスペルガー障害，および特定不能の広汎性発達障害（PDD-NOS）が含まれていたが，DSM-5では下位分類がなくなり，1つにまとめられた。この変更は，これまで指摘されてきた「自閉症とアスペルガー障害，あるいはPDD-NOSとの境界線がはっきりせず，臨床的に区別することに意味があるのか」という批判に応えたものである。先に全米12の大学病院で行われた多施設間共同研究によると，標準化されたASDの診断ツール（半構造化面接）であるAutism Diagnostic Observation Schedule（ADOS）やAutism Diagnostic Interview Revised（ADI-R）を用いると，ASDの診断に施設間で差異はないにもかかわらず，下位の亜型の臨床診断には大きなばらつきがみられた（Lord et al., 2012）。すなわち，ASDの亜型診断の信頼性が低いことが実証された。もっとも，アスペルガー障害という病名を好む当事者は，それをそのまま使用することも認めるとしている。なお，レット障害（MeCP2遺伝子変異が主な病因となる）と小児崩壊性障害は，神経疾患とみなし，DSM-5では扱わない。

ASDの診断基準は，社会的コミュニケーションと相互交流の欠如（基準A），および行動，関心，活動における限局的・反復的なパターン（基準B）という2つ組にまとめられた。基準Bには，DSM-IVにはなかった感覚刺激に対する反応亢進または低反応が加わった。DSM-IVと比較して，ASDの診断基準は厳しくなっており，基準Aの症状のみの場合は，社会的コミュニケーション症と診断される。

4 注意欠如・多動症（Attention Deficit/ Hyperactivity Disorder：AD/HD）

DSM-5の開発段階では，AD/HDを，外在化障害として「秩序破壊的・衝動制御・素行症群」の章に含めることも検討されたが，最終的に神経発達症群の章にとどまった。ただし，成人期以降も診断が可能となるような改訂が加えられた。まず，発症年齢がDSM-IVでは7歳以前であったが，DSM-5では「不注意，または多動－衝動性の症状のいくつかが12歳以前に存在していた」へ変更になった。診断閾値も変更になり，若年者では不注意と多動－衝動の双方に6症状以上を必要とするが，青年期以降（17歳以上）のカットオフは5症状となった。また，DSM-IV

のサブタイプ（不注意優勢型，多動－衝動性優勢型，混合型）は，特定用語（specifiers）の表現に変更された。さらに，自閉症スペクトラム症の併存診断が容認された。

5 限局的学習症（Specific Learning Disorder）

DSM-IVの読字障害，算数障害，書字表出障害，特定不能の学習障害を包括したものであるが，読字，書字表出，算数の各領域における学習の困難が異なる特定用語により「〜の機能障害を伴う（with impairment in...)」というように表現されるようになった。失読症（dyslexia）や失計算症（dyscalculia）のようにさまざまな国際的な記載法も認めている。

6 運動症群（Motor Disorders）

DSM-IVにもあった発達性協調運動症，常同運動症，およびチック症群（トゥーレット症，持続性（慢性）運動または音声チック症，暫定的チック症，他に特定されるチック症，特定不能のチック症など）をまとめたカテゴリーである。チックの診断基準は，この章の全ての障害にわたって標準的に使用される。常同運動症は，強迫症および関連症群の身体集中反復行動症（body focused repetitive behavior disorder）とは，明らかに区別される。

V 新たに登場した診断名

神経発達症群以外のカテゴリーにも，児童青年期に初発する精神障害として，以下の診断名が新たに登場した（APA, 2013）。

1 重篤気分調整症（Disruptive Mood Dysregulation Disorder：DMD）

冒頭に述べたように，DSM-IV以降，とくに米国において小児の双極性障害の診断と治療が過剰になされているという懸念に対処するために，抑うつ障害群の章に新たに加えられた精神障害である。小児期にみられる双極性障害は，AD/HDや素行症などの併存率も高いことから，その臨床的実体をめぐって論争されてきた。なかでも，NIMHのLeibenluftら（2003）は，慢性的な苛立ち（怒りまたは悲哀），否定的な情緒刺激に対する著しい反応，および過覚醒によって特徴付けられるSevere Mood Dysregulationと呼ぶ病態が従来の小児期双極性障害の診断には混在しており，これは長期経過研究，家族研究，認知科学研究，治療反応性等の所見により，本来の双極性障害とは異なる病態と主張してきた。DMDはLeibenluftの主張を採用したもので，持続する苛立ちと著しい行動制御の困難なエピソードを頻繁に示す12歳以下の小児が対象である。この障害を有する児童は，成長するに伴い，青年期以降に双極性障害よりも単極性うつ病，または不安症を発症することが多いという知見に基づき，抑うつ障害群のカテゴリーに含められた。

2 脱抑制型対人交流障害（Disinhibited Social Engagement Disorder）

DSM-IVの小児の反応性愛着障害の診断基準には抑制型と脱抑制型の2つの亜型があった。DSM-5では，これらが異なる障害として定義され，心的外傷およびストレス因関連障害群に含められた。すなわち，抑制型が反応性愛着障害であり，脱抑制型が本障害である。この2つの障害はいずれも不適切な養育が行動障害の原因と考えられるものであり，小児の発達年齢は少なくとも9カ月である。しかし，本障害はAD/HDによく似ており，必ずしも愛着障害を伴わない。

VI おわりに

DSM-5の生涯発達モデルは，従来の児童青年期精神障害のカテゴリーを一旦解体することに

より，ほとんどすべての精神障害の分類において発達の視点を導入した点では，確実に新しい試みといえるだろう。とはいえ，この改訂が，今後，一般の臨床家の診断や診療にどのような影響を与えるのかは予断を許さない（Frances, 2013）。一部の児童青年期精神障害の診断基準において，発症年齢が上がり，成人期の診断閾値が下がったことに対する批判もある（例えば，AD/HD）。一方，ASDは診断の閾値が上がり，DSM-5の診断基準を厳密に適用すると，従来，アスペルガー障害やPDD-NOSと診断されてきた人たちがASDから除外され，相応の医療や福祉サービスを受けられなくなる不利益を生じる懸念も指摘されている。

ところで，今回の改訂で最も加筆修正が加えられたのは，マニュアルの解説（テキスト）部分である。各障害カテゴリー別の解説では，「発展と経過」の他にも，「リスクおよび予後予測要因」「自殺リスク」「機能的転帰」等の項目が新たに追加された。最新の知見を系統的かつ詳細に網羅しており，実に優れた現代精神医学の教科書である。わが国の臨床家にも，簡易版の"Desk Reference"ではなく，是非，分厚いマニュアルのほうを手に入れることを勧めたい。DSM-5の生涯発達モデルを正しく理解し，日々の臨床に役立てるためには，解説部分の精読が不可欠であろう。

◆文献

American Psychiatric Association（2013）Diagnostic and Statistical Manual of Mental Disorders, 5th Edition (DSM-5). Arlington：APA.

Andrews G, Goldberg DP, Krueger RF et al.（2009）Exploring the feasibility of a meta-structure for DSM-V and ICD-11: Could it improve utility and validity? Psychological Medicine 39；1993-2000.

Frances A（2013）Saving Normal：An Insider's Revolt against Out-of-Control Psychiatric Diagnosis, DSM-5, Big Pharma, and the Medicalization of Ordinary Life. New York：HarperCollins.（大野裕，青木創 訳（2013）〈正常〉を救え――精神医学を混乱させるDSM-5への警告．講談社．）

Leibenluft E, Charney DS, Towbin KE et al.（2003）Defining clinical phenotypes of juvenile mania. The American Journal of Psychiatry 160；430-437.

Lord C, Petkova E, Hus V et al.（2012）A multisite study of the clinical diagnosis of different autism spectrum disorders. Archives of General Psychiatry 69；306-313.

Pine DS, Alegria M, Cook Jr EH et al.（2002）Advances in developmental science and DSM-V. In：DJ Kupfer. MB First & DA Regier（Eds.）：A Research Agenda for DSM-5. Washington DC：American Psychiatric Association, pp.85-122.（黒木俊秀，松尾信一郎，中井久夫 訳（2008）DSM-V研究行動計画．みすず書房，pp.105-144.）

Pine DS, Costello EJ, Dahl R et al.（2011）Increasing the developmental focus in DSM-5：Broad issues and specific potential applications in anxiety. In：DA Regier, WE Narrow, EA Kuhl et al.（Eds）：The Conceptual Evolution of DSM-5. Arlington：American Psychiatric Publishing, pp.305-321.

⦿発達障害の概念

DSM-5と成人期の病態像

髙貝 就

I　はじめに

　2013年，精神医学における標準的な診断基準であるDSM（Diagnostic and Statistical Manual of Mental Disorders）の第5版，すなわちDSM-5が米国精神医学会より発表され，すでに3年余りが経過した。DSMは精神科診断の標準化を図ることを目的として1952年に初版が発表され，これまでDSM-II（1968），DSM-III（1980），DSM-IV（1994）と大きな改訂を重ねてきた。WHOによるICD（International Statistical Classification of Diseases and Related Health Problems）とともに，世界各国で汎用されている操作的診断基準である。精神医学領域に携わる人々は，職種を問わずDSM-5が精神科診断の「共通言語」であることを認識しておく必要がある。精神科医は好むと好まざるとにかかわらず診断病名をDSM-5で説明できる必要がある。北村（2000）が指摘しているように，DSMは治療者間の診断一致率を向上させるという見地から重要であり，「DSM-5では基準を満たさないが自分の経験に則した診断ではうつ病です」といった説明は臨床力を疑わせるものである。非医療従事者である人々も，すべての項目を熟知することは困難であっても，支援対象者に多い疾患についての診断基準に習熟しておくことは職種間連携や情報共有に大変有益である。

　本稿では，まず発達障害の領域における前版（DSM-IV-TR）からの主な変更点を述べ，さらにそのなかで成人期の病態像の診断に関連する事柄に焦点を当てて解説する。DSM-5の訳語は日本精神神経学会精神科病名検討連絡会による「DSM-5病名・用語翻訳ガイドライン（初版）」に依った。特に発達障害を含む児童青年期の疾患では，これまで"disorder"を「障害」と訳していたが，障害という言葉が児童や親に与える影響を配慮し「症」と変更された。しかし，DSM-IVで普及していた病名については，例えば「注意欠如・多動症／注意欠如・多動性障害」というように新たな病名にスラッシュで併記することとなった。また，DSM-5での発達障害領域の変更点については別著（森ほか，2014）でも詳述しているので参考にされたい。

II　DSM-5での主な変更点

1　呼称の問題多軸診断の廃止

　DSM-IIIからDSM-IVまでは"○○disorder"に「○○障害」の訳語が当てられていたが，DSM-5では前述の事情から「障害」という訳語を変更することになり，2014年5月28日に翻訳ガイドラインの初版が公表された。

2　多軸診断の廃止

　DSM-5の全般における主な変更点は多軸評定の廃止である。DSM-IVにおける多軸評定は，障害を多面的に評価することを目的としてI軸：精神科疾患，II軸：パーソナリティ障害と精神遅滞，III軸：身体的状況，IV軸：環境的要因，V軸：全体の適応状況（全体的機能評定，

Global Assessment of Functioning：GAF）の5軸から構成されていた。DSM-5ではこの多軸評定が廃止された。その一方で「臨床的関与の対象となることのある他の状態」の項目で，対人関係，虐待，教育上の問題，経済的な問題などについての例示の記載がより詳しくなった。操作的診断であるDSMでは，PTSDを例外として，診断基準から原因論を排除している。しかし，日常臨床において原因論を無視してもよいとはしていない。むしろ今回の改訂は，原因論についてもきちんと情報収集を行う必要があることを示唆するものであると考えられる。

Ⅲ 発達障害の領域に関するDSM-5での主な変更点

1 神経発達症群／神経発達障害群の創設

DSM-Ⅲ以来，児童青年精神医学領域で取り扱われることが多い問題は「通常，幼児期，小児期または青年期に初めて診断される障害」という大項目にまとめて含まれていた。DSM-5ではこの大分類が廃止され，いわゆる発達障害に属する"Neurodevelopmental Disorders"（神経発達症群／神経発達障害群）の大項目が創設され，それ以外の疾患は他の大項目に含まれることになった。

また，DSM-Ⅳまでは，ADHDは「子どもの問題行動」の大項目に含まれていたが，DSM-5では神経発達障害のグループに含まれることになった。

わが国ではすでに2005年の発達障害者支援法においてADHDを発達障害と認定しているが，今回のDSMの改訂はその流れとも矛盾しない。

異食や反芻など，重度の発達障害の児童に認められるような食行動異常は，神経性やせ症／神経性無食欲症や神経性過食症／神経性大食症とあわせて"Feeding and Eating Disorders"（食行動障害および摂食障害群）の大項目に含まれることになった。

2 神経発達症群／神経発達障害群の構成

1. 知的能力障害群（Intellectual Disability）

神経発達症群／神経発達障害群のなかには，知的能力障害（Intellectual disability）と，全般性発達遅延（Global Developmental Delay），および特定不能の知的能力障害（Unspecified Intellectual Disability）の3群が含まれる。

まず知的能力障害であるが，これは従来の精神遅滞（Mental Retardation）という言葉が差別的な響きを持つことから呼称が変更された。従来の精神遅滞の定義は，明らかに平均以下の知的機能，および適応機能の欠陥が18歳未満から発症していることとされ，IQレベルにより重症度が分類されていた。しかし，DSM-5では重症度評価の指標として生活適応能力が重視され，IQレベルでの分類がなくなった。生活適応能力は学力（Conceptual domain），社会性（Social domain），生活自立能力（Practical domain）に関して，それぞれ具体的な状況から重症度の判定を行う形に変更された。この変更は，IQが固定的ではなく評価方法によって変化しうるという事実を踏まえたものと思われる。

2. コミュニケーション障害（Communication Disorders）

言語障害（Language disorder）は従来のコミュニケーション障害である。表出型と表出受容型の区分がなくなり，表出と理解の障害の両方を包含した概念となった。この理由は，表出型の児童の大半は後に言語を獲得するためであり，むしろ学習障害など他の精神発達障害の幼児期の症状のひとつと見なしうるからである。ちなみにDSM-5において，言語は，話し言葉，書き言葉，サイン言語などを包括しているので，例えば手話を用いる聴覚障害に関しても，コミュニケーション障害の可能性を考慮することが可能となった。

3. 社会的（語用論的）コミュニケーション症／社会的（語用論的）コミュニケーション障害（Social (Pragmatic) Communication Disorder）

　この項目は、DSM-5におけるコミュニケーション障害のサブカテゴリーの大きな特徴であり、広汎性発達障害から自閉スペクトラム症／自閉症スペクトラム障害（Autism Spectrum disorder：ASD）への変更に伴い新たに導入されたものである。これまで特定不能の広汎性発達障害（Pervasive developmental Disorder Not Otherwise Specified：PDDNOS）と診断されていた児童のうち、社会的コミュニケーション能力は弱いが明確なこだわりや感覚異常が認められず、ASDの診断基準を満たさないという例が該当することになっている。

4. 限局性学習症／限局性学習障害（Specific Learning Disorder）

　従来の学習障害である。これまでと同様に、読み、書き、算数の障害を区分するが、症状記載は学習の習得段階に沿ってより詳細になった。読みの障害（impairment in reading）は、単語の読みの正確さから始まって、読む速度、流暢さ、文章の理解度を評価すると規定された。書き表現の障害（impairment in written expression）はスペル、文法、句読点、そして文章の明確さや構成の正確さなどを評価する。算数障害（impairment in mathematics）は数感覚、計算の正確さや流暢さ、ひいては数学的思考などが評価される。各学年においてどのような形で症状が現れるのか具体例が明記されており、発達段階を考慮した症状評価ができるようになった。また知的障害と同様に、支援の必要性の程度に基づく重症度分類が導入された。

5. 運動症群／運動障害群（Motor Disorders）

　このグループは従来の運動能力障害とチック障害をドッキングさせたものである。
　従来のチック障害は、トゥレット症／トゥレット障害（Tourette's Disorder）、および持続性（慢性）運動または音声チック症／持続性（慢性）運動または音声チック障害（Persistent (Chronic) Motor or Vocal Tic Disorder）に区分され、3カ月以上の発作間歇期があっても診断基準を満たすことになった。

6. ASD

　DSM-III以来、自閉症を代表とする生来の社会性の発達障害を示すグループを広汎性発達障害（Pervasive Developmental Disorder：PDD）と呼んできた。この呼称の理由は、自閉症圏の発達障害が、広汎な領域での発達の問題を引き起こすからである。DSM-IVでは自閉性障害、レット障害、小児期崩壊性障害、アスペルガー障害、PDDNOSの5つの下位診断項目により構成されていた。DSM-5では、レット障害は原因遺伝子が特定されたことを受け、独立した診断名から姿を消した。そして、レット障害以外の下位診断項目4つすべてがASDにまとめられた。さらにDSM-III以来、自閉症およびPDDは、Wingの3徴候、すなわち①社会性の障害、②コミュニケーションの障害、③想像力の障害とそれに基づく行動の障害（こだわり行動）の各領域の機能の遅れや異常の有無によって判定されてきた。しかし、DSM-5では、ASDの診断基準は、①社会的コミュニケーションおよび相互関係における持続的障害、および②限定された反復する様式の行動、興味、活動、という2つにまとめられた。そして②の下位項目に、臨床上の特徴として観察されることが多い知覚過敏性・鈍感性といった知覚異常が追加された。また、これらの問題が幼児期を過ぎてから初めて見出される可能性に関しても言及している。まとめると、従来の幼児期の症状を中核とした診断基準から、どの年齢でも用いることが可能なものへと大きく変わった。

　スペクトラムとは連続体のことである。例えば、光のスペクトラムである虹の色はどこまで

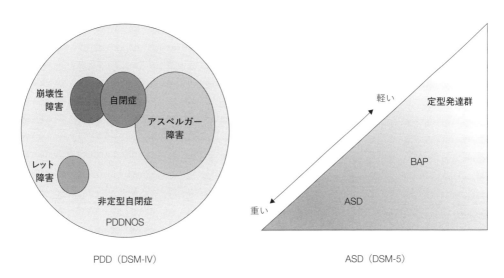

図1 PDDとASD

が赤でどこまでが黄色といった境界を明確に定めることはできず，赤から紫まで徐々に色が変化していく．ASDにおいても，重症の者から軽症の者まで明らかな線引きなく連続しており，その最も軽い群は，従来から指摘されてきた広範な自閉症発現型（Broad Autism Phenotype：BAP）に連続的につながっていき，さらにその外側のいわゆる「ちょっと変わり者」，そして定型発達群に連続していく．

DSM-5ではASDのグループを社会的なコミュニケーションと限定・反復された行動についての障害の重さから軽度，中等度，重度の3段階に区分し，支援提供の目安としている．

7. 注意欠如・多動症／注意欠如・多動性障害（Attention-deficit/hyper activity disorder：ADHD）

DSM-IVまで行動障害に分類されていたADHDは，DSM-5では知的能力障害群やASDと同じ神経発達障害に分類されるという大きな変更があった．もう1つは成人症例の診断を念頭においた記載がなされたことである．診断項目全体としては従来の項目からの著しい変更は認められないが，大きな変更点としては，症状発現年齢が7歳以前から12歳以前に引き上げられたこと，17歳以上の場合では下位項目を5項目満たせばよいと診断基準が緩和されたこと，そして重症度分類が導入されたことである．この点については次項で詳説する．

IV　DSM-5と成人期の発達障害

前項では神経発達症群／神経発達障害群の構成について概説した．この項では，その群のなかでも特に成人期の病態像の評価と記載に関連する部分について改めて詳しく述べてみたい．

1　ASD

前項で述べたように，DSM-5では，ASDの診断基準は，①社会的コミュニケーションおよび相互関係における持続的障害，および②限定された反復する様式の行動，興味，活動，という2つにまとめられ，またこれらの問題が幼児期を過ぎてから初めて見出される可能性に関しても言及している．このことは，従来の幼児期の症状を中核とした診断基準から，どの年齢で

も用いることが可能なものへと大きく変わったことを意味している。これまで統合失調症やうつ病と診断とされていたが，標準的な薬物療法，支持的精神療法，デイケアなどの社会資源への反応がどうもしっくりこない，あるいはDSM-IVでは操作診断上「適応障害」や「うつ状態」といった本来なら暫定的である診断を当てはめざるを得ないといった成人症例について，ASDの可能性を考えて枠組みを見直すと病態像を理解しやすくなった経験のある心理職や精神科医は少なくないであろう。成人で発達障害を疑う場合は，発達歴を詳しく再聴取を行うこと，また養育者からの聴き取りが可能ならばPARS（辻井ほか，2008）を施行するべきである。本稿では成人のASDの治療について紙幅の制限もあり詳述はできないが，宮岡・内山（2013）の対談形式による解説書はDSM-5の理解にも有益であるので一読をおすすめしたい。

2　ADHD──発達障害に正式に仲間入り

DSM-IVまでは行動障害に分類されていたADHDは，DSM-5では神経発達障害に分類され，成人症例の診断を念頭においた記載に変更された（表1）。

診断項目の全体には著しい変更は認められないが，症状が明らかになる年齢が7歳以前から12歳以前に引き上げられた。このことは，小学生時代の症状の確認ができればよいということ

表1　ADHDの診断基準（森ほか，2014）

A1：以下の不注意症状が6つ（**17歳以上では5つ**）以上，6か月以上持続 　　a．細やかな注意ができずケアレスミスをしやすい 　　b．注意を持続することが困難 　　c．話を聞けないようにみえる（うわの空，注意散漫） 　　d．指示に従わず，宿題などの課題が果たせない 　　e．課題や活動を整理することができない 　　f．精神的努力の持続を要する課題を嫌う 　　g．課題や活動に必要なものを忘れがちである 　　h．外部からの刺激で注意散漫となりやすい 　　i．日々の活動を忘れがち
A2：以下の多動／衝動性の症状が6つ（**17歳以上では5つ**）以上，6か月以上持続 　　a．着席中，手足をソワソワ，モジモジする 　　b．着席が期待されている場面で離席する 　　c．不適切な状況で走り回ったりよじ登ったりする 　　d．静かに遊んだり余暇を過ごすことができない 　　e．「突き動かされる様に」じっとしていられない 　　f．しゃべりすぎる 　　g．質問が終わる前にうっかり答え始める 　　h．順番待ちが苦手である 　　i．他の人の邪魔をしたり，割り込んだりする
B：　不注意，多動・衝動性の症状のいくつかは12歳までに存在
C：　不注意，多動・衝動性の症状のいくつかは2つ以上の環境で存在（家庭，学校，職場……）
D：　症状が社会，学業，職業機能を損ねている明らかな証拠がある
E：　統合失調症や他の精神障害の経過で生じたり，説明することができない

を示している。これまで，養育者から幼児期の情報を十分に得られないためにADHDの診断ができなかったような成人症例に対しても，ADHDをターゲットとした治療を行うことができる可能性を示唆している。また，下位項目のうち診断に必要な項目数が6つから5つに減ったことで診断基準が緩和された。

　成人症例では児童症例と異なり症状が外から見えづらく，またうつ病や双極性障害，アルコール依存が合併していることもある。このため，成人でこれらの症状を認める場合，まずADHDの併存を疑うこと，次に適切な情報収集に基づいた診断を行うことが必要である。児童のADHDの評価尺度としてADHD-RS（ADHD Rating Scales）が汎用されているが，成人に対しては成人向けに開発された診断面接ツールCAADID（Conner's Adult ADHD Diagnostic Interview for DSM-IV）や評価尺度CAARS（Conner's Adult ADHD Rating Scales）などを施行することで，より的確な情報収集を図ることが可能となる。一般的な精神科に勤務している心理職や精神科医にもこれらのツールを活用することをおすすめしたい。

V　おわりに

　発達障害に関するDSM-5の主な変更点と，その変更が成人期の病態像の評価に及ぼすと思われるポイントについて述べてきた。個人的には今回の変更点は実際に則した内容であり，診断の狭間に陥っていた人たちを支援できる展望が広がった印象がある。

　DSM-5の診断基準の記載は法律の条文と同様，一見すると症候や期間の羅列のように見えてとっつきにくいかもしれない。しかし，法律と同じく幾多のプロセスを経て，最終的には相対的な弱者（≒患者）の幸福（≒健康）を守る目的として作られたものと考えてみると親しみが湧いてくるのではないだろうか。

◆文献

American Psychiatric Association (2013) Diagnostic and Statistical Manual of Mental Disorders, 5th ed. American Psychiatric Association.

Conners CK, Erhardt DE, Sparrow E［中村和彦 監修, 染木史緒, 大西将史 監訳］（2012）CAARS™日本語版自己記入用紙, 検査用紙（5名分入）. 金子書房.

Conners CK, Erhardt DE, Sparrow E［中村和彦 監修, 染木史緒, 大西将史 監訳］（2012）CAARS™日本語版観察者評価式用紙, 検査用紙（5名分入）. 金子書房.

Conners CK, Erhardt DE, Sparrow E［中村和彦 監修, 染木史緒, 大西将史 監訳］（2012）CAARS™日本語版マニュアル. 金子書房.

Epstein J, Johnson DE, Conners CK［中村和彦 監修, 染木史緒, 大西将史 監訳］（2012）CAADID™日本語版パートI――生活歴　検査用冊子（5名分入）. 金子書房.

Epstein J, Johnson DE, Conners CK［中村和彦 監修, 染木史緒, 大西将史 監訳］（2012）CAADID™日本語版パートII――診断基準　検査用冊子（5名分入）. 金子書房.

Epstein J, Johnson DE, Conners CK［中村和彦 監修, 染木史緒, 大西将史 監訳］（2012）CAADID™日本語版マニュアル. 金子書房.

北村俊則（2000）精神疾患診断の問題点と操作診断の必要性. 精神科診断学 11-2 ; 191-218.

宮岡等, 内山登紀夫（2013）大人の発達障害ってそういうことだったのか. 医学書院.

森則夫, 杉山登志郎, 岩田泰秀（2014）臨床家のためのDSM-5虎の巻. 日本評論社.

日本精神神経学会精神科病名検討連絡会（2014）DSM-5病名・用語翻訳ガイドライン（初版）. 精神神経学雑誌 116-6 ; 429-457.

辻井正次, 行廣隆次, 安達潤ほか（2008）PARS (Pervasive Developmental Disorders Autism Society Japan Rating Scale). 広汎性発達障害日本自閉症協会評価尺度. スペクトラム出版社.

Wing L (1997) The autistic spectrum. Lancet 350 ; 1761-1766.

◉発達障害の概念

発達障害概念の社会性
人は障害をどう生きるか

森岡正芳｜山本智子

I　はじめに

　発達障害という概念が臨床の場を大きく変えようとしている。先日，高校の同窓会があり，内科を開業している某君に久々再会したが，いきなり，「発達障害の患者さんたち何とかしたってくれ。どうしたらいいのか困っている」とかなり真顔で訴えてきて，少々面食らった。また，あるクリニックの事例研究セミナーに参加した折のこと，講師の神田橋條治先生は精神医療において，おそらく発達障害であるにもかかわらず，向精神薬の誤った処方が予後をこじらせた例が相当な割合に上ることを，発表事例にもとづきながらコメントされた。コメントのたびに発達障害を話題にされたような記憶があり，準備の整わない私は少なからず当惑した覚えがある。

　たしかに発達障害のアセスメントが磨き上げられ，科学的に精緻に解明されるにいたって，特異例として扱われてしまうさまざまな症状や問題行動が，この発達障害という概念で説明がつくようになったように思える。臨床や教育の現場で，誤解にさいなまれてきた子どもの行動も，発達障害を前提にすることで，それまでとはまったく違ったとらえ方が生まれることがある。私たちの経験をふりかえってみても，発達障害という観点から見ていたら，クライエントたちへの理解，アプローチの仕方がずいぶん変わっただろうと思えることが少なからずある。

　ある青年のことを思い出す。会話が苦手。一つのことにこだわるとそれまでの行動が中断し，じっとして動かない。同級生たちからは疎んじられやすい。誤解されて暴力の被害を受けることもたびたびあった。解離症状や強迫症状があるとみなされ，投薬を受けるが，改善しない。面接でのやりとりもコミュニケーションが一方向的で，繰り返しが多いのが特徴的であった。私も面接での交流には，難しさを感じていた。

　ある男性のことを思い起こす。職場カウンセリングを利用され，うつやパーソナリティの問題と言われ，投薬も受けている。職場の異動のたびに，同僚とトラブルを起こす。仕事が覚えられない。それを怠けや努力不足とされてしまう。人からさいなまれ，自らの評価も地に落ちる。彼は繰り返し不適応感を訴え，そこに焦点を当てるが，内省が深まる様子がなく面接は停滞気味であった。

　これらの状態に対して発達障害という観点をとることで，支援者・面接者にとって理解のモードが変わる。見通しがつき，支援を遂行するためのストーリーが立てやすくなる。一方で支援者の側がわかりやすくなったとしても，当事者はそうはわりきれない。発達障害がどのように説明され，理解されるか。そのあり方によっては，生き方を覆され否定されたような体験にもなるだろうし，逆にそれまで苦しんできたことが発達障害という観点を受け取ることで氷解し，楽に生きはじめようとする当事者家族もいる。

Ⅱ 発達障害は社会のなかでどのように使われるか

　発達障害は医学心理学概念として定義され，その定義も研究が進むにつれて新たに更新されている。さらに2005年4月，発達障害児（者）が支援の対象として法的に位置づけられることによって，発達障害は社会制度のなかにとりこまれ，公共的な意識のもとで支援を計画的に行うことが必須となった。それが社会のなかで，生活者の概念として使用され，生活文脈においてなかば必然的に，新たな意味を加えていく（森岡，2010）。学校教育と生活の場で，当事者たちは障害をどのように意識し，それを生きようとしているのだろうか。

　発達障害という言葉が流布し，家庭や学校職場における日常生活のコミュニケーションで用いられるようになった。医学心理学的な診断名は人々の生活のなかで使用され，生活者の現実を変えていく力をもつ。発達障害にかぎらず，医学心理学の診断名にはつねに社会的な意味行為が付きまとい，用いられる状況を反映する。概念が内包する医学心理学的な意味は生活の場に即していわば翻訳され，行動の指針や納得の手がかりを与えるが，ストーリーとして固定化されやすい。

　発達障害への支援はもちろん，障害の理解に即した理にかなったものでなければならない。発達障害に関して共通してあげられる特徴は，対人相互コミュニケーションに本来的な困難をかかえていることだ。対人相互応答性，コミュニケーションの障害とは何かについて，多様な議論が展開されている（別府，2012）。ここから派生する課題はきわめて広範囲にわたることが予想される。

　支援者は発達障害という障害についてどのようにとらえ，説明し，伝えてきたか。当事者家族がその言葉をどのように受け取り，生活のなかで人と共有しようとしてきたか。発達障害にかぎらず，病や障害のアセスメントには，支援者と当事者との間でのコミュニケーションが付随する。科学的検証を行うためには，そのような関係文脈からデータをいったん切り離し精査することは必要な作業であるが，実践現場においては発達障害が話題になる特定の社会的文脈を背景において，発達障害の意味を探求する必要がある。

　発達障害概念の社会性という課題は2つに分けられる。1つは，発達障害をかかえることによる，集団のなかでの相容れなさ，相互交流の困難さから派生する二次的な障害，すなわち発達障害という障害が内包する社会性の課題である。もう1つは，発達障害という概念が生活のなかで流布し用いられることによって固有の文脈が生まれ，独自の意味付与がなされていくという社会的な課題である（以下混乱を生じやすいので，概念として社会的に使用される場合には「発達障害」「障碍」とする）。ともに大きな課題であるが，拙論は当事者の立場において障害がどういう意味をもち，当事者がどのような現実を生きているのかに迫る端緒としたい。

Ⅲ 障害をとらえる側の視点

　診断のもつ社会的な課題を問うとき，障害者に関わる援助者自身も自分の視点を問い直すことを迫られる。長年施設で障害当事者，家族と施設職員への支援に取り組んできた山本智子は，この問題について以下のように述べる。

　　私は知的障碍者自立支援施設で心理職として働いている。この施設を訪れるようになった当初は，障碍があるその人たちの問題行動（と言われていた行動）の変容を目指していたように思う。しかし，障碍がある方々と過ごしているなかで，彼らが示すさまざまな行動（たとえば，私たちが「こだわり」と呼ぶような）は彼ら自身の障害特性によるものという

よりも，むしろ支援する私たち自身のとらえ方の問題ではないだろうかと感じるようになってきた。つまり，彼らの日々の行動を「問題」としてとらえる私たちのまなざしの在り様に目を向けるようになってきたのだ。それは，障碍が重度であったとしても軽度であったとしても，施設を利用している方々すべての人々に対する私たちのまなざしや向かい方が，彼らの行動の意味を変えてしまう可能性をもつことに気づいたといえるのかもしれない。

私たち支援者という外側からみれば，障害特性ゆえの困ったこだわり行動のようにみえるものが，当事者たちという内側からみれば，「障害特性」といった専門用語で表されるものではなく，彼らが「自分を生きるひとつの姿」に他ならないと思われるのだ。もちろん障碍はすぐさま受け入れられ納得されるようなものではない。彼らは深い葛藤や怒りの感情を抱えこむ。

「僕がどうして障碍なのかいまだに納得いきません。なんで，こんな施設を利用しなくてはいけないのでしょうか。僕は普通に生きてきて，これからしたいこともいっぱいあったのに，全部失ったような気持ちになって，いてもたってもいられないときがあります」。

このように語るのは，木本純一（仮名）さんである。木本さんは高校を卒業したのち，専門学校でコンピューターの資格を取り，中堅の会社に就職した。しかし，人間関係がうまくいかず離転職を繰り返した結果，しばらく家にひきこもった状態であったが，家族の勧めもあり法人が運営する就労支援施設を利用するようになった。診断名はアスペルガー症候群である。

最近では，木本さんのように中途から障碍の診断を受け施設を利用する人々が増えてきた。なかには，「自分が人とうまくいかず仕事を転々としたのは，障碍だったからなんだ」と納得し，センターでの研修に前向きに取り組もうとする利用者もいる。しかし，木本さんのように，「なぜ自分が」という思いから逃れられず，次々に不適応行動を繰り返し，家族や職員，そして自分を攻撃し苦しむ利用者も少なくはない。

「おかしくないですか？　僕が仕事を転々としたのは，酷いいじめがあったからでしょう？　抗議したって相手にされない。『お前が悪いから』って言われて，毎日毎日いじめられて，そこにずっといられる人って……。そういう人を『正常』っていうんなら僕は『障碍』かもしれませんが，それってやっぱりおかしくないですか？」

木本さんは自分が障碍と診断され，施設を利用していることに納得がいかず，担当の職員に毎日こう訴えていた。担当の職員である笹谷さん（仮名・女性）は，木本さんが訴えるたびに「木本さんの気持ちはわかります。でも，心理検査からは苦手な部分があるっていうことが出ているので，障碍云々とは考えないで，その部分をここでトレーニングして，できるようになって，もう一度，社会に出ていく。そのお手伝いを私たちはしたいと思っているので，一緒に頑張りましょう」と答えていた。

しかし，木本さんは，「一度こんなところを利用して，おまけに障碍の診断までつけば，自分の人生は終わりってことじゃないんですか。あなたは僕に何を提供してくれるのですか。僕の人生に何かを与えてくれる力はあるんですか」と反論した。笹谷さんは，「木本さんの気持ちは理解できるのだけれど，木本さんの自分の人生への怒りがとても強くて……。私に怒ってるんじゃないとはわかるんですけど，私自身の職員としての能力のなさを責められているようで苦しくなりますし，答えに詰まることもあって，とてもしんどいです」と語っていた。また，「木本さんのこういうところが，今までの離転職の原因になったんじゃ

ないかと思うこともあります。とにかく，自分のことを対象化して見られず，何かうまくいかないと人のせいにする。ここが木本さんの弱い部分なのでしょうね。ここにどうアプローチしていけば良いのか。とにかく何を言っても怒るし，依存が強いので，職員としての距離を取るのが難しいです」と困惑してもいた。

そうしたある日，笹谷さんから相談したいことがあると連絡が来た。

「木本さんは専門的な知識も豊富だし，世の中も私以上に知っているし，このままではもったいないという思いもあり，木本さんの社会性さえ育てば，また社会に戻ってうまく生きていってくださるんじゃないかと思います。そこで，SSTなどの研修のなかで木本さんが人を怒らせるようなことを言ったときには『相手の気持ちになってみてください。木本さんはもう少し同じことを伝えるにも言い方があったのではないですか』などと，いろいろアプローチすることにしたんですが……。木本さんが，私に言ったことは，『そこができないから障碍なんじゃないですか。周囲が配慮するのが当たり前なんじゃないですか？　僕が変わらなくちゃいけないんですか？』という言葉で，私はすっかりわからなくなってしまいました。あれだけ障碍に抵抗があって毎日毎日私に訴えて，私も一生懸命考えて，でも答えはなくて。なのに，なんかこういうときだけ『僕は障碍なんだから，周囲が配慮すべきだ』とおっしゃることに，私自身が参ってしまって。なんか，都合の良い人だなと思ってしまって……。職員はそんなことを思ったらだめなんでしょうけど。『ずるいなあ』という思いになってしまいました」。

生活の場，施設の日常では，以上のような葛藤はきわめてよくあることである。現場で起きていることは，複雑である。山本は次のように述べる。

　私は笹谷さんの話を聴いて，あらためて「発達障害」という診断が個人の人生に大きな影響を与えるのだと考えた。木本さんにとって，「障碍」はそれこそ，外側から急に自分の内部に侵入してきた「違和感を覚える何かわからないもの」であったのだろう。そしてそれは，周囲にいる他者からの自分に対するいじめとも言えるような否定的な態度に対する自分の反応が，「障碍」と言われることへの受け入れがたさだったようにも思われる。木本さんにとっては，いじめに対して抗議を申し立てるといった当たり前の行動が「障碍」と言われ，一人世の中から「排除」されたように映ったのかもしれない。そのため，木本さんはどうしようもない社会の構造のなかで自分自身を守るために，「障碍」を使ったのではないだろうか。木本さんが自分の人生を生きるために，違和感を覚える不確かなものとして侵入してきた「障碍」を使わざるをえないと判断したこと。笹谷さんにとってそれは「ずるい」と感じられたこと。それはけっして二人の間の問題ではなく，私たち周囲の人間すべてに突きつけられた，とても大事な「問題」ではないだろうか。

「障碍」という言葉は，それと診断されていない私たちが想像する以上に，発達障害の当事者を苦しめているものである。木本さんにかぎらず施設を利用する他の発達障害の利用者たちからも，「障碍と言われたことで，今までの自分は何だったのか整理できない」「いらいらする」「何かに腹が立つ」といったネガティヴな語りが出てくることは珍しくはない（山本ほか，2013）。

Ⅳ 一人一人を見ていく

　発達障害という「障碍」を生きるという体験は，障害の程度や診断されてからの経過，親や周囲の他者からの評価などによって複雑な意味の層を形成している。発達障害が何よりもわかりにくい障害であるといわれるのはこのことと深く関係する。山本があげた当事者木本さんと施設職員笹谷さんの間で交わされたやりとりのなかで，「発達障害」は「違和感を覚える何かわからないもの」としての意味をもつ。同時に「発達障害」という言葉は，コミュニケーションを媒介し，木本さんは笹谷さんら職員との間で「発達障害」を使用する。それは守りの手段にもなる。職員からすると，都合のいいときだけ「僕は障害だから」というかたちで「発達障害」が使われるようにも見える。しかし，木本さんの訴えの背後にあるのは，障害という側面からのみ私を見るのではなく，私を丸ごと受けとってほしいということではなかろうか。木本さんにかぎらず，当事者は「発達障害」があるからうまくいかないというストーリーを作り，このストーリーは固定したものになりがちである。このストーリーにのって施設職員が支援をすると，ますますストーリーが固定してくる。これをどのように動かすか。もちろんこれは簡単なことではない。特に大人になってから発達障害という診断を受けたとき，木本さんのような反応を引き起こすのはむしろ自然だろう。一方で，なぜ自分が人とつながりにくかったのか，ようやく分かった，納得したと自分のそれまでの苦しみからようやく抜け出したような形で，自分が分かるようになったという人もいる。以上の相反する自己のとらえ方は同一人のなかでも揺れ動いている。おそらく木本さんもそうだろう。支援者はそこに沿いながら，障碍のストーリーにのらない例外的な出来事やエピソードを掘り起こしていく。

　発達障害への支援は長期にわたるものである。支援を持続しうるのは，自分のことを語らなかった当事者が，いろいろな思いを伝えるようになる，その手ごたえにこそある。

　発達障害をあらためて自分の言葉で語り直す。この作業を通して，発達障害を自分のものとして生きること。それを支援者との間で粘り強く続けられることが求められよう。

　2007年4月，特別支援教育に関わる学校教育法の改正があり，これまでの障害区分にもとづく障害だけではなく，一人一人の教育的ニーズを把握した適切な支援が学校において求められるようになった。ところが一人一人の教育的ニーズの把握は，障害に関わる診断を行い，それにもとづいて適切な治療教育を行うという発想にすり替えられてしまいがちである。田中（2011）のいう学校や施設現場の医療化が危惧される。

　ここで，一人一人を見ていくという視点に力点を移して検討することが必要となる。それは，発達障害が一人一人の生活においてどのように体験されるのかという課題である。

　11歳の男子と一緒に散歩に出かけた。いつになく行動に落ち着きがなく，慣れ親しんだはずの散歩道なのに，急に暴れ，叫び声をあげだした。状況をよく調べてみると，平日の放課後にいつも通っている学童クラブに向かう道筋で，このように動き出したことがわかった。日曜日なのに指導員がその道に入ろうとしたため，どうもパニックになったらしい。

　以上は，ある障害者施設で職員の方からうかがったエピソードであるが，こうした発達障害の特徴のひとつ，固執行動についても，行動の特徴を外から見て判断する視点，行為（行動）障害としてラベリングする一般化の立場では漏れ落ちてしまう側面がある。発達障害だからこういう行動をするという理解，すなわち障害特性として行動を見ることと，生活の文脈のなかでそれをとらえることとでは，同じ行動でもその意味はずいぶん違ってくる。すると，障害と

される行動も不安への何らかの対処法ととらえる視点が生まれてくる。当事者の生活に入り，一緒に動き，生活の文脈のなかでその行動をおいてみると，当事者にとっての意味が見えてくる。

一人一人を見ていくということは，名前をもった相手と支援者の関係性を生み，その関係のなかで当事者自身の障害の体験とつき合っていくということである。人はまず生活者であり，固有の歴史をもつ存在である。関わりの今に自分を表現する存在である。その部分は今をゆっくりとつき合う人にこそ，見えてくる。またこの「今」にゆっくりつき合うことを通じて，その人の過去はけっして固定したものではないとする新たな目で見ることも可能となる。

◆文献

別府 哲（2012）コミュニケーション障害としての発達障害．臨床心理学 12-5；652-657．

森岡正芳（2010）一人の障がい者の前で私たちは——当事者の視点をめぐって．発達 123；76-82．

田中康雄（2011）「発達障害」を「生活障害」として捉える．臨床心理学 増刊第2号；18-23．

山本智子（2010）AD／HDと診断された子どもたち——彼らは「障碍」をどう語るのか．発達 123；61-68．

山本智子，阪本亜樹，北井香織（2013）障がいがある人の「当事者性」，「自己決定」を支える支援とは——アスペルガー症候群と診断された利用者に対する就労支援の事例から．発達・療育研究 29；29-41．

◉二次障害の問題

不登校・学校での不適応の背景として

髙栁伸哉

I 発達特性の多様さ

　発達障害は広く知られる言葉となってきた一方，その実態は多岐にわたり，同じ診断名であったとしても個々の子どもには実に多様な姿がみられる。発達障害に関しては近年医学的な研究も進められており，そのなかで，生来の素因と環境因により障害にいたる多因子モデルが提唱されている（杉山，2010a）。杉山（2010a）は発達的な素因を発達凸凹と呼び，発達凸凹自体が障害を表すのではなく，発達凸凹＋適応障害となっている状態を狭義の発達障害としている。ここでは杉山の見解も含め，個々の子どもの生来の特徴である素因を「発達特性」として述べていく。

　発達障害のある人にみられる発達特性としては，視覚的（あるいは聴覚的）刺激の優位，感覚の過敏さ（あるいは鈍感さ）など，脳機能に起因する認知的な差異が報告されている。それぞれの発達特性自体はそのまま問題につながるものではなく，課題や環境設定によってはその特性がパフォーマンスの高さにつながる側面も多々報告されている。しかしながらここでは，集団への適応や共通の規律・規範にしたがって生活するという学校環境のなかで，ある種の発達特性が特定の環境要因との相互作用で適応障害を引き起こしてしまうリスクを高めるという側面に焦点を当てて紹介していくことをご了承いただきたい。適応障害を呈している場合に注意すべきは，子どもの発達特性と現在の環境要因との相互作用だけでなく，その子どもの過去の被害体験などによる二次障害や誤学習が影響していることである（図1）。

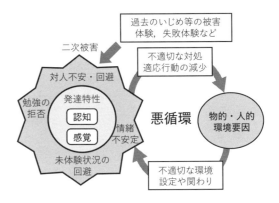

図1　発達特性と過去の被害体験による二次障害，環境要因との悪循環

II 学校における諸問題と発達特性の関連

　学校生活への適応は誰しもが通る道であるとともに，多くの障壁を乗り越えねばならない困難な過程といえる。例えば，小学校への就学を考えると，大きな建物に6学年にわたる大人数が在籍するという物的・人的環境変化があり，また授業や生活指導などの教育システムが導入される。一般的に発達段階としても成長が著しい反面，身体的変化と内面的成長のアンバランス

によるアイデンティティの危機など、心身ともに不安定になりやすい。このように不安定な状態のなかで、顕著な発達特性を有している子どもは学校生活での不適応のリスクが高まり、さまざまな適応問題につながりうることが示されている。ここでは特に、学校でみられる子どもの諸問題において、背景要因として見落とされがちな発達特性を紹介していく。なお、ここで取り上げる事例は、筆者が関わったいくつかのケースのなかで、発達特性の関連がうかがえるエッセンスを抜き出して記述したもので、詳しい個人要因や環境要因は変更・除外している。

1　不登校の持続要因としての発達特性

学習や友人関係における問題から、学校を休みたくなるという気持ちは、程度の差はあれ多くの子どもが感じうるものであろう。一方で、いわゆる不登校と呼ばれる状態になると、学習や対人関係での不適応を起こし、さらには将来的な社会生活の不適応にもつながることが示されている (Sewell, 2008)。不登校の子どもに関わるなかで、発達特性が背景に想定されるケースがしばしばみられる。特に、社会性の困難さや頑なな思考様式（こだわり）が顕著なケースで周囲の理解と配慮が不足している場合には、対人関係でのトラブルや学校生活における規律への不適応を呈しやすく、不登校にいたるリスクが高まる。さらに、欠席が長期間続いている状態から学校復帰につなげる際にも、学校への拒否的認知の緩和や行動パターンの修正が難しいこともある。さまざまな支援を行ったにもかかわらず不登校が長期にわたる子どもの場合、何らかの発達特性が背景にあると考えたほうがよいと思われる。

［事例1］中学校2年生A君のケース

A君は入学時よりおとなしい子であまり目立たず、成績は中の下。特定の友人はいないが同級生に話しかけられている様子もみられ、担任教師からは、孤立しているようにはみえなかった。1年生2学期より身体不調を訴え休みがちになり、3学期より欠席が続いているが、担任には特別な理由が思い当たらない。担任は定期的に家庭訪問をしてA君とも話しているものの、学校に来ない原因の質問や登校への促しは曖昧な返事でかわされてしまう。一方、期末テストなどで担任が「この日には来てほしい」と強く要望すると保健室へ登校でき、休み時間に訪問した同級生にも特に拒否的な様子なく談笑していたという。しかし登校は持続せず、次の日からまた欠席が続くという状態であった。担任はA君の気持ちに寄り添いながら支援したいが、どうしたらよいかと筆者に相談された。筆者は担任とともに家庭訪問をしてA君と会話すると、学校の話題に関する反応は乏しいが、趣味の話ではパソコンでネットゲームをしていることを生き生きと語った。実際に話したA君の様子と、養護教諭などの情報から総合し、欠席が続いた原因は明確ではないものの、昼夜逆転生活や学校より家庭での楽しみに没頭する生活の習慣化がみられた。A君には将来の進路に関するイメージや不登校についての問題認識が乏しく、苦手な勉強などがある学校よりも好きなゲームのできる家庭生活を好むという、社会的文脈を理解する困難さや限定された関心といった発達特性がうかがえた。

2　感覚過敏を背景とした不適応

DSM-5（American Psychiatry Association, 2013）でASDの診断基準に追加された身体感覚の過敏さや鈍感さは、日常生活における多くの行動に影響する一方、本人にとっては生まれつきの感覚であることから、他者との違いに気づきにくい要因でもある。特に刺激への強い嫌悪を感じる場合は不適応につながりやすく、聴覚過敏では特定の音や大きな音による不快、触覚過敏では触れ合うことへの不快などもある。学校生活を考えると、子どもたちのにぎやかな

おしゃべりや椅子を動かすときに床と摩擦する音など，実に多彩な音刺激が発生しうる。ここで聴覚過敏のある子どもは，さまざまな場面でストレスを感じ，心身ともに不調をきたすことや，ともすれば学校に行くことを拒否する場合もある。また触覚過敏のある子どもは，体育の授業でペアになって柔軟体操をすることや，友だち同士で仲良く手をつないで歩くことにすらストレスを感じてしまう可能性がある。

[事例2] 小学校1年生B君のケース

B君はとてもしっかりした子で成績も優秀である。しかし，体育の授業は「（体操）服がダボダボしているから着たくない！」と訴えたり，特定の勉強を「やりたくない！」と強く拒否し，担任教師からは「わがままな子」とみられていた。1学期の終わり頃には徐々に苦手な勉強にも取り組むようになり，少しずつ落ち着いていったものの，担任は「なんで良くなったのかわからないんです」と腑に落ちないという。一方で体操服への不満は変わらず，B君は「（服が着られなくて体育に）出たいけど出られない！」とも訴えており，担任より筆者に相談があった。B君の学校や保育園でのエピソードを確認していくと，保育園でも毎年年度当初には落ち着きがなくなり活動を拒否することがみられたが，少しずつ穏やかになること，保育園の服も当初は嫌がって着ようとしなかったことがわかった。諸々の情報を総合したところ，学習能力の高さや言語表現の豊かさはあるものの，新しい環境への適応の難しさや触覚刺激への過敏さがうかがえ，発達特性を背景とした負荷を強い拒否で訴えている可能性が推察された。

3 発達特性の重なりや悪循環の懸念

文字制限の都合で簡略化しているが，実際にはどのケースも情報収集や本人・家族との面談など，多くの過程を経てアセスメントしている。こうした学校での不適応で担任から相談されるケースにおいて発達障害の診断を受けている子どもは稀であり，多くは「少し変わっている子」とみられていた。専門的な視点からみるとさまざまな発達特性が想定されるエピソードが聞かれるのだが，学校現場では典型的な傾向や顕著な行動がみられないと，見過ごされてしまうか「困った子」という誤った認識をもたれてしまいやすい。視線を合わせて会話はできるが，ふとした意志のキャッチボールがうまくいかない子や，できることとできないことのギャップが大きい子のなかに，実は発達特性を背景にした苦手さがあった，という場合も多々ある。

また，過去の被害体験や失敗体験などによる二次障害を呈している場合には，さらなる配慮も求められる。ASDの人には過去の出来事が現在の意識に割り込んでしまうという特異な記憶想起現象がみられ，杉山（2010b）は"タイムスリップ現象"と名づけている。タイムスリップ現象から過去の被害体験や失敗体験に重なると，PTSDにみられるフラッシュバックのような再体験が生じ，問題の改善がより一層困難になることがある。以上のことから，ある種の発達特性のある子どもは，学校での不適応をきたしやすいとともに，問題が維持されやすいという両面でのリスクがある。さらに，B君のケースのように，発達特性を背景とした適応問題だけでなく，担任教師の「わがままな子」という意見にみられるように，認識のすれ違いによる悪循環も懸念される。図1で示したように，本来は発達特性と環境要因による不適応であったものが，ともすれば担任教師や学校への嫌悪感や拒否につながり，二次障害が生じることも十分にありえる。そのため，子どもが示す不適応や問題行動の背景に，本人自身も気づかない感覚の過敏さ・鈍感さや特異な認知という発達特性がある可能性を，教師や支援者など周囲の大人は想定しておくことが必須といえよう。

III 発達特性への理解と支援の検討

1 発達特性を考慮した支援方策の選択

　発達特性を背景とした不登校や学校への不適応をきたしているケースでは，子どもの内面の理解やカウンセリングマインドを基にした心理的な支援では改善につながらない場合も多い。例えば，音への過敏性から学校生活での雑音を不快に感じ強いストレスを感じて種々の不適応行動を起こしている子どもに対して，嫌な気持ちに共感的理解を示したところで，発達特性や嫌悪刺激は変わることはないため，不適応行動が持続してしまう。音への過敏性が要因として想定されたのならば，まずは音刺激を減らす環境面の工夫や，一時的に耳栓を使用するなどの対処を行うことで，不快な刺激や子どもが受けるストレスを低減することが効果的である。さらに，不快な音刺激への嫌悪感を「あの音がイヤです。助けてください」と表現するなど，困っていることを適切な方法で訴え援助要請ができると，悪循環を防ぎ周囲の適切な対応を引き出しやすくなる。

　図2には適切な行動パターンが未学習となっている場合の支援方針のポイントを示した。特に他者への関心が薄く視野が狭くなりがちな発達特性のある子どもは，周囲の状況を把握したり他者を見て適切な対処行動を学ぶことが苦手なため，問題解決で困難をきたしやすい。不登校を例にすると，さまざまな行動のレパートリーをもっている子ども（図2の左側）は，その対処方法や適応行動を発揮して登校の妨げとなっている問題や悩みを軽減することで，自律的な学校復帰も期待できると思われる。一方で，問題性の認識が難しく対処方法や適応行動のレパートリーに乏しい子ども（図2の右側）は，悩みを聞かれたり自分の気持ちを尊重されてもどうしたらいいかわからないので，進展が期待できず，さらに困惑してしまうことすらある。このように限定された関心や行動を示すなどの発達特性を有した子どもの場合は，悪循環な行動パターンに陥る可能性もある。この場合，共感的な理解や心理的なケアよりも，適切な状況理解と行動の枠組みを提示する支援方策が効果的である。

2 学級での不適応に発達特性の関連が想定される子どもと周囲の大人への働きかけ

　それでは最後に，先に挙げた2事例に関しての対応を記していく。ここで挙げた対応はあくまで参考例としてご覧いただきたい。

[事例1] 不登校の中学校2年生A君のケース

　先述したA君の見立てを基に担任教師や養護教諭と支援方策を検討し，登校して勉強するという行動の枠組みを段階的に作っていくこととした。A君自身には出席日数を確保することや生活での行動範囲を広げることで卒業後の進路選択の可能性も広がると伝えた。そしてまずは登校しやすいという保健室登校から始め，少しずつ学習や教師との会話など慣れていく方法を提示した。A君は「できることからなら」と同意し，その後は週に2日ほど午後から1時間程度で保健室登校を始め，登校する行動パターンを形成していった。A君との会話では趣味の

・社会性の困難さ　→　人や周りの様子を見る，状況を想像して対処することが難しく，自然にコツを覚えることがうまくできない

→ いろいろな対処の仕方が使える

→ どうしたらいいかわからない……

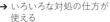
まずは基本的な知識や行動を学んできづき方のコツや対処の仕方の"引き出し"を増やしていくことが必要!!

図2　社会性の困難さを抱える人への支援におけるポイント

ゲームの話をするなど，学校で過ごすことや他者とのコミュニケーションが肯定的な体験となるように工夫した。3年生の2学期頃には，教室への登校はできないものの，特別支援学級の生徒と一緒に授業を受けることもあり，同級生と受験や趣味について話して過ごす姿もみられた。このケースでは，学校や教師，同級生への強い拒否や不安など顕著な二次障害がみられなかったことが幸いし，緩やかに登校と学習への取り組みを促進することができた。

[事例2] 過敏性の想定される小学校1年生
　　　　　B君のケース

ここでは担任教師へのコンサルテーションのみだが，先述の見立てを伝え，B君の拒否や反抗的態度はわがままではなく，新しい状況に慣れることが苦手な面や嫌な刺激への不快感の訴えとして捉えてみることを促した。担任の理解を整理していくと，徐々に勉強への取り組みが増えてきた様子や「授業に出たいけど出れない」と授業に出ようと頑張る気持ちがあるなどB君なりの努力への着目が進んだ。また，言葉そのものは反抗的で激しいように思われるが，慣れない課題について「やりたくない！」ではなく「どうしたらいいかわかりません」と代わりの適切なヘルプの出し方を教えていくことも可能であることを伝えた。おそらくB君は知的にも高く言葉も流暢ではあるが，B君の本来の感情や考えをうまく言葉で表せないというアンバランスもありえることを確認した。B君への具体的な支援に関してはまた試行錯誤となるが，少なくとも担任はB君の生活実態と見立てが重なっていき，自分の気持ちが落ち着いたという。このケースでは，感覚過敏や新規場面への苦手さは発達特性として残りうるものの，適切な対処行動や周囲の理解を促すことで，悪循環を防止し少しずつ適応を進めていくことも可能となると思われた。

ここで取り上げた発達特性はあくまで一部のものである。また，実際には多彩な発達特性が絡んでいる場合や，二次障害をきたして複雑な不適応状態を形成しているケースも多くみられる。ここで強調しておきたいことは，発達特性への理解は障害理解ということでなく，多様な個性を有した子ども理解，あるいは人間理解そのものであるという点である。ともすれば問題や症状へ着目されがちであるが，多様な発達特性は実に多彩な個性と才能ともなることを，周囲の大人や支援者は理解するとともに，子どもそれぞれの特徴を伸ばしていくことを意識していきたい。

◆文献

American Psychiatric Association (2013) Diagnostic and Statistical Manual of Mental Disorders : DSM-5. American Psychiatric Association.

Sewell J (2008) School refusal. Australian Family Physician 37 ; 406-408.

杉山登志郎（2010a）そだちの凸凹（発達障害）とそだちの不全（子ども虐待）．日本小児看護学会誌 20-3 ; 103-107.

杉山登志郎（2010b）タイムスリップ現象再考．精神科治療学 25-12 ; 1639-1645.

◉二次障害の問題

子ども虐待の背景として

永田雅子

I　はじめに

　子どもが何らかの発達のアンバランスを抱え，育てにくさやかかわりにくさを持っている場合，他の子どもたちに比べて育てにくいことが多い。そして，親なりに一生懸命かかわろうとしても，それが子どもにとって過剰な刺激になっていたり，子どもにとってわかりにくい伝え方となってしまっていることも少なくない。そうした場合，お互いがわかりあったり，通じあったり，うまくいったという体験が乏しくなり，子育ての手ごたえ（楽しさ）が感じられにくいことで，親が自分の子育てへの不安を高めていることも少なくない。柳楽ら（2004）は，アスペルガー症候群の子どもの親は我が子に対して0歳から2歳頃に気になる兆候をとらえているものの，これまでは専門職からも「様子を見ましょう」といったあいまいな対応がなされることが多く，親は強い不安感や孤独感を抱きながら育児を強いられていることを報告しているが，わが子とのかかわりのなかで子育てがうまくいかないことは，"親としての自分"の傷つきに結びつき，より子どもとのかかわりを難しくさせてしまうこともある。浅井ら（2003）は，虐待・虐待ハイリスク群のなかに，未診断の発達障害例が高率に認められることを報告しているが，子どもが発達障害であること，何らかの発達のアンバランスを抱えていることは，子育ての難しさにつながり，子どもとの関係が悪循環に陥ることで，不幸にして虐待に結びついてしまうことがある。ここでは発達障害と子育てを巡る問題について概観し，子ども虐待の背景について述べていく。

II　親が親として育つということ

　人は子どもを産めば親になれるのではなく，子どもとのやりとりの積み重ねのなかで，親としての実感を土台に，親として育っていく。生まれたばかりの赤ちゃんを目の前にして，どの親も自分が親としてやっていけるのだろうか，無事この子が育っていくのであろうかと，多かれ少なかれ不安を感じている。試行錯誤しながら赤ちゃんとかかわり，自分がかかわることで赤ちゃんが落ち着く体験や，赤ちゃんから返ってくる反応に支えられながら，親として育っていく。そして，悩んだり不安になったりを繰り返しながら，周囲から，"親としての自分"を支えられ，何重にもわたるサポートのなかで子どもと日々の生活を共に過ごすことで，子どもと共に歩んでいく。生まれてきた赤ちゃんが落ち着いていて，周囲とも十分かかわることのできる力を持っている場合，親は赤ちゃんの反応に支えられることによって親としての自信を少しずつ培い，赤ちゃんとの関係を築いていくことができるだろう。一方で，サインを発する力が弱かったり，感覚に過敏で安定した状態を保ちにくかったりする赤ちゃんは，親がいかに適切なかかわりを持とうとしても，それに応えるだけの赤ちゃん側の力が乏しく，また反応を引き

出すためにはかかわりのコツが必要となってくるために，親自身に「わかりにくい」と感じさせてしまうことも少なくない。そうすると，一緒にいることで心地よい時間を共有できたという実感を得ることが難しく，親子のやりとりがスムーズにいかない体験を積み重ねたり，そのことで親が育児に自信をなくしてしまったりすることにもつながってくる。

III 赤ちゃんの個性と発達

多くの赤ちゃんは生まれたばかりであっても，人の顔を注視し，声掛けに静まり，赤ちゃんにあわせて反応を引き出すことができたとしたら追視も可能である。そして，親の顔の表情を真似る新生児模倣もでき，心地よい状態であれば微笑みを見せることもある。つまり，親の養育行動を引き出す反応や動きを生来的に獲得して生まれてくる。親は，生まれたばかりの赤ちゃんをどう扱っていいのかもわからず，戸惑いながらケアをしていくが，自分がかかわることで落ち着くという体験や，時折ふと見せる微笑みに癒され，親として支えられ，やりとりを積み重ねていく。つまり，赤ちゃんからのプラスのフィードバックに支えられることによって"親としての自分"を支えられていく。

ところが，もって生まれた赤ちゃんの個性はそれぞれであり，人とのかかわりで落ち着き，関心を寄せる赤ちゃんもいれば，人とのかかわりの刺激が赤ちゃんにとっては侵襲的で，眠ることで自分を外の刺激から自分を守っている赤ちゃんもいる。Brazelton & Nugent (1995) は，自律系，運動系，状態系の3つの系が土台となって初めて，注意を向け相互作用が可能となる反応系が引き出されることを指摘している（図1）。自律神経系のストレス反応を示しやすく，体調が安定しない赤ちゃんは，自分の生理的なバランスを整えるためにエネルギーを傾け，安定した状態で周囲に関心を向けることは難しい。ま

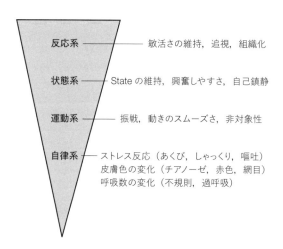

図1 新生児の行動発達

た運動系が未熟で，手足の動きがスムーズではなく，反射が誘発されやすい赤ちゃんは，自分で自分を落ち着かせることが難しく，身体を丸くし，手足の動きを制限するような抱っこの仕方をしないと，安定することができない。睡眠－覚醒といった状態系が不安定な赤ちゃんは，環境に配慮しないと安定した睡眠が維持できなかったり，過覚醒となりやすく，敏活な状態を維持して，周囲に関心を向け続けられなかったりすることもある。つまり，反応を引き出すのにコツや配慮がいる赤ちゃんも存在している。多くの親は試行錯誤しながら，赤ちゃんにあったかかわりを少しずつ身につけ，赤ちゃんは自分にあったかかわりをしてもらうことで，自己調整を支えてもらい，発達を遂げていく。新生児期の赤ちゃんの行動特徴が，後の発達障害をどの程度予測するのかについては，まだ明確にはなっていないが，発達障害の子どもたちは生まれたときから，感覚の過敏さや認知の歪みを持っており，そのことが，親と子のかかわりをより難しくさせてしまうことも十分ありうるのである。

また虐待的な環境のなかで育ち，子どもに応じた対応を保障されていない場合，後に発達障

害と似た症状を子どもたちが示すことも報告されてきている（杉山, 2007）。つまり子どもの育ちはもって生まれてきた個性と環境との兼ね合いのなかで生じてくるものでもあり、子ども一人ひとりにあったかかわりをできるだけ早期から保障し、親が本来持っている育児能力を最大限に引き出せるような支援を整えていく必要がある。

IV　赤ちゃんから引き出される親の思い

　親は、子どもが小さいうちは、多かれ少なかれ「子どもが順調に育つのだろうか」「自分は親として適切にかかわれているのだろうか」といった何らかの不安を抱えている。しかし、子どもが順調に成長し、周りからしっかりと支えられ、何重にもわたる見守りのなかで"親としての自分"を受け止めてもらえていたとしたら、その不安は日々の生活のなかで陰に隠れていく。しかし、子育てのなかで、うまくいかない体験に直面したとき、親の心のなかで、今まで意識することもなかった自分の内面に向き合わざるを得なくなることも起きてくる。また子どもの年齢が小さければ小さいほど、また子どもの反応やサインが未分化で、わかりにくければわかりにくいほど、その読み取りには親の内的な思いが反映される。

　親は小さな年齢の子どもとかかわるとき、身体的には何もできない子どものように扱っていたとしても、情緒的にはまるで大人と同じように思っているかのように受け取っている。生まれて間もない赤ちゃんであっても、赤ちゃんが泣けば「おなかがすいて怒っているのね」とことばをかけ、赤ちゃんが社会的微笑を示せば「お母さんのことがわかって嬉しかったの？」と声をかける。こうした読み取りやかかわりが、赤ちゃんの情緒と大きくずれていない場合、赤ちゃんが自分を知る手がかりになり、情緒的な発達をより促していく。しかし、子どもが同じ反応や動きを示していたとしても、それをどう読み取るかは、受け取る大人によって異なる。ほっと安心した気持ちで子どもとかかわることができている場合、多くの親は子どもからポジティブなメッセージを読み取る一方で、これまでの養育体験や、子どもを妊娠し出産する過程のなかで、何らかの葛藤を抱えていたり、サポートが十分に得られていない親は、目の前にいる子どもからネガティブなメッセージを読み取りやすくなってしまう。子どもに対して罪悪感を抱えていたり、自分が親として十分にできていないという思いが強ければ強いほど、子どもが泣いていたり、落ち着かない姿は、自分をわざと困らせているように感じられたり、子どもから責められているように受け止めてしまう。特に、自分が育てられてきたなかで、人とのかかわりのなかで落ち着ける体験を積み重ねてきていない人にとって、子どもの泣き声は、まるで「暗闇に引きずりこまれるような」体験を呼び起こし、落ち着いて子どもに対応をすることを難しくさせる。また親が緊張し、不安な表情で子どもに接した場合、その緊張や不安は子どもに伝わり、子どもを余計に落ち着かなくさせ、そうした子どもの様子は、より緊張感や不安を募らせ、親子の間で悪循環を引き起こしていく。そうすると子どもとの時間は親の葛藤を刺激するものとなり、子どもが育てにくければ育てにくいほど、また子育ての環境が整えられていなければいないほど、子どもにその怒りや戸惑いが向けられてしまう。

V　親と子の間で起こってくること

　子どもから親を求める行動が少なかったり、反応が返ってきにくかったりする場合、子どもが何を伝えたいのか、どうしたいのかわかりにくいがために親自身の葛藤がより刺激されやすくなる。子育てのなかで、「親とわかっている感じがしなかった」「私が必要ないんだと思ってい

```
●子どもの要因
 ・自律系の未熟さ
  呼吸・消化器などのバランスがとれているか
 ・運動系の未熟さ
  反射の誘発されやすさ，
  自分の動きのコントロールができているか
 ・状態系の未熟さ
  安定した睡眠や敏活な状態が維持できるか
 ・反応系の未熟さ
  周囲に注意を向け相互作用ができるか
```

```
●親の要因
 ・育てられ体験のなかでの無意識の思い
  赤ちゃんの頃，しっかり抱えられていたか
 ・家族をふくめた周囲からのサポート
  暖かい見守りが得られているか
 ・赤ちゃんに対する無意識の思い
  どんな赤ちゃんを望み，赤ちゃんのいる生活を
  どうイメージしているか
 ・妊娠・出産のプロセスの葛藤
  赤ちゃんとポジティブな体験が積み重ねられてきたのか
```

関係性の発達

図2　子どもの要因と親の要因の相互作用

た」という親としての傷つきを訴え，子どもにあった対応ができないために子どもの症状が強くなり，育児がより困難なものとなることも少なくない。また周囲から親の育て方の問題として非難されたりすることで，「この子がこうだから私が余計に非難される」というネガティブな感情が刺激され，関係がより悪循環に陥ることもある。特に発達障害の子どもたちの場合，どうかかわればいいのかわからないことが，子どもに何度言っても伝わらないという思いを強くさせ，仕方なく手を上げ，脅しによって行動が収まるという体験が，不適切な養育を助長することも起こってくる。また子どもの不安が強いがために，親との密着が強くなり，余計に親の不安を強めていることもある。

発達障害の親の精神的医学的なリスクや育児ストレスが有意に高いことや（Cohen & Tsiouris, 2006 ; Hastings et al., 2005 ; 永田・佐野，2013 ; 野邑ほか，2011），育児特有の困難さが不適切な養育や虐待に通じる危険性があることが指摘されている（金井ほか，2007；眞野・宇野，2007）。つまり，発達障害児への支援は，子どもに対する支援だけではなく，子どもを育てている親への支援と，その関係性への支援を視野に入れながら同時に行っていく必要がある。そして，親子を含めた家族の支援をできるだけ早期からいかに行っていくかが重要な課題となってきている。

VI　親と子の関係を支援していくために

子どもがなんらかの発達のアンバランスを持っていたとしても，また親自身が何らかの葛藤を抱えていたとしても，すべての親子の関係が悪循環に陥るわけでもない。また，発達のアンバランスを抱えて生まれてきたとしても，その持って生まれてきた特徴が，適応の難しさにすべてつながるわけでもない。より早い段階から，親の子どもとのかかわりを支え，子どもが親との関係のなかで落ち着く体験や，親とつながった体験を保障していくことは，子どもの適応的な発達を支えていく。親が子どもの持って生まれてきた特徴を理解し，その子にあったかかわりを身につけていくことは，親の読み取りを修正し，親子の関係性が悪循環に陥ることを防いでいく。親は子どもの育ちに支えられながら，子どもとのかかわりのなかで，親として育っていく。そのことが，子どもとのかかわりをよ

り適切なものとし，そしてそのことがまた子どもの育ちを促し，親としての育ちにつながっていく。そしてなによりも家族が家族として支えられていること，親が親として支えられていること，子どもが子どもとして支えられていることが，それぞれの育ちを支え，お互いが相乗的な相互作用をもたらしていくのである。

　早期発見・早期介入が提唱されるようになり，診断の時期が早期になってきているが，しかし「子どもの診断名を受け止めること」と「子どもを受け止めること」とは，違う次元のものである。子どもとの関係がしっかり築けており，それまでの子どもとのかかわりのなかで，自分なりに子どもの特徴をとらえている場合，目の前にいるわが子を理解する手掛かりとして，また支援の糸口として診断があることを受け止め，その現実を引き受けていくプロセスとなっていく。つまり「診断名がついた子ども」を受け止めるのではなく，我が子との関係を育んだ後に，目の前のこの子が診断にあてはまるという現実を受け止めていくことでもある。それは診断がつくつかないにかかわらず，自分が望んでいた子ども像とのギャップを埋めていく普通の子育てにも当てはまることである。しかし発達障害児の場合，その状態像がとらえにくいこと，また適応に困難さを抱えることも少なくなく，いろいろな心の葛藤を生じることも事実である。子どもや家族への直接的な援助が有効なのは言うまでもないが，何か特別なことをすることだけが援助ではなく，家族の心の揺れに付き合い，子どもの成長のプロセスを一緒に向き合っていく存在がいる（"being"）ことも大きな支援となっていく。子どもと家族が歩む道のりを，さまざまな立場の人に見守られながら，親が前向きに子どもの育児に取り組めるように援助していくあり方を，今後構築していくことが課題となってきているのではないだろうか。

◆文献

浅井朋子，杉山登志郎，海野千畝子ほか（2002）育児支援外来を受診した児童79人の臨床的検討．小児の精神と神経 42-4；293-299．

Brazelton TB & Nugent JK (1995) Neonatal Behavioral Assessment Scale. 3rd Edition. Keith Press.（亀山富太郎監訳（1998）ブラゼルトン新生児行動評価 第3版．医歯薬出版．）

Cohen IL & Tsiouris JA (2006) Maternal recurrent mood disorders and high-functioning autism. Journal of Autism and Developmental Disorders 36-8；1077-1088.

Hastings RP, Kovshoff H, Ward NJ et al. (2005) Systems analysis of stress and positive perceptions in mothers and fathers of pre-school children with autism. Journal of Autism and Developmental Disorders 35-5；635-644.

金井優実子，田中康雄，室橋春光（2007）軽度発達障害の疑われる子どもの養育者がもつ困難の特徴と支援のあり方についての検討．小児の精神と神経 47-2；101-110．

眞野祥子，宇野宏幸（2007）注意欠陥多動性障害児の母親における育児ストレスと抑うつとの関連．小児保健研究 66-4；524-530．

永田雅子，佐野さやか（2013）自閉症スペクトラム障害が疑われる2歳児の母親の精神的健康と育児ストレスの検討．小児の精神と神経 53-3；203-209．

野邑健二，金子一史，本城秀次ほか（2010）広汎性発達障害児の母親の抑うつについて．小児の精神と神経 50-4；429-438．

杉山登志郎（2007）子ども虐待という第四の発達障害．学習研究社．

柳楽明子，吉田友子，内山登紀夫（2004）アスペルガー症候群の子どもを持つ母親の障害認識に伴う感情体験――「障害」として対応しつつ，「この子らしさ」を尊重すること．児童青年精神医学とその近接領域 45-4；380-392．

⦿二次障害の問題

神経発達障害を考える
触法行為の背景として

門本 泉

I はじめに

本稿に与えられた役割は，触法行為[注1]の背景に存在し得る神経発達障害（以下，「発達障害」と記載）について論じるというものである。ただし，筆者は，発達障害の専門家ではないため，発達障害（の疑い）を持つ触法行為の当事者の理解と援助について考えるものと読み替えて論を進めたい。

なお，ここで述べる内容は，私見である。

II 診断の問題

1 見えにくさ

非行・犯罪臨床の場で出会う対象者のなかには，発達障害を有する人が含まれる。特徴的なのは，彼らの障害の程度が，（無論例外はあるが）しばしば軽度であるということだ。障害が幼少期から明らかであれば，おそらく早期に気づかれ，専門職がかかわり，仮に触法行為が顕在化してもそれらに対処する体制が存在する可能性が高いと推測される。ところが，症状が今ひとつくっきり見えないがために，そうした手当てがないまま思春期に入り，触法行為に至るケースがある。また，発達障害のサブカテゴリのうち複数の診断名に当てはまるような特徴が微妙にブレンドされているケースもしばしばである。さらに，触法行為を繰り返す者たちのなかには，虐待などの被害体験を持つ者も多く，この場合，反応性愛着障害，心的外傷後ストレス障害といったトラウマとストレス関連障害などとの鑑別が難しい。また，双極性障害とその関連障害についても同様のことが言える。

加えて，専門職が精査を行うとき，しばしば生活歴を詳細に知ることが容易でない。対象者が子どもの場合，当然保護者との面接も行うが，得られる情報は親の子育てへの関心の度合いによりかなり差がある。虐待歴があったり，親自身の生活に大きな出来事（例えば病気，逮捕，訴訟問題）があったりすると，聴取される情報の信憑性が乏しい場合もある。

さらに，臨床の場の特質そのものが隘路となる場合もある。特に司法の場では，処分を控えていたり，被拘禁状態に置かれていたりするため，緊張や不安から，普段の自分を保てないことは頻繁に起こり得る。年少さゆえ大人の言葉に迎合し，よく吟味しないまま質問を肯定／否定したり，「とんちんかん」な応答になってしまったりする者もいる。

2 専門職の認識

日本の非行・犯罪臨床において発達障害が数多く論じられるようになったのは，1990年代になってからだという印象を，筆者は持っている。2000年代になると，発達障害について検討しない日はないというほどの必須概念となり，とりわけ大きな事件，難しいケースでは，発達障害

[注1] 本稿では，「触法行為」を法律上の定義ではなく，広く法に違反する行為を指すこととする。

に関する精査をまず行うという流れが生じた。一般社会でも、専門職の間でも、扱いにくく厄介な子だと思われてきた少年たちこそ、ケアを必要としているという認識が広がった。「知らずに見過ごしていた」という反省も手伝ってか、急激に診断数が増えたように見える。

　当時の筆者にとって、この状況の加速は奇妙にも見え、かえって立ち止まって考えるきっかけになった。彼らは本当に「障害」があるのか、彼らの触法行為は本当に障害が主要因なのかと。例えば、とある非行少年が、注意欠如・多動性障害（以下、ADHD）ではないかと指摘されたとする。目先の刺激に影響されて遊んでばかりで勉強嫌い、そそっかしいので学校のテストでもケアレスミスを連発する。こうした彼は、中学に入るや先輩に憧れて「不良」を目指すようになったという。確かに彼の言動には、ADHDの診断基準に当てはまる部分が少なからずある。しかし、落ち着いているときや慎重なときがないわけではない。下町育ちの彼の家は、家業の工場が併設され、常に騒がしく、両親、きょうだい、工場の従業員がせっかちにばたばたと動いている。そこでは、まず行動すること、思ったことを率直に言うことが非常に承認される雰囲気がある。専門職が、彼の行動をこうした文化や環境に照らし合わせることなく、ただ診断基準に当てはめて触法行為の処分を考えてしまうと、彼の将来は大きく変わってしまうだろう。確かに、発達障害であると理解することで見えてくるものはある。一方で、発達障害ではないかという理解により、時に見えなく（あるいは見なく）なるものもあるという危険性について知っておくことは重要だと思う。

III 発達障害は、非行や犯罪、反社会的傾向とかかわりが深いのか

1　診断とラベリング

　もう10年以上も前のことだが、兵庫県で小学4年生の男児がマンションから飛び降りて自殺したという事件があった。遺書のようなメモ書きからは、彼がADHDと診断され、犯罪者になるかもしれないと将来を悲観していたことがうかがえた。筆者は報道記事しか知らないが、大きなショックを受けたのを鮮烈に覚えている。当時は、ADHD→反抗挑戦性障害→行為（素行）障害→反社会性パーソナリティ障害という、いわゆる「DBDマーチ」が専門誌上に登場し（齊藤・原田，1999）、また、社会を驚かせた複数の重大事件に関連して「行為障害」「アスペルガー症候群（自閉症スペクトラム障害）」という用語がメディアで取り上げられるようになってきた時期でもあった。発達障害が世間に注目されるようになるなかで、例えば、動機のわかりづらい非行は自閉症スペクトラム障害によるものではないかと見られ、素行障害には反抗挑戦性障害が先行し、そのおおもとには大抵ADHDが存在するというイメージが生まれるなど、発達障害に関して誤った認識が広まったことは非常に残念なことであった。

　2013年に発刊されたDSM-5では、秩序破壊的・衝動制御・素行症というカテゴリが設けられ、それまで「注意欠如及び破壊的行動障害」として一括りにされていたなかから、反抗挑戦性障害、素行障害が発達障害とは切り離された。そして、間歇性爆発性障害や直接犯罪行為に結びつく他の行動障害と同じカテゴリに移され、さらに、素行障害をそれまでの外面的指標のみで定義することなく、内面的な心理特性も考慮することができるようになった（中谷，2012）。これにより、発達障害と触法行為についての考察が、今後さらに深まることが期待されている。

2 触法行為はなぜ起きるか

触法行為に至る者のなかに，発達障害を持つ一群がいるのは確かに事実である。しかし，「発達障害は，非行や犯罪に結びつきやすい」という結論に至っているとは決して言えない（例えば，田中，2007；渕上，2010）。さらに，素行障害，反抗挑戦性障害いずれをとっても，その形成要因は非常に複雑であり（Burke et al., 2002），単一の発達障害が単純に触法行為に結びつくなどというケースはほとんどないと言ってよい。

非行・犯罪臨床の場でよく見られるのは，発達障害が触法行為の原因になっているというよりも，発達障害が何らかの形で彼らの環境を住みにくくし，彼らが安寧に生活しにくくなり，その反応（あるいは適応とも表現可能）として触法行為が起こるというパターンである。「悪いことに手を染めたきっかけ」を精査すると，彼らの適応上の問題が見えてくることは非常に多い。これを「二次障害」という表現で説明する専門職も多いが，医療現場でない場合，全てを「障害」とする認識が妥当なのか，筆者個人としては疑問を持っている。

さらに，発達障害を持つ者特有の敏感さやストレッサーへの脆弱性が，その反応の速さや激しさ，あるいは突飛さに結びついているという場合はあり得る。また，自閉症スペクトラム障害やADHDを持つ者たちは，しばしば非常に繊細で，心が傷つきやすい。彼らは時に強引で多弁だが，これは彼らが本音を全部言っているということとは違うし，大切なことを話していることとも違う。他人のさほど悪気のない態度に傷ついても，それを簡潔に正しく伝える言語力がなかったり，言葉にすると情緒的に「いっぱいいっぱい」になりそうだったりするので，彼らの多くはそれを言わない。あるいは，自分の「弱さ」にまつわる劣等感が影響して，心的ダメージは表現するべきものではなく，隠すべきものとして感じられてもいる。この状態が閾値を超えれば，意欲を失ったり，抑うつ感を抱いたりして，触法行為や自己破壊的行動が顕在化することがある。

IV 触法行為の理解とやめるための援助

一般的に触法行為と言っても，様相の違いによりいくつかのタイプがある（表1）。まず，そもそもその行為が法律違反だと知らない場合と，法律に触れるとは理解しているが，「悪い」こと

表1 触法行為の様相

問題の所在	言語表現例	必要なもの	援助の次元
法の存在の不知	「知らなかった」	自分を規制するものの存在を知ること	外界についての知識と経験を増やす
罪悪感の不足	「大して悪くない」「これくらい捕まらないと思った」	自分の行為を客観視し評価する力	何かへの所属意識，他者・外界に合わせる（調整機能）ことの成功体験を増やす
主体性・自己感の不足	「意思が弱かった」「誘いに流された」	自信，自己信頼	合理的で公正な考え方の定着，動機付けと励まし
他の選択肢への無関心，不知	「悪いけどやりたい」「捕まってもいい」	安定した自己同一性，「まだ知らない世界」への関心	可能性（できること）の発見，他の自己表現の場と手段の探索
対処不能感	「自分を止められない」	衝動の抑制・統制力，これにまつわる安心感	自己コントロールの方法（薬物療法含む），あるいは固執対象を移行させる
自暴自棄，絶望	「どうなってもいい」	自己肯定感，安心感	実存的な自己対象機能の提供

だと思っていない場合とがある。そして，悪い行為だと理解はするが，最終的には許容され得るととらえている場合，その行為が許されないものと理解しているが，それでもやりたいという場合，そして強い衝動を感じている自分を止める術を知らない場合などもある。最後に，法を守ることも破ることも共に価値がないと感じられている，自暴自棄な状態も考えられるだろう。

こうした違いに応じて，おそらく専門職が提供するものは異なる。法律違反だと知らない場合は，法の存在を彼らが身近に感じ，禁じられている行為の種類を明確に学ぶことが必要になる。筆者はかつて，中等度の知的障害を持つ少年が，少年鑑別所で自分の面倒をよくみてくれる教官に，親愛の情を込めて体当たりしてしまうので，それが「いけない」ことだと教える作業に楽しんでかかわったことがある。

また，最終的に許容されると思っている者たちは，いずれも自己中心的な世界から脱しておらず，自分が弱い人間だと思い込み，それが行動を変えないことの理由になっている場合が多い。この場合，彼らが多少なりとも自分に自信を持つための援助と同時に，上述の「因果関係」が本人のなかで成り立たなくなるような働きかけが必要かもしれない。

「悪くてもやりたい」という言い分には，「悪いからこそやりたい」が含まれるが，これは己の存在意義を確認する健全な動きに通じるものであるから，表現の方法や場を違うものにしていくことがよいかもしれない。以前出会ったADHD傾向のある非行少年は，とび職が「こんなに高所に登れ，スリルを感じながら金がもらえる仕事」だと気づいた後，暴走族を抜けていった。

また，衝動の統制に問題がある場合は，それに伴う深刻な無力感に心から共感しつつ，法を破らないための具体的方策を見つける作業を手伝うことになるだろう。自分も世界も捨ててしまいそうな少年には，より実存的なかかわりが必要になる。

V 触法行為を扱うときの心構え

発達障害を持つ人の場合，治療的・教育的かかわりは，彼らの特性を知ったうえで，彼らの土俵で彼らに親和する言葉でかかわる努力が，一層必要になる。小さなかかわりの積み重ねで，彼らの思いをどう拾い上げ，主観的世界を理解していくか（田中，2007）が重要だと思う。無論，手立ては，言語的交流だけとは限らない。

また，障害があるという理由で，彼らの悪い行いに対する介入を手控えることに，筆者は賛成しない。とりわけ自分の障害を「言い訳」（発達障害だから逸脱するのは仕方がない）と「取り引き」（僕が我慢する代わりに，周りに○○してほしい）に使わせないことは極めて重要である。たとえ一定期間，言い訳を許容するとしても，「そういう生き方が君の望むものなのか」という問いを，いつもこちらが抱いていると示しておくことが大切だと思う。

さらに，発達障害を持つ人への援助が論じられる際，時折「周囲の理解不足」「不適切な対応」が批判的に取り上げられることがあるが，「理解」の責任を，周囲や社会にばかり負わせるのもフェアではないように思う。彼らのほうにも，自分が傷つけた人のこと，社会のことに対する「理解不足」が大抵ある。触法行為は，そこから生じるまさしく「不適切な対応」の結果である。少なくとも思春期以降であれば，理解は双方の責任であるというスタンスのほうがよい。援助者は，責任がとれる人になるための援助を行うのだと心に留めたい。

ある意味で非受容的にも見えるこうした強い態度は，彼らの存在を否定することとは違う次元のことである。

VI 「気持ちのよい」やりとり

発達障害を持ち，触法行為に至る人たちの多くは，他者と気持ちよく交流する経験が少ない。

周りも，彼らの言動にしばしば立腹し，疲弊し，振り回される。

しかし，悠長に聞こえるかもしれないが，そういう場合こそ，彼らの愛すべき部分を見つけることが望まれる。例えば，彼らの正直さ，黙々と作業できるところ，邪推せず文字通りに言葉を理解するところ，原則を貫けるところ，行動力，鋭い勘やユーモア，人への優しさなどである。

また，「感謝を伝える」練習もなかなかよいと思う。筆者は，発達障害の人と会うとき，できるだけささやかでも謝意を伝えることを心がけている。また，経験上，感謝という行為に関しては，発達障害を持つ人たちのほうが純粋であるように思う。少年鑑別所に収容されていた自閉症スペクトラム障害圏のある少年は，面接室を出てから，はたと面接者に感謝の念を伝えたいと思った。しかし，廊下でそうした「おしゃべり」は叱られるという理解があったため，彼は考えた結果，居室に入る際，廊下に響き渡るありったけの大声で「ありがとうございました！」と叫んだ。かなり場違いではあったが，心温まる立派なお礼であった。また，別の少年は，施設を出ていく前日に嬉しさと寂しさが入り混じる複雑な心情であったようである。最後の面接で，面接者が粘土細工を提案したところ，彼は「置き土産」として，行きつけのファミリーレストランにある一番のお気に入りメニューを作り，感謝の意を込めて割引した値札を添えた。翌朝，寮勤務の教官が「ステーキうまかったぞ」と言ったところ，彼はにっこりして小さくお辞儀をしたという。こんなに慎み深く，完璧なお別れがあるものかと，当時感動したことがある。

VII 結語

触法行為の背景として，発達障害が存在することは確かにあるが，症状や障害そのものだけが問題であったケースを筆者はほとんど知らない。多くの触法行為は，彼らが生活しづらいことから生じる産物である。そもそも発達障害は，普遍的なものではなく，与えられた時空間のなかで一括りにされ分類したもの（田中，2010）と言えるが，触法行為も，その点では共通点がある。どちらも，彼らの生活の中でとらえるべきもので，それは彼らとの関係性について我々に脚下照顧を迫るものだろうと思う。

◆文献

Burke J, Loeber R & Birmaher B (2002) Oppositional defiant disorder and conduct disorder : A review of the past 10 years, Part II. Journal of the American Academy of Child and Adolescent Psychiatry 41-11 ; 1275-1293.

渕上康幸（2010）非行と発達障害の関係——実証研究を通じて．In：浜井浩一，村井敏邦 編著：発達障害と司法——非行少年の処遇を中心に．現代人文社，pp.73-85.

毎日新聞（2001）小学4自殺か：男児が全身を強く打ち死亡．6月25日大阪版夕刊.

中谷陽二（2012）破壊性，衝動制御，行動障害．臨床精神医学 41-5 ; 649-656.

齊藤万比古，原田謙（1999）反抗挑戦性障害．精神科治療学 14-2 ; 153-159.

田中康雄（2007）犯罪非行の個別的要因② 発達障害．In：藤岡淳子 編：犯罪・非行の心理学．有斐閣，pp.71-86.

田中康雄（2010）「発達障害」を「生活障害」として捉える．臨床心理学 増刊第2号 ; 18-24.

◉二次障害の問題

罪を背負って広汎性発達障害を生きる

青島多津子

I　なぜ広汎性発達障害の加害者が増えたのか

　近年，司法の場に発達障害，とりわけ広汎性発達障害の患者が加害者として現われる場面が増えている。かたくなにルールや原則を守ろうとする広汎性発達障害の患者は，元来いじめや犯罪の被害者になりやすい人たちだった。加害者としての彼らが注目されだしたのは15年ほど前からだ。その後，「奇妙な」あるいは「衝撃的な」犯罪が起きたとき，加害者が広汎性発達障害であったと明らかになるケースが増えた。そう，増えたのである。20世紀に加害者の広汎性発達障害が見過ごされてきた可能性はある。だが，思い起こしてみてもそれほど多かったわけではないように思う。21世紀に入って，児童自立支援施設や矯正施設，医療観察審判で，広汎性発達障害の診断がつく加害者が激増した。広汎性発達障害の患者総数が増えているわけではないだろう。多少の過剰診断が行われているとしても，それだけでは説明のつかない数の広汎性発達障害の患者が，加害者として今，私たちの前に立ち現われてきている。

　重大事件を起こした広汎性発達障害の加害者の多くは，比較的知能や学習能力が高く，初等教育現場では障害を見過ごされてきた，したがって広汎性発達障害児としての療育を施されてこなかった人々である。彼らは，小学校の中等学年あるいは高学年になると，対人関係における自分の感覚が友人たちと異なっているらしいことに漠然と気がつくようになる。それは言葉で説明しがたい感覚であるだけに，他の人に相談することができない。また，思いがけない状況で他者に傷つけられたと感じる。多くは障害に由来するコミュニケーションの問題から来るのだが，本人はなぜ自分がそんなに不当な扱いを受けるのかわからず傷つき，定型発達者である相手はなぜ彼の機嫌が突然悪くなったのか理解できない。この齟齬のために，広汎性発達障害の患者は「他人が何を考えているかわからないから怖い」と感じて疎外感を抱き，他者に対して，そして漠然と社会全般に対して，被害感と怒りを持つようになるのである。

　子どもは，信頼できる大人との相互作用によって社会のルールを学んでいく。倫理観や罪障感，正義感，潔癖感などは，一つの文化を共有する者たちにとって先験的なルールであり，それらは明確な理由のない感覚的なものであることが多い。弱いものをかばうこと，ペットをいつくしむこと，他人を傷つけないこと，人を殺さないこと，自分の利益のために他人を一方的に利用するのは恥ずべき行為であること。それらは自分の属する社会の文化として，親の世代から子どもの世代へと受け継がれてきた。子どもたちは言葉を使い始めるはるか以前から，親のまなざしや笑顔や涙や嫌悪の表情を媒体として，社会生活におけるタブーを学んできたのである。広汎性発達障害の子どもたちにとって，これらの非言語的伝達は理解しにくい。それでもかつては，親のはっきりとした倫理観や正義

観は，コミュニケーションに困難がある子どもたちにすら伝わった。そして子どもたちは親の伝えたタブーを自らのルールとして設定した。そのために，とりわけ広汎性発達障害の子どもたちは杓子定規にルールを守り，同年代の子たちにからかわれたり融通の利かない奴と思われたりするのだ。

現代にあっては，広汎性発達障害の子どもたちは，自分が実際に経験したことや目の前にある事実から自らのルールを作り出さなければならない状況に置かれている。自分の行動を決定するための価値基準を，彼らは，われわれが共有しているタブーによってではなく，自らの関心や興味，こだわりによって選択していかなければならないのだ。広汎性発達障害の加害者が増えたことは，われわれの生きている社会がはっきりとしたタブーを伝えられなくなった結果であろうと，筆者は考えている。

II　施設における育て直しとルール作り

広汎性発達障害の患者が触法行為を行ったとき，彼らが送致された施設は，その行為がなぜいけないことなのかを教える役割を担わされる。

重大事件の加害者が広汎性発達障害であったことは，審判中の精神鑑定で，あるいは施設に移ったのちに，指摘されることが多い。逆に言えば，広汎性発達障害児として早期から療育を施されてきた人は，小さな問題は起こしても人生を破壊するほど大きな事件には至らなくてすむことが多い。青年期あるいは成人に達している加害者は，障害告知を受けたとき，これまで感じてきた違和感をようやく納得できたとうなずくことが多い。だが児童自立支援施設に入所する年少者の場合はそれほど簡単ではなく，自分の感覚がほかの多くの人の感覚とどう違うのかを知るところから始めなければならない。

ある若年の加害少女は，家で拭き掃除や掃き掃除の仕方を学んでいなかった。確かに現代の日本の家庭では電気掃除機が普及し，箒を使うことはほとんどなくなっている。雑巾の絞り方を知らない子どもも多い。施設生活の導入訓練で我々は彼女に，箒と雑巾の使い方を教えた。彼女は意気揚々と集団生活に入った。掃除の時間，彼女はまず床を雑巾で拭き，それから箒を使って床を掃いた。別の場所を掃除していた先輩の少女がそれに気がつき，声をかけた。

「ちょっと，あんた，何考えてるのよ」

彼女はそう言われて，自分は何を考えているかを考えた。ややあって「今考えていたのはですね……」と答え始めたとき，先輩の少女は舌打ちしてその場を去ってしまった。彼女は傷つき，憤慨し，主治医だった私にそれを言いつけにきた。

「先生，こんなところでやっていけません。最初からシカトされました。私はもちろん我慢したけど，許せません」

定型発達者が「何を考えているんだ」と言ったとき，それは質問ではなく，「お前は間違っている」という指摘なのだと私は説明した。「何を考えているんだ」という言葉に対して「今考えているのは……」と答えるのは会話としては間違いで，そのときはまず「すみません，何か違いましたか？」と答えるのが好ましいと，私は会話のルールを教えるところから始めなければならなかった。彼女は「へえ……」と驚いた。今まで何度も同じようなことがあったことを，彼女は思い出して話してくれた。そんなことから少しずつ，彼女は自分が考えていたコミュニケーションのルールと世間一般のルールが違うらしいことを学んでいった。

さらに，施設における強制的な集団生活だからこそ教えられることもあった。後輩として先輩に面倒を見てもらう体験，同じ立場の仲間と

して生活をする体験，先輩として後輩の面倒を見る体験，それらを順番に数カ月ずつ経験させ，繰り返し体験を振り返ることによって，一つの状況が自分の置かれている立場によって全く異なって見えることを体得させた。これは，他人の立場に立って相手の気持ちを想像する訓練になるが，なかなか応用まではできないのが実情である。それを事件の被害者の気持ちにまでつなげていくのは，さらに難しいことである。

Ⅲ　事件をどのように振り返るか

広汎性発達障害は患者の数だけ症状があるといわれる。それと同様に，患者の数だけ贖罪の形もある。

広汎性発達障害を持つ多くの加害者は，事件に関してなかなか反省の言葉を口にしない。言葉通りに解釈する傾向の強い彼らにとって，「ごめんなさい」と言うことは「完全降伏」であり，あらゆる批判と責任を請け負うことを意味する。謝るとは，いかなる報復も受け入れるという表明なのだ。だから彼らは，定型発達者のように「とりあえず」ごめんなさいと言うことはできない。

被害者に対して謝らなければならないだろうか。理由なく自分がそのような行動を取ったわけではない。それでも，自分が傷つけられるのが嫌なように，被害者も傷つけられるのは嫌だっただろう。被害者の命を絶ってしまったこと，それは申し訳なかったと思う。だがもうこの世にいない被害者にどうやって謝ればいいのだろう。謝りようがないではないか。

被害者の遺族のことを考えるのは怖い，と彼らは言う。自分が彼らの大切な家族を傷つけ，死に至らしめたことは理解している。だが，被害者の家族は被害者自身ではない。被害者に謝るかわりに被害者の家族に謝るというのは，どうも違う気がするのだ。謝ることを要求されていることは承知している。だが，謝るべき対象ではないと感じる相手に要求される謝罪は，自分では引き受けきれない責任を負ってしまうように感じるのだ。ある程度の反省が深まったとき，定型発達者はごく自然に被害者の家族に謝罪しなければならないと考えるが，広汎性発達障害の患者は必ずしも，みんながそう感じるわけではない。

自分の感覚が他人と異なるらしいと気がつき始めた彼らにとって，謝るという行動はますます難しいことになる。自分の謝罪がどのように受け取られるのか，相手が何を感じるのか，予測がつかなくなっているからである。この時期になると彼らは，頻繁にこんな質問をする。

「先生，普通の人はどう思うんですか？」

謝る相手がいないということは，自分の罪が永久に許されないことを意味する。広汎性発達障害の患者がひとたび贖罪の思いを抱いたとき，彼らは文字通り「謝りようのない」自分の罪に向き合わざるを得ないのである。

Ⅳ　社会で生きていくための支援

重い罪を背負って生きる彼らは，たいていの場合，相談できる相手を持ってこなかった。事件の振り返りにあたって「誰かに相談できていたら事件を起こさなかったかもしれない」という思いには至っても，施設から退所した後の社会では，その相談相手はやはり見つからないことが多い。ただでさえ周囲の人と交流することの苦手な広汎性発達障害の人々は，罪を背負ったことでますます他人と異なってしまった自分を意識する。誰かに相談したからといって，自分の罪が許されたり軽くなるわけではない。事件について話さないことで，被害者の家族や周囲の人からは，「あんな事件を起こしたのに何も反省していない」とも言われた。それでも，事件は一生自分一人で抱えていかなければならない問題だと考えている人が多い。

「先生，親方にお前は変だって言われて，もう僕はやけになって，親方に全部話しました。その職場を首になるのは当然だと思いました。驚いたことに，親方は僕を責めなかった。お前も大変だったんだなって言ってくれた。それから，一生懸命働けば償いになるよ，と言われました。そうなんですか？」

彼は建築関係の現場で働いていた。時折，一緒に働いている人たちから馬鹿にされる，と愚痴を言ってきた。施設を退所してから数カ所の仕事に就いたが，すべて対人関係がうまくいかずに辞めた。事件を想起させる話題が出るとパニックになり，突然「わー」と大声をあげたり走り出したりもした。自分なりに反省のつもりで丸坊主にして，変な奴だ，とかえって馬鹿にされた。事件を起こした自分が周囲の人に受け入れられるなどということは考えてもいなかった。一生懸命働いたらなぜ償いになるのか，わからない。でも，こうやって生きていていいのだと教えられたことは励ましになった，という。

別の少年は，「誰かほかの人の役に立つような生き方をすることが償いになる」と言われた。それで，ボランティアをやろうと考えた。できることは限られている。他の人と協調してやる作業は苦手だ。でも命じられた作業を黙ってやることならできる。だから，泥かきや海岸の清掃ならできると思った。近所の河川敷の草刈りも考えたが，さすがに，だれにも評価されない作業を黙々とやるのはつらい。関係者に「ありがとうございます」と言われて，その言葉と相手の笑顔がうれしいと思った。こんなふうに生きてもいいんだなと思ったが，罪をごまかしていい気になっている自分を意識して自己嫌悪に陥った。

わざと露悪的に振る舞う者もいた。自分は許されない罪を犯したのだから，罰され続けなければならないと考え，「殺人が快感だ」と言ったり，わざと捕まるような万引きをしたりした。どうせ自分のこころは誰にもわからない，と思った。優しくされるのは裏があるようで怖かった。いっそ，みんなが自分を憎むことがわかれば，他の人のこころを探ろうとして不安になったりしなくてすむ。

広汎性発達障害の加害者は傷つきやすい。他人に嫌われるような行動をとりながら，それでも誰かにわかってもらえるかもしれないと思っている。激しく人を求めながら，自分の障害と犯した罪のために自分から人に近づくことができない。我々は彼らの表面的な発言に振り回されてはならない。彼らが自己破壊欲求を抱き続けていること，それが彼らなりの贖罪の形であることを理解しておく必要がある。彼らが自分のペースでゆっくりと事件を自分の人生に位置づけ，被害者のことを忘れず，人を殺さないというルールを自分のルールとして獲得できるまで，待つ必要があるのだ。

◉二次障害の問題

発達障害を背景とする
ひきこもりケースについて

近藤直司

I　はじめに

　本論ではまず，青年期ひきこもりケースとして事例化する発達障害ケースの特徴について述べる。次に，ひきこもりのリスクをもつ幼児期・児童期・思春期ケースを通して，ひきこもりの予防的早期支援のあり方について考えてみたい。

II　青年期ひきこもりと
広汎性発達障害との関連

　『ひきこもりの評価・支援に関するガイドライン』（厚生労働省，2010）において，ひきこもりは「さまざまな要因の結果として社会的参加（義務教育を含む就学，非常勤職を含む就労，家庭外での交遊など）を回避し，原則的には6カ月以上にわたっておおむね家庭にとどまり続けている状態（他者と交わらない形での外出をしていてもよい）を指す現象概念である」と定義されている。

　ガイドライン作成にあたって，筆者らは5カ所の精神保健福祉センター（こころの健康センター）の共同研究（Kondo et al., 2011）を実施し，本人が来談して充分な情報・所見が得られた場合には，上記の定義を満たす16歳から35歳までのケースのほとんどがDSM-IV-TRのいずれかの診断カテゴリーに分類されることが明らかになった。また，これらのケースを診断と治療・支援方針を含めて分類すると，約3分の1は統合失調症や気分障害，不安障害などを主診断とし，精神医学的な薬物療法が必要であると判断された。その他，広汎性発達障害や軽度知的障害などの発達障害を主診断とし，発達の遅れや偏りを踏まえた医療・福祉的な支援を必要とするものが3分の1，パーソナリティの問題や神経症的な性格傾向を踏まえた心理療法的アプローチや生活・就労支援を必要とするものが3分の1という結果であった。

　ひきこもり問題と広汎性発達障害との関連性は以前から指摘されてきたことである。たとえばTantam（1988）は，風変わりで社会的に孤立しているケースとして精神科医から紹介されてきた成人例60人を検討した結果，46人がアスペルガー型の自閉的障害の診断基準に合致したことを報告している。このなかで，養育者が性的逸脱行動の問題をもつ20歳代の子どもを家のなかで抱え込んで生活してきたものの，強いこだわりによって家族内に深刻な葛藤的状況が生じ，養育者は家庭内暴力やメンタルヘルス問題を抱えるに至った症例が提示されている。

　またGillberg（2002）は，「アスペルガー症候群の人の5人に2人は大人になってもひきこもりがちで孤立している。（中略）自分が周囲と違っているという気づきによって社交恐怖や無力感が高まりやすいために，とくに積極奇異なタイプにおいてひきこもりが生じやすい」と述べ，広汎性発達障害とひきこもり・孤立との関連を指摘している。

　その他，広汎性発達障害をもつ人が思春期や成人期に至って抑うつや不安といったinternalizingな問題を抱えやすく，年齢とともに社会的ひきこもりが悪化しやすいこと，それらが自分の能力的な問題に対する気づきと関連していることについて多くの臨床研究が蓄積されてきている（Anderson et al., 2011）。

我々が臨床場面で出会うひきこもりケースにおいても，他者の意図や会話を理解すること，あるいは状況や文脈，暗黙のルールを汲み取ることが苦手であるために，漠然とした違和感や不適応感から対人不安や被害的解釈につながっている人が多いように思われる。また，場面緘黙や極端な言語表現の苦手さによって周囲とのコミュニケーションが成立しにくい，協調運動や緻巧性など運動系の困難によって一定の作業能力を発揮できず，職場不適応を繰り返した末にひきこもりに至るケース，おもに感覚過敏のために不登校となり，その後も苦痛な刺激への対応策を見出すことができないまま社会参加を回避し続けているケース，生来的な過敏さやこだわりの強さに自意識の高まりや自立と分離をめぐる葛藤などの思春期心性が加わることによって，自己臭恐怖や醜貌恐怖，巻き込み型の強迫症状が形成されているように思われるケース，現実回避のための防衛的なメカニズムのひとつとして自己愛的・万能的なファンタジーへの没入が生じる結果，他者への意識や現実検討がさらに減衰し，ひきこもりが長期化しているケースなどがある。後述するように，受身的・内向的なタイプの人が抱えている生活上の困難に気づかれず，適切な支援を得られないままひきこもりに至るケースが少なくないようである。

ただし，発達障害ケースの場合，どのような経験を経て現在のひきこもり状態に至ったのかを最初から明確に語れる人はそれほど多くはないし，自閉症的な発達・行動所見がそれほど目立たない受身的なタイプの広汎性発達障害や軽度知的障害は気づかれにくい。ひきこもったまま刺激を回避して過ごしている場合，併存する社交不安障害や身体表現性障害の諸症状は潜在化しやすいし，本人の自覚が乏しい場合にはさらに見逃されやすい。面接場面だけではひきこもりの背景要因が捉えきれず，集団場面や社会参加を試みる段階に至って初めて症状が顕在化するケースもあり，慎重なアセスメントが必要である。

III 介入困難なケースについて

精神保健福祉領域の相談機関では，青年期・成人期に至った子どものひきこもりや暴力を理由に家族だけが来談するケースがあり，これらのなかに介入の困難な状況に陥っている発達障害ケースが含まれている。典型的なケースは以下のようなものである。

本人には顕著なひきこもりとこだわりの強さに加え，思い通りにならないことに対する耐性の低さや，些細なことに激怒しておもに母親に激しい暴力を振るい，暴力の正当性を主張して譲らないといった特徴が目立つ。家族状況は母子家庭または父親の心理的不在が典型的で，否応なく母子の密着が強まっている。もともとの家族機能に加え，長年，暴力や恫喝に晒されてきたこともあって家族の問題解決能力は低く，相談場面で話し合った方針を実行に移し，一貫して継続することができない。また，重要な決断ができず，家族の同意のもとに入院治療への導入などを段取りしても直前になってキャンセルしたりする。

極めて稀なこととはいえ，本人が自宅に放火する，両親や兄弟を殺害する，あるいは母親への慢性的な暴力を見かねた父親が本人を殺害するといった重大事件に至る場合もあり，危機介入の方法論と同時に，こうした状況に至る以前の児童・思春期支援のあり方についても本格的な検討が必要である。

IV 児童・思春期精神科における入院治療

　児童・思春期精神科医療においては，将来的に上記のような介入困難な状況に発展するリスクをもつケースが入院治療の対象となることがある。こうしたケースでは，子どもたちは年齢相応の社会参加に失敗した結果，情緒的に不安定でイライラしやすい。近年はネットやゲームへの依存状態も目立ち，非現実的で万能的な空想に没頭しやすい。男児の場合，母親との密着したenmeshedな関係が形成されることによって，さらに退行しやすい状況が生じていることも多い。

　また，入院前に家族内で生じていた深刻な葛藤状況，それに伴う家族の心労や苦痛，不安や困惑などに関して著しく共感性を欠くため，入院後も，「自分一人が不自由な思いをさせられている」「父親が自分に意地悪をしている」といった不満を募らせ，入院の不当性を主張したり，家族との面会や同席面接で一方的な退院要求を繰り返すなどして治療が行き詰まりやすい。筆者らはこうしたケースに対する治療的介入や青年期ケースの心理療法的アプローチにおいてメンタライゼーション（Allen & Fonagy, 2006）に焦点を当てた介入を試みてきており，これらについては拙論（近藤，2013；近藤ほか，2013）をご参照いただきたい。

　この他，社交不安障害や場面緘黙が長期化し，外来通院を維持できないと思われる女児ケースが入院治療の対象となることもある。こうしたケースでは，個室の利用から入院治療をスタートし，最初は限られた病棟スタッフとの関係づくり，次いで個室からホールで過ごす時間を増やし，他の患児との関係を体験することを経て，その後は病棟日課への参加，作業療法や院内学級への参加など，対人関係や社会的場面の範囲を少しずつ拡大し，外泊や在籍校への試験登校などを経て退院に至ることが多い。

V ひきこもりのリスクをもつ子どもたちへの支援について

　次に，青年期・成人期においてひきこもり状態を来たしている広汎性発達障害ケースの特徴を明らかにし，予防的早期支援のあり方について検討してみたい。山梨県発達障害者支援センターに本人が来談した16歳以上，IQ75以上の広汎性発達障害ケース（その疑いの強い確定診断前のケースを含む）50件のうち，同意が得られた34件を対象に，ひきこもり群12件と非ひきこもり群22件を比較検討した（近藤ほか，2008）。

　ひきこもり群の特徴を表1に示す。要約すれば，「発達・行動症状が乏しいために，発達上の問題に気づかれにくく支援対象にもなりにくいが，日常生活において多くの困難（わからなさ）を抱えている人たち」である。また，「何でもないものをひどく怖がる」という項目は，幼児期ピーク評定においてひきこもり群のほうに多い唯一の項目であったことから，将来的なひきこもりを予測させる重要な所見であることが示唆された。また，養育者がこの項目に対して「多少（時々）そのようなことがあった」「そのようなことがあった」と回答したケース本人に，「子どもの頃，怖かったこと」を尋ねた。その結果，表2のような回答が得られ，彼らが恐れを感じていたのは，新奇場面，予想外の出来事，言語表出やコミュニケーションを求められるような状況，叱責などの強い刺激という4点に集約された。

　こうした特性の多くが生来的なものか，環境との相互関係において形成された側面が強いのかという議論が残されてはいるが，早期支援のあり方として，まずは苦手な刺激の少ない場の設定，具体的で理解しやすい情報提供など，安心して過ごせる環境の保証が何より優先されることは言うまでもない。また，わからないことや苦手なことに周囲が気づき，さりげなく支援の手を差し伸べることで，子どもが周囲の支援に期待をもてるような環境整備が望まれる。

表1　ひきこもりを伴う青年期広汎性発達障害（PDD）ケースの特徴

1. PARS（広汎性発達障害日本自閉症協会評定尺度）の得点が有意に低い。
2. 幼児期ピーク評定では，「何でもないものをひどく怖がる」「普段通りの状況や手順が変わると混乱する」の項目に該当するケースが多い。
3. 不安障害（社交恐怖，強迫性障害）と気分障害の併存が多く，心理的には被害感が強い。
4. 知能検査所見はPDDに典型的なプロフィールを示している。
5. 性格は内向的・受身的（主要5因子性格検査）
6. いじめなどの明らかなライフイベントはそれほど多くはない。
7. DSM-IV-TRの診断項目のうち，【A（3）（a）】興味の限局，【A（2）（c）】常同的反復的言語の使用または独特な言語，を満たすケースが少ない。
8. 周囲への迷惑行為のエピソードが少ない。
9. 医療・相談機関の利用は家族の勧めによることが多く，教師などの勧めによるものが少ない。

表2　子どもの頃，怖かったこと

「新しい場面になかなか馴染めない」
「引っ越し」「小学校への就学」「新しく出会う人」

「予想外の対人場面が苦手」
「思わぬところに，思わぬ人がいると怖かった」
「通行人が急に振り向くだけで怖かった」

「人前で話すことが苦手」
「自分の思っていることを正確に伝えられない」
「話題が切れると困ってしまう」

「叱責や批判を受けたのが怖かった」
「自分以外の人が叱られるのも怖かった」

「暗いところが怖かった」
「とうもろこしの毛が怖かった」

VI　特別支援教育の課題

こうした環境整備を考える際，特別支援教育の担う役割は極めて大きい。しかし，地域較差が大きく，居住地によって支援の量と質が大きく異なるのが実情のようである。たとえば，学習障害に関する専門的な教師の養成に取り組んでいる地方自治体がある一方，軽度の読字障害をもつだけで知的障害児学級の利用を強く勧める教育センターや学校もある。IQが基準値以上の場合，それだけの根拠で療育手帳を交付していない自治体も少なくないので，こうしたいくつかの条件が重なれば，平均的な水準の教育を受ける機会を逸したうえに，障害福祉サービスの対象にもなりにくい若者を作り上げてしまうことになりかねない。

また，上記のような過敏で刺激に弱い高機能群の子どもたちに丁寧な個別的指導を受けさせたいと考えたときに，情緒障害児学級は有力な選択肢になる。多くの公立小・中学校に情緒障害児学級が設置されている，あるいは養育者からの申請に基づき，一人の子どもの進学に合わせて地域の公立小・中学校に情緒障害児学級を新設する自治体がある一方で，普通学級に在籍して週1日の通級指導教室を利用する以外には選択肢がない自治体もある。

東京都内で児童・思春期臨床にあたっていると，情緒障害児学級の少なさが高機能群の子どもたちの学校不適応と強く関連していることを感じる。東京都立小児総合医療センター児童・思春期精神科において緊急入院の対象となった広汎性発達障害ケースをみると，知的障害を伴

う群では不登校状態にあったものが少なく，年齢的には思春期にピークがあったのに対し，高機能群では不登校の割合が有意に高く，年齢は小学校低学年にまで分布している（宮崎ほか，2013）のもその表れであろうと思う。上記のように，年齢相応の社会参加に失敗したところからさまざまな問題が重なり合うように生じ，深刻な事態に陥ってゆくケースが少なくない。特別支援教育の体制整備が，子どもたちのメンタルヘルスやその後の転帰に大きな影響を及ぼすことを強調しておきたい。

多くの養育者にはこうした地域較差についてほとんど情報がない。また，他の自治体に比べて社会的資源が明らかに不足しており，そのことによって教育を受ける権利が損なわれている子どもがいるという認識に乏しい教育行政の問題もある。教育分野で勤務する，あるいは専門的な意見を述べる立場にあるメンタルヘルス専門職は，それぞれの自治体の現状を客観的に把握し，養育者に正確な情報を提供する必要があること，自治体や教育行政に対して支援・指導体制の強化を求めてゆくべき立場にあることを強く自覚したい。また，養育者への心理教育的支援や養育者と学校との関係を仲介・調整するような役割も大きい（厚生労働省，2011）。

◆文献

Allen JG & Fonagy P (2006) Handbook of Mentalization-Based Treatment. John Wiley & Sons.（狩野力八郎 監修，池田暁史 訳（2011）メンタライゼーション・ハンドブック――MBTの基礎と臨床．岩崎学術出版社．）

Anderson DK, Maye MP & Lord C. (2011) Changes in maladaptive behaviors from mid-childhood to young adulthood in autism spectrum disorder. American Journal on Intellectual and Developmental Disabilities 116-5 ; 381-397.

Gillberg C (2002) A Guide to Asperger Syndrome. Cambridge University Press.（田中康雄 監修（2003）アスペルガー症候群がわかる本．明石書店．）

近藤直司（2013）ひきこもりと発達障害．児童青年精神医学とその近接領域 54-3 ; 253-259.

近藤直司, 小林真理子, 宮沢久江（2013）ひきこもりを伴う自閉症スペクトラム障害とメンタライゼーションに焦点をあてた精神療法．精神分析研究 57-1 ; 30-29.

近藤直司, 小林真理子, 宇留賀正二ほか（2008）在宅青年・成人の支援に関する研究――ライフステージからみた青年・成人期PDDケースの効果的支援に関する研究．平成20年度厚生労働科学研究（障害保健福祉総合研究事業）「ライフステージに応じた広汎性発達障害者に対する支援のあり方に関する研究」（主任研究者・神尾陽子）.

Kondo N, Sakai M, Kuroda Y et al. (2011) General condition of hikikomori (prolonged social withdrawal) in Japan : Psychiatric diagnosis and outcome in the mental health welfare center. International Journal of Social Psychiatry 59 ; 79-86.

厚生労働省（2010）ひきこもりの評価・支援に関するガイドライン．(http://www.mhlw.go.jp/stf/houdou/2r98520000006i6f.html［2013年11月7日閲覧］).

厚生労働省（2011）青年期・成人期の発達障害者へのネットワーク支援に関するガイドライン．発達障害情報・支援センター．(http://www.rehab.go.jp/ddis/発達障害に関する資料/ガイドブック・マニュアル/保健・医療/?action=common_download_main&upload_id=616［2013年11月7日閲覧］).

宮崎健祐, 近藤直司, 森野百合子ほか（2013）児童思春期精神科に緊急入院した広汎性発達障害患者に関する江印象の検討．精神医学 55 ; 157-165.

Tantam D (1988) Lifelong eccentricity and social isolation I. : Psychiatric, social, and forensic aspects. British Journal of Psychiatry 153 ; 777-782.

第2章
発達障害の支援の基本

◉適応と自己理解の支援

早期発達支援プログラム

山本淳一｜松﨑敦子

I　応用行動分析と早期発達支援

　応用行動分析学（applied behavior analysis：ABA）は，科学的研究成果にもとづく数多くのエビデンスによって，発達障害児の早期発達支援のための最も効果的な方法として定着している（山本・澁谷，2009 ; Kasari & Lawton, 2010 ; Schreibman et al., 2015 ; Warren et al., 2011）。実証研究のエビデンスが蓄積されると，それが，支援方法のガイドラインとして定着することになる。たとえば，自閉症スペクトラム障害に関しては，米国では，米国学術会議（National Research Council, 2001）の提言以降，米国疾病管理予防センター（Centers for Disease Control and Prevention, 2014）や，米国小児科学アカデミー（American Academy of Pediatrics）のMyers and Johnson（2007）の論文では，3歳前からの応用行動分析による早期発達支援が最も効果的であるとしている。

　応用行動分析学による早期発達支援では，個人と環境との相互作用を分析することで，行動の機能を明らかにし，行動を変容させる。子どもと環境との相互作用を，「（環境側の）先行刺激（Antecedent stimulus）→（子どもの）行動（Behavior）→（環境側の）後続刺激（Consequent stimulus）」という枠組みで捉え，個人と環境とのポジティブな相互作用の形成を目標とする。従って，支援技術の側面からは，①先行刺激の適切化（A→B），②フィードバック（強化）の適切化（B→C），③行動（運動反応）の最適化（C），のための手法が用いられる。「発達段階」ではなく，子どもが現在すでに持っている適切な行動のレパートリーをできるだけたくさん見つけ出し，それをひとつずつ伸ばしていく「ストレングス」に軸を置いた発達支援である。

II　応用行動分析に基づく早期発達支援プログラムの開発と効果

1　行動モデルにもとづく早期発達支援プログラム

　応用行動分析による早期発達支援の代表的な指導方法は，離散試行型指導法（discrete trial teaching：DTT）と，日常場面利用型指導法（naturalistic behavioral intervention）とに大別できる。離散試行型指導法では，一次元的なカリキュラムのもと，明確な先行刺激を提示し，行動の直後に強力な後続刺激を強化刺激として随伴させることで，あらかじめ特定したターゲット行動を高頻度に引き出し，学習を進める（Smith, 2001）。

　一方，日常場面利用型指導法では，子どもの興味に合わせた遊び場面や日常生活場面において，比較的自然な先行刺激と後続刺激を子どもの行動に随伴させることで，多様な行動の出現を促す。機軸行動発達支援法（pivotal response treatment：PRT ; Koegel & Koegel, 2006）はそのひとつである。

　離散試行型指導法（DTT）の基礎となったのは，Lovaas（1981）が発表した早期集中支援プ

ログラムで，その効果は，統制条件を構成した綿密な実験計画により実証されている（Lovaas, 1987）。彼は，46ヶ月以下の自閉性スペクトラム障害児（以後自閉症児と表記）を，週40時間の集中指導群（19名），週10時間の指導群（19名），早期集中支援プログラムとは異なる指導を受ける群（21名）に分け，3年後の知能指数の比較を行った。その結果，就学時の平均IQは，週10時間の指導群では52.2，早期集中支援プログラムとは異なる指導を受ける群では57.5だったのに対し，集中指導群では83.3となり，そのうち9名は通常学級において定型発達児と同じ水準の学習達成を示した。この研究に端を発し，DTTを用いた早期集中支援に関して，多くの追試研究や再現研究が行われ，いずれも大きな効果を示している。

例えば，Smith, Groen & Wynn（2000）は，DTTの効果を実証するための「ランダム化比較対照研究」を実施し，18カ月から42カ月の自閉症児14名と特定不能の広汎性発達障害児（PDD-NOS）14名を無作為に以下の2群に分けて，Lovaas（1981）の早期集中支援プログラムを実施した。専門職による集中指導群（自閉症児7名，PDD-NOS児8名）には，平均週25時間の療育を実施し，その後徐々に療育時間を減らしていった。親指導群（自閉症児7名，PDD-NOS児6名）では，ペアレントトレーニングを受けた親に，週5時間の指導をしてもらい，それに加えて，特別支援学級での指導が週10時間から15時間行われた。その結果，親指導群では介入前の平均IQが50.7から介入後49.7に若干下降したのに対し，専門職による集中指導群で55.5から66.7に上昇した。さらに，専門職による集中指導群は，親指導群に比べ，空間認知，言語，学業スキルにおいても大きな向上がみられた。また，両群を合わせて支援の効果を分析すると，PDD-NOS児群は，自閉症児群に比べて，特にIQについて，指導の効果が大きいことが示された。

Sallows & Graupner（2005）は，平均33カ月の23名の自閉症児を無作為に以下の2群に分けて，Lovaas（1981）の早期集中支援プログラムを実施し，4年後の比較を行った。クリニック主導群は，高頻度のスーパービジョンのもと，週39時間の個別指導を実施し，親主導群は，低頻度のスーパービジョンで週32時間の個別指導を実施した。その結果，認知，言語，適応行動，社会性，学力は両群に差は見られなかった。一方，両群を合わせた23名の結果として，約半数の11名は知能指数が定型発達レベルに達し，うち7名が通常学級に在籍が可能となった。

2 行動・発達モデルにもとづく早期発達支援プログラム

一方，自然場面利用型指導法を含んだ支援プログラムとして近年効果を示しているのが，Rogers and Dawson（2010）が開発したEarly Start Denver Model（ESDM）である。ESDMは，応用行動分析と発達的理論とを融合させた支援プログラムで，日常生活や遊び場面で発達支援を行う。Dawson et al.（2010）は，18カ月から30カ月の自閉症児48名を対象に，ESDMを用いた集中支援（週平均31時間）を受ける群と，地域で行われている一般的な支援（週平均18時間）を受ける群との間で，「ランダム化比較対照研究」を行った。その結果，一般的な指導群では介入前の平均IQが59.4から66.3の上昇にとどまっていたのに対して，ESDMを受けた群は61.0から78.6に上昇し，その他，言語，適応行動，自閉症度の改善も示された。

さらにDawson et al.（2012）は，上記の発達支援終了後に，顔写真とおもちゃの写真をモニターで提示し，両群および定型発達児の脳波を比較した。その結果，皮質の活性化は，一般的な支援群ではおもちゃの写真を見たときに現れたのに対し，ESDMを受けた群と定型発達児群では，顔写真を見た時に強く現れた。このことから，ESDMを受けた群の脳波は，より定型発達

児に近い波形になることが示され，この波形が社会性発達と関連している可能性が示唆された。

III 慶應早期発達支援プログラム「KEIP」の開発とその特徴

1 適用しやすい発達支援プログラムの必要性

このような応用行動分析の手法を駆使した発達支援プログラムによって，発達が強く促進されることは，データが示す通りである。しかしその一方，実施にあたっては膨大な人的・経済的資源が必要とされ，実践現場でそのまま広く適用することは難しい。近年では，開発した発達支援プログラムを，発達支援の実践現場にいる療育スタッフや保育士が活用していくための支援者育成研究が活発に行われるようになってきた（Casey & McWilliam, 2008 ; Suhrheinrich, Stahmer & Schreibman, 2007 ; Weinkauf et al., 2011）。

これらの研究成果を我が国の発達支援で活用するためには，①発達の軸となる行動に焦点を当て，その行動に対して集中的な支援を実施すること，②支援者が発達支援プログラムを適切に用いること，③時間数というよりも，日常環境での学習機会数を最大化すること，が必要になる。

私たちは，これまで有効性が実証されている支援プログラムを集約し，自閉性障害の中心にあるコミュニケーションを促進するためのプログラム（慶應早期発達支援プログラム：Keio Early Intervention Program : KEIP）を開発し，予備的な成果を得てきた（Matsuzaki & Yamamoto, 2012）。さらに，プログラムの運用には支援者の育成が必要になるので，熟達化（expertise）した支援者を育成するための研究を進めている。発達支援実践の現場にいて，支援実績のある専門職（保育士，教員，心理職，言語聴覚士，音楽療法士）を，KEIPを活用できる支援者として育成することで，日常での学習機会数を最大化することを目指している。例えば，松﨑・三宅・山本（2013）は，音楽療法士が実践現場で，KEIPにもとづき音楽療法を実施した結果，障害のある幼児6名の発達が促進されたことを，以下の指標によって明らかにした。KEIP支援モジュール下位項目，行動評定スケール（The Child Behavior Rating Scale（Mahoney & Wheeden, 1998），日本語マッカーサー乳幼児言語発達質問紙（綿巻・小椋, 2004），自発的機能的発話，社会的妥当性（social validity）。

2 KEIPの特徴

KEIPは，表1に示したように，「学習と行動の理論（ABC分析）」，「支援文脈の設定」，「支援技法」，「支援モジュール（カリキュラム）」，「行動が獲得できなかった場合の支援方法」，「問題行動への対応」，「フィデリティ・チェックリスト」で構成されている。

KEIPの特徴は，以下の点である。なお，カリキュラムについては，山本・松﨑（2014）を参照していただきたい。

①早期コミュニケーション発達に焦点をあてたプログラムであり，発達早期から適切なコミュニケーション行動の獲得を支援することで，問題行動の出現を予防する。ターゲット行動として以下の5つのモジュールを設定し，各モジュールについて獲得すべき要素的行動（下位項目）を設けた。「注意」（Matsuda, Minagawa & Yamamoto, 2015），「共同注意」（Naoi et al., 2008），「模倣」（Ishizuka & Yamamoto, 2016），「言語理解」（Matsuda & Yamamoto, 2013），「言語表出」（Naoi, Yokoyama, & Yamamoto, 2007）。

②得意なところから始めるストレングス・モデルであり，学習が進まない場合には，すぐに別の方法に切り替えられるよう，分岐型のプログラムとした。プログラムを実施するにあたって，子どもが常に動機づけの

表1　慶應早期発達支援プログラム（KEIP）の項目と主な内容

項目	主な内容
学習と行動の理論 （ABC分析の理解の徹底）	行動の種類，行動の原理，行動の機能，行動のアセスメント，ストレングスの見極め，標準発達検査によるアセスメント，支援計画の作成と評価
支援文脈の設定	保護者との連携方法，環境整備法，動機づけを高める方法，遊びのレパートリーの見極め方，効果的な指示の出し方（先行刺激），学習機会の設定方法，教材の選び方，課題の選び方，課題の進め方，効果的な強化方法（後続刺激）
支援技法	身体的ガイド，プロンプト，フェイディング，時間遅延法，モデリング，シェイピング，チェイニング
支援モジュール（71項目）	注意：視覚注意，聴覚注意，その他 共同注意：応答型共同注意，始発型共同注意 模倣：粗大模倣，微細模倣，動作模倣，操作模倣，音声模倣，表情模倣 言語理解：日常的指示理解，単語（名詞，動詞，形容詞），文章 言語表出：レパートリーの拡張（音声，喃語，語彙），機能の拡張（要求，拒否，叙述）
行動が獲得できなかった場合の支援方法	支援モジュールの下位項目において「できない」と評価された際の具体的支援例
問題行動への対応方法 （予防と対応）	問題行動と置き換わる適切行動の見極め方，問題行動が起きにくい環境調整方法，生活の質（QOL）を高くするための支援方法
フィデリティ・チェックリスト （42項目）	支援環境づくり，注意の獲得，先行刺激を活用した支援方法，ターゲット行動に関する支援方法，後続刺激（強化刺激）に関する支援方法，問題行動への対応方法

高い状態を維持する技法を用いた。
③保育園，幼稚園，療育機関，家庭など多様な場面で活用でき，日常生活全般で学習機会を確保できるプログラムにした。整備された家庭や園での環境において，子どもと関わる全ての大人が，効果的な支援技術を獲得することで，子どもはいつでも，どこでも，誰からでも有効な支援が受けられるようになる。
④支援者の支援技術を定期的に評価するための「フィデリティ・チェックリスト」を作成した。支援者が支援方法を理解し，熟達した支援技術を持っていることは発達支援を行う上で大前提となる。「フィデリティ・チェックリスト」では，「先行刺激（A）→行動（B）→後続刺激（C）」の枠組みで，42項目の支援技術の習得が評価できるようにした。

IV　KEIP実施のための発達支援者の育成

1　実践現場とのコラボレーション

先にも述べたとおり，KEIPは，地域にすでにある人的・経済的資源をそのまま活用する。実践現場での経験があり，子どもとの関わり方のスキルをすでに有している保育士，教師，心理職，言語聴覚士，音楽療法士など，地域で働く専門職に，応用行動分析の知識と技術を直接教授することで，短期間・短時間の研修で，効率的に発達支援者を増やすことができるよう，研究と実践を進めている。これは，それぞれの専門性（保育，教育，心理臨床，言語聴覚療法，音楽療法，子育て支援）の中に応用行動分析の支援技法を組み入れることで，エビデンスに基づく支援を地域で日常的に実践することを目的としている。すなわち，子どもが生活している日常的環境そのものを，「セラピーの時間と場所」として機能させることで，子どもの支援に取り組める体制をつくることがねらいである。

以下に、これまでに実施してきた研究の要約を示す。

2 保育士を対象にした研修プログラムの効果

松﨑・山本（2015a）は、児童発達支援事業所に勤務する保育士2名を対象に、応用行動分析の知識と技術に関する研修プログラムを実施した。「講義」では、配布資料に沿って、ABC支援法と支援技術の各項目について説明した。「実践トレーニング」では、保育士が個別支援を実践し、研修実施者が支援方法をフィードバックし、必要に応じてモデルを見せた。「ビデオフィードバック」では、研修実施者と保育士2名が実践場面のビデオ映像を視聴しながら、支援方法を検討した。その結果、保育士の個別療育場面における支援技術が向上し、介入終了から2カ月後の事後評価においても維持された。また、集団療育場面における研修は実施しなかったにも関わらず、介入後に集団場面の支援技術も上昇した。さらに、担当の発達障害児の言語および社会性発達も複数の評価指標において示され、同時に問題行動の生起数は減少した。

Yamamoto & Matsuzaki（2016a）は、保育士3名に対して、自分たちが担当している幼児への支援を実施しながらオン・ザ・ジョブ・トレーニング（インストラクション、モデリング、実践フィードバック）を受ける方法で、研修を実施した。その結果、保育士のフィデリティスコアが上昇し、それに伴い、幼児の言語発達、注意機能、社会的相互作用が増加し、問題行動が減少したことが示された。

Matsuzaki & Yamamoto（2015b）は、公立保育所に勤務する保育士11名を対象に、発達障害者支援センターと協働して保育士研修プログラムを実施した。支援対象の園児は、3～6歳児11名で、全員が自閉症スペクトラム障害の診断を受けていた。「講義」では学習と行動の理論、支援の文脈、支援技法を説明し、実践場面のビデオ解説やグループワークも実施した。その後の「実践トレーニング」では、園児の課題と達成基準を保育士とともに決定した後、研究実施者が支援のモデルを見せながら、観察の視点や支援技術を説明した。その結果、保育士の支援技術（フィデリティ抜粋20項目の得点率）は、95%以上まで上昇し、応用行動分析に基づく知識テストの得点も上昇した。さらに、KIDS乳幼児発達スケールタイプT（三宅ほか、1989）において、園児の理解言語、表出言語の発達年齢がともに向上した。

3 トレイン・ザ・トレイナーモデルの効果

トレイン・ザ・トレイナーモデル（Train-the-Trainer model : TTT）とは、「トレイニー」であった研修修了者が「トレイナー」となり、次の参加者「トレイニー」を教育する研修システムである。

Matsuzaki & Yamamoto（2016）は、TTTモデルの検証を行った。実施した研修プログラムに「トレイニー」として参加し発達支援終了1カ月後の評価においても支援技術の維持が確認された2名（心理職1名、特別支援学校教諭1名）が「トレイナー」として参加した。応用行動分析の基礎知識を持つ特別支援学校教諭4名が「トレイニー」として参加した。研修プログラムは、講義、ロールプレイ、実践トレーニング、ビデオフィードバックで成っており、研究実施者が講義を、トレイナーがロールプレイ、実践トレーニング、ビデオフィードバックを担当した。「講義」は、保育士への研修と同様に実施し、「ロールプレイ」では、実践場面のシミュレーションを行った。「実践トレーニング」では、トレイニーがメインセラピストとして参加児と関わり、トレイナーはフィデリティ・チェックリストに基づき支援方法をフィードバックした。「ビデオフィードバック」では、トレイナーがファシリテーターとなり、実践場面のビデオ映像を見ながら支援方法を検討した。その結果、トレイニーの支援技術は、95%以上まで向上し、

研修終了から1カ月後の事後評価においても維持された。また，応用行動分析の知識も，事前評価の点数の高低にかかわらず，4名ともに向上した。

4　支援者の熟達度に対応した研修プログラム

私たちがこれまでに実施した研修プログラムに共通していることは，講義と実践トレーニングを含む研修内容をパッケージ化したことである。ただし，研修内容の軸と枠組みはそのままに，研修受講者の専門性に応じて，研修プログラムの量と達成基準を柔軟に対応させていくことで，実質的で，効率的な研修が行えるように試みた。たとえば，保育者や保護者に対しては，知識テスト20点満点，フィデリティ20項目の獲得を目標に短期研修を実施し，広く浅くボトムアップ的にプログラムを活用してもらう。一方，地域の発達支援の中核を担う人材（特別支援学校教諭，特別支援教育コーディネーター，発達障害者支援センターの指導員，主任保育士，心理職など）に対しては，知識テスト100点満点，フィデリティ42項目のすべての獲得を目標に，量・質ともに充実した研修プログラムを実施し，後継者を育成できるまで，指導をかさね，トップダウン的に支援プログラムの活用に努める。

V　まとめ

多くの発達支援者が，エビデンスに基づいた発達支援法を，それぞれの実践現場で機能的に用いることができて，はじめて，早期発達支援が実質的に完備されたということができよう。私たちの一連の研究では，まず応用行動分析学の支援技法と発達カリキュラムを統合したプログラムを開発した。次に，それを発達支援者に用いてもらうことで，発達支援者の支援スキルが向上，熟達化し，その結果子どもたちの行動変容と発達促進がもたらされ，問題行動が低減することを明らかにしてきた。

現在，保護者が子育ての中で，子どもとの相互作用を楽しみながら実施できるペアレントトレーニングプログラムの開発と評価を進めている（Yamamoto & Matsuzaki, 2016b）。このような一連の研究と実践では，発達支援者の支援行動，保護者の養育行動が，正の強化で維持される環境を作る上げることがなによりも重要であると考える。

◎付記

本研究の実施にあたり，文部科学省科学研究費補助金基盤研究（B）「自閉性障害幼児の家庭訪問型発達支援モデルの構築と包括的評価」（課題番号22330262）の補助を受けた。現在は，科学技術振興機構（JST）戦略的創造研究推進事業CREST「Social Imaging」の支援を受けて，研究成果を発展させる研究を進めている。

◆文献

Casey AM & McWilliam RA (2008) Graphical feedback to increase teachers' use of incidental teaching. Journal of Early Intervention 30-3 ; 251-268.

Centers for Disease Control and Prevention (2014) Autism Spectrum Disorder. Retrieved from http://www.cdc.gov/ncbddd/autism/treatment.html

Dawson G, Jones EJH, Merkle K, Venema K, Lowy R, Faja S & Webb SJ (2012) Early behavioral intervention is associated with normalized brain activity in young children with autism. Journal of American Academy of Child & Adolescent Psychiatry 51-11 ; 1150-1159.

Dawson G, Rogers S, Munson J, Smith M, Winter J, Greenson J & Varley J (2010) Randomized controlled trial of an intervention for toddlers with autism : The Early Start Denver Model. Pediatrics 125-1 ; e17-23.

Ishizuka Y & Yamamoto J (2016) Contingent imitation increases verbal interaction in children with autism spectrum disorders. Autism : The International Journal of Research and Treatment. Advance online publication.

Kasari C & Lawton K (2010) New directions in behavioral treatment of autism spectrum disorders. Current Opinion in Neurology 23-2 ; 137.

Koegel RL & Koegel L (2006) Pivotal Response Treatments for Autism : Communication, Social, & Academic Development. Maryland, US : Paul H Brookes Publishing.

Lovaas O (1981) Teaching Developmentally Disabled Children : The ME Book. Austin, US : Pro-Ed.

Lovaas O (1987) Behavioral treatment and normal educational and intellectual functioning in young autistic children. Journal of Consulting and Clinical Psychology 55-1 ; 3-9.

Mahoney G & Wheeden CA (1998) Effects of teacher style on the engagement of preschool-aged children with special learning needs. Journal of Developmental and Learning Disorders 2 ; 293-315.

Matsuda S & Yamamoto J (2013) Intervention for increasing the comprehension of affective prosody in children with autism spectrum disorders. Research in Autism Spectrum Disorders 7-8 ; 938-946.

Matsuda S, Minagawa Y & Yamamoto J (2015) Gaze behavior of children with ASD toward pictures of facial expressions. Autism Research and Treatment, Article ID 617190, 8 pages.

松﨑敦子，三宅聖子，山本淳一（2013）初期コミュニケーション発達の促進を目的とした「応用行動分析に基づく音楽療法プログラム」の効果．日本音楽療法学会誌 13-2 ; 103-113.

Matsuzaki A & Yamamoto J (2012) Effects of an early intervention program on pre-verbal communication in a child with autism : Developmental and behavioral analysis with a multiple-baseline design. The Japanese Journal of Special Education 49-6 ; 657-669.

松﨑敦子，山本淳一（2015a）保育士の発達支援技術向上のための研修プログラムの開発と評価．特殊教育学研究 52-5 ; 359-368.

Matsuzaki A & Yamamoto J (2015b) Teacher training program on acquisition of behavioral intervention in Japan. Association for Behavior Analysis International 9th Annual Autism Conference. Las Vegas, Nevada.

Matsuzaki A & Yamamoto J (2016) The effects of train-the-train (TTT) model to disseminate ABA-based early intervention strategies. The 42nd Annual Convention of Association for Behavior Analysis, Chicago, IL.

三宅和夫，大村政男，高嶋正士，山内 茂，橋本泰子 編著（1989）KIDS乳幼児発達スケール．発達科学研究教育センター．

Myers SM & Johnson CP (2007) Management of children with autism spectrum disorders. Pediatrics 120-5 ; 1162-1182.

Naoi N, Tsuchiya R, Yamamoto J & Nakamura K (2008) Functional training for initiating joint attention in children with autism. Research in Developmental Disabilities 29 ; 595-609.

Naoi N, Yokoyama K & Yamamoto J (2007) Intervention for tact as reporting in children with autism. Research in Autism Spectrum Disorders 1 ; 174-184.

National Research Council (2001) Educating Children with Autism. Washington, DC : National Academy Press.

Rogers S & Dawson G (2010) Early Start Denver Model for Young Children with Autism : Promoting Language, Learning and Engagement. New York, US : Guilford Press.

Sallows G & Graupner T (2005) Intensive behavioral treatment for children with autism : Four-year outcome and predictors. American Journal on Mental Retardation 110-6 ; 417-438.

Smith T (2001) Discrete Trial Training in the treatment of autism. Focus on Autism and Other Developmental Disabilities 16 ; 86-92.

Smith T, Groen A & Wynn J (2000) Randomized trial of intensive early intervention for children with pervasive developmental disorder. American Journal on Mental Retardation 105-4 ; 269-285.

Schreibman L, Dawson G, Stahmer AC, Landa R, Rogers SJ, McGee GG & McNerney E (2015) Naturalistic developmental behavioral interventions : Empirically validated treatments for autism spectrum disorder. Journal of Autism and Developmental Disorders 45 ; 2411-2428.

Suhrheinrich J, Stahmer AC & Schreibman L (2007) A preliminary assessment of teachers' implementation of Pivotal Response Training. Journal of Speech Language Pathology and Applied Behavior Analysis 2-1 ; 1-13.

綿巻 徹，小椋たみ子（2004）日本語マッカーサー乳幼児言語発達質問紙「語と文法」．京都国際社会福祉センター．

山本淳一，松﨑敦子（2014）応用行動分析学による包括的コミュニケーション発達支援プログラム──慶應早期発達支援プログラム（KEIP）の開発・適用・普及．子どもの健康科学 14-1 ; 23-29.

Yamamoto J & Matsuzaki A (2016a) Effectiveness of a nursery school teacher training program in providing interventions and supports for children with developmental disorders. In : Japanese Society of Developmental Psychology (Eds.) Frontiers in Developmental Psychology Research. Hitsuji Shobo, pp.189-207.

Yamamoto J & Matsuzaki A (2016b) The effects of a parent training program for young children with autism spectrum disorder : A decision making model for selecting training procedures. 8th World Congress of Behavioral and Cognitive Therapies, Melbourne, Australia.

山本淳一，澁谷尚樹（2009）エビデンスにもとづいた発達障害支援──応用行動分析学の貢献．行動分析学研究 23-1 ; 46-70.

Warren Z, McPheeters ML, Sathe N, Foss-Feig JH, Glasser A & Veenstra-VanderWeele J (2011) A systematic review of early intensive intervention for autism spectrum disorders. Pediatrics 127-5 ; e1303-e1311.

Weinkauf SM, Zeug NM, Anderson CT & Ala'i-Rosales S (2011) Evaluating the effectiveness of a comprehensive staff training package for behavioral interventions for children with autism. Research in Autism Spectrum Disorders 5-2 ; 864-871.

●適応と自己理解の支援

問題行動を適応行動に変える応用行動分析

井上雅彦

I　はじめに

　発達障害児の問題行動へ対応する際に，機能的アセスメントや機能分析から得た情報を使って効果的な行動支援計画を立案する手続きが注目されている（O'Neill et al., 1997）。機能的アセスメント（functional assessment）は，問題行動の生起と機能的に関係している先行事象と結果事象についての情報を集めるプロセスである（Miltenberger, 2011）。機能的アセスメントを行う方法は複数あるが，主訴に関しては，機能的アセスメントインタビュー（O'Neill et al., 1997）が活用できる。

II　機能的アセスメントインタビュー

　原口・井上（2010）は，クライアントの主訴に共感・傾聴しつつ，表1のような項目について情報収集を行い，機能的アセスメントを行うチェックリストを開発している。機能的アセスメントインタビューで最初に行う最も重要な項目は行動の具体化である。具体的に記述することでチーム内での問題行動の共通理解が増し，正確に記録することが可能となる。具体的に記述するためには以下のような原則がある。第一に行動傾向ではなく「行動」を記述することである。例えば「多動」というのは行動傾向をあらわす概念であって，特定の行動ではない。「多動」という記述のみでは「離席行動」をあらわしているのか，「常に椅子をガタガタさせ体を動かし続けている」のか不明である。「多動」として行動を一括して記録し，指導を実践していった場合，指導効果の評価も曖昧になる。「乱暴な性格」などの抽象的な記述も「ゲームに負けたときに友達をたたく」などの具体的な記述にする。また「〜しない」という否定型の記述も正確な記述とはいえない。例えば「片づけをしない」という場合，片づけをしないで代わりに何をしてしまうのかわからないからである。この

表1　情報収集チェックリスト（原口・井上，2010）

1. 問題行動の具体化
2. 問題行動の頻度
3. 問題行動の強さ
4. 問題行動の持続時間
5. 問題行動が起こりやすい時間帯
6. 問題行動が起こりにくい時間帯・状況
7. 問題行動が起こりやすい場合の先行条件
8. 問題行動が起こりやすい場合の結果事象
9. 問題行動が起こりやすい場所（複数場面）
10. 問題行動のセッティング事象
11. 問題行動の歴史
12. 問題行動に対する親の思い（価値観）
13. 問題行動の機能について（親の考え）
14. 機能的等価性，効率性
15. 本人のコミュニケーション方法
16. 本人の医療上の問題や身体の状態
17. 本人が好きなものや余暇活動
18. 発達に関する質問（生育歴含）
19. 検査に関する質問（診断含）
20. 他機関に関する質問

場合,「片づけをしないでテレビゲームをし続ける」などのように記述する。

　項目2〜10に関しては後で述べる行動観察記録をもとに判断するほうが信頼性が高いが,事前のインタビューデータは行動観察記録をとる時間帯を決める際の参考になる。項目10のセッティング事象とは,行動の直前に存在するきっかけではないが,行動の前または同時に存在し行動の生起に影響する要因のことである。例えば学校場面で生じる教師に対する暴言行動に対するセッティング事象の例として,「高い湿度と気温」「教室内の騒音」「空腹」などがあげられる。

　項目13と14に関しては,問題行動が「物や活動の要求」「注目要求」「逃避や回避」「行動そのものの感覚」のうちどのような機能を持っているか,インタビューから仮説を立てる項目である。項目15以降は問題行動に代替できる望ましい行動を想定し,支援計画を立案したりする際に必要な情報である。医学的診断とともに幼児期では発達検査,児童期では知能検査や認知・言語系の検査データを参考にし,不十分であれば必要に応じて検査を追加実施する。特に「本人が好きなものや余暇活動」はインタビューの際に落としてはならない項目である。支援者は多くの場合,対象者の主訴や困難性の部分に関する評価のみに注目しがちであるが,支援につなげていく際には,対象者の興味・関心のある行動を「強化」や「適応的な代替行動」として設定することで,介入に対する対象者の動機付けをあげ,積極性を引き出すことができる。

III　全体的な問題行動に関するアセスメント

　行動面の問題がある場合,全体像を掴むためにはCBCL（Child Behavior Checklist：日本版CBCL子どもの問題調査票）などを実施し,「情緒的反応」「不安・抑うつ」「身体的訴え」「ひきこもり」「睡眠障害」「注意の問題」「攻撃的行動」の下位項目から情緒と行動問題を包括的に評価する。思春期以降では必要に応じて,抑うつ,不安,ストレス,解離などの合併する精神疾患についても評価する。感覚の過敏性については,SP（Sensory Profile：感覚プロフィール）などを用いて評価する。また問題行動が適応的な行動レパートリーの狭さから生じている場合も考慮し,その問題行動に代わる適切な行動を教示していくためには適応行動に関する評価（SM：社会生活能力検査,Vineland-IIなど）が必要である。このように特性や行動面に対する包括的なアセスメントから主訴と関連する全体像を捉え,介入すべき目標に関してより詳細なアセスメントを進めていく。

IV　行動観察による記録とその整理

　問題行動をより直接的に把握するために,行動観察シート（表2）を用いて記録を行う。行動観察シートは,その行動が「どんなときに」起こったのか,「その後どうなったのか,どうしたのか」という前後の状況を1週間程度記録する。問題行動が家や学校など複数の場面で生起している場合はどちらも記録する。主訴で聞き取った問題行動の前後の様子を詳しく聞き取り,優先順位をつけていく。優先順位を決定する基準は,問題性の共通理解がされやすいもの,起こる場面が予測しやすいもの,その場で対応できる人がいるもの,問題となる行動に代わる行動を見つけやすいもの,指導しやすいと思われるものなどから討議して決定していく。

　スキャタープロット（Touchette et al., 1985）は,1日の時間間隔ごとに問題行動の生起を観察して記録する方法である。記録用紙は30分ごとに区分けしたマス目から構成されており,問題行動が生起しなかった場合は空欄とし,特定の行動が生じた場合はチェックをしていく。これによって問題行動の生起しやすい時間に対する予測が容易になり,その時間に対応の準備をしておくことも可能になる。また,家庭と学校

表2　行動観察シート

| 月　　　日（　　）　　　　　　　　No.____ |
| 対象児名_____　　観察者名_____ |

時　間	どんなときに	行　動	どう対処したか

の両方で使用することも可能であり，事前事後の評価に使用することで指導の効果を評価することもできる。

V　ストラテジーシートによる機能分析的介入

1　ABC分析

ストラテジーシート（井上，2007）は，支援チームで短時間に具体的な解決策について話し合うためのツールである。記入方法としては，まず【B：行動】の枠に問題行動や気になる行動を1つだけ具体的に記述する。問題行動や気になる行動1つについて，1枚のストラテジーシートを使用するようにする。次に行動観察シートなどのデータを参考にして【A：事前】の枠に，その行動が最も起こりやすい状況について記述する。また同時に，問題行動がまったく生じない状況も赤字などで書いておくと後の介入の参考になる。【C：事後】の枠には，その行動に対してどのように対応しているか，その行動を行った結果，子どもにとって何がもたらされたかを記述する。図1に「周りの子と意見が食い違ったとき，暴言を吐く」という事例についての記入例を示した。上段のABC分析では特にCの部分が仮説を立てにくいかもしれない。この例の場合では自分の意見が認められること（要求機能）が仮説されている。これらの結果が時々もたらされるものであれば間欠的な強化となり，その問題行動はより強固に維持される。

2　問題行動が起こらなくてすむ条件の設定／望ましい行動が起こりやすくなる設定

【事前の対応の工夫】の枠には，支援会議のメンバー一人ひとりがブレーンストーミングを行い，その結果を記入する。まず，最初に問題行動が起こらなくてすむ条件の設定についてアイデアを出すようにする。この際，出された意見については批判や是非についての論議はせず，アイデアを出すことに絞る。図1の例では，事前に遊びの内容を知らせておく（見通しを持たせる），ソーシャルストーリーで知らせ自分の思いが取り入れられない場合があることを知らせる，事前に暴言ではなく自分の意見を言うことを約束する，話し合いのなかに教師が入りまとめ役をする，伝え方のモデル（こんなふうに言うと伝わりやすい）を示しておく，興奮してきたときの気持ちのコントロールの仕方を教えておく，などがあげられている。担任教師はそのなかから最終的に自分で取り組めそうなものを選択する。また【事前の対応の工夫】は【望ましい行動】が決定したのちに，もう一度見直しアイデアを出してもらうと，望ましい行動が起こりやすくなる設定についての示唆が得られる。

第2章 発達障害の支援の基本

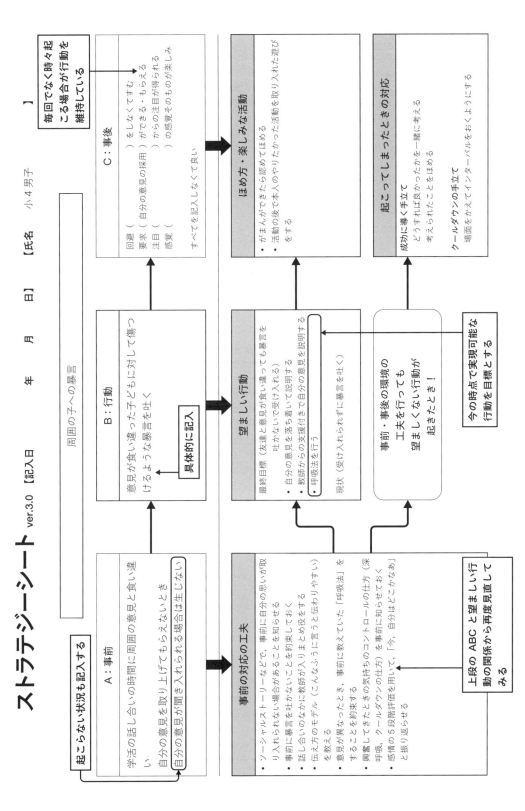

図1 ストラテジーシートの記述例

3 問題行動の代わりとなる望ましい行動の指導

問題行動への治療効果の般化と維持のためには，それが起こらなくするだけではなく，問題行動に代わる望ましい行動を教えることが大切である。まず【望ましい行動】の枠の下に現状（例受け入れられずに暴言を吐く）を記述する。次に最終目標（例友達と意見が食い違っても暴言を吐かないで受け入れる）を記述する。次に問題行動の代わりとなる【望ましい行動】は，現状と最終目標の間を埋めるようなその子どもの目標行動について，支援会議のメンバーで意見を出し合う。目標とする望ましい行動は子どもの行動目標でなければならず，かつ子どもが少しの努力で達成可能なレベルを設定することがポイントになる。これが達成されたら徐々に難易度をあげていき，最終目標に近づけていく。

4 望ましい行動を行ったときの対応

【ほめ方・楽しみな活動】の枠は，子どもが望ましい行動をしたときの教師や周囲の対応を記入する。教師や周りの子どもたちから認められたり，賞賛が得られたりすると自己肯定感も高まり，望ましい行動の定着が促進される。トークンシステムなども導入すると視覚的にわかりやすく，その都度強化するのではなく少し我慢して強化されるので，セルフコントロールの発達を促すこともできる。

5 望ましい行動が起こらなかったときの対応

これらの計画を事前に練っていたとしても，問題行動や気になる行動が起こってしまうことがある。子どものなかには，先生が困ったり，慌てたりといった情動的な反応をすることが強化になる場合もある。したがって【起こってしまったときの対応】では，対応しない行動を事前に決めておくことや，望ましい行動が生じやすくなるようなヒントを出して，望ましい行動が生じればそれをほめるようにするなど，失敗経験を成功体験に導くような手立てを記述するようにする。

VI 記録とフォローアップ

記録を取ることは，実践がうまくいっているか否かを計る物差しとなり，改善が困難な場合に新しい手立てを考えていく際の有効な資料となる。現場での記録はできるだけ負担のない方法で，ポイントを押さえて行う必要がある。理想的には，前述した行動観察シートやスキャタープロットなどの記録を複数の教師・保護者で分担し，一定の指導を行った後に1週間程度記録するというようにする。このような実際の行動観察から得られた記録と前述のCBCLなどによる全体的な評価を組み合わせ，標的とした問題行動以外の評価も適時行っていくとよい。効果が得られにくい場合は随時ケース会議を開催し，再度手続きの見直しや，目標とする行動をよりスモールステップ化するなど，指導手続きを修正する。

◆文献

原口英之，井上雅彦（2010）発達障害児の問題行動のアセスメントに関する面接者トレーニングの効果．行動療法研究 36-2；131-145．

井上雅彦（2007）行動面の指導．In：特別支援教育士資格認定協会 編：特別支援教育の理論と実践 II ——指導．金剛出版，pp.159-174．

Miltenberger RG (2011) Behavior Modification : Principles & Procedures. CengageBrain.com.

O'Neill RE, Horner RH, Albin RW, Storey K, Sprague JR & Newton JS (1997) Functional Assessment of Problem Behavior : A Practical Assessment Guide. Pacific Grove, CA : Brooks/Cole.

Touchette PE, MacDonald RF & Langer SN (1985) A scatter plot for identifying stimulus control of problem behavior. Journal of Applied Behavior Analysis 18-4 ; 343-351.

◉適応と自己理解の支援

感情調整を支援する認知行動療法プログラム

明翫光宜

I　はじめに

　小学生から思春期にかけての時期において，子どもは学校生活を中心とした集団生活を通して社会的スキルを学習していく。その学びは適応行動という形で積み重ねられ，子どもたちは，学習した適応行動を土台にして現在の課題にチャレンジして成長していく。

　一方，発達障害の子どもたちは，この過程を自然になんとなく学習するのではなく，「1つ1つ丁寧に学ぶというステップを踏んでいく」のが特徴である。そして，その適応行動の学習のなかで，つまずきやうまく学べなくて困っているSOSサインを，いわゆる問題行動として表現する。それは第三者からみれば問題行動ということになる。またいじめなどの問題があれば，フラッシュバックの要因も加わり，問題行動がさらに深刻化・複雑化していく。

　そして発達障害の子どもたちにとって，学齢期以降の問題行動には感情調整（怒りや不安）の問題が少なからず絡んでいる。心理臨床にはさまざまな介入技法があるが，発達障害の子どもたちにもわかりやすく，かつ混乱を起こさせない介入が求められている。具体的には，問題行動の背景にある言葉にできない子どものSOSサインを汲み取り，一緒に問題解決しながら，対応法を教えることになる。この視点に立てば，認知行動療法スキルトレーニングは取り組みやすい方法である。また学齢期後半になると子どもの認知発達的にも感情調整のスキルトレーニングにも取り組めることが多い。そこで本論では，感情調整に焦点をあてた認知行動療法スキルトレーニングについて筆者の実践を紹介していきたい。

II　感情調整に焦点をあてた認知行動療法スキルトレーニング

　筆者は自閉症スペクトラム障害（以下，ASDとする）の子どもにも効果的に適用できる感情のコントロールプログラムを開発する研究プロジェクトを2007年から行っている。まず研究開発の背景を簡単に紹介する。我々は，毎年，愛知県にある日間賀島で専門職・学生スタッフ・子どもたちともに4泊5日の合宿訓練を行っている。その合宿訓練では，さまざまなステップアップ・プログラムメニューが午前中に3日間かけて行われている（詳しくは，辻井，2013；辻井・アスペ・エルデの会，2012）。そこでの短期介入プログラムの成果が学会等で報告されている。プログラムに基づいた短期介入で一定の成果があれば，そのプログラムに基づいた介入法を全国に普及することも可能であり，実際にNPO法人アスペ・エルデの会では，プログラムのワークブックを作成している。

　ここでは，感情調整について短期介入の効果が確かめられ，ワークブックとなっているプログラム（明翫，2010a, b；明翫ほか，2011）を実際の臨床場面でどのように活用していくかという視点で述べてみる。まず，最近筆者が行っ

ている短期介入プログラムの概要を以下に示す。

実際にASDの子どもたちにプログラムを集団で実施するのは、これから述べるいくつかの要因があり難しく感じられる場面がある。心理職がその難しいと予想される要因とそれに対する対策・対応を意識しながらプログラムを実施できると、**ASDの子どもたちをプログラムの流れにのせる**ことが可能になると感じている。以下、筆者の意識しているポイントを紹介する。

筆者が重視しているのは、プログラムの手順である。最初にプログラムに取り組むための心理教育を行う必要がある。ASDの子どもたちは、自分がなぜ感情調整のプログラムを行うのかということや、プログラムを行う目的を理解していない場合がある。当然、プログラムの目的がわからなければ参加者の動機づけも低く、プログラムの効果が出にくいであろう。そこで筆者は感情のストーリーを提示することにしている。合宿では学生スタッフに劇を作って演じてもらった。参加者の子どものなかには「あっ、オレと同じだ」と述べ落ち込む場面があったが、筆者はすぐに子どもたちに筆箱を手に持たせて「筆箱をリモコンとしましょう。ビデオの巻き戻しボタンを押してみて」と伝え、同じあらすじだが成功ストーリーとなる劇を見せる。その後、「何が違う?」「そして何を学べばよい?」(答えはリラクセーション・スキル)とプログラムの目的へとつないでいる。

次のステップでは、リラクセーション・スキルを習得に入る。プログラムを感情理解の学習から始めるスタイルでは、怒りや不安の学習になると子どもたちの集中力が極端に低下し、プログラムの進行が困難になる場面を筆者は何度か経験した。当時の参加していた学生スタッフから「嫌なことを思い出して、そこから落ち込んでしまったようだ」という筆者のプログラムへのフィードバックを受けて、リラクセーション・スキルを学んでから感情理解の学習へと進む現在の構成になっている。実際には「次からはいろんな気持ちの勉強をします。時には嫌なことも思い出すこともあるかもしれません。でも大丈夫。そのときはどうすればいいかみんなはもう知っていますね」とリラクセーション・スキルを使用することを確認している。

感情理解については、感情を理解すること自体が難しい課題である。そこでまず感情調整の視点から、筆者は「実際には感情の波がやってきても必ず引いていく」ことを「お風呂の温度も時間が経てば冷めていくことと同じように、嫌な気分もしばらくまてば自然に去っていく」という見通しを教えることを重視している。不安や怒りがいつ終わるのかという見通しがつかないことによる加速的な怒りや不安の高まりを避けるためである。不安や怒りの感情の気づきのために、明翫(2010a)のようにASD児に比較的わかりやすい身体感覚の単語リストについて当てはまるところに○をつけて、「リラックスと怒り」「リラックスと不安」を一緒にながめて双方の身体感覚の違いや特徴を話し合ったりする(表2)。

リラクセーション・スキルについてもいくつか工夫が必要である。従来の方法は、呼吸法や漸進的筋弛緩法などについて実習を通して形式面を学び、またその実施に伴う身体感覚の変化をクライエント自身が体験・内省し、報告することで進められるものだった。しかし、ASDの子どもたちは、リラクセーションに伴う身体感覚の変化をつかんだり、言語化することが難しい場合もある。筆者は、形式面から学ぶことと体験して学ぶことの2段階で実践している。

例えば、呼吸法では「目の前にろうそくの火があります。強く吹くと消えてしまいます。優しく吹くと優しく揺れます。わかりますか? そんな感じで優しくフーっとしてみよう」とイラストなどの視覚的情報を示しながら提示する(詳しくは、明翫、2010a, b)。そして、支援者がクライエントの口の前に手のひらを出し、「上手だね。そうそう。その調子。もう少し優し

表1 2013年の感情調整のプログラムの概要

内容	内容の詳細
①感情のストーリー （Harvey & Penzo（2009）を参考に作成）	・感情調整の成功の有無が，その後のストーリーを左右することを学ぶ。集団セッションでは，学生スタッフが「子どもが陥りやすいトラブルのパターン」を劇という形で伝える。個人セッションでは4コマ漫画などが考えられる。 ・感情調整失敗による失敗ストーリーと感情調整成功による成功ストーリーを以下の流れで行う。まず，失敗ストーリーを見せて「これっていつものパターンだけど，この結末は変えられるかもしれないよ」と促し，劇であれば「ビデオで巻き戻し」として成功ストーリーを見せる。その後，「何が違う？」「そして何を学べばよい？」とプログラムの目的へとつなぐ。 きっかけとなる出来事 →感情（怒り・不安）の発生 　→失敗ストーリーの場合→感情がエスカレート・爆発→良くない結果：罰やトラブル 　→成功ストーリーの場合→リラクセーションで感情調整→良い結果や悪くならない結果 ・ストーリーのある要素を変えると，その後の結末を変える可能性がある。「あなたはどちらを選びますか？」
②「気分は変えられる」の心理教育 （詳しくは明翫（2010a, 2010b）を参照）	・世の中には，変わりやすいもの（感情・考え）と変わりにくいもの（住所など）があることについて学習する。 ・「変わりやすいもの」は「自分で変えられるチャンスがある」という再構成を促す。例えば，空腹や喉の渇きとその解消などを例示しながら，「お腹が空いたらご飯を食べることで空腹の状態を変えられることと同じように，嫌な気分になったとしても気分の状態を楽しい気分に少しでも変えられる」という理解を促す。 ・そのために有効な方法としてリラクセーションがあるとして個々の方法の実習へと導入する。
③リラクセーション・スキルの実習	・リラクセーション実施に先立って，例えば以下のようなスケールを使ってSUDs（主観的障害単位：subjective unit of disturbance scale）を測定する。 ・呼吸法，漸進的筋弛緩法（動作法），イメージを用いたリラクセーション技法を実習する。 ・リラクセーション状態時を中心にビデオで子どもの表情や様子を記録する。 ・リラクセーション実施後，子どもたちがリラクセーション状態を体験していることを確認しつつ，SUDsを測定する。 ・前後の数値を比較して，SUDsが下がっていることを確認し，あらためて不安や怒りはコントロールできると伝える。
④感情理解Ⅰ	・「情動は永遠に続くことはない」という感情の性質を教える（Spradlin, 2003）。実際には波がやってきても必ず引いていくこと，お風呂の温度も時間が経てば冷めていくことと同じように「嫌な気分もしばらくしてば自然に去っていく」という見通しを教える。 ・その感情を早く冷めさせるのにリラクセーション技法が役立つことも学習する ・リラックスという状態について，身体感覚を中心に本人の体験や知っていることを確認しあいながら，理解を深める。 ・不安・怒りの定義を教えたうえで，そのときに伴う身体感覚を知る（詳しくは，明翫，2010a, 2010b）。
⑤感情理解Ⅱ	・リラックス，不安，怒りに伴う身体感覚を対比して，感情によって異なる身体感覚の変化を学習する。またリラックスの状態と緊張状態（不安・怒り）とでは体の状態が正反対になりやすいことを学習する。 ・怒り・不安の階層を知る。パニックに至る前のレベルにあたる「小さな怒り・不安」を理解し，ここでリラクセーションを使用することを学ぶ。 ・ビデオセルフモニタリング（萩原，2012）を用いる。リラクセーション時の子どもの様子を姿勢や表情ともにビデオで撮影し，上手くできていることを評価しつつ，リラックス度を数値化する。

表2　感情と身体感覚の関係（明翫，2010a）

	リラックス	怒り	不安
①心臓のドキドキ	速くなる／ゆっくり／かわらない	速くなる／ゆっくり／かわらない	速くなる／ゆっくり／かわらない
②呼吸	速くなる／ゆっくり／かわらない	速くなる／ゆっくり／かわらない	速くなる／ゆっくり／かわらない
③体の動き	速くなる／ゆっくり／かわらない	速くなる／ゆっくり／かわらない	速くなる／ゆっくり／かわらない
④体の力	力が入る／力が抜ける／かわらない	力が入る／力が抜ける／かわらない	力が入る／力が抜ける／かわらない
⑤話し方	速くなる／ゆっくり／かわらない	速くなる／ゆっくり／かわらない	速くなる／ゆっくり／かわらない
⑥声の大きさ	大きくなる／小さくなる／かわらない	大きくなる／小さくなる／かわらない	大きくなる／小さくなる／かわらない

くできるかな（もう少しフーっと出していいよ）」と微調整する。その他の方法として，ティッシュペーパーを短冊状にして子どもに吹いてもらうことも1つの工夫である。この形式面の学習で「ゆっくり優しく呼吸をすること」を教えることができる。

次に体験して学ぶ方法として，筆者はバイオフィードバック法を援用している。呼吸法に関しては心拍変動バイオフィードバック法（heart rate variability biofeedback）と呼ばれている。この方法は，後述する心拍変動と呼吸の様子をモニター上で捉え，変化する両者の対応関係をチェックしながら呼吸ガイドに合わせて約1分間に6回のゆっくりした呼吸のコントロールを行う手続きである（榊原，2009）。我々の心臓の拍動は通常一定ではなく，不整なゆらぎのリズムもっている。このゆらぎのことを心拍変動といい，呼吸活動や血圧調節，体温などの要因に影響を受け，特に呼吸活動に同期した変動は呼吸性不整脈と言われている。この心拍は吸気時に増加し，呼気時に低下するが，この変動が信頼性の高い自律神経の指標になりうる。具体的には，心拍変動の減少はいわゆる交感神経優位な精神的・身体的ストレスが負荷された状態であり，一方心拍変動の増大は副交感神経優位な心身の良い適応状態を示していると言われている。つまり，心拍変動バイオフィードバックは，ゆっくりした呼吸によってこの心拍変動をより増大することをねらった方法である（及川・Lehrer，2008；榊原，2009）。この心身の状態を子どもにもわかりやすく示してくれる（フィードバックする）携帯型の機器が開発されている（例 Quantum Intech社のem-wave2®やHelicor社のStressEraser®）。Quantum Intech社のem-wave2®やem-wavePC®を用いると，呼吸によって起こる変化をLEDランプで視覚的に知らせてくれる。また呼吸法を使ったゲームもあり，5～10分といった比較的長い時間の呼吸法トレーニングを行うことができる。またHelicor社のStressEraser®は，呼吸に応じて変化する心拍のゆらぎ（呼吸性不整脈）が波形として視覚化でき，特に効果的に吐くタイミングや吐く長さを支援者が一緒に見ながら調整できる。

漸進的筋弛緩法ではMyoTrac®のような機器を用いた筋電図バイオフィードバック法を利用することができる。これらのツールは，筋肉の身体感覚をつかむのが難しいASD児にもLEDの表示を見ながら「今が大事。体がリラックスしているんだよ」と教えることができる。

このように工夫次第で，実施が難しいと考えられてきたASDの子どもたちへの認知行動療法スキルトレーニングも実施の可能性が広がっている。現在，筆者はマインドフルネス・エクササイズをこのプログラムのなかに効果的に取り入れられるかどうか試行中である。

III おわりに

「臨床場面で取り入れたいけど,認知行動療法を学ぶ場が近くにない」という声があるかもしれない。筆者自身は専門的なトレーニングを受けてきたわけではないが,実際にこのプログラムの開発に取り組んでいる。筆者の場合は,Attwood（2001）のワークブックが認知行動療法的アプローチの入口であり,学びやすかったと感じている。このワークブックをベースに,筆者が認知行動療法の技法をもっと効果的に活用できるように,そして子どもたちが楽しく学べるように実施と改良を続けることで学んできたと思う。そこで心理職としてプログラムを開発しながら学んでいくことの楽しさを体験した。

また認知行動療法的アプローチを学んだからといって,これまで学んできた心理療法的アプローチを捨てないといけないわけでもない。双方のアプローチを学び,それぞれが必要なときに使っていくスタイルは矛盾しないという実感が筆者のなかにある。

感情調整で困っている発達障害の子どもたちのために,Attwood（2001）やNPO法人アスペ・エルデの会のワークブック（明翫,2010a,b）を入口として,本論で紹介した認知行動療法スキルトレーニング・プログラムをもっと気軽に,そして支援者と子どもが使いやすいようにアレンジしながら活用していただければ幸いである。

◎付記

本研究の一部は,平成24年度科学研究費助成事業（基盤研究C）「発達障害の社会参加を推進するソーシャルスキル支援ツールの実用化」（研究代表者：武蔵博文　課題番号：24531252）の助成を受けた。

◆文献

Attwood T（2001）Exploring Feelings Therapy to Manage Anger. Future Horizons.（辻井正次 監訳,東海明子 訳（2008）ワークブック アトウッド博士の〈感情を見つけにいこう〉① 怒りのコントロール──アスペルガー症候群のある子どものための認知行動療法プログラム.明石書店.）

萩原 拓（2012）状況に適した行動をとる. In：辻井正次 編著：特別支援教育──実践のコツ.金子書房,pp.118-123.

Harvey P & Penzo JA（2009）Parenting a Child Who Has Intense Emotions : Dialectical Behavior Therapy Skills to Help Your Child Regulate Emotional Outbursts and Aggressive Behaviors. New Harbinger Publications Inc.（石井朝子 監訳,小川真弓 訳（2011）家庭と学校ですぐに役立つ感情を爆発させる子どもへの接し方──DBT（弁証法的行動療法）スキルで感情と攻撃性をコントロールする方法.明石書店.）

明翫光宜（2010a）自分で気分を変えてみよう.NPO法人アスペ・エルデの会.

明翫光宜（2010b）気分は変えられる.NPO法人アスペ・エルデの会.

明翫光宜,飯田 愛,森 一晃,堀江奈央ほか（2011）広汎性発達障害児を対象とした「気分は変えられる」プログラム作成の試み.小児の精神と神経 51-3；377-385.

及川 欧,Lehrer P（2008）Heart Rate Variability（心拍変動）バイオフィードバックの臨床適応.バイオフィードバック研究 35-1；59-64.

榊原雅人（2009）心拍変動からみた休息機能とバイオフィードバック.バイオフィードバック研究 36-1；84-89.

Spradlin SE（2003）Don't Let Your Emotions Run Your Life : How Dialectical Behavior Therapy can Put You in Control. New Harbinger Publications Inc.（斎藤富由紀 監訳,守屋賢二・加来華誉子・池田彩子 訳（2009）弁証法的行動療法ワークブック──あなたの情動をコントロールするために.金剛出版.）

辻井正次（2013）発達障害のある子どもたちの家庭と学校.遠見書房.

辻井正次,アスペ・エルデの会 編（2012）楽しい毎日を送るためのスキル──発達障害のある子のステップアップトレーニング.日本評論社.

◉適応と自己理解の支援

自己理解を支援する

吉田友子

I　はじめに――自己理解支援という課題

　筆者に自己理解支援の重要性を認識させた忘れられないエピソードがある。他書（吉田，2005）からの転載で恐縮だが紹介させていただきたい。

　幼児期から主治医として関与していたアスペルガー症候群の少女がいた。彼女は療育指導を受けて次々と適応技術を習得し，就学後には通常学級の担任から何の問題もないと言われていた。そんな彼女が小学校3年生になったときに泣きながら母親に訴えた。自分が本当に思ったことを言うと，いつも嫌なことが起きる。だから自分はいつも2番目に思ったことを言う。自分は本音で生きることができないニセモノの人間だ，と。

　まだ診断名の告知も受けていなかった8歳の少女が，自分の感じ方は多数派とは異なると自分で気づき，トラブルを避けるために2番目の意見（周囲に受け入れられやすい意見）を自分で選択していたのだ。彼女の気づきにも決意にも，そして適応技術を行使すればするほど自分はニセモノだと自己否定感を強めていたことにも，主治医である筆者はまったく気づいていなかった。

　当時の筆者は，より多くの技術を教えることができればその先に子どもたちの幸せがあると漠然と信じていたと思う。しかし技術を教えるだけではダメだったのだ。技術を「胸を張って」使うことを教える必要があったのだ。特別な練習をする理由を，明確に伝える役目があったのだ。

　彼女たちが特別な練習や工夫や選択を必要としているのは，彼女たちがニセモノだからではない。少数派だからだ。そこには優劣は存在しない。日本人が米国旅行中は英語を話す努力をするように，多数派のなかに暮らす少数派だから練習や工夫や選択が必要なのである。彼女たちの体験に寄り添いながら，情報の提供を仲立ちとして彼女たちの成長する力を支援していく精神療法を，筆者は心理学的医学教育（psycho-medical education）と呼んでいる。自己理解支援は心理学的医学教育の大きなテーマのひとつである。

　自己理解支援は，前述の少女のような自己否定的技術向上（技術を習得すればするほど自己否定感を強めてしまう現象）の回避に役立つだけではない。今後どんなにすばらしい支援システムが構築されたとしても，本人がそのサービスを利用しようと決心できなければ，あるいはそもそも自分に関係するサービスがあると気づいてそれにたどりつけなければ，そのシステムは機能しない。自己理解支援は，自分に必要な情報を本人が入手し選択することも支援する。

　本稿では自閉症スペクトラム臨床で筆者が行っている実践報告を中心に，自己理解支援について整理を試みる。

II 自己理解支援の基盤をなすもの

　自閉症スペクトラムの自己理解支援とは,「自分とは何か」といった抽象的な課題に本人たちを直面させることではない。あるいは心理学的な仮説で彼らの言動を解釈してみせることでもない。弱点（発達特性）は工夫や選択によって不都合の原因にならずにすむという体験の提供や, 自分の強み（発達特性）を活用すれば安定した穏やかな生活が手に入れやすくなるという体験の提供が, 筆者の取り組む自己理解支援の基盤をなすものである。

1　困難を把握し問題を整理する

　自閉症スペクトラムのカウンセリングでは, 相談すべき事柄を本人が主訴として表現できていないことがとても多い。

　成人期の初診例では「診断を知りたい」という来院理由は稀ではない。彼らの多くは支援を受けた経験がなく, 診断名さえ手に入れば八方塞がりの生活や屈辱的な人生が一変すると期待している。しかし診断を受けただけで適応技術が手に入るわけではない。一旦は安堵しても, その先に待っているのは「それでも人生は変わらなかった」という, より深い絶望かもしれない。困っていない人は診断を求めたりしない。診断名を求めるに至った経緯を共感的に聞き取っていくことが, 受診者が本当に必要としているものを本人と共有すること（主訴の形成）につながる。

　「雑談でうまく相槌が打てるようになりたい」と相談に現れた自閉症スペクトラムの成人にSSTで相槌の練習を提供することが本当に支援になるのかという視点も必要である。「雑談にうまく乗れないので自分は職場で（学校で）浮いてしまう」と彼は説明するかもしれない。しかし実際には, 彼は気づいていないけれど, 業務でしばしば周囲を苛立たせており, 実はそれが浮いている主因の場合もある。気づいていないことは相談できない。社会的認知が困難な自閉症スペクトラムでは, たとえ成人していても, たとえ流暢に多弁に話していても, 相談室外の情報の入手に努めることが重要である。

2　具体的支援で困難を改善する

　改善すべき困難が把握できたら, 具体的なアイデアや手助けを提供して, その困難の改善をはかる。視覚的な情報は理解しやすく定着しやすい, パタンになじみやすい, 納得した手順やルールはまじめに守るといった発達特性を強みとして活用するアイデアが効果を上げやすい。

　「朝どうしても大学に行く気になれない」と相談室を訪れた学生の, 行く気になれない理由のひとつに学業への不安・不成績があり, そのきっかけのひとつにレポート作成のプランニング不良や配布プリントの管理困難があると判明したなら, それらを支援することから始める。たとえばファイルやスライドクリップを使って, 配布されたその場でプリントが時系列に管理できる方法を教え, その後もプリント管理が順調かどうかをあなたから話題にする。プリントの欠番があれば入手方法を一緒に検討し, 状況によってはあなたが担当教官との橋渡しをする。こうして失敗の回避や成功を体験することが, 次の「やりようはある」という実感につながっていく。

3　「弱点はあってもやりようはある」「自分に合った工夫がある」という実感を育む

　工夫によって困難が改善する体験を提供するのは, 適応の向上だけが目的ではなく, その体験を通じて「弱点はあってもやりようはある」「自分のクセを生かした工夫はうまくいく」という実感を育むためでもある。

　プリント管理の具体例を読んだあなたは, こんなことにカウンセリングの時間を費やしていいのかと思うかもしれない。マーカス（2005）は, 自閉症の人へのカウンセリングと伝統的な

カウンセリングとの相違点のひとつとして、カウンセラーが「高度の指示的なアプローチ」を提供する必要性を挙げているが、筆者もまったく同感である。今日からできる具体的な工夫を提供し、失敗を減らし、やりようはあると実感させる以外に、自尊感情の回復もないし自分との付き合い方を体得する道もない。

III 自己理解支援の流れ（図1）

1 キーワードの提供

支援による失敗の回避や成功を体験できたら、関連する発達特性や対応のコツを「キーワード」として提供していく。たとえばプリント管理技術が定着したら「『後で』と思うと忘れてしまうから、その場で完了できる工夫が合っているね」「手順が決まっていると、キッチリやれる人だね」というふうにコツや強みを言語化して伝える。

2 知的な切り口を手がかりに、自分の得手・不得手の体験を言語化する

治療者の提供するキーワードに相談者が納得できれば、彼らはその言い方（括り方）を取り込んでくれる。そしてそのキーワードを応用して、自分でも得手・不得手の体験を言語化し整理し始める。

自閉症スペクトラムでは、同じような原因によるトラブルを繰り返していても、それらの共通性に気づけずにいることがよくある。これには物事の本質を直感的に抽出することの困難（社会的イマジネーション障害）が関与している。社会的イマジネーション障害は自閉症スペクトラムの基本的特徴（Wingの「三つ組」）のひとつである。キーワードを取り込むことで、自分をとらえる視点を知的に（直感的・本能的にではなく）獲得することができる。そして、抽出することが困難だった体験の共通性を認識して、そこに反映されている自分の特徴を言語化しやすくなる。キーワードの提供は彼らの社会的イマジネーションを補完する支援だともいえる。

3 自分の得手・不得手には名前がつくと知る（脳タイプとしての理解）

発達特性に関する医学的判断を伝えるのには2段階ある。最初の段階は、自分の得手・不得

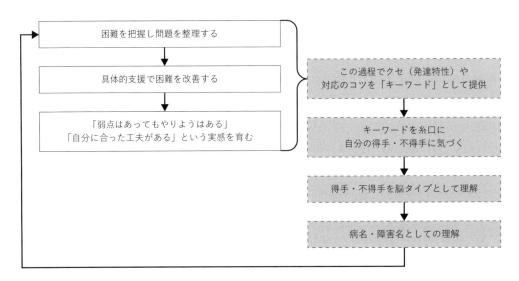

図1 心理学的医学教育（自己理解支援）の流れ

手のパタンには名前がつくと知らせることである。この説明には治療的介入や福祉サービスが必要かどうかの判断は含まれておらず，いわば脳タイプの説明である。

Wingの自閉症スペクトラム（the Autism Spectrum）という用語は，治療的な関与を必要とする人たち（病名・障害名をもつ人たち）と，「三つ組」の特徴はもつが治療的な関与は必要としない人たち（病名・障害名はもたない人たち）の両方を含み込んだ概念であり，この段階の説明は自閉症スペクトラムに相当する。

4　サービスの入場券として病名・障害名を知る

自閉症スペクトラムの脳タイプで，なおかつ治療的関与や福祉サービスを必要としている人を自閉症スペクトラム障害（Autism Spectrum Disorder：ASD）という。ASDという医学病名・障害名は，サービスが必要だという意味を含んでいる。

成人への説明で脳タイプ名と障害名の説明が別の段階として分けて行われることは稀かもしれないが，両者を別のものと認識することが有益だと筆者は考えている。治療者の前に現れている時点で，相談者は自閉症スペクトラムでなおかつASDに該当する。しかしこの先，自己支援技術を習得し自己肯定的な生活を安定して送れるようになれば，その人は支援を必要としなくなり，自閉症スペクトラムではあり続けるがASDではなくなる。

以上のような流れで診断名告知に至る。図1にも示したように，診断名告知は自己理解支援のゴールではない。診断名告知後も新たに生じた困難を題材として，対策のコツを知り自分のクセを確認していく過程を繰り返していく。

IV　心理学的医学教育で期待される効果

心理学的医学教育にはさまざまな効果が期待される（吉田，2011）が，本稿では以下の2点を確認したい。

1　相談者としての成長

自閉症スペクトラムでは相談する技術に困難がある。「困ったらいつでも相談に来なさい」と言われても，身動きがとれないほど追い込まれないと「困っている」と認識できなかったり，困ったと感じても切り出すことができずに，結局，相談を利用できないままになってしまうことは多い。

誰かに相談したことで実生活の困難が軽減したという体験は，また相談してみようという相談の意欲を引き出す。キーワードが手渡されると，彼らは相談すべき事柄に気づきやすくなり，その困難を表現する言葉も手に入れることになる。実利の提供から始まる相談を，日時を定めて定期的に行っていくことは，彼らが相談者として成長することを支援する。

2　特別な練習や工夫や選択がなぜ必要なのかを正しく理解できる

自閉症スペクトラムやASDについて説明することができれば，特別な練習や工夫や選択が必要なのは誤った存在だからではなく少数派だからだと数字を挙げて明確に伝えることができる。技術向上の理由づけを明確に伝えられれば，努力しても努力しても普通（多数派）にはならないことに落胆するような自己否定的な技術向上を回避できるかもしれない。福祉サービスは少数派としての不便を補うものだという説明は，サービス利用を本人が主体的に選択することを後押しするかもしれない。

V　診断名を知ったことで生じるかもしれない副作用

1　診断名を言い訳に使う人

診断名を知ったことで「言い訳にする」「開き直る」のではないかという危惧をよく耳にする。

確かにそう言いたくなるような事例はあるのだろう。

ここで一旦発達障害をはなれて，しぶしぶ親に連れられて来所した児童症例との初回面談を思い浮かべてほしい。大人に対して拒否的で面接室に入っても話をしようともしない子どもも多いだろう。そんなとき「ふてくされるな」「良くなる決心がなくてどうする」と一喝する治療者はいないだろう。彼らはそれまでの歴史のなかで，自分を守るための手段としてそのような頑なスタイルしか手に入れることができず，また相談や努力が自分の利益に繋がるという実感を誰にも与えてもらえなかった子どもたちである。どうやったらこの子は再び世の中と自分自身とを信じることができるのだろうかと，治療者なら考えるだろう。

ではなぜ発達障害の成人は「診断を言い訳にする」のだろう。「自分は努力もせずに，批判ばかりする」のだろう。彼らもやはり，そんな相手の嫌悪や叱責を誘発するような効率の悪い手段しか手に入れることができなかった人たちなのではないだろうか。工夫のしようはある，努力は成果につながる，もう一度自分の人生を自分の手の中に取り戻すことができると信じられるような体験をもつことができないままに，診断名だけを手に入れたのだろう。診断名を言い訳にするのは，診断名を知ったことの副作用ではなく，具体的な支援を受けられなかったことの副作用ではないだろうか。

2 ASD当事者としての発言への没頭

ASDに関する知識の収集をこだわりとする人たちがいる。安定した実生活を送りながらであれば，ASDを趣味とするのは何も問題はない。一方で，トラブル続きの生活を送りながら相談の場ももたず，知識の披露や他人の言動の解釈に没頭する人たちもいる。彼らはASD研究に執着することで実生活の不安や不全感をやり過ごそうとしているのかもしれない。これもまた，

診断名を知ったことの副作用というよりも，自ら支援を求める力の乏しい人に支援が届くようなシステムが構築されていないために生じた不都合だと筆者は考える。

3 満足・安堵による相談の終了

これは診断名を知ったことで生じる最も重大な副作用である。診断説明が継続相談につながらなければ，安堵や満足の後には絶望や不安・混乱が再燃する危険性がきわめて高い。

診断名を知ることで安堵し，相談の価値を知らないまま実質的な支援から遠のいてしまう人たちがいることを，診断する医師はもちろんのこと，本人に受診を勧める専門家は十分に知っておく必要がある。彼らは時間の経過とともに，「診断名を言い訳に」「批判ばかりして努力しない」と言われる行動パタンを形成したり，診断を知っても変われない自分を責めて不全感を募らせてしまう危険性が高い。

診療やカウンセリングは契約関係である。専門家が必要だと思っても，本人が希望しないサービスを提供することは難しい。児童症例であれば，彼らを連れて来た大人が必ずいるので，キーパーソンと治療関係を継続して本人に間接的に実利を提供し，いずれ再度の本人受診につなげる道がある。成人期初診例ではこの経過が望めないことが多い。発達障害者を対象とする福祉機関に紹介しても，本人のやる気がないのでは支援できないと言われてしまう場合も残念ながらある。

①診断名告知は精神療法（心理学的医学教育）の一段階であると考えれば，治療関係も構築されていない状況で診断名だけを伝え，薬物療法の対象ではないから医療のできることはないと終結を告げるような精神科受診はあってはならない。地域で担う役割によっては，その医療機関ではASDに対応する精神療法が提供できない場合もあるだろ

う。しかし診断名を告知した者の責任として継続相談の場につなぐ努力を期待したい。
②大学の学生相談室は，単位取得・進級・卒業・就活という実利と相談を結びつけやすく，相談室以外の情報収集や現場の人への具体的助言が（他の機関に比べれば）行いやすい非常に稀な相談機関である。大学在学中に個別相談の価値を体感し，卒後もカウンセリングや福祉機関の担当者との継続相談を本人が望めるような支援を期待したい。
③上記①②の前提となるのは，質・量ともに一定の水準に達した福祉機関での支援の提供である。量が圧倒的に不足している現時点では「やる気のある人」からサービスの対象になることは現実的なのだろう。しかし，最もサービスが必要なのは「やる気も希望もてない人」であり，そもそも福祉機関まで「たどりついていない人」である。

VI 障害受容

自己理解支援に関連して，障害受容という言葉にも触れてみたい。

乳幼児期には自己親和的だったはずの自閉症スペクトラムがどのような社会との相互作用によってどのような発達過程を経て自己違和的になり，再び新しい折り合いがついていくのかは筆者も大いに関心がある。しかし筆者は障害受容という言葉を自閉症スペクトラムの本人支援に用いることはしていない。

障害受容という言葉がもちだされるのは，必要な工夫や福祉サービスを本人が拒否したり，多数派の指摘に納得しなかったり，自閉症スペクトラムであることで自尊感情が損なわれたりしている場合などだろう。それぞれの不都合の成因はさまざまで，障害受容という言葉で括ってみても有効な対策は見出しにくく思う。それどころか，「障害受容」という彼らの側の作業の滞りとして括ってしまうと，心理職の対応の不足・不適切がみえにくくなってしまうのではないかと筆者は考えている。

VII おわりに

筆者が小学生のグループを担当していたときによくジェスチャーゲームを設定した。蝶々というお題に頭から伸びる2本の触覚の形だけを繰り返し示した子がいて，お題を知っている筆者は誰も正解が出せずにその子が落胆しないか心配した。だが実際はすぐに「チョウチョ！」と声がかかり，難なく正解を得た。なぜ彼らにはそれが蝶々だとわかるのか。部分への注目（弱い中枢性統合）など自閉症に関する心理学仮説をもってきて解釈することはできる。しかし，同じ自閉症スペクトラムであっても，蝶々に関するその部分への注目を共有する子どもと共有しない子どもがいる。共有する子どもはどのような発達過程を経て部分への高い注目能力を得るに至ったのか，その本当のところを私たちはわかっていない。「『自閉症スペクトラムの人たち固有の発達スタイル』とはどういうものなのかについて，実は，まだほとんど研究されていない」という本田（2013）の指摘は，研究者にとってだけでなく，臨床家にとっても重要な指摘である。

たとえば，キーワードとして筆者が提供している括り方は，外からの観察による自己理解である。彼らが自分の言葉で自分の体験を整理できれば，本当はそれが一番正確な自己理解だろう（しかしそれは非常に困難なことである）。自閉症スペクトラムの自己理解支援が，多数派による決め付けや定型発達モデルの押し付けになってしまわないように，支援者は自分の行っている支援の意味を吟味し続ける必要がある。

◆文献
本田秀夫（2013）自閉症スペクトラム――10人に1人が抱える「生きづらさ」の正体．ソフトバンククリエイティブ．

リー・マーカス［鈴木正子 訳］（2005）TEACCHにおける自閉症の人へのカウンセリングと家族支援．In：内山登紀夫 監修：自閉症ガイドブック――別冊海外の自閉症支援．社団法人日本自閉症協会，pp.40-55．

吉田友子（2011）自閉症・アスペルガー症候群「自分のこと」のおしえ方――診断説明・告知マニュアル．学研教育出版．

吉田友子 著，ローナ・ウィング 監修（2005）あなたがあなたであるために――自分らしく生きるためのアスペルガー症候群ガイド．中央法規出版．

◉適応と自己理解の支援

自分の障害の理解を支援する

木谷秀勝

I 高機能ASDの追跡調査から

今回筆者に与えられたテーマは「自己理解」である。そこで，本稿の出発点として児童期から追跡調査をしている自閉症スペクトラム障害（以下，ASD）の青年期の姿を通して，この重要なテーマについて考えてみたい。

児童期から追跡調査を行う過程で，彼らが青年期になって直面する大きな問題が次の3点であることがわかってきた。第1に，「感覚（過敏・鈍感）調整の問題」から生じる心身の疲労感の強さと「どこまで頑張ればいいかわからない」不安定さ。第2に，「不器用さがもたらす人間関係」から生じる「何も成長していない」と言われ続ける他者評価と自己評価とのギャップとその孤独感。第3に，「情報収集の偏りと限局性」から生じる「どうすれば自分を変えられるかわからない」焦燥感と同じ失敗を繰り返しやすい行動パターン，である（木谷，2011）。こうした青年期特有の障害特性は，児童期から支援を継続していても高いリスクを伴ってくる。それだけに，青年期まで（あるいは，高いリスクが生じる前）にこうした障害特性を「自己理解」していくという課題はすべてのASDにとって重要である。

II 自己理解の進め方

この「自己理解」は，自分の障害特性について（他者から）聞く・（本で）読む・（「わかりました」と）うなずくといった単純な行為ではない。むしろ，筆者は次の4段階を中心におきながら，丁寧に自己理解を進めることが必須だと考えている。

具体的には，第1段階として，自分の得意さ・苦手さを理解すること。第2段階として，自分の障害特性を自分自身の言葉と自分に適した表現媒体を活用して他者に説明できること。第3段階として，その結果，他者にも理解してもらえることである。そして，第4段階として，そこから他者との新たなコミュニケーションが生まれること。つまり，「自己理解」においてもっとも大切なことは，新たな人間関係に還元されることであり，この過程全体が連続的・能動的に機能して初めて，ASDにとって「自己理解」が意味あるものに変容する。

そこで，それぞれの段階での留意点を詳しく説明したい。

1 得意なこと・苦手なこと

われわれは誰でも，得意なことと苦手なことがある。しかし，この両面をともにもつことで人間は大きく成長すると筆者は考えている。具体的には，「これまで頑張ることができた大切な宝物」である「得意なこと」があったからこそ，自己肯定的に成長することができている。同時に，「これからも学び続ける大切な宝物」である「苦手なこと」があるからこそ，「誰かと一緒に作り上げる『喜び』」を体験できると考えている。このように，第1段階では，この両面の理

2 自分自身の言葉探し

ASDを含めた発達障害児の場合，自分が感じ，認識している世界の半分も表現できていない印象を受けることが多い。したがって，心理アセスメントや面接などを通して，当事者が抱える日常生活での困難さを明確にしながら，その当事者が安心して自分自身を説明できる言葉（最近の言葉では「トリセツ」）を一緒に探すことが必要である（木谷，2013a）。

3 自分自身の表現媒体をもつ

近年のスマートフォンやタブレットを活用するアプリの開発は，発達障害児にとって大きな朗報である。特に，行間を読むことや阿吽の呼吸が求められるわが国の教育や文化ではなおさらである。また，視覚的認知が優位な特性を考えても，こうした発達障害児が自分の感覚世界そのままの感じ方（劣等感を伴うことなく）を他者に伝えることができる表現媒体の活用は，確かに自分自身を他者に伝える自己理解の重要な役割へとつながる。さらに，特に表現が苦手で拙い場合には，発達障害児が関心をもっているアニメや音楽も重要な表現媒体になる。

4 他者に伝わった実感

こうした一連の流れを通して，先に述べたように，最終的には「他者にわかってもらえた」実感を体験することが大切である。この実感は同時に，「別の方法だと他者にはわかってもらえていない」実感にも通じていく。この両面を体験することで，自己理解のもっとも大きな課題である能動的なコミュニケーションが広がる。

III 「自己理解」プログラムの実践例

以上のことから本節では，筆者らが継続的に実践している2例の自己理解プログラムを紹介する。

1 「自己理解合宿」とその成果

最初は，筆者の研究室が実施しているプログラムを紹介する。正式には「自己理解合宿」として半年ごと（夏休みと春休み）に青年期の高機能ASDを対象（筆者が継続的に支援を行い，診断告知も受けている高校生から20代前半の男女，8名前後）に，2泊3日で実施しているプログラム（中原ほか，2012）である。

表1からわかるように，3日間を通して，参加者全員での生活体験，筆者からの自己理解や障害特性に関する講義，青年期だからこそ楽しめる余暇時間（懇親会など）を体験する。また，青年期だからこそ語り合うことができる性を含めたアイデンティティの問題などについて参加スタッフ（筆者と研究室の大学院生が中心）が社会的モデルとして一緒に考えながら，最終的にはこの合宿で発見できた新たな自分の姿（自分らしさ）を参加者全員の前でパソコン（パワーポイント）を活用しながらプレゼンテーションすることが目的である。

その結果，このプログラムを通して「自己理解を深める」課題を促進できた要因は次の4点である。

第1に，参加者全員での「困っていること」「不安なこと」の共有や自分一人だけではない安心感。第2に，自分に適した表現ツールを通して「自分とは何者か」を表現できた達成感。第3に，「アスペルガー」「自閉症」「障害」という言葉を自由に表現できる場の確保。第4に，周囲からのサポートを受けながらも，「自分の育ち」を肯定的・多面的に再構成する体験。

特に，春休みに実施するプログラムの場合，4番目の要因が重要になる。その理由としては，発達障害児者にとって春休みが，進級や進学と教育環境が大きく変動する季節であることが挙げられる。その時期に，プログラムのなかで過去1年間や3年間のさまざまな体験を肯定的に

表1 筆者らの研究室で実施した自己理解合宿の流れ

	プログラム内容	具体的な動き
1日目	①自己紹介，合宿についての説明 ②動作法 ③映画鑑賞 ④夕食後，話し合い1	研修合宿の目的などを説明した後に，自己紹介スゴロクを実施。 動作法によるリラクセーション。 「恋する宇宙」（Mayer, 2009）を鑑賞。 「何を言っても良い。ただし，人の意見を批判しない」「話したくないことは，話さなくても良い」ルールを提示。
2日目	①自己分析シートの記入 ②自己紹介書の作成 ③自己PRスライド作成 ④講義 ⑤話し合い2 ⑥懇親会	自己分析シートは複数準備して，参加者に選ばせる。 自己紹介書を参考にパワーポイントでスライドを作成した。 筆者が対象者ら参加者に対し講義を実施。 前日と同じルールを提示した後に実施。
3日目	①自己PR，発表 ②振り返り ③アンケート記入	作成したものを参加者およびスタッフの前で個々に発表。 合宿を通しての感想などを述べる。 筆者から，参加者に対してコメント。

意味づけることができて、過去の自分から安心して「卒業できる」イメージがもてることの意味は大きい。同時に，この卒業のイメージは，青年期に生じやすいフラッシュバックの予防にも効果を発揮することは確かである。

2 アスペ・エルデの会「日間賀島合宿」での実践

次に，NPO法人アスペ・エルデの会が夏に実施している日間賀島でのASDを対象とした4泊5日の合宿を紹介する。そこでは3日間にわたって行われるさまざまなプログラム（辻井，2013）の一つとして，「自己理解」を2013年度から筆者が担当している。

このプログラムは，筆者にとって初めての出会いになる思春期から青年期のASDが対象であり，すでに診断告知を受けていることが参加条件である。また，3日間を通して，毎日午前中2時間のプログラムを行い（表2），午後は日間賀島の豊かな自然を体験する時間が強化子となっている。

このプログラムでは初めての出会いとなるASDを対象とするために，準備段階から大切にしている点が3つある（木谷，2013b）。

第1に，孤立感の予防。担当スタッフ（原則として一対一で担当がついている）も，自分自身の悩みや苦手なことなどの自己開示をすることで，参加したASDが「（不安や苦手なところがあるのは）自分一人だけでなかった」と安心感をもてるように工夫を行う。

第2に，言葉にすることで進むコミュニケーション。この合宿では，単に指示されたプログラム内容を受身的に行うことではない。むしろ，自分から何らかの「言葉にする」作業を自発的に行うことで，新たなコミュニケーションが開ける体験を実感できるように工夫することが大切である。

第3に，プログラムを進めるためのモデル役。ASDの障害特性として，何も下地のない状況ではイメージすることが苦手である。したがって，担当スタッフと一緒にプログラム課題を進めることで，困ったときの問題解決のモデルに担当スタッフがなれるように工夫する。

以上のことでわかるように，このプログラム

表2　日間賀島での自己理解プログラムの流れ

	主な目的	プログラム内容
1日目	自分自身の障害理解	①自己紹介：参加者全員 ②講義（筆者）「自己理解の進め方①：高機能ASDについて」 ③課題①：自分自身の成長の再確認 ④課題②：担当スタッフの「自己理解」表を作成する
2日目	自分のなかの「得意なこと・苦手なこと」	①講義（筆者）「自己理解の進め方②：得意なこと・苦手なことがあるわけは？」 ②課題③：得意なこと・苦手なこと ③自分自身の自己理解表（模造紙半分）の作成
3日目	自分自身を自分の表現方法で他者に伝える	①自分自身の自己理解表の作成（予備）および予行練習 ②発表会：自分自身をよく理解してもらうために

では，関わる担当スタッフの存在が重要な役割をもつ。先に紹介した筆者らの研究室でのプログラムも同様であるが，思春期のASDが自己理解を進める場合，かなりストレスになる場合がある。実際に，中学生と高校生以上ではプログラムの最終段階での自己理解表に大きな差異が見られることからも，周囲のサポートが重要になることがわかる。

また，このプログラム独特だと感じているが，参加者自身の変化よりも，関わっているスタッフや見学に来る専門職がもつASD観の変化も大きい。実際に，（さまざまな方法で個性的に表現された）自己理解表に表現される自分自身の診断名，これまでの歩み，得意なこと・苦手なこと，その対処法，そしてこれからを生きるための合言葉などを記載する様子や，参加者の前で発表する姿を見ることで，「こんなにも自分自身のことがわかっているのか」と周囲が認識を新たにする姿を目の当たりにしている。この変化こそが，自己理解を通じた新たなコミュニケーションのスタートにつながる。

IV　コミュニケーションから生まれる「自己理解」

青年期のASDや発達障害児と関わる過程でわかることは，自己理解は教えるものではなく，周囲の人たちと一緒に伝え合いながら育まれていく「自分らしさを発見」する体験だということである。つまり，発達障害児が安心して過ごせる環境において感覚障害へのリスクを低減しながら，安心できる時間と空間のなかで「変わることができる自分」を実感しつつ，自分自身を表現することに適した情報整理の道具（表現ツール）を用いることで，他者とのコミュニケーションが変容する体験を重ねることが，先にあげた自己理解プログラムの意義だと考えている。

しかしながら，こうした自己理解のプロセスは決して特殊な環境や専門職がいないとできないわけではない。心理職として日常的に行っている面接場面そのものも，このプロセスを踏襲した能動的な体験だと考えている。また，学校教育も同様である。むしろ，発達障害児が日々体験している「小さな自己理解」に気づく余裕をなくしている日常生活を見直していけるように，もっと周囲が留意する必要があるのではないだろうか。

◆文献

木谷秀勝(2011)思春期・青年期の広汎性発達障害児者の社会適応.平成22年度科学研究費補助金成果報告会資料.

木谷秀勝(2013a)知的・認知機能の評価——WISC-IIIを中心に.臨床心理学13-4;487-490.

木谷秀勝(2013b)子どもの発達と知的評価——日間賀島での「自己理解」プログラムの実践.アスペハート12-2;82-88.

中原竜治ほか(2012)青年期の高機能広汎性発達障害者の「自己理解」研修合宿に関する一考察.山口大学教育学部附属教育実践総合センター研究紀要34;121-127.

辻井正次(2013)発達障害のある子どもたちの家庭と学校.遠見書房.

◉生活の支援

発達障害と生活臨床

村瀬嘉代子

I はじめに

　臨床では，まず何が問題であるのか，その問題とされる症状や行動の特質を識り，その原因は何に由来するか……というところに焦点が当てられる。これは当然ではあるが，問題の指摘に性急で，そこにアプリオリに既成の理論や技法を適用することで事足れりとしたり，目の前の現象のなかから既成の理論や技法に当てはまるところだけを捉えていると，クライエントのうちに潜んでいる治癒成長へ役立つ諸々の可能性に気づくことに鈍くなったり，クライエントによい方向への変容が生じないのを問題の重篤さのせいに帰したりしてしまう。このことに強く留意したい。まず，目前の事実について緻密に観察し，気づくこと，その結果について多軸で考え，着手できるところから多面的に関わることが基本姿勢として望まれる。

　一方，症状や問題への注目は大切だが，どのように重篤な状態の人であっても，仮に臨終にある人でも，生命のある間はその人として生活されている。この生活という視点を基底に置くと，心理的支援の幅と方法は広がり，より現実適応の可能性は増すと考えられる。

　また，いろいろな技法を用いて心理的支援を行う際には，それがクライエントの生きやすさを増し，現実適応力の増強に役立つことが必須である。技法がクライエントの現実生活や心理支援過程から浮き上がらないように留意すること，支援過程においては，プログラムに沿った努力の成果が暮らしを豊かにすることに確かに結びついているかどうかを吟味しながら進めることが大切である。

　例えば，ある専門施設で，自閉症スペクトラムの児童たちに，言葉の会得を助けるために絵カードを提示し，描かれた動物名を記憶させて動物の名前を教えていた場面のこと。描かれた動物の名前を児童が再生できるたびにチョコチップが与えられていた。「子どもたちが実物の動物に出会ったとき，こうして記憶した動物名はどういうように現れてくるのでしょう？」と質問した。すると，「そう，動物園に連れて行き，動物の檻や柵の前を通るとき。彼らに名前を尋ねると，「キリン」「象」とまっすぐ前を向いて表情を変えず，そして動物を見ないで名前だけ一応答えるのです。これが彼らの特徴ですね」と療育スタッフから答えがあった。首をかしげてしまう。小学校就学時にぜひ普通学級に，と切望されたある保護者は，絵などは全く描こうとしない，状況にそぐわない独り言やオウム返しを繰り返しつつ，ミニチュアの電車で一人遊びを続けている息子に，クレヨン箱を前に12の色を記憶させ，数を20までスパルタ式に諳んじさせた。そして，入学前の健康診断に伴う個人面接をパスさせたのである。だが，彼は黒一色で地下鉄電車を描き続け，それも何か感興が伴わないように見えた。その一家の生活環境にいろいろな次元でゆとりが生まれ，母親が家のなかに花を生けるようになり，ふとバラの一輪を写生したとき，彼は抑揚に乏しいながら「キレイ

です」と自発的に感想を言葉にし，母親の傍らで棒のように硬くはあったが彩色された花を描いたのであった。その頃は対象と言葉，彼の気持ちとが繋がったものになりはじめていたのである。家族も対象とその名称，それに纏わる感情が繋がるような会話を心がけ，つまりそこで話題にする対象に対し，彼はどう感じ考えているのかを想像し，語りかける自分はどう感じ考えているのか，そして彼の感情や考えにどう表現したら言葉が届くのかを考えてわかりやすく話そうとされるようになっていたのであった。

こういう例は枚挙に暇が無いくらいである。発達に障害を持つ人には（定型発達を辿る人にとっても当てはまるが），言葉と具象的な実体が裏打ちし合うような，さらには生活のなかで意味を持ちうるような言葉かけ，心理的支援の工夫が有効だと考えられる。

あまりにも自明ではあるが，支援技法のための技法ではなく，それぞれの個人の生活を少しでも生きやすくすることに繋がる技法であるかを常に考えていたい。

II 発達障害と生活を視野に入れた支援

発達障害は，いわゆる定型発達と連続線上に位置している。その質と重篤度に幅があるということを前提にした，次の鯨岡（2012）の定義は現実に即していると考えられる。「発達とは人間の一生涯に亘る身・知・心の面に現れる成長変容の過程であり，『発達の障害』とはその成長・変容の過程において，身・知・心の面に通常とは異なる何らかの負の様相が現れ，それが一過性に消退せずに，その後の成長・変容に何らかの影響を持続的に及ぼすことである」。つまり，発達障害を持つことは，その障害の程度の如何を問わず，生きていくうえで生涯に亘って，さまざまな生き難さに遭遇することになる。

そもそも人が生きていくうえで抱く生き難さの背景には生物・心理・社会的要因が輻輳して関与している。したがって，生き難さに対しては，一見精神的問題に見える場合でも，狭義の心理学的，精神医学的理論だけで事態を説明しようとするのではなく，複眼の視野で観察し，多軸で考え，多面的にかかわる姿勢が必要である。現に，発達障害を抱く人の障害や疾病は消失したり，消褪し得なくても，生活の質を向上させることによって生きやすさは増す。つまり，生活を視野の根底においた心理支援こそが発達障害の臨床には求められていると考えられる。

III 「生活」を考える視点からの心理的援助

生活という言葉から連想されるのは「QOL（生活，人生の質）」ということではなかろうか。この言葉について田中（1998）による解説を要約してみよう。第二次大戦後，多くの国家がGNP（国民総生産）の増大を目標としてきた。資源やエネルギーを大量消費して経済成長を成し遂げたが国民生活のゆとりや快適さを犠牲にし，自然環境破壊など放置できない事態を招いて，国民が日々の生活のなかで，満足観や充足感をもって暮らせること，またその達成を保障する社会的条件を作ることを重視する方向へ，価値観の転換が求められるに至った。〈より多く〉から〈より良く〉という価値の転換である。我が国でも経済企画庁（当時）が社会指標として〈生活の質〉の指標化に取り組んでいるが，生活の質を個人の意識の問題として満足観・充足感として定義する見解と，個人生活を取り囲む社会的環境の問題として暮らしやすさを定義する見解の両者を統合する見解がとられている。

ここでは人が生きていく実体に即して，「生活とは人が生命を維持し，育むために行っている必要不可欠な活動であり，衣・食・住を基礎として，関係性の下に営まれている。関係性とは，家族のなかでは夫婦の関係，親子関係，兄弟関係，その他があり，家族の外に繋がる関係とし

て，学校，職業生活，広くは社会生活が含まれる」と捉えることにする。

さて，私は社会的養護児童，とりわけ被虐待児の心理臨床に携わって，伝統的な心理療法も有効ではあるが，深いこころの痛手を負い，しかも心身の発達に遅れを多く持つ子どもたちには，何気ない日々の営みにセラピュウティックなセンスがさりげなく込められた，24時間の生活の質を良いものにする営みの大切さを痛感し，その意味で生活臨床（村瀬，2001a）と表現した。同様に短期治療施設での経験から，四方・増沢（2001）も日常生活の質を高めることによる治療的意味を指摘している。内海（2013）は社会的養護児童にとっての施設における心理職業務の展開として，日々の生活に治療的意味や教育的意味を持たせる営みを生活臨床と名付けている。なお，施設内の24時間の生活全てにおいて子どもの必要とすることに応えるべく，さまざまな職種による子どもへのかかわり方はもちろん，調度備品，食物，建物の特質，地域社会との繋がりの持ち方に至るまでを，的確なアセスメントに基づいてこころのこもる緻密な配慮あるものとしたBettelheim（1950, 1974）の実践は貴重な先例と言えよう。

「生活臨床」とは，わが国において元々は，1950年代終わり頃から群馬大学で展開された，統合失調症患者を対象として，生活指導をもとに，薬物療法はもちろん，生活相談と称する支持的な精神療法，生活療法的環境療法を併用するものとして提唱されたものである（伊勢田ほか，2012；臺，1978）。治療の場を診察室ばかりでなく，生活場面に求め，患者は社会のなかでどのように生きていけるかを課題としたのであった。

一方，「こころ」とは『広辞苑』では「人間の精神作用のもとになるもの。ちしき・感情・意思の総体」と定義されている。これを実体に即して平易に表現すると，「人が自分自身をどう捉え，認識しているか，他者や物，ことへどのように関わるか，それらの現れの総体」と言えよう。

発達障害を抱える人が生きやすくなるように心理的に援助するということは，生活全体を対象として視野に入れ，個別的に発達障害を抱える人に身を添わせながら，的確な理解（アセスメント）をもとに，当面の課題や目的に沿って，生活に即応してどこからどのような方法で関わることが生きやすさを増すのかについて考えながら進めることである。着手できるところからかかわって，生きやすさを育み，ささやかでも成長変容を促すようでありたい。

IV 生活と連動したアセスメントと支援者の姿勢

いわゆる症状や精神内界に直接働きかけることを中心に置くのではなく，生活を視野に入れた全体的かかわりを効果あるものにするには，漫然と生活場面を共にするとか，面接場面で生活状況に言及するばかりではなく，的確なアセスメント技法とそれを支える姿勢の両者が必須である。

まず，アセスメントを行うに際しては，次のような3つの視点を統合したバランス感覚を基底に持ちたい。一人称的視点（身を添わせ，クライエントがどのようにものやこと，そして自分を受けとめているか，感じ取っているかを想像する），二人称的視点（生き難さを抱いているクライエントに向かって，語りかけるような，近づこうとするような心持ち），三人称的視点（クライエントの特質を客観的に対象化して捉え，問題の由来を根拠を持って捉える）。生活場面における一見何気ないクライエントに対するかかわりも，その時その状況におけるアセスメントに裏付けられるものでありたい。これらの視点を持つアプローチは具体的には次のように考えられる。

①クライエントに出会うとき（初回，初期），

素材として自分を提供するような気持ちで，安堵感を贈る工夫をする。言動の異様さに眼を奪われずに，一人の人として出会う。自閉症スペクトラムのAさんではなく，「Aさんは○○の特徴を持つ人だが，自閉症スペクトラムの特徴をも持つ」という視点。
②クライエントと家族（保護者）に対しては，生活の質が向上するために，着手できることから具体的に働きかける。問題となる行動を列挙して，あれもこれもと焦るのでなく，緊急度が高くかつ発達的観点から適切な課題を取り上げる。順次積み重ねていく心づもりで。
③発達の捉え方は，同一の尺度を用いても，どういう場か，どういう人と共にいるか，何を目的とする場面かなど状況によってクライエントの行動には違いがある。その違いの意味を考えることからかかわりの示唆が得られる。数字を鵜呑みにしない。
④どういう課題であれ，クライエント，親（保護者），その他クライエントと関与している人々の観察事実，希望などをすり合わせ，基本的には双方向性を心がけて確かめあって進める。
⑤支援のセッションで取り上げている課題の意味，あるいは支援者が当面の課題だと考えている内容を親（保護者）に伝え，セッション以外の時間（セッションが週1回1時間であれば，残りの6日間と23時間），生活が連続性を持つように心がける。セッションが生活の流れから浮き上がらないように。
⑥課題は生活に即応するように工夫し，クライエントにとって，ユーモア，楽しみの感覚が持てるように。泥コネ遊びが好きな子どもには調理を一緒に行い，こねて，丸める作業などを楽しみながら行う。指示するというより一緒に，共にという姿勢で。
⑦支援の活動がいかにも療育，訓練，治療として日常生活の流れから際立ち，浮き上がることが少ないように工夫する。日々の自然な流れのなかで支援が進むことが望ましい。
⑧巧拙にかかわらず，何かその人の生活のなかに独自の楽しみ，歓びの対象があるようにする。
⑨発達障害を抱く人が自分について，あるいは自分の抱える障害について知りたいという気持ちを表明される場合がある。本当に知りたいのはどういうことなのか。例えば，自ら周囲との関係がぎこちなく，何か自分はテンポや感性が周囲の人と合わない，真面目に取り組んだ行為が結果的には場にそぐわず浮き上がってしまう，何か自分はおかしいと感じていて，自分に自信を失い，おぼつかなさで一杯という状態の人もある。自分の抱える障害そのものの性質を知りたいというより，自分の存在そのものを保証してほしいと願い，存在してよい自分だという安堵感を切望されている場合がある。説明より，これまでの努力の日々を労い，その人の何かポジティヴな面に気づいて応え，少しでも安らぎを贈ることが大切という場合もある。また，障害についての説明も，どういう場面で誰がどう話すのが適切なのかを十分考えて対応しなければならない。まさに個別的なもので一様には述べられないが，伝え手は障害を持つ人に対して基本的に人として遇する姿勢を持ち，かつ自分自身の生を享受していることが基底に問われている。この点については本書，吉田友子氏の論考「自己理解を支援する」を参照されたい。

V 事例

C子さんは自閉症アスペルガーと診断されていて，中学3年時，精神科医から紹介されて出

会った。主治医によると「服薬効果は期待できない，幼児期はなついて膝に乗ったりしていたが，小学校高学年から居場所感がないようで，衝動的に通行車両に飛び出したり，物を壊すなど暴力行為のため，学校からは自宅学習で出席扱いにするといわれ，不登校中」ということであった。

初回，挨拶し終えた彼女は眼にも止まらぬ早業で，私の顔めがけてテスト図版を投げつけた。咄嗟に身をかわした。私は彼女の手を取り「この手で何かを作り出していこう」とそっと話しかけた。「この子は粗暴で敏捷です。ぼんやりしていては仕事になりませんよ」と，典型的紳士という風貌の父親は抑制的な声で私に注意を促した。無事の私を見て，C子さんは微かに安堵とも見える表情をした。発達障害であっても敏感で，攻撃性と繊細さが衝突しながら同居している，と咄嗟に思われた。そして，父親の言動から家族生活にただならぬ何かがあるのを感じた。すぐ彼女は部屋から外へ走り出し，駐車場で大の字に寝て「死にたい」と金属的な声で絶叫した。「腹が立ち，悲しいのだと思う，私などがしたことのない苦労をたくさん，たくさんしてきたのだと思う。でも，よく今日まで生きてきてここで死んだらもったいない，死ぬ前に生きてきてよかったということを見つけましょう。私から起こされるのでなく自分で起きられるでしょう」と語りかけると，彼女は一瞬息をのむような様子をしてから私に視線を合わせて凝視し，むくむくと起き上がって屋内へ入った。「手につくことから，少しは楽しく，周りとも折り合えるように考えて手工芸などを一緒に工夫しながらやっていこう」と二人で合意した。紆余曲折はあった。長ソックスが垂れ下がったとき，ブラウスの袖がめくれたとき，アザが見えた……。両親からは，学校での苛め，家庭内での力による制圧，両親それぞれの並外れた苦労多い半生など，生きる哀しみが問わず語りに語られた。彼女の家庭内での居場所感は生じ始めてきた……。

C子さんは一辺1センチくらいの奴さんをピンセットで折ることに集中した。私は貯まった奴さんを配色良く繋いで，テーブルセンターにした。いつもしかめ面のような表情をしている彼女が精緻なテーブルセンターの出来映えに心地よさを感じているように思われた。そうだ，実用に結びつけよう！　編み物を提案した。硬い編み方から次第に編み目が揃ってきたので，趣味が現実へ結びつくようにと私のオーダーでカーディガンを編んでもらった。学校からは進路先はないと申し渡されている彼女に，自信と，「働くことは収入になる，それは自立ということへも繋がる」という実感を贈りたいと「役に立つ本でもどうぞ」と相応の謝礼を払った。「学校行かなくても働く」と金属的な大声で叫び，私にカーディガンの試着を求め，「似合うよ！」と晴れやかに笑った（思いもかけない自然な笑顔であった）。

編み物の謝礼から勘定，計算ということに関心が赴き，自習してきた国語や数学のわからないところを面接時に教えたりもした。編み物は機械製品もあり，自活は難しいかもしれないけれど，美しくて流行や着る人の体型にあまり影響されず定型の裁ち方があり，しかも日本では今後もきっと存続するであろう和服仕立てをすることを思いつき提案した。高校進学ができない代わりに和裁を習おう，とC子さんは決心した。面接時間では，運針から小物縫いを一緒にしながら言葉を交わした。彼女は自分が世の中になじんでいけない何かをもっている，楽しいと思うことが少ないという趣旨の話を断片的に語った。切実な寂しさと幾分の怒りが込められていた。ゆっくりだが縫い目が柔らかく揃うようになっていった。2年目の終わり，ほとんど一人で浴衣を縫い上げた。彼女自身も，それまでは娘に距離を置くようなかかわりをしていた母親も共に歓声を上げた。素直な大声で，例の金属的響きはなかった。

言動の奇矯さは目立たなくなり，衝動的な行動化もほとんどなくなり，17歳から和裁塾に3年間通って，卒業時は訪問着を縫えるようになった。母親も一緒に生徒として入塾した。「ここは私の高校，そして大学」とC子さんは誇らしげに話し，私がその塾を訪ねると，塾生たちに「私の先生だよ」と彼女は満面の笑みで紹介した。

卒業後，C子さんは腕のよい仕立て職として，有名呉服店からも注文をうけるように徐々に成長していった。病の捨て犬を拾って看病したり，家事も手伝うようになった。それぞれ心痛む過去を抱いていた家族の人々は穏やかに支え合うようになられた。

40代後半になったC子さんから突然の手紙と電話。「障害者枠で会社で簡単な事務をしているんだ。和裁はやめた。辛気くさいし，あたしには楽しい学校生活や友達との生活がなかった。今は休み時間とか楽しい。友達もできたよ。お父さんもお母さんも年取ったけど大丈夫。お兄ちゃんも優しいよ」。元気なティーンエイジャーのような声が受話器から響いてきた。咄嗟に和裁仕立ての技がもったいない，との想いがよぎったが，生きることを自分のペースで享受するようになったこと，人と繋がれるようになったこと，居場所感があるのだもの，と素直にエールを送る気持ちになった。その後も「元気」と年賀状には勢いのある字で添え書きされてくる。

C子さんとの支援過程の基底をなすと考えられる要因を次に列挙する。

- C子さん自身のこだわりの強さを目標達成への努力継続へと向けたこと。
- 発達障害者がもつこだわりや強迫傾向を生きていくうえで役立つ技能へと少しずつ進展させていく工夫。
- 支援過程をC子さんのペースに合わせ，無理なくしかし弛まず進めていったこと。
- わずかな手がかりから家族やその他背景の複雑な事情，人間関係のゆがみを想像し理解するが，侵入的に決してならなかったこと。
- 基本的にことの必然性を受けとめたうえで，希望を贈る工夫。
- 距離感を失わない配慮をしながら寄り添い，共にある，いっしょにという姿勢。
- C子さんが自分や世界をどう受け止めているか，彼女にとって意味ある周囲（家族，学校，その他）は彼女についてどう考え，どう対応しているか，こういう状況で，差し当たって何からどうかかわるのが生きやすさを増すか，これを常に同時併行的に考えながら行動したこと。

VI あとがき

幼児・児童期に出会い，中・高年に至る長い経過を知る，発達障害を抱える人々の言葉に尽くしがたい密度濃い来し方や悲喜こもごもの現在のあれこれを考えると，類型化した理解の仕方は基本的には必要だが，発達障害を持つ人に対しては，寄り添う姿勢で，そのときそのときできることを，生きやすさを増すことを目標に工夫していくことが現実的である。これは個別に徹する営みだと思われる。

先日，「50歳の誕生日，ひとりぼっち，淋しい，軽い脳梗塞で入院してた……」とK氏からくぐもった声の電話があった。働きながら，福祉事務所の支援を得て，癌の再発を繰り返した母親を看病して見送り，老老介護と言いながら父親と二人暮らしをしていたが，その父親も施設で亡くなったという。心理療法の原則の一つ，適切な距離の維持を保つための枠が念頭をよぎったが，若い友人も誘って誕生お祝いに夕食を共にした。15年ぶりであろうか。年齢より老けて見えたが，赤いネクタイで奮い立たせるような面持ちのK氏であった。吃音気味に「寂しい」を連発されながら，お母さんの写真を出し

て見せられた。私の記憶のなかのお母さんはいつも必死の面持ちの方であったが、晩年のお母さんは穏やかに微笑まれていた。「寂しい」と脳梗塞の病状を繰り返し説明されるK氏に「ネクタイ、背広にぴったり、素敵なセンス！」と語りかけると、「10年ぶりに会うのだから……」と笑顔になられた。以後、私の若い友人とも会話が弾んだ。押しつけがましくなくそっと呟いた。「寂しいとか、つらいことばかり繰り返すと大抵人はひいてしまうのね。何か楽しい、よい意味のある小さなことを言葉にするのっていいかも……」。翌日、K氏から電話。昨夜の招待のお礼と「ゆうべ聞いた通りに職場の人に、その服涼しい感じとかいいことを口にしたら相手も優しくしてくれました。先生の話はホントでした。寂しくても明るいことを思い出すように一日一日働いていきます」。〈一日一日生きていく……不器用でも誠実な真っ当な生き方、でもそれは容易ではない……〉私は独り言ちた。

◆ 文献

Bettelheim B (1950) Love is not Enough : The Treatment Emotionally Disturbed Children. New York : Free Press.（村瀬孝雄，村瀬嘉代子 訳 (1968) 愛はすべてではない——情緒障害児の治療と教育. 誠信書房.）

Bettelheim B (1974) A Home for the Heart. New York : Alfred Knopf.

伊勢田堯ほか 編 (2012) 生活臨床の基本. 日本評論社.

鯨岡 峻 (2012) 共に生きるための関係発達臨床. In：橋本和明 編：発達障害支援の可能性——こころとこころの結び目. 創元社.

村瀬嘉代子 (2001a) 児童虐待への臨床心理学的援助. 臨床心理学 1-6；711-717.

村瀬嘉代子 (2001b) 子どもと家族への統合的心理療法. 金剛出版.

田中恒子 (1998) 生活. In：世界大百科事典. 平凡社

臺 弘 (1978) 分裂病の生活臨床. 創造出版.

内海新祐 (2013) 児童養護施設の心理臨床. 日本評論社.

四方燿子，増沢高 (2001) 育ち治りを援助する. 臨床心理学 1-6；751-756.

◉生活の支援

当事者の生活と生活障害臨床

田中康雄

I　はじめに

本論では，成人期の発達障害支援の総論のひとつとして，当事者の生活を素描し，発達障害臨床はどのような役割を持つべきかを検討し，最終的には生活障害臨床と称するべきであろうと考えた。

ここで用いられる「当事者」とは，僕にとって，悩みを抱えて相談に来られるすべての方である。発達障害という特性を抱え生活障害に悩まれている本人だけではなく，その方と関わり，悩んでいる方々も含まれる。なお，生活の有り様を記す事例は，これまで僕が関わってきた方々を多数重ねて創作したものである。

II　仕事・職場の生活

1　障害がある方を当事者として

1．事例1

30代の男性が，これまで仕事に就いても，長く勤めることができないと相談に見えた。

長く続けられない原因としては，上司から細かく指示や小言を言われ，仕事に行く意欲がなくなってしまうことと，実際に仕事が立て込んでくると，自分でも優先順位が付けられずに仕事の手が止まってしまい，皆に迷惑をかけてしまうことであるという。

自分でも普段から気をつけているが，仕事が忙しくなると，何に気をつければよいかもわからなくなるという。仕事に真面目に向き合い，一生懸命な様子が周囲に伝わるため，面と向かって文句を言われることはないが，上司からは，「いつまでも新人のつもりではダメだよ」と諭される。その上司も徐々に，表情が険しくなり，何かと小言を言うようになってきたという。

事例1のように，仕事に躓き相談に見える方は少なくない。その内訳は，仕事そのものが円滑に進まない，失敗が多いという不手際，さらに，大切な用件を失念してしまった，約束の時間を守れなかったということがある。迅速さと正確さを強く求める職場は，発達障害の特性にはあまり似合わない。

2．事例2

20代の男性が，職場をクビになったということで，家族とともに相談に見えた。自分が正しいと思ったことを，上司だろうが何だろうが，強く主張し，時に反論するという。協調や調和を重んじる会社としては，何度も面接を繰り返し，理解を促したが，結局物別れに終わったという。本人は，「僕は何も間違ったことはしていないのですが」と言い，同伴してきた父親は「ともかく，昔から自分に甘く，他人に厳しいタチでして，学生時代には，生意気と言われたり，その意気込みが良いと評価されたりしていました」と話された。

事例2のように，仕事の能力よりも，円満な対人関係を維持することが苦手な方もいる。

3. 事例3

40代の女性。不眠と食欲減退，頭痛などの身体症状を主訴に受診した。仕事は淡々とこなしてきたが，年齢が上がってきたことで，周囲から後進指導を期待され，困り果てているという。「人に何かを伝えるのは，とても難しい。自分のペースでないと仕事ができない。職場は男性社会なので，これまでもできるだけ目立たずに仕事をしてきた。この生活のリズムを壊したくない」と言う。

事例3のように，時間をかけて築きあげた仕事の流れを変更させられることで，それまでの実直さが，面倒見の悪い融通の利かない人と評価されてしまう場合もある。

理解と誤解は紙一重で，支援と排斥も同様である。ゆえに発達障害があるからといって，彼らが常に疎外感や孤立を強いられているわけでもない。

4. 事例4

障害者枠で雇用された20代の男性は，障害年金の申請のために受診された。食品工場で単純化された単一の仕事を，彼は黙々とこなしている。言われたことを素直に聞き入れ，遅刻もせずに，真面目に勤務している。仕事の流れが変わったり，職場のメンバーが入れ替わると，1週間ほどは顔色が悪くなるが，徐々に慣れる。2年間関わってきた上司も，彼のこうした特性を理解している。職場で開催される花見や飲み会にも笑顔で参加し，ムードメーカー的役割にもなっているという。

2　障害のある方と関わる当事者として

彼らの特性を説明し，理解していただくために，職場に何度か足を運んだ経験からわかったことは，障害のある方と関わる当事者にもそれぞれの事情があるということである。

ある上司は，「まぁ，診断があってもなくても，仕事がきちんと流れればよいので，具体的にはどうしたらよいですか」と単刀直入に尋ねた。決して情緒的でないということではなく，適材適所で特性を生かしたいという思いがあった。そのおかげで，対人関係に苦手さがあると相談された方は，できるだけ机上でパソコンを前にした仕事に従事して事なきを得ている。

ある上司は，「最近は同僚よりも新人から，どうして先輩は仕事をきちんとやらないのか」と進言され，「僕だけ我慢していればよいという職場でないので」と，苦しい思いを吐露された。関わるスタッフに説明し理解を促した場合もあれば，途中から障害者枠での雇用に切り替えてもらった場合もある。

定期的な異動のある職場もある。昨日まで理解ある上司，スタッフに恵まれていた方が，今日の人事で苦境に立たされる場合もある。障害のある方と関わる当事者への慰労と働きかけにはゴールはない。

III　家庭生活

1　障害がある方を当事者として

1. 事例5

30代の女性。結婚後の子育て中に，自分の生きづらさに気づきはじめた。子どもにも同じ特性があり，ついイライラするたびに，自分が娘時代によく叱られ続けたことに思い至り，気持ちの整理を付けたいと受診された。

事例5のように，当初は，わが子の発達の躓きを心配して受診された親が，自らに似た特性に直面し，改めて発達障害の診察を希望される場合は少なくない。

それに加えて，親としてわが子に向き合っているなかで，自分の子ども時代の親との関わりを思いだす場合もある。これまで不確かであった関わりの躓きの謎が解明し和解に至る場合もあれば，改めて平行線となる場合もある。

障害がある方は，これまで家庭生活のしにくさを常に実感してきたためか，そのつらさを主

訴に改めて相談に来ることは少ない。家庭生活での生活障害に困っているのは、障害のある家族と関わる当事者側である。

2 障害のある家族と関わる当事者として

1. 事例6

結婚して6年になる。仕事熱心な夫に対してこれまで特に不満はなかったが、子どもを産み育てているなかで、あまりにも非協力的な家庭内での態度に、不思議に思い、関連書を読み発達障害を疑いはじめたら、夫の言動がすべて当てはまるように見える。これからどう付き合っていけばよいか、気になりはじめた妻の相談である。

交際中は、律儀だったり、ユニークだった特性が、実際に日々生活を共にすることでいろいろと見えてくる。結婚生活そのものが互いの文化の融合であるが、子どもが生まれ、その子を介して、他の家族と交流するなかで、その差異を巡って、関わりのスタンスを変更しなければならなくなることもある。

よく相談されるのは、給与の分配方法や趣味やギャンブルに消費する金銭感覚についてである。またわが子の園や学校行事に対する無関心さに嘆く場面も目にする。

2. 事例7

自らが幼少時から厳しく育てられたということで、わが子に厳しく向き合う夫に対して、どう関わればよいか途方にくれた妻が相談に見えた。確かに日頃から、生活全般に対して、理路整然とした杓子定規な言い方をする方であるが、大人として対応する上では、特に大きな問題にはならないと妻は感じていた。しかしまだ5歳のわが子に対する、トイレの失敗や食事中にご飯をこぼしたりしたときの叱責は、あり得ないほどの厳しさであるという。

子どもへの向き合い方には、自分がどのように向き合われていたかという体験が反映していると思われる。さらにそこに批判的変更を加え、己にとって納得のいく対応をするのが、わが子への向き合い方となる。

あまりにも厳しく対応された方は、わが子には同じ思いをさせたくないと、やや甘い対応をしたり、将来の職務に対して厳しくレールを敷かれた息子は、親になって、わが子にできるだけ好きな道を歩ませたくなるものである。しかし、時に、自分がされてきたことだけが経験として強く認識され、それ以外に想像力が働かない場合もある。そこに悪意や感情的迷いがないため、良くも悪くもブレることがない。

3. 事例8

生活能力の希薄な妹の面倒を見てきた母が亡くなり、唯一の肉親である兄が40代の妹の今後の生活について相談に見えた。これまで、障害がある妹を中心に作られてきた家庭生活に耐えてきた兄は、若くして家を出て財をなした。両親が亡くなり、兄としてどう責任を果たすべきか迷いながらの受診である。

子ども時代に、分け隔てなくという思いで両親がいかに配慮しようとも、きょうだいは、わずかな差を感じ取るものである。障害のある妹に対して求められる兄としての態度も、念頭にあったことだろう。この兄が、若くして家を出て財をなすまでの思いを想像すると、兄の役目遂行の前に、この方の家族観と亡くなられた両親への思いを整理しないと、相談は始まらない。

家庭生活におけるルールや有り様には、定式があるわけではない。独身者であれば、それまでの育ちの経験を基盤に生活が継続され、既婚者であれば、互いの経験を押し合いへし合いしながら、相応の調和を保つようにする。

発達障害の特性には、己の考えや経験を頑なに踏襲する場合や、さまざまな情報に日々揺らぎ、まったく一貫性を欠いた対応に終始する場合がある。問題は、いずれも極端であることである。家庭生活という自分が主人公になれる場

所では，調和，調整，配慮は生じにくい。家庭外の生活で汲々としている場合は，なおのこと，家庭での生活が自己中心的になりやすい。時にそれが，ひきこもりを示したり，暴力となったりする。夫婦生活ではDV的状況になることもあり，離婚へと発展することもある。

4. 事例9

年老いた両親が，成人した娘に発達障害があるのではないだろうかと相談に見えた。幼少時期からずっと心配をし続けながら，医療機関を避けてきたという。「でも，私たちがいなくなってからを考えると，とても心配で」と母は語られた。

親の心配は，今に始まったことではない。おそらく人生の節目節目に浮上しては，何かしらの事情で立ち消えてきたものであろう。今こそ語れるときである。われわれが最初にできるのは，前向きな気持ちで，親の話を聴き続けることであろう。

IV 余暇活動・趣味の世界

障害がある方を当事者として対面し，生活のことを拝聴するとき，本当にうらやましいと思える話は，彼らの余暇の過ごし方である。

ある方は，日本中の電車に乗ろうとして，乗車券を集め，駅の写真を撮りだめている。ある方は，特定の音楽のCDを蒐集している。ある方はプラモデル作りに精を出している。趣味や遊びは，リアルな生活を精神的に支えるよすがになる。ある人は，「どんなにつらい仕事でも，その報酬で旅行に行けるからできるのです」と語った。彼らの余暇活動の徹底ぶりを知ると，リアルな生活がいかに過酷かを想像することができる。しかし同時に生活を楽しむ術に感嘆する。

V 発達障害臨床

素描した事例は，これだけでは，発達障害がある人とは想像しにくいかもしれない。そもそも「臨床的アセスメントというのは，有効な諸決定を下す際に必要な，患者についての理解を臨床家が獲得していく過程」（コーチン，1980）である。幾多の症例を重ねて創作した事例であっても，彼らに発達障害があると判断するには，何度かの面接を経て，家族や本人から成育歴を何度か聴き取り，心理検査などを行い，人間的関係を重ねていくなかで行われなければならない。

それでも僕は，さまざまな架空事例を通して，当事者の生活の障害について表現したかった。具体的な応援を記せないのは，都度「できることから始める」しかないからである。

発達障害は，障害モデルとしての境界線が不明瞭すぎるものであり，ゆえに修復モデルはマニュアル化しにくい。ましてや，彼らの特性は生活に大きく影を落とすだけでなく，その特性が光となる場合がある。非常に流動的で固定されない。

ある方は，職場でかけがえのない存在として認められている。彼の特別な技能は，一般の生活には何も役立ちそうにないが，この職場にはなくてはならないものであるという。ある方は，その律儀さが裏目に出て，職場で融通の利かない，まさに石部金吉と揶揄される。ここにはきれいな解決策はないように思われる。僕は，発達障害臨床は，生きづらさを持ちながら豊かに生きることを目指すものであると考えている。生きるというのは，基本，つらいことが多く，時に，稀に，うれしいことがある。そのつらさを補償するのが生きがいの生成であろう。それは，①そもそも自分の人生をできるだけ意味のある人生にしたいという前向きな欲求があること，将来への夢を抱きながら未来を信じ続ける力があること，②自分自身が他者と共に生きて

いる，共に存在しあっているという保証に満ちた実感があること，③それは，自尊感情をよりよく育むため，周囲から「かけがえのない存在」と認知されていること，④しかし，いずれはその評価から脱皮し，自分の判断を信じて，個々が一人で未来に向かって歩むことである，と考える。

小学1年生のときから僕が診てきた男児は，数年前に特別支援学校高等部を卒業し就職した。これまでも節目節目に「元気です。笑顔と感謝を忘れずにいるよ」と短い便りを送ってくれていた。しかし，日常生活では，彼は多少のいじめや疎外感に晒され，母はさまざまな周囲の善意ある助言に右往左往しながら，日々を送ってきた。母は，そのときそのときの心配を手紙やメールで僕に送りながらも，結局そのすべてを自発的な創意工夫で乗り切っていった。

「何とかなるよって先生が言った言葉を最後の綱にしていた」と，後に母は話された。気丈な母は，これまで一度も弱音を語ることはなかった。息子の就職後，「この子の母親になれたこと，この子が私を選んでくれたことに心から感謝している」と初めて母は僕に笑い，涙しながら語った。母も決して最初から気丈夫だったわけでない。わが子の育ちの過程のなかで，周囲に笑顔と気丈さを伝える人へと育っていった。

この親子は，生きづらさを持ちながら豊かに生きてきたと思う。必要以上に生きづらさを恐れる必要はない。「何とかなるよ」という言葉は，刻に頼りながら成長を信じたものである。われわれは関わり続け支えあいながら，共に生きている。「分裂病（当時のママ）という疾病の治療より，分裂病者の生きようを重視する」発想として生活臨床を提案した臺（1978）は，障害者を生活者とみることで，「その自立を助けるために，継続的に生活相談に乗って行く。病者は相談相手としての治療者を1つの支えに，痛み多い人生行旅を難渋しながらも，自分の足で歩み続ける」と記した。「生きようを重視する」なかで「継続的に生活相談に乗って行く」姿は，まさに発達障害臨床と重なる。

そもそも，発達障害とは，過去から未来永劫に至るまでを決定づけた普遍的な構造ではない。人間が個々に持つさまざまな条件や特性のうち，今の社会生活を送る上で，生きづらさが強く作られる，たまたまの特性を医学的に分類し名付けたものである。生きていく過程に何かしらの躓き，不都合が生じたとき，われわれは「障害」の存在を疑う。障害の有無を決定づけるのは，機能の差違であり，生活様式の差違であり，姿形の差違であり，価値観の差違という，共生社会の容認範囲からの逸脱の度合いである。

僕が目指す発達障害臨床は，逸脱の程度という流動的評価に右往左往しながら生物学差違を追求することではない。生きづらさを持ちながら豊かに生きるために，生活特徴への働きかけを検討することにある。生活特徴は発達障害特性を包含するが，個々にある事情，生きてきた過程すべてを包括したものである。

VI おわりに

発達障害のある方への応援は，その方にある生活障害への働きかけである。発達障害臨床の目的は，障害特性をなくすことではなく，その特性を持っても生きづらさが浮上しない生活を構築することであり，その意味では生活障害臨床という言葉のほうがしっくりくる。

応援の鍵は，「過去」に注意と関心を抱きつつも，そこに焦点を当てるより，これからの成長を「護り抜く」という「明日への思い」を持って，具体的に生活の有り様を一緒に考えることであろう。生きづらさからの脱却は，テクニックではない。日々共にする生活のなかに「生きがい」を創り出すことである。

◆文献

S・J・コーチン［村瀬孝雄 監訳］(1980) 現代臨床心理学——クリニックとコミュニティにおける介入の原理. 弘文堂.

臺 弘 (1978) 解説. In：臺 弘 編：分裂病の生活臨床. 創造出版, pp.1-7.

◉生活の支援

生活のなかで発達障害者を「支援」する

浮貝明典

I 生活支援の現状と取り組み

　発達障害者は，発達障害に特化した社会資源の少なさ，本人と周りの困り感の違い，自分に支援が必要だと気づきにくい特性からも，そもそも生活支援の必要性が認識されにくく，支援に繋がりにくい状況がある。そのため，問題が起きてから社会資源に繋がってくるケースも多く，問題が起きる前から介入していく予防的な支援が必要であることは明らかである。また，家族や本人から聞き取りをしていくと，既存の入所施設や共同生活型のグループホームの利用はイメージしにくいが，何の準備もないままひとり暮らしをすることにも不安があるということも多い。

　前述の現状と課題を踏まえ，筆者の所属するNPO法人では，2009年から約2年間の横浜市発達障害者支援開発モデル事業を経て，2012年11月から横浜市より発達障害者サポートホーム事業の委託を受け，成人期の発達障害の人の予防的な生活支援の取り組みを開始している。

II サポートホーム事業

　サポートホーム事業は主に，発達障害の人が在宅から地域でのひとり暮らしを目指すための準備段階として，最長2年間，仮のひとり暮らしを経験する場である（図1）。暮らしの場は，グループホーム・イオプレイス（1Kアパートタイプ）とした。支援者は各部屋を訪問し，地域でのひとり暮らしに向けたスキルアップ，相談，アセスメントをおこない，移行後のフォローアップまでをおこなう（図2）。

　サポートホーム事業の対象者はモデル事業時を含め表1の通りである。また，入居の条件として，横浜市在住であり，就労または日中の所属先のある発達障害の人を対象としている。

III サポートホームでのかかわり

　入居前の聞き取りのなかで，関係機関または家族は，発達障害の人を「○○ができない人」「○○にこだわっている」と決めつけている節が少なからずあるように思う。大人であるがゆえに「○○くらいはできていて当たり前」とか，できていなければ「○○ができない人」と誤評価されやすいのも特徴的だ。そしてこのような近しい人からの誤評価が，そのまま自己評価になっていることが少なくない。サポートホームという環境は，「自分を知る」機会を与え「生活」を学習する場となる。この環境で主体的に生活をすることで改めてみえてくる発達障害の人の特徴やそこでの支援者のかかわりを，本論では紹介したい。

1　事例①——うどんしか食べない「こだわり」

　普通高校卒業後，就労したGさんは，会社での人間関係にうまく馴染めず，数年在宅で過ごした後，30代で広汎性発達障害と診断を受け，地域活動支援センターに繋がった。PCを使っ

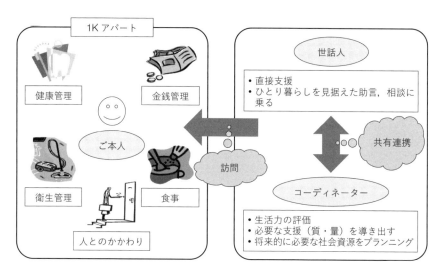

図1　グループホーム・イオプレイスでの暮らし

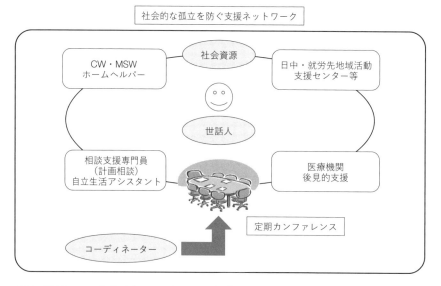

図2　地域でのひとり暮らしへ（イメージ図）

表1　対象者層

	年齢	学歴	類型（タイプ）	手帳	日中の所属先
Aさん	20代	大卒	孤立型	知的（B2）	地域活動支援センター
Bさん	30代	大卒	受動型	精神（2級）	アルバイト
Cさん	30代	大学院卒	積極奇異型	精神（2級）	地域活動支援センター
Dさん	40代	普通高卒	積極奇異型	精神（2級）	デイケア
Eさん	50代	大卒	受動型	精神（2級）	地域活動支援センター
Fさん	20代	大卒	積極奇異型	精神（2級）	地域活動支援センター
Gさん	40代	普通高卒	孤立型	知的（B2）	地域活動支援センター
Hさん	20代	大卒	受動型	知的（B2）	地域活動支援センター
Iさん	20代	大学中退	孤立型	知的（B2）	福祉就労
Jさん	30代	大卒	積極奇異型	精神（2級）	地域活動支援センター
Kさん	30代	大学中退	孤立型	精神（2級）	地域活動支援センター
Lさん	30代	大卒	孤立型	精神（2級）	地域活動支援センター
Mさん	20代	大卒	孤立型	精神（3級）	地域活動支援センター

たデータ入力のほか，車の運転が得意なGさんは，納品の仕事や外部の機関へ赴き清掃業などをおこなっている。40代になり，親が将来を心配したことをきっかけに，また本人も「違う環境での生活に興味があった」と意思表示をして，入居に至った。

1. 現状

　入居から4週間が過ぎたところで，毎日うどんしか食べないという食生活の偏りがあることがわかったが，支援者の「うどん以外も食べましょう」という提案だけでは食生活の広がりはみられなかった。うどんばかりを食べる理由としては「簡単だから」だと言う。一方で，訪問時にスリッパを出してくれたり，お茶やお菓子を出してくれるなど，「もてなす」行為がみられ，感謝の言葉を伝えると嬉しそうで照れくさそうにしている。

2. 長期目標と短期目標

　長期目標として，幅広い食事のレパートリーから選んで作れるようになることに設定した。またその前段階の短期目標を「うどん以外の料理を作ってみる」ことにした。

3. 支援者のねらい

　「もてなす」行為が本人にとって満足感を得られるものと仮定し，調理後に試食をさせてもらうことにし，その機会を通じて，他者から褒められる満足感，やってよかったという経験を積み重ねることを目指した。そして支援者は，そのきっかけを意図的につくることで行動強化に繋がるか評価し，基本的な調理スキルや調理に対する意欲の変化を観察することにした。

4. 具体的なかかわり方

　過去に作ったことのあるメニューで，「作るのは大変じゃない」と本人が言っていた炒飯から始めることにした。調理開始時から立ち合い，スキルを観察するにとどめ，嫌な経験にさせないよう極力助言はせず，普通にできていることを褒めることを心がけた。試食をさせてもらった後に振り返りをおこない，褒めるようにした。また，最初は週に1回おこなうこととし，次週

のメニューを一緒に決め，毎週違うものを作ることも支援のねらいとした。

以上の目標，支援者のねらいを定め，かかわりを開始した。初回の炒飯作りでは，調理スキルについては全く問題なく，味もお世辞抜きにおいしいものだった。ただし次回のメニュー決めには時間がかかり，今回購入した卵の残りを使ったものというキーワードを提案したところ，「オムライス」と自分で決めた。

スキルがありながらうどん以外の調理をしていなかった理由として，実家と違う小さいコンロで火力を気にしていたこと（やってみたら問題はなかった），メニュー選びに困難さを抱えていることがわかってきた。初回以降，毎週違うメニューを作り続け，実家では母親が調理しているところを見に行くという変化も起こった。また，自主的に料理本を購入，クックパッド（ネット上の献立サイト）を使うなど，意欲の変化がうかがえた。また，6回目以降，残りの食材で自主的に調理するようになった。10回目の調理の日に他の支援者が，「ひとり暮らしで大変なことはありますか？」と質問したところ，「料理」と答えたが，続けて「料理といっても，メニュー決め，買い物，調理，片づけのどれが大変ですか」と聞くと，「メニュー決め」と答えた。自分なりに料理本を買うなどの工夫はしていたものの，多くの選択肢から選ぶことが苦手だったと推測できた。これを受け，支援者が2，3ピックアップし，そのなかから本人に選んでもらうかたちを提案したところ，それ以降，メニュー選びには時間がかからなくなっていった。約3カ月続けてきたところでのモニタリング状況は以下の通りである。

- **スキル**について：調理スキルは高く，手伝ったり教えたりする必要はなかった。調理の機会を意図的に設定することで，うどん以外の18種類を作ることができた。
- **意欲**について：自主的に料理本や調味料，調理器具などを買うようになった。また，週末帰宅した際に，家族に料理を振る舞うことがあった。
- **行動**について：「もてなす」行為に対し，支援者から「上手ですね」「美味しいですね」などの声をかけられることで，笑顔が多くみられた。こういった経験を積み上げることで，行動強化に繋がったと思われる。

一方，「メニュー決め」については，長いときで20分以上かかっていたことからも，苦手分野であったと思われる。料理本やクックパッドを利用したが，情報が多すぎて逆に決められなくなっていた。このことは，ある程度支援者が選択肢を狭めて提案することで，すぐに決められるようになったところからも裏付けられる。

Gさんの偏食は，うどんへのこだわりや好み，または感覚過敏の問題ではなく，自主的に選択肢を広げていくという意欲の広がりが問題解決のポイントだったと思われる。そのためのきっかけをつくり，意欲を高めるためのかかわりにより，生活の豊かさに繋がったのが，Gさんのケースである。

2　事例②——自己管理の方法

Cさんは，夏場に体調不良で通院したところ，水分の過剰摂取による低ナトリウム血症であることがわかった。多い日には1日に7～8リットルの水を飲んでいたのである。本人も「水分の摂りすぎをなんとかしたい」と言っていたが，これまでも家族から何度も注意を受け，その都度反省はしつつも，継続して水分量をコントロールすることはできないでいた。

継続的に水分摂取を適量（2.5リットル）に抑え自己管理できるようになるために，自己管理ツールとしての「水管理表（水分摂取の際に時間・場所・質・量・累計を記入するもの）」を使うことを提案した。記入すること自体が目的とならないよう，1日ごとに，できたことや記録

を付ける意味などの振り返りをおこない，かかわりの頻度を徐々に減らしていった。

　記録を付け始めたCさんは，「今どれだけ飲んでいるか，あとどれくらい飲めるかが一目でわかるので意識できます」と言って，初日から規定量で抑えることができた。その後も継続し，段階的に摂取量を減らしていき，目標値である2.5リットルを3〜4カ月で達成することができた。

　何度も注意したり説得したりするのではなく，目標を視覚化することで，本人にとってはわかりやすいものになり，結果的に，他者の働きかけではなく，自分自身で水分摂取量を管理できるようになった。

3　事例③──金銭「感覚」が育つこと

　Aさんは入居前，「ひとり暮らしをするためには1億円かかる」「将来は事務職で50万円稼ぎたい」と言っていた。入居後半年経ったところで，財布をなくしてしまうことがあった。慌てて電話をかけてきたAさんは，「財布に5千円入っていた。5千円あればいつも買っているお米が2袋買えたのに」と言っていた。金銭の動きが目で見てわかる家計簿を付け，月ごとに支援者と予算立てや振り返りをおこなっていったこともあるが，自分が生活するという気づきに繋がりやすい環境と，そこでの直接経験が，金銭感覚という目に見えない力を育てた事例である。

4　事例④──言葉（イメージ）と行動

　Hさんは，当施設の生活マニュアルにある「掃除機の使用は夜22時まで」というマナーを守り生活していた。ある日，お茶の葉を床にこぼしてしまい，それが22時以降であったため，今後のためにもということで「ほうき」を買うことにした。翌日さっそく購入してきたものを見せてもらうと，天井にぶつかりそうなほどの大きさの「竹ほうき」であった。よくよく聞いてみると，Hさんは，「天才バカボン」が好きで，竹のほうきを持ったレレレのおじさんをイメージしていたことがわかった。一般的にイメージする室内用の「ほうき」と，Hさんのイメージする「ほうき」の違いからもわかるように，言葉は知っていてもイメージや行動がズレてしまうという特徴的な出来事であった。

　こういったイメージのズレは，衣類やその他の生活用品の購入の際にも起こり得ることであり，タブレット端末などで商品の画像一覧を表示し，選んでもらうことで，事前に彼らのイメージを知ることができる。

　Hさんとは別に，言葉と行動を繋げていくかかわりとして，「スケジュール調整ができない」と言っているFさんの例をあげたい。Fさんは，通院などで支援者に同行してほしいとき，友人と出かけたいと思ったときに「明日一緒に行ってくれませんか」というような誘い方をしており，相手からは急なので行けないと断られることが多かった。そのたびにFさんは「人と予定が合わない」と苛々していた。「スケジュール調整」とは，例えば1週間前に「〇〇に一緒に行ってほしいのですが，いつなら都合がいいですか」というように，まずは相手の予定を聞くところから始めるということを，ひとつずつ手順を紙に書いて伝えていくと，Fさんは「知らなかった」と驚いていた。「スケジュール調整」という言葉は知っていても，具体的にどういう行動がそれを意味するのかという気づきに繋がった例である。

Ⅳ　生活における「支援」

　発達障害の人たちは，できないのではなく，知らないだけなのだ。だから教えればいい。だが，勉強や仕事とは違い「生活」は，学ぶ機会が与えられにくく，大人になると暗黙のうちにすでに学び終えていると思われている節がある。暗黙知の学習が困難な発達障害の人には，意図的に「生活を学習する」場所や必要なサポートが求められているのである。

本事業における支援とは，現状から何を「教える」のかを見極め，観察と記録に基づく継続的なかかわりを続け，本人の理解を促すためのツールなのである。

◆文献

篁一誠 著，NPO法人東京都自閉症協会 編（2009）自閉症の人の人間力を育てる．ぶどう社．

篁一誠 著，NPO法人東京都自閉症協会 編（2013）自閉症の人の自立への力を育てる．ぶどう社．

浮貝明典（2013）見落とされやすい生活支援．児童心理 67-18；118-123.

◉社会参加の支援

就労自立と社会参加における現状と課題

山岡 修

I はじめに

2005年4月に発達障害者支援法が施行され，LD，ADHD，自閉症などの発達障害に対する国の施策が本格化してから10年になる。この間，2007年には特別支援教育が制度として本格化し，障害者制度全般に関する見直しが進められるなど，ここ10年で発達障害に対する社会的理解，支援の仕組みは大きく進展した。

一方，既存の三障害，すなわち身体障害，知的障害，精神障害と比較すると，発達障害は新たに認識された障害であり，法律，制度，予算，支援の制度や仕組み，事業者，人材のいずれを取っても出遅れていることは否めない。発達障害者支援も特別支援教育も，当事者の将来の自立・社会参加をひとつの目標として，一人ひとりのニーズに応じた支援，乳幼児期から学校卒業後までの一貫した支援体制の整備を目指している。実際に，その方向に向かって体制整備が着実に進められていることは間違いないが，現状は質・量ともに不足しており，発展途上の状況にある。また，教育分野についてはある程度体制整備が整えられつつあるものの，就労自立と社会参加の分野は出遅れている。

このような状況や取り組みを紹介しながら，発達障害者の就労自立と社会参加における現状と課題について述べてみたい。

II 各種の支援制度や支援の取り組み

2006年12月に障害者の権利に関する条約が国連総会で採択された。日本政府は，障害者総合支援法，障害者差別解消法の制定，障害者基本法，障害者雇用促進法，学校教育法施行令の改正などを行い，障害者の権利に関する条約が求める国内法令などの整備を進めた。これらにより，条約の批准に必要な体制が整ったとして，政府は2004年1月20日に批准の手続きを行い，30日後の2月19日に発効した。

雇用関係では，障害者に対する差別の禁止，合理的配慮の提供義務，精神障害者を法定雇用率の算定基礎に加えることなどを規定した障害者雇用促進法の改正案が，2013年6月に成立し，一部を除き2016年4月に施行された。また，2013年4月に法定雇用率が1.8%から2.0%に引き上げられている。

発達障害については，2010年12月に障害者自立支援法などの改正案が成立し，そのなかで，発達障害が精神障害に含まれる形で，法律の対象であることが明記された。これを受けて厚生労働省は，2011年3月に行った「精神障害者保健福祉手帳の障害等級の判定基準についての一部改正について」などの通知のなかで，判定基準のなかに発達障害に関する基準を追加するなどにより，発達障害者が精神障害者保健福祉手帳の対象であることを実務的にも明確にした。

一方，厚生労働省は2005年の発達障害者支援法の施行を契機として，発達障害者に対する各

種の支援制度，施策を積極的に展開してきた。このなかで，2014（平成26）年度には，雇用施策について下記のような施策を展開している。

「若年コミュニケーション能力要支援者就職プログラム（363百万円）」は，ハローワークにおいて，発達障害などによりコミュニケーションに困難を抱える求職者について，本人の希望や状況に応じて，専門支援機関である地域障害者職業センターや発達障害者支援センターに誘導するとともに，きめ細かな就労支援を実施しており，2013年度から全国のハローワークで実施している。「発達障害者・難治性疾患患者雇用開発助成金（359百万円）」は，手帳を取得していない発達障害者をハローワークの紹介により新たに雇用した事業主に助成金を交付する。「発達障害者就労支援者育成事業（21百万円）」は，発達障害者支援関係者などに対して就労支援ノウハウを付与するための講習会および体験交流会を実施している。「発達障害者就労支援普及・定着化事業（16百万円）」は，発達障害者の就労支援に関する支援手法の開発・検証を国立障害者リハビリテーションセンターで実施している。

障害者雇用については，2013年4月に法定雇用率が1.8%から2.0%に引き上げられたこともあり，我が国全体の実雇用率は1.76%（2013年6月1日現在）と，雇用数，雇用率ともに着実に改善している。一方，発達障害の場合は，知的障害か精神障害として支援を受けていることが多く，発達障害として捉えた統計資料はないが，当事者団体の資料などから，手帳を取得して就労している割合が増加していることがわかる。また，手帳を所持しない発達障害のある人のハローワークを通じた求職数と就職件数は，それぞれ2,236件と759件（2013年度，厚生労働省調査）と，まだ少ないが着実に増えつつある。

また，このほかにも都道府県ごとに設置されている障害者職業センターや一般の能力開発校において，発達障害を対象としたプログラムが実施され，障害者職業総合センターなどにより発達障害の雇用に関するマニュアルやガイドブックが作成されるなど，職業訓練，相談・支援体制整備などの各方面で支援施策が展開されている。一方，これらの取り組みのなかには，モデル事業的な地域限定のものや研究段階のものもあり，広く一般化し，質・量ともに十分用意されている事業は少ないというのが現状である。

Ⅲ 発達障害者の自立と社会参加の現状と課題

発達障害者全体の自立や社会参加の状況を示す調査・統計はないが，当事者団体が行った調査の結果を紹介しながら，現状と課題について述べてみたい。

2008年に日本発達障害ネットワーク（JDDネット）が行った調査（JDDネット，2009）によると，18歳以上の対象者（588人）の内訳は，就労24.0%，通所・作業所28.9%，職業訓練2.2%，大学・専門学校10.1%となっていた。一方，同じ時期に全国LD親の会が行った会員調査（全国LD親の会，2008，2013）では，就労36.0%，通所・作業所11.0%，職業訓練3.5%，大学・専門学校16.1%となっていた。2つの調査の差は，JDDネットの調査が回答者のうち知的障害を伴う自閉症が47%程度含まれていることなど，対象者の違いが要因と考えられる。

全国LD親の会は毎年会員調査を行っており，2013年度の調査では，就労43.3%，通所・作業所＋就労継続A・B 9.7%，職業訓練＋就労移行6.6%，大学・専門学校19.3%となっており，就労が7.3ポイント増加している。特に就労のうち，手帳を取得し障害者雇用枠で就労しているケースが29.3%と5年前に比べて13.1ポイント増加している。また，障害者自立支援法により2007年から開始された就労移行支援事業の利用者が5.4%と増加を続けている。

ここ数年の動向としては，手帳を取得して就労するケースの増加，就労移行支援事業の利用

増加が目立っている。これは発達障害者支援法の施行（2005年），精神障害者保健福祉手帳の取得者が雇用率の対象となったこと（2006年），障害者自立支援法の施行（2006年），発達障害が障害者自立支援法の対象として明確化されたこと（2010年12月）などの法令・制度の改定と，それに基づく支援事業の拡充が影響していると考えられる。なかでも，知的障害を伴わない発達障害者の場合，精神障害者保健福祉手帳が雇用率の対象になったことや，発達障害が精神障害に含まれる形で対象として明確化されたことで，手帳を取得して就労するケースの増加につながった。

一方，全国LD親の会の前出の調査によれば，手帳を取得して障害者枠で就労しているケースでは，80％以上で社会保険が適用されているものの，月収は15万円未満が87.6％を占めている。雇用形態は1年契約など不安定で，昇給・昇進も多くを見込めないケースが多い。全体の5割弱が障害基礎年金を受給しているものの，収入は低水準に留まっているケースが大半である。また，80％以上は親元で暮らしており，親元から自立している，あるいは将来自立が見込める例は極めて少ないというのが現状である。

IV 今後の就労・自立期の発達障害者支援に必要なこと

これまで述べてきたように，ここ10年ほどで発達障害者に対する理解や各種の支援施策は拡充されてきた。一方，これらの施策は地域限定的なものやモデル事業的なものもあり，質・量ともに十分と言えないものも多い。特別支援教育の取り組みが開始されてから約10年が経過し，教育期に発達障害を理由として何らかの支援を受けてきた子どもたちが，これから青年期を迎えていく時期に入りつつある。発達障害のある人の場合，就労・自立期においても何らかの支援が必要なケースが多く，就労面や生活面の支援，相談支援体制の整備がこれからの大きな課題である。望まれる主な支援施策を挙げると，以下の通りである。

1 職業能力開発の拡充

知的障害を伴わない発達障害の場合は，特別支援学校ではなく，高校，大学，専門学校などの一般の教育機関を卒業する場合が多い。そのため在学中に発達障害の特性に合わせた職業訓練や職場実習などを経験することが難しい。そのため，卒業後に作業能力に加えてコミュニケーションなどの社会性について学ぶ場があることが望ましい。

地域障害者職業センターにおいては，2007年度から発達障害者就労支援カリキュラムのプログラムが試行実施されはじめ，2013年度からはすべての地域障害者職業センターにおいて提供されるようになっている。本プログラム受講が効果を上げている例も出ており，さらに拡充されていくことが望まれる。また，すでに取り組みが始まっているが，一般の職業能力開発校においても，発達障害者に対する職業訓練の実施校を増やしていくことが望まれる。

2 判定制度の導入

前述の通り，発達障害者のなかで，手帳を取得して障害者枠で就労するケースが増加している一方で，知的障害を伴わないケースは手帳が取得できない場合がある。

知的障害の場合は，療育手帳を取得していないケースでも，地域障害者職業センターにおいて，作業能力などに相応の困難があると判定された場合は，雇用対策上，知的障害と同等にカウントする制度がある。発達障害の場合，高学歴で一定の分野に高い能力を持ちながら，社会性，集中力，ルール理解などの困難のために就労に苦労している場合があり，障害者手帳を取得できないケースについて雇用対策上の「判定」の導入が望まれる。

3 定着支援

発達障害の場合，一旦就職しても，作業能力や人間関係などの問題から離転職を繰り返すケースも多い。それでも，本人の作業能力の向上や職場の上司や同僚の理解が進むと，定着が図れるケースが多いと思われる。たとえば，ジョブコーチの活用による発達障害者作業能力向上支援，コミュニケーション能力向上支援や相談支援を定期的に行えるようにすると効果的である。また職場の上司や同僚に対しては，理解の向上，障害者に対する関わり方や指導方法の向上について定期的にアドバイスできる仕組みの構築が望まれる。

4 生活・相談機能

発達障害者の場合，職務能力面では問題がないケースでも，食事，衣服，金銭管理，休日の過ごし方など生活面で問題を抱えている場合が多い。また，職場などにおいてストレスを溜めている場合があり，定期的あるいは不定期に相談に乗ってもらえる機関があることが望ましい。

そのため，発達障害者支援センターや障害者就業・生活支援センターなど，地域において長期的・継続的に相談・支援を行えるような体制の拡充が望まれる。

V おわりに

発達障害に関する支援についてはここ10年で大きく拡充されてきたが，現状では質・量ともに不足しており，発展途上の状況にある。特に，青年期以降の就労・自立については支援ニーズの個別性も高く，現在は出遅れており，これからの大きな課題である。

発達障害のある人は，適切な支援があれば十分に就労・自立でき，納税者になれる人たちが多いと考えられる。今後とも支援施策の拡充が望まれるところである。

◆文献

JDDネット（2009）発達障害者に対する支援サービスニーズ調査報告書.
全国LD親の会（2008, 2013）会員の子どもの構成調査.
全国LD親の会（2005, 2007, 2010）教育から就業への移行実態調査報告書.

◉社会参加の支援

就労につなげる児童・思春期の支援

氏家 武

I　はじめに

　筆者は発達障害のある幼児や学童児の診療を主体に行っている児童精神科医であるが，当然ながらその子ども達が思春期を経て成人期に至るまで医療的支援を継続するケースも少なくない。子ども達が思春期を迎えて自分の障害に気づき悩み始める頃には，当人にその障害をどのように告知するかを考え，当人が自分の障害を前向きに受け入れていくのを支えていく必要がある。また，成人期を迎えて社会参加していく頃には，どのような進路が望ましいのか，どのような社会福祉資源を利用したらよいのか，当人が的確に自己決定できるように，家族と共に支えていく必要がある。実際にどのような支えや工夫が必要なのかはケースバイケースであり，そのときの当人の精神状態，家族関係，学校や社会環境などによって大きく異なり，支援のあり方にはこうすれば良いというようなマニュアルがあるわけではない。

　今回，筆者に与えられたテーマは，発達障害のある子どもが成人期を迎えるときに，児童精神科医がどのような支援を行うことができるのかを明らかにすることである。子どもには成人期を迎える時が必ずくるが，発達障害のある子どもの場合，すぐに一般就労という形で社会に参加することは困難なことが多い。特に，幼児期や学童期頃からさまざまな行動上の問題を呈して治療を受けている子ども達にとっては，その背景にある発達障害を自分自身の特性として受け入れる心理的作業なしに，社会参加の道筋を立てていくことは困難なことである。さらに，当人の障害の程度によっては，大人としての責任能力や自立能力，経済的な能力の問題に直面することも多く，司法的支援，給付支援，就労支援などさまざまな司法福祉サービスを受けながら進路を探っていく必要がある。そのような時，児童精神科医の役割として，このような支援を提供する司法福祉機関との積極的な連携が極めて重要である。

　最初に，思春期に強迫症状と激しいパニックを呈して受診し，その後数年の治療を経て就労を前に発達障害の告知を行い，司法と福祉機関との連携によって当人なりの社会参加を果たすまで医療的支援を継続した事例を提示する。そして，その事例も含めて筆者が臨床経験から学んだ発達障害者の就労支援における児童精神科医の役割について述べることにする。

II　事例紹介──授産施設（現在は就労継続支援施設Ｂ型）での就労を選択した高機能自閉症Ｋ君（現在年齢32歳）の医療支援の経過

1　事例の概要

　Ｋ君（仮名），男性，初診時年齢15歳（中学3年生）。

2　初診時の主訴

　確認強迫，パニック。

3　初診までの経過

K君は小学生の頃は学業が優秀だったが，中学生になって成績が思うように伸びずテストの結果を気にするようになった。また，行事で皆と一緒に行動することを嫌がるようになり，行事の前には苛々して声を荒げたり興奮するようになった。中学3年になって担任から「しっかり勉強しないと良い高校には入れない」と言われてから，自分の勉強時間や内容について強迫的に親に確認するようになった。また，同級生を強く意識するようになり，成績が優秀な同級生と同じように夜も寝ないで勉強したがった。

試験前には特に苛々して，些細なことで親に暴言を吐いたり執拗に確認を求めた。また，過去の不愉快な思い出をよく口にするようになり，親がその言い訳をしたり彼の思い込みを否定しようとすると余計興奮した。K君の受験に対する不安を軽減させるために親と担任が相談し，受験は彼の実力で楽に合格できる高校を選んだ。それでも彼は安心せずパニック（不安恐怖にかられた暴言，激越，暴力）がエスカレートするため当院を受診するに至った。

4　初診までの発達経過

周産期，乳児期には異常が認められなかったが，幼児期には人見知りはしないものの言葉の発達が遅かった。2歳過ぎて言葉が出始め，3歳頃までオウム返しが頻繁で視線も合いづらかった。声をかけても自分の遊びに夢中で，輪を持って「キックキック」と言いながらターンを繰り返していた（運転しているつもり）。

3歳児健診では異常なしと言われ，幼稚園でも当初は他児と関わるのは嫌がらず，興味があることには進んで誰とでも話をしていた。テレビのタレントのジェスチャーを真似したり，マークや地図に興味が強くいつも地図を見ていた。しかし，年長になってから幼稚園で視線が合わず声かけにあまり応じないことを指摘され，言葉の教室に通うことを薦められ小学校入学まで通っていた。知能テストではIQが100を超え，小学校は普通学級に入学した。

小学校では勉強に対する意欲は強く，学業は優秀だった。しかし，言動はマイペースで，自分の思い通りにならないとパニックを起こし，集団行動が苦手だった。それでも，学業が極めて優秀だったことから小学校の間は周囲の生徒や先生からよく受け入れられていた。

5　初診時の診断と治療方針

診察では，K君はいきなり受験に対する不安や自分の思いを一方的に多弁に喋り続けた。しかし，制止にはきちんと応じ，言葉によるコミュニケーションは可能であった。基本障害はアスペルガー症候群，加えて受験のプレッシャーによる二次的な強迫性障害と不安障害と診断し，親にだけその診断を告知した。治療として，薬物療法（非定型抗精神病薬とSSRI）と親子への助言を開始した。

6　その後の治療経過

初診後は2週に1度の診察を継続したが，初診後間もなくK君の精神状態はやや落ち着き，受験前日はかなり興奮したが，なんとか受験を無事終えることができた。しかし，今度は試験の結果が気になり，強迫症状はエスカレートした。それでも高校に合格して精神状態はかなり落ち着いた。

K君は高校に入っても「気持ちが落ち着かなくなるのが嫌だから」と訴えて内服を希望したため，少量の精神安定剤を継続投与した。高校でも成績は優秀だったが，同級生には相手や所を構わず自分の興味あることを一方的に話しかけることが多く，逆に自分が興味関心のないことには返事もしないため，間もなくクラス内では孤立するようになった。その後，テストのたびに成績を気にして苛々することが多くなり，授業中に他生徒の勉強を妨害する行為を頻繁に繰り返すようになった。自分の失敗を言い逃れ

したり，他生徒の郵便番号を執拗に確認して殴り合いになることもあった。家ではいつも，テストや成績のことが頭から離れずくよくよ気にしたり，手洗い，歯磨き，確認などの強迫行為がエスカレートしていた。また，弟と険悪な関係になり喧嘩が絶えないため，両親はお互いが会わないように生活できるよう配慮した。その後，K君が学校の生徒会の役員に立候補すると言い出し，教師がそれを止めさせようとしたところ興奮してパニックを起こした。そして，学校からこれ以上彼を受け入れるのは困難と言われ，両親が困惑してしまった。

そこで，薬物療法を調整し，本人には支持的な助言を行って精神的安定を図った。そして学校教師と面接の機会を持ち，そこで教師にK君の自閉症としての特有の心理について説明し理解を求めた。すなわち，K君に対して否定的な不快感情を誘発するような働きかけを止めてもらい，些細なことでもK君をポジティブに評価し，同級生から認められるような係を任せてもらうようにした。それによってK君は校内の清掃ボランティア委員長となることができた。K君はその役割に非常に満足し，その後精神状態はかなり落ち着いた。

その後K君は無事高校を卒業し，大学も道内では有名な福祉系の私立大学に進学した。大学ではボランティア活動にも参加し，マイペースな言動は続いたが，周りの配慮もあり，対人関係でのトラブルはかなり減った。それでも時々登校前に確認強迫がエスカレートしたり，車の免許を取りたいと執拗に訴えるようになった。テストのたびに不安で夜も眠れなくなり，騒ぐので，家族と喧嘩になることもあった。そのつど筆者が安心を保証し，結果が悪くなかったことをフィードバック（誤認知の修正とポジティブな自己評価）して予期不安の軽減を図ることに努めた。その後もたびたびテスト，家族との折り合い，ボランティア活動などで不安が募り，確認強迫やパニックがみられたが，そのつど支持的な精神療法と薬物療法を行ってサポートを続けた。それにより卒業論文を「○○市の教育と福祉と環境について」と題して何とか書き上げて卒業することができた。

しかし，K君は卒業後の就労について思い悩むようになり，免許を取りたいが為に服薬を内緒で中断するようになったことを親から相談された。そこで，障害を本人に告知して療育手帳を取得し障害者就労を目指すよう親にアドバイスした。親が子どもに診断名を告げることに同意したため，筆者がK君に「アスペルガー症候群である」と告知した。するとK君は「やっぱりそうだったんですね」と予想外の反応を示した。彼は自分でパソコンを使って自分が服用している薬や自分の症状や特徴的な行動について詳細に調べ，1年前から自分はアスペルガー症候群に当てはまるのではないのかと思っていたということであった。

実際に主治医から診断を告知され，自分の障害を認めてから，K君の精神状態はみるみる落ち着き，「自分は障害者で落ち着きがないから薬はまだまだ必要です。だから車の免許は取れないのは仕方がないし，仕事も障害者に相応しい職場を探します」と言うようになった。そのようなK君の気持ちの変化に合わせて大学を卒業した後に，療育手帳の取得に必要な知能検査（WAIS-R）を行ったところ，結果はFIQ82，VIQ98，PIQ64であった。その後，障害者職業訓練センターに紹介し，障害者年金の申請に必要な診断書の作成を行った。そして卒業半年後には訓練センターから紹介された小規模作業所（化粧品の箱詰めと新聞広告チラシの折り込み作業）に通所することを本人が決断した。

作業所では時々他の利用者に余計なお世話をしたりお喋り過ぎて注意されることがあるものの，ほとんど休むことなく通所を続けている。月に1度の診察では，「作業所の仲間と東京ディズニーランドに行くのを楽しみにしている」と報告してくれることもあった。

ところがその後，振り込め詐欺事件が相次いで起きることが続き，K君は「自分も障害者なので騙されやすいかもしれない」と思い不安が募るようになった。親子で話し合い，鑑定書による保佐の審判申し立て（精神障害により自己財産の管理・処分には常に援助を要する）を行いたいと相談があり，主治医として鑑定書の作成を行った。それによりK君はすっかり安心し，作業所への通所も順調に継続して現在に至っている。

III 児童精神科医の立場から見た発達障害者の就労支援

発達障害のある子どもが青年期を迎え，仕事を含めて自分自身の将来について考え始めたとき，その子どもの医療的な発達支援を行ってきた児童精神科医が考えなければならないことは，以下の3つに集約することができる。それは，①本人への診断の告知，②就労に向けた能力と適性の評価と助言，③福祉と司法サービスへの導入である。

1　当人への診断の告知

発達障害者の就労支援を行うときに，当人への診断告知は必要不可欠なことである。診断の告知においては，当人が抱える発達障害の特性についてしっかりと理解を促し，そのうえで当人の能力と適正に見合った就労（社会参加の場）を自己決定できるように支援する必要がある。

幼児期あるいは児童期に発達障害が判明して療育に通ったり，併発する情緒行動障害のために通院治療を受けた子どもに対する診断の告知は，その子どもが青年期に差し掛かって自分と他者との違いに気がついたときに行うのがベストだと筆者は考えている。特に，高機能自閉症のある子ども達の大半は通常学級に在籍しながら青年期を迎えることになるが，青年期に入るともともと有していた視点変換の困難さや他人と照合しない会話が顕著になる。また，もともとの対人過敏に加え，仲間意識が乏しいために同世代集団への参加が困難となる。そのようなことから，多くの高機能自閉症の子ども達は，自分と他者との違いに直面し，自分が抱える問題に悩むようになることが多い。

そのようなときに，親の会や当事者の会などで作成しているパンフレットなども利用しながら，診断名とその障害特性について当人にわかりやすく説明することで，当人は自分が置かれている孤立的な状況を理解することができるようになる。筆者の経験では，多くの方達は自分が抱える問題について既に何らかの違和感を抱いていることが多く，診断を告知されて激しく混乱することは意外と少なく，どちらかというと「やっぱり」あるいは「そうだったのか」とスムーズに受容するケースの方が多いように感じている。

2　就労に向けた能力と適性の評価と助言

当人に診断名を告知し，WAIS-IIIなどの発達検査を用いて認知能力を把握することは，当人がどのような進路を選択するかを考えるときに有用なことがある。例えば，言語能力に限界があっても処理速度に優れている方のなかには，自分のペースでできる農作業や工場での生産ライン作業などが向いている人もいる。また，視覚的認知機能が高い方のなかにはパソコンなどを用いた情報処理作業が向いている人もいる。

どのような仕事や作業を選択するかを考えるときに重要なことは，当人が持っている個別性を大切にすることである。多くの方は特殊なスキルを持っていることが多く，そのスキルを活かせる仕事や作業に就くことによって当人が働くことに楽しみや喜びを見いだせることが大切である。そのようなことにより，当人の自尊心や自己効力感が高まり，さらには長期に安定した就労に繋がることが期待できると思われる。

3 福祉と司法サービスへの導入

　発達障害のある方が成人期を迎えたときに選択できる社会参加の場は，現状ではまだかなり限定的であると言わざるを得ない。特に，知的に高く大学や専門学校を卒業できても，一般就労できる可能性は極めて低いのが現状である。現在，多くの大学やそれに準じる教育機関では，学生になんらかの発達障害が認められる場合は，その障害特性に応じた配慮や支援を受けながら教育を受けることができる。しかし，一般就労となるとそのような配慮や支援を受けながら働く場を保証されることは稀だろう。そのため，事例として挙げたK君のように大学を卒業してから診断を告知し，療育手帳や精神障害者保健福祉手帳を取得し，障害者としての社会参加の場を探さなければならない方も少なくないのが現状である。

　発達障害のある方々が実際にどのような形で社会に参加していけるかは地域によってかなりの差があるため，この先の具体的な支援は福祉機関に委ねることになる。具体的には，その方が住んでいる地域の相談支援事業所への紹介を行い，そこで当人と家族と支援者が話し合って，具体的な就労に向けたステップが練成されることになる。このときに，主治医としてどのような内容の仕事や作業ができるのか，どの程度の時間就労が可能であるのか，活動や仕事中にどのような配慮が必要であるのかなどの意見書を作成し，連携を図っていく必要がある。

　また，発達障害のある方で自己財産の管理能力がないかそのおそれがある場合，保佐の申し立てを行ってそれを守ることができる。K君のように振り込め詐欺などへの不安に駆られないために，万が一の事態に備えてそのような対処を行っておくことも考慮の価値はあると思われる。そのようなときには主治医として鑑定書の作成を行い，司法機関（地方裁判所）との連携が必要になる。

IV 最後に

　当院では不登校の子ども達への診療も積極的に行っているが，不登校の背景に発達障害が認められるケースが増えている。そのような子ども達が中学校を卒業後，高校に進学しない場合，社会からの支援を受けられる場が極端に少なくなってしまう。そこで，当院では不登校専門の精神科デイケアを高校生年齢から青年期後期にまで枠を広げて行うようにしており，そのなかで継続的に社会参加に向けた支援を行っている。さらに，最近は具体的な就労支援の場としてクリニックの傍らに小規模作業所（現在は就労支援施設）を開設し，院内で就労支援を行う場を確保するようにしている。そうすることで思春期から青年期に至るまで一貫した仲間作りの場と就労支援の場を提供することができている。そこで安定して通所が可能になり，その後就労継続施設に移行して経済的により安定した生活を送ることができるようになっている方々も出始めている。医療支援と福祉支援の間に切れ目がないことは，そのような支援を受ける方々にとって一番安心できる仕組みではないかと感じている。

●社会参加の支援

社会参加に向けての大学生から社会人への移行支援

高橋亜希子

I はじめに

　平成18（2006）年頃から発達障害のある人の就労相談・就労支援に携わるなかで，30代40代になり初めて福祉サービスである相談機関につながったという方に多く出会った。ニーズは「就労がしたい」。が，彼らの生活の現状はほとんど自宅にいて，ネットサーフィンかゲームをすることで時間を使い，会う人は家族のみ。ひどい場合には，家族とすら会話をほとんど交わさないような状況で，そういったケースは昼夜逆転した生活を送っていることが少なくない。高校から大学へという「学校」の枠組みから外れた後は，本人も家族も孤立し，社会との接点をほとんど持たずに生活を送ってきている人が多くいる現状を目の当たりにした。ちょうど世間では「発達障害」という概念が広まりはじめ，「発達障害者支援法」が成立したのもこの頃である。ようやく相談機関につながり，家族以外の人との接点を持つことから始まるのだが，「社会での就労」への道のりは長い。「どう支援していけばこの人たちは社会で就労できるのだろうか……」。現実として支援することになった人ではあるが，自問自答し続けた。

　先駆的な取り組みや海外の事例に学ぶなかで見えてきた答えは，「社会人への移行期になるべく多くの成功体験を積むこと」であった。このことを青年期の早い段階から実践することが，社会参加する意欲と適応力を高めていくことにつながる。裏を返せば，この経験がないと，社会やその環境を取り巻く人に対しての不信感と，意欲減退，何をやっても自分はダメだという自己否定が強まる。これを予防し，前向きに社会参加していくためには，社会に出る前の高等教育機関との間に「社会的な場面での成功体験」と「周囲の人に支えられた安全な失敗体験」が必要である。

　ささやかな実践ではあるが，筆者の前職である「社会福祉法人北摂杉の子会ジョブジョイントおおさか」で取り組んだ，社会への移行期となる大学在学中に実施するインターンプログラムの効果についてまとめる。

II 発達障害のある人に特化した就労準備プログラム

　ジョブジョイントおおさかの利用者の約半数は，学校卒業後（あるいは中退後）在宅生活を送っていたケースで，発達障害者支援センターや障害者就業・生活支援センターにて相談につながった後，就労への訓練を希望され，ジョブジョイントおおさかでの支援サービスの利用に至っている。これらのケースは，就労移行支援事業の2年間だけでは就職までの準備に間に合わないことが想定されるため，その以前に自立訓練（生活訓練）事業を活用し，最大4年間で就労を目指すプログラムを組んでいる。理由は，在宅生活の期間が長い人ほど，就労への準備訓練期間が長期化する傾向が見られるためである。その要因は，長期間社会との接点を持てずに毎

日の日課や役割もなく過ごしていることから，生活リズムが乱れてしまうことが多く，就労への準備訓練の前に生活リズムの立て直しに時間を要するということが挙げられる。このように支援の初期は，「生活リズムの立て直し」「成功体験を積む」「自己肯定感の向上」を中心とし，小さなことでも「自立してできるように支援し，自分で達成（完成）できた」という感覚を持つことができる活動の組み立てを行っている。

プログラムの内容は，主にPC操作・データ入力を中心とする「オフィスワーク」と事業所外で個別の役割を持って行うビルメンテナンス・軽作業などの実務的な活動である「トライワーク」，「自分を知る勉強会」「就活実践講座」といった自己理解を深めるための勉強会や，職場でのマナーやコミュニケーションを学ぶ講座，個別の状況に合わせて就労への準備を行えるマイタイム（自習）という大きく3つのカテゴリーで構成されている。特に重視していることは，自分自身の得意なことと苦手なことを理解し自己理解を深めることと，対人コミュニケーションや仕事に対するモチベーションなどのソフトスキルを高めることである。自分自身の得意なことと苦手なことを把握し，苦手な面に対しては予防策や対処法を検討し，日頃の準備訓練や生活のなかで実践できるように「自分自身で手順書を作る」ことや「セルフチェックをする」「リマインダーをつくる」ことなどを実践できるように支援している。

また，週1回の面談の時間を確保し，面談を通して「人に相談することで別の方法や選択肢がみつかる」こと，また「問題解決につながること」などを体感できることをねらった支援を行っている。

彼らの多くは，これまで自分の話をちゃんと聞いてもらった経験が乏しく，他の人とは異なる自分の感覚や困っている現状に共感や理解をしてもらえた経験も少ない。また，多くの場合，中学・高校時代にいじめを受けた経験もある。

そういった背景からも，「人を信用する」ことや「人を意識した意思伝達」という好ましい対人関係を体験することが前提となって，支援者を人として信頼し安心できる関係ができ，人からの提案や助言を受け入れることが可能になる。人を頼り信頼できる経験を青年期早期に築けると，「素直さ」が育まれ，周囲に受け入れてもらいやすい要素が高まる。こういった経験を経ることが，成人期での社会適応と，周りの人との良好な関係を築くことにつながるのではないかと考える。

III 青年期（高校生〜大学生）の発達障害のある人の現状

一方，青年期の発達障害のある人の現状は，定型発達の学生と同様に大学や専門学校などの一般の高等教育機関に進むことが多く，その割合も上がっている。最近の調査では，発達障害のある人は全人口の約5％存在するといわれるなかで，筑波技術大学障害者高等教育研究支援センターの「高等教育機関における障害学生支援の動向（IV）」（石田・天野，2011）によると，平成22（2010）年度の大学等で学ぶ全学生数は3,242,000人であり，障害学生の在籍率は0.27％となっている。この在籍率を見ても平成18（2006）年度より増加傾向にあり，学内で支援を受けている学生数は，実態調査開始当初より毎年増え続けており，平成22年度では全障害学生の59.6％である。この傾向は今後も続くものと思われ，なかでも発達障害学生の増加は急激なものとなっている。

また，定型発達の学生のほとんどは，学生生活と並行してアルバイトを経験するが，発達障害学生の多くはアルバイトの経験がないことが多い。そもそも，アルバイトに就くまでのプロセス自体，苦手なことの連続である。工程の一つひとつに障害特性ゆえの難しさが発生し，かつ自己判断を伴い，困難の連続となる。定型発

達の学生であれば，アルバイトを通して，社会のなかで働くうえでのマナーや必要なコミュニケーション，組織のなかで期待される役割についても自然に学んでいくが，発達障害のある学生は，その特異な認知特性により社会性や対人的なコミュニケーションを自然には学びにくいため，状況に応じて，具体的に視覚的に教えていくことが必要となる。

さらに，学生と社会人とのギャップはあまりにも大きく，いきなり社会に放り出されても失敗経験の連続になることが容易に想像できるため，学生から社会人への移行を「つなぐ支援」が，当たり前に社会に参加していくためには必要不可欠であると考える。

IV 発達障害学生向けインターンシップの経緯

発達障害の特性（想像力の問題）として，いくら就労したいというニーズがあっても，働くことの実体験がない場合にはなかなか就労のイメージが持てない。前項で述べたように，特に大学生の場合，障害の特性から就職活動と学業を同時並行して行うことが難しく，その結果，就職や次の行き先も定まらないまま大学を卒業せざるを得ない場合が多く，いわゆるニート・フリーター状態を余儀なくされる現状がある。実際にジョブジョイントおおさかの利用者のケースでも，高等教育機関を卒業あるいは中退してから利用につながった方が多くいたことから，在学中から「インターンシップ」という形で，実際の職場（企業）での就労体験を行うことができれば，卒業時には少しでも明るい方向性を持って，次のライフステージの選択が可能になるのではないかと考えていた。そのことがきっかけとなり，「インターンプログラム」の開始に至った。

この「インターンプログラム」の取り組みは，株式会社インサイトとの協働により，平成23（2011）年度3月（春休み）に4名の学生に試行実施し，本格実施に備えシミュレーションを行い，その分析を踏まえて段階的に本格実施をスタートさせた経緯がある。

V 大学における発達障害学生の支援の現状とインターンプログラムの概要

平成24（2012）年度，社会福祉法人北摂杉の子会は，株式会社インサイトとの協働による厚生労働省平成24年度「セーフティネット支援対策等事業（社会福祉推進事業分）」により，大学における発達障害学生の実態をつかむために「フリーター・ニート・引きこもり（予備軍含む）の実態調査」と題し，全国の大学に対してのアンケート調査（特に高等教育機関の発達障害のある学生を中心とする調査）と，大学・短大生の支援付き就労体験モデル事業（インターンプログラム）を行った[注1]。

1 「フリーター・ニート・引きこもり（予備軍含む）の実態調査」

まず，「発達障害のある学生のキャリア支援に関する調査研究アンケート」と題し，全国の1,084件の大学と226件の短期大学にアンケート調査を行い，現状の把握を行った。結果，259件の大学・短大から回答を得ることができ，回収率は19.8％であった。医師の診断書の有無の違いはあるものの，発達障害のある学生は一定数大学に在籍しているということがわかった。一方で「発達障害のある学生が1人もいない」という回答が4割以上あることも見えてきた。全学生数に占める発達障害のある学生（診断有・無）の割合は，0.1％未満の学校が圧倒的に多いが，0.1％以上の大学も26校（22％）存在する。

また，発達障害のある学生（診断有・無）の

[注1] インターンプログラムは平成25（2013）年以降も継続して実施しており，以降は有料サービスでの実施となっている。

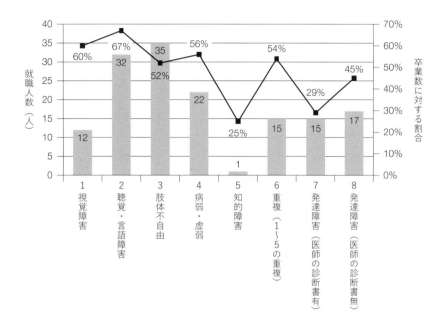

図1　就職者数と就職率

割合が高い大学は，問い合わせ窓口を設置している率が高く，発達障害のある学生を把握できる体制を保持していることもわかった。

次に，発達障害のある学生は他の障害のある学生と比較し，休学・退学率が大きくなっており，医師の診断がある学生の休学・退学の状況は48人（16.8％），医師の診断がない学生の休学・退学の状況は52人（13.1％）であった。

また，就職状況においても，他の障害のある学生と比べると就職率は低く，医師の診断有の就職状況は15人（29％），医師の診断無の就職状況は17人（45％）となっていることがわかった（図1）。

発達障害のある学生のためのキャリア支援や外部機関との連携においては，「個別のキャリア相談」「エントリーシートの書き方や履歴書・面接指導」「求人情報の提供」が行われている。

また一方で，発達障害のある学生は，支援の個別性が高いと思われるため，就職ガイダンスや企業説明会は行われておらず，学校独自の求人開拓も行われていない状況であることがわかった。

外部機関との連携はハローワークが多く，その他の機関とも一定数の連携はあることがわかった。

キャリア支援における課題としては，個別に見れば，「就職相談・支援」「就職先開拓」への課題を挙げる大学が多いが，その他の選択肢も課題に感じている回答が多く，キャリア支援全般に課題を感じている大学が多いと思われる。

アンケートによる実態調査から，発達障害のある学生数（診断の有無を含む）が全学生の0.1％を超える大学・短大は全体の22％であり，200名近くの発達障害のある学生を抱える大学もあることから，発達障害のある学生への対応が大きな問題になっていることがうかがえる。

また，発達障害のある学生は休学・退学しているケースも多く，就職率も低い状況から，在学中に何らかの困難さを抱えているケースが多いと考えられる。

しかし，以上のような状況にもかかわらず，発達障害を支援する専門部署がある大学・短大はほとんどなく，発達障害のある学生の支援を全く行っていないケースも30％を超えている。職員や教員向けのガイドラインもほとんど作成されておらず，発達障害のある学生への支援環境は乏しいといえる。

つまり，発達障害のある学生のキャリア支援への問題意識が一定数存在し，問題意識はあるものの，大学組織として支援体制を作り切れていない現状がある。特に，学内で解決することが難しいと思われる現状のひとつが，「卒業後の進路」「キャリア支援」であり，学外の関係機関と連携した支援モデルを構築させる必要性が課題として浮かび上がった。

発達障害のある学生を取り巻く現状としては，周囲の理解と支援体制の未整備が挙げられ，特に発達障害のある学生にとって就職は大きなハードルとなっていることが顕著である。適切な就労に向けた支援がなされないと，フリーター・ニート・引きこもり状態に陥る可能性が高い。また，仮に就職がうまくいったとしても周囲の理解もなく，職場にうまく馴染めずに退職してしまうケースも少なくない。

2 発達障害学生のためのインタ－ンプログラム

大学在学中にはなかなか就労に向けての実体験ができず，また卒業してしまうと支援が途切れ継続した就労が困難になるという状況を解決するために，発達障害学生に特化したインターンプログラムを平成23（2011）年度より過去2年間実施運営している。時期としては，夏休みと春休みの長期休みにインターンの実施時期を設定し，長期休み前にガイダンス，事前プログラムとして事前面談・仕事体験，企業との顔合わせ（合同ガイダンス）を行い，インターン後には振り返り面談を行う流れとなる。

3 インターンプログラムの成果
1. 学生・企業のリピート参加率はともに100％

平成24（2012）年夏に関西で実施したインターンプログラムに参加した14名のうち，12名は平成25（2013）年春のインターンプログラムにも参加したリピーターであることから，ニーズの高さがうかがえるものとなった。継続して参加しなかった2名は，1名が就職，もう1名は就労移行支援事業所を利用開始したため，実質的なリピート率は100％という結果を得ることができた。インターンへの参加を通して，企業という環境のなかで組織の一員として業務に携わったことで「認められた」あるいは「役に立てた」という実感につながったことは，学生にとって非常に大きな意義があり，この成功体験こそが「自分でもやれるかも」「次もやってみたい」という意欲と自信につながったと推察する。

2. 進路決定を方向付ける

参加する学生は，3・4回生と大学院生が中心となるため，インターンを実施したことで就労への課題が明確になり，また卒業後の進路の方向付けの機会となる。平成25（2013）年度夏のインターンプログラムに参加した学生8名のうち，卒業後就職に至ったケースが2件（就労継続A型事業所への就職を含む），就労移行支援事業所の活用につながったケースが5件であった。したがって本インターンプログラムは，就労に向けた進路につながる契機となることが期待される。

3. 企業内の理解が深まり，発達障害のある学生の雇用に向けたステップが構築されつつある

平成25（2013）年春のインターンでは，23社の企業が発達障害のある学生を受け入れた。企業への実質的な営業活動はあまり行えていなかったにもかかわらず，多くの企業の参加につながり，企業の障害者雇用，特に発達障害のある人たちに対する雇用についての関心の高さを

表していると考えられる。企業側からの意見として「発達障害のある学生への理解が深まった」「社会問題として広く世の中に発信すべき」「今後も受け入れたい」との声が寄せられ，発達障害のある学生への理解と雇用に向けてのきっかけとして，有意義なものであったと捉えられる。また，受け入れ企業のうち2社は，受け入れた学生の雇用につながっており，発達障害の雇用に向けたステップが構築されつつあることを実感している。

4. 大学側の意見

卒業したらどのように生きていけばよいのかよくわからない学生に対し，インターンでの実体験が本人の「気づき」につながったケースが多くある。インターン後に，本人・家族・大学で振り返りを行い，情報を共有するとともに，今後の就労に向けた進路について検討し，現時点から卒業，そしてその先のステップを見越した移行プランを確認できたことも大きい。大学からは「学生の自己理解の気づきにつながる」「キャリア支援に効果的」という意見が寄せられた。

5. インターンのねらいと成果が整理された

過去2年間インターンを実践するなかで，次のように，ねらいが整理された。

- 学生一人ひとりの特性に応じた支援を行いながら，職場での「成功体験」を積むことができる。
- 学生が企業のなかで「働く体験」をして得た気づき（自己理解）を意識することで，成長意欲が高まる。
- 企業のなかで「働く体験」を重ねることで，学生自身の就労への課題が整理され，雇用に向けてのチャレンジのベクトルが伸びる。

また今後の目指すべき形を，以下のように感じている。

- 「成功体験」を積むための支援は多めであっても，企業のなかでの所属感や自分に与えられた業務に対して役割期待や評価を感じ，次への意欲（成功体験の量が減り，気づきからチャレンジしたいという意欲の量が増える）につながる。
- 「成功体験」での気づきが，就労や社会生活に向けての意識の高まりとなり，自分自身の課題に対しての対処や予防の実践につながる。
- インターンを数回経験することで，支援は減少し，本人の気づき部分が増加することで，就労生活へのイメージや課題がより具体的になる。

VI 今後の展望と課題

1 大学在学中またはそれ以前からの就労を見据えた支援

この2年間の取り組みにより，インターンに参加する前段階での支援が必要な学生も数としては多いことがわかった。発達障害学生のなかには，身だしなみや自立した移動，対人的な不安などに大きな課題があり，すぐには社会参加が難しい状況で高度な専門的支援を要する学生も一部いる。大学在学中またはそれ以前の時期から，社会参加していく機会と練習が必要であり，本人の「今」でなく，その次のステージを見据えた実践的支援の視点を忘れてはならない。大学在学中の4年間で，複数回のインターンを経験できると，本人の対人社会性の成長はもちろんのこと，周囲や社会に受け入れられやすい人材となることも期待できる。

2 リアルな仮想職場の設定

もう1点の課題は，学生の社会的スキルやビジネスマナーの継続的な学習という点である。単発であってもビジネスマナー講座を事前に行うことにより基礎的な知識の学習にはつながる

が，さまざまな場面・状況・人・タイミングに応じた複雑な判断をとっさにしなければならないために，インターンの期間中，実際の職場で即座に活用することが難しいことが明らかになった。講座など知識として学ぶ場と，実際の職場体験を行うインターンの間を埋める仮想職場を就労移行支援事業所のなかに設定することで，実際の仕事を提供して「仕事をする」責任感と，実際の仕事に必要不可欠なコミュニケーションとマナーを実演できる環境の試行を考えたい。

3 企業に対しての人財活用と雇用のためのサポートシステムの構築

一方，企業側の課題としては，雇用を目的にした取り組みをレベルアップさせ，インターンで試行的に受け入れた経験を障害者雇用までつなげていく仕組みとプロセスを構築していくことが望まれる。

目指すべき形としては，学生当事者による就労に向けた「体験」と，企業による雇用に向けた「試行」を達成することに加え，大学と企業の双方に対してのインターンプログラムに限らない支援サービスが急務である。具体的には，発達障害のある学生向けのキャリア支援として，ビジネスマナーなどの講座や長期的なインターンを継続的に提供できるサービスが必要であろう。

また，企業に対して障害者雇用に向けたコンサルティングを強化し，企業による戦略的な障害者雇用の推進や，企業向けのセミナーや勉強会を通じた啓発活動を一層強化し，発達障害のある人の雇用創出を模索していくことが求められる。学生や学生を支える大学と企業に対し，欠落した支援サービスを補い提供していくことで，一人でも多くの発達障害のある人の社会参加が進むことを切に願い，今後も取り組みを続け，課題解決の一助となるよう努めていきたい。

◆文献

英国自閉症協会（2008）アスペルガー症候群の人を雇用するために——英国自閉症協会による実践ガイド．障害者職業総合センター．

サラ・ヘンドリックス［梅永雄二 監訳，西川美樹 訳］（2010）アスペルガー症候群の人の仕事観——障害特性を生かした就労支援．明石書店．

石田久之，天野和彦（2011）高等教育機関における障害学生支援の動向（IV）．筑波技術大学テクノレポート 19-1；23-28．

ゲーリー・メジボフ，ジョン・B・トーマス，S・マイケル・チャップマンほか［梅永雄二 監修，服巻 繁，服巻智子 監訳］（2010）自閉症スペクトラムの移行アセスメントプロフィール——TTAPの実際．川島書店．

NPO法人ジョブコーチ・ネットワーク発達障害者の就労相談ハンドブック検討委員会（2009）発達障害者の就労相談ハンドブック．厚生労働省平成20年度障害者保健福祉推進事業（障害者自立支援調査研究プロジェクト）．

梅永雄二（2012）発達障害者の雇用支援ノート．金剛出版．

◉社会参加の支援

知的に遅れのない発達障害者と就労支援

米田衆介

I　はじめに

　筆者に与えられた課題は，発達障害者の就労支援についてであるが，現在筆者が主として取り組んでいるのは，知的には境界域から普通域以上の自閉スペクトラム症に該当する人たちの社会復帰であるので，本稿ではその領域に絞って述べることとしたい。余談ながら，筆者が発達障害の医学を学びはじめた頃は，軽度から最重度までの知的な遅れを伴う自閉症の療育に関与していたこともあり，それぞれの領域の方法論がどのように異なっているのかという興味深い問題について考察したい気持ちはあるが，残念ながら紙幅の関係で割愛させていただく。

II　知的に遅れのない発達障害者の社会復帰とアセスメント

　発達障害者の就労支援は，医学的な観点から考える場合には，社会復帰を目指したリハビリテーションの一部に過ぎない。その意味では，その人の生活の全体像を見ないで闇雲に就労を目指すことは，リハビリテーションとしては誤っているということになる。
　しかし，全体像を見るというのは，言葉で言うのは易しいが実際には非常に難しいことである。ケース検討などをすると，本当に優秀で10人に1人いるかどうかという才能のあるベテランでも，ときどき全体像がわからなくなってしまうのを見かける。「全体は部分を通してしか認識できないが，決して部分の合計ではない」という謎めいた標語が当たり前に理解できれば，少なくとも，この問題にかなり習熟しつつあるといえるだろう。
　この問題は，特にアセスメントの領域で重要になる。社会復帰を計画するためには，まずアセスメントが重要になるが，いわゆる支援者にアセスメントを教育するときには，どうしても項目ごとに分解して評価を行うやり方でしか教えることができない。たとえば，ある人の能力を障害に関連した特性に分解して説明したり，あるいは特性をさらに具体的な特徴に分解して説明したりというようなことである。
　しかし，このように要素に分解するようなアセスメントの仕方は，あくまでも全体としてのその人を把握するための一定の方法論でしかない。だから，教えるときには，そのような方法論の限界も教える必要がある。要素を組み合わせても全体が説明できないのは，要素への分割の仕方が誤っているためでもあるだろうし，あるいは「全体」を定義する方法が誤っているためでもあろうし，あるいは我々の認識能力が十分でないためでもあろうし，また認識しようとしている対象が複雑系であることに由来する本質的な困難という場合もあるだろう。
　とはいえ，全体として把握するためには，具体的な細部がくっきりと鮮明である必要があることは間違いない。そのうえではじめて，「この人はどんな人だろう？」という問いに答えられるようになる。我々が臨床的に必要とする全体

像というのは，大体そういうようなことである。それは，短い言葉で表せることもあるし，誰々に似た様子だという言い方でしか仲間に伝えられないこともある。また，イメージで把握できるが簡単な言葉では表せないこともある。それは，誰かからその人について質問をされた場合に，何でもはっきりと答えられるし，方針に迷いもないけれども，それでも簡単な言葉で表現することはできないという状態である。逆にいえば，詳細なデータをいくら多く羅列できても，質問に答えられず，方針に迷いがあるならば，それは全体像が把握できていないということになる。

Ⅲ 就労支援の考え方

最近では，発達障害者を対象とした就労移行支援機関などが増えてきたので，そうした機関に基本的に任せてしまうのであれば，医療や一般相談機関の側で行うことは割合と簡単に見えるかもしれない。しかし，それ以前に考えておくべきこともあるのだ。たとえば，そもそもこの人は就労可能なのか？ 就労すべきなのか？ 何が就労の目的なのか？ などということである。また，就労によって全体としての精神医学的な状態が改善しうるのか，あるいは悪化しうるのかという見通しも必要である。

本人が就労したくないと言うならば就労は難しいであろうし，たとえ就労したいと本人が言っていても，それをどのような意味で言っているのかということがある。働きたくはないが生きるために仕方ないと思っているのか，お金のためではなくて，どんな仕事でもいいからただ働きたいのか，あるいは最初から特定の仕事しかやるつもりがないのか，それによって話が違ってくる。たとえば，本人の知的能力と知的訓練の程度によっても，就労ということをどう意味づけることができるかに違いが出てくる。

主観的な意味づけということは，本人の主観的な動機とも関連している。健常の支援者や家族を観察していると，雇用されて賃金をもらう以外の生き方を考えたことがないかのように，就労することを自明な前提と考えていることがある。しかし，発達障害者のなかには暗黙の前提というものが共有できない人も多いので，就労を自明な前提として共有することが不可能な場合が少なくない。なかなか理解されにくいが，そういう前提は客観的・合理的に考えた場合には実際に全く自明ではない。そういう意味では，発達障害者のほうが論理的には正しいことを言っている場合も多いのである。それだから，なぜ働くのかという動機の部分について暗黙にせず，正面から取り上げて話し合うほうがよい。その動機のあり方は，ひとりひとり異なっているはずである。だから，あえて賃金労働に就かないという選択肢も含めて，多様な可能性を検討しなければ，本人にとって納得のいく対話が成立しないのは当然である。

また，就労というのは社会と関わることで，本人だけの問題ではない。障害者を就労させるために社会が支払うコストを現実的に意識することも必要である。大枠で言うと，各種の訓練事業などを含む就労前支援にかかるコスト，就労した後の職場における適応を促すためのジョブコーチの配置などのコスト，採用した会社などが実施する合理的配慮などのコストがある。また，職場において周囲の一般労働者に混乱が生じることや，一般労働者が考え方や働き方を変えるストレスに耐えられず生産性が低下することなどもコストに計算することができる。実際に就労支援に関与するなかで，そうしたコストに耐えられずに会社が障害者を解雇・雇い止めする例を何度も見てきた。そういうケースでは，就労した障害者自身にも大きなストレスがかかることになるし，精神医学的な状態が悪化することもある。就労を支援する以上は，そうした可能性もある程度は予見するようにしなければならない。また，予見できる範囲に関して

は，その内容を被支援者に包み隠さずに誠実に伝える必要がある。

そうした，就労の意味づけの可能な範囲での明確化，就労のネガティブな側面を含めた現実の認識などを前提として，はじめて「やりたいこと，やれること，求められること」が一致するような就労のかたちを，被支援者と一緒に探っていくことになる。

IV 就労支援の実際

就労の困難さには多くの種類がある。ある人は規則正しく生活して出勤するということ自体が困難であるし，ある人は作業能力そのものに深刻な欠陥がある。また，作業自体はできるが指示が理解できない人もいるし，指示は理解できたけれども勝手に余計なことをしてしまう人もいる。何とか失敗なくできるレベルの作業内容だったとしても，周囲の労働者に馴染めずに職場を辞めてしまう人もいる。対人面は大丈夫でも，ちょっとした騒音や緊張による疲労が仕事を不可能にすることもある。

そうなると，多くの困難さの種類だけ，就労支援の種類も多く必要になる理屈である。しかし，実際には就労支援というと，漫然と集団模擬作業をさせて，挨拶の訓練や身なりを整える訓練などをさせて事足れりとしているのをよく見かける。全く無意味とは思わないが，そうやって「訓練」して就労した後に本当に上手くいくかは別問題である。もちろん，結果的に上手くいくケースも多いのは事実だが，それは挨拶が爽やかになったからでも，シャツの襟がピンとしているからでもないし，ましてや表計算が上手になったからでもない。

筆者がデイケアで就労支援をしていた頃も，作業訓練やSSTをやっていたが，それらは能力を向上させるという意味で役立っていたのではないに違いないというのが経験から得られた感想である。もちろん，少しは向上したかもしれないが，それよりも，たとえば働くことの意味を知ること，通過する場とはいえ仲間という感じを多少とも持つこと，あるいは「普通の人たち」が挨拶や身なりについて何を考えているのかを知ることなどに意味があったと考えている。

いわゆる普通の人たちが挨拶や身なりについて考えていることを知ることは，見かけほどには簡単ではない。普通の人たち自身が，それを「あたりまえでしょう」という以上に説明することが通常は全くできないからだ。つまり，普通の人は自明な暗黙の前提を言語化することが著しく困難なのである。ただ単に言語化できないだけでなく，むしろ誤った言語化をしてしまうことも多い。しかし，暗黙の前提が共有できない以上は，あえて言語化するか，体系的な観察によって経験的に学習するほかないのである。

支援者が訓練だと思っている活動は，結果的には普通の人からなる世間を比較的安全に観察できるフィールドとして機能している。スタッフがメンバーの非常識さに動揺したり，妙なことでムキになったり，案外手際が悪かったりというような些細なことが，被支援者の学習の機会になっている。これは，スタッフが，ただ居ればいいという意味ではない。スタッフは自分が意味があると思う仕事をしていなければならず，そのことによって働く普通の人の観察モデルとなっているからだ（Lave & Wenger, 1991）。

なにはともあれ，こうした観察・経験による学習が，他者に関する内的モデルを豊かにすることによって，被支援者にとっての社会の意味が変化していく。そのことによって，普通の人たちが生きる世間というモノが，「得体の知れない何か」から，「不可解だが予測できる部分もある何か」に変化することで，社会に足を踏み出す勇気が得られることもあるだろう。それを，「訓練」の成功と読み取ってしまうのは的外れではないかと思う。

かといって，訓練を否定して，ただ単に自然発生的で無秩序なピアグループをやっていれば

いいという考えも逆の誤りに陥る可能性が高い。そもそも構造化されていない無秩序な場では学習が成立しづらい性質の人が多いし、目的意識を持った活動でなければ世間との摩擦を学習する機会もなくなってしまう。その点、訓練という設定のよいところは、目的が明確であるかのように見えるということである。知的能力の高い自閉スペクトラム症の被支援者の多くは、目的が言葉の上で明確に定義されていないプログラムを苦手とするが、その反対に「訓練」と名付けた目的の明確なプログラムを好みがちである。だから、訓練という名目で動機づけを高めるのは技術的な意味で大切なことだ。しかし、本当の成長は、むしろ生活のなかで生じる。なにげないレクリエーションプログラムでのスタッフとのちょっとしたやりとりや、建前上禁止されているデイケア外でのインフォーマルな付き合いなどのなかで彼／彼女らは成長していく。最近は、そのことを「訓練で動機づけ、生活で学習する」とスローガン化して強調することにしている。

V 精神保健における生態学的アプローチ

医療や精神保健の側から就労を考えるときには、実際には就労してからが大切になる。被支援者の本当の苦労は、むしろ就労によって本格的に始まるのだから、そこを支えながら成長していく可能性を見つけていく必要がある。リハビリテーションという観点から言えば、就労はリハビリテーションのゴールではないということになる。だから、逆に言えば、どのような就労が適切かは、その職場でその人が成長できるかどうかを考慮する必要があるということになる。

就労した後に、職場で起こる問題はさまざまである。生産性の問題もあるし、動機づけの問題もある、生活リズムの維持や体調管理もある、指示の理解や状況認知の問題もある、インフォーマルな人間関係の問題もある、感覚過敏や強迫・常同行動・同一性保持の問題もある。それに対処するためにジョブコーチなどのリソースが利用できるかどうかもさまざまであり、本人の主体的な能力にも差がある。ひとつの方法で全てに対処できるわけではない。

したがって、個別的な状況での社会的相互作用に注目して、被支援者の主観的世界の範囲で用いることのできる技術を、被支援者が生きている生態学的な場の配置に働きかけるための方法として体系的かつ個別的に生産していくことが必要になる。そのためには、被支援者の生きている状況を詳細に観察して、環境を変えていく主体の活動に焦点を当てることが求められる。就労の状況に即して言えば、労働者としての被支援者が職場に働きかけることに注目するということになる。これは、狭義の精神療法やカウンセリングとは異なるし、単なる訓練や行動療法でもないので、仮に精神保健における生態学的アプローチと呼んでおくことにする。

環境を主体が変えていくプロセスに介入するアプローチをとるという観点は、管見では生活臨床の文脈（宮内、1996）以外ではあまり強調されてこなかったように思う。しかし、発達障害の支援では、このようなアプローチが不可欠であると筆者は考えている。もちろん、環境が柔軟性に欠けて硬直しているとき、あるいは主体が環境に働きかける能力に乏しいときは、環境に逆らわず環境に埋め込んでいくことに傾かざるを得ないが、環境が主体にとって可塑性に富み、予想される変化に対応する主体の能力が豊かであれば、より動的なプロセスを構想することもできよう。このように、状況に応じて事態に即応できる構えを維持するためには、上記のような生態学的な把握が必要になる。

このような生態学的把握からすると、どのような環境であれば、主体の環境を作り出す能力が十分に発揮されるのかということが問いとなる。企業の文化は多様であり、あるところで強く要求されることが別のところでは全く問題に

ならない，あるいはその逆であるということが観察される。推測も含めて言えば，そうした文化のなかでも技術的・職人的な現場においては，自閉症スペクトラムの人たちが必要としている環境にかなり近い企業文化が観察されるように経験からは判断される。そうであれば，こうしたわれわれにとっては有用な形質をもった企業文化を「クローン化」して移植することによって，企業文化の育種学的改良を行うことも構想可能かもしれない。

われわれは，次世代の就労支援を開発するための準備段階として，このような独自のサブカルチャーをもった職場を実際に構築する試みを始めている。具体的には，寄贈された古書のリサイクルを行うボランティアの職場と，CADを用いた製図や，3Dプリンタなどによる製品作りを学ぶための「もの作り」グループ活動を立ち上げつつある。当面は，独立した資金もないため診療所に付属した非営利の作業として開始することになる。しかし将来は，参加者自身が共同して生産活動を行うことによって，相互扶助に基づいた生活を営む仕組みに段階的に移行することを目指している。そのような職場では，一定の生産性の維持と同時に，過剰な共感性の自制，事実への注目，相手の社会的地位に対する礼儀正しい無関心，具体的な目的のための結束，目的への手段としての自己といった非通俗的な価値が成立する可能性が追求されることになるだろう。

◆文献

Lave J & Wenger E (1991) Situated Learning : Legitimate Peripheral Participation. University of Cambridge Press.（佐伯胖 訳 (1993) 状況に埋め込まれた学習――正統的周辺参加. 産業図書.）
宮内 勝 (1996) 分裂病と個人面接. 金剛出版.

◉社会参加の支援

社会参加促進を目指す
コミュニティづくり支援

本田秀夫｜鮫島奈緒美

I はじめに

「人間は社会的動物である」とアリストテレスがかつて述べたように，我々はいつも何らかの社会集団に所属しながら生活している。たとえば仕事をもつ人は会社，学生はクラスという集団に所属している。所属する集団は1つだけではない。会社やクラスに所属しながら，それ以外に趣味の集まりやクラブ活動などの集団に参加することもある。我々の暮らす社会には大小さまざまな集団があり，「地域社会」などの大きな集団の中にいくつもの小さな集団が，時には何重にも入れ子のように含まれている。我々は自分が所属する集団をもち，そこを活動拠点とするとともに，そこに所属する人たちと仲間関係を築きながら自分のアイデンティティを形成していく。

一方，発達障害の人たちは通常の社会集団の中で少数派になってしまうことが多く，孤立感をもつことがしばしばある。近年のインクルージョン思想では，障害の有無を問わず，すべての人が同じ社会に平等に参加できるような社会づくりが推奨される。このような理念は，たしかに障害のある人たちの社会参加を促進するための大前提である。しかし，発達障害の人たちの場合，何の配慮もなされずにただ多くの人たちと同じ場に存在しているだけでは，独力で対人関係を形成し，維持・発展させていくことがきわめて困難である。このことに無頓着なまま「一緒に存在する場」のみを漠然と提供し続ける

と，かえって孤立感や自信の欠如につながる可能性がある。とくに，社会性の発達以外には著明な遅れや異常がないタイプの自閉スペクトラムの人たちは，孤立感や自信の欠如を一層明確に感じてしまい，それがきっかけとなって社会不適応が遷延化する場合がある。彼らの社会参加を促進するためには，孤立せず自信をもって安心して参加できる活動拠点を保障することが求められる。これは，「コミュニティをケアする」という視点からみたコミュニティ・ケアの重要なテーマである（本田，2013）。

本田（2009）は，コミュニティをケアすることの理論化の糸口として，「ネスティング（nesting）」というキーワードを考案し，その実践の場として2010年秋より「ネスト・ジャパン」という組織を立ち上げた。2011年4月からはNPO法人の認可を受け，「特定非営利活動法人ネスト・ジャパン」として東京都港区に拠点を置いて活動している。今回，ネスト・ジャパンの活動を，特に余暇活動を介した仲間づくり支援を中心に述べることにする。

II 共通の認知発達と興味を介したコミュニティづくり

「ネスト（nest）」は「巣」や「居心地の良い場所」という意味の英語であり，活動拠点を意味する。さらに，ネストには「入れ子式の器」という意味もある。それらをかけて作った言葉が「ネスティング」である。コミュニティは1

つではなく，すべての人が大小さまざまなコミュニティの中に属している。しかし，発達障害の人たちは，自分の活動拠点となるコミュニティを独力で確保することがしばしば困難である。そこには，ひとりひとりに対して，活動拠点となるサブ・コミュニティを計画的に配置し，コミュニティの中に入れ込んでいく，という臨床テーマが設定できる。ネスティングでは，この活動拠点となるサブ・コミュニティを個別に配置するための評価，方針立案，実践という一連の作業が重視される。

ネスティングの鍵となるのは，共通の認知発達と興味を介したコミュニティづくりである。事前に個別の評価を行って認知発達と興味を詳細に把握し，これらにおいて共通項の多いメンバーからなる小集団を形成することによって，構成メンバー全員が十分な理解と興味をもって意欲的に参加できる集団活動のプログラムを遂行することが可能となる。すなわち，ネスティングによって，本人の発達水準や興味に応じた活動が集団の中でも保障しやすくなる。活動内容をしっかりと把握して意欲的に参加することができるようになることは，社会不適応の予防にも直結する。

学齢期以降の対人意識が高まってきた段階の子どもたちにとって，ネスティングは共通の興味を介した仲間づくりを促進し，その集団を自分たちの活動拠点として位置づけることに大きく寄与する。このことは，適切な自尊感情と社会参加への動機づけを育むための重要な基盤となりうる。横浜市総合リハビリテーションセンター（YRC）では，学齢期以降の自閉スペクトラムの子どもたちを対象として，いくつかの余暇支援プログラムを開発してきた（日戸ほか，2005）。たとえば，男子に多い鉄道趣味を介したサークルづくり（「鐵愛倶樂部」と称している）や，女子に関心の高いダンスの教室などを開催している。これらは単なる余暇支援にとどまらない。活動に参加したことをきっかけとして，その後も約束をとりつけあって定期的に遊びに出かけるなど，仲間づくりが大いに促進されている（日戸，2009）。

ネスティングは，保護者支援の観点からも重要な意義がある。保護者たちを計画的に集団化することにより，障害に関する啓発を効果的に進め，さらにはピアカウンセリングやメンタリングの場を提供することができる。「障害のある子どもの育児」という共通のテーマがあり，共通の悩みや喜びを分かち合える仲間のいる場の存在は，多くの保護者にとってきわめて心強い。また，学齢期以降の子どもたちが仲間づくりを促進する際には，保護者の役割が欠かせない。いくら共通の興味があるとはいえ，この時期の自閉スペクトラムの子どもたちが独力で仲間関係を維持して定期的に集まることは不可能である。そこには保護者たちという「黒子」の役割が必要である。そうした子どもを支える力を形成し，保障していくためにも，適切な保護者の集団化は欠かせない。

III 特定非営利活動法人 ネスト・ジャパンの活動

特定非営利活動法人ネスト・ジャパンは，発達障害の当事者，家族，支援者を対象としたさまざまな活動を行っている。相談や継続的な療育を個別でも行っているが，コミュニティづくり支援を念頭に置いた活動にも力を入れているのが特徴である。「コミュニティ」は「地域」より広い概念だが，ネスト・ジャパンでは事務所の置かれている港区という地域を対象とした活動と，地域にとらわれないコミュニティづくり支援の活動の両者を行っている。

1 地域を対象とした活動

地域を対象とした活動では，2012年度より「グループ事業」を港区から受託している。これは，港区在住で発達障害のある子どもたちに集

団活動の場を提供するものである。港区障害者福祉課内の発達支援センターが窓口となり、幼児（年少、年中、年長の3タイプ）、小学生（低学年、高学年の2タイプ）、中学生、高校生に分けて、それぞれを対象とした集団プログラムを実施している。

2 地域にとらわれないコミュニティづくり支援

余暇活動支援では、現在、料理と鉄道のサークル活動を定期的に行っている。料理は毎回希望者の自由参加としているが、発達障害の人たちの中には鉄道好きが多いことを反映してか、鉄道サークルは希望者が多いため、固定メンバー制をとっている。

保護者や支援者を対象としたコミュニティづくり支援も行っている。「学習会」は両者を特に分けずに実施している。レクチャー形式ではあるが、最大でも15人程度の少人数であるため、後半は熱心なディスカッションとなることが多い。保護者を対象とした「茶話会」は、お茶を飲みながらのフリートークの会である。ここで知り合いになった保護者同士が、帰りに喫茶店に寄ってさらに話が弾むことも少なくないという。また、保護者が自主的に行っているピア・コミュニティづくりへの支援も行っている。とくに、筆者（本田）がセンター長を務めていた横浜市西部地域療育センターの保護者有志が自主的に立ち上げたピア・グループ「GLINDA」については、勉強会やランチ会のお知らせをネスト・ジャパンのホームページで広報し、勉強会に講師を派遣するなどの支援を行っている。

そのほか、支援者のネットワークづくりとして、東京都内で発達障害の支援に取り組んでいるいくつかの団体と定期的な情報交換や勉強会を行い、それらの団体で行っている研修会などに講師を派遣している。また、発達障害の子どもたちにとって生活しやすい環境づくりを考える場として、「発達障害と生活環境を考える会」を立ち上げ、神奈川県建築士会の福祉部会および子ども部会の有志メンバーや、医療関係者、教育関係者とともに定期的に勉強会や調査を行っている。この会は、「こども環境学会」の中の研究会としても登録されている。

Ⅳ ネスティングを活用した「鉄友会」の実際

YRCの「鐵愛倶樂部」は、プログラム開発のためのモデル的な位置づけで行われていたため、地域の基幹センターとしてすべての利用者に幅広く密なプログラムを提供することはできなかった。「鐵愛倶樂部」のような余暇活動を継続的に続けるには、個々の子どもたちにとってより身近な位置でコミュニティづくりを行う必要がある。ネスト・ジャパンを設立したときの目的のひとつに、そのような余暇活動を通した身近なコミュニティづくりがあった。そこで、ネスト・ジャパン固有の余暇活動支援の一環として鉄道好きの子どもたちを集めたサークルを作り、「鉄友会」と名付けた。2011年9月を皮切りに、毎月1回の定例会と年2回の日帰り鉄道旅行を行っている。固定メンバー制とし、現在はメンバー10人程度のグループが2つある。

入会に際しては、最初に定例会の見学と筆者（本田）による面接を必ず行っている。共通の認知発達と興味を介したコミュニティづくりというネスティングの考え方に沿って、鉄道を共通のテーマとするコミュニティへの参加意欲があるかどうかを確認する。最も重要なのは本人の内発的動機づけであって、鉄道に関する知識量は問わない。

年齢制限は特に設けずに先着順で入会を受け付けたところ、下は小学生から上は大学生まで分布している。「鉄道」という共通のテーマのもとでは年齢の違いは気にならないようで、上下関係などなく皆で和気藹々と活動している。メンバーの中で、特に鉄道に詳しい年長者に「顧

問」となってもらっている。先にスタートした第1グループでは大学生，後発の第2グループでは第1グループのメンバーの1人である高校生が，それぞれ顧問を務めている。いわば，当事者のメンターである。

定例会では，その日の参加人数にもよるが1人あたり大体5分程度の持ち時間で，1人ずつ順番に「私の鉄道自慢」を発表する。司会進行はスタッフが行っている。各自，前回の定例会からの1カ月間に見聞した鉄道に関する話題を発表する。発表形式は自由で，秘蔵の鉄道グッズや模型などを持参して見せる人，自分の撮影した写真を回覧しながら発表する人，カメラやSDカードをプロジェクタに接続してスクリーンに映写しながらプレゼンする人，鉄道に関するクイズを考えてくる人など，各自が趣向を凝らしてくる。発表を用意してこない場合は，発表せずに聞き役に徹しても構わない。発表が終わると必ず質問を受ける時間を作っている。全員が発表し終えたら，次回の日帰り鉄道旅行の計画について話し合う。

日帰り鉄道旅行では，通常の切符のみで特急券などの追加料金のかからない鉄道だけに乗ることと，午前中に出発して目的地で皆で昼食をとり，ある程度の自由時間を設ける以外は皆で観光はしないこと，なるべく多くの時間を鉄道の乗車に費やすことを原則としている。複数の行き方がある場合，往路と復路はなるべく別のルートを通るようにしている。

運営に際して留意していることは，活動参加への意欲を最大限に引き出すことと，いわゆる定型発達の人たちの「常識」にとらわれないことである。発達障害の人たちは，関心があるときは積極的だが関心が少しでも薄れるとまるで他人事のような態度をとり，表面的にだけでも傾聴しているふりをするということが難しい。反面，興味がなくて他のことをしているようでいて，要所では適切なコメントをすることがある。さらに言えば，姿勢を正して相手に注目し

ているときよりも，何か別のことをしながら片手間に話を聞いているほうが実は話の内容がよく頭に入ることすらある。このような発達障害の特性は，「熱心に相手のほうを見て姿勢を正して傾聴しないと内容が頭に入らないし，参加しているとはいえない」とみなす定型発達の人たちの「常識」とは大きく異なる。鉄友会では，他のメンバーが発表しているときに，話を強く遮るような妨害行為でなければ，本を読むことや独り言のようにコメントをすることはある程度黙認している。見ていると，本を読みながらでも興味のある話ではサッと顔を上げ，「おぉっ！」と歓声を上げたりコメントを述べたりするため，彼らの意欲は，表面的な態度だけでは測れないとよく感じる。

最近では，定例会の前後の時間や日帰り旅行の車内などで，スタッフが間に入らなくてもメンバー同士で情報交換を熱心にするようになっている。小学生のメンバーが顧問にいろいろと質問して，顧問が丁寧に答えるという場面もある。これまで3年間，メンバー同士の喧嘩はまだ1度も起こっていない。学校でクラスメートと頻繁に衝突していた小学生のメンバーが，鉄友会では発言を他のメンバーに遮られても冷静に対処していたので，その理由を尋ねると，「鉄友会のメンバーは大事な友だちだから，ここでは喧嘩しない」と答えていた。同じ趣味をもつ仲間が確かに存在することを実感し，自分の居場所として鉄友会を強く意識していることがうかがわれるエピソードである。

V おわりに

発達障害の人たちは，独力で仲間づくりとその維持を行うことが難しい。しかし，共通の認知発達と興味を介した集団がいったん形成されると，実に主体的かつ意欲的に活動に参加する。そこでは，支援者の役割はもっぱら「黒子」である。それは，編み物の最初の目を作る作業に

似ている。当事者だけで最初の目を作ることは難しいが，目を作る作業を手伝えば，そのあとは自発的に編み上げて，時には支援者が予想もしなかった模様を作り上げてしまう。最初の目を作る作業がうまくいけば，あとは糸が絡まったり目を飛ばしてしまったりしない限り，黒子は見守り役でよい，そんな印象を受ける。

コミュニティづくり支援は，現場の最前線でそれを実現する場と支援者が数多く必要である。自分の特性を十分に発揮できる活動拠点があるという安心感があってこそ，多数派の定型発達の人たちとのインクルージョンが本当の意味で可能になる。こうした活動拠点が少しでも多くなることを願う次第である。

◆ 文献

日戸由刈（2009）アスペルガー症候群の人たちへの余暇活動支援——社会参加に向けた基盤づくりとして．精神科治療学 24-10 ; 1269-1275．

日戸由刈，清水康夫，本田秀夫ほか（2005）アスペルガー症候群のCOSSTプログラム——破綻予防と適応促進のコミュニティ・ケア．臨床精神医学 34-9 ; 1207-1216．

本田秀夫（2009）広汎性発達障害の早期介入——コミュニティケアの汎用システム・モデル．精神科治療学 24-10 ; 1203-1210．

本田秀夫（2013）子どもから大人への発達精神医学——自閉症スペクトラム・ADHD・知的障害の基礎と実践．金剛出版．

第3章
支援の基盤を提供する発達障害研究

◉発達障害研究の目的と方法

生活することを支える研究と支援

辻井正次

I 大人になった発達障害の人たちの生活を支援するために

　近年，世界的にも発達障害の人たちの支援の大きなトピックスは，成人期以降の支援である。成人当事者の幸福や生活の質（QOL）の向上とともに，成人期以降の精神疾患の合併の多さなどによる社会的なコストの増大を予防するために，早期からの支援を充実させていこうという取り組みが求められるようになっている。発達障害として，自閉症スペクトラム障害（ASD），注意欠陥多動性障害（ADHD），学習障害は，単一の要因で生じるものではなく，多因子疾患であることが明らかになり，さらに症状そのものがスペクトラム（連続体）を取ることが明らかになっている。診断をつけるかどうかは後述するように，当事者の利益によって対応するとして，何らかの発達障害や不安の調整などの生来の特性があるかどうかは臨床心理専門職が対応すべき重要な視点となっている。

　NPO法人アスペ・エルデの会という当事者・家族と専門職・支援者たちが協同して支援に取り組む仕組みができて20年が過ぎる。20年前の小中学生たちは30歳を過ぎるようになり，精神疾患などで体調を崩している場合を除けば，基本的に皆が各々の形態で就労している。多くは一般枠または障害者雇用枠で企業就労して納税者となっている。しかし，では，定型発達の視点で考えて，彼らが支援がなくてやっていけるほどの「自立」をしていくのかといえばそうではなく，一定の社会生活上の困難さを持続させていく。特に一般枠で企業就労し，中年期を過ごしていくことには難しい要因が多い。社会人のキャリアを積むことには小さな変化を越えていくことが求められる。それでも，親が元気なうちは，さりげないサポートをして支えられていくが，親が体調を崩したりすると，サポートが十分にできず，子どもの調子に乱れが出てきてしまうことが多い。施設に通所している場合はサポートがあっても，就労してしまうと生活面でのサポートは薄くなることが多く，いざという時には退職するなど，大変になっていることが多い。近年の諸外国でのASDの人たちの中年期研究でも，自閉症特性は加齢してもなくなることはなく，継続的な支援が必要なことが明らかになってきている。そうしたなかで，「親亡き後」までの支援をどう構築していくのかは，わが国に限らず世界中での大きな問題である。

　実際，こうした実態のなかでは，筆者の感覚としては支援を受ける発達障害当事者が亡くなるか，支援を提供する支援者・専門職が亡くなるまで，ほぼエンドレスな支援ニーズが存在するようなものであると感じる。個々の臨床家が関わるフェイズは職務や契約の枠組みのなかでの有限さを持っていたとしても，その期限のなかで問題が解決することばかりではなく，そうした現実のなかでどこまでを臨床心理専門職が担っていくのかは検討すべき点である。また，どこでどのような支援を提供するのかについて，それが相談室のなかであれ，福祉の現場であれ，

医療の現場であれ，各々の立ち位置があるにせよ，トータルとして生涯にわたる支援のニーズを持って生きていく人たちを同時代に生きる専門職として支えていくことが，当然のこととして求められている。

II 発達障害の人たちに向かい合う臨床心理専門職のスタンス
―― 臨床家は発達障害のある人たちとどのライフステージで出会うのか

　発達障害のある人たちの支援に関する仕事を念頭に置いて，臨床心理学的な支援は何か，臨床心理専門職とは何かと考えていくと，それらは心理療法的な介入で症状が消失したり，支援が必要となる程度の改善が見られることを目標とするようなモデルとは異なるように思われる。彼らの基本的支援は，相談室で話を聴くということでカバーできることは本当にわずかで，優先順位の高い支援は，実際の生活の場や就労の場で，具体的にどうしたらいいのかをわかりやすく教えていくことにある。実際，ASDやADHDなど，主要な発達障害に関する国際学会の介入や心理療法セッションにおいて，クライエント中心療法や精神分析的・精神力動的なアプローチの発表はほぼ皆無である。もはや精神力動的なアプローチは効果のないものと国際標準では明確にみなされている。そして，現実的な適応改善を図れる支援方法が行われることが非常に重要で，日常生活のためのアセスメントと，適応的な行動を学べる支援が優先事項となる。これは，セラピストの力量やセンスの問題などではなく，現実的な見立てのなかでの支援の〈優先順位〉の問題である。これに異議を唱えるのであれば，精神力動アプローチの有効性を発達障害関連の国際学会で主張し，有効性を認めさせればいいわけだが，そうしたことはないのが現実である。

　臨床心理学の専門性のなかで，実際に支援を求めてくる人たちの支援ニーズのどこで臨床家が出会い，専門性を発揮するのかという点も検討すべきものである。実際，ライフステージのなかで，発達障害の人たちに対しては非常に多様性のある支援が必要となる。母子保健領域での乳幼児健診や発達相談活動から，幼児期の療育のなかでの支援，保育園などでの子どもの相談活動や，スクールカウンセリングのなかでの教育場面における相談活動，医療場面でのアセスメントや支援，就労支援等々，異なるスタンスでいろいろな支援が必要となるし，各々のライフステージで提供する支援内容も異なってくる。しかし，最終的に，大人になったときに幸福であるために支援は提供されていくもので，現時点で描ける将来のために，継続的な支援スタイルを構築していくことが地域として非常に重要であるし，そこに居る専門職としての臨床心理専門職の責任は重い。保育園段階で就学に向けて飛躍的に発達して知的能力がキャッチアップしたとしても，（学校生活での振る舞いを身につけるまでは）ASDの子どもの多くは小学校における適応上の困難が予想できるわけである。同様に，学校の勉強ができていても思春期の自己イメージの混乱のリスクはあるし，有名大学に入っても職業選択に向けての自己コントロールの課題は残る。ライフステージの各々の段階で，いろいろなフェイズで，その後直面するであろう課題のリスクを把握しつつ，支援を構築することがとても大事である。長期展望が描けなかった時代には，ともかく適応状況が好転したことで「大丈夫だよ」と希望的観測だけ伝えて，先に予想される支援ニーズを伝えなかったことが許されていたとしても，これからの支援においては同じというわけにはいかないであろう。今後は，研究の蓄積のなかで得られてきた知見を把握し，活用していくことが求められる。

Ⅲ　重なり合う障害と必要な支援

　発達障害といっても，実際にはピュアなASDやADHDという人たちよりは，ASDとADHDがオーバーラップするなど，障害や特性の重なり合いが見られる。DSM-5において，ASDとADHDの合併が認められるようになり，両者の関係がさらに検討されるようになっている。ASDやADHDの症状の重さそのものよりも，知的障害，不器用さ，てんかんなど，重なり合う問題の併存があることのほうが予後に影響を及ぼすことも明らかになってきている。こうした問題の重なり合いを見極めていくためには，各々の発達障害の診断的な理解を持つことが必要になる。医師による医学的診断が，その人の包括的な支援ニーズを捉えているわけではないので，どういう日常生活上の困難があるのかを明確にしていくことは非常に重要である。そこでは心理アセスメントについての知識と技術が必要になってくる。アセスメントに関しては，『臨床心理学』第13巻第4号特集（辻井・井上，2013）やソールニア＋ヴェントーラ（2014）や辻井（2014）などを参照していただきたい。特に，適応行動に関するアセスメントは不可欠で，実際に日常生活のなかで，何ができて何ができていないか，特に「支援があれば」何ができていて，支援がないと何ができないのかを把握することが非常に有用である。潜在的にできそうかではなく，実際にしているかどうかが重要な視点になる。いくつかの発達障害などの障害あるいは特性の重なり合いがある場合，日常生活での困難が多くなり，できないままになっているものが結果的に適応行動としては多く見出される。

　実際には，さらに臨床像を複雑にしているのが，他の精神疾患との合併である。発達障害あるいは発達障害的な特性のある人の場合，精神疾患に罹患するリスクが増大していく。これには生物学的基盤の脆弱性に起因する部分と，その後の発達過程のなかで発達障害があることゆえの困難さという両方の要因が関連していると考えられる。発達障害のある人には，不安の問題で30〜80％，気分障害で20〜33％など，高い頻度で併存障害が報告されており，成人期の他の精神疾患の発現や悪化を小さくすることが，発達障害支援の目的の1つだと言っても過言ではない。一般的にも重要性が認識されているストレスマネジメント教育に加えて，発達障害の場合に必要なスキルトレーニングのメニューを把握しておきつつ，そのときにできる支援を提供していくことが必要である。スキルトレーニングについては，例えば，辻井（2012，2013）など，いろいろな観点でのスキルを考えることができ，そのための新たなトレーニングメニューが現在進行形で各地で開発されている。トレーニングというと，一方的に何かを教え込むとか，押しつける印象を持つ臨床家もあるようだが，ある場面での振る舞い方を複数使いこなせることができれば，自己選択ができるようになるわけなので，自己選択の準備をすることは，その人の自己実現には不可欠だということを確認しておきたい。「どうしたらいいのかわからない」ことは，非常に不安なことで，適応状況を乱してしまう。「どうしたらいいのかわからない」場合には，その場面で振る舞い方をいくつか示し，「どれにしたらいいのか」を選べるようにすることが自己選択の前提である。実際には，うまくいっている実例を見ることがとても有効な場合も多いので，個別で話をするよりは，グループで支援を提供し，同じような特性を持つ他の人たちがどのように振る舞っているかといったことについての共通理解や，不安や困り感の共有などをわかりやすく言葉で確認できる場があると，支援を手厚くしていくことが可能である。臨床心理専門職が，面接室にこもらずに，地域のなかに出て，こうしたグループ活動を進められると，発達障害の人たちの支援の幅が大きく広がるであろう。

すでに，他の精神疾患，例えば不安障害や気分障害を合併しているような場合，もともとの発達障害に対する対応と，併存している精神障害への対応と，両方の支援が必要になる。服薬や生活リズムの調整，あるいは，不安や気分の把握とともに，発達障害からくる判断や行動の仕方に対する支援を，より丁寧に提供する必要がある。不安障害や気分障害がなければ日常生活でできることの幅が，これらが併存することで，狭くなるのは定型発達よりも顕著なので，調子が悪いときは調子が悪いなりの対応が必要である。

また，累犯障害者や，ホームレス，ひきこもりなど，社会問題化している人たちのなかに，多くの発達障害のある人がいることが報告されるようになってきている。彼らも支援が届きさえすれば，社会生活の質を良くする可能性がある。しかしながら，支援につながることで自分にとってメリットがあるという体験を重ねていないと，中年期以降からの支援はなかなか難しいものである。

IV 研究が支援の役に立つところに近づいた時代のなかで

発達障害領域の研究は世界的には日進月歩のすごいスピードで進歩している。しかし，そんななか，日常の世界では，発達障害のある人たちをめぐる悲しい事件がたくさん起きている。自分の子どもが発達障害だということで将来を悲観して，子殺しや親子心中をする家族は後を絶たない。戸枝（2013）も描いているように，「老障介護」で，年老いた親が突然の病で亡くなり，残された知的障害を伴う子どもが餓死して見つかるような事件も次々と報道されるようになっている。一方で，触法問題に関しては親族殺人や性犯罪，放火などにおいて発達障害の人が犯人となったり，事件後の精神鑑定で発達障害があることが明らかになる例はもはや珍しいことではなくなっている。

これらを福祉や司法の問題として，臨床心理専門職には関係のない問題とするのは簡単であろう。しかし，本当にそうだろうか。地域において，虐待リスクがある母親に対しての子育て支援側からのナチュラルな支援，例えば本書でも解説されている「ペアレント・プログラム」などが当たり前に提供されていれば，虐待のリスクは減らせるかもしれない。知的障害のある発達障害の本人と家族のライフプランニングにおいて，必要なスキルや支援体制へのつなぎを提供することが臨床心理専門職の関わる窓口でできることや，そもそも支援ニーズのある人たちの独り暮らしや家庭生活の支援サービスのなかで，生活コーディネートがアセスメントを基に提供されていれば，もっと違った緊急時の対応もできるのかもしれない。衝動コントロールや特異なこだわりがあって触法行為に至るような場合に，そうした衝動や視点の切り替えや適応的な対応スキルの習得に向けた介入は，臨床心理専門職にこそできることかもしれない。そして，それらが実際に社会のなかで仕組みとして認められるためには，臨床心理専門職が国家資格として社会の仕組みのなかに公的に参加できること，そのための法的整備が行われることも大切なことである。また，臨床心理専門職の行っているアセスメントが国際標準からみて妥当性のあるもので，介入が（財務省のお役人が聞いてもわかるくらい明確に）有効であることを研究で示さなければならない。臨床が目の前のクライエント（この論考では発達障害のある人）のために誠実に支援に取り組むことであれば，研究の目的は，目の前にすら来ることができない多くの傷ついた人たちにも，その人がわが国の（世界の）どこに住んでいようが支援を提供できるための基盤となるアセスメント手法や支援手法を開発し，そのためのエビデンスを構築することで提供できるようにすることである。臨床で得られた知見を，他の臨床家も活用

できるように構成し直し積み上げることが研究である。研究がない臨床は，ただの自己満足行為に過ぎない。そして，研究という形で世界に臨床の成果を発信していくなかで，有効な支援が開発され，先に進められていくなかで支援技術の革新が起こる。発達障害支援に関連する研究の飛躍的な進歩によって支援のパラダイムそのものが変わるなか，有名な先生の熟練の技を盗むというスタンスにのみ頼ることは極めて非科学的で危険な行為である。

V 特性や課題を持ちながら生きていく人が生きやすい社会の構築のために

　大人になった発達障害の人たちの支援のなかでは，発達障害の人たちの異なるいくつかの側面とつきあっていくことになる。職場での友人はいないし，興味なども広がりはあっても子ども時代と同じもの（電車や戦隊ものなど）で，新しいことはしたがらないし，ちょっとしたことでコントロールを崩すし，自分の行動の適応的でない部分は見えにくいし，しっかりとASD特性を持続させていて，つきあいにくいところを持っている。けれども，真面目に仕事をし，失敗して落ち込んだり，自分と他者との違和感を持ったり，いろいろ困ることはあるものの，それを言葉で相談できるようになり，仲間に対する興味を持つようにもなったり，独り暮らしをしたいと思うようになったり，年を経て魅力的な力もつけている。ASDのような社会性の問題や，ADHDのような不注意特性などは，多くの定型発達の人たちが意識化せずに自然にやっていることができないことであるため，理解してもらいにくいところがある。一見，「フツー」に見えても，皆と同じにできないことがある人たちがいかに困るかを，臨床心理専門職がしっかりとわかりやすくアセスメントで示したり，どうすればいいかについての具体的な対処行動の仕方を提案し，練習することができれば，かなり充実した生活を送れるようになることが期待される。発達相談やスクールカウンセリングなど，ファーストコンタクト（最初に出会う）を担う専門職であることも多いだけに，臨床心理専門職がよりアクティブに発達障害のある人の支援に歩みだすことが，発達障害の人たちにとって望まれることである。

◆文献

スリーン・ソールニア，パメラ・ヴェントーラ［黒田美保，辻井正次 監訳］（2014）自閉症スペクトラム障害の診断・評価必携マニュアル．東京書籍．

戸枝陽基（2013）障害者の地域生活支援——多職種・多制度協働で創る地域包括ケアシステムを．アスペハート35；62-67．NPO法人アスペ・エルデの会．

辻井正次 編著（2012）楽しい毎日を送るためのスキル——発達障害ある子のステップアップ・トレーニング．日本評論社．

辻井正次（2013）発達障害のある子どもたちの家庭と学校．遠見書房．

辻井正次 監修（2014）発達障害児者支援とアセスメントのガイドライン．金子書房．

辻井正次，井上雅彦 編（2013）特集 対人援助職の必須知識——発達障害のアセスメントを知る．臨床心理学 13-4．

●発達障害研究の目的と方法

臨床から研究の発展に期待する

杉山登志郎

I 臨床経験主義

筆者のバックボーンは，石井高明，若林愼一郎など，名古屋大学医学部精神科児童グループの先達にたたき込まれた臨床経験主義である。全てのデータを臨床から学び，理論と臨床とが矛盾した時には，速やかに理論を捨てるという，今となっては非常に古くなってしまった臨床研究の姿勢である。臨床の集積を行い，そのなかから見えてくるものだけを抽出して，科学的なさらなる研究の基盤を作るというところにその骨子があり，記述精神医学に似てはいるが同じではない。なぜなら記述精神医学を基盤にする精神病理学では，一例のみの報告から展開させることもあるが，臨床経験主義の場合，抽出された結論が，他の例に当てはまらない場合には，その仮説は捨てられるか修正されるからである。

臨床的なカウントを最近行った対象の1例を取り上げてみよう。対象は選択性緘黙である。DSM-5で選択性緘黙は不安障害のなかに含まれることになった。それでは選択性緘黙と不安障害とは関連があるのだろうか。対象は選択性緘黙の診断を受けた自験例89名の調査を行ってみた（山村ほか，2014）。いずれもDSM-IVの選択性緘黙の診断基準を満たしている症例である。分離不安と不登校に注目してみると，分離不安を示す児童は31名（35%）であり，少なくはないが多くはない。また不登校も41名（46%）であり，こちらのほうが多いがそれでも過半数には達しない。両者の重複は16名（18%）しかなく，有意な相関は認められない。つまり，選択性緘黙で分離不安がある児童が，不登校になりやすいというわけではない。むしろ，家庭から学校にはきちんと行くのに，頑としてコミュニケーションを取らずに学校で過ごすという状態こそが，この病態の特徴であることが浮かび上がってくる。

それ以上に目立つのは発達障害の存在である。最も多いのは自閉症スペクトラム障害（ASD）で実に34名と全体の38%に達する。それ以外の発達障害は，知的障害7名，注意欠陥多動性障害2名で，それ以外に聴力障害児が3名認められる。ASDの多くは高機能児であるが，発達障害以外にも言葉の遅れの既往を持つものは多く，言葉の遅れの既往は全体で55名（62%）と過半数を超える。

こうしてみると，少なくとも発達という視点において，選択性緘黙を不安障害に加えるのは正しくないのではないかという結論になる。治療という視点から見たときには，不安の軽減よりも，発達の凸凹への対応，特にコミュニケーションの不得手さに対する手当てが優先されるからである。

このように臨床経験主義は未だにその意義を失っていないと筆者は考える。筆者が極論を避ける傾向があるのも，わが国の児童青年精神医学のパイオニア達から受けた薫陶が未だに体に沁みて残っているからに他ならない。

II　フィールドワークとしての臨床研究

　臨床経験主義という視点から見たとき，世界を席巻する「事実に基づく臨床」(evidence based medicine：EBM) とは，実は仮説の部分がむしろ多すぎるのではないかと懸念を抱く。自閉症にして動物学者である Temple Grandin の最近の著作に，『動物が幸せを感じるとき』(Grandin & Johnson, 2009) という本がある。この本は『動物感覚』に続く，Grandin による animal psychiatry の2作目である。動物をパニックや恐怖にさらさず，虐待をせず，同じ生きる仲間として幸福な生活を保障するにはどうすれば良いのか。Grandin は，イヌ，ネコ，ウマ，ニワトリ，ブタなど身近な動物について，最新の知見を駆使し紐解いてゆく。この部分が本書の中心であり，見事な animal psychiatry の成果である。しかし筆者が最も感銘を受けたのは，本書の「野生の動物」の章で扱われている，研究室の研究とフィールドワークとの乖離について述べた箇所である。

　動物行動学の世界でも，本物の動物を自然の生息地で観察するのではなく，ラボで得られたデータによる複雑な数理モデルを用いて，「科学的」なエビデンスを積み上げる研究が隆盛を極めている。それはそれで結構だが，生きている動物のフィールドワークによる裏付けをしないと，とんでもない陥穽に落ちると Grandin は述べる。フィールドワークでは対照グループを作ることは困難が多い。だが対照グループがなければ科学的ではないとするのでは大切な所見が抜け落ちてしまう。Grandin は幾つもの例証を挙げてそれを証明し，生きている動物という複雑系に関してフィールドワークによって観察することの重要性を説く。これは全く，精神医学領域の状態にそっくりではないか。筆者は EBM をもちろん否定するものではない。だがその成果だけによって臨床が行われたときは変なことが起きてくる。実際に今，変なことが起きていると感じるのは筆者だけであろうか。その理由を考えてみると，EBM は多様な情報の絞り込みによって成り立つが，発達障害を含め，心の臨床は究極の複雑系であるからだ。

III　フィールドワークに必要なもの

　フィールドワークとしての臨床研究を成り立たせる条件とは何だろうか。筆者は，対象数を挙げたい。数多くの症例を診てゆくうちに，そのなかに臨床的なパターンが見えてくる。また同時に，パターンから外れた症例の存在が際立って見えるようになる。このパターンを抽出する能力こそが，臨床を豊かにしてゆくのではないかと思う。では，どのくらいの数が必要なのだろうか。やはり最低でも100例を診ることが大切だと思う。

　自分の経験を提示してみたい。筆者は2001年あいち小児保健医療総合センターに赴任し，そこで「子育て支援外来」という子ども虐待の専門外来を開始した。筆者はそれまでに子ども虐待の症例を経験していないわけではなかった。むしろ子ども虐待のケアという点に関しては，最も早くから取り組んできた一人であると思う。子ども虐待の啓発に決定的な役割を果たした漫画『凍りついた瞳』(ささや・椎名, 1996) のなかに，筆者は2回登場するのである。もちろん実物とは似ても似つかぬ格好良い姿で描かれているのであるが。だが数百例の症例を経験するなかで，いくつもの新たな「発見」をした。そのあるものはすでに以前から指摘をされており，あるものはわれわれが初めて指摘したものであった。たとえば被虐待児と発達障害との複雑な絡み合いである。また被虐待児の示す臨床像の異型連続性に認められる家族的類似性である。また発達障害の増悪因子としての子ども虐待および迫害体験である。さらに，子ども虐待の治療のために導入した治療技法がそのまま発達障害に適用できるという，筆者にとって予想をしていなかった臨床上の大きな収穫があった。

このようなパターンが見えるためには，ある程度の症例数が必要である。心理職の養成課程において，一例一例を大切にするということは当然であり，また個々の症例に時間をかけるということも当然であるが，今のあり方では少人数だけの経験に限られ，多くの対象を経験ができないところが大きな欠点ではないかと思う。

IV 臨床的に納得できない理論は誤っている

Grandinが言う，ラボとフィールドワークとの乖離はさまざまなところで認められる。たとえばミラーニューロンを巡る議論がある。サルにおいて偶然に発見されたミラーニューロンを巡る研究は，ASDへの応用によって，逆転バイバイ（ASDの幼児が掌を自分に向けてバイバイの動作をする現象）の成因をはじめ，これまで説明ができなかったASDのいくつかの問題への回答をもたらした。最近になって，ミラーニューロンとASDとの関係について，否定的な見解が数多く報告されてきているが，この手の研究は臨床との突き合わせを行わなくては無意味である。ミラーニューロン機能の脆弱性といった問題は，ASDと診断を受けている者より大きな広がりを示し，またASDも決して単一ではない。臨床的な特徴によって検討を行った後に比較をしないと，何を検討しているのか分からなくなる可能性がある。最近流行のオキシトシンにも同じことが言える。病理群のみならず，普通の対象でも社会性のスコアが上がる物質が，ケアという側面はそれとして，ASDの広い病理を説明できるとはとても思えない。ケアに関しても，もし本質的な問題であれば，スコアが優位に上昇したといったレベルではなく，もっときちんとした効果を示すはずである。

EBMが，科学性の保障のため多彩な問題を絞り込むのに対して，臨床から得られる知識や経験の特徴は，家族的類似性に代表される人の脳の働きに由来するパターンの抽出である。要するにEBMが最も苦手とするパターンに基づく仮説の基盤作り，そしてEBMから得られた知見の検証において，臨床研究は脳科学における補完というよりも，むしろ中心の役割を担うものとなるのではないかと思う。

◆文献

Grandin T & Johnson C（2009）Animals Make Us Human. Boston：Houghton Mifflin Harcourt.（中尾ゆかり 訳（2011）動物が幸せを感じるとき．NHK出版）

ささやななえ，椎名篤子（1996）凍りついた瞳．集英社．

山村淳一ほか（2014）選択性緘黙への治療．そだちの科学 22；63-67.

◉発達障害研究の目的と方法

発達障害研究の意義と役割

下山晴彦

I　発達障害の社会的影響力

　周知のように米国の精神障害の診断分類体系の改訂が行われ，2013年5月にDSM-5が発表された。日本でも訳書が刊行されており，『精神疾患診断のエッセンス──DSM-5の上手な使い方』(Frances, 2013) といった解説本も出版されている。

　今回の改訂において，本書のテーマである"発達障害"について大きな変更が行われた。DSM-IVにおいて発達障害が位置づけられていた「通常，幼児期，小児期または青年期に初めて診断される障害」の大カテゴリーは解体され，新たに「神経発達症群（Neurodevelopmental Disorders）」が設定され，そのなかに知的能力障害，コミュニケーション症，自閉症スペクトラム症，注意欠如・多動症，限局的学習症，運動症（発達性強調運動症，常同運動症，チック症）が置かれることとなった。それに加えてDSM-IVでは広汎性発達障害（PDD）というカテゴリーがあり，そのなかに自閉症性障害，小児期崩壊性障害，レット障害，アスペルガー障害，特定不能の広汎性発達障害が含まれていたのに対して，DSM-5では自閉症スペクトラム症（Autism Spectrum Disorder : ASD）で統一され，下位分類はなくなった。また，今回の発達障害（特にASD）に関連する変更から，"神経発達"という点で生物的要因が強調されるとともに，"スペクトラム"という次元分類（dimensional classification）の導入によって障害と特性との連続性が想定されるようになったという特徴もみえてくる。

　このような変更は，単に精神医学の診断分類体系の修正というレベルに留まらない広範な，そして重大な影響を社会全体に及ぼすことになる。2005年に発達障害者支援法が施行され，さらに2010年の障害者自立支援法の改訂によって発達障害者が支援の対象に含まれることになり，行政を含めて発達障害の理解と支援が社会全体の課題となっている。その点で発達障害の概念の変更は，すでに医療領域における診断と治療の修正に留まるものではなくなっている。しかも，スペクトラムという分類枠組みが導入されたことで障害と特性（病理ではなく，正常な状態における特徴）の連続性が前提とされることとなった。その結果，発達障害に関しては，当事者や医療者だけでなく，正常との境目が明確でなくなったという点で，社会全体が自らのこととして発達的問題に取り組むことが求められる事態になっているのである（本田，2013）。

II　発達障害研究の意義

　ところで，これまで精神医学の診断分類は，メンタルヘルス問題の社会的解決に対して適切に貢献してきたといえるだろうか。発達障害に関していえば，今であれば発達障害とされる症例に対して，かつて誤った診断と投薬をして予後をこじらせてしまったり，発達障害の二次的障害であるうつ病や解離性障害，PTSD等を診

断するに留まり，発達障害への対応がされなかったということも少なからずあったといえる（森岡・山本，2014）。このようなことを考慮するならば，DSMに代表される精神医学的診断分類の妥当性や信頼性については常に注意深くあるべきであろう。

では，発達障害の概念が導入されたことで問題は解決してきたのであろうか。これについては，1943年のKannerの早期幼児自閉症の提案から，知的障害のない発達障害としてアスペルガー障害や高機能自閉症が組み込まれた広汎性発達障害の提案，そして今回の改訂におけるASDの提案は，単純に発展とは言い切れない，紆余曲折の過程とみることもできる。たとえば，Frances (2013) は，20年前と比較してASDの診断が20倍になったことを指摘して，過剰診断を抑え，流行診断を避けることの重要性を強調し，それと関連する過剰治療，具体的には薬物の過剰投与の問題性を指摘している。

このような過剰診断や過剰治療の問題を考えるならば，発達障害という概念や診断が問題を創りだしているという面も考慮に入れなければならない。上述したように発達障害は，すでにその定義が法律に規定され，支援の内容も制度に組み込まれており，このような診断の問題は，単に医療内部で取り組むべき課題という枠を超えてしまっている。したがって，発達障害という事態を規定する要因は何か，発達障害と診断する根拠は何かを明確にしていくことが，今まで以上に求められるようになっている。さらに，発達障害を規定する要因や診断の根拠を明らかにすることは，治療や支援の方法と結びつく。問題を成り立たせている要因が明らかになることで，その要因を修正する方法も開発することが可能となるからである。

このように発達障害を規定する要因や診断の根拠を探求し，さらに問題を改善する方法を開発していくものが"研究"なのである。その点で発達障害の理解と支援における研究の意義は重要である。特に発達障害の概念の新たな試みとしてASDというスペクトラム分類を取り入れ，社会との接点や重なりを積極的に受け容れる方向に進みつつある現在において，研究の社会的責任は重大と言わざるをえない。しかも，発達障害は，かつて医学が前提としていた生物的変異に基づく病因論，つまり生物学的モデルでは解明が困難であることが明らかになっている。たとえば，遺伝学的研究によって，多くの発達障害は素因と環境因の相互作用で発生するという多因子モデルによることが明らかになっている（杉山，2013）。発達障害の形成にあたっては，環境因が素因である遺伝子に働きかけEpigeneticと呼ばれる影響を与えることがわかってきたのである。しかも，その結果として，発達のあり方，特に社会的認知の発達のあり方に独特な特徴をもたらすことも明らかになってきている。すでに発達障害のテーマは，人間にとって社会的発達とは何かという普遍的な研究課題を含むものとなっている。

したがって，最新の生物的視点に加えて，心理的視点や社会的視点も組み入れた生物－心理－社会モデルに基づく総合的な研究が必要となってくる。このような生物的要因，心理的要因，社会的要因を踏まえた総合的な発達障害研究は，まだ開始されたばかりである（金沢大学子どものこころの発達研究センター，2013）。

Ⅲ 生物－心理－社会モデル

発達障害が社会的課題になっているのは，単に発達障害者支援法が制定されたからというだけではない。子どもの虐待，不登校，いじめ，学級崩壊，ひきこもり，非行，犯罪といった社会的問題の背景に，発達障害が要因として関連している場合が多いことが明らかになってきている。そのため，このような社会的問題の解決を進めるためには，発達障害の理解と支援を抜きにして考えることができなくなっているので

ある。

発達障害，特にASDがこのような社会的問題の要因になりうるのは，その障害が社会的コミュニケーションと相互交流の欠如を特徴としているからである。しかも，それらは，行動，関心，活動における限局的・反復的パターンを伴っており，状況に応じて柔軟に修正されることが難しい。そのため，社会的関係が障害され，二次的に上述のような社会的問題が引き起こされる。

では，このような要因についての研究はどのように進んでいるのであろうか。まず社会的コミュニケーションと相互交流の欠如は，性格の問題ではなく，対人状況という複雑な刺激状況において情報処理が適切にできないという認知機能の偏りや障害によって生じる問題であることが，認知科学研究によって明らかになっている。これは，心理的要因の研究である。また，認知機能の偏りや障害は，神経発達の障害として理解され，脳科学や遺伝学の研究対象となっている。これは，生物的要因の研究である。さらに認知機能の偏りや障害があるために対人関係や社会的場面において柔軟に対応できず，人間関係のトラブルが生じ，それが積み重なることで上述のようなさまざまな社会的問題が引き起こされる。ここにおいて認知機能の障害が対人関係や社会的関係の問題として発展することになる。これは，社会的要因の研究のテーマである。

このように発達障害は，極めて生物-心理-社会的な問題であると考えることができる。そこで，次に生物的要因，心理的要因，社会的要因を統合して発達障害を理解する総合的なモデルが必要となる。近年研究が進んでいる社会脳研究（千住，2013）は，脳科学研究の成果を踏まえて社会的認知能力の障害を総合的に理解するモデルを提示しつつある。その点で社会脳研究は，発達障害を生物-心理-社会モデルによって総合的に理解する研究の最前線といえる。

IV 支援に結びつく研究に向けて

発達障害研究は，最終的には発達障害の問題解決支援に役立つことが目的となる。研究のための研究ではなく，臨床で役立つ研究が何にもまして必要となっている。ここにおいても重要となるのが，生物-心理-社会モデルである。上述したように発達障害は，生物的要因，心理的要因，社会的要因から構成されていることがすでに明らかになってきている。そこで発達障害の問題解決支援においては，生物的側面，心理的側面，社会的側面に関わる専門職が協働して支援する多職種チームを形成することが重要となる。そのような場合，各専門職が個別に支援していたのでは，問題解決とは逆に問題をさらに混乱させる原因になってしまう。実際に，過剰ともいえる診断がなされる反面，支援のシステムの構築が進んでいない我が国の現状は，専門職の介在によってかえって状況が複雑化しており，さらに問題を混乱させてしまっている面もないとはいえない。

したがって，生物-心理-社会モデルに基づき，各要因が関連して問題を発展・維持させているメカニズムを明らかにし，それぞれの専門職の分担役割と協働のあり方を統合的に指し示す研究成果が望まれるところである。

そのような統合的支援モデルを提示するために重要となるのが，発達障害当事者の見解である。発達障害の問題解決支援においては，何をおいても当事者の益になることが重要となる。当事者にとって役に立つ研究であり支援であってこそ，はじめて意味をもつことになる。その点で生物-心理-社会モデルの核になり，それぞれの要因を総合的に理解する要になるのが当事者の意見ということになるだろう。したがって当事者自身が自らの体験を語る当事者研究が発展してきていることには，必然性があるといえる（綾屋・熊谷，2008）。

今後は，当事者研究をはじめとして発達障害

の当事者や家族の声を聴き，そこを軸として，当事者，日常的支援者，研究者，専門職が協働し，役に立つ研究と支援を総合的に発展させていくことがますます重要となってくるであろう．

◆文献

綾屋紗月，熊谷晋一郎（2008）発達障害当事者研究――ゆっくりていねいにつながりたい．医学書院．

Frances A（2013）Essentials of Psychiatric Diagnosis. The Guilford Press.（大野 裕，中川敦夫，柳沢圭子 訳（2014）精神疾患診断のエッセンス――DSM-5の上手な使い方．金剛出版）

本田秀夫（2013）自閉症スペクトラム――10人に1人が抱える「生きづらさ」の招待．ソフトバンク クリエイティブ．

金沢大学子どものこころの発達研究センター 監修（2013）自閉症という謎に迫る――研究最前線報告．小学館．

森岡正芳，山本智子（2014）発達障害概念の社会性――人は障害をどう生きるか．臨床心理学14-2；168-173．

千住 淳（2013）社会脳とは何か．新潮社．

杉山登志郎（2011）発達障害のいま．講談社．

杉山登志郎（2013）発達精神病理学からみた発達障害．In：下山晴彦，村瀬嘉代子 編：発達障害支援必携ガイドブック――問題の柔軟な理解と的確な支援のために．金剛出版．

◉発達障害研究の最新動向

発達障害研究の展望と意義❶
生物的側面を中心に

米田英嗣｜野村理朗

　本稿では，自閉症スペクトラム障害研究における生物学的側面の最新動向について，脳機能イメージングの手法を用いて行われる認知神経科学的研究と，遺伝学的アプローチを用いて行われるゲノミクス研究に着目して議論する。第Ⅰ節では，自閉症スペクトラム障害における他者理解の脳機能画像研究を展望し，第Ⅱ節では，自閉症スペクトラム障害の発生機序を明らかにする鍵となる遺伝と環境の相互作用について検討をする。第Ⅲ節では，第Ⅰ節と第Ⅱ節の内容を発展的に統合させ，効果的な発達支援の可能性について考える。

Ⅰ　自閉症者による他者理解の脳機能画像研究

　自閉症スペクトラム障害（Autism Spectrum Disorder：ASD）とは，社会性および対人コミュニケーションの困難，過度に強いこだわりや常同行動によって診断される発達障害である（DSM-5：American Psychiatric Association, 2013）。

　本節では，特に物語を用いた自閉症者による他者理解の最近の研究を展望する。物語を読解することは，現実場面に対するシミュレーションになると考えられており（米田，2014），物語によって社会的な場面を疑似体験できることから，ASD者が抱える対人関係の困難さを物語理解の過程を検討することで明らかにできる。加えて，物語文章を工夫することにより，ASD者が苦手とする複数の側面を同時に検討することが可能になる。最初の例として，ASD者の他者理解を検討したfMRI（functional Magnetic Resonance Imaging：機能的核磁気共鳴画像法）研究を紹介する（Mason et al., 2008）。物理的な因果関係の推論が必要な物語，意図の推論が必要な物語，感情の推論が必要な物語を読解後に，物語の内容が正しいかどうかを確認する質問が課された。その結果，心の理論に関連する右半球の側頭頭頂結合部が，定型発達（Typically Developing：TD）者は意図の推論を必要とする物語を読んだ場合にのみ活動したのに対し，ASD者では意図の推論を含むすべての推論において右半球の側頭頭頂結合部の活動が見られ，すべての推論においてTD者より活動の程度が大きかった。この結果から，ASD者は社会性に関わる推論ができないのではなく，他人の意図を適切なときに自動的に推測するというTD者の方略を使わないことが示唆される。

　これまでASD者は他者に対する共感や感情理解が不得意であると考えられてきた（Baron-Cohen, 1995, 2003）。一方で，TD者においても，自分と類似していない他人のことを理解することが難しく，自動的には共感できないことが明らかになっている（Komeda et al., 2009 ; Komeda, Tsunemi et al., 2013）。したがって，ASD者は他者に対して理解や共感を示さないのではなく，自分と類似していないTD者に対して理解や共感を示しにくいという可能性が考えられる。ASD者はASDをもつ他者を自己と類似した他

者として理解すると考えられる。実際に，ASD群はTD群よりもASDについて記述した文を判断した場合に，TD群はASD群よりもTDについて記述した文を判断した場合に，自己の処理，共感に関わる腹内側前頭前野が強く活動した。このことから，ASD成人は，TD成人と同様に，自分と類似した他者について判断する際に，自分のことのように判断をしていることが示唆された（Komeda, Kosaka et al., 2015）。

ASD者によるASDをもつ他者に対する選択的反応は，物語の記憶にも影響する。TD者は，TD人物のエピソードのほうがASD人物のエピソードよりもすばやく再認できたのに対して，ASDの実験参加者は，ASD人物が登場する一貫性のある物語を，ASD人物が登場する一貫性のない物語よりもすばやく検索できた。このことから，ASD者は，ASD物語を記憶する際に，文脈と一貫性のある形で貯蔵していると考えられる（Komeda, Kosaka et al., 2013）。

以上のように，第1に，ASD者はASDをもつ他者に対して，TD者が他のTD者に対して行うのと同様に，共感的な反応を示すことがわかった（Komeda, Kosaka et al., 2015）。第2に，ASD成人は，ASDをもつ物語登場人物に対する記憶検索が優れていることが明らかになった（Komeda, Kosaka et al., 2013）。ASD者は，TD者とは異なった方略で他者の感情を理解し（別府，2009），共感性の発達過程が異なっている可能性がある。ASD者がもつ共感性の問題を研究することは，人間はなぜ共感をするのか，共感性とは何か，といった普遍的な問題を解明する糸口になる可能性があると考えられる。

II　遺伝と環境の相互作用

ASDという発達障害には，遺伝要因が関与することが示されている（Rutter, 2000）。従来，双生児を対象にした研究により，一卵性双生児の場合は，一方の子がASDをもっている場合，もう一方の子がASDをもっている割合は，60〜90％とされてきた。それに対して，二卵性双生児の場合は，一方の子がASDをもっている場合，もう一方の子がASDをもっている割合は，5〜10％にすぎない（Folstein & Rosen-Sheidley, 2001 ; Folstein & Rutter, 1977）。一卵性双生児は，二人がまったく同一の遺伝子をもっているのに対し，二卵性双生児は，二人は遺伝子の半分を共有しているに過ぎない。こうした知見が示されてきたなか，近年，遺伝的要因は4割程度であり，むしろ共有環境の影響が大きいとする知見が報じられている（Hallmayer et al., 2011）。また，ASDの単一遺伝子疾患としての遺伝子は特定されておらず（Baron-Cohen, 2008 ; Happé et al., 2006），現時点では，ASDを含む多くの発達障害に対して多因子遺伝モデルによる説明がなされている（ジョルダン, 2013）。多因子遺伝モデルとは，私たちひとりひとりの個体に違いがあるように，個体差にもばらつきがあるという考え方である。そうした個体差への遺伝形質のみならず，環境要因の影響を重視するのが，エピジェネティクス（epigenetics：後世遺伝学）である。環境の影響を受け，ある遺伝子は活性化し，あるものは抑制されることにより，細胞から個体レベルに至る各階層の機能が変化しうるのである。こうしたDNAの発現変化には種々の過程が介在するが，そのひとつであるDNAメチル化は，塩基配列の特定箇所にメチル基が接合することにより，その部分の遺伝子が発現しなくなることを指す。そうして遺伝子発現にかかわるスイッチがオン／オフされることにより，細胞，脳機能，個人の認知などの各レベルに影響する。近年，一卵性双生児を対象とした研究により，特定箇所へのメチル化の程度と，ASD傾向との相関性が示されており（Wong et al., 2013），ここに環境因の何が影響するかを解明することは今後非常に重要な課題となってくると思われる。いずれにせよ，こうした環境と遺伝の相互作用は，発達障害の多

様性をうまく説明するには欠かせない視点であろう（杉山，2011）。たとえば，アスペルガー障害（DSM-IV-TRの基準による。現在は，DSM-5にしたがい，自閉症スペクトラム障害）と一言で言っても，その特性は実に多様である。ある分野における知能が並外れて高いアスペルガー障害者もいれば，平均的な知能をもつアスペルガー障害者もいる。同様に，視覚的な能力が聴覚的な能力よりも優れたASD者もいれば，聴覚的な能力が視覚的な能力よりも優れたASD者もいるのである。以上述べてきたように，現在のところ，ASDの発現には，遺伝要因と環境要因の両方が重要であると考えられている。

III 個人の多様性を考慮した支援に向けて

第I節で展望してきた研究から，ASD者に対して社会的なルールを疑似体験させる場合，ASDを抱える人物が登場するストーリーを設定し，彼らのもつ困難を疑似体験ないし克服するといった物語を用いた支援が考えられる。さらに，ASD者がASD者に対して共感・理解しやすいということから，ASD者はASD者に対する優れた支援者となる可能性が考えられる。

第II節で議論してきた遺伝の問題に関して，遺伝子診断の問題について触れておきたい。子どものテーラーメードの治療環境の確立のために，できるだけ早期の診断が行われることが望ましいが，倫理的な問題には充分に配慮しなければならない。たとえば，ASDのリスクを有する親においては，早期診断のメリットと診断の精度などを説明したうえで，診断を希望するかどうかを判断してもらう必要があると考えられる。

エピジェネティクスの考え方に基づくASDの発生には遺伝と環境の両方が関与しているという事実は，ポジティブな可能性を提供すると考えられる。たとえば，ASDの特性を表現する遺伝子を親がもっている場合，親の環境と子の環境を，ASDの人にとって快適な環境にデザインすることによって，未来の社会において個性を発揮できる可能性がある。ASDの特性のなかには，優れた個性と考えられるものが複数ある。たとえば，場の空気や情に流されず，与えられた資料に基づいて客観的，論理的に判断する能力は，裁判官など司法の分野での活躍が期待されるかもしれない。また，全体ではなく細部に注意が行くという特性は，文章の大意に惑わされずに原稿の誤字を正しくチェックする校正能力として現れるかもしれない。複雑なルールベースや，ルーティーンに基づいてコンピュータプログラムを作成する能力は，コンピュータの技術的発展に寄与するであろう。歴史的に見ても，カレンダーのように毎日の天気を正確に記憶しておく能力をもつ者は，農耕社会のなかでは不可欠な存在であったと推察できる。

進化の面においても，太古から現在まで，ASDをもつ人が一定数いることは，人類の存続，社会において必要な能力をもつ存在であることを示していると考えることもできる。コミュニケーション能力や社会性を重視することは重要であるが，ASD特性を高く評価する方法を開発することは，多数派であるTD者の社会への適応策を伝えることと同じくらい重要であろう。

今後の研究の方向性として，図1のように，心理学，認知神経科学分野において，脳機能イメージングの手法を用いることによって，ASDの脳神経機序を明らかにする必要がある。また，生物学，医学分野において，遺伝学，ゲノム科学の手法を用いることによって，ASDの生物学的原理を明らかにする必要もある。たとえば，ASD者とTD者の共感性や他者理解方略の相違を，遺伝子多型の個人差（野村，2011）によって明らかにすることが考えられるかもしれない。脳機能イメージングと遺伝学，ゲノム科学の連携によって得られる研究知見は，ASDの特性を理解することに大いに貢献する。ASDの特性を理解することによって，特別支援の教育現場へ還元することや，実際にASDを抱えて暮らして

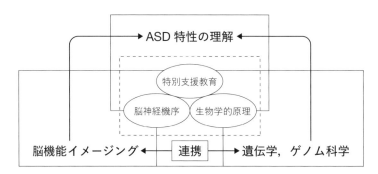

図1　今後の研究戦略

いる人，一人一人の個性に応じた支援を目指した学際的な研究を推進する必要があると考えられる。

◆文献

American Psychiatric Association（2000）DSM-IV-TR : Diagnostic and Statistical Manual of Mental Disorders, 4th Edition, Text Revised. American Psychiatric Association.

American Psychiatric Association（2013）DSM-5 : Diagnostic and Statistical Manual of Mental Disorders, 5th Edition. American Psychiatric Association.

Baron-Cohen S（1995）Mindblindness : An Essay on Autism and Theory of Mind. MIT Press/Bradford Books.

Baron-Cohen S（2003）The Essential Difference : Men, Women and the Extreme Male Brain. Penguin/Basic Books.

Baron-Cohen S（2008）Autism and Asperger Syndrome（Facts）. Oxford University Press.

別府 哲（2009）自閉症児者の発達と生活——共感的自己肯定感を育むために．全障研出版部．

Folstein S & Rosen-Sheidley B（2001）Genetics of autism : Complex aetiology for a heterogeneous disorder. Nat Rev Genet 2 ; 943-955.

Folstein S & Rutter M（1977）Infantile autism : A genetic study of 21 twin pairs. J. Child Psychol. Psychiatry Allied Disciplines 18 ; 297-321.

Hallmayer J, Cleveland S, Torres A et al.（2011）Genetic heritability and shared environmental factors among twin pairs with autism. Arch Gen Psychiatry 68 ; 1095-1102.

Happé F, Ronald A & Plomin R（2006）Time to give up on a single explanation for autism. Nat Neurosci 9 ; 1218-1220.

ベルトラン・ジョルダン［坪子理美 監修／林 昌宏 訳］（2013）自閉症遺伝子——見つからない遺伝子をめぐって．中央公論新社．

米田英嗣（2014）社会認知神経科学としての物語研究．In：川﨑惠里子 編：文章理解の心理学——ことば・からだ・脳．誠信書房．

Komeda H, Kawasaki M, Tsunemi K & Kusumi T（2009）Differences between estimating protagonists' emotions and evaluating readers' emotions in narrative comprehension. Cognition and Emotion 23 ; 135-151.

Komeda H, Kosaka H, Saito DN, Inohara K, Munesue T, Ishitobi, M, Sato M & Okazawa H（2013）Episodic memory retrieval for story characters in high-functioning autism. Molecular Autism 4 ; 20.

Komeda H, Kosaka H, Saito DN, Mano Y, Fujii T, Yanaka H, Munesue T, Ishitobi M, Sato M & Okazawa H（2015）Autistic empathy toward autistic others. Social Cognitive and Affective Neuroscience 10-2 ; 145-152.

Komeda H, Tsunemi K, Inohara K, Kusumi T & Rapp DN（2013）Beyond disposition : The processing consequences of explicit and implicit invocations of empathy. Acta Psychologica 142 ; 349-355

Mason RA, Williams DL, Kana RK, Minshew N & Just MA（2008）Theory of Mind disruption and recruitment of the right hemisphere during narrative comprehension in autism. Neuropsychologia 46 ; 269-280.

野村理朗（2011）"向社会的"共感の心理・生物学的メカニズム．In：子安増生・大平英樹 編：ミラーニューロンと〈心の理論〉．新陽社，pp.103-131.

Rutter M（2000）Genetic studies of autism : From the 1970s into the millennium. J Abnorm Child Psych 28 ; 3-14.

杉山登志郎（2011）発達障害のいま．講談社．

Wong C, Meaburn EL, Ronald A, Price TS, Jeffries AR, Schalkwyk LC, Plomin R & Mill J（2013）Methylomic analysis of monozygotic twins discordant for autism spectrum disorder and related behavioural traits. Molecular Psychiatry 1-9.

⦿発達障害研究の最新動向

発達障害研究の展望と意義❷
心理的側面を中心に

別府 哲

I 社会性の障害

Kanner（1943）が情緒的接触の自閉的障害（autistic disturbances of affective contact）として自閉症を描いてから，70年以上が経過した。自閉症はこの短い間に原因論が3回転回した稀有な障害といわれる（杉山，2011）。一方この議論は1980年代後半より，脳の機能障害でありかつ人と関わる能力の総称としての社会性（sociability）においてみられるという理解に収斂してきている。

心理的側面においては，社会性障害としての心の理論（theory of mind）の欠損（Baron-Cohen, 1995）が注目されてきた。この概念はmindという用語が示す通り，認知的な心の理解を扱うものである。それに対し近年，情動（emotion）としての心の障害に着目した研究がみられるようになった。情動の障害という視角は，Kanner（1943）の着眼点と重なり，かつ自閉症者による当事者研究での指摘（例えば，綾屋（2011））とも深く関連するものである。これまで認知的な心に関する研究の展望はいくつか行われている（例えば，別府（2013b））ので，ここでは情動に関する研究に焦点をあてることとする。

II 情動認知

1 矛盾した知見

他者とやりとりするためには，表情や行動，文脈から他者の情動を正確に認知できることが重要となる。阿吽の呼吸が大切にされる日本文化では，この重要度はさらに高まる。

自閉症児者の表情における情動認知に関しては，これまでもさまざまな研究が行われてきた。しかしその知見は一致していない。MA（Mental Age）を一致させた対照群と比較して，自閉症児者には情動認知の障害があるとする研究（例えば，Capps et al.（1992））がみられる一方，情動認知の障害はない（intact）とする研究も多く存在する（例えば，Adolphs et al.（2001））。

2 情動の意識的処理と自動的処理

近年，この矛盾した両者を統一的に理解する仮説が提唱されている。それは，情動をその意識的処理（conscious emotional processing）と自動的処理（automatic emotional processing）に分け，両者の関係からとらえるものである（別府，2013b）。意識的処理は，言語による定式化や理由づけ（「口元が上を向いているから喜んでいる」など）が可能であるが，自動的処理は，理由はわからないが何となくそう感じるというレベルの理解である。そのため，典型的な表情の写真を十分時間をかけて処理する際には意識的処理が用いられるのに対し，相手の一瞬のわずかな表情変化を瞬時に処理するのは自動的処理となる。

結論からいえば，自閉症児者は意識的処理では問題はないが，自動的処理で障害をもつことが示唆されている。そのため，課題が意識的処理で達成可能な場合は統制群と差がみられない

が，自動的処理のみで行う必要がある場合，自閉症児者は有意に低い成績を示す。Rump et al.（2009）はこの把捉に基づき，表情の明確さを25％，50％，75％，100％にわけた動画を500msという短時間で提示した結果，定型発達児者より自閉症児者の成績が有意に低いことを明らかにした。また写真などの静的刺激では，提示を瞬時（30ms）のみ行う課題で，自閉症児者の障害が明らかにされた（Clark et al., 2008）。

さらに自閉症児者は，障害がないといわれる情動の意識的処理も，定型発達児者とは異なるメカニズムを用いている可能性が示唆されている。Harms et al.（2010）は，自閉症児者が表情認知課題で定型発達児者と同じパフォーマンスを示していても，その際の凝視パターン（eye gaze pattern）や，fMRIでみられる脳の活性化領域に違いがあることを指摘した。パフォーマンスが同じにみえる意識的処理であるが，それを可能にするメカニズムは質的に異なる。Grossman et al.（2000）はそれを，言語的媒介（verbal mediation）による補償的方略（compensatory strategy）とした。これは，表情を解読（decoding）する際に，定型発達児者が用いる自動的処理が使えないため，自閉症児者は言語による意識的処理にのみ依拠せざるを得ないことから生じると考えられる。実際自閉症児者は，表情を命名するラベリング課題（言語による意識的処理に依拠している）は統制群と同様に可能であるのに対し，同じ表情をマッチングさせる課題（意識的処理の介在が少ない）では障害を示した（Harms et al., 2010）。

他者とのやりとりを意識的処理だけで行うと，表情をその場で理解できないまま事態が推移したり，たとえ理解できても反応のタイミングが皆とずれたりしやすい。その意味で自動的処理の障害は，実験室内での課題場面以上に，日常生活における自閉症児者の社会性の障害を容易に引き起こすと考えられる。

3　情動認知の特異性とその発達

翻って定型発達児者の表情認知は，まず表情知覚と情動的意義の評価を自動処理し，その後，情動の同定と信念の理解を意識的処理する過程を経るとされる（神尾ほか，2003）。定型発達児者も他者と会話している際に，相手の顔が一瞬曇るのを見て「まずい」とネガティブな情動的意義を評価し（自動的処理），続いて自分が悪いことを言ったか，状況を想起し相手に探りを入れ，相手の情動を同定しようとする（意識的処理）。このように定型発達児者は，情動の自動的処理と意識的処理の両方を相補的に用いるのである。

ちなみに定型発達児者は生後9カ月頃から，不確かな事態（見知らぬ人が突然来る）で大人の表情を参照する社会的参照（social referencing）を行うようになる。そこで大人が不安げにその人を見れば危険，逆に微笑んで見れば安全だと認知する。これは他者の表情認知を手掛かりに状況判断を行う能力である。しかし子どもはその際，なぜその状況をそう認知したか，意識的に説明はできない。説明はできないがわかるという意味で，これは情動の自動的処理でもある。定型発達児者においては，このように情動の自動的処理がまず可能になり，その後に「嬉しい」「悲しい」など言葉でのラベリングを伴う意識的処理が可能になると推察される（意識的処理の経験が逆に自動的処理に移行するプロセスも，発達的にその後生じる）。

それに対し，自閉症児者は社会的参照や他者への共感的反応（大人が机の角に脚をぶつけて「痛い！」といったとき，心配そうに大人を見る）がみられにくい（ホブソン，2000）。このことは，自閉症児者が，通常であれば発達早期から形成される情動の自動的処理に障害をもつこと，そして言語能力の発達に依拠することで，意識的処理のみ獲得する特異なプロセスの存在を予想させるのである（図1）。

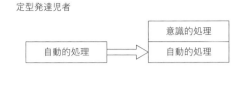

図1 定型発達児者と自閉症児者における情動処理の発達

III 自閉症児者における情動の自動的処理

1 自閉症児者も情動は欠損していない

ここまで，自閉症児者は情動の自動的処理に障害をもつと論じてきた。しかし自閉症児者は情動をもっていない（欠損）のではなく，実際には多様な情動を体験し表出している。ただ何に対しどのように体験・表出するかというスタイルが，定型発達児者と異なるのである。

定型発達児者は，例えば赤ちゃんに笑いかけらえると思わず笑顔になり，黒板を爪でひっかく音を聞くと不快に感じるなど，似た対象に類似した情動を感じやすい。このように情動には本来伝染（contagion）する機能があり，他者と一緒に「楽しかった」「悲しかった」という共有経験を作りやすい。これが，例えば他者の笑顔を見ると自分も思わず笑ってしまう（同じ情動になる）といった，他者の身になる（identify with others）（ホブソン，2000）ことを可能にする。こういった他者との情動共有経験は，ある対象と情動とが結びつく一貫したシステムをその個人に形成し（ワロン，1983），それが情動の自動的処理の発達的基盤となると考えられる。

一方，自閉症児者は感覚過敏・鈍麻を伴う場合が多く，人などの社会的刺激に対し，半ば自動的に注意を向ける傾性が弱いといわれる。そのため同じ対象に周囲の人（定型発達児者）と同じ情動を感じる情動共有経験が乏しい。その

ため，情動は有しているが，ある対象と情動の結びつきのシステムが個人内で形成されず，結果として情動の自動的処理が形成されにくくなっている。

2 情動共有経験の保障
―― 自動的処理を立ち上げる

綾屋（2011）は自閉症の当事者研究を通して，自分の感覚や行動様式を他者が承認し意味を与えてくれる体験，すなわち共有体験によって自己感（sense of self）が立ち上がること，それが他者への直観的な共感的理解を生じやすくすると指摘した。この直観的な共感的理解は，本論でいえば自動的処理に関わるものである。自閉症においても，彼・彼女らの快や不快の対象を周囲の人が把握し共感的に関わることで，情動共有経験を保障することは可能である。そしてこの保障が，自閉症児者の自己感を立ち上げ，結果として他者の情動の自動的処理を形成できることを，綾屋（2011）は示唆したと考えられる。

つまり，自閉症児者の情動は欠損しておらず，ただ定型発達児者とずれて（gap）いるだけなのである。だからこそ綾屋（2011）の指摘は，彼・彼女らのユニークな情動体験に寄り添い承認する支援（情動共有経験の保障）が重要な意味をもつことを推察させるのである。

IV 情動調整（emotional regulation）

1 問題行動との関連

現在まで，自閉症の情動に関する研究はそのほとんどが情動認知をテーマとしたものであった（別府，2013a）。しかし自閉症児者において情動が重要となるもうひとつの側面として，その表出や調整の障害がある。なぜならそれこそが問題行動と深く関連しているからである。例えば怒りからパニックになるのは，怒りという情動を調整できない情動調整不全（emotional regulation dysfunction）という現象と考えられ

る。この領域の実証的研究は少ないが，情動調整不全をメルトダウン（meltdown）という用語に置き換えると，それを著した自閉症関係書籍はかなり存在する（Mazefsky et al., 2013）。認知行動療法や，社会的コミュニケーション・情動調整・交流型支援の3領域で自閉症児者の発達的支援を行うサーツ（SCERTS）モデル（プリザントほか，2010）など，これに対する実践の提起も多く，関心の高さを示している。

2　情動調整方略（strategy）の障害

先ほどふれたように，情動調整不全を実証的に明らかにした研究はまだ少ない。しかもそこで検討されたのは，欲求不満場面（例えば，欲しい玩具が透明な箱に入れられて鍵をかけられる）での対処方略の特異性に集中している（Jahromi et al., 2012）。具体的には，自閉症児は定型発達児者が頻繁に用いる場面の再評価（reappraisal）という方略を示さないのに，回避や放棄の方略をよく用いることが明らかにされている。

3　情動調整の発達プロセスと特異性

しかし先にふれたように，自閉症の情動は定型発達とずれ（gap）があるのだとすれば，少なくとも2点の検討が必要である。1つは情動調整方略の発達を促進する要因の検討である。定型発達児者の場合，養育者に情動反応（例えば，悲しくて泣く）をなだめられる外的調整（external regulation）体験を積み重ねた後，自分で自分の情動を内的調整（internal regulation）するに至る。一方，情動を共有しにくい自閉症児者に対しては，養育者もその情動を把捉しにくく，結果として外的調整がうまくできない。それが内的調整能力や多様な方略の学習を困難にする。そうであれば，自閉症児者に対する情動共有経験の保障が，情動の外的調整体験を可能にし，結果として内的調整能力の形成を補償するプロセスも，検討に値すると思われる。

2つ目は，情動調整不全自身の特異性である。従来の研究の大半は，ネガティブな情動の調整を扱ってきた。しかし自閉症児者の場合，ポジティブな情動が亢進することでパニックになるという特異な反応もみられる（別府，2013a）。このような知見も踏まえ今後の研究では，定型発達における反応を基準としその有無だけを取り上げるのでなく，自閉症児者の独自な反応そのものをまず丁寧に記述することが重要と考えられる。

自閉症の心理学的研究は，自閉症児者の外からの把捉（例えば，定型発達者が通常4歳で獲得する心の理論を自閉症児者は言語精神年齢9歳まで形成できないといった，定型発達を基準とした場合の劣弱性の指摘）から，当事者の内的視点を含み込んだ独自性の解明に転換しつつある。このようなインクルージョン（inclusion）と切り結んだ研究が，今後一層求められるところである。

◆文献

Adolphs R, Sears L & Piven J（2001）Abnormal processing of social information from faces in autism. Journal of Cognitive Neuroscience 13-2 ; 232-240.

綾屋紗月（2011）発達障害当事者から——あふれる刺激 ほどける私．In：青木省三，村上伸治 編：成人期の発達障害．中山書店，pp.70-83.

Baron-Cohen S（1995）Mindblindness : An Essay on Autism and Theory of Mind. MIT Press.

別府 哲（2013a）自閉症児と情動——情動調整の障害と発達．発達34（135）；66-71.

別府 哲（2013b）自閉症スペクトラムにおける初期社会性発達と支援．乳幼児医学・心理学研究22-2；79-90.

Capps L, Yirmiya N & Sigman M（1992）Understanding of simple and complex emotions in non-retarded children with autism. Journal of Child Psychology and Psychiatry 33 ; 1169-1182.

Clark TF, Winkielman P & McIntosh DN（2008）Autism and the extraction of emotion from briefly presented facial expressions : Stumbling at the first step of empathy. Emotion 8 ; 803-809.

Grossman JB, Klin A, Carter AS & Volkmar FR（2000）Verbal bias in recognition of facial emotions in children with Asperger syndrome. Journal of Child Psychology and Psychopathology 41 ; 369-379.

Harms MB, Martin A & Wallace L（2010）Facial emotion recognition in autism spectrum disorders: a review of behavioral and neuroimaging studies. Neuropsychological Review 20 ; 290-322.

P・R・ホブソン［木下孝司 監訳］（2000）自閉症の心の発達──「心の理論」を越えて．学苑社．

Jahromi LB, Meek SE & Ober-Reynolds S（2012）Emotion regulation in the context of frustration in children with high functioning autism and their typical peers. Journal of Child Psychology and Psychiatry 53 ; 1250-1258.

Kanner L（1943）Autistic disturbances of affective contact. Nervous Child 2 ; 217-250.

神尾陽子，Wolf J，Fein D（2003）高機能自閉症とアスペルガー症候群の児童青年の潜在的な表情処理．児童青年精神医学とその近接領域 44 ; 276-292.

Mazefsky CA, Herrington J, Siegel M, Scarps A, Maddow BB, Scahill L & Whitte SW（2013）The role of emotion regulation in autism spectrum disorder. Journal of American Academy of Child & Adolescent Psychiatry 52 ; 679-688.

B・M・プリザントほか［長崎 勤・吉田仰希・仲野真史 訳］SCERTSモデル──自閉症スペクトラム障害の子どもたちのための包括的教育アプローチ．日本文化科学社．

Rump KM, Giovannelli JL, Minshew NJ & Strauss MS（2009）The development of emotion recognition in individuals with autism. Child Development 80 ; 1434-1147.

杉山登志郎（2011）自閉症の精神病理と治療（杉山登志郎著作集1）．日本評論社．

H・ワロン［浜田寿美男 訳］（1983）身体・自我・社会．ミネルヴァ書房．

◉発達障害研究の最新動向

発達障害研究の展望と意義❸
社会的側面を中心に

辻井正次

I　はじめに

　この小論では，発達障害の社会的側面の研究が，実際の発達障害の人たちにとって，いかに日常生活を幸福に暮らせるようにつながっていくのか，筆者なりのささやかな論を示していきたいと思います。研究のひとつのあり様として，社会性とは何かについての本質的な問いや，新たな人類としての発見に向けての研究は価値あるものです。しかし，臨床家の視点に立った場合，まずは目の前のクライエントに対して症状を緩和させたり，生活しやすくするための支援をするための効果的な手法を開発する／身に付ける，ということが研究の目的として考えやすいものでしょう。発達障害の人たちへの支援について考えていくと，この特集の他の論文にあるように，明確な生物学的な基盤の問題や認知・情報処理上の問題がある以上，それらの障害特性の改善を目指す一方で，生物学的基盤の脆弱性がありながらも障害特性とともに楽しい人生を過ごしていくための方略を考えていくことが必要です。後述するように，近年の介入研究では，大枠で遊戯療法や箱庭療法をしたらということで支援の効果検討をしていこうとするのではなく，個々の具体的な内容の変化を評価していくのが，基本的な方向性となっています。もちろん，すべての変化を客観的に把握できないかもしれませんし，客観的な把握で本質的なものを見落とすというリスクもあるかもしれませんが，まずは客観的に把握できるものはすると

いうことが重要と考えられています。見落としを議論するのであれば，まずは何が確実に把握できるのかを議論するのが優先事項です。症例に個別性があるから事例検討以外に価値がないとするのは間違いで，介入のターゲットを具体的に定めて，どこまではある手法で改善方向の変化が再現可能なのかを検討していかないと，介入そのものの検証ができないからです。心理学の歴史は，臨床心理学に限らず，ある対象のある側面に何らかの介入を加えて変化が生じた際に，どうしてそれが生じたのかがわからないブラックボックスになっている部分を，他の関連領域と協力しながら明らかにしていく過程でした。今は，発達障害や障害特性という視点でさまざまな社会的側面での困難さのメカニズムやその改善方法に関して，少しずつ知見の積み上げがなされているという状況であると考えればよいのでしょう。今回の小論では，発達障害研究は多岐にわたっていますので，論点が拡散しすぎないように，発達障害のなかでも中心となる自閉症スペクトラムの研究を紹介していくことで，発達障害に関して論じていくという形を取らせていただきます。

II　発達障害研究の今

　すでに本書の他の論文で示されたように，生物学的な研究手法の進展で，分子生物学や画像研究手法が進化し，脳のなかでのさまざまな変化がわかりかけています。例えば，浜松医科大

学グループのPET研究（Nakamura et al., 2010 ; Suzuki et al., 2013 など）は，自閉症の人たちの神経発達における重大な差異を明らかにすることに成功しています。そして，自閉症が少なくとも胎生期に始まっていることも含め，生物学的脆弱性と（胎内）環境との関連性において重要な知見を提供しています。ほかにも，遺伝的にも発達障害の多くが多因子疾患モデルで考えることができ，したがって症状が発達障害と診断されるものから正常圏までのスペクトラム（連続体）を示すことが明らかになってきています。また，そうしたスペクトラムのなかで，どこからを障害と医学的に（操作的）定義していくのかについてのスクリーニングや診断尺度の研究も進んできています。さらには，社会性の障害のさまざまな特性が，行動上の指標だけではなく，fMRIやMEGといった画像手法で明らかになり，脳機能における自閉症の人たちの定型発達との差異が明らかにされるようになっています。

　こうした知見を総合すると，発達障害の人たちは個体が形成されてくる過程において，特に脳神経系の発達において異なる非定型の発達を示しており，その結果，特に幼児期において，顕著な行動の問題（言い換えれば行動学習の問題）が生じているということが，さまざまな研究のなかで明らかになってきていると言えます。そこでは，定型発達であれば生得的にできるような行動が自然には生じにくく，学習を重ねていくことで習得していくものであること，しかし，発達障害特性は生涯にわたって持続していき，生涯にわたる支援が必要であることも明らかになってきています。

III　社会的支援の研究が，実際の支援に役立つ道筋

　社会的支援の研究は，大きく2つの方向性で，支援ニーズを持つ当事者である発達障害の人たちやその家族に還元していくことができます。1つは，臨床家が直接効果的な手法で本人や家族の支援ニーズを把握し，効果的な支援方法で支援ニーズを減じ，肯定的な変化を認知や行動などにおいてもたらすことです。これは言いかえれば，臨床家がより質の高いアセスメントや支援の手法を身に付けて実施できるようになることです。ところがこれも問題があります。最近筆者は，わが国の現状のアセスメント・ツールの使用可能なもの（辻井，2014）のリストと北米において標準なアセスメント・ツール（ソールニア・ヴェントーラ，2014）についての翻訳とを全く同じタイミングで刊行しました。すると，わが国においてはいまだに，国際的に標準とみなされるツールが使用できていないことが明確になりました。特にコミュニケーション領域は深刻で，日本語のコミュニケーションがうまくできているのか，何がうまくいっていないのかを把握することはいまだに困難な状況です。残念ながら支援方法の効果を評価していく基本的なツールも揃っていないのが現状です。こうした側面での研究が待ち望まれています。現状こうした部分を，臨床家の「経験」で補っているわけですが，わが国のどこでも同じ質の支援が提供されるためには，「経験」は本来標準的なツールを補完するものであるべきです。

　もう1つの方向性が，政策研究で，これは本書の座談会においても紹介されています。研究者の知見は，政策のなかで社会に還元されていく形で，支援ニーズのある人たちに恩恵をもたらします。研究者の知見によって，ある手法が発達障害の人たちの日常生活の改善に役立つと示されれば，障害者総合支援法に位置づけられた支援メニューとして報酬単価をつけたり，医療における診療報酬のなかに位置づけることができ，日本全国どこであっても同じサービスを提供することが可能になります。そうしたことが可能になる根拠は，研究者による知見（データ）です。臨床家個々が目の前のクライエントに真摯に取り組むだけでは不十分なわけです。特に

発達障害や子どもの臨床の場合，当人が問題に気づいて受診するよりも前に，周囲が日常生活の困難さに気づくことになりますが，日本のどこにその子どもが住んでいようが同じように支援が受けられるためには，政策的に位置づけられていないと，個々の臨床家の努力だけでは支援は実現しません。目の前に来ることができない次のクライアントのために，研究，それも臨床家による臨床研究は非常に重要なものです。

IV 児童期の介入研究から

ここでは，明翫・高柳（2014）によるレビューを参考にしつつ，論を進めていきます。ここ数年の自閉症スペクトラムの支援や介入について概観すると，研究が活発に進められているものとしては，早期介入（超早期介入），ペアレント・トレーニング，児童期のソーシャルスキル・トレーニング，児童期の不安のコントロールといったものが挙げられます。

乳児期段階以降からの超早期介入が検討されるようになり，例えば，8〜10カ月の自閉症スペクトラム障害のハイリスク児8名に対して，ビデオを用いて母子の関係に焦点を当てた介入を5カ月12セッション行った結果，非定型的な発達の出現を修正できたという超早期介入の報告（Green et al., 2013）や，ESDM（デンバーモデル）の実践（母親は週に1回の頻度で治療者から子どもへの関わりを学び，家庭で実践する）で親子の相互作用と子どもの発達の改善が認められたといった研究（Rogers et al., 2012）などがなされています。ここでハイリスク児という場合，たいていは兄や姉が自閉症スペクトラム障害と診断されている場合の（一般的に発現率が1〜2%であるのに対して20%程度の発現率となるため）次子を指します。北米等では，非常に大きな自閉症スペクトラム障害の次子たちのコホートが構築されており，多くの家族が参加し，早期からの支援を受けられるメリットも

あります。研究そのものも，専門職と当事者家族が協力して進める形が一般的で，研究者は協力連携しながら支援の一環として研究を進めていくことになります。

幼児期段階での介入としては，包括的な介入プログラム，例えば，ImPACT（親を媒介としたコミュニケーションへの介入）による研究では母親の介入技法の使用と子どもの言語使用との関係（Ingersoll & Wainer, 2013）や，ESDMコミュニティベースの集団セッション（Eapen et al., 2013 ; Vivanti et al., 2013）など，いろいろな手法で有意な改善が報告されています。これらの介入に関して，比較対象を設定して効果検討がなされています。

ペアレント・トレーニングにおいては，従来対応の難しかった破壊的行動を伴う自閉症スペクトラム障害児に対して，6カ月13回セッションを実施して多くの家族が介入に成功したという報告（Bearss et al., 2013）や，電話相談やインターネットを用いた遠隔学習による取り組みの報告（Vismara et al., 2013）などがなされ，状態像や遠隔地などの理由から支援を受けることが難しい対象に対しても，いろいろな取り組みがなされるようになっています。

児童期になると介入研究は多様化し，特に多くみられる研究が応用行動分析，ソーシャルスキル・トレーニングと認知行動療法です。応用行動分析（ABA）では，PRT（pivotal response treatment）の研究がいくつか報告されており，学校現場での介入（Koegel et al., 2012）のほか，2名のASD児に対してPRTを4カ月施行し，実施前後で比較して，行動指標（アイコンタクト，社会的コミュニケーション，適応行動）での著しい改善とともに，fMRIにおいて社会的刺激を提示した際に定型発達児が用いる脳の領域に活性化が認められたという報告（Voos et al., 2013）などもなされるようになってきています。ソーシャルスキル・トレーニング（SST）では，社会的スキルの知識の習得と仲間関係，共同注

視の3領域が主なテーマとなっており（Kasari & Patterson, 2012），SSTは社会的コンピテンスだけではなく，子どもでは自尊心を，親ではエンパワメントや心理的受容といった側面にもポジティブな影響をもたらす（Weiss et al. (2013) など）という報告などがなされています。

さらに，近年，主に高機能圏の自閉症スペクトラム障害者の不安のコントロールをターゲットにした認知行動療法（CBT）の実践報告が非常に増えています（例えば，White (2013) など）。通常は言語性知能が70以上などCBTの適用の条件が課されていますが，視覚的補助資料，特別な関心の利用，親の参加などのさまざまな工夫により，言語性知能に制限がある場合でも効果を示している実践報告があること（Ames & Weiss, 2013），それでも，「興味関心の制限」や「思考の柔軟性の問題」などの彼らの障害特性が治療的介入へのアクセスを制限したり，CBTの効果を薄めているという指摘もあること（Reaven et al., 2013）などが報告されています。さらに，CBTが効果的であるための条件として「感情理解」「自己内省とメタ認知」「視点取得」「言語能力」「短期記憶・長期記憶」「因果的推論」といった側面をまとめたうえで，彼らがCBTに必要な認知的スキルを持っているかを定型発達群と比較した結果，多くの自閉症スペクトラム障害児は，感情認知の課題は難しいが，思考・感情・行動の区別など基本的なCBT課題に取り組む能力を持っていることが明らかにされています（Lickel et al., 2012）。効果検証として脳画像研究でDTI（diffusion tensor image：拡散テンソル画像）を用いて脳の灰白質の構造に着目した研究も出ており，知的障害を伴ったASD児に対して拡大・代替・コミュニケーション（AAC）を組み合わせた長期間のCBTを適用した結果，IQや年齢，セッション開始時の症状の重症度にかかわらず，臨床的な介入結果と治療期間の長さなどと脳の鉤状束の大きさが有意な相関関係にあることが示されています（Pardini et al., 2012）。

後述する成人期に向けて，子ども・本人の発達状況に応じた家族側の支援方略の調整や，子どもの行動のスキルトレーニング，子どもの認知の修正による行動の変容など，取り組める方略のバリエーションが増え，社会生活面での適応に向けた具体的な取り組みがなされています。わが国においても，さまざまな研究が進められていますが，ここまで紹介してきたような諸外国の研究では，脳画像研究との共同した介入や，コホートを基にした超早期介入など，総合的な研究体制のなかでの取り組みがなされています。研究において，研究者たちや若手の研究者などが協力して取り組める体制を構築していく必要があるのでしょう。

V 成人期の自閉症研究から

成人期の介入研究について，ここ数年の研究をいくつか紹介しておくと，さまざまな場面設定での具体的な社会性の側面に関する取り組みがなされています（例えば，Reichow et al. (2013) など）。基本的には，児童期と同様のCBT的な介入は有効性のある介入手法として用いられるようになり，課題となっているスキル（コミュニケーション面や，対人相互交渉，他者の意図の理解（心の理論）など，日常生活において困難を呈する具体的なスキルごとでの取り組みがなされているとまとめることができます。

成人期以降の長期経過研究において，自閉症スペクトラムの症候そのものは残存し，中年期以降の精神的健康の問題（精神科合併症の増加）などが大きな課題として挙げられています（Howlin et al., 2013, 2014など）。介入によって症状がなくなっていくことはなく，自閉症スペクトラムを持ちながらどのように生きていくのかが主要な観点となっています。障害を特性として持ちつつ，どのように支援を利用し，地域のなかで生きていくのか，具体的なビジョンはいまだない見えない状況です。わが国において

も，「親亡き後」を支える支援体制に向けて何が必要なのか，検討すべき多くの課題があります。

VI 社会適応という視点から
――自己実現は社会適応の先にあるもの

今まで，臨床心理学領域においては，社会適応というと社会に合わせて生きる姿は十分ではなく，自己実現をその人なりに遂げていくことが支援に向けての大目標のような幻想があったように筆者は思います。しかし，生まれながらの生きにくさをもって日常生活を過ごしていく場合に，まずは社会のなかでの居場所が見つかり，そこで社会的な評価を得られる（その人のできる）仕事を持ち，適応的なあり方が得られることはとても大きな課題です。2014年，日本語版Vineland-II適応行動尺度が刊行されることになり，社会的な適応状況を国際的な基準に則って把握することができるようになります。こうしたツールが普及することで，障害者総合支援法に基づく個別の支援計画をより客観的に把握し，知能検査では把握されなかった日常生活の困難さを把握できるようになります。支援程度区分評定はあるものの，こうしたアセスメントが基盤になって，支援に対する報酬の対価が決められるのが現状の仕組みですので，さらに社会的支援のニーズを把握できるような研究がなされれば，さらに多くの発達障害の人たちに支援を提供できるようになるでしょう。また，そこで有効な支援が実証され，福祉サービスメニューに支援手法として加わり，あるいは，診療報酬に位置づけられれば，本当に有効な支援が提供されるようになります。

発達障害研究は，当事者の幸福に役立つ具体的な道筋を持ったものです。多くの若い臨床家が自分の実践を仲間たちと協力して知見として積み上げ，あるいは，大学院生たちが当事者の幸福につながる観点を持った修士論文や博士論文を書き上げることを期待します。

◆文献

Ames M & Weiss J (2013) Cognitive behavior therapy for a child with autism spectrum disorder and verbal impairment : A case study. Journal on Developmental Disabilities 19 ; 61-69.

Bearss K, Johnson C, Handen B, Smith T & Scahill L (2013) A pilot study of parent training in young children with autism spectrum disorders and disruptive behavior. J Autism Dev Disord 43-3 ; 829-840.

Eapen V, Crncec R & Walter A (2013) Clinical outcomes of an early intervention program for preschool children with autism spectrum disorder in a community group setting. BMC Pediatrics 13-3. doi:10.1186/1471-2431-13-3.

Green J, Wan MW, Guiraud J, Holsgrovve S, McNally J, Slonims V, Elsabbagh M, Charman T, Pickles A & Johnson M (2013) Intervention for infant at risk of developing autism : A case series. J Autism Dev Disord 43-11 ; 2502-2514.

Howlin P, Moss P, Savage S & Rutter M (2013) Social outcomes in mid- to later adulthood among individuals diagnosed with autism and average nonverbal IQ as children. J Am Acad Child Adolesc Psychiatry 52-6 ; 572-581.

Howlin P, Savage S, Moss P, Tempier A & Rutter M (2014) Cognitive and language skills in adults with autism : A 40-year follow-up. J Child Psychol Psychiatry 55-1 ; 49-58.

Ingersoll B & Wainer A (2013) Initial efficacy of project ImPACT : A parent-mediated social communication intervention for young children with ASD. J Autism Dev Disord 43-12 ; 2943-2952.

Kasari C & Patterson S (2012) Interventions addressing social impairment in autism. Current Psychiatry Reports 14-6 ; 713-725.

Koegel LK, Kuriakose S, Singh AK & Koegel RL (2012) Improving generalization of peer socialization gains in inclusive school settings using initiations training. Behav Modif 36-3 ; 361-377.

Lickel A, MacLean Jr AB, Blakeley-Smith A & Hepburn S (2012) Assessment of the prerequisite skills for cognitive behavioral therapy in children with and without autism spectrum disorders. J Autism Dev Disord 42-6 ; 992-1000.

明翫光宜，髙柳伸哉（2014）ASDの介入（乳幼児期から児童期）．第2部 発達障害をめぐる2012〜2013年の動向――医学・心理学領域での研究と展望．In：日本発達障害ネットワーク 編．発達障害年鑑5．明石書店．

Nakamura K, Sekine Y, Ouchi Y, Tsujii M, Yoshikawa E, Futatsubashi M, Tsuchiya KJ, Sugihara G, Iwata Y, Suzuki K, Matsuzaki H, Suda S, Sugiyama T, Takei N & Mori N (2010) Brain serotonin and dopamine transporter bindings in adults with high-functioning autism. Archives of general psychiatry 67-1 ; 59-68.

Pardini M, Elia M, Garaci FG, Guida S, Coniglione F, Krueger F, Benassi F & Emberti GL (2012) Long-term cognitive and behavioral therapies, combined with augmentative communication, are related to uncinate fasciculus integrity in autism. J Autism Dev Dirord 42 ; 585-592.

Reaven J, Blakeley-Smith A, Culhane-Shelburne K & Hepburn S (2013) Group cognitive behavior therapy for children with high-functioning autism spectrum disorders and anxiety : A randomized trial. Journal of Child Psychology and Psychiatry 53-4 ; 410-419.

Reichow B, Steiner AM & Volkmar F (2013) Cochrane review : Social skills groups for people aged 6 to 21 with autism spectrum disorders (ASD) Evid Based Child Health 8-2 ; 266-315.

Rogers SJ, Estes A, Lord C, Vismara L, Winter J, Fitzpatrick A, Guo M & Dawson G (2012) Effects of a brief early start denver model (ESDM) -based parent intervention on toddlers at risk for autism spectrum disorders : A randomized controlled trial. Journal of the American Academy of Child & Adolescent Psychiatry 51-11 ; 1108-1112.

S・ソールニア，P・ヴェントーラ［黒田美保，辻井正次 監訳］（2014）自閉症スペクトラム障害の診断・評価必携マニュアル．東京書籍．

Suzuki K, Sugihara G, Ouchi Y, Nakamura K, Futatsubashi M, Takebayashi K, Yoshihara Y, Omata K, Matsumoto K, Tsuchiya KJ, Iwata Y, Tsujii M, Sugiyama T & Mori N (2013) Microglial activation in young adults with autism spectrum disorder. JAMA Psychiatry 70-1 ; 49-58.

辻井正次 監修（2014）発達障害児者支援とアセスメントのガイドライン．金子書房．

Vismara LA, McCormick C, Young GS, Nadhan A & Monlux K (2013) Preliminary findings of a telehealth approach to parent training in autism. J Autism Dev Disord 43-12 ; 2953-2969.

Vivanti G, Dissanayake C, Zierhut C & Rogers SJ (2013) Brief report : Predictors of outcomes in the early start Denver model delivered in a group setting. J Autism Dev Disord 43-7 ; 1717-1724.

Voos AC, Pelphrey KA, Tirrell J, Bolling DZ, Wyk BV, Kaiser MD, McPartland JC, Volkmar FR & Ventola P (2013) Neural mechanisms of improvement in social motivation after pivotal response treatment : Two case studies. J Autism Dev Disord 43-1 ; 1-10.

Weiss JA, Viecili MA & Lunsky Y (2013) Direct and indirect psychosocial outcomes for children with autism spectrum disorder and their parents following a parent-involved social skills group intervention. J Can Acad Child Adolesc Psychiatry 22-4 ; 303-309.

White SW, Ollendick T, Albano AM, Oswald D, Johnson C, Southam-Gerow MA, Kim I & Scahill L (2013) Randomized controlled trial : Multimodal anxiety and social skill intervention for adolescents with autism spectrum disorder. J autism Dev Disord 43-2 ; 382-394.

⦿研究の実際

自閉症スペクトラム障害の脳画像研究

山末英典

I　はじめに

　自閉症スペクトラム障害（Autism-spectrum disorder：ASD）の脳基盤について，数多くの脳画像研究が行われ，側頭葉や前頭葉，特に扁桃体や上側頭溝や後部下前頭回などの機能的・形態的障害が繰り返して報告されてきている（Yamasue et al., 2009, 2010）。また，双生児研究から，こうした脳部位の形態異常が遺伝基盤を持つことなども指摘されている（Yamasue et al., 2005）。現在では多くのメタ解析が報告されるほどに研究知見も蓄積されてきている（Aoki, Kasai et al., 2012 ; Aoki et al., 2013）。しかし一方でASDの脳病態も病因も未解明の点は多く，社会的コミュニケーションの障害のような中核症状に対する有効な治療方法も確立されておらず，多くの問題が未解決である。こうした未解決の問題に，脳画像研究の知見をどのように役立てることができるかが問われている。本稿では，脳画像解析を効果判定指標として活用することで，ASDの社会的コミュニケーションの障害に対する新たな治療薬を開発しようとする，筆者らの試みの一端を紹介したい。

II　オキシトシン投与と社会認知の改善，その脳画像所見

　近年，実験動物において愛着や友好関係の形成に重要な役割を示すことが知られる神経ペプチドであるオキシトシンの投与によって，ヒトでも他者に対して信頼感を得やすくなったという知見が報告され，注目を集めた（Kosfeld et al., 2005）。この研究では，精神疾患のない一般的な男子大学生を対象に，相手を適度に信頼することで報酬が最大になるというゲーム課題を用いて，オキシトシン投与後のほうが駆け引きの相手に対する信頼を抱いて報酬を得やすくなったことを示した。その後も，この健常男性におけるオキシトシン投与による社会認知機能の変化は，他者の目元からその意図を推し量る能力が改善するという報告などで追試された。そして，健常成人を対象としたオキシトシン点鼻剤単回投与による心理実験成績の変化の報告はその後急激に増加し，2011年の時点で30編を超える研究が論文発表され，総説論文も相次いで発表された（Yamasue et al., 2012）。さらに，オキシトシン投与によって，表情や顔の認知の改善と，何らかの利益を共有するような内集団での信頼が促進されることがメタ解析レベルで示された（van Ijzendoorn & Bakermans-Kranenburg, 2012）。

　Functional magnetic resonance imaging（f-MRI）を用いた研究も行われ，恐怖を誘発する視覚刺激を受けた際の扁桃体の血流増大は，オキシトシン投与によって減少することが報告された。特に，蛇などの刺激よりも，犯罪や事故などの社会的側面を持つ恐怖課題に対してより強い賦活の減少が報告された。その後も複数の研究が，情動刺激を処理中の扁桃体活動がオキシトシン噴霧によって変化することを報告し

た（Yamasue et al., 2012）。これらの研究では，恐怖刺激などの情動賦活課題を用いているため，直接的に対人相互作用の変化の脳基盤を検討しているわけではないが，オキシトシン投与による脳機能変化に，扁桃体のように社会機能に関与し，オキシトシン受容体も豊富な部位の機能変化が関与することを示唆している。

III オキシトシン投与によるASD中核症状の治療可能性

さらに，ASD当事者においても，オキシトシンの点滴投与によって，常同反復性や朗読の際の情感の理解困難などの自閉症症状が改善したという報告がある（Hollander et al., 2003, 2007）。経鼻投与を用いた検討でも，目元から感情を推し量る能力の改善や協調的な行動が促進されるという報告がされた（Guastella et al., 2010）。こうした知見は，オキシトシン受容体遺伝子と自閉症との関連や（Yamasue, 2013），オキシトシン分泌を制御するCD38分子のノックアウトマウスで見られる社会的な行動の障害などとともに（Jin et al., 2007），オキシトシンの機能不全がASDの病因や病態に関与しているという仮説を支持し，さらにはオキシトシン投与による自閉症への治療的介入の可能性も示唆している（Yamasue et al., 2012）。

我々は，オキシトシンの投与効果を検証することを念頭に，前述のような先行文献から，オキシトシンが非言語的なコミュニケーション情報を活用することや他者の友好性の判断を促進することを予測し，他者を友好的か敵対的か判断する際に，表情や声色などの非言語情報と相手の発した言葉の内容の言語情報のどちらをより活用するかを検討する心理課題を作成した（図1）。

定型発達者がこの課題を行うと，言語－非言語情報が不一致な際には，非言語情報を重視して相手の友好性を判断しやすく，その際，下前頭回，島前部，上側頭溝，内側前頭前野など社

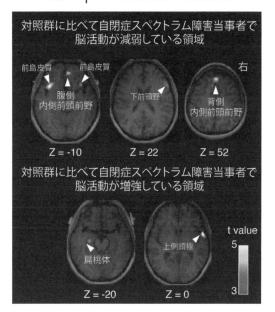

図1 言語情報および非言語情報から相手の友好性を判断する心理課題と相手の友好性を判断する際の自閉症スペクトラム障害当事者の脳活動の特徴

（上図）研究参加者には短いビデオを見てもらい，そこに登場する俳優が発する言葉の内容と，言葉を発する際の顔や声の表情から，その俳優が参加者にとって友好的に感じられるか敵対的に感じられるかを判断してもらった。俳優は，「きたないね」「ひどいね」といったネガティブな言葉と「すごいね」「すばらしいね」などのポジティブな言葉を，嫌悪感を示す表情・声色もしくは笑顔を示す表情・声色と組み合わせて発する。

（下図）ASDと診断された当事者の群では，表情や声色などの非言語情報を重視して他者の友好性を判断する機会が少なく，その際には，定型発達の群に比べて，脅威的な刺激に対して反応することが知られる扁桃体の活動は強く，内側前頭前野などの活動は減弱していた（Watanabe et al.（2012）から一部改変して転載）。

会知覚や共感に関与する領域が動員された（Watanabe et al, 2013）。次に，服薬をしておらず知的障害や精神神経疾患の併発のない成人ASD男性15名と，背景情報を一致させた定型発達の対照男性17名で，心理課題成績と課題施行中のfMRI信号を比較した。すると，この課題をASD当事者が行った場合には，定型発達者に比べて非言語情報を重視して友好性を判断する機会が有意に少なく，その際に内側前頭前野，下前頭回，島前部などの賦活が有意に減弱していた。そして内側前頭前野の賦活が減弱しているほど臨床的なコミュニケーション障害の重症度が重いという相関を認めた（Watanabe et al, 2012）。

さらに，オキシトシン関連分子の遺伝子の中間表現型や表現型と考えられる社会性の障害やその脳基盤に関しては（Inoue et al., 2010 ; Yamasue et al., 2011），オキシトシンの投与で変化が期待されるのではないかという仮説のもとで研究を実施した。東京大学医学部附属病院で40名の成人ASD当事者を対象に，上述した社会的コミュニケーションの障害を反映する心理課題成績や脳画像指標が，オキシトシン単回投与によって改善するかどうかを，二重盲検による無作為の偽薬－実薬のクロスオーバーデザインの臨床試験で検討した。その結果オキシトシン投与によって，定型発達群で観察されていた表情や声色を活用して相手の友好性を判断する行動がASD群においても増え，元々減弱していた領域で内側前頭前野の活動が回復し，それら行動上の改善度と脳活動上の改善度が関与しあっていた（図2）（Watanabe et al., 2014）。内側前頭前野はASD当事者での代謝物濃度異常なども認めやすい部位である（Aoki, Abe et al., 2012 ; Aoki, Kasai et al., 2012）。筆者らは，この部位の代謝物濃度へのオキシトシンの投与効果についても検証する意義があると考えて検討し，現在公表の準備を進めている。

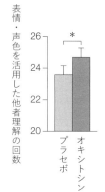
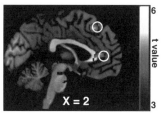

図2　オキシトシン投与による行動と脳活動の変化

（左図）　ASDの当事者では，オキシトシン点鼻スプレーを1回投与したことで，定型発達群で多かった，表情や声色を活用して相手の友好性を判断するタイプの行動が増えた。

（右図）　ASDの当事者では，オキシトシン点鼻スプレーを1回投与したことで，表情や声色を活用して相手の友好性を判断する際の，元々減弱していた内側前頭前野の活動が回復した。白い円で示した元々活動が減弱していた部位とオキシトシン投与で脳活動が増した部位がおおむね一致していた（Aoki, Abe et al.（2012）より一部改変して転載）。

Ⅳ　おわりに

オキシトシンをASDの治療薬として実用するためにはまだ検討するべき点が多く残されている。しかし，脳画像解析を効果判定指標として活用する手法は，今後の治療薬の開発過程にも活用可能であると考えている。

◆ 文献

Aoki Y, Abe O, Nippashi Y & Yamasue H（2013）Comparison of white matter integrity between autism spectrum disorder subjects and typically developing individuals : A meta-analysis of diffusion tensor imaging tractography studies. Molecular autism 4-1 ; 25.

Aoki Y, Abe O, Yahata N, Kuwabara H, Natsubori T, Iwashiro N et al.（2012）Absence of age-related prefrontal NAA change in adults with autism spectrum disorders. Translational Psychiatry 2 ; e178.

Aoki Y, Kasai K & Yamasue H（2012）Age-related change in brain metabolite abnormalities in autism : A meta-analysis of proton magnetic resonance spectroscopy studies. Translational Psychiatry 2 ; e69-12.

Guastella AJ, Einfeld SL, Gray KM, Rinehart NJ, Tonge BJ, Lambert TJ et al (2010) Intranasal oxytocin improves emotion recognition for youth with autism spectrum disorders. Biol Psychiatry 67 ; 692-694.

Hollander E, Bartz J, Chaplin W, Phillips A, Sumner J, Soorya L et al (2007) Oxytocin increases retention of social cognition in autism. Biol Psychiatry 61 ; 498-503.

Hollander E, Novotny S, Hanratty M, Yaffe R, DeCaria CM, Aronowitz BR et al (2003) Oxytocin infusion reduces repetitive behaviors in adults with autistic and Asperger's disorders. Neuropsychopharmacology 28 ; 193-198.

Inoue H, Yamasue H, Tochigi M, Abe O, Liu X, Kawamura Y et al. (2010) Association Between the Oxytocin Receptor Gene and Amygdalar Volume in Healthy Adults. Biological psychiatry 68 ; 1066-1072.

Jin D, Liu HX, Hirai H, Torashima T, Nagai T, Lopatina O et al. (2007) CD38 is critical for social behaviour by regulating oxytocin secretion. Nature 446 ; 41-45.

Kosfeld M, Heinrichs M, Zak PJ, Fischbacher U & Fehr E (2005) Oxytocin increases trust in humans. Nature 435 ; 673-676.

van Ijzendoorn MH & Bakermans-Kranenburg MJ (2012) A sniff of trust : Meta-analysis of the effects of intranasal oxytocin administration on face recognition, trust to in-group and trust to out-group. Psychoneuroendocrinology 37 ; 438-443.

Watanabe T, Abe O, Kuwabara H, Yahata N, Takano Y, Iwashiro N et al. (2014) Mitigation of Sociocommunicational Deficits of Autism Through Oxytocin-Induced Recovery of Medial Prefrontal Activity : A Randomized Trial. JAMA psychiatry 71 ; 166-175.

Watanabe T, Yahata N, Abe O, Kuwabara H, Inoue H, Takano Y et al. (2012) Diminished Medial Prefrontal Activity Behind Autistic Social Judgments of Incongruent Information. PLoS One 7 ; e39561.

Watanabe T, Yahata N, Kawakubo Y, Inoue H, Takano Y, Iwashiro N et al. (2013) Network structure underlying resolution of conflicting non-verbal and verbal social information. Social cognitive and affective neuroscience. 2013 Jun 18.

Yamasue H (2013) Function and structure in social brain regions can link oxytocin-receptor genes with autistic social behavior. Brain & development 35 ; 111-118.

Yamasue H, Ishijima M, Abe O, Sasaki T, Yamada H, Suga M et al. (2005) Neuroanatomy in monozygotic twins with Asperger disorder discordant for comorbid depression. Neurology 65 ; 491-492.

Yamasue H, Kuwabara H, Kawakubo Y & Kasai K (2009) Oxytocin, sexually dimorphic features of the social brain and autism. Psychiatry Clin Neurosci 63 ; 129-140.

Yamasaki S, Yamasue H, Abe O, Suga M, Yamada H, Inoue H et al. (2010) Reduced Gray Matter Volume of Pars Opercularis Is Associated with Impaired Social Communication in High-Functioning Autism Spectrum Disorders. Biological psychiatry 68 ; 1141-1147.

Yamasue H, Suga M, Yahata N, Inoue H, Tochigi M, Abe O et al. (2011) Reply to : Neurogenetic Effects of OXTR rs2254298 in the Extended Limbic System of Healthy Caucasian Adults. Biological Psychiatry 70 ; E41-42.

Yamasue H, Yee JR, Hurlemann R, Rilling JK, Chen FS, Meyer-Lindenberg A et al. (2012) Integrative Approaches Utilizing Oxytocin to Enhance Prosocial Behavior : From Animal and Human Social Behavior to Autistic Social Dysfunction. The Journal of neuroscience 32 ; 14109-14117.

◉研究の実際

社会脳研究からみた自閉症スペクトラム障害

千住 淳

I 自閉症スペクトラム障害（ASD）の「謎」

自閉症スペクトラム障害（Autism Spectrum Disorder：ASD）は，対人相互反応と対人コミュニケーションの障害（社会性の障害），常同的・反復的・限局的な行動や興味（こだわり・常同行動）という2つの基準によって診断される発達障害である（American Psychiatric Association, 2013）。なお，過去の診断基準では，対人相互作用の障害とコミュニケーションの障害は別個に扱われていたが（American Psychiatric Association, 2000），2013年に発表された新しい診断基準（DSM-5）では1つの基準に統合されている。

双生児研究や養子研究などの行動遺伝学的手法により，ASDは養育環境に起因する障害ではなく，遺伝的背景の影響を強く受けることが示されている（Bailey et al., 1995；Le Couteur et al., 1996）。また，分子遺伝学の手法によっても，ASDと関連の強い遺伝子（の変異）が数多く報告されている（Abrahams & Geschwind, 2008）。例えば，脆弱X症候群やアンゲルマン症候群，結節性硬化症などの遺伝性疾患では，ASDの発現率が高くなることが知られている。

しかしながら，ASDの遺伝的背景は多種多様であり，単一の遺伝要因は，主要なものでもASD人口全体の1〜2%以上を説明することはできない。つまり，ASDは遺伝的に極めて多様な症候群である，ということができる。なお，ASDを確実に診断できる遺伝子検査は現時点では存在しないため，ASDの診断は精神医学の手法に則り，行動観察と生育歴に基づいて行われる。

では，遺伝的には極めて多様な症候群であるASDが，なぜ診断基準と一致するような共通の臨床像を発達させるのだろうか。もちろん，ASDの診断を受ける個人は極めて多様であり，ADHDや学習障害，知的発達や言語発達の個人差などの併存する臨床像，さらには個性や才能などにおいても，まさに十人十色である。しかしながら，生物学的観点から見たときに「謎」となるのは，こういった個性の違いではなく，なぜこういったさまざまな個性的を持った存在がASDという共通の臨床像に「収斂」するのかにある，ということもできる。筆者は，社会脳研究の観点から，ASDの臨床像のうち，社会性（対人相互作用・対人コミュニケーション）の非定型発達が，どのような脳機能発達によって生みだされているのかについて研究を行っている。

II 社会脳研究とASD

社会脳研究とは，もとは進化生物学や行動生態学の分野において提唱された概念であり，「霊長類進化における脳の大型化（大脳化）は，複雑な社会構造への適応進化として，最もよく説明できる」という知見に基づいている（Dunbar, 1998）。この知見に基づき，霊長類の一種であるヒトの脳機能が，どのように社会的な環境に適応しているのかを認知神経科学，行動神経科学の手法で明らかとすることが，社会脳研究の大きな目的のひとつである（Brothers, 1990）。ま

た，社会脳研究は社会心理学や行動経済学などの社会科学とも融合を見せ，ヒトの社会行動の神経基盤について研究する「社会神経科学」と呼ばれる研究分野を形成している。

脳の異なる場所は少しずつ異なる役割を果たしており，これを「脳の機能局在」と呼んでいる。また，社会的な情報の処理や社会行動に関わる脳機能も，ある程度の局在を見せている(Adolphs, 2003；Brothers, 1990)。例えば，相手の顔を認識する働きには「紡錘状回」と呼ばれる場所が，相手の動きや視線，意図などを把握する働きには「上側頭溝」と呼ばれる場所が，相手の心の状態を推し量る働きには「側頭頭頂接合部」や「前頭葉内側部」と呼ばれる部位が，それぞれ主に寄与していると考えられている。これらの脳部位からなるネットワークのことを，「社会脳ネットワーク」あるいは「社会脳」と呼ぶこともある。

ただし，当然の話ではあるが，社会行動の全てが「社会脳ネットワーク」によって処理されているわけではない。社会行動は複雑な知覚，認知，情動，行動制御を必要とする行動であり，いわば「脳全体」で処理されている，ということもできる。社会脳ネットワークは社会行動を引き起こすのに必要十分な脳部位ではなく，他の脳部位と比べて，相対的に社会行動への寄与や関連性が大きい部位である，ということもできる。

ASDにみられる社会性の障害は，「ヒトの多様な脳機能発達のうち，社会環境への適応に困難さを引き起こす状態」として捉えることができるため，社会脳研究の手法が適用可能である。例えば，ASDにおける社会脳ネットワークの機能発達を検証し，定型発達の様相と比較することにより，ASDに特徴的な社会行動の非定型発達が，どのような脳機能の特徴と関連しているのかについて研究することが可能である。

さらに，ASDの脳機能発達と比較することにより，定型発達における社会脳ネットワークの機能について，新たな発見が得られることもある。例えば，知的発達や言語発達の困難さを伴わないASD者の存在は，「社会性に特有の脳機能は存在せず，一般的な知能や言語によって社会行動は全て説明可能である」という強い主張を否定する，明確な根拠のひとつである。

III 社会脳の「能力」と「運用」

ASDにおいて，「社会脳ネットワーク」の活動パターンが定型発達者と異なっている，という報告は多い(Frith & Frith, 2010)。例えば，人の顔を見ているときの脳の働き方を計測すると，ASD者では，定型発達者よりも「紡錘状回」の働き方が弱い，という報告がある。また，相手の気持ちや考えを読む課題，「心の理論」課題を行っているときの脳の働き方を計測すると，「前頭葉内側部」の働き方にASD者と定型発達者との間で違いがある，という報告もある。

しかしながら，「社会脳ネットワーク」の活動において，ASDと定型発達との間に違いを見いださない研究も少なくない。例えば，画面に映し出された顔刺激上に注視点を提示し，さらに教示によって注視を促した場合，ASD者も定型発達者と同程度の「紡錘状回」の活動が見られる，という報告がある(Hadjikhani et al., 2004)。他にも，家族や友達など，ASD者本人にとって「なじみ深い」顔を見せた場合にも，定型発達者と同程度の紡錘状回の働きが見られることが報告されている(Pierce & Redcay, 2008)。これらの研究から，ASD者は「紡錘状回」が働かないわけではなく，顔に自発的に注意を向ける傾向が弱いため，いくつかの研究では紡錘状回の働きを見せなかったのではないか，と考えることもできる。つまり，課題によって顔に注意を向けたり，本人にとってなじみのある顔，関心が引かれる顔を見せたりしたときには，ASD者の顔への注意や関心が促され，結果として紡錘状回の働きが見られるのではないか，という議論

である。

　これらの研究は，ASDが「社会脳ネットワーク」において社会的情報を処理する能力そのものの違いではなく，これらの脳部位が働くきっかけ，他人の行動に自然に注意が向いたり，相手の行為や働きかけに自然に興味を覚えたりする心の働き，その背景にある脳の働き，つまり日常場面における社会脳の運用における違いに基づいている可能性を示唆している。

　脳機能計測研究だけでなく，眼球運動の計測などの行動指標を用いた研究からも，ASDにおいて社会脳の「能力」と「運用」が乖離している可能性が示されている。例えば，筆者らが行った研究（Senju et al., 2009）では，他者の考えや知識などの心の状態を推察し，行動理解や予測に用いる能力である「心の理論」について，誤信念課題を用いた検証を行った。誤信念課題とは，登場人物が見ていない間に対象物（例おもちゃ）が別の場所（例かごの中から箱の中）に移動したため，その人物が対象物の位置について現実とは異なる信念を持っている（例実際にはおもちゃは箱の中にあるのに，その人物は「おもちゃがかごの中にある」と思っている）ことを理解する能力を計測する課題である。この課題に通過するには，登場人物が現実世界の状態ではなく，世界に対しての知識や信念などといった「心の状態」に基づいた行動を見せることを理解し，予測する必要がある。言語教示，言語や指さしによる反応を用いた通常の誤信念課題を実施した場合，定型発達児は4歳前後で，ASD児は言語発達年齢11歳前後で，それぞれ課題に通過しはじめることが知られている（Happé, 1995）。

　筆者らの研究では，通常の誤信念課題は容易に通過するASD成人および定型発達成人を対象に，もともと乳幼児向けに開発された非言語性の誤信念課題を実施した。この課題は，誤信念場面をビデオ映像によって提示し，実験参加者が映像中の登場人物の誤信念に基づいた行動を予測するような視線の動きを見せるかどうかを，アイトラッカーを用いて計測するものである。この課題では，通常の誤信念課題には困難を示す1歳半から2歳の幼児が，課題に通過することが知られている（Senju et al., 2011 ; Southgate et al., 2007）。なお，実験参加者には課題の内容に関する教示は行われず，映像への注視のみが教示された。

　この研究の結果，定型発達成人は，幼児と同じように，教示なしに自発的な誤信念に基づいた行動予測を行っていることが，アイトラッカーによる視線計測の結果から明らかにされた。一方，通常の誤信念課題は容易に通過するASD成人は，定型発達成人（および定型発達幼児）とは異なり，映像中の登場人物の誤信念に基づいた自発的な行動予測を行ってはいなかった。また，誤信念理解を必要としない行動予測場面では，ASD成人も定型発達成人と同様の予期的な注視行動を示していた。そのため，ASD者の視線行動の特徴は，全般的な行動予測が生起しないことではなく，他者の心的状態を自発的な行動予測に用いる傾向が見られないことである，と考えられる。

　さらに，近年の前方視研究からは，ASDにおける社会的な刺激への自発的な注意や自発的な情報処理の違いが，生後極めて初期，おそらくは生後1年以内に現れることが報告されている。例えば，Jones & Klin（2013）は，生後36カ月でASDの診断を受けた対象児は，生後2～6カ月の間に，ビデオ映像中の登場人物の目に対する注視行動の顕著な減少を見せることが報告されている。また，Elsabbagh et al. (2012) は，同じく生後36カ月でASDの診断を受けた対象児が，生後7カ月前後において，画面上に提示された顔写真の視線の動きに対して，定型発達児とは異なる脳機能を見せることを，事象関連電位を用いた計測法により示している。

　いずれの研究も，集団レベルでASD群と定型発達群との間に違いが見られることを示すもの

であり，個人レベルのデータは個人差も大きいため，いわゆる「早期診断」に直結するものではない。それでも，これらの研究はASDに関わる行動や脳機能の特徴が，診断可能な年齢よりもはるかに早い時期から発現していることを示唆しており，ASDの脳機能発達について理解するうえで極めて重要な知見である。今後，より精度の高い研究が積み重ねられることにより，ASDの初期発達に関する理解，さらに将来的には早期診断にもつながる可能性が期待される。

IV 社会脳の自発性と臨床への示唆

近年の社会脳研究・社会神経科学研究から，ASDにおける社会性の非定型発達は，社会的な情報処理を行う能力そのものの障害よりも，社会的な刺激に自発的に注意を向け，自発的に処理を行う傾向（社会脳の自発的な運用）の弱さに起因している可能性が示唆されている。もちろん，発達的に考えた場合，「能力」と「運用」の両者を簡単に切り離すことはできない。例えば，発達初期に他者に注意を向けたり，他者から学んだりする傾向が弱ければ，社会的な学習を行う機会が減少し，結果的に社会的な情報処理の能力を発達させることが困難になる可能性も考えられる。

こういった，社会脳ネットワークの自発的な運用の困難さは，「社会的注意」あるいは「社会的動機づけ」の非定型発達として議論されることもある（Chevallier et al., 2012）。どういった用語を用いてこの現象を記述するかは研究分野によって異なるが，神経レベルでは，扁桃体などの皮質下の構造における"素早い"社会的情報処理の違いが，社会脳ネットワークの自発的な運用を困難にしている，と議論されることが多い。例えば，Senju & Johnson（2009）では，ASDでは上丘や視床枕，扁桃体からなる皮質下のネットワークにおける社会的な刺激の検出，もしくは皮質下のネットワークと主に大脳皮質からなる社会脳ネットワークとの間における連絡の非定型性により，素早く自発的な社会的情報処理が実現されないのではないか，と議論されている。なお，ASDにおける皮質下での社会的情報処理については，非定型性を示唆するもの（Kleinhans et al., 2011）と，定型性を示唆するもの（Shah et al., 2013）の両者があり，議論が分かれている。

さらに，近年注目されている研究として，オキシトシンを経鼻吸入することにより，自発的な社会的注意や社会的情報処理が促進される現象が報告されている。オキシトシンは出産や授乳に関わるホルモンとして知られていたが，脳内で神経伝達物質としても機能している。また，強化学習や条件付けに関与しているドーパミン系の経路に影響を与えることも知られており（Love, 2014），社会行動や社会的学習に影響を与えている可能性も示唆されている（McCall & Singer, 2012）。

例えば，ASD者がオキシトシンを経鼻吸入した際，相手の微妙な表情を読み取る課題で成績がよくなったり（Guastella et al., 2010），相手の目を見る傾向が強くなったり（Andari et al., 2010），相手が自分とやりとりをしているのか，自分を無視しているのか，といった相手と自分との関係について敏感になったりする（Andari et al., 2010）ことが報告されている。また，オキシトシン投与がASD者の顔処理に及ぼす影響を調べた脳機能イメージング研究（Domes et al., 2013）からは，オキシトシンは大脳皮質における社会脳ネットワークの機能を直接高めるわけではなく，顔刺激への注視時の皮質下の構造（扁桃体）の活動に影響を与えていることも報告されている。これらの研究結果は，オキシトシン系の経路が定型発達者だけでなく，ASD者における自発的な社会的注意や社会的情報処理にも寄与している可能性を示唆している。なお，単回吸入によって調べられているこれらの効果は一時的なものであり，吸入後30分から1時間後に

現れ始め，数時間で消えることも知られている。

オキシトシンの長期投与に関しては，ASDの臨床像の改善を報告している事例研究（Anagnostou et al., 2014；Kosaka et al., 2012；Yamasue et al., 2012）も存在するが，最近報告されたランダム化比較試験（Dadds et al., 2014）では，治療効果は確認されていない。今後，より多くの臨床研究が進められることにより，オキシトシンの長期投与の効果や制約，副作用などについて，エビデンスが蓄積されていくと考えられる。

もちろん，ASDにおける社会性の非定型発達に対する介入・支援は，薬物療法だけではない。本稿で紹介した研究からも，教示や課題の工夫によって社会的な刺激に対する注意や学習を促すことにより，ASDにおいても社会的な情報処理が促進される可能性が示唆されている。臨床家による行動療法（Dawson et al., 2010），親をはじめとした保護者へのトレーニングを用いた手法（Green et al., 2010）など，行動的・心理的な手法に関する治療効果研究に関しても，ランダム化比較試験による検証結果が報告されている。これらの研究は，ASDの中核的な臨床像に関する治療効果を示すには至っていないものの，行動や知能発達，親子関係などに有益な効果を見せることが報告されている。さらに，これらの臨床研究は，欧米を中心として行われている大規模な前方視研究と組み合わされることにより，「超早期介入」に関する研究へとつながっている。今後，これらの超早期介入研究の成果が報告されることにより，基礎・臨床の双方に大きな影響を与えることが予測される。

*

以上みてきたように，ヒトの社会行動の神経基盤を探る社会脳研究，社会神経科学から，社会性の非定型発達事例に関してもいくつかの重要な示唆がなされている。特に，社会的な場面や課題を理解する「能力」だけでなく，その能力を現実場面で素早く，自発的に適用する「運用」の違いが，ASDなどの発達障害における社会適応の困難さに関連する可能性が示唆されている。社会脳の自発的運用がどのような神経基盤によって実装されているのか，どのような介入や支援が可能なのか，今後の研究によって，より多くのことが明らかになることが期待されている。

◆参考文献

千住 淳（2012）社会脳の発達．東京大学出版会．
千住 淳（2014）自閉症スペクトラムとは何か──ひとの「関わり」の謎に挑む．筑摩書房．

◆文献

Abrahams BS & Geschwind DH (2008) Advances in autism genetics : On the threshold of a new neurobiology. Nat Rev Genet 9-5 ; 341-355.

Adolphs R (2003) Cognitive neuroscience of human social behaviour. Nat Rev Neurosci 4-3 ; 165-178.

American Psychiatric Association (2000) Diagnostic and Statistical Manual of Mental Disorders, 4th Ed., Text Revision, DSM-IV-TR. Washington DC : Author.

American Psychiatric Association (2013) Diagnostic and Statistical Manual of Mental Disorders. 5th Ed. Arlington, VA : American Psychiatric Publishing.

Anagnostou E, Soorya L, Brian J, Dupuis A, Mankad D, Smile S & Jacob S (2014) Intranasal oxytocin in the treatment of autism spectrum disorders : A review of literature and early safety and efficacy data in youth. Brain Research 1580 ; 188-198.

Andari E, Duhamel J-R, Zalla T, Herbrecht E, Leboyer M & Sirigu A (2010) Promoting social behavior with oxytocin in high-functioning autism spectrum disorders. Proceedings of the National Academy of Sciences 107-9 ; 4389-4394.

Bailey A, Le Couteur A, Gottesman I, Bolton P & Simonoff E (1995) Autism as a strongly genetic disorder : Evidence from a British twin study. Psychol. Med. 25 ; 63.

Brothers L (1990) The social brain : A project for integrating primate behavior and neuropsychology in a new domain. Concepts in Neuroscience 1 ; 27-51.

Chevallier C, Kohls G, Troiani V, Brodkin ES & Schultz RT (2012) The social motivation theory of autism. Trends in Cognitive Sciences 16-4 ; 231-239.

Dadds M, MacDonald E, Cauchi A, Williams K, Levy F & Brennan J (2014) Nasal oxytocin for social deficits in childhood autism : A randomized controlled trial. Journal of Autism and Developmental Disorders 44-3 ; 521-531.

Dawson G, Rogers S, Munson J, Smith M, Winter J, Greenson J & Varley J (2010) Randomized, controlled trial of an intervention for toddlers with autism : The early start denver model. Pediatrics 125-1 ; e17-e23.

Domes G, Heinrichs M, Kumbier E, Grossmann A, Hauenstein K & Herpertz SC (2013) Effects of intranasal oxytocin on the neural basis of face processing in autism spectrum disorder. Biological Psychiatry 74-3 ; 164-171.

Dunbar RIM (1998) The social brain hypothesis. Evolutionary Anthropology : Issues, News and Reviews 6-5 ; 178-190.

Elsabbagh M, Mercure E, Hudry K, Chandler S, Pasco G, Charman T, Johnson MH (2012) Infant neural sensitivity to dynamic eye gaze is associated with later emerging autism. Current Biology 22-4 ; 338-342.

Frith U & Frith C (2010) The social brain : Allowing humans to boldly go where no other species has been. Philosophical Transactions of the Royal Society B : Biological Sciences 365 (1537) ; 165-176.

Green J, Charman T, McConachie H, Aldred C, Slonims V, Howlin P, & Pickles A (2010) Parent-mediated communication-focused treatment in children with autism (PACT) : A randomised controlled trial. The Lancet 375 (9732) ; 2152-2160.

Guastella AJ, Einfeld SL, Gray KM, Rinehart NJ, Tonge BJ, Lambert TJ & Hickie IB (2010) Intranasal oxytocin improves emotion recognition for youth with autism spectrum disorders. Biological Psychiatry 67-7 ; 692-694.

Hadjikhani N, Joseph RM, Snyder J, Chabris CF, Clark J, Steele S & Tager-Flusberg H (2004) Activation of the fusiform gyrus when individuals with autism spectrum disorder view faces. Neuroimage 22-3 ; 1141-1150.

Happé FG (1995) The role of age and verbal ability in the theory of mind task performance of subjects with autism. Child Development 66-3 ; 843-855.

Jones W & Klin A (2013) Attention to eyes is present but in decline in 2-6-month-old infants later diagnosed with autism. Letter. Nature, advance online publication.

Kleinhans NM, Richards T, Johnson LC, Weaver KE, Greenson J, Dawson G & Aylward E (2011) fMRI evidence of neural abnormalities in the subcortical face processing system in ASD. Neuroimage 54-1 ; 697-704.

Kosaka H, Munesue T, Ishitobi M, Asano M, Omori M, Sato M & Wada Y (2012) Long-term oxytocin administration improves social behaviors in a girl with autistic disorder. BMC Psychiatry 12-1 ; 110.

Le Couteur A, Bailey A, Goode S, Pickles A & Robertson S (1996) A broader phenotype of autism : The clinical spectrum in twins. J. Child Psychol. Psychiatry 37 ; 785.

Love TM (2014) Oxytocin, motivation and the role of dopamine. Pharmacology Biochemistry and Behavior 119 ; 49-60.

McCall C & Singer T (2012) The animal and human neuroendocrinology of social cognition, motivation and behavior. [10.1038/nn.3084]. Nat Neurosci 15-5 ; 681-688.

Pierce K & Redcay E (2008) Fusiform function in children with an autism spectrum disorder is a matter of "who". Biological Psychiatry 64-7 ; 552-560.

Senju A & Johnson MH (2009) Atypical eye contact in autism : Models, mechanisms and development. Neuroscience & Biobehavioral Reviews 33-8 ; 1204-1214.

Senju A, Southgate V, Snape C, Leonard M & Csibra G (2011) Do 18-Month-Olds Really Attribute Mental States to Others? Psychological Science 22-7 ; 878-880.

Senju A, Southgate V, White S & Frith U (2009) Mindblind eyes : An absence of spontaneous theory of mind in asperger syndrome. Science 325 (5942) ; 883-885.

Shah P, Gaule A, Bird G & Cook R (2013) Robust orienting to protofacial stimuli in autism. Current biology : CB 23-24 ; R1087-R1088.

Southgate V, Senju A & Csibra G (2007) Action anticipation through attribution of false belief by 2-year-olds. Psychological Science 18-7 ; 587-592.

Yamasue H, Yee JR, Hurlemann R, Rilling JK, Chen FS, Meyer-Lindenberg A & Tost H (2012) Integrative approaches utilizing oxytocin to enhance prosocial behavior : From animal and human social behavior to autistic social dysfunction. The Journal of Neuroscience 32-41 ; 14109-14117.

⊙研究の実際

共同注意の発達と障害

実藤和佳子

I　はじめに

　他者が注意を向けている対象に自分も注意を向ける。違うところにある他者の注意を指さしなどで操作して，自分が注意を向けてほしい方向へ誘導する。共同注意（joint attention）と呼ばれるこうした現象は，言葉を話しはじめる前の赤ちゃんの行動にもよく観察される。日常のコミュニケーションにおいて意識せずともよく起こりそうな現象に思われるが，共同注意はさまざまな発達において実に重要な意味を持つ。自閉症スペクトラム障害（Autism Spectrum Disorders：ASD）児者が示す共同注意の発達は，定型発達児者が示す発達とは異なる可能性も指摘され，共同注意はより一層の注目を集めてきた。

II　共同注意の定型発達

1　共同注意とは何か

　共同注意の定義には複数の立場があり，統一された定義はない。目の前の他者がある対象へ視線を向けたときの視線追従は，視覚的共同注意（joint visual attention）と呼ばれ，乳児期における視覚的共同注意の報告から共同注意研究は始まった（Scaife & Bruner, 1975）。こうした視線追従の可否に焦点をあて，他者が見ている対象を見る現象と，共同注意を狭義に定義する立場がある（Butterworth & Jarrett, 1991）。一方，背景に他者理解を想定する広義の定義もある。共同注意は，単純に二者が同じ対象を見ることを指すだけではなく，二者が互いに視線を他者と対象の間で交互に切り替える（交互凝視）など，両者が相手の注意や意図性を認識し共有していることが重要であるというものである（Tomasello, 1995）。共同注意の成立条件として，さらに文化的慣習（Adamson & Bakeman, 1995）や暗黙の背景知識（Bruner, 1995）などといった視点を含む場合もある（図1）。これらの広義の共同注意に基づいた行動指標は，視線追従だけではなく他者への提示手渡しや交互凝視なども含まれる（Mundy et al., 1990）。広義の定義による共同注意行動については，後続する他者の心的状態の理解と関連づけた研究が重ねられてきており，本稿では広義の定義をもとにした共同注意研究を中心に紹介していきたい。

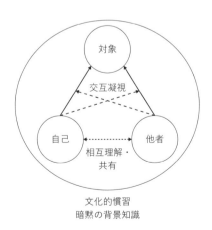

図1　広義の定義における共同注意（大神（2008）を一部改変）

2 共同注意行動はいかに発達するか

では，共同注意はどのように発達していくのだろうか。ここでは，縦断的に発達を追跡した2研究を紹介する。

大神（2008）は，ある市に出生した乳児について，生後8～18カ月まで2カ月ごとに全6回，縦断的に追跡する大規模コホート調査を実施した。共同注意に関する複数の行動指標のほか，からかいや向社会的行動などの社会性，言語，運動に関する指標を含んだ養育者への質問紙を用いて，その標準化から個々の行動の出現時期を特定した。さらに，共同注意を含む定型発達過程に4段階が想定されることを示した。それは，①注意追従（8～11カ月：視線追従，指さし理解など），②行動追従（10～12カ月：提示手渡しなど），③注意操作（11～13カ月：指さし産出など），④シンボル形成（13～18カ月：言語，他者の苦痛への反応など）であり，それぞれ次段階へと連なる発達的連鎖を持つ。指さし理解は指さし産出に直接関連がない可能性（Lempers, 1979），指さし産出と言語発達との関連（Butterworth, 2003）など，本知見と一致した見解は先行研究でも散見されるが，この縦断調査により，共同注意行動に関する個人内の発達的機序として包括的に明示されることとなった。

人数を絞り，一定の条件下で縦断的に観察を実施した研究（Carpenter et al., 1998）もある。この研究では，共同注意のほか，模倣，ジェスチャー，言語などの指標も含めて，生後9～15カ月まで月1回の測定を実施した。これまで，9カ月児は半分以下しか共同注意を示さないという知見も得られてきたが（Bakeman & Adamson, 1984），それは10分という観察時間によるものなのかもしれない。Carpenter et al.（1998）は，共同的な関わりを1時間観察すると，ほとんどの9カ月児が他者の注意や行動を共有・確認するような行動を示すことを明らかにした。さらに，生後12カ月までには，過半数の乳児が共同的な関わりに加え，ジェスチャー，注意の追従，模倣という主要な社会的認知スキルを示した。乳児の社会的認知スキルの出現において，生後9～12カ月は非常に重要な時期であり，このわずか3カ月の間に急激に多くのスキルが出現しはじめる。発達の流れとして，他者の注意の共有から追従，指示といった順で出現していくことが明らかとなった。

いずれの研究手法においても，他者への注意は他者の注意の追従から操作・指示に移行しており，共同注意の発達過程は測定手法や文化の相違を超えておよそ一貫していると考えられる。

3 共同注意と関連する発達は何か

共同注意行動は，後続する他の発達に関連性を持つことが示されてきた。例えば，共同注意は後の言語発達と関連する（Carpenter et al., 1998；Mundy et al., 2007；大神，2008）。後続して観察される社会的行動（Sheinkopf et al., 2004），情動制御（Morales et al., 2005），そして情動共有（Kasari et al., 1990）などといった社会性に関わる発達についても，共同注意との関連が明らかにされてきた。また，共同注意は知的発達とも関連するという知見（Smith & Ulvund, 2003）もある。

このように，共同注意行動と関連があるとされる発達の領域は多岐にわたる。そのため，乳児期における共同注意スキルの個人差がその後の他領域における発達的相違と関連する可能性が想定され，多数の研究が検討を実施してきた。とりわけ，さまざまな発達がスムーズでないケースの共同注意発達，あるいは，共同注意発達に問題を生じた場合における後続する発達の相違について焦点があてられてきた。そのなかで社会的コミュニケーションの障害を主な特徴のひとつとするASD児者が示す共同注意についても，研究が進められてきた。

Ⅲ ASDにおける共同注意

1 ASD児が示す共同注意

発達年齢を統制した発達遅滞児と比較して，ASD児は共同注意に困難を抱える（Loveland & Landry, 1986）。共同注意の欠如はASDとその他の発達遅滞とをかなりの程度で区別することができる指標とも報告され，特に幼いASD児は，その発達レベルにも知的なレベルにも関係なく，共同注意の欠如が明らかとされる（Mundy et al., 1994）。ただし，ASD児において共同注意が完全に欠如しているとは限らないことも明らかになっている。例えば，音声言語のないASD幼児の約半数は，なじみのない大人との相互作用場面において多少の共同注意を示す（Adamson & Mcarthur, 1995）。また，ASD児において共同注意行動が一律に観察されにくいというわけではなく，特に，社会的な目的での注意の共有が，要求目的での注意の共有よりも観察されにくい（Mundy et al., 1990）。ASD児における共同注意の欠如は，ASDそのものに起因するというより，ASDを原因とした社会性の発達的遅れなどからの発達的連鎖によるものかもしれない。

先述の通り，共同注意は他の発達とも関連するため，ASD児が示す共同注意行動は後の言語産出を予測する（Mundy et al., 1990）。介入により共同注意が観察されはじめると，その後の言語発達につながっていく（Bono et al., 2004）。言語だけではなく，ASD児の共同注意は，後の社会的な集団行動や同胞との行動とも関連が指摘されている（Sigman & Ruskin, 1999）。

2 共同注意からみるASDの兆候

共同注意は発達初期に出現する現象であることから，乳児期における共同注意の発達に注目し，ASDの有無を早期に発見しようとする試みが国際的に展開されてきた。

CHAT (The Checklist for Autism in Toddlers ; Baron-Cohen et al., 1992）と呼ばれる質問紙は，生後18カ月での使用を目安に作成された。養育者および専門職への項目が全14項目あり，なかでも鍵とされる5項目のうち3項目が共同注意に関わる内容（叙述の指さし産出，応答の指さし産出，指さしの追従）である。CHATは，特定項目の観察により早期段階でASDを検出する試みとして世界で注目を集めた。ASDでない児をASDでないと判断する特異度は100％に近い一方，ASD児を検査で特定できる割合である感度は20〜38％と低く，言語を含めた他の発達遅滞との区別が難しいことも指摘される（Baird et al., 2000）。

先述の大神（2008）では，コホート研究の対象児を追跡し，ASD診断を持つ事例について後方視的にASDが乳児期に示す発達的特徴を検討した。全事例に共通していた特徴として，18カ月時点において観察される共同注意行動の種類が少ないこと，指さし産出（叙述，応答）が見られず他者の苦痛に反応しないこと，有意味語がなく呼称ができないこと，伝え歩き以上の運動が可能であることを挙げた。共同注意に関わる個々の項目はCHATと重なる側面もあるが，共同注意の量（種類の多さ）の評価も必要であることや，言語・運動の基準も含まれることは，大神（2008）の特徴である。

近年のASD診断におけるゴールデンスタンダードのひとつとされるADOS（Autism Diagnostic Observation Schedule）も共同注意項目を取り入れている。特に言語がない／少ない対象児者に対する観察項目において，視線／指さしの追従，指さし産出，自発的な共同注意の開始（ヒト—モノ—ヒトなどといった視線の移動）が含まれている（Lord et al., 2000）。ADOSにおいては共同注意に加え，視線や表情，相互作用全体の質などの他項目も多く含まれていること，訓練された検査者による評価であることが，Baron-Cohen et al.（1992）や大神（2008）と違う特徴といえる。

IV 今後の展望

　共同注意はASDを早期発見するための指標としてだけではなく，ASDの発達を全般的に促していくために介入すべき領域として極めて重要である。しかし，同時に，共同注意のみがASDにおいて鍵となる現象というわけではないことも心に留めておくべきである。実際，大神（2008）の知見やADOSの観察項目を鑑みると，共同注意以外の項目についてもきちんと観察することが，より正確なASD評価につながっているように窺える。ASDがスペクトラムであることに重きが置かれはじめた今，ASDを単一の観点から説明しようとするのはナンセンス（Happé et al., 2006）であり，今後はさまざまな観点を統合しながら検討していく必要がある。こうした背景のもと，筆者も近年，複数の発達現象がいかに連鎖しながら社会的認知の発達が進んでいくか，あるいは障害されていくのかを検討している。世界的にも類似した目的を持つコホート研究は同時並行的に進んでおり，より一層多くの知見が積み重ねられていくことであろう。共同注意を含めた発達的観点からのASD研究が発展し，今後の臨床にも有効に応用されていくことを祈念しつつ，本稿を結ぶことにしたい。

◆文献

Adamson L & Bakeman R（1995）Affect and attention : Infants observed with mothers and peers. Child Dev 56 ; 582-593.

Adamson L & Mcarthur D（1995）Joint attention, affect and culture. In : Moore C & Dunham PJ（Eds.）Joint Attention : Its Origin and role in development. Hillsdale, NJ : Lawrence Erlbaum, p.205-222.

Baird G, Charman T, Baron-Cohen S et al.（2000）A screening instrument for autism at 18 months of age : A 6-year follow-up study. J Am Acad Child Adolesc Psychiatr 39 ; 694-702.

Bakeman R & Adamson L（1984）Coordinating attention to people and objects in mother-infant and peer-infant interactions. Child Dev 55 ; 1278-1289.

Baron-Cohen S, Allen J & Gillberg C（1992）Can autism be detected at 18 months? The needle, the haystack and the CHAT. Br J Psychiatr 161 ; 839-843.

Bono MA, Daley T & Sigman M（2004）Relations among joint attention, amount of intervention and language gain in autism. J Autism Dev Disord 34 ; 495-505.

Bruner J（1995）Foreword : From joint attention to the meeting of minds : An introduction. In : Moore C & Dunham PJ（Eds.）Joint Attention : Its Origin and Role in Development. Hillsdale, NJ : Lawrence Erlbaum, p.1-14.

Butterworth GE（2003）Pointing is the royal road to language for babies. In : Kita S（Ed.）Pointing : Where language, culture and cognition meet. Mahwah, NJ : Lawrence Erlbaum, pp.9-33.

Butterworth GE & Jarrett NLM（1991）What minds have in common is space : Spatial mechanisms serving joint visual attention in infancy. Br J Dev Psychol 9 ; 55-72.

Carpenter M, Nagell K & Tomasello M（1998）Social cognition, joint attention, and communicative competence from 9 to 15 months of age. Monogr Soc Res Child Dev 63 ; 1-143.

Happé F, Ronald A & Plomin R（2006）Time to give up on a single explanation for autism. Nat Neurosci 9 ; 1218-1220.

Kasari C, Sigman M, Mundy P et al.（1990）Affective sharing in the context of joint attention interactions of normal, autistic and mentally retarded children. J Autism Dev Disord 20 ; 87-100.

Lempers JD（1979）Young children's production and comprehension of nonverbal deictic behaviors. J Genet Psychol 135 ; 93-102.

Lord C, Risi S, Lambrecht L et al.（2000）The autism diagnostic observation schedule-generic : A standard measure of social and communication deficits associated with the spectrum of autism. J Autism Dev Disord 30 ; 205-223.

Loveland K & Landry S（1986）Joint attention and language in autism and developmental language delay. J Autism Dev Disord 16 ; 335-349.

Morales M, Mundy P, Crowson MM et al.（2005）Individual differences in infant attention skills, joint attention and emotion regulation behavior. Int J Behav Dev 29 ; 259-263.

Mundy P, Block J, Delgado C et al.（2007）Individual differences and the development of joint attention in infancy. Child Dev 78 ; 938-954.

Mundy P, Sigman M & Kasari C（1990）A longitudinal study of joint attention and language development in autistic children. J Autism Dev Disord 20 ; 115-128.

Mundy P, Sigman M & Kasari C（1994）Joint attention, developmental level and symptom presentation in young children with autism. Dev Psychopathol 6 ; 389-401.

大神英裕（2008）発達障害の早期支援――研究と実践を紡ぐ新しい地域連携．ミネルヴァ書房．

Scaife M & Bruner JS（1975）The capacity for joint visual attention in the infant. Nature 253 ; 265-266.

Sheinkopf SJ, Mundy P, Claussen AH et al.（2004）Infant joint attention skill and preschool behavioral outcomes in at-risk children. Dev Psychopathol 16 ; 273-291.

Sigman M & Ruskin E（1999）Continuity and change in the social competence of children with autism, Down syndrome and developmental delays. Monogr Soc Res Child Dev 64 ; 1-114.

Smith L & Ulvund L（2003）The role of joint attention in later development among preterm children : Linkages between early and middle childhood. Soc Dev 12 ; 222-234.

Tomasello M (1995) Joint Attention as Social Cognition. In : Moore C & Dunham PJ (Eds.) Joint Attention : Its Origin and Role in Development. Hillsdale, NJ : Lawrence Erlbaum, pp.103-130.

◉研究の実際

自閉症スペクトラム児の自己像認知

菊池哲平

I はじめに

近年，心理学をはじめとする行動科学分野とMRI研究を中心とした脳神経科学からの知見が融合されつつあり，自閉症スペクトラム障害（以下，ASD）の人が示すさまざまな社会性障害について，その基礎的なメカニズムが解明されつつある。心理学的な基礎実験によって取り扱われてきた種々の社会的認知能力と関連が強い脳部位の場所が次々と明らかにされるなかで，これらの脳部位は相互に連携して作用するネットワークとして機能していることがわかってきた。こうしたさまざまな社会的認知能力と関連する脳部位およびそのネットワークは「社会脳」と呼ばれ，現在最もASDを包括的に説明可能にする理論として注目されている。

社会脳という観点から見たASDの特徴については，本書でも千住氏によって取り上げられているので，ここでは社会脳研究のなかでも最も中心的となる「社会を形成する基本的な構成要素である"自己"」（開，2009）について，ASDの人がどのように認知しているのか，筆者による幾つかの実験を通して紹介していきたい。

II 自閉症スペクトラム児の自己像認知

鏡に映った自分の姿を見て自己であると理解する自己像認知は，定型発達ではおよそ2歳前には成立する原初的な自己理解である。以前より，ASD児の自己像認知については繰り返し実験的検討がなされてきた（たとえば，Neuman & Hill, 1978；Spiker & Ricks, 1984；Dawson & McKissick, 1984）。これらの研究ではマークテストあるいはルージュテストと呼ばれる手法が用いられ，実験者がマークやシールを被験者のASD児が気づかないうちにおでこなどに貼り付け，鏡やモニタの前にASD児を連れていったときの反応を分析することで，基本的な視覚的自己認知が成立しているかどうかを調べる。こうした実験の結果，ASD児も鏡やモニタに映った自己像を見て，自分のおでこに貼られたマークに気づき，それを取ろうとする行動が出現することが示され，基本的な視覚的自己認知が成立していることがわかっていた。一方で，ASD児の自己像認知には定型発達やASDのない知的障害児との違いも見られることが指摘されていた。例えば定型発達児やダウン症児は，自己鏡映像に接した際に困惑（embarrassment）や恥ずかしがる（coyness）といった自己を意識した行動が見られるが，ASD児は中性的（neutral）な反応を示すことが多かった。

すなわちASD児の自己像認知は特異的なメカニズムによって成立しており，自己像認知に関連して活性化するはずの情動機能が伴わないなど，本来関連し合うべき脳部位が連携していない可能性がある。そこで我々は，ASD児の自己像認知の基本的メカニズムを検討するため，自己像を機械的に操作する実験的検討を行った（榎木田・菊池, 2010；菊池, 2012；菊池・榎木田, 2013）。

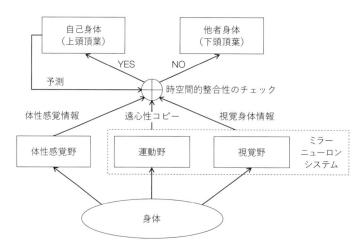

図1　自己像認知メカニズムのモデル（嶋田（2009）を参考）

　以前の自己像認知の研究では鏡に映った自己像，すなわち鏡映像が用いられていたが，これを機械的に操作して鏡映像とは異なる自己像を呈示することでASDの自己像認知のメカニズムが明らかになるのではないかと考えた。そもそも鏡映像を見て自分自身であると判断するための脳内メカニズムには，視覚情報によるフィードバックと体性感覚情報によるフィードバックを統合する頭頂連合野の働きが強く関与している（村田，2009）。視覚野に入ってきた情報が頭頂連合野に入ってくると同時に，第一次体性感覚野（SI）で統合された身体の動きに関する情報がマッチングされることにより，鏡に映った人物が自分であることを認識する（図1）。これら2つの情報を操作し，たとえば視覚情報を空間的に反転させた自己像を呈示した場合，感覚情報とのマッチングに負荷がかかり，自己像認知に影響を及ぼすと考えられる。

　もちろん，体性感覚情報とともに，運動主体感と強く関連する遠心性コピー情報も関与するものと思われる。遠心性コピーとは，運動を行う際に脳の中から運動プランや指令の信号が出されて筋肉に伝わる際に，その制御のためにどのような運動が行われるか予測しモニターするために用いられる運動信号のコピーのことである。この遠心性コピーは，感覚フィードバックとある程度時間的に一致していることが重要であり，200～300msec程度ずれるとうまく機能しないことが示されている（Blakemore et al., 1999）。よって自己像を意図的に遅延させることにより，時間的に視覚情報と体性感覚情報，遠心性コピーをずらすことで，自己像認知がどのようなメカニズムで形成されているのかを検討することが可能となる。

　そこで菊池（2012）では，ASD幼児（平均発達年齢（DA）＝2:03）9名とダウン症幼児（平均DA＝2:02）8名に対して，①鏡映像条件，②左右反転映像条件，③2秒遅延映像条件の3条件でマークテストを実施した。その結果，ダウン症幼児は鏡映像，反転映像，遅延映像の順にマークテストの通過率が下がっていった。一方，ASD幼児はマークテストの通過率はダウン症幼児よりも低かったが，条件間で通過率は大きく変化せず，遅延映像条件ではダウン症幼児と差がなかった。すなわちダウン症は自己像に対する時間的・空間的情報が自らの体性感覚情報と一致していることで自己像認知を成立させているが，ASD幼児は時間的・空間的情報は自己

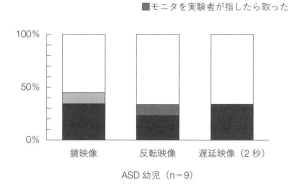

図2 マークテストの成績（菊池，2012）

像認知に強い影響を及ぼしていないことが示唆された（図2）。

さらに榎木田・菊池（2010）では，自己映像呈示中の対象児の行動パターンを分析した。ダウン症児は「ポーズを取る」「顔，髪を触る」などの行動をとる対象児が75％を占めていたが，ASD児はこうした行動を取る対象児は12.5％と少なく，代わりに「身体を左右に動かす」「手を振る」行動を50％のASD児が示していた。さらに映像を見ている対象児の様子を2名の評定者によって他者評定することで，対象児がどの条件の映像に最も興味をもっているかについても検討した。3条件の対象児の様子を撮影した映像を比較し，情動表出をしたり画面をのぞき込んだりなど対象児が映像に興味を引かれているのかを評定したところ，ダウン症幼児は鏡映像に最も関心が惹かれたようであり，ASD幼児は遅延映像に最も興味を示していたことが明らかになった。

これらの知見を合わせて考えると，ASD児の自己像認知メカニズムは，視覚情報と体性感覚情報が空間的・時間的に一致していることにあまり依存していないと考えられる。さらにASD児は呈示された自己映像から"自己"という側面に惹起されることは少なく，自分の動きと映像の動きに空間的・時間的なズレが生じているという"システム"に興味を惹かれているといえよう。

また，定型発達では自己像認知が成立することによって「恥」や「罪悪感」といった二次的情動（Lewis, 1995）が出現することが知られているように，自己像認知の成立によって「自己＝他者」という対人関係性の基盤が確立され，各種の対人的コミュニケーション能力の発達が促される基盤となる。すなわち一つひとつの発達的コンピテンスは機能的な連関をもちながら，相互に発達を促していると考えられよう。菊池・榎木田（2013）では，ASD幼児17名（mean DA = 2:05）と定型発達幼児9名（mean CA = 4:05）の遅延自己映像に対する理解と他者意図理解の関連について検討している。ここではGergely et al.（2002）による行動再演課題という手法を用いて，幼児が大人の行動の背景にある意図を推測できるかを実験した。対象児に対してタッチランプを呈示し，手が使えない状態になっている実験者が頭でタッチランプを押してランプを点灯させる場面を見せる。その後，対象児にタッチランプを渡し，「ランプをつける」ように促し，対象児が手でタッチランプをつけるか，実験者と同じように頭でタッチランプを押すの

かを判断する。対象児が手でタッチランプをつけた場合，対象児が実験者の「ランプをつける」という意図を理解して模倣したことを意味し，逆に対象児が頭でタッチランプを押した場合，それは「ランプをつける」という他者の意図ではなく「頭で押す」という行為の形式的側面を模倣したことを意味すると考えられる。

菊池・榎木田（2013）の結果は以下の通りとなった。①マークテストの通過率は遅延なし（0秒），1秒遅延条件でASD幼児が低いものの，2秒遅延条件では差はみられなかった。②タッチランプ課題で定型発達幼児は77.8％が通過したが，ASD幼児は52.9％しか通過しなかった。しかし両者の間に有意な差はみられなかった。③定型発達幼児の場合，タッチランプ課題に通過しなかった児はマークテストの2秒遅延条件で通過しないが，ASD幼児はタッチランプ課題とマークテストの成績の間にほとんど関連が認められなかった。

菊池・榎木田（2013）の結果より，ASD幼児においては自己像認知の成立と他者意図理解の間に明確な関連性がなく，各種のコンピテンス間の発達的関連性が乏しい可能性が示唆された。すなわち社会脳という1つのシステムとして働くべき各領域の連携が低下し，それぞれのコンピテンスがパラレルに独立した状態であるといえるのかもしれない。

III 自閉症スペクトラムにおける自己表情認知

次に紹介するのは，原初的な自己像認知が成立した後に徐々に可能になる「自己表情認知」に関する一連の実験である。自己表情認知とは，自分自身の顔の表情に対する理解のことで，今自分が表出している表情がどのようなものかを認知する能力である。菊池（2004）では，1週間前に言語教示により撮影された自分自身の表情写真を呈示され，「嬉しいときの顔はどれ？」と質問される課題で，3歳から6歳までの自己表情認知能力の発達プロセスを検討している。その結果，定型発達幼児の自己表情認知能力は3歳以後にゆっくりと高まっていき，他者表情の認知能力と比べるとかなり遅くなることが明らかにされている。これは3歳までに獲得されている基本的な他者表情に対する理解をベースに，表情に関する表象理解やメタ認知能力などが徐々に発達していくことで，自分の表情が他者からどう見えるのか推測可能になるものと考えられる。したがって鏡像認知などの自己認知よりも，高次な自己認知として位置づけられよう。

ところが，この自己表情認知課題をASD児に行うと奇妙な結果が生じる。菊池（2009）は，言語精神年齢が平均7歳2カ月のASD児に対して自己表情認知課題を行い，ASD児では他者表情については定型発達よりも低い正答率を示すものの，他者表情と自己表情の間では成績が変化せず，自己表情認知に関しては定型発達児との差がなくなることを示した（図3）。これはより低い言語精神年齢（平均4歳4カ月）でも同様であった。すなわちASD児は定型発達児と異なり，自己表情を他者表情と同じように扱っていると推測される。

ところで実験結果としてデータにはできなかったが，ASD児の自己表情認知に関する一連の実験を通して，実験の参加者の一部に極めて特異的な反応を示すケースがあった。実験の1週間前に行う自己表情写真を撮影する段階で，"○○の表情をしてください"と教示してもほとんど表情を変化させずに「これで良い」と表情写真を撮影していた。できあがった表情写真は，撮影した実験者から見てもほとんど違いがわからず，撮影番号で区別するしかないほどであった。実験者はおそらく全く回答することができないと予想していたが，いざ実験の段階になると，その被験者は全ての自己表情写真に対して正答することができた。偶然かと思い，何度かランダムに呈示しながら確認したものの，結果

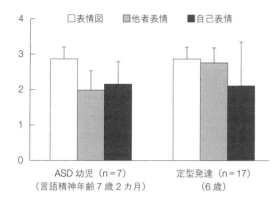

図3　自己表情認知課題の成績（菊池，2009）

は同じであった。

　こうしたケースの存在は，ASD児の自己認知が他者というフィルターを通さない形で成立している可能性を示唆するだろう。すなわち自己の表情写真を呈示された時点で，通常であれば他者視点的な立場から表情の出来不出来を評価し，自己表情が持つ情動的意味を判断するはずである。しかし，この被験者は他者視点的な立場を全くとらず，自分が表出した表情との整合性のみで判断していることになる。社会的な対人関係性を基盤にせず，自分個人の枠内で自己認知を成立させているとも考えられるのである。こうしたケースは多数ではないが，ASD児の自己認知が対人関係性とは異なる次元で成立している可能性を示唆するものであるといえるだろう。

Ⅳ　おわりに

　結びに代えて，ASD児における自己認知に関する研究の今後の課題について，筆者なりに現在考えていることを整理したい。

　1つは，現在進められている脳神経分野におけるASD研究に対して，心理学をはじめとする行動科学分野において明らかになった知見を応用することである。特に社会脳研究において自己認知は中心的なトピックのひとつであり，ASDの発症メカニズムを神経科学的な側面から解明するための重要なステップとして位置づけられよう。

　もう1つは，ASD児の自己理解を促していく支援方法について，より原初的な自己理解の段階から介入するための方法論を確立していくことである。前述したように，どうやらASD児は自己像認知や自己表情認知といった幼児期の早期段階における自己認知にも特異性が見られる。こうした時期に適切な自己認知が確立できるように働きかけることが，その後の自己形成に大きく影響すると期待される。そのためにどのようなセラピーが必要なのか，臨床的な観点から検討されていく必要があろう。

◆文献

Blakemore SJ, Frith CD & Wolpert DM (1999) Spatio-temporal prediction modulates the perception of self-produced stimuli. Journal of Cogniive Neuroscience 11 ; 551-559.

Dawson G & McKissick FC (1984) Self-recognition in autistic children. Journal of Autism and Developmental Disorders 14 ; 383-394.

榎木田祥代，菊池哲平（2010）自閉症・ダウン症幼児における自己像の理解とその特性．熊本大学教育学部紀要（人文科学）59 ; 63-68.

Gergely G, Bekkering H & Király I (2002) Rational imitation in preverbal infants. Nature 415（6873）; 755.

開 一夫（2009）ソーシャルブレイン"ズ"の歩き方．In：開 一夫，長谷川寿一 編（2009）ソーシャルブレインズ――自己と他者を認知する脳．東京大学出版会，pp.4-5.

菊池哲平（2004）幼児における自分自身の表情に対する理解の発達的変化．発達心理学研究15-2 ; 207-216.

菊池哲平（2009）自閉症児における自己と他者，そして情動――対人関係性の視点から探る．ナカニシヤ出版．

菊池哲平（2012）自閉症児におけるソーシャルブレイン障害の解明――遅延自己像及び反鏡映自己像認知による検討．発達研究（発達科学研究教育センター紀要）26 ; 51-62.

菊池哲平，榎木田祥代（2013）自閉症スペクトラム幼児における自己像理解と意図理解の発達的関連性――ソーシャルブレインの観点から．乳幼児医学・心理学研究22 ; 91-100.

Lewis M（1995）Shame : The Exposed Self. Replica Books.（高橋恵子 監訳（1997）恥の心理学――傷つく自己．ミネルヴァ書房）

村田 哲（2009）脳の中にある身体．In：開 一夫，長谷川寿一 編（2009）ソーシャルブレインズ――自己と他者を認知する脳．東京大学出版会，pp.79-105.

Neuman CJ & Hill SD (1978) Self-recognition and stimulus preference in autistic children. Developmental Psycholobiology 11 ; 571-578.

嶋田総太郎 (2009) 自己と他者を区別する脳のメカニズム. In:開 一夫,長谷川寿一 編 (2009) ソーシャルブレインズ——自己と他者を認知する脳. 東京大学出版会, pp.59-74.

Spiker D & Ricks M (1984) Visual self-recognition in autistic children : Developmental relationships. Child Development 55 ; 214-225.

●研究の実際

自閉症スペクトラムの縦断的発達研究

神尾陽子

I はじめに

　自閉症スペクトラム障害（autism spectrum disorders : ASD）の行動特徴は，1歳前後から現れ始め，その後も生涯を通じて持続し，成人期においても社会生活に関係するさまざまな領域の機能やQOLに深刻な影響を及ぼす（Kamio et al., 2013a）。今日，ASDは早期発見と早期支援が最優先される課題として社会に共有されるようになった。幼児期に療育などの支援を受けることができ，就学後も子どもの成長に合わせて，将来の社会参加に必要な教育的支援が学校で用意されている，そんな社会の実現に向けてさまざまな取り組みが始まっている。しかしながら，実際には，未診断，未支援のままの子どもや成人がまだ多数存在しており，特に知的障害のないケースにおいては幼児期に発見と支援につながらないといった支援の不備が際立っており，予後の悪さにも影響していると考えられる（Kamio et al., 2013a）。一方で，近年，早期療育など適切な対応を受けることで，幼児期にはASDと診断されたけれども，成長に伴い症状が改善し最終的には診断から外れるといった，良好な経過（最適予後＝optimal outcome : OO）も注目されている（Fein et al., 2013）。すべてのASD児が最終的に各人各様の最適な予後に到達することは究極の理想であるが，現在のところ，長期予後に関係する子ども側の要因，そしてそのために必要な支援の質や量については，ほとんどわかっていない。現在，ASD児に対する最適な支援の確立に向けて，多くの研究が取り組まれているところであるが，エビデンスとなるASDに関する縦断研究はきわめて稀である。

　私たちは，数年前から地域のローリスク児も含む児童の縦断的研究を始め，現在進行中である。本稿はまだ中間段階であるが，こうした研究を通してわかってきたことを紹介する。

II 学童期の自閉症スペクトラムの縦断的発達

　一般母集団内で自閉症的特性の程度は連続的に分布し，ASDと診断される極端なケースから，診断閾下のサブクリニカル群，そして自閉症的特性をほとんど持たない定型発達ケースに至るまで，明確に区分する不連続点が存在しないことは，すでに国内外で示されている（Constantino & Todd, 2003 ; Kamio et al., 2013b）。こうした横断的な連続性とは別に，自閉症的特性が子どもの発達に伴いどのように変化するのかについてはまだエビデンスが乏しい。

　神尾ほか（2014a）は地域のASDハイリスク，ローリスク両者を含む児童コホートを3年間追跡し，学童期において自閉症的特性が年齢に伴いどのように変化するかを調べた。対象は，小平市内の小学校から層化サンプリングし，研究チームによって包括的な診断面接を実施した105名（ASD20名，ASD閾下32名，定型発達53名／前2群をASDハイリスク群，後群をローリスク群と呼ぶ）のうち縦断データのある9歳

から12歳までの29名（ASDハイリスク群10名，non ASD 19名，群間で性比・年齢に有意差なし）である。解析に用いた評価指標は，親回答の日本語版対人応答性尺度（Social Responsiveness Scale：SRS）（Kamio et al., 2013b）と，全般的精神症状を尋ねる親回答の日本語版子どもの強さと困難さ質問紙（Strengths and Difficulties Questionnaire：SDQ）（Goodman, 1997；Moriwaki & Kamio, 2014）である。

主な結果は，自閉症的特性はASDハイリスク群，ローリング群にかかわらず，年齢に伴う有意な変化がなかったことである。これは英国のAvonコホートの結果（Robinson et al., 2011）と一致する。すなわち，ASD診断が持続するという臨床的事実を越えて，サブクリニカルなASD閾下児においても，その自閉症的特性の程度は閾下の高水準で持続するということを意味する。また情緒や行動の問題は，どの年齢においてもASDハイリスク群ではローリスク群よりも高い臨床レベルにあった。つまり，自閉症的特性および併存精神症状の程度は，9歳から12歳までの間，ASDハイリスク群においてASDローリスク群と比べて一貫して高いうえに，いずれの群においてもその程度はあまり変化せず経過することがわかった。

III 幼児期から就学前後までの自閉症スペクトラムの縦断的発達

前述の結果はASDの早期介入の必要性のみならず，ASD児やサブクリニカル児において併存精神症状は一時的なものではなく慢性化しやすいことを示し，併存症も含む早期発見と包括的な早期介入の必要性を示唆するものであった。ASDの中核症状については，1歳6カ月で早期発見が可能であることは実証されている（Kamio et al., 2014）。では，併存症の予防や早期治療のためには，いつから発見が可能なのだろうか，また幼児期に後の併存リスクを予測することはできるのだろうか，そしてそれはどのような行動特徴なのか，さらに就学児のQOLはどのような行動特徴がいつから予測するのか。これらのことを明らかにするために，神尾ほか（2014b）は地域の就学前幼児（4〜5歳）を3年間にわたって縦断的に調べた。

対象は，北多摩北部地域の保育所・幼稚園年中クラス在籍の4〜5歳児の保護者のうち，継続調査への協力に同意した461名（図1）中，3年間で3回とも欠損のない有効回答が得られた221名である（性比121：100，平均同胞人数2.0人，平均同胞順位1.6番目，回答者母親96.8％，父親の就労の割合94.1％，母親の専業主婦の割合57.9％，母親の平均教育年数14.7±1.7年，ピーク世帯年収500〜700万円）。その後，この221名の5歳から7歳までの縦断データを解析した。用いた評価指標は，前述のSRS，SDQに加え，日本語版乳幼児期自閉症チェックリスト修正版（Modified-Checklist for Autism in Toddlers：M-CHAT）（Inada et al., 2011）および日本語版QOL（Pediatric Quality of Life Inventory™：PedsQL™）（Kobayashi & Kamibeppu, 2010）などであった。

その結果，7歳児が情緒や行動の問題を持つリスクは5歳から予測可能かという問いへの答えはイエスであった。重回帰分析の結果，5歳時の情緒や行動の問題や家庭要因の影響を考慮しても，7歳時の情緒や行動の問題は5歳時の自閉症的特性の程度と有意に関連していた。

次に，7歳児の情緒や行動の問題を持つリスクは幼児期から予想可能かという問いに対しても答えはイエスであった。回顧的に親に尋ねた2歳前後のM-CHAT項目の通過／不通過，すなわちASD早期症状を多く持つと，後の併存症リスクは有意に高かった。

3番目の問いである，小学校生活を始めたばかりの7歳児の全体的なQOLは幼児期の行動特徴から予測可能かという問いに対しても答えはイエスであった。2歳頃のM-CHAT不通過項

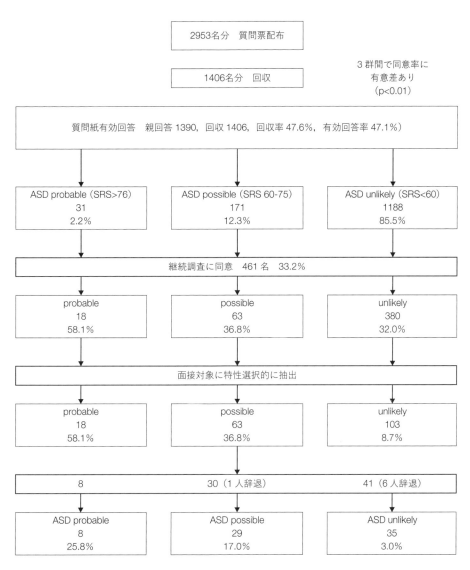

図1 研究の流れ

目数,すなわち自閉症的特性の程度が強いこと,そして5歳でのSRS合計得点,すなわち自閉症的特性の程度が強いことが7歳での併存リスクを予測した。

IV 自閉症スペクトラム児に対する早期支援

本稿で紹介した縦断調査は現在進行中であるが,ASD診断児のみならず,サブクリニカルなASD閾下児も同様に高い支援ニーズを有し,そのニーズは幼児期から学童期まで持続することが明らかになった。そのことは,学童期の支援ニーズは幼児期から予測できるということを意

味する。とりわけ2歳前後の自閉症的特性の程度をていねいに評価すれば，数年後の情緒や行動の問題の併存リスクおよびQOLを予測できるということは，これからの乳幼児健診，そして育児支援や発達支援のあり方に重要な示唆を持つと考えられる。5歳児の情緒や行動の問題は7歳での同様の問題を強く予測し，さらに5歳での自閉症的特性の程度は7歳での情緒や行動の問題とQOLを強く予測した。このことは，近年特別支援教育の取り組みが始まった幼稚園や保育所での要支援児の発見の仕方や支援のあり方に示唆を持つものと思われる。

2歳前後で評価可能な発達特性が幼児期の発達支援ニーズを示すのはもちろんであるが，就学後のメンタルヘルスやQOLまで広範囲の適応を長期予測するという知見は，乳幼児健診の役割の重要性をあらためて強調するだろう。また5歳時における自閉症的特性のアセスメントも同様に広範な領域での長期予測力を持つということからも，5歳児健診のあり方の再検討を迫るであろう。すべての学童がよりよいメンタルヘルスおよびQOLを達成するために，要支援児を発見する機会として5歳児健診を捉えると，乳幼児健診と連動させ，密接に情報共有をはかることで実効性は増すであろう。本研究におけるニーズの高い児童の親の多くが，すでに地域での相談経験があったにもかかわらず継続していなかったことも，付記する必要があるだろう。地域の親支援や子ども支援に携わる支援者が，専門性と領域を超えて途切れることなく連携できる体制整備がなされれば，1歳6カ月健診，3歳健診で見逃された，あるいは発見されてもフォローにつながらなかった要支援ケースへの支援は就学前にまた開始することが可能である。発達段階に応じた適切な支援が，地域のなかで必要なときにすみやかに受けられるようなサービス体制の構築が急がれねばならない。

◆文献

Constantino JN & Todd RD (2003) Autistic traits in the general population : A twin study. Arch Gen Psychiatry 60 ; 524-530.

Fein D, Barton M, Eigsti I-M et al. (2013) Optimal outcome in individuals with a history of autism. J Child Psychol Psychiat 54 ; 195-205.

Goodman R (1997) The Strength and Difficulties Questionnaire : A research note. J Child Psychol Psychiatry 38 ; 581-586.

Inada N, Koyama T, Inokuchi E et al. (2011) Reliability and validity of the Japanese version of the Modified Checklist for Autism in Toddlers (M-CHAT). Res Aut Spectr Disord 5 ; 330-336.

Kamio Y, Inada N, Koyama T. (2013a) A nationwide survey on quality of life and associated factors of adults with high-functioning autism spectrum disorders. Autism 17-1 ; 16-27.

Kamio Y, Inada N, Moriwaki A et al. (2013b) Quantitative autistic traits ascertained in a national survey of 22,529 Japanese schoolchildren. Acta Psychiatrica Scandinavica 128-1 ; 45-53. [doi : 10.1111/acps.12034]

Kamio Y, Inada N, Koyama T et al. (2014) Effectiveness of using the Modified Checklist for Toddlers with Autism in two-stage screening of autism spectrum disorder at the 18-month health check-up in Japan. J Aut Dev Disord 44-1 ; 194-203.

神尾陽子，岡島純子，三宅篤子ほか（2014a）幼児期，児童期から青年期への発達軌跡の多様性と介入可能性．平成23～25年度 独立行政法人国立精神・神経医療研究センター精神・神経疾患研究開発費 23-1総括研究報告書（主任研究者：神尾陽子），pp.13-23.

神尾陽子，森脇愛子，飯田悠佳子ほか（2014b）幼児期における発達障害の有病率と関連要因に関する研究．平成25年度厚生労働科学研究費補助金――障害者対策総合研究事業 精神障害分野「就学前後の児童における発達障害の有病率とその発達的変化――地域ベースの横断的および縦断的研究（研究代表者：神尾陽子）」総括・分担研究報告書．

Kobayashi K & Kamibeppu K (2010) Measuring quality of life in Japanese children : Development of the Japanese version of PedsQL™. Pediatrics International 52 ; 80-88.

Moriwaki A & Kamio Y (2014) Normative data and psychometric properties of the Strengths and Difficulties Questionnaire among Japanese school-aged children. Child and Adolescent Psychiatry and Mental Health 8-1 ; 1. [doi : 10.1186/1753-2000-8-1]

Robinson EB, Munir K, Munafò MR et al. (2011) Stability of autistic traits in the general population : Further evidence for a continuum of impairment. J Am Acad Child Adolesc Psychiatry 50 ; 376-384.

◉研究の実際

チック・衝動性と発達障害研究
トゥレット症候群を中心に

金生由紀子

I　はじめに

　チックは，突発的，急速，反復性，非律動性の運動あるいは発声であると定義されている。チックは不随意運動とされてきたが，部分的あるいは一時的には随意的な抑制が可能であり，半随意と言うことができる（金生，2010）。チックの随意的な抑制は衝動性の制御とも共通する点があると思われるため，本稿では，チックについて概説したうえで，チックからみた衝動性について論じてみたい。

II　チック

1　チックの概要

　チックには，運動チックと音声チックがある。どちらも，持続時間が短く明らかに無意味で突然に起こる単純チックと，それよりも持続時間がやや長く意味があったり周囲の状況に反応したりしているように見える複雑チックに分けられる。単純運動チックが最も一般的なチックであり，そのなかでも瞬きをはじめとする顔面のチックが多い。複雑運動チックは体のいろいろな部分が一緒に動くチックである。単純音声チックでは，咳払いが最も多い。複雑音声チックでは，状況に合わない単語や句を発してしまうことが一般的である。

2　前駆衝動および感覚現象

　チックにはムズムズする感覚やチックをせずにはいられないという感覚が先行することがあり，この感覚は前駆衝動と呼ばれる。10歳を過ぎると前駆衝動について何らかの気づきをもつようになり，14歳以降で前駆衝動の認識が明確になるとされる（Banaschewski et al., 2003）。時には前駆衝動に応じてチックを出していると本人が表現するようになり，半随意というチックの特徴が如実に示される。すべてのチックが前駆衝動を伴うとは限らないが，年齢が高くなるとチックよりも前駆衝動のほうがQOLを損なう場合がある（Eddy & Cavanna, 2014）。
　前駆衝動に加えて，"まさにぴったり"ではないと感じたり"まさにぴったり"という感覚を得るまで行動したりすることを含めて，感覚現象という。感覚現象のなかでも"まさにぴったり"感覚は，強迫症（obsessive-compulsive disorder：OCD）との関連が強いとされる（Kwak et al., 2003）。

III　トゥレット症候群

1　チック症の位置づけと診断

　チック症は，DSM-5（American Psychiatric Association, 2013）では神経発達症群（Neurodevelopmental Disorders）のなかの運動症群（Motor Disorders）に含まれている。同時に，チック症は脳機能の障害であり，症状が通常低年齢で発現するものであり，発達障害者支援法の対象にも

該当する。チック症のなかでも、持続期間が1年以上の持続性（慢性）チック症、特に、多彩な運動チックと1つ以上の音声チックを有するトゥレット症候群（Tourette syndrome：TS）では、発達障害との理解に基づいた治療・支援が有用と考える。後述する注意欠如・多動症（attention-deficit/hyperactivity disorder：ADHD）に加えて、自閉スペクトラム症（autism spectrum disorder：ASD）も含めた代表的な発達障害を併発しやすいことも、このような対応を支持すると思われる。

2　併発症

TSにはさまざまな精神神経疾患をしばしば併発して、そのなかでもADHDおよびOCDが代表的である。また、ADHDとOCDの両方を併発する場合も稀とは言えない。ただし、併発率は、臨床例と非臨床例とで開きがある。

例えば、ADHDについてみると、国際的なデータベースを用いた調査では、医療機関に通院中のTS患者6,805名におけるADHDの併発率は55%であった（Freeman et al., 2007）。これに対して、大規模コホート研究では、13歳時の6,768名の0.3～0.7%がTSであり、そのうちの17～18%がADHDを併発していると示唆された（Scharf et al., 2012）。ADHDに加えてOCDも併発する率をみると、国際的なデータベース調査では、13.4%であった。これに対して、大規模コホート研究では、TSを有するとされた小児においてADHDとOCDの両方を併発する率が8.2%がADHDであり、一般人口における有病率を大きく上回っているものの、やはり臨床例における併発率よりは低かった。併発症はチックと同等またはそれ以上に生活の支障となり、QOLを低下させることが知られており（金生、2014）、併発症を有すると医療機関を受診する者がより多くなることは想像に難くない。

衝動性に関連して生活に支障となる併発症としては、"怒り発作"もあげられる。"怒り発作"では、些細なことで怒りが爆発して制御できなくなり、しばしばおさまってから後悔することを繰り返す。"怒り発作"を伴うTS患者では、OCD、ADHD、反抗挑戦性障害の併発が多く、また不安や抑うつの傾向が強いとされる（金生、2010）。"怒り発作"は、臨床例でも非臨床例でも頻度が20%であり、ADHDの併発、チックの重症度および低いチックの発症年齢と強く相関するとの報告もある（Chen et al., 2013）。

Ⅳ　チックからみた衝動性

1　症候論

チックと最も密接に関連する衝動性としては前駆衝動があげられる。チックのなかでも、Gilles de la Touretteによる報告で強調された複雑音声チックである反響言語（echolalia：エコラリア）および汚言症（coprolalia：コプロラリア）は、強迫性とともに衝動性が特徴的である（金生、2011）。すなわち、刺激に誘発されて、言うつもりのないことを言ってしまったり、言ってはいけないと思えば思うほど言ってしまったりするのである。行ってはいけないと思えば思うほど行ってしまうという強迫性を伴う衝動性は、自分を叩いてしまうとか壊れやすい大切な物を壊してしまうという形で表れることもある。

また、"怒り発作"という行動に表れる怒りの制御困難も衝動性に含まれよう。さらに、高率に併発するADHDでは衝動性が主症状のひとつとされており、ADHDの併発の影響を検討することも必要である。

2　脳機能との関連

TSでは、皮質－線条体－視床－皮質回路（cortico-striato-thalamo-cortical circuit：CSTC回路）の異常が想定されており、TSにしばしば併発するOCDやADHDとも共通する面があるとされる（Felling & Singer, 2011）。同時に、CSTC回路の異常だけではすべてを説明しきれないとの指摘もある（Ganos et al., 2013）。

TSのみならず，OCD，摂食障害も含めて，前頭線条体回路の発達の異常でもたらされる自己制御能力の障害を想定することができるとの提案もある（Marsh et al., 2009）。すなわち，TSでは前駆衝動を制御できずにチックに，OCDでは侵入思考を制御できずに強迫観念に，大食症では飢餓感を制御できずにむちゃ食いに，無食欲症では体型や体重への強い関心を制御できずに自己飢餓に，それぞれつながるとされる。そして，平行する前頭線条体回路，あるいは同じ前頭線条体回路の異なる部分における相似の脳の機制が，これらの疾患の異なる行動的な障害の基盤にあるとの仮説が立てられている。

また，TS成人では健常成人に比べて，感覚運動皮質，被殻，淡蒼球，黒質を含む運動路の活動性が高まっている一方で，運動路にトップダウンの制御を行うCSTC回路の部分（前帯状皮質，頭頂弁蓋，尾状核）の活動性が低下していたとの報告がある（Wang et al., 2011）。TS成人では，チックの出ているときには随意的に類似の運動をしているときと比べて，感覚運動皮質，後部頭頂皮質，被殻，扁桃体／海馬複合体の活動性が高くなっており，これらの部位の活動が前駆衝動に関連することも示唆されている。このようなCSTC回路における神経活動の不均衡がチックや前駆衝動の制御を困難にしているとすると，ADHDにおける行動面の脱抑制についても同様に考えられるかもしれない（Murphy & Muter, 2012）。TSとADHDについては，大脳基底核および視床のオシレーション異常がチックを引き起こすのみならず，運動抑制や認知制御を司る皮質領域の律動異常をもたらしてADHD症状を呈することになり，結果的に両者の併発となっているのではないかという仮説も立てられている（Sukhodolsky et al., 2007）。

3　治療への示唆

チックに伴う前駆衝動に着目した行動療法としてハビットリバーサルがある。この方法は，チックを出すと前駆衝動が解消されてすっきりするためにチックが強化されてしまうという考えから，チックが出そうなときにチックと両立しない拮抗運動を行って，強化の流れを断ち切ろうとするものである（松田・金生，2013）。近年では，ハビットリバーサルに，親および本人への心理教育，リラクゼーション法，機能分析を組み合わせた，チックへの包括的行動療法（Comprehensive Behavioral Intervention of Tic Disorders：CBIT）が編み出されており，有効性を示す報告が蓄積されてきている。それらをメタ分析して治療効果の調整要因を検討したところ，ADHDの併発が少ないと治療効果が高い可能性が示唆されたという（McGuire et al., 2014）。ADHDの併発に伴う衝動性がCBITの効果にどのような影響を与えているかは，さらなる検討が望まれる。

また，TSにおける怒りに対して，怒りの制御トレーニングという認知行動療法の効果をランダム化比較試験で検討した研究がある（Sukhodolsky et al., 2009）。破壊的行動を有するTS小児26名を2群に分けて怒りの制御トレーニングまたは通常治療を行ったところ，改善した者の割合が，トレーニング群で69％，通常治療群で15％であり，このトレーニングの有効性が示された。

V　おわりに

ここまで本稿では，発達障害と位置づけられるTSを中心としてチックと衝動性を検討してきた。チックは目に見える行動症状であるのに対して，衝動性はより内的な症状のはずだが，実際には破壊的行動を含めて行動によって評価されることが多く，主観的衝動の評価も必要である（藤尾，2014）。そして，衝動性の異質性を考慮して症候論的検討を進めることによって，脳機能との関連を深めたり治療法を改善したりできることが期待される。

◆文献

American Psychiatric Association (2013) Diagnostic and Statistical Manual of Mental Disorders, Fifth Edition. Arlington, VA : American Psychiatric Association.

Banaschewski T, Woerner W & Rothenberger A (2003) Premonitory sensory phenomena and suppressibility of tics in Tourette syndrome : Developmental aspects in children and adolescents. Dev Med Child Neurol 45 ; 700-703.

Chen K, Budman CL, Diego Herrera L et al. (2013) Prevalence and clinical correlates of explosive outbursts in Tourette syndrome. Psychiatry Res 205 ; 269-275.

Eddy CM & Cavanna AE (2014) Premonitory urges in adults with complicated and uncomplicated Tourette syndrome. Behav Modif 38-2 ; 264-275.

Felling RJ & Singer HS (2011) Neurobiology of tourette syndrome : Current status and need for further investigation. J Neurosci 31 ; 12387-12395.

Freeman RD & Tourette Syndrome International Database Consortium (2007) Tic disorders and ADHD : Answers from a world-wide clinical dataset on Tourette syndrome. Eur Child Adolesc Psychiatry 16 ; 15-23.

藤尾未由希 (2014) 主観的衝動尺度の開発とチック障害に対する有用性の検討. 心理学研究 85-4 ; 383-391.

Ganos C, Roessner V & Münchau A (2013) The functional anatomy of Gilles de la Tourette syndrome. Neurosci Biobehav Rev 37 ; 1050-1062.

金生由紀子 (2010) トゥレット障害. 日本小児科学会雑誌 114 ; 1673-1680.

金生由紀子 (2011) トゥーレット障害の強迫性. In：松下正明 編：精神医学キーワード事典. 中山書店, pp.41-43.

金生由紀子 (2014) チック障害の理解と支援に向けて——トゥレット症候群を中心に. 日本社会精神医学会雑誌 23 ; 10-18.

Kwak C, Vuong KD & Jankovic J (2003) Premonitory sensory phenomenon in Tourette's syndrome. Mov Disord 18 ; 1530-1533.

Marsh R, Maia TV & Peterson BS (2009) Functional disturbances within frontostriatal circuits across multiple childhood psychopathologies. Am J Psychiatry 166 ; 664-674.

松田なつみ, 金生由紀子 (2013) トゥレット症候群の支援と治療. 最新精神医学 18 ; 39-47.

McGuire JF, Piacentini J, Brennan EA et al. (2014) A meta-analysis of behavior therapy for Tourette Syndrome. J Psychiatr Res 50 ; 106-112.

Murphy T & Muter V (2012) Risk factors for comorbidity in ADHD and GTS : Looking beyond a single-deficit model. Appl Neuropsychol Child 1 ; 129-136.

Scharf JM, Miller LL, Mathews CA et al. (2012) Prevalence of Tourette syndrome and chronic tics in the population-based Avon longitudinal study of parents and children cohort. J Am Acad Child Adolesc Psychiatry 51 ; 192-201.

Sukhodolsky DG, Leckman JF, Rothenberger A et al. (2007) The role of abnormal neural oscillations in the pathophysiology of co-occurring Tourette syndrome and attention-deficit/hyperactivity disorder. Eur Child Adolesc Psychiatry 16 ; 51-59.

Sukhodolsky DG, Vitulano LA, Carroll DH et al. (2009) Randomized trial of anger control training for adolescents with Tourette's syndrome and disruptive behavior. J Am Acad Child Adolesc Psychiatry 48 ; 413-421.

Wang Z, Maia TV, Marsh R et al. (2011) The neural circuits that generate tics in Tourette's syndrome. Am J Psychiatry 168 ; 1326-1337.

第4章
生涯発達の観点から支援する

◉生涯発達に基づく支援

発達障害のある人の人生に寄り添うこと

村瀬嘉代子

I　はじめに——寄り添うこととは

　昨今，心理的支援を語る折に，「寄り添う」という表現が繁く用いられる。『広辞苑』や『国語大辞典』によると「ぴったりとそばへよる」とある。だが，臨床的に用いられるこの表現が内包する意味はもっと本質的でかつ広いものではなかろうか。何らかの生きがたさや精神的痛みを抱く人と共にあろうとする姿勢で，その人が自分や世界を受けとめる受け取り方を追体験しようとし，そういう受け取り方をせざるをえない人の生活気分を可能な限り分かろうとし，応分にさりげなく支えることを意味していると解したい。

　標題の「寄り添う」を「発達障害を持つ人の現実をまず一度はありのままに受けとめて，人として遇し，その人の生活の支障が少しでも生きやすくなるために支援をさりげなく行いつつ，共に生きる姿勢」と考えたい。

　「寄り添う」という行為は特定の専門職のものに止まらず，社会の精神文化に基底として流れ，人々に広く共有されていることが望まれる。

　発達に障害を持つ人の子ども時代は，期間を短く区切ってみれば，心理支援や療育を受けることによって，相応の成果が見られる。そして，こうした短期間の支援効果については，今日まで多くの研究・報告が為されてきた。しかし，どちらかといえば，これまでの発達障害を持つ人々についての文献はライフサイクルの前半について取り上げたものが多く，これに較べ，中・高年期の人々についての言及は余り多くはなく，近年，この年代の発達障害のある人々への支援の質的向上，また支援の方策を進めるための研究が喫緊の課題であると認識されるようになってきている。

II　職業人として，そして市井の市民として寄り添うこと

　ささやかな私の経験からしても，発達障害を抱える人が誠実にその時々の課題をこなしつつ生きてきても，それに応じて必ずしも恵まれるとはいかない現実がある。療育訓練で，努力を弛まず重ねて社会で職場を得，真面目に務めて，ようやくパート勤務から正社員に雇用されても，不況のあおりをうけて，真っ先にその場を失う例は多い。人間関係の拡がりが少なく，淋しさを訴えられることもしばしばである。「自分の家族を持ちたい……」という切実な語りに応える言葉を見いだすことも実際には難しい……。更年期での不調，加齢による諸々の身体の不具合を本人も周囲もそれと気づかず，「気分の波がひどくなった……，気むずかしくて……」など，本人個人の心理的問題とされて，相応の対処が遅れることもある。

　はるか以前，毎夏，発達障害児とその父母の方々と夏季合宿に出かけていた折のこと。日中は戸外で，親子，スタッフ共に水遊び，登山，オリエンテーリング，魚釣り，屋外での食事作り，はたまた天候の悪い日は屋内の製作活動など，郊

外の自然に親しみ，生活体験を豊かにし楽しむことを目的としていた。夜間，子ども達の就寝後の午後9時から12時まで，保護者の方々とスタッフが話し合う，というスケジュールであった。ところが，終了予定の12時近くなると，ある種の覚悟をもって見事に課題に向かわれていらっしゃる親御さん方が，日中定期的に開かれてきた親グループでの話し合いでの内容よりも深いお気持ちを率直に語り出されるのであった。平素は胸中深く秘めておられる将来への不安やその他もろもろの想い（悲しみや苦悩，そしてそれを突き抜けた生の歓びと感謝，あるいはこの両者間を行きつ戻りつする微妙な気持ち……）を素直に語り始められ，ふと気づけば，窓の外は白んでいるのであった。そのまま午前6時に起床する子ども達と行動を共にすると，疲労感なしとは言えなかったが，保護者の方々の表情には，睡眠不足にもかかわらずある種の活力というか，爽やかさが浮かんでいるように見え，私達も気持ちが新たに引き締まるのであった。これは一例であるが，類した経験を重ね，定型発達をしている子どもを育てるのとは較べるべくもなく，さまざまな意味で，ご家族は多くご苦労されていることを再認させられ，頭を垂れる思いになり，少しでも現実に役立つ活動をしようと気持ちを新たにした。養育方法や子どもへの関わり方を話題にしたり，さまざまなプログラムを施行する基底に，ひとしお課題の多い育児をされているご家族への敬意とそっと労う姿勢を大切に持ちたいと思ってきた。

発達障害を持つ人へのセッションの中での心理支援が本当に発達促進の役に立つには，経験を自分なりに咀嚼汎化し，持続していくことが比較的可能な定型発達をしている人達に対するのとは違って，心理支援の内容が日々の日常生活の内容と連動するよう考慮することが必要だと気づいた。1週間，仮に1〜2時間のセッションであれば，その内容が残りの6日間と22時間ないしは23時間の内容のなかに形を変えても，その意図するものが含まれるように，さらに療育にも，なにかしら徒に訓練色が色濃くなるのではなく，楽しさやユーモアのセンスを込めたいと考えた。

「繋ぐ」という点では，第一に，当の発達障害を持つ人の支援のセッションに加えて，その支援セッションで目指すものを日常生活の動きのなかに，セッションの課題の原理を活かすように工夫していく，セッションで目指すことが日常生活のなかで，反復経験されて会得されていくような配慮が望まれる。セッションと発達障害を持つ人の生活を繋ぐことが必要である。第二には，発達障害のある人を家族，友達，地域社会などと繋いでいく，居場所感覚，現実の居場所を確かなものにしていく営みが求められる。第三には，発達障害を持つ人の傍らにある人々や集団をそっと支えることも必要である。ひいてはこれが発達障害を持つ人と他の人々や環境を繋いでいくことにもなる。発達障害を持つ人を担任されている先生をはじめ周囲の教職員の方々，あるいは職場の上司や同僚等が発達障害についての理解を深め，ゆとりある姿勢で接することができるようにさりげなく働きかけることも，大切な間接的「繋ぎ」というか「支え」であろう。

「寄り添う」とは共にあることであろうと記したが，市井の市民としては自然な「お互いさま」という感覚に連なるように経験的には考えられる。息子が小学4年時のこと，隣席のB君は相当重篤な自閉症で，お母様は近隣とは交際されず，保護者会へも一度も出席されていなかった。B君の行動は街頭でも目立ち，周りの状況や時間の流れと無関係に一人でふわふわと漂うように歩いていた。公立学校だが進学を考えての越境生徒が非常に多いという学校環境であった。息子は不十分ながらB君のお世話係めいたことをしているようであった。息子は多くの友達から誕生日のお祝い会に招かれ，時に招待された日が重なって困るくらいであった。一方，B君

は，同じ子どもなのに，一度もお誕生会に招かれない子ども時代があるなんて！　と思った私は，息子の男子級友19人を全員誕生会に招くことにして，当然Ｂ君も一緒にと提案した。息子は少し怖じ気づきながら前もって級友に話し，わかって来てもらう，と言った。担任の先生のご意見を手紙で伺った。「この提案を聞いて涙が出るほど嬉しい，是非」と御返事下さった。続いてＢ君のお母様にもお電話した。「行かせます。ものを壊しますから家中，片付けされますように……」と乾いたお声であった。平素のご苦労が偲ばれた。土曜日の当日，土砂降り。ゴミを出しに表に出ると，門前にＢ君がリボンのついた小箱を捧げ持って，びしょ濡れになりながら我が家に向かって路上にひざまずいていた！　驚愕した私は，招じいれて服を乾かし学校へ途中まで送った。

昼にはからりと快晴に。19人の男子生徒は連れだってやってきた。不覚にも私はカレーの味付けを激辛にしてしまった。「口の中が火事だ！」と子ども達は呆れ，笑い，でも他の食べ物で何とか間に合った……。Ｂ君は何とお代わりを二皿も！　学校では牛乳以外口にしないというのに。そして，率先して片付けの皿運びを手伝ってくれた。他の子ども達は「え！　Ｂ君どうしちゃったの？」「Ｂ君は僕たちよりお手伝いしようとした。偉い」と吃驚。言葉でのやりとりはなかったが，何かその場の空気に通じあうものが生まれた。これが契機となったのか，この後，他の4人の級友の誕生会にＢ君は招かれた。担任の先生は平素から子ども達と学級日誌を通してきめ細やかなやりとりをされていて，クラスには「よく見て，考える」という傾向が育っていた。5人の級友の誕生会でのＢ君の様子を比較しつつ考えて，子ども達は先生に「5人のお母さん達の接し方から，そっとよく見ていて注意はしているのだけれど，Ｂ君の気持ちを汲んで，必要なときにだけそっと助けると，Ｂ君なりに落ち着くらしい。話はできないけど，よく周りを見ているよう。僕達もどういうようにするのがよいのか考えようと思います」と話したという。先生は感じ入った，と次第を私に話して下さった。Ｂ君のお母様は保護者会にそっと出席されるようになった。

亡くなった村瀬孝雄も一人暮らしの人の安否を尋ねて暮れに訪れたり，休日に家にお招きなどしていた。全く違う世界で生きてきた義母は同じ食卓に着くのをもっともながら躊躇というか，警戒された。だがそういう経験をされるうちに呟かれたのである。「始めは何か怖いような戸惑った気持ちだった。でも何人かに会ううちに，この人達は気持ちは綺麗，意地悪や人を欺こうなどしない，ただ不器用で，それがそのつもりではないのに，回りとうまくいかないとわかった。不器用でうまく生きて行けないって大変でしょう……」と言い，義母はそっとささやかなお土産などを手渡すようになられた……。

こういう記述をすることには躊躇がある。「枠を超えている」「自由すぎる」との疑問もあるだろう。原則論からすればその通り。だが，「寄り添う」という行為をするときには，自分の時・所・位を考え，無理のない，自分のスタンスで責任のとれることをするという暗黙のアセスメントを自分のうちで的確に行うことが必要であろう。私はさりげなく自然にそうすることを心懸けてきた。寄り添うことは，自分の器を超えて自分の感情に駆られることではないはずである。

III　寄り添うセンスのある社会

2005年，チューリッヒ郊外の重複聴覚障害者施設，チューベンタール（Stiftung Schlos Turbenthal：聴覚障害の他に精神疾患，発達障害，身体障害など重複した障害を持つ人々の入所施設）を訪れた。当時，こういう障害を持つ人の施設での心理支援を求められており，前例のない課題山積の状況で，参考になることを私は夢中で探していたのである。予期以上に考えさせられ

る収穫が多く，翌2006年に再訪し，さらにこの折の感想を聞かれた精神科医の傳田健三先生がぜひ訪れたいと仰り，2012年夏，パリで開催された国際児童青年精神医学会の帰途，一緒に訪れてきた。帰途の車中，「こころが洗われるようだ」と傳田先生が呟かれたのは，明媚な風向に対してばかりではなく，この施設をご覧になった感想でもあろうと伺った。

最初の訪問時，ガンパー所長は「日本からのスイス観光客は数知れぬが，ここを訪れた日本人は貴女が初めて」と暖かく迎えて下さり，率直に語って下さった。林，畑地，広い芝地からなる広大な敷地の中心部に中世郷主の館であったという施設の中には，機能的に近代装備が為されている重厚で気品ある石造りの本部オフィスがあり，これを囲むように入所者の居住棟，工場，診療棟が程よく配置されている。

六十人余の入所者の出身はスイス以外，欧州各地，中近東，アジア諸国と国際色豊かで，聴覚障害に加えての知的障害を始めとする発達障害，統合失調症他さまざまな精神障害，小児麻痺の後遺症などの身体障害を併せ持ち，年齢は児童期から90歳代の人までと幅広く，重篤な状態の人が多い。職員数は非常勤者も含めて90人余。各科の医療が施設内で受けられるのはもちろん，理容室，美容室もボランティアの協力で設置されている。

この施設は「○○園」という類の呼称ではなく「ヴィレッジ（Villege）」と名付けられ，入所者間の選挙で選ばれた村議会（自治会）が職員の援助を得て，基本運営を行っているのだという。村会議を一部傍聴した。職員が入所者の意を汲みつつ，表現や会議の進行，纏めを助ける状況に思わず唸ってしまった。この地域の住民向け宣伝のヴィレッジの文化祭ポスターには，意味が確かに推量できるようなドイツ語の誤りはそのまま印刷され，イラストは入所者の「チューベンタールのピカソ」という趣きのエネルギッシュでシュールな絵が用いられている。

入所者各自が能力のぎりぎりを自発的に現せるように，尊厳，主体性を可能な限り大切にする方針だということだった。

村（施設）の居住部分には学齢期や若い人々の棟があり，職員の援助で自炊しながら施設内の工場や外部の事業所へ通う成人用の棟は歴史的記念物に指定されている資産家から寄付された16世紀の風格ある建物（中は暮らしやすく改装されている……）で，さらに自分の時を大切に過ごせる場であるようにと高齢者の棟がある（部屋は画材などが余裕をもって広げられる広く明るい個室）。廊下は入所者の独特の趣きある絵と本職の画家の絵が絶妙な審美眼を働かせてバランス良く飾られている。福祉制度は充実していて，入居の経済負担は決して無理がなく，無料の場合もあるとのこと。

工場では，入所者個人の力に応じて，工作機械や作業台が用意されていた。流れ作業で効率を優先し，機会に人間が合わせるのとは逆である。重い知的障害を持つ難民の少女は，草花の苗をビニールカップに植える作業をしながら，この苗が花を咲かせ，街の家々の窓辺を飾るのを想像すると嬉しい，と身振りで懸命に伝えてくれた。90歳近い男性老人は毎朝，林で小枝を拾い，中心に小さい蝋燭を立てた長さ10センチくらいのミニアチュア薪束を作っておられた。それは居間の装飾になり，かつ暖炉に火を焚きつける点火器の役もするのだという。電池を使う手軽な点火器はあるが，街の人々はこの老人にとって仕事であり趣味の歓びであるこの小枝の束点火器を買われるのだという。昨年夏の訪問時，この方は90歳半ばになられて，なお黙々と窓辺で小枝点火器を作っておられた。この恵まれた環境の背景には，美しい牧場風景を維持するためにはとEU諸国から輸入するより数倍高価な国産牛乳をあえて買う人も少なくない，という国柄がある……。

高齢者の方々が緑陰でお茶の時間を楽しんでおられた。ヤーパン（日本人）に初めて会った

という方が多く，歓迎された。「意義ある人生を相応に送ってきたと思っておられるここの高齢者には，手話や文字が十分使えなくても，気持ちは通じあえるのです」という職員の言葉に首肯した。ある老婦人は幼児期に入所し，中学卒業まで施設内で暮らして療育訓練をうけ，そのあと65歳の年金受給資格が得られるまで家族の元で農業に従事し，余生をここでと入所されたという。にこりとして席を立たれ，ご自身の入所記念の折の幼女の写真と中学を卒業し退所時の少女の写真，そして農業を終えて入所された当日の老齢期に入られた折のものと3枚の写真を持ってこられた。これら3枚の写真を並べた後ろに私と並んで立ち，ツーショットの写真をとれば，自分の一生が纏めて示される，しかも長生きしたからヤーパンとも交流できたという記念写真になる，と微笑まれた。拍手が湧き起こった。

2013年夏に再訪した折，会議棟が建て変わり，入所者の自主活動のための環境がさらに整っていた。すべての場合ではないが，遺産を支援を必要とする機関を受取手として遺言証書を作成するという習わしがこの地ではかなり盛んで，新棟は二人の方の遺産の寄付によるものなのだと伺った……。

人の尊厳，自立（その人らしく生きるという意），応分に他者や社会と繋がること，適切に助力を受けること，分かち合い，支え合うこと，これらの言葉を新たな気持ちで思いおこしながら帰国した。

IV　おわりに

50歳を目前にしたC氏から電話があった。勤め先が倒産して，苦労の末，30歳でようやく得た正社員の職を失ったが，やっと食堂の洗い場にパートの職を得たという。「手がひびわれて痛い……」〈ビニールの手袋をしたら？〉「そんな！　和食の食器は素手で洗わなきゃ」。そう，C氏は誠実に根気強く働いて何とか今日まで来た人なのだ，細やかな仕事に対する心配りに感じ入った，と伝え，調理場で捨てられるレモンの皮をもらって手指をこする，薬局で尿素の多く入っているクリームを尋ねて求めたらと応えた。「分かった，頑張る。でも淋しい……」とC氏が応え，電話は終わった……。児童期から今日までのC氏の来し方が走馬燈のように浮かんだ。当時，CBTなど用いられていなかった頃，当時小6だったC氏に彼の興味をそそるよう考えた手作りのCBTもどきの暴力行為を自分でコントロールできるようにと意図したプログラムを，楽しみの感覚を盛り込みながら一緒にやってみた。乗り気になっていたC氏のある日の言葉「うまくできてる，他の子どもにも同じものやるの？」〈元の考え方は同じでも，中身は一人一人その人に合わせて作るのよ〉。その時，私を見つめた精彩のあるC氏の眼差しを今も思い出す。人の倍も苦労して高校を終え，就労先でも苛めに耐え，何とか働き続けてきた。その傍ら母親を看病して見送る際には，病院食の補助に喉越しの良い食事の作り方を電話で尋ねてこられた。父親の世話を「老老介護」と笑って自らを励ましていたが，家庭介護が難しくなり，ワーカーの助力で施設へ入所させ，時に見舞っておられる。「きょうだいには家庭があるし……，僕がやらなきゃ，また電話します……」とC氏は語っていた。

このような道筋を経ておられる幼児期，児童期から出会った人々のこの頃を思うとき，この文章の標題を私自身への課題として再度自問し，かつ，生産効率を重んじる現代社会に，豊かな精神性を息づかせていくには，と考え込むのである。

◆文献

村瀬嘉代子（2013）それぞれその人らしく．こころの科学 171．

村瀬嘉代子（2013）発達障害を理解し，支援する視点──三人称から一人称の世界へ．In：下山晴彦，村瀬嘉代子編：発達障害支援必携ガイドブック．金剛出版．

◉生涯発達に基づく支援

発達障害児を支える生涯発達支援システム

辻井正次

I　発達障害の人たちを誰がどこで支えていくのか

　発達障害，その代表例である自閉症スペクトラム障害（ASD）を例に挙げれば，少なくとも胎生期にはスタートしている脳機能の非定型発達を基盤とするものであることがわかってきており，脳の機能の差異から生じる症状や状態像の特異性は発達やその後の環境条件などで変化しつつも，完全になくなるものではないことが明確になってきている。また，ASD特性やADHDなどのその他の発達障害特性がある場合には，社会的な不適応状態に陥りやすく，さらには，特に成人期以降，気分障害（抑うつ）などの精神疾患を合併しやすいことが知られている。脳機能の非定型の発達があるということは，定型発達と呼ばれる他の多くの人たちが平均的にできる社会的に重要な行動や認知などのいくつかが自然には生じにくいことを意味する。にもかかわらず，社会的に相応の適応行動を取っていかなければならないということは，本人がそうした適応行動を学べるように，周囲が教えていかなければならないということになる。そこでは，関係性を整えて自然に学びやすくして教えていく方法も，構造化して明確に1つひとつの行動を教えていく方法も含めてである。つまり，発達障害の人たちは，どこかで誰かが何らかの支援を提供していくことで，適応行動を学んでいく人たちであると言える。

　しかし，定型発達の人たちが当然できることを"当たり前・普通とする"という前提で社会や文化は成立しており，社会的に明確な欠損や機能障害があると認識されない限り，社会は教えていくというスタンスよりは排除するというスタンスを取りやすく，結果，適応状況の悪化に帰結する。実際に，何らかの精神症状化を来たすような場合には，背景に発達障害特性がある場合が少なくなく，特に子どもの場合には，むしろ多くは発達障害特性が背景となっている。にもかかわらず，クライエント中心療法や精神分析的心理療法のみで支援を構成しても，こうした心理療法の治療モデルが定型発達を前提としているために，かえって悪くなることが生じてしまう。診断アセスメントがなされ，生活や教育，福祉的な支援の支えがあるうえで補足的にさまざまな支援手法が取り入れられるのはいいとしても，そうでない場合，現実的な支援が優先されることを確認しておきたい。心の専門家でさえも適切な支援ができていない現状を考えると，発達障害の人たちを支援するということは簡単ではないことがわかる。

II　障害の重さ−軽さで何が変わるのか

　障害が発達早期から明確にわかる，いわゆる障害が「重い」場合，乳幼児健診や一般の小児科診療のなかで，発達の遅れや特異性に気づかれ，結果，早期から継続的な支援につながっていく場合が多い。それでもなお，支援を拒否し，障害を否認する家族がいるのも事実であり，地

域の公的な立場で支援をする保健師や保育士やソーシャルワーカーの頭を悩ませることになる。「子どもに障害がある」という事実は，その家族のなかの異質なものへの受け入れやすさが少ない場合には，より受け入れにくくなるようである。継続的な医療ケアと結びつく場合には，それでも支援につながるのだが，本質的に，発達障害支援において医療ケアでできることはほとんどないため，診断がされても支援につながらないという事態に至る。

さらに，障害が（特に見た目で）わかりにくい場合，支援を求めても先述したように医療機関では受けられず，しかし，医療と障害児者福祉が連携していないために福祉的支援にもつながらず，自治体などが十分な障害児の支援の枠組みを用意していればいいのだが，多くの自治体ではそうではないため，「様子を見ましょう」と支援が受けられない状況が継続していくことになる。現在，障害者福祉総合推進事業などで，本書に掲載している「ペアレント・プログラム」を普及させていく取り組みが進んでいるものの，現状は，そうした最低限の支援パッケージすらないのが実態である。現状，特に障害が「軽い」場合，その子どもがどこに生まれたかがその後の幸福に大きな影響を与える実態がある。障害があろうがなかろうが当たり前に地域のなかで成長していくノーマライゼーションの枠組みのなかで，障害の「軽い」とみなされた子どもたちは成長していく。これ自体は好ましいことである。ただし，そうした発達障害に対する「合理的配慮」を支援する保育士や教師が十分に理解し，具体的な支援の基本くらいは学べる状況があり，そうした保育園に対しての保育所等訪問事業を地域の児童発達支援センターが行えていたり，小中学校などに派遣されているスクールカウンセラー（SC）が十分な支援技術をもっている場合はそれでいいのだが，そうでなければ適切な支援を受けられないという状況に陥る。SCは人の一生の幸福に関わる，それだけに責任が重い仕事である。基本的な診断アセスメントや適応評価のアセスメントができることはそれゆえに重要である。

障害が「軽い」とみなされることによる支援の難しさは，就労段階になって直面するようなことも多い。適切な支援を受けてこないということは，適切な適応行動を学び損ね，失敗をして自己評価を下げるという繰り返しになるので，ますます社会適応を難しくする。どのように行動すればうまくいくのか，その基本的なスキルを教えられているのかどうかが重要で，しかも定型発達であれば「普通は知っていて当然」のことがわからないので，本人も周囲も困ってしまうわけである。「困ったら助けを求める」「テンションが上がったらクールダウンしよう」というのは，社会的には「当たり前」とみなされることでも，それを教えられて覚えていく人もいるということを周囲がわかっていないと大変である。こうした基本的なスキルは，アスペ・エルデの会のワークブックや関連文献を参照していただければと思う。

III 人が生きていくうえでの支えの問題は誰かが何とかしてくれるわけではない

ここまで見てきたように，実際，今のわが国では，発達障害であることが自然と把握され，発達障害に必要な支援が提供されるという状況にはない。つまり，社会的な制度や仕組みとして，自然に誰かが何とかしてくれるわけではない。実際，本人と家族が納得して診断を受け，障害者手帳を取得したとしても，誰かが障害者手帳を持っていることを知って助けてくれるわけではなく，障害者手帳を持っていることを申告しない限り支援は提供されない。母子保健，子育て支援，保育，教育，福祉などが縦割りで構成されているわが国では，今のところ，ライフステージを通した支援を公的に提供することは容易ではない。では，民間の枠組みでそれが

できるのかと言えば，それも簡単ではない。発達障害の診断を受ける子どもたちが増え，お金を出せば支援を受けられるようにはなってきている。それでも，幼児期までとか学齢期までとか，機関の対象年齢で途切れてしまう場合も多い。創設者の熱意が強い場合や大きな法人であればいくつかの機関を連携させて支援をつなげることもできるが，そうもいかない場合が多い。結局，医療機関が定期的に把握している唯一の場所だが，医療機関が支援を提供するわけでもない，という矛盾に至る。

特に，成人期以降の支援を考えると，なかなか難しい実態がある。近年の大学での発達障害学生への対応など，発達障害に対応した合理的な配慮のための取り組みが進みつつある。しかし，企業においては，障害者雇用枠での就労でも課題が多く，また特に一般枠で就労している発達障害の人たちに対しては合理的な配慮を求めることすら難しい。就労しながら心身の状態をそれなりに維持していくことには支援が必要である。友人などもいないことも少なくなく，余暇をどう充実させていくのか，課題は大きい。障害者福祉事業所を利用している場合には，支援もあり，同じ事業所の仲間もいるのだが，就労して企業に入ってしまうと，仲間と出会う場所も減り，孤立してしまう場合が多い。結果，調子を崩して，失職してから支援に辿りつくという事態が全国で生じている。

IV 当事者主体でのささやかな取り組み

支援が公的に提供されるのを待っていても仕方ないので，当事者家族や当事者と専門職が協力して支援を構築していこうという取り組みが「アスペ・エルデの会」である。アスペ・エルデの会については，すでにいろいろなところに書かれているので，詳細は譲るが，簡単に紹介しておく。1992年に当時名古屋大学児童精神科グループの杉山登志郎氏（現，浜松医科大学特任教授）と筆者とで始めた研究プロジェクトからスタートしている。ほぼ同時期に，名古屋市立大学小児科発達グループの石川道子氏（現，武庫川女子大学教授）らも参加し，名古屋地区発での取り組みとして行われていった。当初，学習障害のためのプロジェクトであったが，新聞の記事をきっかけに訪れた子どもの多くはASDであり，医療機関で診断はできても支援はできないということで，支援のためのグループをスタートした。アスペルガー障害の「アスペ」とLD（エルディ）の「エルデ」を取り，「アスペ・エルデの会」とした。イベント的な療育的な内容の会を行い，3年ほどで100人規模のグループとなり，「大学」という場所で当初は活動を行っていった。しかし，大学という枠組みでは生涯発達に向けての対応ができないこと，あまりに未整備な状況で支援の受け皿を作っていく必要があったことなどを踏まえ，地域での発達支援システムに仕組みを組み替えた。東海地区のなかで10カ所ほどの支部を置き，各支部で月に数回の「学習会」を行うことになった。しかし，地域システムに移行する段階で，3分の1ほどの家族は，自分たちで運営をするのは大変だということで会を去っていった。専門職は「してくれる」人で，当事者や家族は支援を「してもらう」人だということでは，支援が進まないのだが，それは全ての人に理解してもらえることではない。それでも社会に対してしっかり取り組んでいこうというのが，多数の方には理解してもらえ，先に進むことになった。2000年から現行の地域支援システムに変わり，2002年にNPO法人化している。

ちょうど同時期に，ASDの少年が殺人事件の加害者となる事件が生じたことをきっかけに，知的障害のないASDの人たちへの支援体制の不十分さが課題として挙がり，与野党の国会議員や厚生労働省との話し合いの場が持たれた。一方，今の一般社団法人日本発達障害ネットワークの母体となる，当事者団体連合が構築された。

同時に発達障害の支援を考える議員連盟が立ち上がり，「発達障害者支援法」が2004年12月3日に成立している。当事者や当事者家族が主体となって動くことで，初めて社会が変わっていくことを示す結果にもなっていった。その後，発達障害者支援法を前提として，障害関連法規が改正され，支援の仕組みができつつある現状である。

しかし，それでハッピーエンドかというと，そういうわけではない。先に述べたように，わが国の縦割り行政のなかでは，生涯発達のなかでライフステージを通じた支援を構築することは容易ではない。また，大きな問題として，成人期以降の生活の支援をどうしていくのかが課題である。これは福祉関係の人が考えればいいことで，心理領域は関係ないという誤解をもっている臨床心理関係者も多いのだが，生活基盤が確かなものになって初めて心理的な支援の重要度が増すことを考えると，明確に問題意識を共有すべきである。保護者となる親たちが生きて支援をできているうちはまだ何とかなっていても，「親亡き後」を考えていくと，わが国はまったく支援が未整備な状況のままになっている。今後は大規模入所施設が新設されない以上，地域のなかで「親亡き後」も安定して支援を受けられる仕組みを作ることが必要になる。その際，「どこで誰とどんな風に暮らしたいのか」を当事者視線で考えていくためには，そして，それが実際にできているのか，あるいは適切な支援を提供できているのかを審査できる状況を作るには，当事者視線や受け皿としての当事者団体はやはり必要である。

アスペ・エルデの会は，現状，18歳以上の当事者本人が100人近くになり，今後の「親亡き後」の支援の枠組みを作るために，ハード面とソフト面の両方の取り組みを進めている。1つは独り暮らしのための訓練的な意味も含んだグループホームの設立，もう1つは当事者の独り暮らしに向けてのライフプランニング・スキルの勉強会である。いろいろな観点での学習が必要で，彼らの困った問題を聞きながら1つずつ構成してきているのが現状である。ASDの人たちなりに「親亡き後」を想定しようと思っても，社会性の苦手さがあるため，未経験のことを考えるのは苦手であり，「うちの母は死にません」と真面目に答える人や，「母が死んだら自分は生きていけないので一緒に死にます」と言い出す人も出てくる。しかし，1つずつ整理していくことで，取り組む方向性を見つけていくことができる。成人期・中年期の課題が明確になってきたことで，思春期や児童期，幼児期の課題が改めて明確になってきている。関係性に焦点化してやりとりができたところで，その後の「困ったら助けを求める」スキルなしには適応的に生きていけない。また，内的な自分への気づきを遊びなどで象徴的に示せたところで，「具体的に自分がある場面でどう振る舞えばいいのかがわかる」スキルなしに，学校や社会のルールを身につけることはできない。さらには，実際の自分の存在の不確実さを語れたとしても，「将来のことを考える仕方や，気持ちの調整の仕方」のスキルを身につけることなしには長い成人期以降の生活を生き延びていくことはできない。生涯発達のなかで必要な支援を考えるためには，縦断的に成長を把握していることは必要で，そこでの経験を支援者側にとって世代を超えて共有できる仕組みにするために，幼児期から成人期に至る過程で必要なスキル・トレーニングの内容を取りまとめてきているのがアスペ・エルデの会の取り組みでもある。地域のなかで，支援を必要とする発達障害の人たちを支えていくためには，当事者の活動を支援できることが必要で，"面接室で話を聴く／箱庭をする" というイメージから脱して，より社会にとって必要とされる社会的な仕事・場に参加することが求められると言えよう。

◆文献

辻井正次（2013）．発達障害のある子どもたちの家庭と学校．遠見書房．

辻井正次 編（2012）楽しい毎日を送るためのスキル──発達障害ある子のステップアップ・トレーニング．日本評論社．

◉生涯発達に基づく支援

それぞれの生を全うするということ
こころみ学園を訪れて

村瀬嘉代子

こころみ学園のあゆみ

　障害者支援施設「こころみ学園」は栃木県足利市田島町の山麓にあり，多機能型事業所「あかまつ作業所」，共同生活援助事業所「あけぼの荘」（他6ホーム），相談支援事業所「こころみ」とともに，社会福祉法人「こころみる会」として運営されている。その前身は昭和33（1958）年，当時中学校特殊学級の教員だった川田昇が特殊学級の子どもたちと2年をかけて開墾した，勾配38度の急斜面3ヘクタールの葡萄畑にまでさかのぼる。昭和43（1968）年には，手作りのバラック小屋で川田昇以下9人の職員が寝起きしながら，一切の補助金は受けず，自分たちの手で学園の施設づくりを進め，昭和44（1969）年には30名収容の施設が竣工。「こころみ学園」と命名される。同年11月に成人対象の知的障害者更生施設として正式に認可され，川田昇は当時施設長を務めていた千葉県の県立の袖ヶ浦福祉センターを辞職し，初代こころみ学園園長に就任する。当時，園生30名（男性15名，女性15名）と職員9名からなり，葡萄と椎茸の栽培を中心とする農作業を通して園生の自立を目指すことを理念としていた。昭和55（1980）年2月，こころみ学園の考え方に賛同する保護者の出資により有限会社「ココ・ファーム・ワイナリー」の前身である有限会社「樺崎産業」設立。昭和59（1984）年に醸造が認可され，同年秋よりワインづくりを開始し，1万2,000本を生産・完売する。「こころみ学園」の活動を称えて，これまでに日本生活文化賞，渋沢栄一賞，社会的事業表彰，東京農大経営者大賞，吉川英治文化賞などが授与されている。

　平成26（2014）年現在は，園生148名（入所94名，短期入所9名，通所45名うちケアホーム30名）（年齢17〜92歳，男性102名，女性46名），常勤職員66名，非常勤職員43名，うち準職員（特殊学級やこころみ学園の卒業生）6名，ココ・ファーム・ワイナリーのスタッフ34名を数え，葡萄栽培地は5.3万平米，ワイン醸造数は年間約16万本に上る。平成24（2012）年6月には，高齢知的障害者のための多目的スペース「cavanelle」が完成し，創設から45年となる「こころみ学園」の新たな歴史が刻まれつつある。

I　1982年，最初の訪問見学

　本稿の依頼を受けたとき，それぞれの生を全うするということ，かつて「こころみ学園」を訪れた記憶が鮮明に蘇った。それはそのときまで，心理臨床の営みの基本と私が考え実践しようとしてきたことと，こころみ学園の実践は通底していて，時に「臨床心理学の枠を超えている」などと評されて戸惑うこともあった私にとり，心理臨床の営みのあり方を再確認する機会になった。こころみ学園に比べれば，私の出会うクライエントは最重度の障害を抱える人々ではないが，臨

床の基本と人の潜在可能性に着目することの大切さをしたたかに再認したのであった。

1982年8月，情緒障害児学級を担任されている先生方とわが子の発達障害を受け止めかねて呻吟され，ひいては家族間の不協和やその他の派生した問題をも抱えて疲弊しきった保護者の方々から，こころみ学園見学旅行へ誘われ，総勢13人で訪れた。

当時の入所者は青年期から初老の方まで90人余で，急斜面を開墾してのブドウ栽培，山から原木を切り出してのシイタケ栽培が園生達の仕事であった。川田昇園長は60歳代だが精悍で，園生と一緒に身体を動かされていた。無駄のない率直な本質をつく語り口，平易な言葉で表現されるが総合的な状況把握をする観察認識の的確さから，これぞ本当のアセスメントであり，思い切ったかかわりをこれが可能にし支えているのだと感嘆した。

園生達は重篤な発達障害を持つ人々と見えたが，その人らしい生気があり，何か自信に繋がるような表情の人が目立つことが寮舎へ入っての第一印象であった。川田園長は園生を「○君はA大K教授の論文に書かれた人」「△君はB大M教授の論文に……」「この人はC病院から……」と紹介された。何人かはそれらの文献を読んで知ってはいたが，文献で想像されるそれぞれの自閉症スペクトラムの人の予後に比較して，生きづらさの程度は重いのに，何か目前のその人々は自信に繋がる生気ある表情をされていた。

13人の見学者に自家製のぶどうジュースが供されることになった。一人の園生は無造作にお盆に8個のコップを載せてきて，客の前に置いた。当然，足りない。川田園長は「よく見てごらん」と言う。するとジュースが前に置かれていない人に気づいて，園生は5個のコップを運んできて客の前に置く。「皆さんに全部あるかな」と園長。2度目のキッチンとの往復で13人に行き渡る。「数がわからない人です。でも急いでジュースを飲まなくても待てばいい。それより自分は役に立っている，お客さんをもてなしている，という気持ちが大切でしょ？」。木造の簡素な建物で古びてはいるものの床はピカピカ。雑巾がけをしている園生について「自閉症の症状も重いし，知的にも低くて，家では何もすることはないと置いていかれ，暴力行為に家族は音をあげた。ここへきてはじめガラスを○○円分割りましたが，もういいだろうと雑巾を渡すと，強迫傾向というかこだわりで同じところを長時間拭いた。そこで床はきれいに，するとこだわりも少し和らいだ」と川田園長は言う。それぞれ園生の在宅時の様子，家族が対応できなくなり，引き受ける機関も見つからなかったという壮絶な問題行動や暴力のあった人達の大方が自分独自の持ち分を得て，予想されたよりは落ち着いた生活をしていた。

戸外に案内される。42度の斜面は降りるときなど絶壁のようにも感じられる。シイタケの原木のあるところからシイタケ栽培の原木を切り出し，斜面下の平地へおろす。また，ブドウ畑の下草取りなど，足元を自ずと踏みしめ作業に集中せざるを得ない斜面である。「園生は足を踏んばることを体の感覚で覚えます。ここから逃げ出そうとしても，山の杉林を抜けてその先へ行くのは容易でないというわけです」と園長。さらに，樹陰に座っている知的障害と視覚障害を併せ持つ園生の傍らで，一人の園生が団扇で虻

や蚊を追い続けている。「強迫的な傾向はうちわであおぎ続けるのに役立ちます。見えない人は鳥の声を聴き、そしてうちわを使うという役割を他者に与えている意味ある存在なのです」。広大な自然のなかでの作業はなるほど素晴らしい、だが「雨の日は手持ちぶさたでお困りになることは？」と思わず問うと、「雨天には長靴を履き、合羽を着て作業です。雨天でも働くから、晴天の歓びはひとしお。厳冬下の作業に耐えるから春の訪れが素晴らしく感謝の念が湧く。都会の人はこういうセンスを失っている！」と。園長はふと役所の人や見学者には見せていないけど特別にと「夫婦舎」を見学させてくださった。職員の結婚を祝う席で「フツウの人はいいなあ、結婚できて……。オレ達は……」という呟きを聴き、そうだ、人ならば当然のことだ、と決断して希望するカップルを結婚させたのだという。調理をすることが困難な人達なので、食事は園舎で皆と共にし、1LDKの住まいではお茶だけ湧かすのだという。この決断と実行力、その責を負う覚悟にその瞬間、私は言葉を失った。

麓ではブドウやシイタケの箱詰めを園生達が していた。「箱詰めされた産物は主に養護学校や福祉事務所や生協へ出荷します。園生達は生産活動を通して、自分が社会と繋がっていることを知っています。障害者も隔てられることなく社会と繋がることにより人として誇りが持てるのです」と園長は述べた。まず基本的に人として大切に受け止め、的確な状況判断の下に、着手できるところから支援を展開していく営みがここにはあった。その夜、徹夜で合宿した13人は夜を徹して話し合った。「希望を持てる気持ちになった」「我が子の現実を受け止める気力が湧いた」「早めに退職し、保護者としてこういう領域での支えになりたい……」保護者の方々の言葉であった。

II　こころみ学園の今（2014年6月16日）

1　個別的な関わりと集団生活のバランス、自立的な（自律的でもある）生活の展開

施設長の越知眞智子氏は身のこなしが軽やかでブドウ畑の急斜面にもすっくと立たれる。園生達に向かって、その人に合った自然な声かけ

をされる。親しみが込められているが絶妙に適切な距離感覚がある。傍らに立つと，越知氏からは，施設とそこに生きる人々への責任，いやそれだけではない，こういう施設が社会に対して持つ意義についての責任の自覚と覚悟を身を挺して持たれていることが伝わってくる。施設の園生や職員との間はもちろん，近隣の人々とのやりとりから，地域社会や世の中とよい関係を持っておられることが伝わってくる。眼鏡の奥の眼差しは知的でセンスフルである。

1968年，手作りのバラックから出発したこころみ学園は，著書（川田，1999，2009；川本，2008）にも紹介されているように大きな発展を遂げてきた。現在の組織は図1（農林政策研究所，2011）に示されているが，園生は各自の特性に応じてさまざまな場や作業に携わるようになっている。

園内は整備され，来客を待つ諸設備も洒落たものとなり隔世の感があるが，施設の運営，園生へのかかわり，渉外活動，その他ご苦労は変わらず，というより新たな課題も加わって，容易なものではない。入所者94名のうち，4分の3は川田昇園長在任中からの人々であるが，高齢化が進み，60歳以上が多く，平均年齢52歳，急斜面での作業が危険な人々が増えつつある。最年少者が17歳で，青年期から60代までの園生が主に戸外の仕事（図1の右の部分），高齢者の方々も個別的状態に応じて図1の左側の作業にその人のペースで携わっている。そして，寝たきりや臨終が近い方々はその人にあった内容の介護を受けている。

越知氏は大変なことを淡々と，しかし思慮を込めて語られる。「園生はそれこそ一人一人さまざまである。知的には高いが荒れて暴力のすさまじい人，車の下をくぐることに拘る人，性の問題行動が収まらない男性，山を登りながら衣

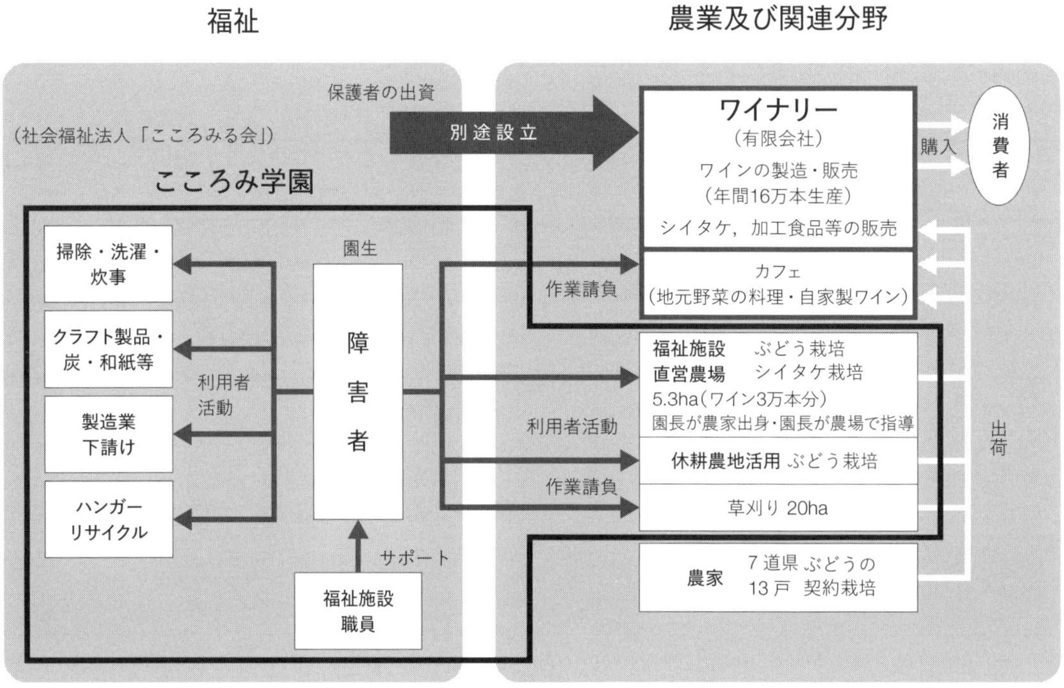

図1 こころみ学園における園生の農業および関連分野への関わり（農林水産政策研究所，2011）

類を一枚ずつ脱ぎ降りながら一枚ずつ拾って着ていく男性、裸で街まで遁走した人、その都度、個別的に状態に応じて関わっている。医療、警察、官庁とは必要に応じて適切な連携を取っている。だが人は何かできることがあれば生きていける。川田昇前園長は園生に繰り返し、傍らにそって作業のコツを教えた。それを会得した当時からの園生が新入の園生に伝え、全体として作業の流れを作っていく。指導員（職員）は作業の流れをさりげなく傍らで作り、あとは園生に任せる（このお話を聞く傍らで、杉林の斜面を園生達はその人の力量に応じた木を抱えて下へ降りていく。園生のうち、60名ほどは重症で会話ができない重度障害者）。園生の完全回復はないが、職員より園生相互の繋がりで状態が改善していく傾向がある。依然強いこだわり等の問題行動や反社会的な行動をもっている園生も、生活のリズムを作り、作業に参加できることを心がけた。すると次第に安定した。しかし現在でもちょっとしたすきに園外へ出ていってしまう」。

III 誇りが生まれ、支えるために

第1回の訪問時の川田園長の言葉が思い出された。「畑仕事でも、変化と上品さ、実りを手にする歓びがあるもの、しかも重篤な障害を持っていても手がけられるものを作りたい、しかも

この土地に合うものと考え行き着いたのがブドウ栽培とシイタケ栽培だった」。ブドウ酒造りが進展するなかで、やはり本物のシャンパンを作ろうとフランスから解説書なしの（和製のように行き届かないことがある）機械を直輸入され、苦闘の末使いこなして、ついにはサミットの晩餐会にも供された銘品を生産されるに至った。「品も大事に」と言われたことが今も私の内に深く響いている。ワイン醸造の専門家、ブルース氏をアメリカから招き、彼は学園に住み込んでワイン醸造やブドウ栽培の改良に取り組んできた。その一方で、原発事故でセシウムの濃度が高まり、今はシイタケ造りはかなり縮小したが継続している。

ブドウ酒の瓶詰め作業では、園生の力に応じて作業工程のなかにその人なりの力が発揮されるように配置されている。そして、素質のある園生は検査係を任されている。単純な作業にワイナリーのスタッフが睡魔に襲われかけたりするとわざと不良な作業をして、各自が役割から脱落しないように茶目っ気をこめて配慮したりする自閉症の園生もいる。園生は自分達の営みに自信を持っていて、実習生や見学者に「収穫祭に来て」と言葉をかけている。

Ⅳ　老いを受け止め，生を全うする

これまで25名の園生が施設で死去された。学園を見晴るかす小高い場所に墓碑が建っており25番目に川田園長の戒名がきざまれている。保護者会を開いて話し合い，内科医の協力を得て施設では「看取り」をすることを決めた。

高齢者のグループの昼食。彩りよく喉ごしがよいように調理されたおかずが4品，小ぶりの器に盛りつけられている。自ずと食が進みそう。職員はこぼす人に「食べさせてあげる」と言ったり制止語を使ったりせず，「お手伝いさせて戴いてよいですか？」と声をかける。スプーンの扱いもままならない92歳の女性は，元気なときは癇性できりきりしゃんと働き者だったとのこと。この人は制止や指示的な言葉遣いには拒否反応をされる。父親の最期を数カ月間，病院で付き添い看取ったというほとんど話されない（話せない）女性は，職員をさりげなく助けて上手に食べられない人の手伝いをそっとしている……。大食堂だが，人の気配りと繋がりが自然にある空間であった。寝たきりの人には職員が話しかけながらゆっくり食事を供している。

火葬場の混雑のため，火葬が3日後になるというあるご遺体が居住棟の一部屋に納棺され，蓋が開かれ安置されていた。枕元に園生が交代で守るように座っておられる。合掌しながらふとみると，棺のなかには園生が自分の大事にしているもの，ぬいぐるみやお菓子や自分の写真がいっぱい入っていた。逝く人の生きてあるときの生き方を敬い，ねぎらい，別れを惜しむという無言の空気のある空間であった。ふとスイスの重複聴覚障害者の施設を訪れ，重い障害を抱えながらも，入所者がその人らしい一生を全うされているのを識った経験を想起した（村瀬，2014）。過剰な治療より，自然な終焉を考えておられるようであった。

Ⅴ　方法も環境も人に合わせて改善する
——考え工夫する，よき流動性

園生の状態の変化につれて，至る所に安全と心地よさを求めて改築，改良がきめ細やかになされている。1982年時の浴室の原型はそのままながら，手すり，階段，そして寝たまま入浴できる個別浴槽が取り付けられ，建物のなかは転倒，転落防止の細工が美的センスも加味してなされていた。また，新しい多目的ホールを含む建物にCAVANELLと名がつけられ，なだらかな丘のようなマークがつけられている。「フランス語？」と思ったら，絶えず昼寝する園生のひとり椪島氏とその寝姿を本人の許可を得てユーモラスにデザインしたのだと！

Ⅵ　発達障害を抱える人がその人らしい生を全うされるための要因

こころみ学園訪問のほんの一端の報告に止まるが，その人らしい自立的かつ自律的な人としての生を全うされるには，次に列挙するようなことが要因であろうと考えられる。

①人として遇する。自尊心を大切に，なるべく指示，指導ではなく一緒に「助力致しましょうか？」という姿勢を心がける。
②的確な素早い現実に即応するアセスメント

に基づく個別的なかかわりと，集団のよい繋がりを活かすというバランス感覚を働かす。

③人が応分の役割を果たせるように，アセスメントと行動のレパートリーを幅広く考え創り出せること。既成の理論や技法をアプリオリに使うことに止まらない。

④生活のなかにユーモアや楽しみを。

⑤居場所感を贈る，各自にあった仕事，安んじて生涯を終えてよい場所をしつらえ，人と繋がれるようにする。

⑥家族との関係がよい方向へ進むような支援を。

⑦職員が自分の生や職務を肯定的に捉え，自分の生を享受するように，職場の人間関係，メンタルヘルスへの配慮をする。

⑧医療機関，行政機関，その他関連する事業所，近隣，地域社会とのよい連携関係。

⑨変転，変化する現実に即応してゆとりを忘れず，共に考え，行動し，工夫する姿勢を職員各自が応分に持つ。

*

長時間，懇切にインタビューにお応え下さいました越知眞智子氏，並びにご協力下さいました職員の皆様，園生の皆様にこころから感謝致します。

◎後記

この訪問には金剛出版の立石正信社長，編集部の藤井裕二氏，伊藤渉氏が同行された。写真は編集者お2人の撮影，筆者が初代川田昇園長の御次女で施設長でいらっしゃる越知眞智子氏と園内を案内していただきながら対談した内容を藤井氏が傍らでメモして下さった。この訪問記はこの3人の方々のお力添えに多くを負うことを記し，感謝申し上げる。なお写真の掲載については，こころみ学園ならびにご本人ご家族から許可を得ていることを申し添える。

◆文献

川田 昇（1999）山の学園はワイナリー．テレビ朝日．

川田 昇（2009）ブドウ畑の笑顔――こころみの実践が自閉症の子どもをかえた！．太揚社．

川本敏郎（2008）こころみ学園――奇跡のワイン．NHK出版．

村瀬嘉代子（2014）発達障害のある人の人生に寄り添うこと．臨床心理学14-1．

農林水産政策研究所（2011）指定障害者支援施設（社会福祉法人こころみる会）．

◉成人期以前の発達段階における"つなぐ"支援

乳幼児健診において発達相談から療育につなげる

中島俊思

I　はじめに

　発達障害児者の支援に関しては，早期発見・早期療育の如何がその後の発達や適応を大きく左右する。本邦では2005（平成17）年4月施行の発達障害者支援法に伴い発達障害の早期発見が規定され，市町村が乳幼児を対象にしている健康診査，すなわち乳幼児健診の機会がこれに相当する。発達障害の支援は，福祉・医療・教育・保育など多くの領域で一斉に進展しているなかで，保健所・保健センターにおける母子保健領域での支援は遅れていると言える。根っこには，発達障害という概念が持つ難しさや，育ちのはじめの時期である乳幼児期ゆえの，腫れ物に触るような禁忌にも似た警戒感などがある。根はそれぞれの地域性などとも複雑に絡みあっている。自治体の経済力（母子保健事業にどれだけ予算を回せるか），障害観（その地域では障害をどのように位置づけてきたか），子育て観（地域の家族形態など育児の潜在力がどのくらいか）などが，地域性には含まれる。母子保健に関わる心理職には，健診で発達の懸念などで支援の対象となりうる母子への発達相談のみならず，健診全般のシステムに関して指導的な立場が求められることも少なくない。心理枠として割り当てられた発達相談という支援スタイルは，健診というシステムのなかのごく一部でしかない。心理職の子どもの発達特性を見立てるスキルや保護者とのコミュニケーションスキルは元より，地域における育児支援・療育体制への関与，健診や発達フォローの当面の窓口となる保健師へのコンサルテーションなど，多面的な役割が求められる。本稿では健診に携わる心理職向けに，筆者が関わるX市の取り組みなどを織り交ぜつつ，いくつかのテーマから概観する。

II　子どもたちの現状に応じた地域の支援スタイル

　乳幼児健診における判断は，"発達"という時間軸と，支援サービスにみられる地域性といった横軸の要因によっても大きく左右される。健診から支援につなげる際の問題点として，①療育サービスの不足：行政の財政上の都合などから療育施設・スタッフが確保できない，②見落としの問題：健診の機会に保健師をはじめとする健診スタッフが発達障害などの兆候を見落としてしまう，③連携不足：保育園・療育施設など他部署・他機関との連携が取りづらい，などが挙げられる。現状には薄々と気づきながらも，どこから手を付けてよいかわからない，といった心理職も多いかと思われる。②の見落としの問題に関する改善のモデル事例を後ほど報告するが，②の健診スキルの向上が見込まれる場合であっても，発達特性に関する気づきを与えられた親子が路頭に迷わないためには，①や③が同時並行的にある程度解決されている必要がある。

　筆者が関わるX市においてスタッフと共有する支援の判断基準を図1に示す。支援スタイルの緊急度のカテゴリーを，黒，グレー，白に区

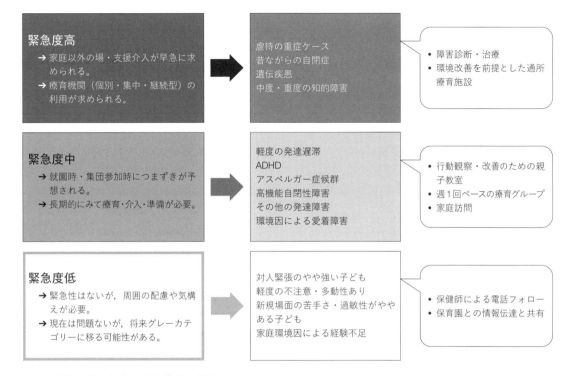

図1　健診の場で行う支援先決定の判断

別して記入している。例えば，"黒"は医療機関への紹介・治療・環境改善を前提とした通所療育施設の勧奨，"グレー"は発達チェックや育児相談を兼ねた1回限定単発式の親子遊び教室，週1回ペースのクローズの療育グループ，"白"は電話フォロー，保育園との情報伝達共有，といった具合に受けるべき支援のステージを模式的に示している。支援スタイルは該当児の発達・成長や支援の成果とともに変化しうる。各カテゴリーが，健診参加者すなわち人口に占める割合は，およそ一定であるかと思われる。X市の療育参加人数や健診に参加する筆者の感覚で言えば，"黒"に関しては1〜2％前後（1世代1,000名のうち10〜20名），"グレー"は7〜9％前後（1,000名のうち70〜90名），"白"も"グレー"よりやや多いか同程度ではないだろうか。割合の見込みはおよそ小児期自閉症やその他の発達障害など各障害の包括的な有病率を反映してい

る。地方部か都市部によって異なるであろうが，各自治体の目安にしていただいていいのではないか。

だがしかし地域における支援サービスは，各自治体の地域特有の事情などにより大きく異なる。図1の"黒"に該当するサービスに関しては旧来から支援サービスがすでに確保されている自治体が多い。"グレー"や"白"においては依然として地域差がかなり存在し，発達障害が疑われる場合でも，療育グループなどの受け皿が追い付いていない自治体も多数みられる。そういった制約がある場合，例えば"グレー"に該当する子どもたちには，保育園などの他機関との情報共有や連携強化といった"白"のサービスで乗り切るということも現実的な方法のひとつである。アドバイザー的な立ち位置にいる心理職は，支援サービスの行き渡り状況に関して概算見積もりを把握し，常に先の理想的なシ

ステムを思い描いておく必要がある。現場の保健師が次年度の療育開設に向けた事業申請などを役所に行う際には，数値などのデータや他の自治体のモデル事例などを織り交ぜた外部専門職からの助言があると，前例や実証を重視する行政にとっては効果的な後押しになる。近頃新たによく耳にするのは，図1でいえば"白"に該当するような子たちを"グレー"と判断することで，自治体の療育グループがパンク状態になる例である。極端な話，"発語が曖昧"という理由のみで全体の30～40％程度の子どもたちを療育グループにつなげてしまう自治体などがある。全ての疑いのある子どもたちに，経験豊かなスタッフによるインテンシブな療育が行われるのに越したことはないが，自治体がこれらの運営コストを負担し続けるのは困難である。結果として，本来なら集中的に療育を受けるべき子どもたちへのサービスを受ける機会が減り，質の低下が起こる。健診に関わる全ての心理職や保健師が，発達の状態に関して過小／過大に評価することなく正確な判断をしていくことが求められる。

III 健診スタッフの判断スキルの向上

次に，判断スキル向上のために健診で利用可能なスクリーニングツールを紹介する。

健診の場においてフォローが必要な子どもたちを見落としてしまう大きな要因に，判断基準が設定されていないことが挙げられる。自閉症スペクトラム障害（以下，ASD）にみられる，「視線が合いにくい」「自分なりのルールを強く持っている」「言葉の使い方が独特」といった傾向に関しては，従来型の健診では明確な判断基準が設定されていなかった。これらの自閉的な行動は，素人目には会場で見ただけではわかりにくいのも特徴で，家庭での様子などを聞くことが欠かせない。保健師は"なんとなく気になる"という感覚は持ちながらも，フォローの対象から外しがちになる。親はわが子との関わりに違和感を持ちながらも，「問題ないです。個性だから大丈夫」という保証の言葉を専門職から聞きたいという気持ちを強く持っている。保健師の判断はこういった親の暗黙のプレッシャーから影響を受け，判定が双方の希望（「問題ないです。そのうち収まります」）と一致する方向に引きずられやすい。したがって，気になる子に該当するような特徴を示す行動をリストアップし，形式立てて漏れがないように把握するためのツールが求められる。

乳幼児健診は何時点かが設定されている。言語・社会領域の発達をフォローする際には，全国的には1歳6カ月と3歳という2時点が主となるが，1歳6カ月時健診と3歳児健診ではフォローのあり方が大きく異なる。1歳6カ月児健診は，対人社会領域の発達が飛躍的に伸びる時期に重なる。この時期の未発語，共同注意スキルのような他者認知の未熟さ，運動面での不器用さなどの行動傾向の重なりは，ASDのような発達障害傾向を反映しやすいとされている。同時に乳幼児期初期にASDの子どもたちを定型発達の子どもたちと区別する際に注意すべき点として，この時期の子どもたちの社会性やコミュニケーションにおける発達の道筋にはかなり多様性の幅があるということがある。数カ月後には先の兆候が改善され，その後もほぼ定型発達の軌跡をたどるキャッチアップ群も多い。一方で3歳児健診では，定型発達の子どもたちにもみられるような発達上の個人差はある程度解消する。乳幼児期後期にみられる差異はその子固有の特性を反映しているものとして判断してよい。また健診の次の年度に保育園・幼稚園への就園を控えており，就園における集団参加を念頭に置いたフォローが中心になる。地域のほぼ全員の子どもたちが参加し，一律に設定された月齢時点で実施される乳幼児健診は，発達の遅れや特異性といった平均からの逸脱を発見する好機である。

表1 乳幼児健診で用いられるスクリーニングツール

	M-CHAT	PARS幼児期短縮版
対象年齢	18〜24カ月	36カ月〜
健診の種類	1歳6カ月健診	3歳児健診
追加の2次調査	必須	不要
保健師の技術	基礎知識等は必要	研修・模擬が必須
回答方式	母親記入式	対面での面接形式
所要時間	10分程度	10分程度
項目数	23項目	12項目
評定	はい／いいえの2択	程度・頻度の違いにより0／1／2の3段階評定
陽性の判定基準	全項目中3項目不通過、重要項目中2項目不通過	合計得点が5点以上
およその陽性率	12〜15%（1次調査時）	8〜10%

※M-CHATの陽性率は、2次調査時（24カ月時）にはおよそ半減する。

　参加児全員のなかから、気になる子どもたちに効率よく支援のための目星をつけていく作業を"スクリーニング"という。スクリーニングにおいて先述のような保健師による見落としを確実に減らすには、健診用に開発された発達障害児早期発見のためのスクリーニングツールを用いることをお勧めする。1歳6カ月児で実施が可能なM-CHAT日本語版（Modified Checklist for Autism in Toddlers）や、3歳児健診で実施が可能なPARS幼児期短縮版（広汎性発達障害日本自閉症協会評定尺度）は、母親回答式および聴取式のアンケートである（表1参照）。M-CHATは、国際的にも広く用いられており、本邦ではすでに国立精神・神経医療研究センターの神尾陽子のチームが中心となり、開発と実用性の検討が報告されている。指さしの使い方、保護者の表情の伺い方、他者との気持ちの共有といった乳幼児期の社会コミュニケーションの行動と、こだわり、感覚過敏といったASD特有の異常行動を合わせた計23種類の質問項目から構成されている。PARS幼児期短縮版は日本で開発された尺度であるが、国際標準的な自閉症の診断補助ツールであるADI-R（Autism Diagnostic Interview-Revised）との妥当性が海外誌でも認められている。ADI-Rでは、人への関わり・言葉・こだわりなどの行動特徴を、計12種の質問事項を介して、面談を進めながら評定していく。

　スクリーニングツールを導入する利点は、評定結果の合計数がカットオフポイントという一定の基準に達すると自動的にフォローの対象にする、という客観的なルールがあり、個々の保健師の主観的な判断に委ねるのを避けられることにある。スクリーニングツールの限界としては偽陰性の問題があげられる。偽陰性とは、本来ならフォローの対象とすべき子どもたち（真の陽性）がフォローから漏れてしまう現象を示す。スクリーニングツールを健診現場で使い続けることの副次的な効果として、発達障害特性である発達の遅れや特異傾向などの兆候への注目が、健診スタッフにとってより身近な視点として浸透してくる点にある。その結果スクリーニングツールを過信しすぎないクールな視点が育まれ、「得点的にはさほどでもないがやはりこの子にはフォローが必要」といった柔軟な判断ができるようになり、スクリーニングにおいて偽陰性で一旦は漏れた子どもたちを再びフォローにつなげることも可能になる。筆者が関わるX市においては、スクリーニングツール導入

表2 スクリーニングツール導入前後の変化

	精神発達において要観察となった児 (A)					
	導入前　X年7〜11月			導入後　X+1年7〜11月		
	受診者（人）	(A)	出現率（%）	受診者（人）	(A)	出現率（%）
1歳6カ月児	436	135	30.96	426	162	38.02
3歳児	392	38	9.69	9382	88	23.03

※要観察とは，健診後に電話・面接・事後教室など，何らかの支援の対象者とした場合を意味する。

に向けたモデル事業を展開している（詳細は中島（2012）を参照）。実際にツール導入後の新しいシステムでの乳幼児期に要フォロー（観察）対象となった児童の割合を，表2に示す。1歳6カ月児健診でもフォロー率は増加しているが，3歳児健診のフォロー率はツール導入後に大幅に増加していることがわかる。向上したフォロー率には，副次的な効果も多くを占めていると思われる。

IV　健診に参加する保護者とのコミュニケーションチャンネル

スタッフ間では，スクリーニングツールの数値や図1（前出）のような支援モデルの判断について，ある程度クールに利用していくことが求められる。大勢の子どもたちが参加する健診において，数量的な基準やカテゴリカルな判断は，支援システムを効率的に運営するうえで欠かすことができない。対照的に，健診に来られた保護者とのコミュニケーションには，健診スタッフ内で交わすカテゴリカルなコミュニケーションとは全く異なるチャンネルを要する。「我が子が定型発達からの逸脱を意味するような一群に属する」という言説は，親には受け入れ難いものであり，親としてのアイデンティティを揺るがす非常に大きな脅威となる。この脅威は全力で打ち消したくなるような動物的・直感的な感覚であるため，支援先から長期にわたり足を遠ざけてしまうきっかけとなりうる。乳幼児期の健診や発達相談の場では，カテゴリカルな心象を与える言葉を極力用いないほうが，保護者には受け入れられやすく，支援のネットワークにつながりやすい。カテゴリー化の大きな節目としては医療機関による診断があるが，発達障害に関する診断は，保護者に「やっぱりそういうことか」と腑に落ちる態勢が整うまで待っても遅くないように思われる。療育グループや健診後のフォローアップ教室などを発達相談などで勧奨する場合，カテゴリー化のイメージを避けるコミュニケーションとして，以下の点に留意している。①できているところ・スキルとして獲得している行動など肯定的部分を必ず最初に提示する（肯定的側面をスタッフが表現することで，ネガティブな特性への保護者の気づきを受け入れやすくする）。②正しい知識を発達障害や自閉傾向などの用語を用いずに説明する（発達そのものが全て停止するわけではない。それと同時に特性は完全に解消するものでもない。性格や個性でもなく体質として理解してもらう）。③療育グループ勧奨には「遅れているから参加する」のではなく「成長するから参加する」と，お得感を前面に出す（就園前の集団参加の意義や効果を明示することで，療育参加が単なる負のラベリングでないことを納得してもらう）。④今・ここでの情報を共有する（健診時のスタッフとのやりとりを含めた保護者の記憶は，後の成長の節目において一里塚のように機能する）。

こういった保護者向けのコミュニケーションやロジックのレパートリーは心理職が得意とす

るものであるが，保健師を含む全ての健診スタッフに共有されているとよいであろう。心理職には，保健センターの職員研修や勉強会などに率先してコミットし，スキルが共有できる場を意識的に作り上げる姿勢が求められる。

◆文献

Chawarsuka K, Klin A & Volkmar FR (2008) Autism Spectrum Disorders in Infants and Toddlers : Diagnosis, Assessment, and Treatment. The Guilford Press. (竹内謙彰, 荒木穂積 監訳 (2010) 乳幼児期の自閉症スペクトラム障害——診断・アセスメント・療育. クリエイツかもがわ.)

神尾陽子 (2010) いま発達障害をどうとらえるか. 月刊地域保健 41-9 ; 24-31.

中島俊思 (2012) サポートブック はじめの一歩だよ——みんなでサポート編. 特別非営利活動法人アスペ・エルデの会.

中島俊思, 大西将史, 伊藤大幸ほか (2013) 3歳児健診における保健師によるPARS短縮版活用の可能性と課題. 小児の精神と神経 53 ; 47-57.

◉成人期以前の発達段階における"つなぐ"支援

支援をつなぐ発達相談
家族支援の広がりのために

中田洋二郎

I　はじめに

　発達相談を行う機関を挙げると，母子保健センター，発達相談センター，児童相談所，子育て支援センター，さらには発達障害に関わるNPO団体など多様である。また，そこで相談業務に関わる人々は，医師，保健師，心理職，言語聴覚士，作業療法士，理学療法士，保育士など職種は多岐にわたる。すなわち，発達相談は，子どもの発達を支援する複数の専門職による相談システムであり，それらが連携し子どもの育ちを保護者とともに支えることを目的として行われるものである。

　本稿の主たる目的は家族支援の視点から，子どもの障害について保護者との相談の具体的な進め方について論じることである。機関同士，また多職種間の連携など相談システムの問題も重要であるが，それは本稿の任ではない。そこで，本稿における発達相談を，主に子どもの精神発達についての専門的知識をもつ心理職が，乳幼児健診などで行う相談面接に絞って論ずることとする。

II　発達相談の導入と経緯

　わが国には新生児期から幼児期まで乳幼児健康診査のシステムが整っている。発達相談はこの乳幼児健診の発展によって生まれ変遷してきた。3歳児健診が始まったのは1965年である。その当初の目的は身体発育や栄養状態，疾病の有無など身体の健康管理が主であった。その後，言葉の障害など精神発達や虐待など育児上の問題へと関心が拡がっていった。

　乳幼児健診に発達相談が導入されたのは，これら精神的発達と育児上の問題を健診で扱うようになってからである。当時，期待されたことは，子どもの精神発達の検査とともに新たに関心が広がり始めた育児不安や育児ストレスへの対応であった。それは保護者の悩みを受け止める育児相談であり，現在でいう"子育て支援"でもあった。

　それが今のように発達障害への対応に変化したのは，1977年に始まった1歳6カ月児健診からである。1歳6カ月という時期が選択されたのは，この時期の発語と言語理解が障害の有無のメルクマールとなるからであった（日本小児保健協会，1988）。時期の選定からも目的が発達障害の早期発見に移行したことがわかる。さらに2004年には発達障害者支援法が制定され，その条文には「乳幼児健診を行うに当たり，発達障害の早期発見に十分に留意しなければならない」と謳われている。1歳6カ月児健診とともに発達相談は育児相談の場から障害の発見の場へと変化し，心理職は障害の早期発見の一翼を担うこととなった。

III 発達相談における障害の発見と子育て支援

　1歳6カ月児健診が始まった当初は健診後のグループ指導もなく、また1～2歳児が利用できる知的障害者通所施設は皆無で、早期発見はあれども早期療育のない時代であった。その後、健診後の事後指導が予算化され、また近年では障害児（者）等支援事業や乳幼児健全支援事業など早期発見後の受け皿が充実し、障害のある子どもたちと保護者への支援は着実に成果をあげてきている。

　しかし、一方で障害の早期発見を重視する乳幼児健診のあり方への批判がないわけではない。宮田（2001）は、乳幼児健診が「親の不安やしんどさに付き合い、親が育児に自信をもてるように援助するという本来の立場を見失い、『障害の発見』や『育児の管理と指導』という部分だけが浮き上がった」と指摘する。

　子どもの障害を予期して来談する保護者は少ない。ほとんどの親は育ちの難しいわが子への対応に悩み、子育ての不安やしんどさを抱えてやってくる。心理職が障害の発見だけを発達相談の仕事としたら、子どもの障害を知らされる保護者は、落胆と不安のなかに置き去りにされた思いになる。葛藤の起きやすい「障害の発見」と「子育て支援」を両立させることは、発達相談に携わる心理職の切実な課題といえる。

IV 発達相談とカウンセリング

　乳幼児健診における発達相談は、地域住民のほとんどが通知を受けてから来る場であり、心理クリニックのように相談動機の明確な人が訪れる場ではない（田丸、2010）。しかし、来所した保護者に相談動機が全くないわけではない。筆者は1歳6カ月児健診の発達相談に1978年から2001年まで従事し、保護者のさまざまな潜在的な相談動機を経験している。たとえば、子ども育ちの難しさが自分のせいでないことを証明したい保護者、子どもに愛情が持てない原因が自分自身の育ちにあると疑う保護者、子どもの偏りは個性であると言い張るために来所する保護者などさまざまであった。

　そのような保護者の場合、心理職との相談関係が深まると、子どもの発達や子育ての相談がいつの間にか保護者のカウンセリングとなっていることがある。カウンセリングに関心のある心理職の場合、つい保護者の語ることに興味がわき関心が子どもから外れてしまう。実際、筆者はそういう失敗を何度か経験した。これは発達相談のひとつの落とし穴であろう。

　しかし、あえてその穴に陥ることが必要なときもある。子育てへの保護者の意欲が回復するためには、その悩みをいったん受け止めなければならないからである。

　発達相談では子どもの発達の支援に関する相談が本筋であるが、時には脇に逸れて保護者の思いを聞くことも必要となる。その際、発達相談の本来の道筋からどのくらい外れているかを、心理職は自分自身で確認しながら面接を進めなければならない。それが発達相談における落とし穴を避け、あるいは嵌った穴から抜け出すために必要なことである。保護者の悩みや思いを聞くとしても、決して保護者自身の問題を一人で抱え込まず、他所のカウンセリングに委ねるべきかどうかを冷静に考えて、面接を続けることが大切である。

V 発達相談での心得

　発達相談における重要な仕事として障害告知がある。障害告知については第5章で詳述するので、ここでは乳幼児健診の発達相談に限って、障害の告知をどのように進めるか、またその際に心理職が心がけなければならないことについて述べる。

　心得を端的に表現すると、①育児の苦労と工

夫へのねぎらい，②保護者の障害に対する気づきや戸惑いへの関心，③子どもに対する保護者の思いへの共感である。

1　保護者へのねぎらい

　育児の苦労と工夫をねぎらうといっても，単に保護者の苦労への受容や共感を態度や言葉で示すことではない。ねぎらいの方法は発達相談で心理職がすべきことのなかにある。

　乳幼児健診で発達相談に回る保護者の問診票には，問題と思える箇所が保健師によってチェックされているが，それを精査するのが心理職の仕事となる。例えば，【絵本を指すことがある】の項目に〈？〉が付いていれば，「お子さんはあなたの目を見て，あなたの視線が指すほうを向いているのを確かめていますか？」など参照視に関して質問をする。このような質問は障害の有無を知るうえで欠かせない。しかし，保護者は〈子どものできないことばかり聞かれる〉という思いにさせられる。

　ねぎらいを念頭においた場合，聞き取りの態度や質問が自ずと変わってくる。大切なことは，1歳6カ月まで子どもが育ったという単純な事実への感心である。親が子を育てるのは当然かもしれない。しかし，発達に障害がある子どもと保護者の愛着関係の形成は難しい（伊藤，2002）。自分になつかない子どもを育てることほど保護者にとって虚しいことはない。そういう親子でありながら1歳6カ月まで育ったこと／育ててきたことは感心されるだけの価値がある。

　そういう心構えで生育歴を丹念に聞き取ることが大切である。そういう態度で心理職が生育歴を聞くことができれば，保護者は子育ての苦労の足跡を心理職に受け止めてもらえたと感じるだろう。また保護者の訴えの背景には必ずその訴えへの自分なりの工夫がある。その工夫がたとえ徒労に終わっていたとしても，その具体的なエピソードを聞き取ることは大切である。子育ては親の義務と思い，育ちの難しい子どもに苦労してきたことを誰にも話せなかった保護者にとって，自らの苦労と工夫を丁寧に聞き取られ受け止められることは，それだけで子育てのねぎらいとなる。

2　保護者の気づきや戸惑いへの関心

　発達障害の家族支援の基本は保護者の主体性を育むことである。そして，わが子に障害があるという事実を受け止めることは，保護者が最初に主体的に取り組むべき課題である。だからといって，準備のない相手に無造作にボールを投げるように，子どもに障害があるという事実だけを保護者に伝えるのでは何の工夫もない。

　児童相談所での精査やクリニックの受診を保護者に勧めるとき，心理職は診断名は口にしないとしても，少なからず子どもの発達の異常について保護者に話さなければならない。それは保護者を傷つけることにもなる。そこで保護者が子どもの障害にどの程度気づいているか，またその気づきによる不安や戸惑いにいつも注意を向けておかなければならない。しかし，その注意が不十分なとき，保護者を支えることに失敗することがある。

　筆者は1歳6カ月健診の発達相談に携わっていたとき，事後指導の面接の前には最初の健診から現在までの記録を読み返していた。それは単に習慣のようなものであった。それを面接前のルーチンとしたのは，ある事例において筆者の不用意な一言が保護者の来所の拒否を招いたからである。

　その事例の面接の日は，保健師からの相談が続いた。それに時間をとられ，その事例のこれまでの記録を読むことができないまま面接が始まった。筆者の何気ない「お子さんの発達の遅れ」という一言に，父親の穏やかな顔は一変し，「あなたにとっては大勢の子どもの一人かもしれないが，私たちにとってはたった一人のわが子です」と鋭く言い放ち，家族は相談室を去っていった。その子の母親は産後うつ病を発症し，

やっと快復に向かっているところだった。父親（夫）と私との間には，母親（妻）の前では「障害」という言葉を避けることが，暗黙の了解事項だった。その日もそのことに十分に注意をはらっているつもりだった。しかし，その日，記録を読み返していなかったことで，障害のある子どもを心配しつつ，同時に妻を気遣わなければならない夫の苦労をねぎらう気持ちが欠けていた。

記録を読み返す作業は，それまで単に習慣と思って行っていたことだが，その日の相談に臨むために不可欠な行為であった。それは保護者の心の軌跡をなぞり，子どもの状態に対して保護者と同じ気持ちになるための作業である。

一人ひとりの保護者の思いを正確に記憶することは難しい。だから，面接記録を読み返して保護者の心の軌跡をなぞる必要がある。そして，保護者がどんな思いで障害のことを知り，相談を続けるためにこの場に臨んでいるのかを共有することで，心理職の言葉にねぎらいの意味が込められるのだといえる。

3　情緒的支援と心理教育的支援

自閉的特徴が顕著なある女児の事例では，次のようなことを経験した。

それは，何回目かの事後指導での出来事であった。女児は入室後すぐに母親と離れ，部屋のなかを探索しはじめた。床に散らばっていたままごとセットのなかに椅子が転がっていた。それは人形のための椅子で煙草の箱ほどの大きさであった。

たまたま筆者と母親が子どもの行動を観察しながら話し合っていたときであった。女児はその椅子を起こすと後ろ向きになり，それに腰掛けようとした。当然，女児の臀部が椅子に収まるはずがない。私も母親も女児が転んで頭をぶつけはしないかと，瞬間に腰が浮いた。

しかし，間に合わず女児は椅子をつぶして軽い尻餅をついた。その様子を見て，私たち二人は心配と安堵の落差から思わず笑いあっていた。女児は私たちの笑い声に頓着する様子もなく，また別の玩具をいじりはじめた。

この出来事において心理職は異なる2つのことを意識しなければならない。1つは子どもの愛らしさを保護者と共有する心であり，それは子育てを励ますための情緒的支援となる。

もう1つはこの子どもの行為を発達的に捉える視点である。女児は単なる小さな木片を「座るもの」として見立てた。それは「イス」という言葉の獲得の到来を示唆する発達的変化である。しかし，女児は自分の行為に母親や筆者が注目していることに関心がない。他者と何かを共有するという発達的課題が残っていた。心理職はこの発達の変化と課題を母親に伝えなければならない。それは心理教育的支援となる。

ところで子どもの障害は保護者には個性のように感じられる。そのことは障害を客観的事実として捉えれば誤りであるが，保護者にとっての主観的事実として捉えることも必要である。「『障害』として援助することと『個性』として見守る立場の両方を支援者が持ち続けていくことが，目の前の子どもの『この子らしさ』を尊重していくために大切である」という考えがある（柳楽ほか，2004）。前述のような場面で，発達相談の心理職がこの考えをしっかりと認識しておくことは大切であろう。それによって「障害の発見」と「子育て支援」を両立させることができるからである。

乳幼児健診での発達相談が親子並行面接で行われることは少ない。一人の心理職が保護者面接と子どもの観察を同時に行う。この面接構造にはデメリットもあるがメリットも大きい。心理職と保護者が子どもを同時に観察することは，子どもに対する保護者の思いに共感することと，障害のある子どもの発達を保護者に理解してもらうことに役立つからである。発達相談における共感は，常に子どもの行動を保護者と観察し，子どもの発達の状態を保護者と共有することか

ら始まる。

VI おわりに

　冒頭で述べたように，発達相談は個人の仕事ではなく，多くの職種が連携して子どもと保護者を支える仕事である。心理職は保護者を抱え込まず，保護者との関係を乳幼児健診というシステムや他の職種へとつなげていかなければならない。そのことは，子どもと保護者が点で支えられるだけでなく，線と面で支えられるようになっていくことである。そして，親子教室や，保健センターやNPOで開催されるペアレント・トレーニングのプログラムなど多様な家族支援の場に，保護者が進んで子どもと共に参加していく基盤が作り上げられていくのである。

◆文献
伊藤英夫（2002）自閉症児のアタッチメントの発達過程．児童青年精神医学とその近接領域 43-1；1-18.
宮田広善（2001）子育てを支える療育──〈医療モデル〉から〈生活モデル〉への転換を．ぶどう社．
柳楽明子，吉田友子，内山登紀夫（2004）アスペルガー症候群の子どもを持つ母親の障害認識に伴う感情体験──「障害」として対応しつつ，「この子らしさ」を尊重すること．児童青年精神医学とその近接領域 45-4；380-392.
日本小児保健協会 監修（1988）1歳6カ月児健康診査の手引き（改訂版）．母子保健事業団．
田丸尚美（2010）乳幼児健診と心理相談．大月書店．

◉成人期以前の発達段階における"つなぐ"支援

療育での成長を小学校につなげる

小笠原恵

I 就学期の移行支援

2005年4月に施行された「発達障害者支援法」では，乳幼児期から成人期までの各ライフステージに対応した支援の推進を図ることを謳っている。このなかでは，発達に障害のある子どもたちの早期支援や，乳幼児期から学校卒業後までの継続した本人・保護者への支援の重要性が指摘されている。こうした流れを受けて，文部科学省（2008）が開始した「発達障害児早期総合支援モデル事業」をはじめとして，各地で就学期の移行支援の取り組みが行われ，実践的な研究が積み重ねられている（赤塚，2013）。

就学期の移行支援の重要な要件として，赤塚（2013）は，以下の3点を挙げている。①関係者が立場や機関の違いを超えてチームとなり，②情報共有のためのミーティングの開催と移行支援の具体的な内容を明らかにする助けとなる資料（ツール）を作成して，③移行支援全体を常にマネジメントする役割を明確に位置づけること，である。また，東海林ほか（2010）においても，就学期の移行支援の現状として，システムの構築と支援ツールの開発，という2点の動きに先行研究を大別している。移行支援における支援ツールとしては，実態把握のためのチェックリストや保護者とともに作成する就学のための支援シート，さらに個別の教育支援計画などがある。一方，移行支援にあたるシステムの構築としては，これまでの就学指導委員会だけではなく，関係者の連携をスムーズに行うための就学支援連絡協議会などのあり方についての検討がなされている。

小学校への移行に伴い，それまでの就学前施設と比べて集団規模が拡大し，生活や遊びから学習を中心とした活動にシフトする。発達に障害のある子どもたちだけではなく，多くの子どもたちがこうした変化に戸惑い，適応するまでに時間がかかることも少なくない。スムーズな就学期の移行が，その後の生活に大きな影響を与えることは，多くの研究からも指摘されるところである（平澤，2011）。

本稿では，就学期のスムーズな移行を推進するにあたり，療育機関の果たす役割について述べることとする。

II 就学前における療育

笹森ほか（2010）が行った，全国168市における保健センターなどの母子保健担当の保健師を対象とした調査によると，1歳6カ月児あるいは3歳児健診などにおける，心理（発達）の個別相談の主訴の内容は，言語発達に関する相談が約90%，行動・性格・習癖に関する相談が約80%と多く，対人・社会性に関する相談は1歳6カ月児健診で32%，3歳児健診で64%と，年齢が上がるにつれ増えていると報告されている。また，同調査において，集団指導の対象となるのは，動きが多く落ち着きのなさが気になる子ども，言語発達や精神発達に遅れのある子ども，母子関係など対人関係が気になる子どもの順で

多く，それぞれ90％以上であることを示している。また，保護者を対象とした東海林・橋本（2009）の調査においては，就学する際に身につけてほしかったこととして，話を聞く姿勢，言語理解力，コミュニケーション能力，ソーシャルスキル，集中力，学習体制，集団活動ができること，社会性，といった項目が上位を占めた。これらのことから，就学前における療育においては，言葉の発達をはじめとしたコミュニケーション能力の促進，対人関係や社会性の育ち，さまざまな認知機能の習得などを念頭に置く必要がある。同時に，この時期の療育では，子どもの特徴について見極め，小学校生活において必要な配慮事項について明確化することが重要である。

乳幼児期における，発達に障害のある子どもたちの療育機関としては，区市町村の保健所などが行う幼児教室，発達障害者支援センター，児童相談所，療育センターや教育センターなどの心理相談，医療機関，民間のクリニックや大学の臨床機関などがある。これらのいくつかは，就学まで，あるいは学齢期といった年齢の制限を設けているが，その多くは，一生涯，子どものニーズに応じて継続される。そうした特徴から，子どもの長期的な変化を追うことができ，一人ひとりの能力の把握と将来像を予測する際の指針を提供するといった役割がある。また，そもそも療育とは，「治療」と「教育」の間という意味があり，高松（1987）によれば，「医療，訓練，教育，福祉などの現代の科学を総動員して障害を克服し，その児童がもつ発達能力をできるだけ有効に育て上げ，自立に向かって育成すること」である。発達に障害のある子どもに対する療育には，子どもの障害特徴や行動特徴の理解に基づく有効な支援を模索するための高い専門性が求められる。

III 療育での成長を小学校にどうつなげていくのか？──事例を通して

先述のように，就学期における療育機関の役割は，子どもの発達を直接促すことと，子どもの特徴から必要な配慮や効果的な支援方法を見極めることにあるだろう。ここでは，そうした2点から，就学期の移行において療育機関が関わった事例を報告する。

＊

Aちゃんは，保護者が言葉の遅れを心配して病院に行ったところ，2歳半のときに自閉症の診断がなされた女の子である。5歳のときに行った田中ビネー知能検査Vで，IQは76であった。Aちゃんは，3歳半で統合保育を行っている保育園に通いはじめたが，集団生活におけるさまざまな困難から，定期的な療育に通うことを保育士に勧められ，園の紹介で大学の臨床機関にて，隔週，約1時間の個別指導を4歳半より開始した。

Aちゃんは，思い込みが強く，たとえば朝起きて雨戸を開けようと思っていたのに母親が開けてしまった，レンジで温めたおかずを自分が出したかったのに父親が出してしまった，といったように自分の思いを相手に伝えていない状況で想定と異なったことが起こると，1時間でも2時間でも泣いたり，周りにいる人を叩いたり蹴ったり，物を投げたりした。両親は最終的にやり直しをさせられたり，せがまれるままに泣き止むまで抱っこやおんぶを続けることを繰り返していた。そうした様子は保育園でも多くみられ，生活の流れのなかで，さまざまな自分の思いを達成させんがために，癇癪を起こしていた。保育士は，両親とは異なり，Aちゃんの思い通りに動かされまいと頑張っていたが，1日に数回繰り返される癇癪と，そのきっかけのつかめなさ，また，スイッチが切り替わるように突然立ち直るといった極端な態度に戸惑っていた。聞

かれたことに対しては短い文章で答えられるものの，会話の脈絡に関係なく自分の話したいことだけを話すことも多かった。集団で行う活動においては，言語で指示されたことにスムーズに従うことは難しく，周りの様子を見ながら動く姿があった。

就学に向けて，ルールのある生活のなかで，自分の思いを通そうとする態度が大きな課題になることが予想できたため，母親との話し合いのなかから，ルールに沿った行動を増やすことを目標とした。また，状況に合わないAちゃんからの要求に対してどのように行動するのか，保護者に実際に経験してもらうことをねらいとして，療育には母親にも参加してもらった。

療育では複数の課題を設定した。簡単なルールのある市販のゲーム，お料理，体を動かす遊び，お絵かきや工作，簡単な学習や認知課題，片付けや掃除などといった課題のなかで，ペアを組んだり，指示を出す役割を指導者と母親が交代しながら行った。母親には，Aちゃんからルールを外れた要求が出された場合は，拒否などをせず，Aちゃんにやってほしいことを再び端的に伝えてほしいこと，その後癇癪につながった場合は，その場から離れて見守ってほしいこと，反対にルールに沿った行動については，その場で賞賛したり頭をなでたり抱き上げたりといった方法でほめてほしいと伝えた。指導者は，癇癪が収まった後に，「○○したかったの？」と代弁する言葉を投げかけ，Aちゃんに繰り返すよう促した。また，Aちゃんがルールや指示を理解できるように，簡潔で具体的な言葉を選んだ。また，課題のやり方を順番に簡単なイラストと文字で示した手順表を用いた。

療育開始当時は，緊張した硬い表情が多く，何とか緊張をほぐそうと，母親が率先して活動に誘う様子がみられた。徐々に，こうしたい，あれは嫌だ，やらない，といったAちゃんからの主張がみられるようになった。たとえば，順番に大型パズルのピースをはめていく課題に取り組んだときに，順番を無視して続けようとしたところ，「今は，私の（お母さんの）順番だよ」と言われると，プイとその場からいなくなるような様子がみられた。こうした場合，母親はすぐにそばに行き，言葉をたくさん掛けながら連れ戻そうとした。そんなときには，指導者から，「二人でやりましょう」と提案し，母親とパズルを続けるようにした。文脈に沿わない主張や癇癪は一時的にひどくなり，その後徐々に収まったが，療育開始から半年が経過するころまでは，ほぼ毎回，少なくとも1回はそうした様子がみられた。また，なかなかそうしたAちゃんを放っておけない母親の姿が目立った。しかし，ルールに沿った動きができたときに賞賛を受けることに対して，徐々にAちゃんの笑顔がみられるようになり，同時に，Aちゃんが指示通りに動けなかったり，ルールに従うことを拒否したときには，「お母さん，こっちにいるからね」と見守ることができる母親の姿が増えた。常に用いていた手順表については，最初のころは説明しても，ほとんど見なかったり，取り上げて投げてしまうことがあった。そこで，一覧表からめくり式に形態を変えたり，キャラクターを使った吹き出し付きのイラストを入れるなど試行錯誤を続けた。Aちゃんが，ほとんどのひらがなが読めるようになるころ，イラストを最小限にとどめて，小さなホワイトボードにマーカーで順番を書いただけの手順表に変えても，「今日の○○はどうするのか見せて」と要求するようになった。

療育開始から約2年が経過したころ，通常の小学校に通うことが決まった。就学にあたり，療育機関での様子を就学支援シートに書くと同時に，小学校で連携会議を開くことをお願いし，両親，担当保育士，療育機関の指導者が参加した。支援シートに書かれたAちゃんの特徴，小学校の生活においてつまずくことが予想される点，これまで保育園で配慮して行ったことで効果的だった手立てとうまくいかなかったこと，

療育機関での成長と用いた手順表や指示への配慮事項，癇癪やルールを外れる行動への対応といったことを話題とした。学校では，支援員を配置し，Ａちゃんがスモールステップの見通しを立てられるように，手順表を使用することや，指示の出し方やそれに沿った行動に対する賞賛も含めたフィードバックを参考にしてもらった。

入学後，しばらくすると教室からの飛び出しや癇癪が起こった。また，すべての課題を他の児童と同じようにこなすことには困難がみられた。しかし，担任教師や支援員が，学校に来たらランドセルをロッカーに入れる，チャイムが鳴ったら着席をする，教科書とノートを出す，といった学校での生活に必要なことを目標として設定し，そうしたことの流れを手順表に示したことから，徐々に落ち着いた。夏休みの前には教室からの飛び出しはほとんどなくなり，癇癪もごくまれになってきた。

Ａちゃんの場合，今後は，学習や友達関係といった課題が大きくなることが予想される。通級での指導も開始し，さらに保護者も含めたチームのなかでＡちゃんの成長を支えていかなければならない。

IV　まとめ

笹森ほか（2010）は，就学前の療育機関等における相談の主訴に関する行動の発達を促すことは，学校における学習や集団生活，さらにその後の自立や社会参加の基盤となる，と述べている。療育機関は，いわば，刺激が統制された非日常である。こうしたなかで子どもたちが習得した技能や知識が日常生活に生かせなければ，療育機関の存在意義は小さいものとなる。しかし，障害のある子どもたちにおける般化の困難さは，しばしば指摘されるところである。したがって，障害のある子どもたちが，療育機関での成長を日常生活において発揮できることを期待するだけでは，あまりにも楽観的であり，むしろ非日常と日常をつなぐ手立てを積極的に行うことが必要である。本稿で紹介した事例では，就学期の移行に際して，子どもの発達を見据えて，小学校で課題となることを見極め，課題を克服すべく発達の軸となる力を促すことと，学校で継続して行ってもらえる支援や配慮を探すことを中心に行った。

◆文献

赤塚正一（2013）通常の学級に在籍する発達障害のある児童の保育所・小学校間の移行支援に関する実践的研究．特殊教育学研究 51-3；311-339．

平澤紀子（2011）発達障害のある幼児に対して求められる教育条件の整備——幼稚園における発達障害のある幼児に対する支援教室研究から．発達障害研究 33-2；188-194．

文部科学省（2008）発達障害者早期総合支援モデル事業実施要項．

笹森洋樹，後上鐵夫，久保田茂樹ほか（2010）発達障害のある子どもへの早期発見・早期支援の現状と課題．国立特別支援教育総合研究所研究紀要 37；3-15．

東海林夏希，橋本創一（2009）知的・発達障害児をもつ保護者の就学移行期における支援ニーズに関する調査報告．発達障害支援システム学研究 8；21-27．

東海林夏希，橋本創一，伊藤良子ほか（2010）発達障害児に対する就学移行支援のための支援ツール化初の試み——グループ指導プログラムにおける適用の検討．東京学芸大学教育実践研究支援センター紀要 6；1-8．

高松鶴吉（1987）療育と教育の接点を考える．リハビリテーション研究 55；18-22．

◉成人期以前の発達段階における"つなぐ"支援

中学生の困難事例を医療・福祉・教育につなげる

井上雅彦｜松尾理沙｜原口英之

I　はじめに

　家庭内暴力やひきこもりといったいわゆる二次障害を呈する発達障害のあるクライアントにおいて，医療・福祉・教育の連携は不可欠である。これらの連携について井上（2013）は，家庭内，医療機関内，福祉機関内，学校内，支援機関内の組織内連携と，それらの間の組織間連携，そして引き継ぎという時間軸を加えた三次元の連携体制構築の必要性を指摘している。臨床心理関係の相談機関に望まれることは，こうした事例について相談室内の心理面接のみで対応するのではなく，長期の予後を視野に入れた積極的な連携が取れる体制を整備することである。しかし二次障害を呈する発達障害のある相談事例の場合，連携を阻むいくつかの要因がある。

　連携の前提としては情報共有の扱いが重要となる。この情報共有では，当事者の同意はもちろん，状況や相手に応じて「情報共有の範囲」「情報の管理者や発信者の明確化」などを吟味し，情報の取り扱いを適切に判断することが必要である（井上・真城，2005）。しかし現実には，保護者や本人と学校との間で信頼関係が崩れているケースや，保護者や本人が連携の必要性をも感じていながらも「現時点ではこれまでの情報を伝えないでほしい」と望まれるケースなどもある。心理職は相談者との信頼関係を構築するとともに，治療過程の適切な時期を選択し，本人の障害特性に配慮した形で情報共有のメリットや配慮についてわかりやすく説明し，納得のうえで同意を得る必要がある。

　本稿では二次障害を呈した発達障害のある事例を通して，連携のプロセスとその支援方法について考察する。

II　事例1──家庭内暴力を呈した発達障害のある中学生男児

1　事例の概要

　支援開始時13歳2カ月のアスペルガー症候群男児であった（診断時：10歳）。WISC-IIIは，FIQ：96，VIQ：93，PIQ：94（CA：11-11）という結果であった。両親，祖母，本人の4人家族で，幼児期は，人見知りは少なく，活発で落ち着きがなかった。保育園では他児とは遊べなかったが，集団活動への参加はできていた。小学校入学後，同級生とのトラブルが増加した。本人が10歳時，友人とのトラブルに加えて，家庭においても母親や祖母に対して，殴る蹴るなどの暴力，強い抱きつき行動が頻発したため，精神科へ5カ月の入院歴があった。中学入学後，対人トラブルから情緒不安定となることが多く，夏休み明けより再び家庭内暴力が頻発した。帰宅後の母親や祖母に対する暴力により「家庭では対応しきれない」「入院させたい」とのことからA医療機関より紹介され，来談となった。

2　アセスメント

　まず，本人と母親への聞き取りを行った。その結果，本人の暴力の対象は母親，祖母のみ，

時間帯は本人帰宅後から父親帰宅までの間，場所は家庭内に限定されていた。

暴力はいきなり起こるのではなく，その前に本人が母親や祖母に「抱きつく」という行動が起こっていた。さらにこの抱きつき行動のきっかけは，平日学校から帰宅後パソコンが起動中にフリーズしたときや宿題がわからないときであった。抱きつき行動は暴力的かつ性的であり，母親や祖母からは「生理的に受け付けられない」と拒否されていた。この拒否は本人に「自分自身を否定された」という強い否定的認知を喚起し，強い悲しみと怒りの感情が生じ，母親や祖母に対する暴力へとつながっているということが示唆された。

本人の暴力は，母親や祖母が服従するまで30分から1時間，長いときには2時間程度続き，脳や身体の外傷により入院を伴う程度の激しさであり，連日起こることもあったため，機関連携と緊急の介入が求められると判断された。

3　本人支援と家庭・学校との連携

激しい暴力行動のきっかけとなっていた抱きつき行動の変容を目標とした。本人は悲しさや怒りの感情に対して，母親や祖母に抱きつくことで落ち着こうとしており，適切なコーピング行動のレパートリーが乏しいことが窺われた。そこで抱きつき行動のきっかけであるパソコンの起動中のトラブル時や宿題がわからないときに気分を切り替える方法を本人と話し合い，「自分で作成した新聞を見る」「音楽を聴く」「インスタントスープを作って飲む」「筋弛緩法を行う」などの行動をコーピング行動として練習した。また家庭での余暇や，本人がほめられたり認められたりする機会を増やすため，電子レンジのみでできる簡単な調理を心理職とともに練習した。

母親に対しては，抱きつき行動の「本人なりの意味」を説明し，適切なコーピング行動ができたときには，本人が喜ぶ言葉でほめ，トークンエコノミーシステムを導入してもらった。祖母に対しては，高齢のため適切に距離を取ることを提案した。また家族には，本人の練習した料理に対して「おいしい」「ありがとう」などの言葉がけを依頼した。

担任教師とケース会議を行い，宿題については復習形式のものとし，放課後に学校で宿題をすることも検討してもらった。また帰宅後に質問を受け付ける時間帯を設けることも承認された。本人が不安を感じていた学校生活場面についても，行事前の配慮，級友とのトラブルの事後指導などの支援を依頼した。

4　医療・福祉機関との連携

本事例での問題行動は，母親や祖母だけと過ごす時間に頻発していた。そこで，長期休業中などにはこのような機会をできるだけ減らし，公共交通機関の利用も含めた適切な地域生活スキルの獲得を目指して，福祉機関による訪問支援や移動支援の利用と，それらのサービスをより円滑に利用するための精神障害者保健福祉手帳取得について保護者と本人に説明し承諾が得られた。本人は以前の入院時に障害告知を受け，支援の受け入れに積極的であったことなどから，手帳取得に対する抵抗はなかったが，障害特性や自己理解に関する知識は不十分であったため，手帳取得前に心理職が障害特性や困り感などを具体的に整理し説明を行った。支援を行う事業所とは，母親を含めたケース検討会議を行い，本人の特徴，支援の内容や方法などの確認を行った。

主治医に対して，本人の暴力行動の特徴（きっかけ，対象，時間帯，持続時間，強度，現在の家族の対応，本人の意向等）を伝えた。結果，本人はこれまで，朝と就寝前に抗精神病薬が処方されていたが，下校直後に暴力行動が多く起こることを考慮し，下校前の投薬処方に変更された。主治医から本人に対しても，本人の障害の説明やそれぞれの薬の説明を行ってもらった。

5　経過

来談前は、つねに家庭内暴力が1日に5回程度生じていたが、来談日以降1日に0回〜2回程度と大きく減少した。持続時間も1回あたり1時間程度であったが、相談開始後より2〜5分程度となった。17週までの暴力行動が起こるきっかけとしては、テストや文化祭、年度の始まりなど学校のイベント、または友人とのトラブルなどに移行していった。加えて学校との連携の進展と、医療との連携による投薬変更によって、これらの家庭での暴力も減少した。

母親や祖母の対応は、当初本人の多くの行動に否定的であり、暴力行動に対しても本人の興奮を増長させる感情的な対応を行っていた。支援計画を説明し、抱きつき行動や暴力行動への対応、ほめ方などの工夫を話し合いながら進めた結果、母親や祖母の行動も変化がみられた。福祉サービスの利用も、母親や祖母の負担の軽減や本人の余暇支援の充実に寄与したと考えられた。

III　事例2──面接に対して拒否的で家庭内暴力や破壊行動を呈する発達障害のある男子高校生

1　事例の概要

アスペルガー症候群の高校2年の男子生徒（17歳2カ月，中学1年時に診断）。両親，本人，弟（自閉症・特別支援学校高等部1年生。小6より大学相談機関に来談中）の4人家族。幼児期から、他児と遊べずトラブルが多く、小学生の頃には他児よりいじめを受けることがあり、興奮すると大声をあげて物を壊すなどの癇癪があった。中学3年時、このような癇癪が増え、服薬を開始した。公立高校（進学校）に入学するも教室内での癇癪のため7月に退学、2学期からは通信制高校に通い始めた。高校2年時、家庭内で暴力や、パソコン、玩具、皿、窓を壊すなどの破壊行動を起こすことが頻発し、大学相談機関での支援を開始した。

2　アセスメント

来談当初、本人は、対人緊張が非常に強く、母親以外の人とはほとんど会話することができなかった。また、来談時に、主訴に関する話題が出るだけで癇癪を起こし、来談を拒否することがあったため、本人からの聞き取りは困難であった。そのため、母親からの聞き取りにより、本人の生活状況やパニックの様子などのアセスメントを行った。結果、暴力または破壊を伴う癇癪は、母親を対象として家庭のみで生じていることがわかった。

本人は、家庭では好きな特撮ヒーローの番組を見る、関連する玩具（フィギュアなど）を集める、インターネットで自分の好きな番組の評価を見て過ごすことが多かった。しかし、ネットの掲示板などで、自分の見ている番組や集めている玩具の評価が低い場合に、すでに購入した玩具を壊したり、時にはパソコンやその画面を壊してしまったりすることもあった。こうした癇癪や破壊行動は、平均すると週1〜2回程度起こっていた。

母親は、癇癪が収まった後は本人を強く叱責し、そのたびに本人は涙を流して反省していた。また、母親はトラブルの原因となるパソコンを撤去したり、玩具を集めないようにさせたりしていた。しかし、しばらくすると本人は、家庭で好きな活動ができずイライラし、以前の評価を思い出したり、現在の評価が気になるがネットが閲覧できないことをきっかけに癇癪を起こすことなどが繰り返されていた。

3　本人支援と家族支援

まず、本人の好みの活動を中心にして対人緊張の緩和と心理職との信頼関係の構築を目指した。面接では本人の好きな特撮ヒーロー番組のビデオを心理職と視聴し共感する、次の段階では一緒に料理を作る、ゲーム（卓球やトランプ）

をする，というように徐々にコミュニケーションが必要な活動に移行した。約1カ月後には，自分からスタッフに好きなことに関する話ができるようになった。料理に関しては，家庭で作ることが増えていった。

約7カ月後には，このような余暇的な活動の前に，本人が困っているテーマを中心にしながら，一緒に対処方法（解決方法）を考え，場合によっては心理教育を行うための「ミーティングタイム」という時間を10〜15分程度設定した。ミーティングタイム後は，強化子として料理やビデオ視聴の時間をこれまでと同様に確保した。これにより本人は，大学や専門学校に進学したいという希望，働きたいという希望などを話すようになっていった。

約1年3カ月後には，お金の使い方，交通機関の利用方法，大学の授業に関することなど，さまざまなテーマを扱えるようになった。また癲癇に関する話ができるようになり，呼吸法や動作法などのリラクセーションを練習したり，パソコンの使用に関するルールを決めたり，問題解決に向けた話し合いができるようになっていった。また本人への支援と並行して，母親に対しては，毎回，本人への支援内容を説明し理解を求めるとともに，家庭での対応に関して助言を行った。

4　福祉機関との連携と経過

支援を開始してから約1年10カ月後には，本人の働きたいというニーズが明確になってきた。母親との分離を図り家庭の外で過ごす時間を増やすことで，癲癇や暴力も減らすことが望まれるが，そのためには負担の少ない福祉的就労とレスパイトなどの福祉サービスの併用が適切と思われた。以上のことを両親に対して説明し，一方で本人に対しては，障害者手帳を取得することによる就労支援のメリットを伝えたところ，同意を得て療育手帳（中度）を取得した[注]。

その後，市の給食ボランティアを経て福祉工場での就労に至った。大学相談機関からは，スタッフが共に作業に付き添いながらニーズをアセスメントし，担当者に作業中の配慮事項や，破壊的な行動や大声を出したときの対応についての情報提供を行った。結果，週に3日のペースで継続して出勤し，一人で作業をこなすことができるようになり，収入も得られるようになり，暴力行為もほとんどみられなくなった。

IV　まとめ

2事例はともに母親（事例1は祖母も加わる）に対して強い暴力行為を呈しており，特に事例2は当初来談も拒否している状態であった。またともに医療機関への通院はあったが，障害者手帳は未取得で福祉機関への連携が行われていなかった。特に福祉機関の利用については，本人，家族（特に母親や祖母）両者にとって必要であると考えられ，手帳の取得を勧めることとなった。結果，福祉機関の利用に至り，2事例とも本人と母親（祖母）と過ごす時間を減少させ，本人が適応的な行動をして過ごすための支援として機能した。福祉制度の利用については手帳の取得は必須ではないが，利用できるメニューによっては必要となる。当然，手帳や福祉サービスの利用については本人の同意が不可欠であり，そのためには提案するサービスが本人の好みやニーズに合ったものでなければならない。2事例とも，信頼関係を築いた心理職によって訪問支援や移動支援（事例1）や就労支援（事例2）など本人のニーズに合ったサービスを提案できたことが，手帳の取得につながった大きな要因であったと言えるだろう。

最後に，2つの事例を通して，組織間連携および時間軸を加えた三次元の連携体制を構築するために心理職に求められることをまとめる。

[注] 自治体によっては，知的能力が高くても療育手帳が交付されるところもある。

まず，地域ごとの教育・医療・福祉機関の支援サービスに関する情報を把握しておくことが必要である。次に，事例が現在利用している支援機関を掌握しておくことが望まれる。同時に心理相談においては，本人との信頼関係の構築しつつ支援ニーズを把握しそれに基づいて将来利用が望まれる支援機関をリストアップすることが必要となる。治療のプロセスのなかで機会を捉え，本人や家族に対して利用可能な連携機関の支援サービスの情報をわかりやすく提供し説明をすること，そして，その同意を基に連携機関に情報提供を行い，適切に支援サービスが提供されるよう連携機関との情報交換を継続していくことが重要である。また連携開始後にも状況に応じ合同でケース検討するなどのフォロー体制も必要である。

本稿で取り上げた事例のように行動面の問題が重篤化してからのアプローチではなく，発達障害診断後に，各々の地域の支援機関が役割分担できるシステムを構築することが予防に繋がると考えられる。心理職の個々の連携行動から，そのような地域システムの構築に繋がることが望まれる。

◆文献

松尾理沙（2013）Case15 母親や祖母に暴力をふるってしまうコウジくん．In：井上雅彦，平澤紀子，小笠原恵 編：8つの視点でうまくいく！ 発達障害のある子のABAケーススタディ．中央法規出版，pp.106-113.

井上雅彦（2013）自閉症の人たちへの支援の充実のための各機関の連携について．社団法人日本自閉症協会研究誌「かがやき」9；20-26.

井上雅彦，真城知己（2005）一人ひとりを大切にする特別支援教育であるために．発達 103；41-51.

◉成人期以前の発達段階における"つなぐ"支援

高校教育から就労支援につなげる

木谷秀勝

I 高校での特別支援教育の重要性

筆者は，自閉症スペクトラム障害（以下，ASD）児の高校での特別支援教育の事例や10年間の追跡調査を通して，高校における特別支援教育の重要性を指摘してきた（木谷，2009，2013）。具体的には，「第二の告知」になる高校の進路決定の時に，「自己理解」（木谷，2014）と現実的な視点をもった家族の新たな障害受容が必要不可欠であること，義務教育までの「守られた環境」から心理的に卒業して，能動的に「新たな自分を見つける環境」として高校での特別支援教育を検討すること，そして，いじめの体験や感覚過敏・鈍麻や併存症などから起因する二次障害（特に対人不安）への予防的支援体制が重要であることを指摘した。

以上の視点は，高校卒業後の方向性として，直接就労へ，あるいは専門学校や大学（短大を含む）を通しての就労へ「つなげる」場合においても考慮すべき視点である。

II 就労を視野に入れた家庭・高校生活での支援

こうした基盤に立脚して，次の4点について高校3年間（場合によっては，中学生時代から）の家庭・学校生活での取り組みを検討する必要がある。

1 基本は日常生活全体の過ごし方

現在就労を維持している事例からわかることは，作業能力の高さがそのまま就労維持につながっていないという事実である。むしろ，就労を維持できている事例の多くに，仕事以外の時間を過ごす日常生活での安定感が見られる。ただし，この場合の安定感とはけっして早寝早起きといったことだけではない。「今日は疲れたから，早く休もう」「今日は作業着が特に汚れたから，朝には乾くように早めに洗濯してもらおう」と見通しある計画や時間の管理ができること，その結果，帰宅後に手早く片付けることができて，家庭で自由な時間（リフレッシュや趣味）を過ごしたうえで安心して眠るという（何気ない）日常生活の流れが重要である。それまでの学校生活以上に，就労も維持できることで自己肯定感がさらに高まる。

その第一歩として，中学生以降の段階で，外出時に腕時計をはめて，自分で時間を管理するスキルを身につけることを勧めている。

2 自由な時間の使い方

この視点は，1で述べた「安定した日常生活の過ごし方」と関連する。自由な時間を精神的ゆとりの時間として上手に過ごすことも大切だが，それ以上に，自由な時間のなかで，上手にお金を使うスキルを身につけることも忘れてはならない。就労を維持できている事例では，（給与による差はあるが）計画的に給与を使って自由な時間を過ごすスキル（終業後や週末の過ご

し方）を身につけている場合が多い。

筆者の場合，その準備段階として，ASD児が高校生になると「寄り道のすすめ」のスキル作りを行っている。具体的には，帰り道に「今日も一日頑張った」と自分で自分にご褒美をあげるために，学校近くのコンビニ，ファミレスや最寄りの駅の立ち食いうどん（そば）の店に寄ることを提案している。実際にこうした寄り道を楽しめることで，中学生までお金への関心があまりなかった発達障害児が，「今日は財布に何百円あるから，ちょっと高いアイスが買える」と一瞬でお金の計算ができるようになった事例も多い。

こうした自由な時間に上手なお金の使い方を楽しむスキルの獲得は，やがて大きな買い物や一人旅といった成人期の余暇支援にもつながる。そして，その楽しみのためにさらに「働くこと」への意欲が促進されやすい。

3　「働くこと」のイメージ作り

わが国では，いつの間にか「子どもは勉強しなさい」と言われるようになり，家庭での手伝いを含めて「働くこと」への機会が減少している。一方で最近のキャリア教育への見直しもあり，中学校や高校でも職場体験が行われているが，その実態としてはボランティア活動の延長に過ぎない感じを受けている。事実，そこには賃金が発生してこない。しかし本来，働くことは双方にとって何らかの利益が発生する行為である。

特に高校生の発達障害児の場合，「働くこと」により個々の能力に相応する結果を得る体験を通して，自分が「働くこと」へのイメージ作りが具体化されやすい。この点で特別支援学校高等部での実習は，賃金こそ発生しないが，適切な評価を受ける過程で「働くこと」へのイメージ作りができる意義は大きい。

筆者自身も，高校生の発達障害児がアルバイトに前向きになるように，学校の許可や家族の協力が得られるように計画している。ただし，地域によっては，交通の便や求人が限られている場合もあるので，そのような場合には家庭内での手伝いなど（低くても賃金付き）で基本的な「働くこと」への動機づけを行っている。

4　大人側の「働くこと」へのイメージ変革

先日，高校卒業後に一度就労したが，キャリアアップのため専門学校に進学したASDの若者が，就職が決まったとあいさつに来てくれた。就職先を聞くと，高校以降に他者と関わることが好きになったからと，自分から営業を希望したと言い，面接も合格したと報告してくれた。この事例のように，自分がもっている豊富な知識を活かした仕事に就きたい（たとえば，住んでいる地域の観光オタクのASD児が，観光ボランティアをしてみたいと希望している場合もある）と，これまで（大人側が）発達障害児に適していると考えていた仕事内容とはまったく異なる就労希望が出てくる時代になっている。また，特別支援学校や高校を卒業後，大人がイメージする「8時間の正規労働」ではなく，パートタイムの6時間労働のほうが，朝がゆっくりできる，少し早目に帰宅して自分の自由な時間が過ごせる，といったストレスへの予防的支援を行うことで，精神的に安定した日常生活の維持につながっている事例も増えている。

こうした最近の動向（もちろん，現状の経済状態も関係しているが）を見ていると，家族や学校関係者がもっている「働くこと」への固定化されたイメージを個々の発達障害児の特性に応じて切り換える作業が，最初に述べた「第二の告知」とも関連して重要な課題だと痛感している。

III　事例の紹介

筆者が小学校時代から継続的に支援している事例のなかで，現在就労に向かって努力してい

る事例や就労を維持している事例を紹介する。

1 高校2年生（軽度知的障害を合併するASD，男性）

小・中学校と特別支援学級で過ごし，高校は地域の実業系の高校へ進学する。受け身的な特性をもっているが，両親や先生の指示はしっかりと聞き，コツコツと学習や部活も頑張り，成績も上位を保っている。公共交通機関で登校して，同じ電車に乗る同級生と友達になり，泊まりに行ったり，放課後は一緒にファミレスで過ごすなどの対人関係も広がっている。最近ではスマホで巧みに調べながら，趣味のスポーツ観戦のために，一人で鉄道を利用して2時間かけて出かけることもできるようになった（家族も積極的に支援している）。趣味のために必要なお金は，中学生の時から家事の手伝い内容に応じて定額のお金をもらうことを続けていて，最近では積極的に手伝ってくれたり，「気を利かせた」手伝いができるようになっている。将来の就労に関して，本人からはまだ具体的な希望は出ていないが，高校側からの評価も高く，地域での就労を目指している。

2 高校3年生（IQが80前後のASD，男性）

小学校（通級制度活用）・中学校は普通学級で過ごし，高校は地域の福祉系の高校に進学する。こだわりの趣味（自動車）に関することであれば，自分から問い合わせの電話をかけて，時間を決めて見学に行くなどの行動が小学校時代から見られた。家族にもこうした行動を支援してもらっている。高校は卒業後の就職を考えて福祉系に進んだが，学年が進むにつれて，福祉の仕事が自分には向いていないと筆者や家族にはっきりと表現できるようになる。そこで，筆者が自分の適性を考えるためにアルバイトを勧めたところ，家族と一緒に調べて，面接もきちんと受けて，不定期（学校行事の関係）ではあっても宴会場でのアルバイトを続けていた。やがて，複雑な指示や迅速な対応が苦手だと自分でも理解できるようになった。それと並行しながら，好きな自動車関係で就職活動を続けるか，自動車関係の専門学校に進学するかを1年間かけて調整した結果，好きな自動車のことをもっと学びたいと希望して，専門学校への進学を決めた。

3 障害者就労の青年（IQが110前後のASD，男性）

小学校（通級制度活用）は普通学級，中学校は特別支援学級で過ごし，高校は地域の普通科高校に進学する。高校での成績は中位程度を維持していたので，家族や先生からも進学を勧められていた。ところが，3年生の2学期になり，自分から「高校卒業と同時に，勉強からも卒業したい」とはっきりと意志を示したので，主治医とも協議して，精神障害者保健福祉手帳を取得した。そのうえで，まずは高校を卒業することだけを目標においた。その結果，本人の焦りも消えて，精神的にも安定したので，卒業できることが決まった時点で，教習所に通い自動車の免許を取得した。その後は，就労支援センターと連携を取りながら就労移行を経由して，得意なパソコンを活用できる事務の仕事（7時間勤務のパート）に就いて，毎日自分で車を運転して通勤している。その通勤時には，朝日や夕日が強い場合，サングラスをかけて運転をすることで，仕事での疲労を減らす工夫もしている。同時に，同じ年代で就労しているASD者数名が，月に一度集う自助グループに参加して，そこで精神的なリフレッシュを行っていることも就労維持に大きく貢献している。

IV 就労の可能性を広げるために

最近，特別支援学校高等部の指導のなかで，ただ「頑張れ！」「長い時間働ける体力を」などの掛け声に素直に応えながら作業学習を積み重

ねて,本当に頑張って就労した発達障害児が,しばらくして頑張り続けることができない状態から抑うつ状態になり,辞職する事例に出会っている。特に,まじめでパターン行動が顕著なカナータイプの自閉症によく見られる。

もちろん,多くの発達障害児が就労を通して社会貢献できることが特別支援教育のゴールではあるが,その目標に向かって本当に焦っているのは,もしかしたら大人側(学校の先生や家族)ではないかと想像している。先の事例からわかるように,筆者が小学校から支援してきた発達障害児たちは,着実に「自己理解」を通して,自分のペースを守りながらも「新たな自分探し」としての就労へと向かう積極性を身につけ始めている。

したがって,幼少時期から高校までの「つなげる」支援が,発達障害児自身が大きく成長する可能性への支援だとすれば,高校以降から就労・社会参加までの「つなげる」支援では,家族,学校関係者,就労に関わる専門職が子どもたちの成長や今後の可能性について「認識を新たにする」ための支援に重点を置く必要性がある。

われわれ心理職が発達障害児の就労支援に関わる場合でも,この両方の視点をバランスよくコーディネートすることで,就労の可能性がさらに広がると考えている。

◆文献

木谷秀勝(2009)高機能広汎性発達障害の高校年代の支援.児童青年精神医学とその近接領域 50-2 ; 113-121.

木谷秀勝(2013)子どもの発達支援と心理アセスメント——自閉症スペクトラムの「心の世界」を理解する.金子書房.

木谷秀勝(2014)自分の障害を理解する——自己理解支援.臨床心理学 14-1 ; 61-64.

◉成人期以後の発達段階における支援

成人になった人たちが抱える課題と可能な支援

辻井正次

I　NPO法人アスペ・エルデの会

　この小論で記していく内容は，アスペ・エルデの会の成人たちやその家族の皆さんから教えてもらったことを中心としています。1992年，学習障害のプロジェクトに参加してきた子どもたちのなかに，多くの高機能（知的障害をもたない）広汎性発達障害（自閉症スペクトラム障害：以下，ASD）の子どもたちがいました。まだ当時は，知的障害のないASDの子どもたちのことは知られておらず，不適応行動が発達障害としてではなく，情緒的な要因から解釈されて困っていました。ASDの診断をもらっていても，心理カウンセラーをはじめとした「専門職」たちに十分な知識がなく，不適切な対応を重ねていました。その頃から参加してくれていた子どもたちは，20年以上が経過し，20代後半から30代の成人になっています。継続的な支援をしていても，二次的な精神疾患の発現がないわけではないし，調子を崩す人もいます。それでも，支援を受けるという経験を積み重ねている場合，支援を利用するという発想がある分，次のステップへ進みやすいのも確かです。特に，30歳以降，中年期を発達障害とともに生きていくということは，多くの困難と出会うものだと感じています。支援を積み重ねていっても，ちょっとしたことで調子は崩れやすいし，フラッシュバックを引き起こしやすいし，ちょっと連絡が遠くなると引きこもっていたりします。また，ともに発達障害者支援法を作ったり，会を運営してきた親御さんも初老期を生きるようになっています。成人期以降は，家族の支援が薄くなってくる分，いろいろな支援ニーズが高まってきます。

　そのほか，この10年，成人期支援の全国規模のワークショップを，いくつかの助成団体の応援を得て実施してきました。そこで実感したのは支援に結びついていない人たちの多さでした。ネットワーク力のある臨床家が地域でコーディネーター的な役割をしている場合や，当事者団体が成人期までを視野に活発な活動をしている場合には，何らかの支援に結びつくことができますが，そうでなければ，どこに支援を求めに行けばいいのかわからない状況でした。その後，各都道府県の発達障害者支援センターや，障害者福祉事業所が経験を積んでいったこと，さらには障害者の就労移行への取り組みが広がり，利用できる福祉的な支援が増えたことで，利用できるところは増えましたが，すべてにおいて適切な支援が提供されているわけではありません。また，障害者雇用枠で企業就労している場合，多くは支援から切れてしまって，明確に調子を崩してからでないと再び支援に結びつかない場合が多いものです。さらには，一般枠で就労している場合，かなり厳しい状況で日々の生活を頑張っている人が多く，苦悩が深いように思います。

　発達障害のように非定型の脳の神経ネットワークの発達が基盤にあると，表面に出ている問題行動そのものを改善することはもちろん可能なのですが，その人の生き様を変えることが

できるわけではないので,〈必要なときに支援を利用していく〉という生き方を知らないでいることは,とても人生を難しくしていくようです。

II 障害者福祉領域の支援者からよく相談されること

最近,障害児者福祉領域の支援者たちとご一緒することが多くなり,成人期の支援サービスを利用している利用者の方についての相談を受けることが多くなっています。障害者福祉は,身体障害,知的障害,精神障害という3障害を基本枠組みとして,各々の障害者手帳が存在し,そうした手帳を取得し,支援サービスを受けていくことになっています。そこで,視覚障害や聴覚障害なのだけど,どうもASDが合併しているのではないか(実際,定型発達群よりも視覚・聴覚障害の人の合併率は高い)という相談や,知的障害の手帳はあっても医療ケアを利用してこなかったが,ASDを合併していると思うという相談や,精神障害で統合失調症やパーソナリティ障害の診断だが基盤にASDがあるのではないかという相談など,どれも「そうでしょうね」という場合が多いものです。精神科医たちからも類似の相談を受けることが多く,ただ,こちらは,「どうも統合失調症と誤診されていたようで薬が合わなくて調子が悪くなっている人がいるんだけど」というようなことで,医療ケアでどのような支援の可能性があるかという相談が多く寄せられます。地域福祉の現場では,明確に利用者となってこないようなケースも多く,地域のなかの「ゴミ屋敷」の主に発達障害が疑われるのだがどうしたらいいのかとか,まだ支援にのせられていなかったり,「自分は相談するつもりはない」というケースなどもありますし,触法関連での相談はさらに難しいものです。

III 成人になった発達障害の人たちが抱える課題

現在,厚生労働科学研究平成26年度障害者対策総合研究(障害者政策総合研究事業(精神障害分野))のなかの研究課題「成人期以降の発達障害者の相談支援・居住空間・余暇に関する現状把握と生活適応に関する支援についての研究」(主任研究者:辻井正次)という枠組みのなかで,横浜や滋賀で先進的な取り組みをしている皆さんと一緒に,発達障害の人たちの生活の支援に関してモデルを構築する政策研究を進めています。

実際,世界的な長期経過研究において,成人期のなかでも40歳以上の適応がとても悪く,その要因として精神的健康(メンタルヘルス)の問題(精神疾患の合併)と社会的孤立があげられ,世界的にどの国もうまくやれているとは言えないのが実態です。そして,後者の社会的孤立は親の高齢化とも関係があり,40歳代といえば親は70歳代が中心となるわけですので,今までは親がつなげていた社会的ネットワークに,ASDの人たち本人が直接に結びついていかないといけないということにもなるのでしょう。そして,発達障害の人たち自身の意思決定を尊重していくという世界的な流れからいけば,入所施設で暮らしたいという人はないわけで,地域のグループホームで暮らすか,あるいは,自宅で独りで暮らすことを希望する方が多くあります。そうした独り暮らしを実現できる仕組みを作っていかないといけないのですが,そのための基礎的な知見が十分ではないという事情があります。

実際,成人期以降の精神疾患の合併のリスクは高いものがあります。気分障害(抑うつ症状)と不安障害が多いですが,それ以外の精神疾患もあります。精神疾患を合併するということは,もともとの発達障害の支援に精神疾患への対応が加わり,2つの支援を本人がわかるように提

供していくことが必要になります。しかし，両方の支援への視野を持っている支援者・専門職が多くはないために，状態が悪くなってしまうことが少なくありません。フラッシュバックによって適応状況を悪化させている場合が多くあり，フラッシュバックへの対応を教えていかないと，日常的な生活支援だけでは改善しない場合が多いのも事実です。

　ASDの人たち，特に知的障害の軽い／ない成人は，言語的にはそれなりのコミュニケーションを（一方的であっても）とれるのだけれど，だからこそ支援が難しい実態があります。彼らは，社会性の障害から他者との共同生活は難しいことが少なくありません。感覚過敏性の問題や興味やこだわりなどから，自分だけの居住空間を求める人が多く，必ずしもグループホームを暮らしの最終形とするわけにもいかない場合もあります。しかし，では簡単に独り暮らしをできるのかといえば，社会性の障害による一般常識の不足に加えて，こだわりや不安，不器用などで，独り暮らしにおける困難は大きいものがあります。詐欺などの被害リスクも大きく，自分たちの財産を守るためのスキルに課題がある人は少なくありません。

　実際，地域のなかで生活していくには，適応行動の非常に基本的なことからの支援も必要で，例えば，清潔を保つという部分でも，「風呂に入る」というのが本当に入るだけだったり，「髪を洗う」というのが髪を濡らすだけだったり，「そうくるか！」と思うことがよくあります。家族も自覚していないような，たくさんの家族のサポートがあるから（支援があってこそ）できている適応行動が多く，それを自分で計画的に組み立てていくのはやはり練習が要ります。ASDの人の場合，本当に支援があればできることを，支援がなくてもできるという状況にするには多くの練習が要ります。現在，「ライフプランニング」というスキルトレーニングをアスペ・エルデの会の社会人グループの皆さんと行っていま

す。自分が今何歳で，父親が今何歳で退職まであと何年あるのか，家族で家計としていくらが年間で必要か，固定資産税はどのくらいかなど，一つひとつを学んでいくという形で取り組んでいます。定型発達の場合は，いざとなったら何となくできることが，ASDの場合，支援があるとできる，ということが多いのだとしみじみ思います。このプログラムを行っていると，経験できない問題を考えることの難しさを感じます。親の亡くなる年齢の設定を200歳くらいにしている人がいたり，「うちの母親は死にません」とか，「母が死んだら私も死ぬからいいんです！」という人もいたりします。実際は，人の生命は有限で，だからこそ，有意義に暮らさなければならないわけです。"誰とどこでどんなふうに"暮らしを作っていくのか，30歳に入ったら考えなければならないのは定型発達でも同じなのかもしれませんが，発達障害において大きな問題であるのは確かです。

IV　心理職が取り組まなければならないこと

　成人の発達障害の領域では，心理職の評判はあまりよくありません。森口奈緒美さんの『変光星』『平行線』（遠見書房）のような手記のなかでも，クライエント中心療法の手法で対応されて心理療法のために被害的になったりしたことの告発がなされていますが，具体的な助言をすべき場面でそれを怠り，しかもそうして具体的な助言をしないことが自分の専門性であるかのような勘違いをしている心理職がいます。障害のある人たちに対する「合理的配慮」は支援する側に義務付けられていることですので，今後，国家資格に基づく専門性が確立してくると，発達障害の人たちの生物学的基盤に基づく明確な困難に対して適切な配慮を怠ることは，関連法規の順守義務違反となりかねなくなっていくだろうと懸念しています。最初に心理療法の技法があるわけではなく，支援を求めてくる支援

のユーザー（クライエント）がいるわけで，ユーザーのニーズに合わせた支援を行うのか，それが自分にできなければ，支援の場から去るということが必要なのかもしれません。

成人期の発達障害に対しては，心理職の立ち位置は，生活支援までを担っていくスタンスから，高度に専門的なフラッシュバックなどへの対応まで，かなり幅があるものです。時折，発達障害の人たちの進路選択や日常生活の生活改善部分の支援をすることは価値が低くて，より「心理的（と思い込んでいる）」な言語化できる内省的な内容を扱うことは価値が高いと勘違いをしている臨床家がいるようで，福祉現場のベテラン職員から愚痴を言われることがあります。進路選択をするうえで，どこにどう相談すればいいのかを考えるのは，コミュニケーションの難しさがある人にとって本当に大変なことだし，料理を作る際に焼き物で焦がさないように調理することのコツを身につけることも，とても大変なことなのです。ひょっとしたら，進路選択に向けたガイダンスや調理の仕方のコツの話は誰でもできることで，自分はもっと「専門的」な内容の支援ができるという自負があったのかもしれませんが，日常的な適応行動の評価や改善のための具体的な提案ができない人に，「専門的」な支援ができるわけはないと思います。発達障害の人たちのための心理臨床は，面接で話を聴くというよりは，関係する人たちとのネットワークを広げたり，実際の生活場面をともに過ごして実際の適応行動を把握したりすることが必要なのであろうと思います。

成人発達障害臨床において，心理職にとってまず必要とされるのは，①発達障害に対する診断的な視点（それに対応するアセスメントツールが使えること），②適応状況の評価と福祉的支援の適合性の評価，③支援手法の選択という内容になるでしょう。

診断的には，ASDの場合にはPARS-TRなどのアセスメントツールがありますが，成人期の場合，保護者から幼児期の兆候が聴き取れないこともあり，できる限りの発達期の情報を集め，日常生活をよく知る人たちの情報を加味し，正確な精神医学的診断ができるための情報を医師に提供することが必要です。ADOS-2やCARS-2などが実施できて観察からの評価が可能なら，そうした情報も有用です。実際には，適応行動の評価が非常に重要で，Vineland-II適応行動尺度日本語版などによって，どの程度の適応行動ができるのかを把握し，そうした適応行動と，知能検査で把握された知的能力などとのバランスを考えていくことになります。また，社会性の領域においては，どの程度の適応行動を実際にしているのかを客観的に評価していくことが求められます。また，感覚過敏がどういう領域でどの程度あるのかなども重要な情報になります。ただ，日常生活のなかでどういう困難があるのかは実際のアセスメントからだけではわからないのが実際で，当事者団体のボランティアでもいいし，病院のデイケアや福祉事業所でもいいので，実際の行動の困難さに関して，具体的な関わり体験を持つことも大事だと思います。

あるベテランの心理職が，成人の発達障害のことを自信満々に語っているので，実際にどの程度の臨床経験を持っているのか聞いたら，数例だけのことで，投影法のアセスメントを取ったという話でした。それに意味がないとはいいませんが，実際の適応行動の評価をして，必要な場合に福祉的な支援にどう結び付けるのか，それが難しい場合に，本人だけで対応するスキルを教えていくというような，かなり標準的な支援手法とはかけ離れた方向性の話でした。発達障害とともに生きていくことは，うまくいっているときには支援なくうまくやれていくとしても，ちょっとのことでしっかりした支援が必要になることを意味します。そうした場合，必要な人に必要な支援を提供するために，アセスメントは非常に重要で，人の「生き死に」に関わるくらいのことだと認識しておく必要があり

ます。

　適応行動の評価を行い，支援が明確に必要な人であるという場合には，知的障害があれば知的障害の手帳（療育手帳，愛護手帳など，自治体で名称が異なります），知的障害がなければ精神障害の手帳（精神障害者保健福祉手帳）を取得し，障害者としての支援サービスを利用できるかどうか評価することが求められます。もちろん，近くに社会福祉士や精神保健福祉士がいれば，そうした同僚と相談しつつ進めていけばいいのですが，そうでなければ，そうした〈つなぎ〉の仕事を心理職がしなければ，支援を求めてきた人に支援が届くことになりません。その後，居住する地域の自治体の福祉課で，相談機関や相談支援を委託されている法人などを紹介してもらい，どういう支援サービスがどのように利用可能かを教えてもらうことになります。発達障害者支援センターに，直接に県内での相談を担える法人や事業所（障害者就業・生活支援センターなど）を紹介してもらうこともできます。多くの場合，事業所や法人もまだ発達障害の人たちへの支援については手探りの場合が多いため，そうした事業所の職員とも協力しつつ，実際の日常生活の支援を福祉事業所のサービスや相談支援をお願いし，可能であれば，日常のなかでの課題の整理やその解決に必要なスキルを教えていくことが求められます。支援のスキルは，子どもたち向けのものと種類は同じで，それを成人版で教え直すという形で教えていくことが一般的です。アスペ・エルデの会のHPでスキルトレーニングのワークブックの例を見ることができます。

　もちろん，障害者としての福祉的支援を受けたくない人に対しては，そうした支援を受けられることのメリット，特に，障害者雇用枠の就労のほうが仕事を継続していきやすいことを伝えはしますが，それ以上は何もできません。基本的に，医療ケアで成人の発達障害の人たちにできることは，診断と併存している精神症状への薬物治療くらいで，ほとんどできることはありませんので，それを明確に伝えることが望ましいです。特に発達障害の人たちのスキルトレーニングに熟練している場合には，スキルトレーニングをしつつ話を聴くこともできますが，話を聴くだけという場合に，支援者が日常生活で機能しない心理職だけというのはあまり望ましいものではないと思います。日常場面でつながる当事者団体の仲間や，日常の支援を合わせて提供できる福祉事業所など，現実の支援体制を整えたうえで，話を聴くということを，（すぐできなくても方向性として）目指していかないと，日常生活の質の改善につながらないということを認識しておく必要があります。

　家族支援は重要なテーマです。「親亡き後」に向けて，私たちの研究班などの検討は始まっていますが，有効な仕組みがあるわけではありません。圧倒的に，グループホームなど，居住を含めた支援の場が不足しています。そして，「親亡き後」に支援なしで「何とかなる」場合はごく少数で，何らかの支援が必要な場合が多数だと考えられます。成人になった子どもの意思を尊重し，肯定的でいられるためには，家族が肯定的に関わることが必要です。また，親たちが「親亡き後」のことを現実的に考えられることも大事です。こうした親支援を，「お年頃ペアレントプログラム」ということで，思春期以降の親たち向けの取り組みもスタートしたところです。

◉成人期以後の発達段階における支援

地域で孤立する成人を支援の場にどうつなげていくのか

萩原 拓

I　はじめに

　乳幼児期・学齢期における発達障害の診断が増加していることと並行して，青年・成人期においても発達障害の診断は増加している。成人期の診断が乳幼児期・学齢期のそれと異なることは，多くの場合，無気力や抑うつ，職場や生活環境への不適応などの二次的な障害や困難のために医療機関にかかり，生育歴や現在の症状などから発達障害の診断が下されることである。つまり，現在成人の当事者の多くは，発達障害という特性のみならず，日常生活に著しく影響するなんらかの精神障害や困難性を併せ持って生活している。一方で，これまで医療機関にかかることなく，自身も含め家族や周りの人々も生活不適応の理由がわからず苦労をしている成人が多く存在していることも事実である。学齢期の子どもであれば「グレーゾーン」などと呼ばれ，支援の対象となることも現在では多くなってきているが，成人の場合，ニートやひきこもりなど顕在化している状態のみで認識されてしまっていることもある。地域での発達障害者支援を考える場合，このような診断のついていない成人たちのことも考慮しなければならない。

　現在，就園・就学している児童生徒は特別支援教育のサービスを受けることが可能であり，また支援が必要な児童生徒に対する教職員の数も，卒業後の福祉サービスや支援員の数に比べて圧倒的に多い。このことは，障害や困難に対する気づきやすさや支援に移行するスピードに直接関係している。つまり，子どもに園や学校で何らかの問題が発見され，医療機関へのつながりが作られ，教育的支援を受けることと，成人が学校卒業後，日常生活に顕著な不適応が見られて医療や支援サービスにつながることには大きな差があるのが現状である。別の見方をすれば，乳幼児期・学齢期では特別支援教育が用意されており，支援につながりやすくなっている。一方，多くの成人の当事者たちは，地域で自分たちが関わることのできる場所を見つけることができずに，孤立した生活を余儀なくされていることが多い。本稿では，この状態が維持されてしまっていることの要因を展望し，そして発達障害のある成人たちの「支援につながっている社会生活」に必要なことがらを考察していく。

II　地域での孤立に至る経緯

　社会性の問題は，言うまでもなく発達障害，特に自閉症スペクトラム障害（ASD）に顕著に見られる特性である。この問題は，ほとんど支援を必要としないで社会生活を送ることができるレベルから，支援機関によるフルタイムの支援が必要なレベルまで個人差が大きい。このレベルの違いは，一見IQなどで表される知的機能と比例しているように感じられることもあるが，必ずしもそうではない。知的機能が高い発達障害のある人でも，社会性スキルや生活スキルなどの適応行動レベルが同世代の人々よりも著し

く低いケースは数多い。これは，より複雑で高度な適応スキル（つまり成人，社会人にふさわしいスキル）が要求される学校卒業後の生活に大きく影響する。

特別支援教育が発足する前の学齢期はどうだったであろうか。通常学級では，それぞれの学年のカリキュラムに沿って行動し，課題をこなしていく。評価は主に教科の成績である。対人関係などの社会性スキルに顕著な問題は当然学校や家庭で指摘されることもあるが，具体的な支援が通常学級で実践されることはまずない。児童生徒は成績を基準に進級・進学していく。社会的な失敗体験の蓄積や集団からの孤立は，この期間にすでに形成されてしまっていることが多い。しかし，学校ではクラスという集団を決定する単位があるために，本人と集団との関わりが最小限であろうとも，集団として行動している，あるいはさせられている。高等学校から大学や専門学校などへ進学するに従って，園や学校でなじんだクラス単位制は徐々にあいまいになっていく。つまり，集団行動よりも個人行動が主体となり，自分から社会環境に関わっていかなくてはならない機会が急速に増加していくのである。

一方，大学の理系専攻によく見られる研究室での勉強や実験は，クラス単位制とは異なり，専門をテーマとする集団環境であるため，ASDのある人々にとっては過ごしやすい環境であることが多い。しかし，大学や専門学校に通っていた学生の大部分にはこのような「居場所」が見いだせず，この学校環境を小規模な地域環境とするならば，地域における孤立はこの時期にすでに始まっていると言えるだろう。

学校を卒業すると，就労などの場合を除き，集団を形成する枠はほとんど目に見えなくなる。いわゆる地域社会という枠で個人は生活することになるのである。適応スキルレベルの低い発達障害のある成人たちにとっては，安心して過ごせる「居場所」は地域社会ではなかなか見いだせない。自分のレベル以上の適応スキルを必要としない，家庭や自分の部屋などの限られた環境から出ようとしなくなることもある。彼らは支援のニーズをこの時点で感じているのだろうか。

III 現状への満足，または変化することへの躊躇

地域での社会的関わりをほとんど持たない成人たちの生活スケジュールはほぼ一定であり，日常と違うイベントはあまり起こらないことが多い。昼夜逆転しているケースも少なくなく，夜は趣味に没頭していたりする。ここで問題となるのが，趣味を持っていないケースであり，インターネットの配信動画などに一日のほとんどの時間を費やしてはいても，趣味に合った目的に基づいた行動ではない。このような場合，目的のない時間を毎日過ごしているため，曜日ごとの変化もなく，なにか変わったイベント（半日外出して買い物，家族で親戚への訪問など）が起きたりすると，疲れてその日の残りは寝ていたり，それが翌日まで続くようなこともある。

このような成人たちへの地域支援を難しくしている要因の一つとして，彼らが現在の生活パターンに満足していることが挙げられる。この「満足」という表現にポジティブなニュアンスもネガティブなニュアンスもない。現状に対する意見も特に持たず，このままでもいいのではないかという漠然とした状態を筆者は「満足」とした。実際，筆者が関わった成人の当事者のなかには，今の生活について「特に不満を感じていません」「このままでいいです」と話す方々もいた。また，新しいことをしてみようというきっかけに対してもかなり慎重であり，単発的な地域のイベントであればなんとか参加可能であるが，毎日・毎週などの継続的な活動への参加は難しく，これまでの生活パターンへ回帰してしまうことも多く，新しい生活スケジュールの維

持には困難が伴う。このような状態は，就労訓練や「当事者会」などを継続的に実施したとしても参加には至らず，支援者側の努力だけでは報われないという結果にもつながる。

IV 家庭環境

社会適応レベルが低く，未就労の発達障害のある成人の多くは親やその他の家族と同居している。家族関係が良好なケースはもちろんある。しかし，家族関係は良くも悪くもないのだが，家族と別の次元で同じ家に住んでいるというケースは少なからず存在すると思われる。つまり，他の家族とは別に，成人の当事者が自分の生活スケジュールに従って生活を続けている場合である。このように家族全体の生活パターンがお互いに不干渉のまま一種の不変的なものとして継続している場合，親の定年や病気，または逝去などに対する危機感を覚えつつも，今どうしたらよいかという具体的手だてを当事者や家族が発見するには至っていないことがある。

また，幼少期から親が子どもの世話をし，その世話の質や量が子どもが成人になるまでそれほど変わっていない場合も，社会的孤立を維持させている要因となる。ほとんどの親は，このままではいけないと思っているのだが，定期的なコンサルテーションなどのみで現状を打開し，ルーチン化してしまった生活パターンから脱却していくことはなかなか難しい。成人となった子ども本人にも，親に全く頼りきっているケースもあれば，「自分を認めてくれない」「いろいろと口を出してくる」などと不満を他者にもらすケースもある。不満を持っている場合でも，「親が今いなくなったら」「一人暮らしをしてみたら」などの現実的な会話をすると，やはり現状では親の存在は「自分が生きていくために」必要だと述べる。しかし，その現状が当たり前だと思っていることも少なくなく，このような場合，支援が必要だという自己認識に即座には至らない。固定化してしまった家庭環境も，地域支援へのつながりを阻むハードルとなるのである。

V 趣味や余暇からのつながり

こだわりはASDの特性であり，ある特定の趣味に没頭している発達障害のある成人は多い。しかし一方で，特に趣味を持たずに生活をしている人も少なくない。趣味を持っていることは，それに対するこだわりの度合いが強ければひきこもって社会的関わりが少なくなる要因ともなるが，逆に，趣味を他者と共有することが社会的関わりのきっかけとなる場合もある。インターネットなどを通じて趣味を共有できる人と情報交換し，「オフ会」のように実際に会って交流をすることも可能である。このような交流の仕方には賛否両論あると思うが，孤立から脱出する手だての一つと言える。また趣味ではないが，同じような考えや困難性を持っている人々が同様の経緯で集まることもある。交通機関が豊富な都市部では実際に会うことも容易にできるが，電車やバスも数時間に何本というような場所では，単にインターネット上の関わりのみが継続してしまうこともある。

余暇は，自分の好きなことをする時間であり，QOL（生活の質）の維持・向上には余暇が必要である。趣味を存分に楽しむ時間は当然余暇となるのだが，一日のほとんどが趣味に費やされる生活スケジュールでは，余暇と仕事・家事の区別がつけられない。このような場合はまず，趣味の時間を自己調整する支援を行い，並行して日常生活に必要な適応スキルを獲得して，「余暇」の存在を日中のスケジュールで確立することが重要である。例えば家事においては，家のなかのことだけではなく買い物などもスケジュールに組み込み，より地域社会に出る機会を増やしつつ，個人の趣味に没頭する時間も確保するというアプローチが考えられる。

一方で，特に決まった趣味を持たず，また決まった予定のない時間が一日のほとんどを占める場合，余暇支援が必要になる。地域の福祉機関などでは，発達障害のある成人の余暇支援を積極的に実践しているところもあるが，全国的にはまだ寡少と言える。ほとんどの余暇支援は家の外で行われるため，余暇支援自体が地域社会との関わりの機会となる。余暇支援では，当事者が自分のやりたいこと，楽しめることを発見し，それらを自らの意思で日常生活に組み込んでいくことがゴールとなる。しかし実際は，単発的なレクリエーションになってしまうことも多く，また前述したように，これまでの日常生活から離れることができず，定期的な支援機会に参加できなくなることもある。高機能発達障害の余暇支援は成功実践例がまだ少なく，支援手段が確立されていない。他の支援も同様であるが，現行の特別支援教育にこそ，この余暇支援は具体的に取り入れられるべきであり，成人期の社会適応にも大きく影響すると思われる。

VI　地域の福祉サービスによるつながりのイニシアティブ

全国の発達障害の支援機関は，特別支援教育の発足をきっかけに教育・福祉双方において拡大および充実してきている。しかし，乳幼児期から学齢期の支援機関と比較して，成人のそれは必ずしも充実してきているとは言い切れない。発達障害者支援センターや就労訓練機関，NPOサポート機関など，多種の支援機関が存在している一方で，具体的に一貫した地域サービスが確立していないのが現状である。また，成人の当事者の多くが青年期以降で診断を受けている現在，大人になってから初めて支援機関を必要とする場合，まずどこに行ったら良いのか戸惑ってしまう。さらに，診断を受けてはいないが自身の発達障害特性に加えて，社会不適応によるこれまでの人生のネガティブ体験などの蓄積により，精神疾患に至らなくても無気力やひきこもりなどの現状に至ってしまっている人々のサポートをする支援機関の存在が地域社会において明確になっていないことも大きな課題である。

特別支援教育は，成人に至るまでの過程でできるだけ多くの発達障害特性のある人々が，自分なりの社会適応および社会参加をするために存在し機能している。しかし，特別支援教育の効果がいくら大きくても，学校卒業後の支援を全く必要ないとする人はそう多くはないだろう。

このような現状を総合して考えると，現在の成人への支援サービスは喫緊に解決しなければならない2つの課題を抱えている。1つは特別支援教育を受けていない現在成人期にある人々への支援であり，もう1つはこれから成人期を迎える特別支援教育を受けた世代への支援準備である。これらの課題をクリアするには，支援員をはじめとするマンパワーの充実と支援手段の確立が必要である。マンパワーについては行政と密接に絡んでいる問題であるため，ここでは地域のつながりとなる支援手段について考えてみたい。

先にも述べたように，地域で孤立している成人の多くにはルーチン化した生活パターンがあり，またさまざまな理由からそのパターンの現状維持を無意識にも肯定してしまっている。必然的に，このような状態では支援サービスに関わろうという動きは少なくとも当事者からは見られない。そこで，家庭環境へのアプローチが考えられる。当事者支援を中心と考えている場合，家庭環境が支援のハードルと感じられることも多くあるが，家族支援という観点で地域支援を供給することで，結果として当事者を個人単位の支援につなげていくアプローチは可能と思われる。このためには，ソーシャルワーカーに代表されるようなソーシャルワーク・サービスが有効である。日本では，発達障害者支援におけるこの分野はまだ未発達であるが，発達障害者個人の支援サービスと並行したソーシャル

ワークの充実が，これからの福祉サービスには必要となるだろう。

また，インターネットは現代の情報収集やコミュニケーションに欠かせないものとなっているが，発達障害のある当事者たちにとっても，社会的に孤立している／いないにかかわらずインターネットで何らかのアクティビティをしている。当事者たち（定型発達も例外ではないが）に見られるインターネット関連の問題として，バーチャルリアリティの世界にはまってしまって，現実社会との関わりを行わなくなっているケースや，TwitterやFacebookに代表されるソーシャル・ネットワーク・サービス（SNS）での「友達づくり」に没頭し，それが社会的コミュニケーションだと満足しているケースがある。しかし，現在これほどインターネットが地域生活に普及している実態を考えると，発達障害の当事者への関わりのきっかけとしてインターネットの存在を無視することはできない。さらに，当事者のなかには，実際の会話よりもインターネットのほうが気楽に話せる人もいる。実際，少なくない数の当事者やその家族がSNSやブログなどを通じて，世間にメッセージを発信している。専門職のなかにも，インターネットを利用した情報発信をしている人は存在する。このように，障害や特性にかかわりなくインターネットがごく自然なコミュニケーションの場となっている現在，当事者を支援につなぐ場としてインターネットを活用することも考慮する余地がある。

VII おわりに

発達障害のある成人を支援につなげる道筋は現在，青写真のない，または未完成の状態である。第1に，地域で行われている成功事例をできる限り多く収集し，分析することが先決である。第2にはマンパワーの確保。そして第3に，今後の支援対象者の増加に対して，支援が効率よく行われるようなアセスメントと支援テクニックを中心とした支援者研修の充実が早急に行われることが重要である。これまで論じてきたような当事者個人や家族へのアプローチも重要であるが，支援サービスの充実が地域において顕在化することは，彼らを支援へとつなぐ最短の道筋ではないだろうか。

◉成人期以後の発達段階における支援

地域でつながりながら生きるための支援

鈴木康之

I はじめに

　筆者に与えられたテーマは，やや漠然としている。「地域」という言葉からは，「地域社会」「コミュニティ」というような，人が生活を営む場，集団が思い浮かぶ。個人を取り巻く集団の最小単位は家族である。発達障害をもつ人にとって，最も重要な育ちの場が家族であることは論をまたない。家族の暖かく継続した護りがなければ，彼らの成長はおぼつかない。彼らもやがて成人し，年を重ね，いずれは中年期・老年期を迎える。永遠に親が元気で世話をしてくれるわけではない。しかし，30代に入ってもなお，自立した生活が送れないケースも少なくない。人生の折り返し地点に至ってようやく，親も重い腰を上げ，我が子の行く末を案じて，動き出す場合もある。萩原（2014）の指摘するように，発達障害をもつ成人当事者が，自らの生活パターンにある種の「満足」を感じてしまい，変化することへの躊躇いさえ抱いていることも少なくないであろう。さらに萩原（2014）は，「固定化してしまった家庭環境も地域支援へのつながりを阻むハードルとなる」とも述べ，家族支援という形の家庭環境へのアプローチの重要性を説いている。発達障害をもつ人が何らかのコミュニティに自らの居場所を見出し，周りとつながって生きていくためには，どのような支援が必要なのであろうか。

II 発達障害との出会い

　ここで，筆者が成人期発達障害支援事業を行うに至った経緯について簡単に触れておこう。筆者が発達障害をもつ人たちと関わるようになったのは，1995年より文部省（当時）の調査研究事業として始まったスクール・カウンセリングにおいてであった。本事業は，社会問題化したいじめや不登校といった問題への対応を主な目的に導入されたが，「黒船の来航」に喩えられるほど，日本の教育行政にとって画期的な出来事であった。当時，発達障害のなかではLDが世間の注目を集め始めていた。その後，学級崩壊が深刻化するなかでADHDがマスコミなどでも取り上げられるようになった。そして少し遅れて，高機能自閉症やアスペルガー症候群など，現在では自閉症スペクトラム障害（ASD）と呼ばれることが多い障害に注目が集まるようになった。筆者も派遣された小・中学校において，落ち着きのなさや不注意が目立ち，教師が対応に苦慮する子どもたちに関するコンサルテーションを多く求められた。勤務する大学の学生相談室においても，一定の割合で在籍する発達障害をもつ学生への支援が重要性を増していった。その後，開業した心理相談室や非常勤で勤める神経科クリニックにおいて，ベースに発達障害を有するクライエントとの関わりが徐々に増加した。若かりし頃に関わったクライエントで，今にして思えば発達障害であろうと考えられるケースが，20年以上臨床の現場に身

を置く人たちには，必ずや何例か存在すると思う。例えば，「統合失調症とも違う気がするが神経症でもない，独特の認知や対人関係が見られ，DSMで探せばスキゾタイパルが近いか」といった見立てにとどまったケースなどである。精神医学の診断基準も時代とともに変遷する。筆者が臨床心理学を学び始めた30年程前の診断体系に大きな揺さぶりをかけたものの一つが発達障害であり，もう一つは双極性障害の存在であろう。医療機関において，クライエントの発達障害に最初に気づくスタッフが心理職であることは珍しくない。これまであまり利用することのなかった心理検査（特に知能検査）の使用がこの5年ほどで急増したという心理職も多いのではないだろうか。心理職が毎週（または隔週），1回50分ほどの時間を使ってクライエントの話を聞いていくなかで，「うつ状態の背景に何かが潜んでいそうだ」「本人より周りが困っているし，典型的な強迫とはどこか違うのではないか？」「自己愛人格障害とは少々趣きが異なる気がする」「ひどいいじめにあったのは間違いないが，この人の認知・対人様式が誘因となっている面はないだろうか？」「単純な計算が難しいこのクライエントは，言語表現は流暢だが，もしかしたら知的領域の問題を抱えているかもしれない」などといった疑問，引っかかりが元となり，具体的なエピソードを丹念に聞いていく。そのなかで，「どうやらベースのところに，発達障害がありそうだ」との感触を徐々に強め，心理検査を行い，可能であれば親からも生育歴などを詳しく聴取する過程で，アセスメントの精度を高め，発達障害という核にたどり着くという経験を数多くもつようになっていった。

そのようにして出会った発達障害の人たちとのカウンセリングを重ねていくうちに，ある種の壁のようなものを感じ始めた。彼らの多くは学齢期に経験した深刻ないじめ体験から，他者への不信感を抱くに至る。また，度重なる失敗経験により受ける注意・叱責によって自己評価を低下させていく。そのような彼らが，カウンセリングを通じて，他者への不信感を幾分か和らげ，自分を取り巻く世界への違和感を少しでも小さくすることは十分狙える目標である。しかし，その次のステップへのハードルが思いの外高いのである。多少の自信回復と社会への関心の芽生えを感じ，就労に向け背中を押してはみたが，仕事内容のマッチングや職場内の人間関係の問題から，休職・退職に追い込まれ，場合によっては長期にわたるひきこもり状態に逆戻りしてしまうこともあった。

もちろん，個人カウンセリングで有効な心理的援助を実践している臨床家も存在するであろう。例えば，成人のアスペルガー症候群を対象とする認知行動療法を展開し，アセスメントからケースフォーミュレーション，そして具体的な介入技法を紹介しているGaus（2007）の実践などは，発達障害をもつ人への心理的支援を行う者にとって，非常に参考になるものである。その一方で，彼らの適応状態が問題となる状況を考えてみると，多くは何らかの集団場面ということになってくる。援助者との一対一のコミュニケーションは特に困ることなく成立するが，集団のなかでは彼らの独特な認知・対人様式から適応レベルが下がってしまうのである。必ずしも就労という一点にはこだわらないが，彼らが何らかの形で社会参加を果たせるように，集団のなかに身を置いて他者と関わる喜びを体験できるようにとの願いから，我々は集団体験活動を実践する通所型の支援施設を開くこととした。安心できる保護的な空間のなかで，自らの障害特性への認識を深め，ストレスを最小限に抑えた他者との相互交流の仕方を学ぶ機会を彼らに提供したいと考えたのである。

III 現実生活に近い集団活動体験の場を目指して

2012年，問題意識を共有する心理職数名が集まり，成人の発達障害を支援する私塾を開設した。参考としたのは，明神下診療所・精神科医の米田衆介氏が心理職の糸井岳史氏らとともに実践してこられた精神科デイケアの取り組み（米田，2011）と，リハビリ専門医の永吉美砂子氏が福岡市立心身障がい福祉センターにおいて，心理職・言語聴覚士などのコメディカルスタッフとともに行った「社会生活力ハビリテーションプログラム」（永吉，2009）の実践であった。

広島市内の住宅地に平屋建ての一軒家を借り，毎週火曜・金曜の午前10時から午後3時までの時間，活動を行っている。小さいが菜園もあり，常時何種類かの野菜を育てている。塾生たちは大体10分ほど前にやってきて，当番がお茶の準備をする。ラジオ体操をして身体のウォーミングアップをした後，一服の緑茶を飲んで心を静め，その日のスケジュール確認を行う。午前・午後で1時間半を1コマとして，集団プログラムを実施する。具体的には，料理，手工芸・芸術活動，農耕・園芸，掃除，身体的自己コントロール法，サイコ・エデュケーション，社会体験（外出訓練・公共施設利用など），スキル・トレーニング，地域ボランティア活動などで構成されるプログラムである。料理は将来の一人暮らしに備えて，あるいは家事分担として獲得してほしい重要なスキルの一つである。塾で習った料理を早速自宅で作って家族に供し，喜ばれる塾生もいる。ただ単に料理のレパートリーを増やすのが目的ではなく，さまざまな調理技能の習得とともに段取りを立てながら手を動かすなかで，実行機能を少しでも鍛えることができればと考えている。身体的自己コントロール法としては，津村喬氏のデモンストレーション・ビデオを流しながら気功（スワイショウ，ゆすり，たたき，呼吸法など）を行ったり，ストレッチや体幹トレーニングを実施している。スキル・トレーニングとしては以下のものを実践している。①ライフ・スキル・トレーニング：掃除・洗濯・衣類管理・時間管理・金銭管理・健康管理など生活上必要となるさまざまなスキルを学ぶ。②プレゼンテーション・スキル・トレーニング：主にパソコンのアプリケーション・ソフトを用いて，自分の関心事を他者に表現・伝達する力を身につける。③ビジネス・スキル・トレーニング：職場での挨拶や電話対応などにつながる社交マナーを習得する。④コミュニケーション能力開発：演劇で用いられる発声練習や台本の朗読などを通じて，表現・伝達・波長合わせなどの力を高める。

地域の人々とのつながりを体験してもらうために，地域ボランティア活動として，近くを流れる川土手の草取りなども行っている。土地の管理を市から委託されている地域住民の方々にご協力ご指導を賜っている。塾に通う日以外は自宅にこもりがちな塾生が，我々スタッフ以外の人たちと触れあう貴重な機会となっている。午後の活動が終了すると，掃除を行う。塾生たちは一度ルーチンを身体に染みこませると，手を抜かず真面目にきっちりとこなすので，見ていて気持ちがよい。塾生同士，声を掛け合って連携しながらの協同作業は，ハードルが高いけれど，少しずつレベルアップしていく様子がわかる。終わりの会を経て塾生たちは帰路につく。担当スタッフによるカウンセリングが午後3時から週1回30分間実施される。内面を探求するというよりも，個別の課題に応じて教育的な要素の濃いスタイルとなることが多い。このほか，定期的に家族会を実施している。

あるとき，管理栄養士と心理職の2つの顔をもつスタッフが急に来られなくなり，筆者が料理の指導をする回があった。大学時代にクラブ活動のなかで習得した通称「ワンゲル料理（人参・じゃが芋・玉ねぎ・肉に素を加えるワンパターン料理）」しか知らない自分に何ができるか

慌てて考え，我が家で作って好評を博したマーボー豆腐を作ることにした。普通のマーボーと違って，5mm角に切ったじゃが芋とみじん切りの玉ねぎを加えるのがオリジナルである。「今日のメニューはマーボー豆腐です」と言ったとたん，20代のある男性塾生が「マーボー好きじゃない」「作りとーない」と，やや興奮気味に言い出した。仕方ないので米炊きの係とし，別室で休ませることにした。そんな彼も，皆が材料を切り終えた頃には調理場にやってきて活動に加わった。味覚の過敏さは見られない人だが，おそらく中華料理店で本格的な麻婆豆腐を食して口に合わなかった経験でもあるのだろう。いざ食べ始めると，「美味しい，ご飯が進む」と言って，珍しくおかわりしていた。甘口の素を使ったのも幸いしたかもしれない。彼らのなかのいろいろな「食わず嫌い」を集団体験を通して減らしていければと思う。

さまざまなソーシャル・スキルを学ぶトレーニングについては，既存のツールも活用しつつ，塾内で発生する対人トラブルを生きた素材としてシナリオを作成し，ロール・プレイにつなげるよう心がけている。演劇に通じたスタッフが本領を発揮する場面となる。構造化の視点はもちながら，できるだけ日常のリアルな生活場面に近い学びの場を創りたいと考えている。

発達障害をもつ人に達成感や遂行可能感（内山，2013）をいかにしてもたせられるかも重要なポイントであろう。コミュニケーション能力開発のプログラムで，発声練習のかけ声（例「カ行，せーのっ」）をかける役割を塾生にとらせているが，ある男性塾生は当初どうしても上手い声かけができなかった。あるとき，前回に続けて彼にこの役割を割り当ててみた。すると少しだけ前より進歩が見られ，次の回では，この役割を自ら希望した。そして，一発で皆気持ちよく発声できる及第点のかけ声をかけることができた。彼らが，「これは面白い」「チャレンジしてみたい」と感じる課題を見出すこと，古い言葉で表せば，「発達の最近接領域」を見つけることの重要性を実感した瞬間であった。

IV チームで臨むコミュニティケアの重要性

「発達障害の支援は，システム・アプローチによるコミュニティケアが必須である」と主張する本田（2013）は，「自閉症スペクトラムの人達の社会参加を促進するためには，孤立せず自信をもって安心して参加できる活動拠点を保障することが求められ，これは『コミュニティをケアする』という視点からみたコミュニティケアの重要なテーマである」とし，学齢期以降の余暇支援プログラムを紹介している。この提言は，村瀬（2014）が発達障害をもつ人への心理支援において重要とする「繋ぐ」姿勢に通じるものと言えよう。村瀬（2014）は，「繋ぐ」支援の要素として，①支援内容の日常生活への連動・反映，②発達障害のある人を家族，友達，地域社会などと繋ぎ，居場所感覚および現実の居場所を確立していく営み，③発達障害を持つ人の傍らにある人々や集団をそっと支えること，という3点を挙げている。3番目の点は，「コミュニティ自体を生成，維持，改変，修繕の対象と見なし，コミュニティに備わる『ケアする力』を高めること」の重要性を説く本田（2013）の主張につながるものと思われる。

発達障害支援に関して本田（2013）が提唱するもう一つのポイントは，多領域連携・多職種連携に基づくチーム・アプローチの重要性である。発達障害支援では幅広い領域のプロフェッショナルが有機的に連携しながら支援を行っていくことが理想である。発達障害の本態を薬で治すことはできないが，さまざまな併存症や二次障害の診断と薬物によるコントロールは医師にしかできないことであり，発達障害臨床に通じた精神科医の増加が期待される。また同じ医学の分野において，高次脳機能障害などのリハビリテーション領域の専門医の参画も望まれる。神経心

理学的諸検査の実施とともに，語用論的問題や聴覚情報処理の障害に関しては，言語聴覚士の理論と技法が有効となる。感覚の問題や運動面の障害に対しては感覚統合理論に精通した作業療法士の力が頼りになるだろう。乳幼児期の発達障害児やその親を一番身近で支えるのは保健師の存在である。学齢期の教育では，特別支援教育のスペシャリストの経験がものをいう。青年期・成人期に至り，就労に向けた準備が必要となる段階では，経験豊富なジョブ・コーチの活躍が期待される。そして，さまざまな福祉制度の活用に関しては，社会福祉士の援助が心強い。このように，発達障害を対象とする生涯を通じた支援を考えるとき，実に多様な分野の英知を結集した領域横断的な（interdisciplinary）協働が望まれるのである。さらに，発達障害をもつ人自身による報告が当事者研究という領域を創り出している点も注目される（綾屋・熊谷，2008）。このように考えると，発達障害というものが，当事者や家族を中心に，いくつもの専門領域の人間を呼び寄せる磁力をもったものとして存在しているようにも思えてくる。これは，彼らが「どこか憎めないやつ」であったり，「こちらの心が洗われるイノセントな存在」に感じられたりすることとも関連するのかもしれない。縦割行政の弊害や縄張り意識を排し，真に役立つ支援の開発と実践を，私たち臨床家は追求していかねばならない。そのような多職種チームのなかで，心理職が果たす役割は小さくないだろう。何も「センター」を陣取る必要はないが，心理職の存在価値が最大限引き出される働きをしていきたいものである。

V おわりに——社会のなかで働くということ

経済優先で効率化が至上命題となった日本の現代社会は，発達障害の人たちにとって非常に生きづらい社会となってしまった。IT関連の企業では，「ヒューマン・エラー」ゼロの持続日数が営業所間で競い合われる。このような環境においては，人はいいのだが不注意が玉にきずのADHD特性をもつ人は，ストレスにさらされ続ける日々を送ることになる。元来人づきあいは苦手なほうだが，バイクを走らせ大切な言の葉を人々のもとに届けることを喜びとし，永年勤めてきたポストマンのなかには，便利な情報端末機器の操作に不安を覚えて，あるいは新たに付加された営業業務に恐れをなして，早期退職の道を選ぶ人もいる。

労働力市場を見てみると，買い手市場の業界があるかと思えば，外国人労働者に依存しなければ成り立たない産業がある。若者はこぞって人気職種に群がり，大学は就職予備校と化している。このあたりでもう一度，働くとはどういう営みか，人は働くことによりいかなる満足を得，生を充実させていけるのか，我々一人一人が問い直してみる時に来ているのではないだろうか。効率性の低下がもたらすマイナス面に目をつぶっても余りある価値を見出せる「ワーク」を再び取り戻していくことは，全ての人間がコミュニティのなかで他者とつながりながら，いきいきと生きる社会を生み出すことにもなると思うのである。

◆文献

綾屋紗月，熊谷晋一郎（2008）発達障害当事者研究——ゆっくりていねいにつながりたい．医学書院．

Gaus VL (2007) Cognitive-Behavioral Therapy for Adult Asperger Syndrome. The Guilford Press. (伊藤絵美 監訳, 吉村由未, 荒井まゆみ 訳（2012）成人アスペルガー症候群の認知行動療法．星和書店．)

萩原拓（2014）地域で孤立する成人を支援の場にどうつなげていくのか．臨床心理学 14-2；203-207．

本田秀夫（2013）子どもから大人への発達精神医学．金剛出版．

村瀬嘉代子（2014）発達障害のある人の人生に寄り添うこと．臨床心理学 14-1；11-15．

永吉美砂子（2009）成人後の支援としての「ハビリテーションプログラム」．教育と医学 57-11；42-52．

内山登紀夫（2013）ライブ講義 発達障害の診断と支援．岩崎学術出版社．

米田衆介（2011）アスペルガーの人はなぜ生きづらいのか？．講談社．

◉成人期以後の発達段階における支援

成人期の豊かな生活のための支援を構築する
福祉的支援への橋渡し

肥後祥治 | 松田裕次郎

I 成人期発達障害者の直面する課題

　発達課題の概念を提起したHavighurst（1953）は，成人期前期（18～30歳まで）の発達課題として，①配偶者を選ぶ，②結婚した相手と一緒に生活していくことを学ぶ，③家庭を形成する，④子どもを育てる，⑤家庭を管理する，⑥職業生活をスタートさせる，⑦市民としての責任を引き受ける，⑧気のあう社交のグループを見つけだす，といった課題をあげており，それまでの親の庇護下から一人で社会に旅立ち，さらに新しい家族のユニットを作り上げる時期として捉えている。これらの発達課題の妥当性は，社会的な価値基準に大きく影響を受けるものであるが，この時期においてこれらの課題の解決に取り組むように求められることが現在でも少なくない。そしてこれらは，発達障害の有無にかかわらないのが通常であろう。

　一方，この時期に当事者たちは，どのような現況にあり，どのような希望を持っているのであろうか。以下に辻井ほか（2003）の18歳以上の64人に対する調査結果を見てみたい。生活形態に関しては，現在時点で家族と同居，一人暮らし，施設入所がそれぞれ，67.2％，25％，7.8％であり，71.9％の人が現状の維持を望んでいる。その一方で，両親が亡くなった後の希望としては，一人暮らしが43.8％，自宅，その他，グループホームがそれぞれ32.8％，12.5％，9.4％という結果であり，一人暮らしを志向する者が最も多い結果となった。また，一人暮らしに関する質問には，82.8％の人が心配を感じており，このなかの70.3％の人が食事，衛生管理，健康管理，危機管理などの面においてのサポートが欲しいと回答している。なお，この調査に参加した当事者の26.6％が常勤雇用，17.2％が非常勤雇用，無職およびその他はそれぞれ12.5％，42.2％であった。

　これらのデータを整理すると，成人時期の発達障害者の多くが将来において一人暮らしを志向しているものの，実際には日常生活の維持においては多くの不安を持ち，サポートを必要としている状態であるといえよう。また，就労に関連する支援も必要な状況であり，この時期の発達障害者の支援ニーズは多岐にわたっている。

II 成人期における支援のニーズと福祉的支援の必要性と法的枠組み

　辻井ほか（2013）は，発達障害者の青年期の問題として一定期間の安定就労によるその後のサポートの途絶，日常生活に必要な技能の不足に起因する転職などがあることを指摘している。また，知的障害の少ない自閉症スペクトラム障害の本人や家族は，障害の認識がなく福祉的な支援を受けることなく成人期を迎える場合があり，このことがこの時期の危機的な場面での問題解決を困難にする場合もあると述べている。

　このような状況にある成人期の発達障害者を支援する法的枠組みとして「障害者総合支援法」の存在を知ることは，重要である。この法律に

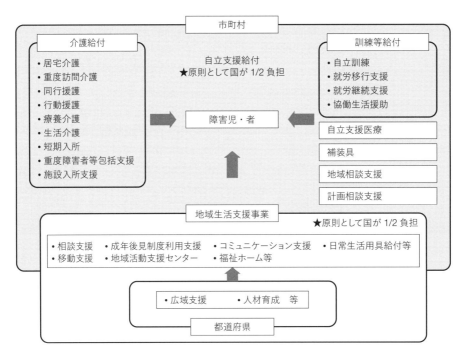

図1 障害福祉サービスの体系（前野，2013）

は，「基本的人権を享有する個人としての尊厳」が明確に位置づけられており，その障害福祉サービスの体系は図1（前野，2013）のように整理されている。これらは，全国一律の共通サービスである介護給付，訓練等給付からなる自立支援給付と市町村の裁量によってサービス量を変化させることのできる地域生活支援事業から構成されている。

実際にはこれらを組み合わせて当事者のニーズに応じた福祉支援を実施することになる。発達障害当事者の支援においては，就労が維持されていても日常生活に課題があり，そのことで就労が困難になる場合や，就労および日常生活支援のいずれか，またはいずれも必要となる場合もある。また，知的障害が少ないケースの場合，日常生活の支援の必要性が見えづらいことも少なくない。したがって，青年期の発達障害に必要とされる支援は，多方面にわたり，しかも丁寧かつ継続的に行われる必要がある。国立リハビリテーションセンターにおいて実施された「青年期発達障害者の地域生活移行への就労支援に関するモデル事業（平成20〜22年度）」の成果からは，「障害福祉サービスである就労移行支援と生活訓練を組み合わせ，生活と就労場面にまたがる多様な体験中心の訓練体系を用いた個別支援は，発達障害成人の就労支援として有用であった」と考察がなされている（深津，2010）。また，この報告においては表1に示すサービスメニューが自立支援法（障害総合支援法への改正前の法律）下において利用可能であるとされている。

このような流れのなかで滋賀県では，一人暮らしを体験しながら，発達障害の特性を踏まえ生活訓練と職業準備訓練を行う「発達障害者地域生活システム構築事業（ジョブカレ）」を2012年4月から，横浜市では，地域移行に向けた生活アセスメントの場の設定からその後の暮らしのサポートを行う「発達障害者サポートホーム

表1 発達障害者の利用が見込まれる自立支援法下の主なサービス（深津，2012）

(1)	相談支援事業
(2)	日中活動系サービス ①就労移行支援事業 ②就労継続支援事業 　（A［原則雇用有］型，B［雇用無］型） ③自立訓練（生活訓練） ④児童デイサービス
(3)	訪問系サービス ①行動援護 ②移動支援 ③短期入所（ショートステイ）
(4)	居住系サービス 共同生活援助（グループホーム）

運営事業」として成人期の発達障害者の地域生活の定着を図る試みを2012年11月から展開している。以下に，福祉的支援の可能性について事例を示してみたい。

III 福祉的支援の実際

1 事例Aさん（アスペルガー症候群）／利用開始年齢22歳

1. 利用目的と支援の方向性

ひきこもり暦3年のAさんはこの状態が良いと思っていなかったが，自分では何ともできずにいたところ，両親の勧めで「発達障害者地域生活システム構築事業（ジョブカレ）の利用を開始した。

当初の支援目標は生活リズムを整え，昼夜逆転の生活から脱却することであった。2年間，日中活動支援（職業準備訓練）と生活支援を実施して，ひきこもり状態から，何かしらの日中活動ができるようになるため，支援をすることであった。

2. 経過

利用開始後4日目で日中活動のプログラムに参加できなくなり，居室のアパートでも昼夜逆転の生活を送っていた。その間，支援者はアパートで何度も本人とコミュニケーションを維持し，興味・関心のあることを聞いたり，さまざまな場所に見学に出掛けたりした。このような取り組みのなかで，手芸に興味があり，実際に自分で作ることもしていたことがわかり，アパートで"刺し子"をする活動を取り入れた。また，外に出るための仕掛けとして，ポスティングの仕事も取り入れた。活動は9時から16時の間で行うこととし，こうした取り組みを続けることで昼夜逆転も解消された。ひきこもりの状態から徐々にエネルギーを蓄え，他の活動も行いたいという意欲が芽生えてきた。

3. 就職活動に向けて

日中活動が軌道に乗り始め，生活リズムがついてきたため，新たな取り組みを提案した。それは，工場内で行う内職仕事であり，多くの従業員が通う工場で働くということであり，企業側に理解があり，配慮された環境を整えられるということでの提案だった。「働いてみたい」という本人の意思表示があったことでチャレンジしたが，実際に働けたことは本人の自信に繋がった。仕事終了後には振り返りの時間を設け，仕事に対する不安の解消，自己理解を促す支援を行った。

現在では本人が，「自分は就職できるのではないか」と思えるようになっている。私たち支援者も，本人の希望する職種に求人があればいつでも就職できる状態であると考えている。1年程でひきこもり状態から就職を考えられるようになったのは，本人の努力と，自信を持つことができるような仕掛けがあったからこそだと考えている。

2 事例Bさん（アスペルガー症候群）／利用開始年齢20歳

1. 利用目的と支援の方向性

　家庭内暴力を繰り返すBさんの母親と弟は、毎日のように一緒に勝手口から避難し、父親の帰りを待つ生活を送っていた。これ以上は家族では支えきれないという家族の思いから、本人はあまり納得しない状況のなか、グループホーム（高機能発達障害に特化したグループホームで、C県の単独事業）で生活することになった。支援の目標は、家族関係の改善と本人が自立して生活できることであった。

2. 経過

　ホーム利用当初より対人トラブルが頻発した。人とのつき合い方、距離感がわからないことが原因であったため、適切な対人関係の取り方についての支援を行った。また、困ったときには相談できるということを伝え、実際に相談することで問題が解決できたという経験を積んでもらった。次第に、対人関係にいくつかの課題が残っているものの、本人の状態は安定していった。ホームで暮らすようになり、家族と距離を置くことで、家族にも余裕ができ、関係の改善がみられるようになった。

3. ホームを一人暮らしの準備のキーステーションとして

　一人暮らしへの移行に伴い、仕事に影響が出ないよう、6カ月の移行期間を設けた。また、「一人暮らしと仕事との両立は難しい」との訴えに配慮したものであった。一人暮らしが軌道に乗ったころ、本人から「仕事と一人暮らしは両立できるものですね」という言葉が出てきた。一人暮らしに移行した後も定期的に訪問し、仕事のことや生活のことなど、本人の困りごと、気になることに対しての相談時間を設けた。

　しかし、自ら運転する車で交通事故を起こしたことがきっかけとなって一人暮らしが立ち行かなくなった。自動車の修理代に関する金銭問題が発生したためである。家族との金銭問題の話し合いがうまくいかず、支援者も本人と家族の調整をうまくできなかったこともあり、家族関係も再び悪化した。本人はこれ以上一人暮らしを続けるのは難しいと感じていた。そして再びホームで生活することとなり、あらためて家族関係の修復と一人暮らしに向けた取り組みを行うこととなった。

IV 今後の課題

　これまで、発達障害者の青年期の課題の多様性とその支援の在り方としての福祉的サービスの概要と支援の可能性について述べてきた。先にも述べた通り、発達障害の青年期の支援の課題は、彼らの障害特性や周囲の誤解などの問題もあり、これまで適切にサービスの提供を行えなかった部分も少なくない。これからは、福祉的サービスを積極的に用いることを通して、彼らの社会参加や社会自立に向けた支援の在り方を明確にする作業を行う時期とすべきであろう。そしてこれらの作業や実践から、さらに必要なサービスメニューについても議論を重ね、今後の新たな支援の在り方と可能性についても議論をはじめることが求められよう。

◆文献

深津玲子（2012）青年期にある発達障害者の地域生活移行支援．精神神経学雑誌 SS461-469.

Havighurst RJ (1953) Human Development and Education. Longmans, Green & Co.

肥後祥治，岸川朋子，松田裕次郎，浮貝明典，国井一宏（2013）成人期の発達障害者に対する地域支援生活の実践における成果と課題．厚生労働科学研究費補助金障害者対策総合研究事業「成人期以降の発達障害者の相談支援・住居空間・余暇に関する現状把握と生活適応に関する支援についての研究」（研究代表者辻井正次），pp.56-78.

前野哲哉（2013）障害者福祉施策における就労支援．In：社会福祉士養成講座編集委員会 編：新・社会福祉士養成講座18．就労支援サービス．中央法規出版，pp.40-46.

辻井正次，萩原拓，鈴木勝昭，野田航，松本かおり（2013）成人期以降の発達障害者の日常生活における支援ニーズ

および精神的健康状況に関する実態把握．厚生労働科学研究費補助金障害者対策総合研究事業「成人期以降の発達障害者の相談支援・住居空間・余暇に関する現状把握と生活適応に関する支援についての研究」(研究代表者辻井正次)，pp.16-55.

第Ⅱ部
生活の場における支援

第5章
家族を支援する

◉家族への支援

養育者は子どもの障害をどう受け止めていくか
障害の認識と意味づけ

山根隆宏

I　はじめに

　発達障害に関する臨床において，その子どもだけでなく養育者の支援が重要なのは言うまでもない。子どもに発達障害があることで，養育者は養育の難しさや障害特有の問題に直面しやすく，具体的・実際的な支援が必要になる。また，養育者の精神的健康が損なわれる場合もある。何よりも，養育者自身の生涯発達という視点でみると，発達障害の子どもをもつことは，それまでの人生を揺るがし大きな変化を迫るような出来事と言える。そのため，養育者はときに子どもの障害を受け入れがたい思いに葛藤したり，乗り越えようともがくこともある。子どもを支援するという意味でも，このような養育者の葛藤を支えることも重要であろう。本稿では，養育者が発達障害のある子どもをもつことを受け止めていく課題について，筆者の研究知見を紹介しつつ論じていきたい。

II　養育者の障害受容という問題

　養育者が子どもの障害をどう受け止めるかについては，これまで障害受容というテーマで扱われてきた。多くの障害受容論では，障害のある子どもの誕生による養育者の情緒的な危機を一種の喪失とみなし，喪の作業を経て悲嘆から脱していく心理的過程を段階的に捉えようとしてきた（中田，1995）。有名なDroter et al. (1975) の段階説では，ショック，否認，悲しみ・怒り……といった段階を経て，最終的には受容に至ることが仮定されている。ただし，これらの段階説は，子どもの出生とともに障害がわかる場合が想定されており，発達障害の場合，親は段階説に沿った経験をしないことが多い。例えば，自閉症の場合，障害受容の段階はショックや否認ではなく不安から始まる（桑田・神尾，2004）。また，障害受容論では，これまで子どもの障害をどう認識するかという問題と，障害のある子どもをもつことを自分の人生にどう位置づけるかという2つのテーマが区別されずに論じられてきた（山根，2012）。後者のテーマに関して，子どもの成長発達段階で発達障害という予期しない事実が次第に明らかになることで，養育者はそれまでの基本的な前提や価値観が揺らぐことになり，対処を迫られる。最近の喪失や逆境に関するモデルでも，個人が人生を揺るがすような出来事から個人的な意味を見いだすことが心理学的に重要であると考えられている（Neimeyer, 2002）。そこで，この障害認識と障害の意味づけの2つに分けて論じていきたい。

III　子どもの障害をどう認識するか

1　診断の告知に至るまで
　発達障害は一般的に早期診断が難しいため，診断告知に至るまでにすでに養育者は子どもに発達上の不安を抱えていることが多い。高機能の自閉症スペクトラム（以下，ASD）の子ども

をもつ養育者を対象とした筆者の調査（山根，2010b）では，養育者が子どもの発達上の不安を感じ始めるのは平均でおよそ3歳，実際に相談機関にかかったのはおよそ5歳，診断の確定はおよそ8歳であった。これらの診断までのタイムラグが生じることによって，養育者は自分の育児を責めたり，子どもの状態の原因がわからないことによる不安を長く経験することになる。

2　診断告知に対する養育者の反応

前述した筆者の調査では，診断告知の感情についても調べている。診断告知の感情は，①情緒的混乱をあまり経験しない群，②不安やショックを強く経験した群，③安堵感とともに自責感を強く経験した群，④両価的な感情を体験した群に分かれ，多様な体験が報告された。また，診断告知に対する感情は，告知のタイミングや告知のされ方への満足度などによっても変わりうる。告知者の説明にあいまいさや説明不足を感じた養育者はショックや不安を経験しやすく，逆に育児の助言や支持的な態度に満足した養育者は安堵感を経験する傾向にあった。また，診断の時期が遅いほど安堵感を経験しやすく，子どもの発達に不安を感じて間もない養育者はショックや不安を経験しやすかった。このように，一般的に診断の告知は強い衝撃を養育者に与えるものだが，どういったタイミングで，どのように告知されるかによって体験のされ方も変わりうる。

3　子どもの障害を認識する過程

診断を告知されたその後は，どのように子どもの障害を認識していくのだろうか。発達障害の場合，障害の否定と肯定が共存し，悲哀感の沈静と再燃を繰り返すとされる（中田，1995）。また障害特性が外見からは見えにくいため，養育者は子どもの障害を将来に及ぶものとして認識しがたい。子どもの特徴が状況によっては個性とも障害ともみなせるため，子どもや障害に

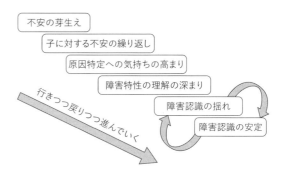

図1　障害認識の過程モデルの概略図

対して両価的な感情を抱きやすくもある（中田，2009）。

高機能ASD児の養育者を対象とした筆者の面接調査では，診断告知前から現在までの障害の認識の過程と，障害認識に関連する要因を検討している（山根，2010a：図1）。子どもの年齢や診断告知の時期によって特徴的な固有の体験もみられるが，共通点として，①診断告知前から子どもの障害を疑う不安とその打ち消しを繰り返していること，②障害事実を知らされた後も障害の受け入れと受け止め切れなさを繰り返していること，③一度障害を受け入れても子どもの失敗や問題の再燃を契機に再び受け入れと受け止め切れなさを繰り返すこと，などが示唆された。また，障害の認識を左右する要因として，①健診による早期発見の有無，②障害に対する周囲の認識の不一致，③養育者の障害観，④子どものつまずきの有無，⑤障害のわかりにくさ，という5点にまとめられた。

このことは，養育者の障害認識が流動的なものであり，それを自然なものと捉える必要性を示唆する。子どもの障害に対して心理的に解決がなされ子どもの見方を変えられる状態であることが，適切な養育行動や子どもの安定的なアタッチメントに関連する（Milshtein et al., 2010 ; Oppenhaeim et al., 2009）。障害認識の葛藤は，発達障害に関する養育ストレスのひとつである（山根，2013）ことも踏まえると，養育者の障

害認識をアセスメントし，支えていくことが必要だろう。

Ⅳ 障害のある子どもをもつことへの意味づけ

臨床では，養育者が「なぜわが子に障害があるのか」「なぜ自分に障害のある子どもが生まれたのか」と容易には答えの出せない問いを自問自答し続けるケースに出会う。一方で，「わが子に障害のある子どもが生まれたのは運命だと思う」などと語り，達観されているとも思える人に出会うことがある。「子どもに育てられて強くなった」など，子育てによる恩恵を感じている人に出会うこともある。このような養育者の心理は，体験を意味づけることで人生を揺るがす出来事を乗り越えようとする心理的試みとみなせる。特に体験の意味を理解しようとする試みをsense making，体験から得られた恩恵を見いだすことをbenefit findingと呼ぶ（Pakenham et al., 2004）。

筆者は発達障害児の母親を対象に，子どもの障害に関する意味づけの観点から調査した（山根，2014a）。その結果，ほとんどの親が子育てのなかで得られたものがあると回答し，共感性の高まりや人間関係の広がり，視点や価値観の変化といった内容を挙げていた。また，sense makingに関しては7割の母親が子どもの存在や生を運命的・宗教的な理由によるものと意味づけていたり，自分の人生において肯定的な変化や成長をもたらす経験として位置づけていた。

別の調査研究では，benefit findingが高い母親ほど心理的ストレス反応が低く，育児ストレッサーが高くてもbenefit findingが高い場合は心理的ストレス反応が緩和されることが示されている（山根，2014b：図2）。さらに，別の研究ではsense makingが高い親ほど，育児ストレスに対してより適応的なコーピング方略を取りうることが示された。このように，養育者が自分なりの体験の意味づけ（それは肯定的か否定的に関係なく）を見いだすことが，良好な心理的適応をもたらしうる。

一方で，3割の母親は障害のある子どもをもつことについて「意味を見いだせない」「意味を模索している」と回答し，このような母親は心理的ストレス反応が高いことも示唆された。人生を揺るがす大きな出来事を経験した人のなかにも，体験の意味合いを見いだせなくても適応的な人々もいることから，むしろ意味を見いだそうにも見いだせないときに，大きな心理的苦痛を経験するのだろう。このような体験の意味づけの葛藤や困難さは，養育者のメンタルヘルスを左右する一側面を担っているものと言える。

Ⅴ 臨床実践への示唆

このような研究知見はいかに臨床実践に寄与するだろうか。1つは子どもの障害の認識は容易なものではなく，状況や経過によって変わりうるという理解を与えてくれる。支援者は養育者を共同治療者として期待する傾向があるが，それが養育者に過度な負担となる可能性も考慮する必要がある。養育者によっては，一見すると障害を認めているように見えても，子どもの障害に対する葛藤を抱えている人もいる。「否認」や非協力的に見えるような養育者の言動も，障害認識の流動性を考えれば，受容的に理解し対応ができる。また，障害認識のアセスメントと介入については，The Reaction to Diagnosis Interview（RDI：Pianta & Marvin, 1992）などが役立つだろう。

2つ目には，障害や体験の意味づけという視点を提供するだろう。子どもが発達障害であると分かった際，養育者は「妊娠時，私の何がいけなかったのだろうか」「子どもを発達障害で産んでしまって申し訳ない」など，わが子をもったことの原因や理由を自責的に把握しようと労力を費やす。「なぜこうなったのか？」「防ぐこ

とができたのだろうか？」と自問自答し続ける間に，その答えが見つからないと，養育者は膠着して立ち往生してしまう。このようなときに，支援者は正しい知識に基づいた説明を丁寧に行い話し合う必要がある。

　出来事の原因や理由を自分なりに把握して，養育者は慢性的な反芻から脱け出し，人生の目的や出来事の意味を理解しようと熟考する段階へと移行していく。そのような熟考は認知スキーマやナラティブの適応的な変容をもたらしうる。養育者が体験や出来事を意識的に熟考し，加えてそのときに生じる感情を表に出せるように援助していくことが重要であろう。

　Calhoun & Tedeschi（2013）は，そのような支援者の態度について，①解決しようとせず傾聴に徹すること，②成長や変化の可能性に気付きそれに焦点づけること，③成長や変化を同定し名付けること，④成長や変化の可能性を尋ねること，の4点にまとめている。これらの臨床態度は，どのような発達障害の家族支援にも導入できるものだろう。障害に関する意味づけを直接的に臨床の目標にするべきではないが，意味の危機に直面し養育者が葛藤を語り始めた際に，その語りに耳を傾け，ともに意味を構築していく姿勢も重要であろう。養育者の支援に臨む上で，障害の認識や意味づけという視点を頭の片隅においておくのは有用ではないだろうか。

◆文献

Calhoun LG & Tedeschi RG（2013）Posttraumatic Growth in Clinical Practice. New York & London : Routledge.

Droter D, Baskiewicz A, Irvin N et al.（1975）The adaptation of parents to birth of an infant with a congenital malformation : A hypothetical model. Pediatrics 56 ; 710-717.

桑田左絵，神尾陽子（2004）発達障害児をもつ親の障害受容過程——文献的検討から．日本児童青年精神医学とその近接領域45；325-343.

Milshtein S, Yirmiya N, Oppenheim et al.（2010）Resolution of the diagnosis among parents of children with autism spectrum disorder : Associations with child and parent characteristics. J Autism Dev Disord 40 ; 89-99.

中田洋二郎（1995）親の障害認識と受容に関する考察——受容の段階説と慢性的悲哀．早稲田大学心理学年報27；83-92.

中田洋二郎（2009）発達障害と家族支援——家族にとっての障害とは何か．学習研究社.

Neimeyer RA（2002）Lessons of Loss : A Guide of Coping. New York : McGraw-Hill.（鈴木剛子 訳（2006）「大切なもの」を失ったあなたに——喪失をのりこえるガイド．春秋社）

Oppenheim D, Koren-Karie N, Dolev S et al.（2009）Maternal insightfulness and resolution of the diagnosis are associated with secure attachment in preschoolers with autism spectrum disorders. Child Development 80 ; 519-527.

Pakenham KI, Sofronoff K & Samios C（2004）Finding meaning in parenting a child with Asperger syndrome : Correlates of sense making and benefit finding. Research in Developmental Disabilities 25 ; 245-246.

Pianta RC & Marvin RS（1992）The reaction to diagnosis interview. Unpublished material. Charlottesville : University of Virginia.

山根隆宏（2010a）高機能広汎性発達障害児・者の母親の障害認識に関する質的検討．家庭教育研究所紀要32；61-73.

山根隆宏（2010b）高機能広汎性発達障害児をもつ母親の診断告知時の感情体験——診断告知に至る状況との関連．神戸大学大学院人間発達環境学研究科紀要3；27-35.

山根隆宏（2012）高機能広汎性発達障害児・者をもつ母親における子どもの障害の意味づけ——人生への意味づけと障害の捉え方との関連．発達心理学研究23；145-157.

山根隆宏（2013）発達障害児・者をもつ親のストレッサー尺度の作成と信頼性・妥当性の検討．心理学研究83；556-565.

山根隆宏（2014a）自閉症スペクトラム障害児・者の親は障害をどう意味づけているか——Benefit Finding と Sense Meaning からみた予備的検討．奈良女子大学心理臨床研究1；49-56.

山根隆宏（2014b）Benefit finding が発達障害児・者の母親の心理的ストレス反応に与える効果．心理学研究45：49-56.

◉家族への支援

子どもの育ちを支える家族への支援
保護者ときょうだいへの支援のあり方

中田洋二郎

I はじめに

　家庭は子どもが育つ場であるとともに，子どもが社会へと旅立っていくための場でもある。そのため，家族の関わりは求心性と遠心性という2つの相反する性質をもつといわれる（Beavers & Hampson, 1990）。子どもの成長のためには，家族はこの2つの性質の均衡をとり，1つにまとまることが必要であり，また一方で，そのまとまりを崩し危機に対応するための柔軟さがなければならない（Olson, 1993）。発達に障害がある子どもの存在は，その子どもの成長を目的として家族が1つにまとまるきっかけとなりうるし，その子どもの成長の過程で起きるさまざまな困難は家族が危機への柔軟さを学ぶ機会にもなりうる。保護者ときょうだいへの支援は，これら家族の2つの性質の均衡が重要なテーマとなる。

II 保護者の障害受容

　障害のある子どもの誕生は保護者に心理的混乱を与え，保護者は子どもの障害を認める過程で悩み苦しむことも少なくない。保護者が抱える最初の課題は，この障害の認識と受容の問題であろう。保護者の障害受容の過程は，障害の種別や程度，またそれぞれの保護者や家族の性質によって異なるが，主として次の3つの仮説に要約される（桑田・神尾, 2004）。

1　障害受容の段階的モデル

　段階的モデルには諸説あるが，奇形をもった子どもの親の感情的変化を説明したDrotar et al.（1975）の段階的モデルがその代表的なものとして紹介される。この仮説に従うと，障害告知後の保護者の感情的反応は，ショック・否認・悲しみと怒り・適応・再起の5段階に分けられ，保護者の障害受容の過程は，障害告知後のショック状態から再適応へと直線的に向かうととらえられる。

2　親の慢性的悲哀（悲嘆）説

　Olshansky（1962）は，知的障害児の臨床経験から，親の心理的状態を，内面に常に悲哀感を抱え，悲哀の潜在化と顕在化が繰り返される状態であるとしている。これは悲哀が潜在化し再燃する点において段階的モデルと本質的に異なる。この仮説は不適応な状態と誤解されることも多いが，障害のある子どもの親の自然な感情的反応であり，病的なものではないため，専門職が悲哀を乗り越えることを励ますことは，かえって家族の適応を困難にすると説いている。

3　障害の認識と受容の螺旋形モデル

　螺旋形モデルはこの2つの仮説を統合し，保護者の内面には障害の肯定と否定の2つの感情が共存し，その感情が悲哀感の沈静と再燃と重なっていると考える（中田, 1995, 2009）。そして，保護者の障害受容の過程は，受容というゴールに直線的に向かうのではなく，障害に対

する肯定と否定の感情が繰り返され，障害の受容は螺旋状に緩やかに進行するとしている。

　これら3つの仮説のどれが正しいというわけではない。子どもの障害に対する保護者の反応は，障害を知る状況によって，また支援の内容によっても異なる。また，同一の保護者が子どもの成長の過程でこの3つの仮説をすべて経験することもあろう。大切なことは，障害受容の過程で揺れ動く保護者を支えるためには，支援者はこれらの仮説について十分に理解しておくことである。

III　障害告知と保護者支援

1　障害の告知とは何か

　障害告知は単に医師が障害名あるいは診断名を伝えることではない。多くの専門職が関わって行われ，保護者は子どもの障害をその関わりのなかで漸進的に認識していく。障害告知には表1のような要件が含まれる。これら障害告知の要件の（3）〜（5）は，発達障害のある子どもに関わる専門職ならば，保護者と障害のある子どもの状態について話し合うとき必ず触れることがらである。たとえば，保育所の保育士が障害のある子どもを実年齢にあったクラスに進級させるのがよいか，発達状況にあった現在のクラスに留めるのがよいかを保護者と相談するとき，現在の発達状態，今後の見通し，障害による生活の制限について，保護者に伝えることを避けることはできない。

　このことを保護者の立場から考えると，保護者は障害のある子どもが支援を受ける過程で，さまざまな時期にさまざまな職種から「障害告知」に関わる説明を受けることとなる。この説明が，子どもの成長に役立つとき，保護者は子どもの障害を受け入れることが子どもの成長につながることを認識する。すなわち，発達支援のなかで行われる「障害告知」が，保護者の障害受容を支えるといえる。そのため，どのよう

表1　障害告知に含まれる要件

（1）　障害名あるいは診断名の告知
（2）　障害の一般的な特徴に関する情報の提供
（3）　障害による現在の発達状態に関する情報の提供
（4）　今後の発達の見通しに関する専門的見解の提供
（5）　障害によって起きる生活上（教育・就労など）の制限に関する示唆
（6）　障害によって起きる二次的障害に関する情報とその予防法についての情報の提供
（7）　医療・保健・教育・福祉の分野の子育てと発達支援に関する情報の提供

な話し合いにおいても，前述の3つの仮説を考慮し，保護者の子育ての苦労と工夫をねぎらい，親としての効力感を与えることが求められる。

2　保護者を支えるペアレント・トレーニング

　発達障害のある子どもを抱える保護者は，乳幼児期から生じる養育の困難さとその後に続く問題行動のために，子どもを叱責し，ときには体罰を与えることがある。そのため，親子関係は順調に形成されず，親子の関係は悪化する。このようにして悪化していく親子関係を予防あるいは修復するには，保護者が問題行動への適切な対応方法を学び，保護者自身の力で子どもの行動を修正できるような心理教育的プログラムが有効である。発達障害のペアレント・トレーニングはこのような目的のために開発されたプログラムである。

　ペアレント・トレーニングは参加者を孤立感から救い出す。それは同じ悩みをもつ保護者同士のピアカウンセリングの効果によるが，集団で行わなくても，このプログラムは保護者の自尊感情の低下を阻止するのに役立つ。それは，このプログラムの基礎にある行動療法や行動分析の考え方が，問題を外在化させるからであろう。すなわち，行動を観察し，その問題に具体的に取り組み，子どもの問題行動を保護者自身が修正できる実感が，保護者が自分の内側に原

因を見つけようとする傾向を弱め，子どもの性格を問題とする見方を是正し，子どもの障害の特性の理解を支えるからである。以下に，精研方式のプログラムから保護者が子どもの育ちを支えるうえでのヒントとなることを紹介しよう（岩坂ほか，2004；岩坂，2012；上林，2009）。

1. 性格ではなく行動を見る

まず行うことは子どもの行動の整理である。子どもの行動を「続けさせたい行動」，「減らしたい行動」，自傷や他害また公共でやってはいけないことなど「やめさせたい行動」の3つに分類する。その際，行動とは「見える，聞こえる，数えられる」ものであるとし，たとえば「弟に優しい」は性格であり，行動としては「弟にゲームの順番を2回代わってやった」と表現することを理解させる。また，行動はいくつかの下位行動から構成されていることを理解してもらい，それをほどくことを促す。たとえば「服を着る」は「袖を通す」「ボタンをはめる」など一連の行動の連鎖であり，子どもをほめるときに「着替えができたね」とほめるよりも，「袖を通したね」「ボタンをはめようとしてるね」とひとつひとつの行動に注目するほうが，子どもはその行動を学習しやすくなる。

2. ターゲット行動を決める

適正な行動を持続させ，その回数を増やすために，保護者があげる「続けさせたい行動」のなかから，ほめるためのターゲット行動を見つける。その際の基準は，1週間に3〜4回は観察できる行動，自分が側にいてほめることができる行動，いつどこで誰が側にいるかを考え，きょうだいなど他の家族が「そんなことでほめられて」と揶揄しそうな行動ではなく，保護者が心おきなくほめることができる行動である。また，同年齢の子ならできて当たり前と思える行動でも，子どもが最近できるようになった行動はぜひほめたい。自分が努力してその行動を獲得できたことを子どもなりに自覚できるからである。

3. ほめ方のポイント

ほめることには，感心する，感謝する，励ます，ごほうびを与えるなど，さまざまなことが含まれる。しかし，もっとも重要なのは肯定的注目を子どもに与えることである。年齢が幼い場合，子どもが自分の行動とほめられることの関連が理解できるように，ターゲット行動が出現したら即座に，「えらいね」などでなく，「靴下をはいたね」と具体的な行動をほめる。思春期以降の子どもでは内面の変化に目を向け，その変化をほめるようにする。たとえば考える力，判断力，自制心，気遣いなどの向上が感じられたら，くつろいだ時間にさりげなく話題にし，子どもが自分の成長に気づくようにする。

4. 適切な指示の与え方

ほめることを強調するのは，発達に障害のある子どもは叱られことが多く否定的自己像が発達しやすいからである。しかし，適正な自己評価を形成するためには，子どものやるべきこと，またやってはならないことを教えることも大切である。精研方式のプログラムでは，適正な指示の与え方としてCCQ（Calm, Close, Quiet）をキーワードとして，子どもの注意を促し，冷静に指示することを保護者に教える。たとえば，朝，子どもを起こすときには「いつまで寝てるの！」と怒鳴るのではなく，子どもの枕元まで行き，穏やかに子どもを起こし，「いま，7時だから，起きなさい」と指示する。もちろん指示の後には指示に従えたことをほめるのを忘れてはならない。

IV きょうだいの抱える問題

きょうだいは同胞に障害があることで自己の成長にさまざまな影響を受ける。もちろん，それはきょうだいの心の成長にとって必ずしもマ

イナスではない。しかし，きょうだいは自分自身の成長過程で，同胞に障害があるために生じる困難を受け入れ，同胞の障害を理解しなければならない。そのため，障害のある同胞の存在は精神的発達における問題として働くことも多い。ところで，きょうだいが抱える問題は以下のように整理されている（西村，2004；柳澤，2007）。

- **親の関心の偏り**：保護者は障害のある同胞の養育に多くの時間を費やし，障害がある子どもの発達や問題行動に関心を奪われる。そのためにきょうだいは家族のなかで孤立し疎外感や差別感を抱き，同胞へのねたみや嫌悪感を抱くことがあると考えられる。
- **家事の負担と不満**：保護者が同胞の世話に追われ，家事が過剰に課せられることがある。あるいは障害がある同胞の世話を期待されることがある。とくに女児の場合，家事の負担は重く，また障害がある同胞の母親代わりの役割が与えられる。そのような場合，きょうだいは自分自身の自由が奪われ，保護者への不満や憤りや反抗が生じやすいと考えられる。
- **同胞への負の感情の抑圧**：保護者が苦労する姿を見て育つきょうだいにとって，障害のある同胞に負の感情をもつことは悪いことと感じられ，幼児期や児童期にこの負の感情は抑圧されるが，思春期以降に非行や不登校のような不適応症状として顕在化すると考えられる。
- **精神的成長と役割の逆転**：きょうだいが障害のある同胞よりも年少の場合，きょうだいの精神的成長が同胞を追い越すと，きょうだい関係や役割の逆転が生じ，きょうだいの自我同一性の混乱など精神発達に影響を及ぼすと考えられる。
- **同胞の補償の役割**：保護者は障害がある子どもに託せない将来の希望を，無意識のうちに健常なきょうだいに託すことがあり，きょうだいはそれに応えようとして過度な適応や精神発達の早熟化が起き，順調な精神発達を損なうことがあると考えられる。

V　きょうだいへの支援

　以上のような心の問題を，障害のある子どものきょうだいのどれくらいが抱えるのか，その実証的な研究は少ない。おそらく，これらきょうだいの多くは，大人へと成長する過程でこれらの問題を克服しているのであろう。しかし，臨床の場では，不登校や非行や反抗を主訴とする相談で，発達障害のある子どものきょうだいの事例を経験することは希ではない。

　保護者が障害のある子どもだけでなくきょうだいにも心を配って育てることが大切であることはいうまでもない。しかし，専門職がきょうだいへの支援の必要性を保護者に強調することは，かえって保護者のストレスとなりジレンマに陥れる。そこで，家庭外からのきょうだいへの支援が必要となる。

　そのような取り組みとして，発達障害の家族会やNPOで，きょうだいの会やきょうだいも参加できるキャンプ活動が実施されることが増えている。平川（2004）は，自閉症児・者を同胞にもつきょうだいのために，共生をコンセプトとする「きょうだい教室」を実施し，きょうだい同士の出会いと学びの場としている。その活動では，レクレーション活動，障害に関する知識，同胞の問題行動への対処方法，福祉思想などの学習がプログラムとして提供される。しかし，このような系統立った発達支援プログラムによるきょうだいへの支援活動はまだ十分とはいえない。そこで，発達障害に関わる専門職によるきょうだいへの支援に加えて，きょうだいが通う保育所，幼稚園，学校，学童保育などで，保育士や教員や指導員が前述のきょうだいの問題とその発生機序を理解し，きょうだいの

精神的発達に配慮した関わりを日常的に工夫することが大切である。そのことは間接的ではあるが保護者の負担を軽減し，障害のある子どもの家族にとって力強い支援となりうる。

VI 終わりに

　自閉症の原因論の歴史をみると，専門職の保護者への見方が180度転回した時期がある。過去に親の不適切な養育が自閉症の原因と考えられていたが，後に親を治療や教育の資源と考えるようになったのである。Schopler & Reicler（1971）もこの転回を促した専門職のひとりであり，共同治療者（co-therapist）という考えに基づいてTEACCH（Treatment and Education of Autistic and related Communication handicapped Children）の理論を形成した。

　保護者への誤解が解けたことはよいことである。しかし，保護者を共同治療者として見る前に注意すべきことがある。それは，保護者が治療者となる前にまず親となることが必要であり，専門職は親としての育ちを支援しなければならない。そして，親として成長する保護者を支えながら，子どもの成長とともに変化する家族の成長を支えなければならない。家庭は子どもの成長の場であり，また自立のための足場でもある。この家庭の二つの役割を支えるのが，私たち支援者の役割であろう。

◆文献

Beavers WR & Hampson R (1990) Successful Families : Assessment and Intervention. New York : Norton.

Drotar D, Baskiewicz A, Irvin N et al. (1975) The adaptation of parents to birth of an infant with a congenital malformation : A hypothetical model. Pediatrics 56-5 ; 710-717.

平川忠敏（2004）自閉症のきょうだい教室．児童青年期精神医学とその近接領域 45-4 ; 372-379．

岩坂英巳 編（2012）困っている子をほめて育てるペアレント・トレーニングガイドブック．じほう．

岩坂英巳，井澗知美，中田洋二郎（2004）AD／HDのペアレント・トレーニングガイドブック——家庭と医療機関・学校をつなぐ架け橋．じほう．

上林靖子 監修（2009）こうすればうまくいく発達障害のペアレント・トレーニング実践マニュアル．中央法規出版．

桑田左絵，神尾陽子（2004）発達障害児をもつ親の障害受容過程——文献的検討から．児童青年期精神医学とその近接領域 45-4 ; 325-343．

中田洋二郎（1995）親の障害の認識と受容に関する考察——受容の段階説と慢性的悲哀．早稲田心理学年報 27 ; 83-92．

中田洋二郎（2009）発達障害と家族支援——家族にとっての障害とはなにか．学研．

西村辨作（2004）発達障害児・者のきょうだいの心理社会的な問題．児童青年期精神医学とその近接領域 45-4 ; 344-359．

Olshansky S (1962) Chronic sorrow : A response to having a mentally defective child. Social Casework 43 ; 190-193.

Olson DH (1993) Circumplex model of marital and family systems : Assessing family functioning. In : F Walsh (Ed.) : Normal Family Process (2nd Ed). New York : Guilford Press, pp.104-137.

Schopler E & Reicler RJ (1971) Parents as co-therapists in the treatment of psychotic children. Journal of Autism and Childhood Schizophrenia 1 ; 87-102.

柳澤亜希子（2007）障害児・者のきょうだいが抱える諸問題と支援のあり方．特殊教育学研究 45-1 ; 13-23．

◉家族への支援

発達障害特性をもつ親への支援

野村和代

I　はじめに

　近年，発達障害のある子どもたちの支援は教育や福祉，医療などさまざまな領域において課題となっている。親は子どもにとって一番身近な存在であり，子どもにとって一番の理解者ともいえるが，子どもの抱える困難に一番立ち会う存在でもある。子どもの育ちを育み，子どもが自信をもって日々の生活を送ることができるように，親が子どもにあったかかわり方を学び，園や学校など周囲の関係機関と協働していくことが欠かせないといえる。

　一般に子育てを通じて，親はさまざまなことに直面し，自身の課題に向き合っていくが，なかには子どもと同じような特性を有している親も存在する。親にも発達障害特性があるということは，発達障害のある子どもたちの抱える困難を理解する助けになるといえる。しかし一方で，親自身が自らの抱える困難のために傷つき，その傷つきを抱えたまま，子どもに接することはつらい作業になる。そうしたときに，親子の悪循環は生じやすい。この悪循環を断ち，よりよい循環に変えていくことが支援の目標といえる。

II　大人の発達特性の現れ

　発達障害と一言で表しても，その特徴はさまざまである。自閉症スペクトラム障害（ASD），注意欠陥多動性障害（AD/HD），学習障害（LD）などがよく知られるところである。また知的なハンディキャップや，抑うつ，双極性障害（躁うつ病），PTSD，解離性障害などの精神疾患が併存する場合も考えられる。本稿では各診断名について詳細に記述するという形ではなく，支援につなげる気づきとして，比較的よく見受けられる現れを示す。

1　コミュニケーションの困難

　コミュニケーションの困難としては，距離感の取り方や話し方，身ぶり，視線や注意の転導などがあり，会話の展開・受け答えに唐突さや違和感があったり，特にその程度が強く感じられる場合，質問の受け答えの内容が質問者の意図からずれたり，衝動的に思いついたことを話し始めたり，同じ話を繰り返し堂々めぐりで続けることなどがあげられる。これらは，精神健康の悪化（抑うつ，疲労など）の際にもある程度起こりうることだが，ASD特性に由来するコミュニケーションの苦手さやこだわり，不注意や衝動性などの影響を検討する必要がある。

　また近所の人や，園や学校の教員などとのトラブルがある場合もあるため，コミュニケーションがうまくいかないパターンについて情報を集めることは，親自身への支援方法を検討するにあたって重要である。

2　不注意症状
　　（忘れ物，聞きもらし，聞き忘れ）

　不注意症状は見落としやすい症状で，十分注意をはらう必要がある。面接のなかで聞き返し

の多さやぼうっとした様子，保険証や母子手帳，依頼したアンケートなどの忘れ物や，面接予定を忘れたりいつも大幅に遅刻するなどの形で表れる場合には，不注意症状によって家庭や仕事などでも支障がある場合は少なくない。AD/HDの多動性は年齢を経るうちにその症状は減弱していくが，成人になっても不注意や衝動性の症状が残る事例は多いといわれている（飯田，2008）。また不注意優勢の場合，周囲からも発達の困難が認識されず，支援を受けられないまま大人になった事例は多い。

親自身につらい体験（被虐待経験やいじめ，DVなど）がある場合には，解離性障害を有していることもあり，記憶がすっぽりと抜けたり，前後関係があいまいになることもある。

3　家事や仕事の遂行の困難

家事や仕事は日常的な事柄ではあるが，即座に高度な判断や段取りやスケジュールの組み立てが必要になることは多い。発達障害特性を有する場合には，生活に多くの困難を感じている可能性が高いといえる。見通しをつけることの困難や，同時に複数の作業を遂行することの困難は，効率的な家事や仕事をさまたげる。また不注意や過集中などの注意の困難は効率性も損なってしまう。また家事や仕事の精度を保つことが難しく，やり直しや時間経過に伴ってさらに作業量が増えることなども加わって，さらに時間が圧迫されるというサイクルが起きてしまう。

家庭や仕事上の困難は知的障害によっても生じる。寺川ほか（2005）は，知的障害のある母親への支援経験がある保健師に対し，これまで支援した母親が抱える困難事項を生活能力と育児能力に分けて，具体的な項目を聞き取った。このうち生活能力に関しては自己選択・自己決定，母親自身の友人関係，読み書き・計算能力，近所づきあい，お金の使い方・家計のやりくり，自発的に行動することが困難事項としてあげられた。

4　育児の困難

育児は子どもの状態・反応に合わせて，段取りを組んで作業をしたり，即座に判断して行動する必要があり，家事や仕事以上の困難となる場合がある。日々の子どもの変化に気がつき，体調や気持ちの揺れ動きなどを察し，その場に合ったかかわりが求められるが，これらは非常に繊細な行為であり，親自身と子どもの感じ方のずれが大きく現れやすいところでもある。

親自身の価値観が子育てに強く反映されるため，結果として親のこだわりや習慣を子どもに強要する形になることは少なくない。筆者の経験した例では，「親子のつながりが大事。趣味を共有できるとよい」と聞いた父親が，仕事から20時頃に帰ってきて，幼稚園年長の息子をドライブに連れ出し，帰ってくるのは22時頃というパターンを毎日繰り返している家庭があった。ドライブの間は父親の趣味の音楽が大音量で眠ることができず，朝は園のバスに乗り遅れることが頻繁になった。園の担任が状況を把握し，別のかかわりを提案され，改善に至った。親自身に悪意は全くなくても，年齢に相応のかかわりか，あるいは過剰なかかわりではないかというモニタリングが働きにくいため，自分でストップがかけられないという悪循環が生じていたといえる。

親に衝動性や多動性がある場合にも，子どものペースよりも親主導の生活リズムになりやすい。また不注意がある場合には，子どもの持ち物管理や園・学校との書類のやりとりが難しいこともあげられる。

また過敏性は実行の困難に影響を及ぼす。親に感覚の過敏性がある場合には，子どもに対し消極的なかかわりになりがちである。子どもの泣き声や騒ぐ声，身体接触などが非常に耐えがたい刺激になることがある。筆者は，感覚過敏のある母親が出産まもない乳児の泣き声が耐えがたくなり，首をとっさにしめてしまったという事例を経験している。また父親が育児参加を

してくれないという事例があったが，よくよく聞き取ると父親に軽度の聴覚過敏があり，子どもにできるだけかかわらないようにしていたことがわかった（これは耳栓をつけることで解決できたとの報告を受けている）。

5　親の精神健康

　発達障害の子どもをもつ親は抑うつ傾向にあることが従来から指摘されているなど，親は大きな負荷にさらされている。睡眠がどの程度取れているか，あるいは過度の眠気や倦怠感はないか確認し，必要に応じて薬物治療などを勧めることが重要である。

　親のトラウマ体験は子どもへの養育に困難をもたらす。子どもの泣き声で自身の親からの虐待，配偶者からの家庭内暴力被害を想起し，子どもに対し厳しい叱責をするという事例や，過去に被いじめ経験のある親が子どものいじめを知って，いじめのフラッシュバックを起こし，子どもや周囲に攻撃的になっていた事例も存在する。

　親の過去のトラウマティックな経験が強く想起される心的外傷後ストレス傷害様の症状やタイムスリップ現象が頻繁に生じ，日常生活に著しい困難が及んだ場合には，薬物治療などの専門医療を開始する必要がある。

　パーソナリティ障害は，発達障害のコミュニケーション困難に関連する疾患として指摘されている。岡野ほか（2004）はパーソナリティ障害と発達障害に類似性があり，幼少期から社会的に柔軟に適応することに困難さがあり，そのなかで身に付けた行動様式がパーソナリティ障害様であったり，発達障害とパーソナリティ障害を併発している場合があることを指摘している。その場合はパーソナリティ障害様が目立つことが多いが，発達障害特性に応じた支援により，やりとりが理解しやすくなり，展開が見える場合もある。

III　実際の支援例

1　支援・相談の枠組みの設定

　支援ニーズは，丁寧に支援しようと考えれば考えるほど，たくさん発見することができる。しかし支援者の所属する機関では，実際は親にどのような支援ができるのか，時間やマンパワーとのバランスを確認しておくことが重要である。日々の生活・家事などが立ち行かないなどの困難を抱える家庭においては，福祉機関などのソーシャルワークもあわせて，さまざまな機関と連携して支援体制を整えていくことが必要である。

　どんなに手厚い支援でも継続しなければ意味をなさない。継続できる支援のために，支援者が無理をしないことは重要である。また親自身の力を引き出し，親が子どもの支援者として力を発揮できるように支援していくことが望ましい。

　支援を進める必要が生じている親や家庭のどのような問題を取り上げるか，担当者は誰で，どの程度の頻度・時間で話し合うかなどを具体的に考え，実行することが重要となる。

2　取り上げる問題の設定

　まずは親と，現在の状況の確認，長期的な目標，短期的な目標と現在何をするべきかという事項を話し合い，整理することから始める。その際には支援者の言葉から曖昧さや婉曲的な表現を極力排除し，物事を具体的に記述することに努める必要がある。

　発達障害特性をもつ人とのコミュニケーションでは，しばしば支援者の説明を意図とは違う捉え方をしたり，誤解もあるだろう。また支援者の何気ない発言を詳細に覚えていて，発言とその後の流れに矛盾があったときに，混乱や戸惑い，不信感を感じるということもあるかもしれない。この矛盾は周囲や支援者はさほど気にならないような小さなものであったり，誤解であったとしても，親自身が敏感に感じることは少なくない。親のストレスや不安が強いときに

は，このような事態が起こりやすいといえる。

具体的に記述することは，前後関係の理解があいまいであったり，口頭でのやりとりが苦手な親に対して，問題を整理する助けになる。また書面で確認することには，「ここは違う」「こういったほうが状況の理解としてはあっている」など，親自身が振り返り，親のタイミングで話題を深められるという利点がある。

3　親のこれまでの努力を認める

親は支援者に出会うまで，その人なりにさまざまなことを試み，努力してきたはずである。その努力を尊重しつつ，より〈楽に〉〈効率のよい〉〈成果を実感しやすい〉方法を一緒に探していこうというメッセージを伝えていくことが望ましい。

そのひとつのやり方として，懸念の事柄について，「これまでどんな工夫をしてきたか」ということ，加えて「よりうまくいくためにあったらいいなと思うこと」を尋ねる方法がある。非常に素朴な問いかけであるが，親の意欲や知的理解，これまでの試行錯誤について情報を集めることができ，支援のプラニングが容易になる。筆者はこのような手段で，自身も発達障害をもつ親に対して生活スキルの支援を行ったところ，本人の自尊心を保ちつつ，生活の立て直しを自ら考える枠組みを提供できた（野村，2013）。

実践には，どのように〈実行〉するかということと，どのようにするべきかという〈理解〉が重要である。それには納得と動機づけが及ぼす影響が大きい。これまでの努力・工夫と〈あったらいいと思うこと〉を話し合うことで，何をすべきか，どのようにするべきかという意義や目的が明確になり，どのように実行するかということもイメージしやすくなることが期待できる。

4　適切な対処の〈理解〉と〈実行〉

対処方法には，適切な対処の〈理解〉と〈実行〉の2段階があると考えられるが，〈理解〉〈実行〉のそれぞれのスキルの確認が必要である。

柔軟に考えることの難しさや，子どもに高い水準を要求する，ピントがはずれているというような〈理解〉の困難や，わかっていてもとっさの対応が難しかったり，やっているつもりでも不十分であったりという〈実行〉の難しさがある。その結果，やってみてもうまくいかないという状況が続き，子どもに対する怒りや，自身に無力感を覚え，なかには厳しいしつけや体罰，虐待的なかかわりに発展する場合もありえる。

適切な関係の〈理解〉を進めるためには，実際的な判断は考えずに，どんどん書いていくことが有効である。一つひとつを吟味していくと，アイディアはなかなか出ず，思考が硬直していき，「あれはこの前やってだめだった」「これもうまくいかない気がする」とできないことがクローズアップされてしまう。親からあまりアイディアが出ないようであれば，支援者とブレーンストーミングでアイディアを出し合うのもいいだろう。ある程度のアイディアの数がそろってから，現実的に有効かどうか，実際に取り組めるのかを検討するとよい。

ある程度の方向性がつかめたら，次には実行スキルを高める介入を丁寧に行う。実際に親に目の前でリハーサルとしてやってもらったり，支援者がモデルを示すのもよいだろう。実際に目にすることで，その親ならではのこだわりや価値観が見える。そこを尊重しながら，ためしに別のやり方を1週間試してみることで，経験の幅を広げていくことができる。

この〈楽に〉〈効率のよい〉〈成果を実感しやすい〉のためには，提案はスモールステップでなくてはならない。スモールステップとは大きな目標を小さな目標で刻み，一つひとつ達成していくという考え方である。直近の目標は，「少しがんばったらできる」という難易度であることが重要である。

5　実践のフィードバック

　従来とは違うやり方を試す過程で，価値観の変容が生まれ，親自身のなかで硬直していた思考に少しずつ柔軟性が生まれてくる。実践してみた，気にかけてみた，ということについて，支援者はその努力について認め，伝えることで，その変容は深いものとなる。

　もちろんよい結果ばかりではないが，それでも，やり方を変えたときに感じた自身の戸惑いや子どもの反応を振り返ると，次へのヒントになる。従来の対応を変えることへの抵抗感は，親自身の価値観の変容が起こりつつあるということである。

　支援者はこの抵抗感に十分配慮しながら，より〈楽に〉〈効率のよい〉〈成果を実感しやすい〉方法を考えて提案する必要がある。このとき，従来のやり方が一番楽だ（たとえば，いたずらを繰り返す子どもに大声で怒る）という声があがるかもしれない。その場合には，「そのやり方は効果があるか？」という振り返りをもとに，別のやり方を，そのなかでも〈楽に〉〈効率よく〉できるものをブレーンストーミングし，やりやすいものを選ぶよう勧められるとよい。

　なかには，自身の抵抗感について整理をしたいという希望をもつ親もいるが，その整理をするにしても，従来のやり方とは違った方法を試し続けることは重要である。従来とは違った方法を試すことで，子どもは従来とは違う反応を起こすだろう。子どものその変化は親もまた強く変えることができる。

IV　まとめ

　発達障害のある親に対して，支援者はその人が理解しやすい言葉を届けなくてはならない。それには特性に気づき，特性にあった配慮をしていくことが不可欠である。またソーシャルワークを含めた生活全体の調整を図っていく必要もあるだろう。

　親自身のこれまでの試行錯誤や努力は，今ある問題に対処する資源である。それを利用して，新たな方法を理解し，実行できるように支援していくことが重要である。その過程のなかで，親と子の関係が柔軟性を取り戻し，親自身の親としての機能が高まることが期待できる。

◆文献

飯田順三（2008）ADHDの疫学．臨床精神医学 37-2；129-134．

野村和代（2013）成人期ADHDの臨床．脳21 16-2；198-202．

岡野高明，高梨靖子，宮下伯容ほか（2004）成人におけるADHD，高機能広汎性発達障害など発達障害のパーソナリティ形成への影響——成人パーソナリティ障害との関連．精神科治療学 19-4；433-442．

寺川志奈子，溝口由美，稲垣真澄ほか（2005）知的障害のある母親の子育て支援に関する研究——全国保健師アンケート調査．小児保健研究 64-2；301-307．

●家族への支援

発達障害を抱える夫婦の支援

加藤 潔

I　はじめに

「発達障害を抱える夫婦」というテーマだが，「発達障害」と「夫婦」の関係は実にいろいろな分類ができる。まずはそれを整理しておく。

1　診断の有無から見た分類

大別すると，夫婦ともに診断されている場合と夫婦どちらかが診断されている場合がある（診断がなくてもそれを自分で認めている場合にはとりあえず診断されていると考えてもよいだろう）。これに，診断が結婚前か結婚後かという要素も加えて分類したのが図1である。

たとえば，妻は結婚前に診断を受けていて夫が結婚後に診断を受けた夫婦の場合，BとCのところに位置することになる。あくまで経験値からの見解にはなるが，網掛けで示しているところは，発達障害という視点が夫婦としての問題に対してネガティブな影響を与えやすい部分である。そうすると，Bに網掛けがされているので，夫へのフォローを中心とした支援に軸足をおくことからまず始めてみようかという，いわゆる支援の糸口が見えてくるのである。

Cの部分にも当然のことながらいろいろな苦労は存在する。しかしながら，そのことを知ったうえでいっしょになったわけであるから，発達障害という視点からではなく，あくまで夫婦としてお互いをどう理解していくかという視点から見ていくべきことであり，そのほうがすっきりする。

発達障害という視点から夫婦のありようを考えたりサポートしたりすることは確かに必要なこともあるし，重要な切り口になることもある。しかし，夫婦としてのトラブルをすべて発達障害の問題に転嫁してしまう方々もいて，その場合は，発達障害をネガティブにとらえてしまうがために問題を自ら複雑化してしまう危険性がある。

AやCに位置している場合は，発達障害うんぬんよりも，ごくあたりまえの一組の夫婦であるという視点から考えていくほうが前に進みやすく，この図はその整理の一助になる。

2　きっかけから見た分類

夫あるいは妻が発達障害であることを意識したきっかけがどこにあるかに着目した分類もできる。仕事でのつまずきからなのか，子育てをしていくなかでの気づきからなのか，夫婦とし

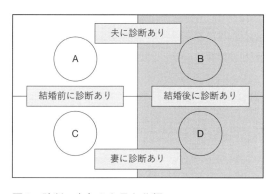

図1　診断の有無から見た分類

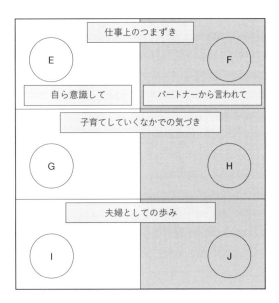

図2　きっかけから見た分類

ての歩みのなかでの思いからなのか。そして，自ら意識したのかパートナーから言われて意識したのか（パートナーから言われても，その前に自覚していた場合は自ら意識していたと考えてもよいだろう）という要素も加えて分類したのが図2である。

自らが発達障害であることを否定的ではなく意識しているという前提がある場合は，「発達障害であることを打ち消そうとする作業」という余計な作業をしなくていいので，ご本人やパートナー，支援者それぞれの前に進もうとするエネルギーのロスが少なくてすむ。確かに，仕事や子育て，夫婦関係でうまくいかないことがあったがゆえに発達障害への意識が高まったのであるが，この先どうしていくかというところに直接フォーカスを当てやすいし，そこでパートナーの理解や協力が得られるならば，逆に夫婦の絆は強くなるかもしれない。図2のE，G，Iの部分がそれである。

ところが，パートナーから言われた場合には（自分にその意識がないのに言われた場合である），驚きや衝撃，混乱や不快といった感情が巻き起こる可能性がある。そうなると夫婦としての関係にマイナスの影響を与えてしまう。したがって，その場合には，やはりリスクは高くなるので，F，H，Jと網掛けで示している（自ら意識していたとしても否定感情が強い場合は，F，H，Jに準ずると考えたほうが支援しやすい）。

もちろん，パートナーから言われたとしても「あっ，そうだったのか」と自ら納得できたのであれば，E，G，Iのところに位置していると考えて支援していく。パートナー以外の第三者から言われた場合は，納得できるのであればE，G，Iの部分に位置しているとし，納得できずに負の感情が高まっているのであればF，H，Jの部分に位置していると考えて，支援の糸口を探っていく。

たとえば，お子さんが発達障害で，その子育てをしていくなかで，父（夫）が「自分もそうかもしれない」と思った夫婦の場合，Gに位置することになる。父はお子さんについて学びを重ねる過程で自分への気づきをより深めることが期待できるので，発達障害の研修会への参加を勧めたり，同朋だからこそできる子育てがあることを伝えたりしながらサポートをしていくことになるだろう。夫婦という単位でのセッションも組みやすい。

仮に，このケースにおいて，妻から夫に「あなたもこの子と同じ発達障害だと思う」と伝えられ，夫がそのことに抵抗を示しているならば，夫との面談を中心にしたサポートをしていくことになるか，あるいは夫との接し方をテーマに妻との面談からスタートすることになるだろう。夫婦や家族という単位ではなく，まずは個人としての相談を積み重ねていくのである。

II　いくつかの事例から

1　DとIの構図にあるご夫婦

夫婦ともに30代の中盤で，数年前，いわゆる婚活サークル的な場で知り合い，めでたく結婚

状況整理		
ケアマネジメント系	エンパワメント系 (メンタル or スキル)	
情報提供　調整	自尊感情	
	状況理解	作戦会議
確　　認		

図3　相談支援の分類

という運びとなった。お子さんはいない。

結婚時には診断がなかったが，もともと家事が得意ではないと言っていた妻。仕事と家事の両立は難しいという思いから，専業主婦になることを選択した。結婚前は「少しくらい家事が苦手でも夫婦で力を合わせればなんとかなる」とお互い思っていたが，結婚生活を重ねていくと，家のなかが片付かなかったり，夫もつい文句を言ってしまうことが増えたりして，夫婦関係がぎくしゃくしてきた。妻は，がんばってもうまくいかない自分がいやで，落ち込みを強く示すようになった。同時に，自分は発達障害かもしれないという思いがふくらみ精神科を受診したところ，発達障害の診断を受けた。つまり，DとIの様相を示しているご夫婦である。夫婦としてこれからもやっていきたいが，診断がついたことでこれから何をどうしたらいいのかわからなくなってしまったと，ご夫婦そろって相談に見えた。夫も妻も互いを思いやりながらも，逆にそのことで苦しんでいる状況であった。

さて，ここで，私が考える相談支援の分類について簡単に紹介する（図3）。

相談支援には大きく2つの流れがある。状況整理（インテークと言い換えてもいいだろう）と確認（定点観測と言い換えてもいいだろう）は共通するが，ケアマネジメント系とエンパワメント系に大別されるというのが私の考え方である。

発達障害を抱える夫婦の支援においては，サービス調整が必要になる場合もあるだろうが，いかにエンパワメントするかに苦心しながらそのご夫婦を支えていくというアプローチがメインストリームになることが多いように思う。このケースでもエンパワメント系の相談を展開していった。

1. 自尊感情のアップ

Dに位置しているので，妻の自尊感情アップは重要な視点となる。夫婦としての歩みのなかで自らの特性に気づいたのは，前に向かおうとしている証であり，そのことを妻にはぜひ知ってほしい。したがって，「夫婦としてよりよい方向に進もうとしているからこそ，自らの特性に気づけた。だめだから気づいたのではなく，前に進もうとしていたからこそ気づけたのだ」という筆者の名言（迷言？）をご夫婦にお伝えした。一人の人間として，妻として，夫婦としての自尊感情を低下させないことを支援者は意識したい。

2. 状況理解と作戦会議

片付けがうまくできないという特性があるとしても，それ自体が問題なのではなく，片付けがしやすい状況をつくれないことが問題なのである。そこで「片付けがしやすい状況をコンテナでつくろう」という提案をし，コンテナに何を入れるかを考えていった。捨てる物を入れるコンテナも用意した。コンテナに入っていれば，コンテナを端に寄せるだけで床が生まれる。その床はロボット掃除機が掃除してもいいのである。

2　AとCとFの構図にあるご夫婦

ご夫婦ともに社会人になってから診断を受けた。研修会で顔を合わせるうちに親密になり，反対する方も周囲にはいたが，2人は結婚という選択をした。AとCに位置するご夫婦である。時にお互いズバッと言いすぎてしまい，言った

ほうも言われたほうも落ち込んでしまうことはあるが，相手の特性はよく理解しており，夫婦としての安定感は高い。このご夫婦にもお子さんはいない。

ところが，夫が職場でうまくいかず，退職することになった。夫は障害者雇用ではなく障害名もクローズにしていた。妻は「何のために発達障害の勉強をしてきたの？ あなたのこういう特性には，こう気をつけていけばいいってわかってたでしょ？」とズケズケと言ってしまい，過去最大の夫婦げんかとなった。結婚前に診断を受けているので，厳密に言えばFには位置しないのだが，パートナーから言われたことがきっかけなので，Fに位置するという視点からも考えることにした。

1. 自尊感情のアップ

このケースには夫婦としての安定と仕事探しという2つのテーマがある。このご夫婦は，筆者が考える「6つの結婚チェックポイント」（表1：加藤，2013）を見事クリアして結婚している。「単なる勢いとか惰性で結婚したわけではないこと」「今まで夫婦としてやってきた実績があること」を再確認し，夫婦げんかは収束した。AとCに位置している夫婦なので，発達障害うんぬんよりも，ごくあたりまえの一組の夫婦であるという視点から考えていくほうがわかりやすい。

仕事探しについては，辞めたことより働いていたことに着目してもらうようにした。「働いた期間は12年＞働いていない期間は2週間」という表示を行い，「自分の足跡は一度やめたくらいでは消えない確かなものである」ことを伝えた。もちろん，夫婦2人に対してである。妻が夫に掛ける言葉がきっと違うものになるだろうという期待があったからだ。求職中，妻は夫に「がんばって働いてきた人だから大丈夫」とよく言っていたそうだ。自尊感情が落ちなければ，仕事探しで少々の停滞があっても持ちこたえること

表1　6つの結婚チェックポイント（加藤，2013）

(1) 両者の合意があること
(2) 経済的に結婚生活を維持できること
(3) 家族の同意があること
(4) （家族など）相談・手助けできる人が近くにいること
(5) 同棲期間を経て結論を出すことを理解していること
(6) 離婚することもあることを理解していること

ができる。

2. 状況理解と作戦会議

夫婦としての安定は，夫婦としての自尊感情をアップさせることでとりあえずの収束が得られたので，そのテーマに関しては，状況理解や作戦会議の支援を展開する必要はないと判断した。

仕事探しについては，自尊感情だけで見つかるものではないので，状況理解や作戦会議の支援が必要になる。AとCに位置する，いわば発達障害同士でもあるこのご夫婦には，夫だけではなく妻にも相談の場に同席してもらった。

このケースの状況は実にシンプルである。障害者雇用の制度を活用しないという意思が明確だったので，応募して吉報を待つという取り組みを吉報が来るまで続けるという作戦になる。「落ちるのは次に受かるため」という合言葉を夫婦で決めてもらった。妻は夫にこの合言葉を言い続け，ほどなくして夫の新しい職場が見つかった。

III おわりに

夫婦として生きていきたいと願う2人がいたら，その周囲にいるほとんどの人たちは2人を応援するだろう。発達障害を抱える夫婦も同じである。夫婦として生きていきたいと願うなら，その応援をするだけのこと。発達障害支援とは，彼ら当事者を応援することなのである。

◎付記

紹介している事例は，いくつかの実例を組み合わせたり多少の改変をしたりしながら，ケースが特定されることのないようにしています。

◆文献

加藤 潔（2013）発達障害を抱える方への「恋愛・結婚・子育て」支援から．精神科臨床サービス 13-3 ; 404-407.

◉ペアレント・プログラム 発達障害や子育てが難しい時の最初のステップ

ペアレント・プログラムを始める
辻井正次

I　家族支援が支援の最初のステップ

　発達障害に限らず，子どもの個性の要因で子育てが難しくなることは，今までの気質研究などのなかでも明らかにされています。子どもたちには生まれながらの個性があり，「育てやすい子」もいれば「育てにくい子」もいるということは，発達心理学や小児保健学などの領域では30年以上も前から，乳児の気質研究によって明らかにされています。つまり，どの子どもも同じように育てればいいわけではなく，子どもの個性にあった子育てを親子で実現するためのサポートが子育て支援です。育てにくさのひとつの要因が，（背景にある）子どもの発達障害，あるいは発達障害特性の存在です。自閉症をはじめ，発達障害がスペクトラム（連続体）である以上，診断があるかどうかではなく，発達の遅れや特異性などがある場合，育てにくさにつながる特性があると考えられます。発達障害やその特性は，多くの子どもたちが自然にできることがぱっとできないということを意味しており，個性にあった支援を提供することでうまくいく行動のコツを学習して発達していくタイプの子どもたちだということです。したがって，行動のうまくいくコツを養育する保護者が学んでおくことで，子育てはより楽しいものになります。こうした取り組みには虐待予防としての効果も期待できます。

　子育てのコツを，先輩の母親からの経験を聴くことには一定の効果があります。しかし，子どもの個性に合わない子育ての話をされても参考にはなりません。そこで，最初のステップとして，より多くの子どもたちを対象にしたペアレント・プログラムが厚生労働省の総合保健福祉推進事業のなかで開発と普及が進められています。従来，海外のADHDを対象としたものや，自閉症の親訓練など，いくつかのタイプのペアレント・トレーニングが開発・実施されてきました。しかし，一定の専門性や熟練が必要なために，普及が難しくなっていました。そこで，一般の保育士や障害児支援事業所の職員（指導員）が実施できる最も簡易なプログラムを紹介していきます。臨床心理職には，実施できるスキルはもちろん，そうした取り組みの指導的な役割が求められます。

II　ペアレント・プログラムの骨格
　　　——3点セット

　ペアレント・トレーニングの場合，応用行動分析など行動分析学の基本に則って，行動の仕方を把握し，取り組みを進めていきます。ただ，これは臨床心理職には可能でも，実際の現場の保育士や指導員の方たちが実施するのは難しいものです。そこで，ペアレント・トレーニングに参加する前に，最低限求められるものという観点で，「ペアレント・プログラム」という名称のもと，普及用プログラムをまとめてみました。基本的には，①「行動で考える」，②（叱って対応するのではなく適応行動ができたことを）「誉

めて対応する」，③「孤立している母親に仲間を見つける」，という3点セットです。

まず，①「行動で考えること」について，〈現状把握表〉という枠組みで，自分と子どものしている適応行動を「よいところ／できているところ」「困ったところ／できていないところ」と整理していきます。実際の〈現状把握表〉は，次回以降にご紹介します。自分の行動と子どもの行動をリストで具体的に把握していくことで，それまでの「困ったことだけを見て叱る」という状況から，行動を客観的に捉えることが可能になります。毎回，宿題として，各セッションの間に考えてもらいます。講演のような形で一度話をするだけでは，認知の変容は起きません。保護者が前向きに考えるためには，継続的な取り組みを楽しくやることが大切です。次に，②「誉めて対応する」ことですが，できたことを誉めていくということにいろいろな形で取り組んでいきます。「いつ」「どこで」「どんな風に」誉めたら，子どもがどういう反応をするのかを，丁寧に聞いていきます。そこで，③「孤立している母親に仲間を見つける」という視点での母親のグループワークが大切になります。同じ取り組みを同じ母親たちが，共通の課題で取り組むことは，自由な話し合い場面が苦手な母親も参加できます。他の母親たちがどういう工夫をしているのかがわかるだけではなく，子どものことについて話ができるようにすることは，取り組みを前向きにします。実際の進め方は次回以降に紹介していきます。

III 保護者のペアレント・プログラムへの参加はどういう効果をもたらすか

ここでは，辻井ほか（2013）から，ペアレント・プログラムの参加者データを統計的に分析した結果をご紹介します。このデータは，保育士が行ったプログラムの結果です。各クールに参加する保護者は，市の広報や子育て支援センター等からの声掛けで参加しています。対象とする子どもの年齢や療育参加の有無によってグループを分けて支援講座を実施しており，第1のグループは1～3歳児の母親13名，第2のグループは3～5歳児の母親10名，第3のグループは療育参加児の母親10名でした。第1グループの1～3歳児の多くは，子どもの発達障害などはなく，一般的な子育て支援の一環として参加しています。それに対して，第2グループでは発達障害特性が目立つ子どもが多くなっています。

保護者の様子を把握するため，保護者の精神健康状態の把握に抑うつ状態（ベック抑うつ質問票 第2版：BDI-II）を，子育ての傾向として養育態度（養育スタイル尺度：松岡ほか，2011）を測定しました。BDI-IIは，気持ちの落ち込みや体のだるさなどの抑うつ症状の程度を測る質問紙です。養育スタイル尺度は，子どもへの接し方，具体的な行動や考え方，感情の面について広く捉え，養育に関する「誉めること；肯定的働きかけ」や「相談・つきそい」「叱ること；叱責」「育てにくさ」「対応の難しさ」の5つの側面を測定する質問紙です。

参加者グループごとのプログラム実施前と実施後の各尺度の得点と標準誤差を図1に示しました。さらに，分散分析を用いて，グループごとのプログラム実施前後の得点の変化と，各グループの得点差を比較しました。図のなかの太い矢印は，プログラム実施後に変化がみられた部分を示しています。また，細い矢印はグループ間の得点の差を示しています。その結果，保護者の精神的健康「抑うつ」と子育てのなかでの「誉めること；肯定的働きかけ」「叱ること；叱責」で有意な変化が示されました。精神的健康「抑うつ」では，いずれのグループも実施後に抑うつ症状の程度が軽くなり，参加した母親の精神的健康状態が有意に改善した様子がみられます。〈現状把握表〉で母親自身の良いところや日常的にやっていることを肯定的にとらえる

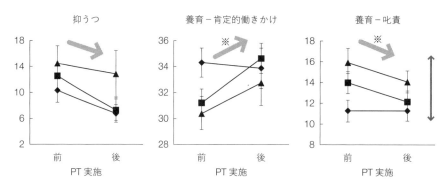

図1 参加者グループごとのプログラム実施前後の「抑うつ」と養育スタイル尺度得点における「肯定的働きかけ」と「叱責」の変化（エラーバーは標準誤差）

課題に取り組んだことや，母親同士がお互いの取り組みや発見に共感し，肯定的に関わりあう取り組みは，日常を肯定的に考えられることを助けた可能性があると考えられます。

養育様式においても，「誉めること；肯定的働きかけ」では，もともと誉めることが多かった1～3歳児の母親以外の，3～5歳児と療育参加児の母親のグループで得点が上がり，「叱ること；叱責」でも同様に，3～5歳児と療育参加時の母親のグループで得点が下がりました。子どもの行動を肯定的にとらえることに加え，褒め上手になろうという具体的な褒め方のポイントを扱う課題や，プログラムを通して叱って育てる子育てに効果がないことに気づき，叱ることよりも子どもがやるべき行動の仕方を伝えていくことに取り組んだ可能性が考えられます。支援としては，具体的な子育て方法の獲得だけでなく，参加する母親にとってプログラムの場が，子育ての悩みを話し合えて受け入れられる居場所となり，身近な支援者とのつながりを作れる安心感も，数値の改善にみられる以上の意義があると考えられます。子どもの行動変容そのものは，その後の高次なプログラムで行えばいいことですので，まずは母親の頭のなかの整理をして，母子の現在の状況を肯定的に把握して取り組めることが最初のステップと考えられます。

これまでも，ペアレント・トレーニングや，さまざまな早期の母子介入などで，臨床心理職による意欲的な取り組みのなか，いろいろな子育て支援がなされてきました。しかし，熟練した専門職以外には難しいと感じさせるものや，逆に，具体的な方法論のない一般的な相談のような，支援者と保護者が一対一で行うモデルか，保護者の自主性に任せる具体的課題の少ないものでした。次回以降，実際に，保育士や障害児支援施設の指導員などが行え，具体的な方法論があり，取り組みが容易なものを紹介していきます。

◆文献

松岡弥玲，岡田 涼，谷 伊織ほか（2011）養育スタイル尺度の作成——発達的変化とADHD傾向との関連から．発達心理学研究22；179-188．

辻井正次，望月直人，髙柳伸哉（2013）連載「地域でペアレントトレーニングを始めよう！——発達障害の家族支援の第一歩．第1回「子育て支援として，地域で保育士がペアレントトレーニングを実施する」．月刊地域保健44-1；42-48．

⊙ペアレント・プログラム 発達障害や子育てが難しい時の最初のステップ

第1回セッション

辻井正次

I　はじめに――プログラムを始める

今回からは，実際のプログラムの展開について話を進めていきましょう。この「ペアレント・プログラム」は，心理療法の専門家が行うことを前提としたものではなく，一般の保育士や保健師，障害児福祉事業所（施設）の指導員等が行うことを前提としています。ここでは，基本的な考え方を示しますが，実際にペアレント・プログラムを始める場合には，すでに実施しているプログラムに，主としてプログラムを進める役割の支援者が1クール参加して，ペアワークやグループワークの進め方を覚えることを推奨しています。現在ペアレント・プログラムは，厚生労働省の障害者総合支援推進事業のなかで全国普及の準備が進められています。プログラム自体は，ペアレント・トレーニングのような，子どもの行動の修正までを視野に入れたものではなく，その前提段階として，母親の認知の修正に焦点を置いています。すべての母親を視野に入れて，子育てのなかで困ったり悩んだりした際に取り組むプログラムとして開発されています。将来的には，臨床心理学，なかでも発達臨床心理学の専門職は，ペアレント・トレーニングなどの専門的支援の指導を行える力量をもつことが期待されています。

II　プログラムの準備

プログラムの実施に際しては，支援者のチームを創ること，そして，支援を求める保護者（中心となるのは母親である場合が多い）に呼びかけ，参加者を募ることから始まります。障害児福祉事業所に子どもを通わせている母親に呼びかけることもできますし，子育て支援センターや保育園などで参加者を募集することもできますし，乳幼児健診のフォローアップの一環として機会を設定することもできます。子育てに悩む保護者（母親）の認知の修正を目指した，隔週で1時間の6セッション1クールのプログラムですので，保護者がアクセスしやすい工夫が求められます。プログラム自体に子どもの年齢制限はありませんが，比較的同年代の子どもの保護者が集まって実施したほうがスムーズな場合が多いでしょう。支援者の熟練度によりますが，1グループ6～12人程度が基本となります。参加者の精神的健康は把握しておいたほうがよく，評価尺度（BDI-IIなど）で把握しておくことが望ましいでしょう。

III　第1回セッション
　　――プログラムの目的と流れを説明する

第1回セッションでは，プログラムの目的と流れを説明し，そのうえでワークに入っていきます。基本的な考え方としては，発達障害，なかでも自閉症スペクトラム障害に関する基本的

な考え方（杉山・辻井，2011a, 2011b, 2013）を軸に，子どもの問題行動の起こりやすさの理解と，問題行動への対処に向けて参加者の頭の整理をしていきます。今までの子育てに関する伝統的な考え方を否定することなく，ただし，オルタナティブな（別の）考え方を提供していくことを伝えます。しかし，あくまでも子育ての枠組みでの話ですので，障害児福祉事業所の利用者のような，すでに診断がついているような場合を除いて，「障害」という用語は使いません。「障害」という用語を不用意に使用することは，支援を遠ざけることになるので，代わりに「個性」「得意と苦手」などを用います。発達障害の多くは遺伝学的には多因子疾患であり，連続的な状態像（スペクトラム）を取るので，「障害」は「個性」の表れや「苦手」が強い（濃い）ものと位置付けられます。最初の説明は，以下の要点を参加者の状況を見て，若干の変更を加えて話します。参加者との掛け合いやワークを取り入れつつ，進めていきます。

近年，世界的に子どもについての研究が進み，いくつかの重要な知見が出ています。そのひとつは，「子どもの発達・成長」と一括りに言いますが，実は，「個人差」がとても大きく，子どもの困った状態像は連続的で，ものすごく困る状態から，困る状態，少し困る状態と，連続的なのだということです。「健常児」と「障害児」を二分するのは発想そのものが間違いだと言えます。そもそも，すべての人には「得意」と「苦手」があり，「得意」なことは特に努力しなくてもパッと取り組めるのに対して，「苦手」なことはパッとは取り組めません。それでも，うまくいく〈コツ〉を見つけて覚えると，何とかできるようになっていきます。だからこそ，苦手なことやうまくいかないことは，〈コツ〉を教えていくことが必要なのですが，伝統的な子育ての仕方のなかでは，できないと（〈コツ〉を教える代わりに）〈叱る〉という養育スタイルを取ることが少なくありません。ただし，〈叱る〉ことが

効果をもつためには，実は前提があります。それは，叱られる行動（うまくいかない行動）の代わりとなる，うまくいく行動（適応行動）があって，叱った保護者の意図や気持ちを読み取って，言われなくても自分から具体的に適応行動をするようにやる，というややこしい期待をしている場合が通例です。そもそも発達障害だということは相手の意図が自然に読み取れないということなので，その傾向が薄くともあれば，〈叱る〉ことにはまったく意味がありません。母子関係のような密接な関係のなかでは，互いの意図を読み取ることが当たり前のように感じられますが，実際は相手が期待通りにできるとは限りません。注意してできないときは，具体的に何をしたらいいのか教えたほうがはるかによいでしょう。

では，実際に，頭の整理の仕方を学んでいくワークに進んでいきましょう。話を聞いてわかったことと，実際に頭の整理ができることとは違うので，途中でドロップアウトすることなく，最後のセッションまで参加することが重要です。

IV　現状把握表を書く

今回のプログラムでは，これから説明する「現状把握表」（表1）を書きながら進めていきます。この表を縦や横など，いろいろな形で利用します。

まず，「いいところ」から，自分自身（保護者）について，具体的な「行動」として書いていきます。「性格」ではなく，「行動」で書いていきます。ですが，この部分は，多くの保護者たちには難しいものです。特に，抑うつ的になっている保護者の場合，自分のいいところは浮かばないことが少なくありません。また，「性格」のような形容詞・形容動詞の把握はできても，「行動」のような動詞で把握することはうまくできない場合が多いでしょう。ここで，「いいところとは，適応行動ができていること」，つまり，他者より優れているところや卓越したところが

表1 現状把握表

いいところ（適応行動）	努力しているところ	困ったところ，苦手なところ
会社に行っている	遅刻しないようにする	体重が増えた
昼食を食べた	腹八分目食べる	運動をしていない

「いいところ」ではなく，適応行動，つまり当たり前でも実際にできていることがあれば「いいところ」だという把握を進めていきます。朝ごはんを食べたとか，朝食の片づけをしたとか，具体的な行動をグループワークで発表しながら進めていきます。こうして，「できていること」は「いいところ」という把握を作っていきます。次に，「努力しているところ」は，できてはいないけれど取り組んでいる項目で，やろうと思っている段階でもこの項目に入れてよいと伝えます。さらに，「困ったところ」は，苦手なことやうまくいかないことを挙げていってもらいます。

一通り3つの枠が書けたら，グループワークのなかで報告し，その後，隣の参加者とペアを作り，ペアワークとして，ペアで発表しあい，項目が「行動」つまり動詞で書けているか，具体的に書けているのかを確認します。この段階で，ペアが自分にも合うものを書いているのを見つけたら，「パクる（真似する）」ことを推奨し，自分の現状把握表の項目を増やすようにしていきます。グループ場面が苦手で発表が嫌な保護者も，ペアでの発表ならばできることが多く，グループに参加して話をすることが安心感を生みます。一通りペアワークをしたら，ペアワークで見つけたことをグループのなかで報告し，共有（シェア）していきます。

V 第2回に向けて──宿題を出す

参加している保護者が現状把握表の書き方をおおよそ理解できた段階で，次のセッションまでの「宿題」を出します。このプログラムでは，「宿題」が非常に重要で，「宿題」に取り組むことで，セッションへの参加時間以外でも，自分や子どもの「行動」について，特に「いいところ（適応行動）」について意識していくことになります。今までは，うまくいかない「困った」行動に焦点を当てて，「ダメでしょ！」と叱っていたところを，〈代わりにする「いいところ（適応行動）」〉を見るように変えていくことが重要です。

宿題としては，3種類があり，①自分（保護者）の現状把握表で，項目を5～10個くらい書いてくる，②子ども（きょうだいがいる場合，誰か一人に焦点を当てる）の現状把握表を書いてくる，③同居している（または非常に身近なところを）大人を誉めてみる（多くの場合，自分の夫を誉めてくる），という課題です。③夫を誉めることは嫌がる母親が多いのですが，夫の反応のタイプを楽しく話したり，誉めてみたら夫の変化が見られた例（例えば，家事を手伝ってくれるようになった）を話すことで，取り組む雰囲気を作っていきます。

VI おわりに

「ペアレント・プログラム」は，全国に普及させていくことを念頭に置いているため，無償で参加できる体制を基本に考えられています。無料で参加できることはいいことですが，一方で，途中で参加をやめてしまうドロップアウトのリスクを高めます。6セッションを通して実施していくものなので，途中でドロップアウトすることなく楽しく参加できるよう，セッションを終えた段階までをイメージしながら，参加意欲を高める声掛けが重要でしょう。

◆ 文献

杉山登志郎，辻井正次 監修（2011a）発達障害のある子どもができることを伸ばす――幼児編．日東書院本社.

杉山登志郎，辻井正次 監修（2011b）発達障害のある子どもができることを伸ばす――幼児編．日東書院本社.

杉山登志郎，辻井正次 監修（2013）発達障害のある子どもができることを伸ばす――思春期編．日東書院本社.

⦿ペアレント・プログラム 発達障害や子育てが難しい時の最初のステップ

第2回セッション・第3回セッション

辻井正次

I 第2回セッション——「行動で書く!」

1 導入——第1回の宿題から

ペアレント・プログラムでは，毎回，宿題が出されます。第1回セッションの宿題として，①母親（自分）と子どもの現状把握表を書いてくることと，②夫や身近な大人を誉めてみる，という2つが出ていますので，まずは，②の身近な大人を誉めてみるという課題の報告をします。参加者のなかにシングルマザーや，周囲から孤立している人がいる場合もありますので，あくまでも身近な人であればよいということで聞いていきます。メンバーのなかには何かしらのリアクションがある人がいますので，誉めるということを多くの場合あまりしていないことや，こちらが対応を変えると相手の対応が変わる場合もあることを楽しみながら確認していきます。

2 第2回セッション
——現状把握表をペアで確認していく

宿題の発表の後，母親，子どもの順に，参加している保護者のペアで，宿題の現状把握表を検討していきます。積極的に，ペアの書いている行動で自分に合うものを取り入れるように伝えます。前回で伝えたように，行動なので基本的には（形容詞・形容動詞ではなく）動詞で書くことに注意して，ペアで（説明してもらわなくても）互いがすぐわかる表現にしていきます。

第1回セッションの宿題「子どもの現状把握表」（表1）のなかでも，すでにできているものは，「いいところ」のほうに移動するなど，話し合いをしながら子どもの様子を行動で捉えるように取り組んでいきます。自分の現状把握表と比較すると，子どもの場合，書きやすい反面，「努力しているところ」が見えにくいことも確認します。今まで「困ったところ」ばかりだと思っていたのですが，子どもにも自分にも想像以上にできているところ（つまり「いいところ」）が多いことを発見する母親が多いものです。

3 第2回セッションのワーク
——「〇〇しない」を「△△する」に!

ペアで現状把握表を報告し合いながら，表現をわかりやすくしたり，真似し合っていきます。そして，ペアワークで見つけたことをグループで共有していきます。そして，母親と子どもの現状把握表に関して，特に「いいところ」「努力しているところ」の2つに関して，表現のなかで「〇〇しない」（例えば，「飲み過ぎない」）を「△△する」（例えば，「ほどほどに飲む」）に直していきます。いくつかの例をあげ，演習をしてから，自分の書いた現状把握表を見てペアで直していきます。しないことは行動ではないので，行動しないで代わりに何をするのかを考えてもらいます。実際の子どもへの声かけも同様で，してはいけないことを叱っても，代わりにどうするのかがわかっていないことも多いので，代わりにどうするのかをわかりやすく伝えることが重要であることを伝えます。

表1 子どもの現状把握表

いいところ（適応行動）	努力しているところ	困ったところ・苦手なところ
学校に行っている	×遅刻しないようにする →遅刻せずに始業時間までに登校する	怒って暴れる
宿題をやる	×食事の際にこぼさない →こぼさないように気をつけて食べる	初めての場所では固まってしまう 言いたいことが言えずに泣いている
夕食を食べる		
お手伝いをする		

4 宿題（第2回）

宿題は，母親（自分）と家族の現状把握表を書き足して修正するとともに，子どもを誉めてみます。特に，誉めるときには，できていることを，できていると伝えるようにします。また，「いつ」「どこで」「どんな風に」誉めたら，子どもが「どう反応したか」を報告するように伝えます。

II 第3回セッション
  ——「同じカテゴリーを見つける！」

1 導入——第2回セッションの宿題から

前回同様，宿題を発表していきます。最初に，子どもを誉めたときの様子を発表してもらいます。子どもの状態像によってはうまくいかないこともありますが，多くの場合は，誉めることで子どもの「いいところ（適応行動）」が増えた例などが挙げられます。そうした例を取り上げつつ，「困ったところ」を叱るのではなく，できたところ（「いいところ」）を誉めるほうが楽しい子育てになることを確認していきます。

2 第3回セッション
  ——現状把握表をペアで確認していく

次に，これも前回同様，参加している保護者のペアで，母親，子どもの順に現状把握表を検討していきます。第2回セッション同様，行動なので基本的には（形容詞・形容動詞ではなく）動詞で書くこと，曖昧な表現から具体的な表現にするように注意して，ペアで行動がわかる表現にしていきます。

3 第3回セッションのワーク
  ——カテゴリーに分けてみよう！

ペアで相談し合いながら，書かれた行動に関して，同じ時間帯のもの，同じ場所のもの，同じ活動のもの，似たような反応などを同じカテゴリーにまとめてみます。そして，見つかったカテゴリーを発表していきます。表2のように，まとめた行動にカテゴリー名をつけます。

カテゴリーにまとめたり，カテゴリーを命名することは，プログラムのなかでは最も難しい内容なので，支援者による積極的な助言が必要であることが多いです。時間帯が朝か夕方か，場所が家か学校かなど，わかりやすい分類ができるだけでも，母親としては行動に何らかの特徴があることがわかり，困った行動がどういう場合に多いのかなどがわかるようになっていきます。

4 宿題（第3回）

宿題は，前回（第2回）と同様，母親（自分）と家族の現状把握表を「カテゴリーに分けて」書き足して修正していきます。今まで書いてきた行動を，カテゴリーごとに並べ替えることになります。もう1つの宿題は前回と同じで，子どもを誉めてみます。特に，誉めるときには，

表2 子どもの現状把握表

いいところ（適応行動）	努力しているところ	困ったところ・苦手なところ	カテゴリー
学校に行っている	遅刻せずに始業時間までに登校する	（予定通りにいかないと）怒って暴れる	（朝の準備と登校）
		初めての場所では固まってしまう	（初めての場面）
		言いたいことが言えずに泣いている	（思いを伝える）
宿題をやる			（家でのルーティン）
お手伝いをする			（家でのルーティン）
夕食を食べる	こぼさないように気をつけて食べる	（偏食で嫌いなものは食べない）	（食事）

表3 家族支援技法の普及の階層

ペアレント・トレーニング応用編
（障害特性特化型のプログラム）

ペアレント・トレーニング（精研・奈良方式・肥前式）
（誉め方を覚える・問題行動への対処の仕方を知る）

ペアレント・プログラム（「行動で観る」）

できていることを，できていると伝えます。そして，「いつ」「どこで」「どんな風に」誉めたら，子どもが「どう反応したか」を報告するように伝えます。

III 保護者が子どもの行動を理解していく過程

今回は，第3回までのセッションを紹介していきました。ペアレント・プログラムは，市区町村での保健師や保育士，障害児福祉事業所の職員がメインで実施できるようにした，非常に簡易な家族支援プログラムです。現在，厚生労働省と全国の市区町村での実施を目指して計画を進めています。乳幼児健診で「様子を見ましょう」と言われて経過を追っているだけという実態から，地域で実際の支援に取り組む保育士や指導員が，具体的に家族とつながり，地域での支援が受けられるようにしていこうというビジョンのなかで進められています。

今まで，確かに発達相談などの枠組みで，臨床心理の専門職が相談・助言を行う場はありました。しかし，多くの場合には単発の助言に留まり，対応のポイントを伝えられても，母親自身が，どのように子どもの問題と向き合い，どう考えていくのか，そして，どのように相談をしたらいいのかがわからない状況で，不安なまま過ごす状態となっていました。具体的に子どもの問題をどう考えたらいいのかが示されないと，発達検査の概要を示されただけでは，どう

したらいいのかはわかりません。当事者の視点に立って，当事者のニーズに対応していこうとするのなら，まずは，「行動」という視点で子どものことを捉えていくことが必要です。今回紹介しているペアレント・プログラムは，あくまでも母親の認知に働きかけていくプログラムですので，実際には，その後のプログラムとの連動のなかで取り組みがなされていきます。表3（前ページ）に，現在検討されている家族支援手法の普及の階層が示されています。臨床心理専門職は主として第2層のペアレント・トレーニングやその後の第3層の障害特性特化型のプログラムにおいて，問題行動を家族とともに修正していくような内容に取り組むことを期待されています。少なくとも，すべての支援者が第1層のペアレント・プログラムへの理解をもってもらうことが期待されており，また，臨床心理専門職が実際にペアレント・プログラムを行い，地域の市区町村の支援者の指導をする力量をもつこと，そして今後の実際に取り組みを行える研修への参加が期待されます。ペアレント・プログラムについては，標準的な研修を受けた人への「認証」を行うことが予定されており，単にマニュアルを読んで実施するということではなく，地域のネットワークを作りながらネットワークのなかで取り組むことも期待されています。

◉ペアレント・プログラム　発達障害や子育てが難しい時の最初のステップ

第4回セッション

辻井正次

I　第3回セッションを振り返って

　第3回セッションのワーク「カテゴリーに分けてみよう！」を振り返ると，表1のように，まとめた行動にカテゴリー名をつけたところでワークは終了となります。そして次回までに，今まで書かれた現状把握表の項目を，「カテゴリーごとに分けて」書き直した改訂版を作る宿題が出されます。

　支援者側にとって，カテゴリーにまとめたりカテゴリー名を命名することは，プログラムのなかでは最も難しい内容なので，支援者からの積極的な助言が必要となります。時間帯が朝か夕方か，場所が家か学校かなど，わかりやすい分類ができるだけでも，母親としては行動して何らかの特徴があることがわかるだけで，困った行動がどういう場合に多いのかなどがわかりやすくなっていきます。

　ここで出てくるカテゴリーは，発達障害の症状特性（例えば，"こだわり"とか"不注意"とか"不器用"とか）を含みます。保育士など支援にあたる人たちは，発達障害の本を読んでも症状のことばかりで支援に役立たないと誤解をしていることがありますが，実際の行動の観点で見直し，困った行動をまとめてみると，症状特性を示す内容があるとわかり，学んだことと支援を結びつける機会ともなります。しかし，カテゴリーを自由に思いつくこともできませんので，ペアレント・プログラムのマニュアル（NPO法人アスペ・エルデの会，2014）にあるカテゴリーの例を利用し，すでにあるカテゴリーにはめ込むほうが，スムーズにプログラムに習熟できるでしょう。

表1　子どもの現状把握表と〈ギリギリセーフ！行動〉

いいところ（適応行動）	努力しているところ	困ったところ・苦手なところ	カテゴリー
学校に行っている	遅刻せずに始業時間までに登校する ←	（予定通りにいかないと）怒って暴れる	（朝の準備と登校）
	（慣れれば行動できる） ←	初めての場所では固まってしまう	（初めての場面）
	（親には伝えられる） ←	言いたいことが言えずに泣いている	（思いを伝える）
宿題をやる		（家でのルーティン）	
お手伝いをする		（家でのルーティン）	
夕食を食べる	こぼさないように気をつけて食べる	（偏食で嫌いなものは食べない）	（食事）

II 第4回セッション

1 導入――第3回セッションの宿題から

前回同様，宿題を発表していきます。最初に，子どもを誉めたときの様子を発表してもらいます。子どもに対する子育ての工夫が報告されたり，多くの場合は，誉めることで，子どもの「いいところ（適応行動）」が増えた例などが挙げられます。そうした例を取り上げつつ，「困ったところ」を叱るのではなく，できたところ（「いいところ」）を誉めるほうが楽しい子育てになることを確認していきます。取り組んだことがその場で認められる（誉められる）ことは，子どもを誉めることにつながっていきますので，スタッフがしっかり取り組みを称賛することが大切です。

2 第4回セッション――カテゴリー分けされた現状把握表をペアで確認していく

次に，これも今までの第3回目までのセッション同様，参加している保護者のペアで，母親，子どもの順に現状把握表を検討していきます。母親たちの宿題では，第3～4回で「行動で考える」ことがかなり上達していきます。今回は，新たに「カテゴリーに分ける」ことが出てきていますので，どのような行動をどのカテゴリーにまとめたのかを確認していきます。

3 〈ギリギリセーフ！行動〉を見つける

カテゴリーに分けた行動を，「困ったこと」から見ていきます。まず，母親の現状把握表から見ていきます。「困ったこと」，例えば"子どもを感情的に怒ってしまう"という行動があったとしたら，その行動について考えていきます。常に絶対に感情的に子どもを怒るのかというと，そういうことはありません。では，どうなっているのかといえば，感情に怒ることもあり，そうでないときもあったりします。例えば，感情的に起こりそうになっても，たまにはすぐに怒らずに，隣の部屋に行って，ため息をついて済ませることもあるはずです。いつもは怒るタイミングでも，そのまま食事の準備で野菜のみじん切りをしていることもあるかもしれません。そこで，"感情的に怒ってしまう"代わりに行われる，その行動よりちょっとだけましな代替行動を〈ギリギリセーフ！行動〉と呼びます。そうした〈ギリギリセーフ！行動〉を，ペアで相談しながら積極的に話していきます。見つけた〈ギリギリセーフ！行動〉は「努力している行動」として書き込んでいきます。なかなか代替行動が見つからないこともありますが，母親の行動の場合，多くの「困った行動」には複数の〈ギリギリセーフ！行動〉を見つけることができます。「困った行動」そのものを見つけて減らすという考え方よりも，そういう「困った行動」もあるけれど，そのことで致命的にならないようにする〈ギリギリセーフ！行動〉があって，それはできているというほうが，日常の毎日にふさわしいものです。ペアで見つけた〈ギリギリセーフ！〉は，グループで発表してシェアします。

カテゴリーに分けた段階で，「困った行動」に対する〈ギリギリセーフ〉を見つけてきている母親もいますが，多くは見つかっていなくて，自分はダメだと思い込んでしまいます。私たちは，「困った行動」があると，そのことへの対応策をいつの間にか立てていることが多いものです。例えば，"体重が増えて健康診断で減量を指摘された"という困ったことがあると，①運動をして消費カロリーを増やすか，②食事に気を付けて摂取カロリーを減らすか，考えたりするものです。その結果，①エレベーターを使わずに階段を利用している，②揚げ物を減らして野菜を多く摂るようにするなど，「努力」や「いいところ」が出てくるものです。「困った行動」がある自分がダメだというよりも，「困った行動」があるけれど，〈ギリギリセーフ！〉で毎日やれているというほうがより現実的な認知であると思います。しかし，これを独りでやっていても

難しいわけで，グループワークで仲間の母親たちとともに取り組むことが大切です。

母親に続いて子どもについても〈ギリギリセーフ！行動〉をペアで話しながら進めていきます。基本的には，母親の行動と同様に進めていくわけですが，子どもの「困った行動」には，子どもの発達段階や状態像によって〈ギリギリセーフ！行動〉が見つからないものもあります。この判断は，支援者側がしないとわからないので，明らかに無理なものは，今は対処することは難しいということを伝えることが重要です。そして，それでも，子どもの「困った行動」で他児に迷惑をかけるようなことにならないよう，母親の〈ギリギリセーフ！行動〉にする努力が必要な場合が多く，それは，子どもの現状把握表ではなく，母親の現状把握表の「いいところ」や「努力しているところ」に書き込むように伝えます。ペアで見つけた子どもの〈ギリギリセーフ！行動〉はグループで発表し，シェアします。

今現在，〈ギリギリセーフ！〉が見つからない行動もあるということがわかることも大切で，それは母親が調整し，子どもには子ども自身が今できる「努力」ができるように，取り組みを誉めていくことが大切です。

ペアレント・プログラムでは，子どもの行動の修正や実際の誉め方や叱り方などは扱うことはできません。それは，ペアレント・プログラムの後に取り組むペアレント・トレーニングで学んでもらうことになります。

4　宿題（第4回）

宿題は，前回（第3回）と同様，「カテゴリー分けした」母親（自分）と家族の現状把握表に，〈ギリギリセーフ！行動〉を加えたものを作成してきてもらいます。可能であれば，現状把握表を配偶者や身近な大人に見てもらうことを勧めます。

もう1つの宿題も前回と同じで，子どもを誉めてみます。特に，誉めることは，できていることを，できていると伝えます。「いつ」「どこで」「どんな風に」誉めたら，子どもが「どう反応したか」を報告するように伝えます。

Ⅲ　〈ギリギリセーフ！〉を見つけること

強迫的な母親でなくても，子どもの成長がうまくいっていないと感じると，自分の子育てが悪いと考えがちになり，できていないことばかりに着眼しがちになります。さらに，抑うつ的になってくると，この傾向は助長されます。できないことを認識する一方で，そのなかでも〈できている〉ことを見つけることは重要です。できていないけれども〈できている〉ことは，できていないという枠組みではなく，〈できている〉という枠組みで認識することです。"何とかなるさ"と思えるためには，〈ギリギリセーフ！行動〉は必要不可欠なパーツだと考えています。

◆文献
NPO法人アスペ・エルデの会（2014）楽しい子育てのためのペアレント・プログラムマニュアル．NPO法人アスペ・エルデの会．［アスペ・エルデの会のホームページより購入可］

◉ペアレント・プログラム　発達障害や子育てが難しい時の最初のステップ

第5回セッション

辻井正次

I　第4回セッションを振り返って

　第4回セッションでは，〈カテゴリー分け〉された現状把握表をペアで確認し，〈ギリギリセーフ！行動〉を見つけることに取り組みました。

　少し振り返っておくと，現状把握表において，カテゴリーに分けた行動を「困ったこと」から見ていきます。まず，母親の現状把握表から見ていきます。「困ったこと」，例えば"子どもを感情的に怒ってしまう"という行動があったとして，その行動について考えていきます。常に絶対に感情的に子どもを怒るのかというと，そういうことはありません。では，どうなっているのかといえば，感情に怒ることもあり，そうでないときもあったりします。例えば，感情的に起こりそうになっても，一度隣の部屋に行って，飴をなめて済ませることもあるはずです。いつもは怒るタイミングでも，そのまま洗濯物をたたんでいることもあるかもしれません。そこで，"感情的に怒ってしまう"代わりに行われる，ちょっとだけましな代替行動を〈ギリギリセーフ！行動〉と呼んできました。そうした〈ギリギリセーフ！行動〉を，ペアで相談しながら積極的に話していきます。そして，見つけた〈ギリギリセーフ！行動〉を「努力している行動」として書き込んでいきます。なかには，なかなか代替行動が見つからないこともありますが，母親の行動の場合，多くの「困った行動」には，複数の〈ギリギリセーフ！行動〉を見つけることができます。「困った行動」そのものを見つけて減らすという考え方よりも，そういう「困った行動」もあるけれど，そのことで致命的にならないようにする〈ギリギリセーフ！行動〉があって，それはできていると考えるほうが，毎日の日常にふさわしいものです。カテゴリーに分けた段階で，「困った行動」に対する〈ギリギリセーフ！行動〉を見つけてきている母親もいますが，多くは見つかっていなくて，自分はダメだと思い込んでしまいます。私たちは，「困った行動」があると，いつの間にかそのことへの対応をしていることが多いものです。「困った行動」がある自分がダメだというよりも，「困った行動」があるけれど，〈ギリギリセーフ！行動〉で毎日やれているというほうが，より現実的な認知であると思います。

　母親に続いて子どもについても〈ギリギリセーフ！行動〉をペアで話しながら進めていきます。基本的には，母親の行動と同様に進めていくわけですが，子どもの「困った行動」には，子どもの発達段階や状態像によって，〈ギリギリセーフ！行動〉が見つからないものもありました。それでも，子どもの「困った行動」で他児に迷惑をかけるようなことにならないよう，母親のほうが〈ギリギリセーフ！行動〉にする努力をしている場合が多く，それは，子どもの現状把握表ではなく，母親の現状把握表の「いいところ」や「努力しているところ」に書き込むように伝えました。子どもの行動のなかで，今すぐ，〈ギリギリセーフ！行動〉が見つからない行動もあるということがわかることも大切で，それは

母親が調整し，子どもには子ども自身が今可能な「努力」ができるように，取り組みを誉めていくことが大切です。

II 第5回セッション
―― 〈ギリギリセーフ！行動〉を極める

1 導入――第4回の宿題から

前回同様，宿題を発表していきます。最初に，子どもを誉めたときの様子を発表してもらいます。子どもに対する子育てのいろいろな工夫が報告されたり，多くの場合はメンバーのなかで誉めることで，子どもの「いいところ（適応行動）」が増えた例などが挙げられ，そうした例を取り上げつつ，「困ったところ」を叱るのではなく，できたところ（「いいところ」）を誉めるほうが楽しい子育てになることを確認していきます。また，現状把握表を配偶者や身近な大人に見てもらって，配偶者などの感想を発表しあいます。特に父親の場合，育児への関与度が低いと子どもの全体像がわかりにくい場合が多いのですが，こうした機会があることで，母親の悩みを理解することや，行動としてどう捉えるのかというイメージを共有することにつながる可能性もあります。

2 第5回セッション――カテゴリー分け／〈ギリギリセーフ！行動〉のついた現状把握表をペアで確認していく

次に，これまでのセッション同様，参加している保護者のペアで，母親，子どもの順で現状把握表を検討します。母親たちの宿題では，「行動で考える」ことがかなり上達しており，そのうえに，カテゴリー分けで自分や子どもの得意／苦手がわかりやすくなっています。今回は，新たに〈ギリギリセーフ！行動〉が出てきていますので，現状把握表の「困ったところ」から，「努力しているところ」として，どういう〈ギリギリセーフ！行動〉がありうるのかを，ペアで確認していきます。

5回目のセッションにもなると，ペアでのやり取りに慣れ，かなりくつろいだ感じで楽しそうに自分と子どもの話を交わしていきます。プログラムに参加して，同じ参加者の母親同士で楽しく話をすることはとても大事なことです。支援者が口を出さなくてもワークが進んでいくのが理想的です。しかし，話が脱線してしまったり，具体的な相談を始めてしまう場合もありますので，そうした場合は，今やっている課題に戻すようにすることも大事です。ペアレント・プログラムでは，子どもの行動の修正や実際の誉め方や叱り方などは扱うことはできません。それは，ペアレント・プログラムの後にくるペアレント・トレーニングで学んでもらうことになります。

3 〈ギリギリセーフ！行動〉を極める

第5回セッションでは，〈ギリギリセーフ！行動〉について，少し補足説明を加えておきます。すでに，〈ギリギリセーフ！行動〉が見つかっている場合はいいのですが，そうでない場合，〈ギリギリセーフ！行動〉が起きやすい場面で少しでも起きていればそれを見つけておくことは有効です。例えば，子どもの「困ったところ」として，「落ち着けずにうろうろ動き回る」ということがあったとして，いつでも常にそうかといえば，そういうわけでもないことが多いです。例えば，自分の好きなパズルをやっているときは座っていることがあります。それから，特に，子どもたちのなかで騒がしい状況だとうろうろ動き回る様子が見られるかもしれません。ここで，「自分の好きなことに10分程度は取り組める」という行動を見つけられれば，それは〈ギリギリセーフ！行動〉です。

〈ギリギリセーフ！行動〉は常に複数見つけることができます。「困ったところ」で，できないとばかり思っていたことが起こりやすい状況で〈ギリギリセーフ！行動〉を見つけることができ

表1 〈ギリギリセーフ！行動〉が起きやすい状況と起きにくい状況

	いつ （時間帯・タイミング）	どこで （場所・場面）	誰と （相手）	何を （課題）
〈ギリギリセーフ！行動〉が起きやすい状況	機嫌がいい時，程よい緊張状態の時，注意が向いた時……	慣れた場所，落ち着く場所，刺激の少ない場所，クールダウンしやすい場所……	好きな人，馴染みがあって慣れている人……	好きなこと，得意なこと，やりたいこと……
〈ギリギリセーフ！行動〉が起きにくい状況	苦手な時間帯（朝など），疲れた時，眠い時，お腹が減った時……	初めての場所，刺激過多の場所，苦手な場所……	嫌いな人（天敵），初めて出会う人，苦手な特徴を持った人……	嫌いなこと，苦手なこと，やりたくないこと……

れば，そこがスタートラインとなります。〈できないこと〉を〈できるように〉するというのは，すぐには無理でも，まずは〈ギリギリセーフ！行動〉を見つけられることで，取り組みの開始点を見つけることにもなるでしょう。

さらに，行動について考えるときには，具体的に考えることが非常に重要です。特に，数値化して，月に1度とか，週に1度とか，15分間とか，10回だけとか把握をしていくことで，大変だと思っていた朝の「困ったところ」も24時間のなかの15分であるとわかることもあります。支援者がアドバイスしつつ，ペアでいろいろな〈ギリギリセーフ！行動〉が見つかることで，〈どうしようもない〉ことを〈どうしようもある〉ことに組み替えることが可能になります。

4 宿題（第5回）

第5回セッションの宿題は，自分と子どもの各々の現状把握表の完成版（カテゴリー・〈ギリギリセーフ〉つき）を作成させて配偶者や周囲の大人に見せてみること，子どもをさらに誉めてくることです。これで完成版ができあがってきますので，それを基に，最終回（第6回セッション）を迎えることになります。

◆文献
NPO法人アスペ・エルデの会（2014）楽しい子育てのためのペアレント・プログラムマニュアル．NPO法人アスペ・エルデの会．（アスペ・エルデの会のホームページより購入できます）

⊙ペアレント・プログラム 発達障害や子育てが難しい時の最初のステップ

第6回セッション

辻井正次

I　第5回セッションを振り返って

　第5回セッションまでで，現状把握表を使って，自分や子どものことを（性格や障害といった視点ではなく）「行動」で考えることができるようになっています。そして，「行動」を〈適応行動〉（つまり，「していること／できていること」ではなく〈いいところ〉）として具体的に理解し，「行動」レベルで挙げることができるようになります（第1～3回セッション）。また，「行動」を同じ内容などの〈カテゴリー〉に分けて，どういう〈カテゴリー〉が比較的うまくいっており，逆に何が苦手なのかが具体的な「行動」でわかるようになります（第3～4回セッション）。さらには，そうした苦手な（「困った」）行動のなかでも，〈ギリギリセーフ！〉でできている，もしくは，やろうとしている「行動」があることを把握するようになります。自分には得意なこともあれば苦手なこともあり，具体的に取り組めることや，できていることがあるとわかること，できていないことがあっても，その一歩手前のこととしてできていることもある（スモールステップに気がつく）といったことが把握できるようになってきます（第4～5回セッション）。

　特に，第5回セッションでは，子どものことと自分のことという両方の現状把握表の全体像が大まかに把握でき，自分と子どもの「困った行動」のなかでの〈ギリギリセーフ！行動〉を見つけることができます。そうすると自分と子どもの各々のやり方で，できていることが見えてきて，自尊心を高めつつ，子どもを誉めることが増えてくることが多いです。

　講演や1回だけのワークショップで「気づき」を得ることはできても，実際にできるようになるには，個人的な能力が必要です。しかし，6回1クールのペアレント・プログラムでは，母親が仲間たちの力を借りることで，具体的な「行動」のレベルでの取り組み方がわかってきます。

II　第6回セッション

1　導入──第5回の宿題から

　今まで同様，宿題を発表していきます。最初に，子どもを誉めたときの様子を発表してもらいます。子どもに対する子育てのいろいろな工夫が報告され，多くの場合はメンバーのなかから，誉めることで子どもの「いいところ（適応行動）」が増えた例などが挙げられ，そうした例を取り上げつつ，できたところ（「いいところ」）を誉める楽しい子育ての工夫を確認していきます。また，現状把握表を配偶者や身近な大人に見てもらって，配偶者などの感想を発表しあいます。特に父親に，子どもの全体像を把握してもらうことで，子どもの行動を肯定的に捉えるための視点を伝えて，協力しやすい状況作りにつなげます。

2 第6回セッション——現状把握表の完成版をペアで確認していく

次に、これまで同様、参加している保護者のペアで、母親、子どもの順に現状把握表を検討していきます。母親たちは宿題によって、「行動で考える」ことができるようになっており、そのうえに、カテゴリー分けで自分や子どもの得意／苦手がわかってきています。今回は、新たに〈ギリギリセーフ！行動〉が出てきていますので、現状把握表の「困ったところ」から、「努力しているところ」として、どういう〈ギリギリセーフ！行動〉がありうるのかを、ペアで確認していきます。

6回目のセッションにもなると、ペアでのやりとりを楽しみ、お互いに自分と子どもの話を交わしていけるようになっています。同じ参加者の母親同士で具体的な「行動」のことを楽しく話をすることはとても大事なことです。支援者が口を出さなくてもワークが進んでいくのはとても理想的です。しかし、話が脱線したり、具体的な相談を始めてしまう場合もありますので、そうした場合は、「今やっているのはどこですか？」と課題に戻すようにするといいでしょう。ペアでの話し合いに一区切りができたら、グループで発表して共有していきます。ペアレント・プログラムでは、子どもの問題行動の修正方法や対応の修正方法それ自体を扱うことはしません。それは、ペアレント・プログラムの後にくるペアレント・トレーニングで学んでもらう課題ですので、ペアレント・プログラムですべてが解決するわけではないことも確認しつつ進めてください。

3 第1回・第2回セッションの現状把握表と完成版を比較してみる

次に、第1回・第2回セッションで作成した現状把握表を出して、ペアごとに、完成版と比べて何が変わったのかを確認していきます。たいていは、具体的に「行動」で見ることができるようになったこと、最初は「いいところ（適応行動）」が見つからなかったのが今は見つけられるようになったこと、「困った行動」にも〈ギリギリセーフ！〉でできていることがあることなど、母親の自分と行動に関する「認知の変化」を見つけることができます。そうした自分の肯定的な変化を意識していくことは重要で、very Japaneseな伝統的観点で自分や子どもの「困ったこと」ばかりを見て叱る悪循環に陥りそうになった場合に、どういう方向で舵を切って悪循環から抜け出せばいいのかを助けることにつながります。

そして、ペアで話し合った第1回・第2回セッションとの比較に関する感想をグループで発表して共有し、最後に、6回1クールの取り組みの振り返りを行います。

4 全6回の体験をメンバーで共有する

基本的に、第6回セッションは、新しい内容を入れるのではなく、今までの内容を振り返り、取り組んだ内容を定着させます。知識を覚えるということではなく、認知に働きかけるわけですので、しっかりと体験を定着させることが大事です。6回という限られた回数での取り組みの場合、小さな達成・成功を得ることができやすくなります。せっかくの取り組みが成功に終わるのか失敗に終わるのかは大きな違いがあり、小さな達成があることで、次にまた「困った」ときに支援を求めやすくなります。特に発達障害の子どもで過敏性や衝動性のコントロールの難しさのある子どもたちの場合、子ども自身の調子が著しく崩れれば、母親の大変さはより大きくなります。それでも、力づくで対応しようと虐待的になるのではなく、〈ギリギリセーフ！〉でいいので、具体的なできることに取り組んでいくという前向きのスタンスを維持するために、ペアレント・プログラムの参加体験は有効に働きます。

6回のプログラムでの体験を語ってもらうと、

宿題をやることが大変だったという話題とともに，子どものことだけではなく，自分のことを他の母親たちと一緒に振り返って話し合うことで，「自分のことをダメだダメだと思っていたけど，自分は頑張っているんだ」ということを自覚し，そのことをメンバーの誰かが話してくれて，メンバー皆で共有する場合が多いです。子どものことに関しても，「今まで怒ってばかりいたけど，子どもも頑張っているんだということがわかって，誉めることが多くなった」という感想を共有することが多いです。グループによっては，涙，涙……というグループもあれば，冷静に振り返るグループもありますが，同じグループという凝集性のある体験を被害的ではなく持てることは，子育てのなかでその後も経験していく親同士のやりとりを乗り越えていく意味でも意義があるでしょう。

IV 地域の支援につなげることと次のステップへ

プログラムのスタッフのなかに，地域の保健師や保育士，障害児者事業所の職員がいる場合は，困ったときに，地域のなかの支援のリソースとして，どこで支援を求めることができるのかを確認しておくことも大事です。あくまでも，ペアレント・プログラムは，問題の全てを解決する場ではなく，支援のスタートラインです。そうした支援の最初のステップを地域の支援者が共有していることがとても大事で，次の必要な支援への移行をスムーズにします。発達障害の場合に特にですが，問題の全てが解決することはなく，次のステップでは次の課題に直面します。地域のなかで，ペアレント・プログラムで学んだ視点を持ちつつ，次の受け皿となる支援のリソースがあることは，地域のなかでの子育てを安心して行えることにつながります。

障害者自立支援協議会や子育て支援の枠組みで，地域ぐるみで共有の支援手法を学ぶことにより，地域の支援のプラットフォーム（土台）を構築することができると，ペアレント・プログラムの次に，家族支援としてはペアレント・トレーニングなどの行動分析をし，実際の子どもへの誉め方を学ぶような取り組みに進むことができます。心理職が自らの専門性を磨き，面接室にこもることなく，多職種の地域の支援者仲間とともに，地域を豊かにしていくことに寄与することが本当に求められています。次は，実際のペアレント・プログラムの普及の場で，皆さんと直接に出会えることを希望しております。

◆文献
NPO法人アスペ・エルデの会（2014）楽しい子育てのためのペアレント・プログラムマニュアル．NPO法人アスペ・エルデの会．（アスペ・エルデの会のホームページより購入できます）

第6章
学校における支援

●学校における支援の課題

教育における特別支援教育の現状と課題

増田健太郎

I はじめに

　特別支援教育や発達障害が社会的注目を浴びて久しい。筆者も「発達障害児童の理解と対応」に関する研修会などの講師を求められることが多い。また，企業のコンサルティングの際も，「うつ病」の対応と同様に，「発達障害と思われる」社員の対応についての相談が多く寄せられる。臨床心理学においても発達障害についての研究が進み，教育現場にもその理解と対応の方法が取り入れられ始めている。10年前は「LD」「ADHD」を理解していなかった教育現場にも，今では，その理解が浸透している。

　発達障害が社会に認知され，理解されることは喜ばしいことである。しかし，診断名がついたりその児童生徒の発達障害を理解したりしていても，その対応に苦労している学校が多いことも，また事実である。また，発達障害が注目されるあまり，身体障害などを持つ児童生徒の理解と対応が忘れ去られている感がある。筆者が行った「発達障害の理解と対応」の研修会のなかで，ある先生が次のような発言をされたことが，今でも心に残っている。「先生は発達障害のことばかり強調されるが，学校には，身体障害，視覚障害，聴覚障害やダウン症など，さまざまな障害を持った子どもたちがいる。そのことについて，どう考え，どう対応するのか教えていただきたい」という意見であった。その鋭い指摘に，返答に窮したことは，今でも私の課題として残っている。これはまた臨床心理学の課題でもある。本稿のテーマは「学校教育と発達障害」であるため，他の障害を持った児童生徒のことは取り上げないが，心理職も発達障害以外の障害や疾病を持った児童生徒のことについて考えていく視点を忘れてはならない。また，学童保育においても発達障害の児童の支援は大きな課題である。

　世界の潮流はインクルーシブ教育である。日本の学校教育も平成18（2006）年より，学校教育法の改正によって特別支援教育が行われるようになった。発達障害の支援を考えると，その縦軸は発達段階における支援である。つまり，学校から就労までの支援である。横軸は，家庭・医療・大学などでの相談機関・福祉機関の連携という課題である。連携・協働の大切さは，常に言われていることであるが，現実は，難しい課題として残っている。小学校から中学校への接続・連携についても，双方の日常的な信頼関係がなければ，形式上の連絡会に終わっている現状がある。子どもたちが放課後を過ごす学童保育においても，学校と同じ敷地内に学童保育があるにもかかわらず，学校は教育委員会，学童保育は主に福祉課という管轄の違いによって，全く連携がなされていないところも多い。

　本稿で掲載されるセクションでは，特別支援教育の現状について，学校教育（幼稚園・保育園・学童保育・小学校・中学校・高校・特別支援学校・大学）における発達障害児童・生徒の現状が論述され，次に各専門機関で行われている支援活動についても概観した後，発達障害児・

発達障害者の臨床心理的支援について理解を深め，今後の課題について検討することを目的とする。本稿ではこのうち特別支援教育に照準を合わせ，その現状と課題を論じていくことにしたい。

II 特別支援学校の現状と課題

障害を持った子どもたちは，特別支援学校・特別支援学級・通常学級のどこかに在籍することになる。また，情緒障害などの子どもたちは，通常学級に在籍しながら週に1日，専門性を持った教員がいる通級学級に通い，その子どもの課題にあった指導が受けられる。

平成19（2007）年度から特別支援教育が始まり，それまでの盲・聾・養護学校は，「特別支援学校」として障害種別にとらわれない総合学校を目指すことになり，これまで特別な配慮がなされてこなかった小・中学校の通常学級に在籍する軽度発達障害児に対する総合的な特別支援教育の体制を確立していくことになった。特別支援教育に対応する免許制度についても，三校種（盲・聾・養）免許を「特別支援学校教諭免許状（知的障害・肢体不自由・病弱・視覚障害・聴覚障害の五領域）」として一本化することとなった（中村，2007）。中央教育審議会の「今後の特別支援教育の在り方について（最終報告）」では，「障害の程度，状態等に応じて教育や指導の専門性が確保されることが必要であることはいうまでもない」（中央教育審議会，2003）と述べられている。これについて秋本（2009）は，「この『専門性』は『教師としての専門性』の上に立つものであると考える」とし，さらに「教師は授業で勝負する，と言われるように，この力量が『教育のプロ』のプロたる所以である」（中央教育審議会，2005）と考察したうえで，「『授業づくり』が『教師としての専門性』の重要な要素としてあげられている」と述べている。子どもたちの障害に対応でき，その子どもたちにあった授業づくりができることは，特別支援学校の専門性を持った教員として必要最低限の要件である。しかしその養成のシステムは十分とは言えず，特別支援学校における教員の専門性は，その教員の意欲・情熱に支えられているのが現状であろう。

筆者らは，平成24（2012）年度に，A市の特別支援学校8校に対して，児童・生徒の現状と特別支援学校の教員のストレスなどの調査を悉皆で行った。障害の種類においては知的障害が一番多く，知的障害と発達障害の重複障害を持つ児童生徒が2番目に多かった（図1）。このように発達障害だけではなく，他の障害との重複障害を持っている児童生徒が多いため，臨床心理的支援を行う際は，発達障害だけではなく，重複障害を持っている児童生徒が多いことを理解しておくことが支援の大前提となる。

したがって，スクールカウンセラー（以下，SC）およびスクールソーシャルワーカー（以下，SSW）に期待される職務内容としては，児童生徒の心のケア，保護者の悩みの相談や教職員のコンサルテーションのみに留まらず，関係機関などとのネットワークの構築・連携・調整を行うことや学校内におけるチーム体制の構築・支援などが挙げられる（図2）。今回の調査結果においても，SCやSSWに定期的に学校に来てほしいと希望する教員は71%と大半を占めていた。

現在，特別支援学校にSCまたはSSWが派遣されているかどうかは，各自治体の考え方によって異なる。特別支援学校の児童生徒には，「自分の悩みを聞いてほしい」「将来への不安を解消したい」「ふつうのおしゃべりがしたい」いうニーズがあり，保護者には「障害の理解と対応」「子どもの将来についての不安の解消」など，教員には「障害の理解と対応」「心理的支援」などの多様なニーズがある。このような現状にもかかわらず特別支援学校にSCまたはSSWを派遣しない地方自治体については，その理由が筆者には理解しがたく，早急にSCまたはSSWを派遣

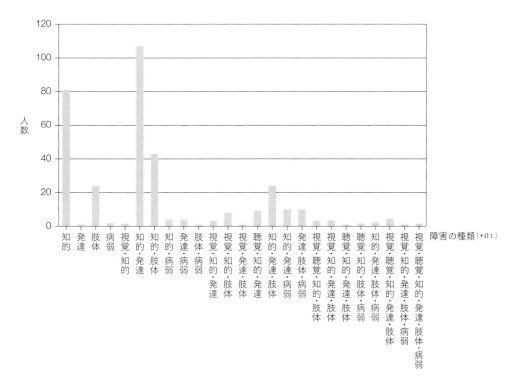

図1 特別支援学校における障害の種類

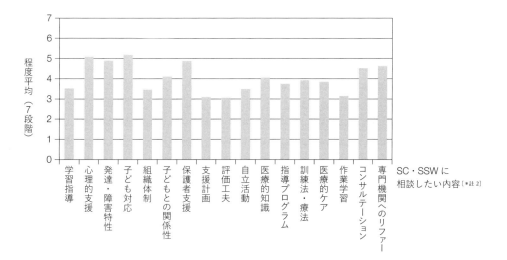

図2 SC・SSWに相談したい内容

することが望まれる。各自治体の考えがあるにせよ，SCおよびSSWの適切な配置および活用が，特別支援教育の今後の充実・発展に繋がるのではないかと考えるからである。

III 特別支援学級・通常学級の現状と課題
―― 日本とフィンランドの比較から

1 日本の特別支援教育の現状と課題

「公立義務教育諸学校の学級編制及び教職員定数の標準に関する法律」によると，通常学級の定員は40名とされるが，地方分権化の流れに伴い，定員を35名や30名にしている地方自治体も増えている。これは，小1プロブレムや中1ギャップに対応すること，学習機会を確保することを目的として，地方自治体の財政と教育に対する考え方による異同である。また，同法第3条に基づき特別支援学級は8名が最大である。また，通常学級の定員は特別支援学級を設置する学校ほど多い傾向にある。

カウンセリングと特別なニーズの教育に関しては，SCの全校配置は進んだが，教員がいわゆるカウンセリングマインドを持った教育を実施できているかは疑問が残るところである。また，特別支援教育も法整備が先行して進んでいるが，実態としては通常学級に6.5％（文部科学省，2012）いるといわれる発達障害児童・生徒への指導に悩みをかかえている教員は多い。また，特別支援学級の定員が8名であることを考えると，教員1名という人員配置では，特別なニーズに応える教育を行うことは相当に無理がある。

筆者の研究室では平成18（2006）年から，小学校・中学校・特別支援学校に大学院生を1日派遣し，学習支援・個別相談，教員とのシェアリングなどを行うスクールメンタルサポーター（以下，SMS）活動を行っている。そして，毎週金曜日，通常9時から17時まで各学校に行き，支援活動を行ったあとで大学に戻り，シェアリングと集団スーパービジョンを行っている。

通常学級に派遣している大学院生の報告・相談で一番多いのは，発達障害児童生徒に対する対応である。前述したように，日本の通常学校には1学級につき「気になる児童」は2～3名いると推察できる。もちろん担任教員は，発達障害の児童生徒に細心の注意を払っている。しかし，その分，発達障害児童生徒は，注意されたり，叱られたりすることが多くなり，反抗的になったり，やる気を失うという悪循環を繰り返すことも多いという。場合によっては，学級崩壊の状況に陥ることもあり，担任教員の悩みは大きくなる。

SMSは通常学級に在籍する発達障害児童生徒と関わることが多く，その関わりのなかで，児童生徒の良いところをフィードバックしたり，担任教員と関わり方や指導の仕方などのシェアリングを行ったりしている。そのなかで，本人・保護者・担任の了解のもと，個別にソーシャルスキルトレーニングをする場合もある。特に，運動会・自然教室・修学旅行の前後には，SMSの個別指導によって，コミュニケーションの取り方や料理の仕方などを事前学習することによって，集団活動にうまく適応できるケースも報告されてきている。通常学級において，担任教員ひとりが個別のニーズやレディネスに応じた教育を行うことは至難の業である。発達支援員制度もあるが，人数が限られ，予算の関係で2カ月に1回発達支援員が交代せざるを得ない自治体もあり，必ずしも有効に機能しているとは言いがたい状況である。

また，8名の児童生徒に1人の担任教員が対応する特別支援学級に多動傾向がある児童生徒が在籍している場合は，その児童生徒に振り回される場合も多い。臨床心理学的知見やスキルがこの課題を解決することもあるが，人的配置や1学級の児童生徒数を少なくするなどの抜本的な制度的改善が必要である。

2 フィンランドの調査研究から

次に，日本の現状と比較するために，フィンランドの現状を紹介しておこう。筆者は2013年10月の1カ月間，フィンランドのオウル市でオウル大学およびオウル市郊外の総合学校・小学校の視察調査に訪れた。教員の家にホームステイをしながら，総合学校（小学校と中学校の9年間の一貫教育）や小学校など5校の視察，オウル大学での講義を行った。総合学校・小学校においては，授業視察・面接だけではなく，実際に小学校1年生から中学校3年生までの授業を15時間行った。特別支援学級の授業視察も3校に行ったが，児童数2～3名に対して，担任1名，アシスタント教員が1名，保護者などのボランティアが1名と，人的には一対一の教育が可能であることがわかった。また，教室環境においては，家庭と同様に調理ができるようにキッチンが完備されており，洗濯機も設置されている。このように自立した生活をめざした教育活動ができる環境であるとともに，通常学級において芸術科目などの教育を受けており，その児童生徒に応じた教育ができる環境が整っている。実際筆者も通常学級で授業を行ったが，重度の障害を持つ児童生徒にはアシスタント教員がついており，軽度の障害を持つ児童生徒は，クラスメートがサポートしていた。

この調査研究では，教育に関する考え方や充当された予算額が日本とは大きく異なっていることを実感した。また，1学級あたりの定員数も日本と大きく異なっている。OECD（2012）の調査によれば，フィンランドの統合学校・小学校における1学級あたりの人数は17.7人である。その背景には，子どもたちの教育に投資することが国の発展に繋がるという国民のコンセンサスがあるように思われる。

以上，日本とフィンランドの特別支援教育を簡単に比較したが，発達障害に対する社会の考え方，予算額，教育制度の違いが大きく，日本もインクルーシブ教育を推進する場合，予算と教育制度を根本から考え直す必要があることをこの調査研究から学ぶことができた。

IV まとめにかえて──今後の課題

以上見てきたように，日本の教育制度は，インクルーシブの考え方を取り入れようとしているが，制度的・予算的にも，まだ，特別なニーズに応えるだけのものになっていないのが現状であると言えよう。ではどうすればよいのか。まず必要なことは，予算と人的配置など制度的な整備の確保である。次に，臨床心理学が積み重ねてきた発達障害の理解と支援の方法論を学校現場に具体的に伝え，協働で支援していく仕組み作りが必要である。そのためには，SCが発達障害と支援の方法を理解し，学校現場と協働で，各学校と各児童生徒に応じて専門性とスキルをアレンジしながら支援していくことである。また，研究者も学校現場に入り，実態を知り，アクションリサーチの手法で，発達障害の支援のあり方をイノベーションしていくことが求められよう。その際，発達障害に限らず他の障害の支援のあり方を含めた，個別対応だけではない学級経営・授業方法の支援をイノベーション（刷新・改善）していくことも必要不可欠な事項である。

特別支援学級では学年が違い，障害も違う児童生徒の障害とポテンシャルを見立て，その子どもたちの良いところを伸ばし，チーム力をつけることが求められる。しかし筆者は企業研修に携わりながら，企業研修にも同じことが言えることに気づかされた。企業における支援でも，「構造化」「視覚化」「場所の機能化」などTEACCHプログラムが参考になる。学校教育でも企業研修でも，大切なことは個に根差したポテンシャルの発掘である。

個別支援計画が，絵に描いた餅にならず，発達障害児童生徒の就労支援・就労後の支援まで有効に機能するためには，システム作りとネッ

トワーク作りが臨床心理学にとって今後の大きな課題である。生涯発達支援というライフサイクルのなかでの臨床心理的支援の構築は，今まさに求められる急務であると考える。

◎註

調査期間2013年2月，A市特別支援学校8校に対して，児童生徒の現状と教員のストレスについて悉皆調査を留置法で行った。対象782名の内368名（回収率40.7%）の回答を得た。分析対象者の内訳は，男性134名，女性230名，不明4名であり，年齢構成は，25歳以下21名，26歳から29歳36名，30歳〜39歳80名，40歳〜49歳68名，50歳〜60歳155名であった。

註1は各学校の担任に各学級の児童・生徒の障害について尋ねた人数の合計である。

註2は全教職員（368名）に複数回答で答えてもらったものの合計である。

◆文献

秋本公志（2009）学習指導案の作成を通して「知識」を実際の授業に生かす手だてを伝える授業の試み——特別支援教育において「授業づくりの力」を身につけた教師を育成するために．静岡大学教育学部附属教育実践総合センター紀要17.

中央教育審議会（2003）今後の特別支援教育の在り方について（最終報告）．文部科学省.

中央教育審議会（2005）新しい時代の義務教育を創造する（答申）．文部科学省.

経済協力開発機構（OECD）編著［徳永優子ほか訳］（2012）図表で見る教育2012——OECDインディケータ（2012版）．明石書店.

前原葉子，増田健太郎（2013）特別支援学校教員のストレスに関する研究．九州大学大学院人間環境学府研究論文（未公表）.

増田健太郎（2011）学童保育の現状と課題——学童保育と学校との連携に焦点をあてて．九州教育経営学会研究紀要15.

増田健太郎（2013）フィンランドにおける教育方法と教員養成の研究．教育経営学研究紀要16.

文部科学省（2012）通常の学級に在籍する発達障害の可能性のある特別な教育的支援を必要とする児童生徒に関する調査結果について.

中村義行（2007）通常学級における特別支援教育の取り組み．教育学部論集18号.

◉学校における支援の課題

専門機関の連携と今後の課題

辻井正次

I はじめに——わが国における21世紀の教育革命としての特別支援教育

　発達障害という切り口で，通常学級にも特別な支援ニーズのある子どもたちがいることが明確になりました。それに加え，子どもや障害ある人たちの人権を尊重し，特に障害ある子どもたちへの合理的な配慮を教育においても提供していくという世界的な潮流のなかで，わが国は2007（平成19）年4月から，「特殊教育」から「特別支援教育」へと学校教育法が改正され，すべての学校において，障害のある子どもたちの支援を実現していく方向性へと舵を切りました。文部科学省の説明によれば，「『特別支援教育』とは，障害のある幼児児童生徒の自立や社会参加に向けた主体的な取組を支援するという視点に立ち，幼児児童生徒一人一人の教育的ニーズを把握し，その持てる力を高め，生活や学習上の困難を改善又は克服するため，適切な指導及び必要な支援を行うものです」とされています。

　特別支援教育への方向転換は，わが国の明治以来の教育スタイルに大きな変革をもたらすものです。特に，通常学級の教育において，すべての子どもたちに同じ教育課程を提供していくという前提に，例外を公認したことは革命的なものであったと言えます。もともと，現場の教師たちにとって，学年相応の学習内容が理解できない子ども，特定の教科において著しく習熟が難しい子どもたち，あるいは，学業達成上の問題は大きくなくても，行動上において学年相応の行動ができない子どもたちがいることは当たり前のことでした。それでも，「どの子も同じようにできる」ことを前提とした教育スタイルのなかで，〈できない〉子どもたちに対して，「家庭の躾ができていない」「子ども本人にやる気がない」と，家庭環境や情緒や動機づけの要因に問題を帰結させるか，授業以外に個別指導の時間帯を設けて，子どもにあった指導を重ねていました。ただ，後者のような個別指導を行うためには，教科指導における熟練の指導スキルが必要であったため，どの教師もそうした指導ができるわけではありませんでした。そのため，陰では教師の指導能力の問題に帰されることもありました。ですが，どれも実態とは異なり，子ども自身はもちろん，誰のせいでもなく，発達障害やその特性があることで〈学びにくさ〉があったということがわかってきました。そうした事実を踏まえた教育を行っていこうという判断が，特別支援教育への転換とも言えます。〈できない〉ことをバカにされたり，何かのせいにしたりせず，それを出発点として，〈できる〉ことを積み上げて，子どもたちの生涯発達を支えることが特別支援教育に込められた願いでもあるのでしょう。

　発達障害であることは，主として胎生期の脳の発達過程における非定型の脳機能の発達によって生じると考えられていますし，それを実証する研究成果が次々と報告されています。つまり，育て方や本人の意欲，あるいは教師の指導力のせいではなく，本人にあった指導の仕方

で学びを重ねれば，多くの学習スキルを習得できるということも明らかになってきています。教育のなかでの子どもたちの学びを支えるためには，いろいろな専門性が学びを支援することが必要です。連携というあいまいな用語で括られる支援のなかには，学びの支援に実際に有効なものもあれば，残念ながらそうでもないものもあります。この小論では，特別支援教育の現在に関して論じたのちに，その連携の課題について考えていきます。

II 特別支援教育で進んだ部分と残された課題

今までは養護学校（現在の特別支援学校）や特別支援学級に限定されていた特別な教育上のニーズに対応した教育から，通常学級における発達障害の子どもたちも含めた教育を可能にすべく，学校教育法が改正されました。そこには大きな前進があり，障害ある子どもたちを，可能な限り地域の学校で学べるようにする道筋が作られました。当初，自分のクラスに発達障害やその特性のある子どもが在籍している場合に，それを否定しようとしたり，困惑したりしていた教員たちも，現在は，どのクラスにもそうした子どもたちが在籍していることや，発達障害の子どもたちに対する教育指導のスキルを身につけていかなければクラス運営や教科指導が困難になることを認識し，少なくとも頭ごなしに叱りつけることは減り，指導を重ねる必要性が認識されるようになってきました。そして，不登校を示す子どもたちのなかに，もともとの発達障害特性を持つ子どもが多いことも認識され，丁寧な教科指導や生活指導が必要なことも認識されるようになってきました。

しかし，課題も残っています。学校教育法の第81条では「幼稚園，小学校，中学校，高等学校及び中等教育学校においては，次項各号のいずれかに該当する幼児，児童及び生徒その他教育上特別の支援を必要とする幼児，児童及び生徒に対し，文部科学大臣の定めるところにより，障害による学習上又は生活上の困難を克服するための教育を行うものとする。：2．小学校，中学校，高等学校及び中等教育学校には，次の各号のいずれかに該当する児童及び生徒のために，特別支援学級を置くことができる。①知的障害者，②肢体不自由者，③身体虚弱者，④弱視者，⑤難聴者，⑥その他障害のある者で，特別支援学級において教育を行うことが適当なもの」とあり，この⑥に発達障害の子どもを想定したものの，その後の定義を明確にしないままきたために，いくつかの不都合が生じています。学校教育法における特別支援教育の基本的な対象は，いまだに特別支援学校が対象とする障害種別となったままです。このことが後述する問題の一因となっています。

小学校から中学校へと，特別支援教育を利用する子どもたちの数は増えていっており，その結果，中学校段階でも特別支援学級を利用している子どもが多くなってきています。しかし，現在全国で問題になっているのは，中学校までは自閉症・情緒障害特別支援学級に在籍していた子どもたちの進路問題です。特別支援学校が対象とする障害の種別に発達障害も自閉症もありませんので，高等部が狭義の知的障害概念をもって入学の選別をした場合，知的障害のない発達障害の子どもは「門前払い」され，結果，適切な進学先が非常に乏しい，時には，県内で進学先がない状況に追い込まれています。高校生段階は，進路選択や職業準備教育において，生涯発達のうえでも非常に重要な時期なのですが，この段階に「穴」があることが大きな課題となっています。早急に学校教育法を改正し，合理的配慮を欠く排除的な選抜にならないための工夫が求められます。

ほかにも，生徒指導や教育相談上の指導の配慮の観点から，発達障害の特性理解が進みつつある一方で，学習障害のある子どもたちへの教科

指導方法の普及は進んでいません。その背景には，教科指導研究の専門職の少なさがあります。

Ⅲ 教育に対する臨床心理学的支援の実際と可能性

発達障害のある子どもたちにとっては，医療ケアは補足的なもので，支援の中核ではありません。わが国の支援の仕組みが「診断」を通行手形にしているために，あたかも医療ケアが連携の中心のように考えられていますが，実際にはそうではありません。日常生活の支援においては，子育て支援，保育，教育，福祉・就労支援が主に担うものです。特に学齢期は，学校教育が中核的な支援の場になりますので，学校教育と家庭をサポートしていくために，その他の支援機関は動いていくことになります。しかし，実際には，こうした多職種間の連携作業は個人的な人間関係による場合が多く，うまくいっているとは言えません。個人的な人間関係が核だというのは実際の運用においてはいいとしても，支援の仕組みとしては不十分です。では，どうして，こういう不十分な体制しかできないのかといえば，多職種で協働ができる〈共通言語〉と〈ソフトウェア〉が構築されていないからです。幼稚園・保育所と学校との連携における，保育所児童保育要録の利用がいい例ですが，制度として情報共有が明確に義務付けられたにもかかわらず，資料は活用されていません。文章で記述する限り，保育所と学校が子どもを記述するのに違う〈言語〉表現を使っている以上，利用は難しいです。支援方法も同様です。

福祉と教育の連携はさらに困難です。双方が利用し慣れていないからです。ともに個別支援計画を立案していくのですが，それを共有していくこともなかなか実現できません。個人情報保護のうえでの難しさもあるのですが，子どもを見る視点や使える制度設計が違うからです。例えば社会的養護の必要な子どもたち，児童養護施設に入所している子どもたちが地域の学校に通う場合には，常に困難が付きまといます。例えば，「行動」といった視点で子どもの状態像を共有し，子どもの〈学び〉を進めていく視点を持てるのであればいいのでしょうが，学校は子どもの示す問題行動に手を焼き，施設も生活を見るのに精いっぱいです。児童相談所は虐待対応で追われて，発達障害の子どもの支援に十分なエネルギーを注ぐのは難しくなっています。

こうした連携上の問題において，臨床心理学は何ができるのでしょうか。最初に明確にしておく必要がありますが，ここでは「ともにある」とか「共感する」ということで，お茶を濁すことができません。具体的に教育を核にした子どもの発達を保障していくために何かができることを求められています。表1に実際の教育的な支援ニーズの例をあげます。これらの支援ニーズに対応できるのならば，臨床心理学的支援は極めて有効でしょうし，連携の価値の高いものと教育からみなされることでしょう。しかし，実際にはスクールカウンセラーがこれらの課題のなかで提供できる支援は限られているという実態があります。

Ⅳ 臨床心理学の専門機関が連携することによるメリットと課題

先の表1にあげた支援ニーズのなかで，臨床心理学が提供できる最重要な専門性は，アセスメントでしょう。教師は教育技術を持つ，教育の専門職です。一定の教育相談のスキルを持つ教員も多いのですが，アセスメント，特にフォーマルアセスメントにおいて，必要なスキルを有していません。診断アセスメントよりも，実際の状態把握と個別支援計画立案に必要なアセスメントとしては，教育は教科指導を行うとともに生活を担っていく場所ですので，そこで生活する子どもたちについて，教師に理解しやすいアセスメントということになります。投影法で

表1　臨床心理学が担う教育における支援ニーズ

子ども本人	主な課題
①教科教育における支援ニーズ	(1) 知的障害・学習障害への対応，(2) 不注意や社会性の困難による理解への対応，(3) 学業意欲の低下への対応
②身体管理における支援ニーズ	(1) 身体感覚・自己感覚の把握と調整，(2) 緊張の調節，(3) 感覚過敏への対応
③社会性の支援に関する支援ニーズ	(1) 学校での基本的生活づくり，(2) 大人との関係づくり，(3) 子ども同士の関係づくり
④内向性の特性や問題行動に対する支援ニーズ	(1) 不登校やひきこもりへの対応，(2) 不安に対する対応，(3) 気分障害や強迫症状などへの対応
⑤外交性の特性や問題行動に対する支援ニーズ	(1) 他害や迷惑行為への対応，(2) 自傷行為への対応，(3) 触法行為への対応
家族	**主な課題**
①親子関係の調整に関する支援ニーズ	(1) 子どもの障害や特性に関する理解づくり，(2) ペアレント・プログラム，(3) ペアレント・トレーニング
②保護者自身の精神的健康に関する支援ニーズ	(1) 保護者の精神疾患への対応，(2) 保護者同士の関係調整，(3) 教師との関係調整
教師	**主な課題**
①子どもに対する支援方法に関する支援ニーズ	(1) 問題行動への対応，(2) 社会性などの支援課題と支援方法，(3) 学習障害への教科指導
②クラス運営に関する支援ニーズ	(1) 他児に対する子どもの障害の理解共有，(2) いじめ－いじめられの予防的対応，(3) 協力的雰囲気の醸成
③保護者との調整に関する支援ニーズ	(1) 保護者との冷静な関係づくり，(2) 他児の保護者も含めた理解形成，(3) 保護者からのクレームへの対応
学校・教育委員会	**主な課題**
①学校運営に関する支援ニーズ	(1) 特別支援教育体制の整備，(2) 教員のスキル研修，(3) 特別支援学級や通級指導教室の活用
②自治体やコミュニティ運営に関する支援ニーズ	(1) 就学指導体制の整備と幼保小連携，(2) 就労支援も含めた卒業後の支援体制整備，(3) 障害者福祉との連携構築

感覚的に把握しやすくする工夫を否定はしませんが，「わかる人にはわかるけど，わからない人にはわからない」的なアセスメントは，生活を支える支援をする場所には有効ではない場合が多いです。〈具体的に行動で把握する〉ことや〈客観的なスケールで数値化する〉ことが理解の共有を生みやすく，連携のメリットとなるでしょう。臨床心理学的アセスメントは，教育的支援の方向性を考え，個別支援計画を立案することに大きく役立ちます。適応行動を把握する日本版Vineland-II適応行動尺度が2014年に出版されましたが，かなり有用な資料を提供します。

また，「研究」の視点から，子どもたちの発達状況や行動や認知を把握して，発達経過を追っていくことも，その成果を教育実践に還元できるならば，重要なものとなります。

支援においても，もちろん，真摯に子どもと向き合い，じっくり話を聞くことは，それが可能な子どもについては有効ですので行えばいいのですが，教師が支援に困る子どもたちは自分の感じていることをどう伝えればいいのかわからないことが多いものです。それができれば，そもそもそれほど困らないのですから，それを伝えられるようにスキルを教えていくことも重要

です。言語で表現できなければ非言語で描画や箱庭を実施するというのは，生活の支援を前提にすればあまりに不十分です。そこでは日常をともに過ごす大人や友人にどう伝え，どう言葉を理解していくのか，どう身体緊張をやわらげるのか，受け止めていくとともに具体的なスキルを教えていくことが求められます。そして，有効な手法に関しては教師と共有し，現実でもスキルを使えるようにすることが求められます。また，現実には，子どもの両親などの当事者家族や，当事者家族会（親の会）などとも連携した行政への働きかけが重要になる場合もあります。

臨床心理学的支援を行う臨床家が，連携において何をしようと思うのか，そして教育側からの支援ニーズをどう把握し，地域の他の職種にどうつなげていけるのか，課題が多いものです。学習障害のなかでの，読字や書字の問題，あるいは計算などに対する指導スキルの提供など，研究面での知見をさらに積み上げないと，連携しようもない課題もあります。

臨床心理学の観点から，教育現場のなかでの未解決課題を解決するための具体的な方略を見つけ，教育現場で活用できるように普及することができれば，教育だけではなく福祉や就労支援にとっても，連携するメリットがあるのでしょう。そのためには，大学の相談室にこもっているだけでは仕方ないわけですので，教育現場に参加し，新しいアセスメントや支援の手法を，世界標準の方法論と対比しつつ，開発していくことが望まれます。自分が習った手法を適用していくという自分に向けられた視野にとらわれず，今目の前にいる発達障害やその特性のある子どもと，その支援を日常のなかで行っている現場の教師たちのために，有効な支援を作り出すことができれば，そうした手法を基に，異なる職種の人たちが〈共通言語〉で話し合うことができるでしょう。支援は目の前の子どもに合わせて創り出すものだという全体的な構図のなかで，共同制作者としての現場の人との関係を結んでいくことこそが，連携と呼ぶことができるのです。

◆文献

辻井正次 編著（2011）特別支援教育 実践のコツ——発達障害のある子の〈苦手〉を〈得意〉にする．金子書房．

辻井正次 編著（2012）楽しい毎日を送るためのスキル——発達障害ある子のステップアップ・トレーニング．日本評論社．

辻井正次（2013）発達障害のある子どもたちの家庭と学校．遠見書房．

辻井正次（2014a）発達障害 障害特性に応じた支援のあり方——地域連携ネットワークによる支援．公衆衛生 78-6；378-381．

辻井正次 編著（2014b）子どもの心と学校臨床 第10号（特集：発達障害の子どもたちを基本とした学校臨床の再構築のために）．遠見書房．

辻井正次 監修，明翫光宜，染木史緒，伊藤大幸，松本かおり 編（2014）発達障害児者支援とアセスメントのガイドライン．金子書房．

◉学校における支援の課題

臨床心理学的知見を学校支援に活かす

木谷秀勝

I 発達障害児への学校支援の基本姿勢

　就学の問題を含めて，特別支援教育に関わる場合，筆者がもっとも大切にしている基本姿勢がある。それは，「人間が一生続ける本当の学習とは何か？」を考えることである。そして，その答えは「人間関係」（木谷，2009）であり，決して漢字が書けることや数の計算が速くなることではない。もちろん，落ち着いて席に座り，机上の学習を進めることも大切であるが，他者（教師や同級生など）との関わりから獲得できる自己評価と他者評価のバランスが取れて初めて自己肯定感の獲得とともに学習は安定する。

　以上の基本姿勢を踏まえ，小・中学校への就学指導では，個々の発達障害児にとって学習環境と人間関係を育むための適切な環境がどの学校（通常学級，支援学級，特別支援学校など）かを具体的に検討することが重要である。

II 事例の紹介

　そこで最初に，筆者が作成した就学指導の事例の所見（中学校への進学）を紹介する。

　本事例は，小学校で通常学級と通級指導教室（他校への通級）で並行しながら特別支援教育を受けている学習障害の男児の事例である。地域の就学指導委員会の就学指導とあわせて，筆者から就学指導委員会と中学校に送った所見の概略は以下のとおりである（事実関係は一部変更している）。なお，以下の文末の表現は原文のまま記載する。

1　これまでの経緯

　A小学校在籍時，入学時から学習面（特に算数）に苦手さがありました。学年とともに自信の低下が進み，筆者からの助言もあり，4年から特別支援教育への配慮とB小学校での通級指導を始めました。その成果により，5年では学校内で笑顔が増えて，学習や対人関係に積極性が見られるようになりました。学習面ではゆっくりしたペースだとノート整理（安定したきれいな文字）や発言もできますが，応用問題になると困難さが残ります。

2　知能検査所見（WISC-IV知能検査）

　中学校での特別支援教育の方向性を検討するために，小学6年の3月にWISC-IV知能検査を実施しました（合成得点の結果は略す）。また，WISC-IVの特徴として次のことが指摘できます（本稿では「知覚推理」と「処理速度」のみ概略を紹介する）。

- 知覚推理：「積木模様」では，9個の課題になると（本児からみて）右横方向に拡散する混乱があり，同時に4個の課題で右下の誤りが出ます。その一方で，「絵の概念」や「行列推理」では，途中で間違っても自信をなくすことなく，課題に最後まで取り組むことができています。この点から，国語の漢字や英語のスペリングは苦手さが出ると

予想されますが，社会や理科（興味ある単元の場合）では，資料活用や実験の観察などでは積極性（特に発言）が見られると考えています。

- **処理速度**：6年になり，ノート整理や板書も丁寧な文字で書かれて安定しており随分成長した印象です。しかし，「符号」と「記号探し」はともにじっくりと見ながら丁寧に書こうとして，時間がかかります。そのため，中学校では教師の説明を聞きながら迅速なノート整理を同時に実行することは難しくなると予想されます。特に，苦手な数学では，入学当初にノート整理ができているかどうかを丁寧に支援していただけることを期待します。

3 入学時からの特別支援教育の配慮に関して

入学当初から当面（1学期中間考査を目処とする）の支援として，次の3点の配慮をお願いします（ここでは簡略化して報告する）。

① 書字面（ノート整理など）よりも，発言できる機会を多くしてもらうこと：小学6年では自信の回復とともに授業中の発言力がよく伸びています。入学当初は授業中の発言の機会を多くして，授業への自発的な取り組みを評価してください。
② 同級生との関わりについて：対人関係では，厳しい口調の女子生徒が苦手です。また，学校生活に自信のない男子生徒がおとなしい本児をいじめることが懸念されます（小学校でも体験しています）。
③ 家庭との連携について：教科担任制になりますので，保護者との連携の窓口を通級指導の先生に一本化してください。

III 「学校で活かしてもらう」ための工夫

事例の所見からわかるように，就学に関わる資料作成では，筆者が臨床心理学的視点として考慮するのは3点である。具体的には，心理アセスメントからの所見，エビデンス（これまで小学校で実際に体験した事実）に基づく入学後の行動（リスク）予測，そして対人関係の進め方である。ただし，こうした具体的な配慮を学校にお願いする場合，担任に新たな負担をかけてしまい，結果的に支援をしてもらえないのではないかと懸念する声も聞く。しかし，次の4点を心理職として考慮しながら所見を準備することで，担任への負担を軽減できる場合が多い。

1　1年間の流れのなかで考える

個々の発達障害児を定期的に支援してわかることは，1年間を通して「伸びる時期」と「揺れる時期」が一人ひとり違っていることである。したがって，1年間を通して終始特定の児童生徒だけを配慮するのではなく，特に「この時期だけは支援をしっかり」と具体的に記載することも重要である（先の事例の場合，女子生徒がお互いに慣れてくる5月が要注意）。たとえば小学校低学年では，早生まれ（12～3月）の場合，入学当初から夏休みまでは体力が続かず，学習への取り組みに時間がかかる場合がある。また，アレルギー性疾患（ぜんそく，アトピーなど）があると，季節の変わり目や行事（運動会での砂埃など）で体調がくずれ，情緒的にも不安定になる場合がある。

2　他の児童生徒にも役に立つ支援方法

学校内での学習の苦手さは決して一人だけの問題ではない。最近のユニバーサルデザインの視点から，所見のなかに他児にとっても有効な支援のヒント（本事例のノート整理など）を記載することが重要である。特に，中学校での就学指導場面では，小学校時代から対象児童やそ

の周囲の児童の様子を継続的に観察して，その特徴をわかっている心理職がいる場合があり，そこから生徒の学習・対人行動（リスクも）を予想することが，入学直後から特別支援体制が有効に機能することにつながる。

3　保護者が協力できる体制

適正就学の問題は入学後の個別支援計画の作成にも関わってくる。個別支援計画の作成は，保護者の主体的な関与があると，支援計画だけでなく，実際の支援体制も安定する。そこで，保護者と学校との窓口役を明確にする必要がある。担任教諭や特別支援教育コーディネーターだけが関わるのではなく，窓口役を通してすべての教師（少なくとも該当学年の教師）が関わるように入学当初から検討する必要がある。そのために，筆者の所見は校長宛てにして，保護者に一読のうえ了解してもらった内容を保護者から学校に直接手渡してもらい，保護者に安心してもらえるように準備を進めている。

4　地域の社会資源の活用

小学校以降から，学校で過ごす時間が家庭での時間よりも長くなる。しかも，中学校では部活の朝練から始まり，放課後の部活，学習塾通いが，家庭生活のリズム崩壊を招いている場合もある。こうした定型発達児にとっても厳しい学校環境では，先に述べた「人間関係という学習」への支援をじっくりと取り組む余裕がない。それだけに，将来を見据えながら，学習への補助（療育や学習訓練），将来の余暇支援（スポーツ，音楽や芸術など），就労支援への準備（プレジョブや家庭でのお手伝い）などの社会資源を活用しながら，上手な時間の管理・調整を支援の一環として進めることが重要である。

この視点から筆者と学校が協力して，放課後の部活（運動部）では，最初の基礎練習の1時間だけをみんなと一緒に練習して帰宅させる場合が増えている。その結果，家庭でリフレッシュできる時間的なゆとりが生まれ，心身の疲労も軽減できる。

IV　適正就学委員会の現状

各都道府県の就学指導に関わる委員会（ここでは，「就学指導委員会」とする）では，各都道府県での委員会名が異なるように，それぞれの地域の実情に鑑みた就学指導がなされている。ただし，文部科学省の資料を参考にすると，次の点は共通理解されていることがわかる。つまり「障害の状態，本人の教育的ニーズ，本人・保護者の意見，教育学，医学，心理学等専門的見地からの意見，学校や地域の状況等を踏まえた総合的な観点」から適正に就学先を指導することである。ただし，最終的な決定権は保護者側が有しており，あくまでも，適正な就学に関する「指導」を行う委員会であるという限界点も理解しておかないといけない。

こうした背景のなか，実際に生じている問題点として，通常学級では，幼少期から療育を受けている児童（つまり支援の対象児童）のほうが小学校入学後に手がかからず，他の手がかかる児童（多くが就学指導を受けていない）の指導に教師が追われ，本当に必要な支援が後回しになる場合がある。また，特別支援学級では，自閉症・情緒障害児学級にADHDなどの多動性や衝動性が高い児童が多く，そこに過敏な自閉症児が入学するとかえって情緒不安定になるため，何のために情緒学級に入れたのかと保護者が不安になる場合がある。さらに，昨今の学校が抱える諸問題，高校卒業時の就労の問題から，早い段階で特別支援学校への進学を希望する保護者が増えた結果，定員をはるかに超過した騒がしい状態となり，不安定な生徒が多くなる特別支援学校もある。もちろん，就学指導の結果，多くの発達障害児が安定した支援を受けていることも事実であるが，こうした問題を解決する方策として，筆者は就学指導委員会の今

後の課題を明確にしておきたい。

　文部科学省もこうした就学指導に関わる問題点を解決する方策として，「早期からの教育相談・支援や就学先決定時のみならず，その後の一貫した支援についても助言を行う観点から，『教育支援委員会』(仮称)」への移行を提言している。こうした方向性の修正は，入学することを目標とする従来の就学指導から，卒業までを目標に見据えた就学指導への転換を図る重要な視点であり，同時にその間の個々の支援体制の充実を図る方向性への転換でもある。実際に，6年間（あるいは3年間）の発達の予測と多くの関係者との連携が有機的に機能する就学指導のあり方を再検討することは，改めて臨床心理学的視点を積極的に就学指導に活かす機会にもつながると考えている。

V　臨床心理専門職の役割

　この場合の「臨床心理学的視点」は，次のように考えたい。心理アセスメントや面接を通して得られる，安心できる学校・教室環境の整備（知覚・感覚系の刺激調整など）を基盤とした成長の予測（縦軸：安定した自己肯定感の維持）と，個々の障害特性に対応するコミュニケーションスキルやツールの検討（横軸：自分らしさを重視してくれる対人関係の支援）の両軸が機能するように考える視点が「臨床心理学的視点」である。同時に，この縦軸と横軸が交差する地点につねに存在しながら，全体をコーディネートする役割を期待されているのが心理職である。

　この視点からわかるように，就学指導は発達障害児が「人間関係」という一生の学習を続けていけるように支える出発点を考える重要な機会である。同時に，就学指導という「人間関係」の最初の学びの場で，われわれ心理職といかに「出会う」かということが，その後の発達障害児の「人間関係」の育み方に大きく影響することも忘れてはならない。

◆文献
木谷秀勝（2009）発達障害の臨床的理解と支援——学齢期の理解と支援．In：安達 潤 編：学齢期の理解と支援——特別ではない特別支援教育をめざして．金子書房, pp.77-97.

◉学校における支援の課題

スクールカウンセリングでの支援
学校現場の支援における現実

伊藤亜矢子

　スクールカウンセラー（以下，SC）は，学校という「生活の場」で子どもに寄り添える。発達障害を持つ子の支援では，失敗による傷つきや叱責から自尊心を守ることも重要といわれる。校内の支援では，取り出し授業や授業中の個別指導など「個別の指導計画」に基づく焦点化された支援だけでなく，学校生活全体を支え「生活の質」を高める支援を行える。子どもの自尊心を支え，意欲や体験を引き出して，自然な成長や学びを促す支援である。特別支援教育の巡回相談員が，「個別の指導計画」「個別の教育支援計画」の作成支援を通して，個別的支援を明確化する役割を持つのに対して，SCは日常的な関わりを通して，学校生活全般を支えることに役割があるように思う。以下，具体的に述べる。

I 子どもへの支援

1 校内の日常からの理解

　校内の子どもたちは，どの子も個性的で魅力的だが，発達障害を持つ子は個性がストレートに表われやすく，いっそう愛らしい。ぎこちなさから集団場面を乱すこともあるが，人懐こさや独特の存在感で光っている。

　しかし個性的なだけに，周囲との軋轢も多い。教室では，何かしら気の合う子や，子どもなりの配慮から仲良くしてくれる子もいれば，不満の捌け口のようにして目立たない意地悪を執拗にしかける子もいる。子ども同士のやりとりのなかで，障害のある子が「加害者」になることもある。傷ついて，叱られて，不安感を感じ，登校が苦しくなることもある。周囲の子も多くがそれぞれ潜在的に支援ニーズを抱えるなかで，教室の日常は過酷である。

　SCは，週に1度であっても，そのような日常を間近に共有できる。その子が，どのような個性を持ち，どのような対人関係の持ち方をするのか。対人認知の特徴や自己表現の巧拙。仲の良い子は誰で，周囲の子はどんな反応をしているのか。先生方との相互作用はどうか。障害が学校生活において具体的にどのような壁となっているのか。授業中や休み時間など，自然な場面で，その子の内的外的な資源や特徴，最近の変化などを多様に捉えることができる。それらはコンサルテーションや支援会議，保護者面接で生かせる貴重な情報である。

　また，自然な場面を通じて本人と顔見知りになって，本人と繋がることもできるし，場合によってはその場で本人と周囲に自然な介入をすることもできる。

2 相談室で本人と

　先生の勧めで，あるいは，手持ち無沙汰な休み時間に接触を求めて，子どもが相談室に直接訪れることもある。

　多様な同級生と空間を共有し，新しいことばかりの授業を何時間も聞き，休みたいときに休むこともままならない学校生活。知らないうちに人一倍疲れ，失敗し，トラブルに陥り，絶望して，という悪循環にも陥りやすい。

休み時間や放課後の相談室は，そんな学校生活の緊張が少しほぐれて本音を出せる場を提供できる。トランプなどちょっとした遊びや，気の合う子との会話，日頃の不満を遠慮なく語ること。そうした些細な活動を通して，相談室は，学校での小さな「安全基地」として機能するのではないかと思う。もちろん相談室以外にも，保健室や図書室，先生との会話を楽しむ職員室前の廊下など，小さな「安全基地」が多いほど，学校との「繋がり」が強まり，彼らの安定した登校や学校生活に繋がる。相談室やSCが媒介となって，そうした「安全基地」を提供する場や安心できる相手を増やすこともSCができる支援になる。

また，彼らの会話は，他愛ない会話に見えて，開口一番，自分の課題や困難が象徴されていて感心することが多い。学校でのちょっとした出来事や断片的な家庭でのエピソードなど，聞き逃しそうな一言なのだが，家族の自慢が実は本人の家庭での劣等感やプレッシャーを表わしていたり，行事の話題がそこでの不適応感を伝えていたり，彼らの思いが凝縮していて驚く。子どもも世間話のつもりだから，隣のおばさん風に「へえ，そう」と会話を楽しみながら，記憶にとどめて他の情報と合わせると，彼らの自己認識や学校・家庭状況への認識，希望などが率直に伝わってくる。そこで感じたことを先生方に伝えることで，先生方が配慮してくださることも多い。雑談が支援に直結する。

さらに，他愛ない会話も回を重ねるうちに，本人の洞察に繋がる会話になっていく場合もある。特に中学校の後半や高校生になれば，その子なりの理解で自分を振り返り，自身の振る舞いを考える面接を相談室で行うこともできる。

発達障害でない子の自由来室と同様に相談室は，充電の場やその子の潜在的ニーズを理解する場，その子自身の自己洞察の場として機能するし，それを先生方に伝えて日常的な支援に繋げていける利点が校内の相談室にはある。

II 保護者への支援

1 障害理解のプロセスを共に歩む

発達障害を持つ子の保護者面接をSCが行うことは多い。学校が気づいて保護者に専門機関への相談や受診を勧める場合，すでに診断がついていて保護者から学校へ申し送りがある場合もあるが，いずれにしても保護者の心配は途切れることがない。SCは，専門機関と違い，ゆっくりじっくりと保護者の気持ちに寄り添うには構造的に限界もあるが，校内の出来事を間近に見ながら，保護者とともに新たな壁に気づき，障害理解のプロセスを一緒に歩める利点がある。

家庭は少人数で，出来事のパタンもある程度決まっている。集団が大きく，同年代に囲まれて新しいことに日々出会う学校とは全く違う。そのため家庭では保護者にも「困り感」がなく，学校や相談機関の指摘に保護者が実感を持てないこともある。逆に，きめ細かい保護者の観察が，多数の子どもたちがいる場面では見逃されてしまうような微妙な特徴を捉え，それが学校で見逃されることに保護者が懸念や不満を持つこともある。学校と家庭での出来事を丁寧にすり合わせ，こうした保護者の思いを理解することもSCが担える役割である。

また，学校と連携しながら，保護者の認識や障害受容を支え，専門機関に丁寧に繋げることもSCの役割のひとつになる。専門機関と並行して校内の相談室に定期的に来談してもらえると，学校と保護者・専門機関が連携し，共通認識を持って子どもに対応できる利点がある。

2 学校・保護者の連携促進

上記のようにして，保護者とSCがしっかりと繋がれると，SCが学校と保護者の連携を促進することができる。

図1のように発達障害の子では，学校での失敗が，教師の怒りや不信に繋がり，叱責されて不安定になると，家庭でも失敗をし，保護者か

らの叱責で，なお不安定になって，学校でまた失敗するという悪循環が生じやすい。もちろん保護者の不安感や絶望的な思いなどが端緒となって，子どもが不安定になり，学校で失敗が多くなるという悪循環もある。当然ながら，家庭での出来事と学校での出来事は直接間接に繋がっている。SCが，家庭と学校の情報交換の窓口になることで，図2のように子どもの生活全体を大人たちが俯瞰し，こうした悪循環に気づき，双方が対応を調整する手がかりを見出せる。

先述のように，学校と家庭では構造の違いから，認識にズレが生じやすい。保護者が，わが子が不当に扱われていると学校に不信感を持つこともある。だからこそ定期的な情報交換は，共通認識を形成し理解を深めるうえで重要である。保護者と学校が，相互不信に陥らず，双方の関わりの成果を確認したり調整したりすることは，大人たちの支援意欲を持続することにもなる。特に，校内にいるSCは，学校側の子どもと保護者を支援する姿勢や努力を，保護者に具体的に伝えることができる。また，保護者と時間をかけて話すことで，家庭での保護者の努力を学校に伝え，学校の理解を得て，信頼関係を強めることもできる。

さらに，家庭との情報交換を綿密に続けていくと，学校での出来事を本人が家庭でどう消化

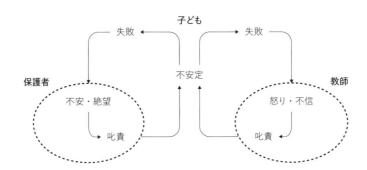

図1　子どもの失敗と不安定をめぐる悪循環

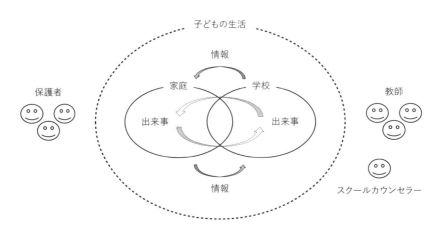

図2　子どもの生活と見守り

しているか，学校での働きかけが本人の家庭での姿にどう現われているかなど，学校だけでは得られない貴重な情報を具体的に蓄積できる。それらを学校と家庭が共有して，双方が歩調を合わせて支援できる効果は大きい。

Ⅲ 先生方と共に

図1のように校内では，子どもの失敗は，叱責に即繋がりやすい。これをいかに最小限にし，図3のような好循環へ転じるかが，支援のひとつの要になる。

多数の児童・生徒を抱え，そして多くの場合，個性の違う複数の発達障害の子を抱えて，先生方は日々奮闘されている。発達障害を持つ子には，その子らしさと同時に，障害を背景にしたその子なりの「クセ」があり，先生方の常識や「クセ」とそれが正面からぶつかって，相互の溝や誤解に繋がり，悪循環に陥りやすい。

しかし先生方はさすが教育の専門家である。例えば，生意気と思えていた傍若無人な態度が，他者の視点に立つ視点取得の難しさや社会性の困難によるとわかれば，むしろ健気な生徒なのだと理解して下さる。その場で具体的な行動を指摘しないと理解できず，比喩的表現や他者の気持ちを推測させる指導が，思わぬ混乱に繋がりやすいとわかれば，その場で具体的な指示へと，適切な指導をすぐに工夫して下さる。

もちろん，多数の子に同時に関わる複雑な場で即座の対応を迫られるから，ボタンの掛け違いは多く起こるし，指導がすぐに成功するとは限らない。しかし先生方の理解は，確実に指導の変化や子どもの安定に繋がり，図3のような好循環を呼ぶ。「クセ」に応じた指導を先生方と考え，教室場面で活用できる方策が見出せれば，トラブルも減って図1の悪循環も減少する。

だからこそSCとしては，目前の子どもの具体的な行動と，その子の障害がどう繋がっているかという説明や，「短い言葉で肯定的に」などの指導のコツに繋がる手がかりを，いかにわかりやすく先生方に伝えられるかが勝負所になる。試行錯誤の連続だが，週に1度であっても継続的に先生にも子どもにも関わることができ，子どもと周囲を直接観察できるSCにはそれだけ

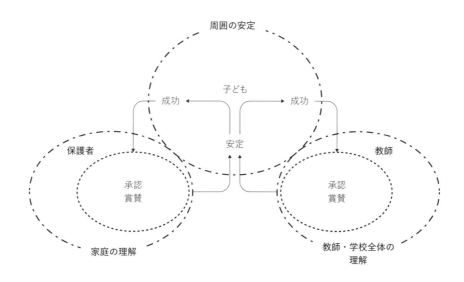

図3 子どもの安定と成功をめぐる好循環

多くのチャンスがある。先生方も理解しようと努めて下さるし，日々の指導のなかで，「あっ，これか」と後日納得して下さることもある。いずれにしても，継続的に関われる利点は大きい。

お互いに観察事実や理解をすり合わせながら，先生方と試行錯誤して，より良い指導を模索する。不登校などと同じく，現実の複雑さや難しさからすぐに前進できないことも多いが，先生方と一緒に，理解を深め試行錯誤する協働のプロセスを歩める楽しさ，成功した時に喜びを分かつ醍醐味はSCならではのものだと思う。

IV 組織的な支援に向けて

SCならではの支援として，日常の学校生活を支える支援について述べてきたが，もちろん校内では，「個別の指導計画」に基づく焦点化された学習指導をあざやかに行う先生もいらっしゃる。特に小学校では，多くの授業を担任の先生が行い，発達段階として個別の関わりも多いので，個別指導が成立しやすい。先生方が編み出す個別の工夫に目を見張りながら，SCは，巡回相談の指摘を補足し，具体的な言葉かけや教材の工夫を先生方と一緒に考える楽しさがある。

ただし小学校では，学級全体の不安定や授業の構造の曖昧さ，わかりにくさがあった場合，それが発達障害の子の不適切な行動に直結し，しかもその構造から逃れられない難しさがある。そうした場合，実は学級内の多くの子が不安定な状況やわかりにくさに困惑しているのだが，発達障害のある子はいち早く不安定になってしまう。そのため，学級や授業全体の問題が，障害のある子の問題として矮小化されてしまう危険がある（伊藤，2009）。

図3のように，本人だけでなく周囲が安定していることは，本人の安定や成功を大きく左右する。学級の不安定の影響は中学高校でも同様である。先生方と一緒に学校全体で，先生方の学級経営を支え，授業づくりも含めて，学校全体の抱える力や成長促進力を増す視点をSCが持つことも重要であると思う。

特に中学校では，教科担任制となるため，学校全体の共通認識形成や支援に難しさが生じる。「中1ギャップ」も障害があればなおさらである。1時間ごとに教師が変わり，個性の異なる授業が行われるので混乱が生じやすい。しかも本人も周囲も自意識が高まる時期なので，個別対応もしにくい面がある。さらに高校は組織が大きく，先生方の共通理解を形成する機会を持つことすら難しい。

こうした事情を踏まえつつSCは，校内研修で校内全体の障害理解や教師間連携を後押ししたり，事例検討や支援会議の方法や意味を伝えたりして，チームでの支援や組織的な対応の大切さを地道に伝え続けることも重要だと思う。

障害があっても自然な学びや日々の生活の大切さは変わらない。生活の場に寄り添える利点は大きく，SCに支援の機会は数多くある。日常的・継続的に子どもと先生方の成功を支え，学校生活の「質」を高められること。それによって，子どもたちの自然な学びや成長を太く強く支援できることを大切にしたい。

◆文献

伊藤亜矢子（2009）学級風土から見た特別支援．LD研究 19；10-12．

◉学校における支援の課題

大学における学生の支援と課題

西村優紀美

I　発達障害大学生の語り

　筆者が大学における発達障害のある大学生の存在を意識したのは，2002年にさかのぼる。カウンセリングを希望してきた学生Aから，「アルバイト先で上司からいわれのない攻撃を受けた。これはいじめではないか」という相談を受けたのである。丁寧に出来事を語るAの姿に，筆者はA自身にとっていじめられた体験として残っているのであれば，アルバイト先を変えてみてはどうかとアドバイスした。ほどなく再度面談に訪れたAは，「アルバイト先を変えたが，優しい上司にもかかわらず，うまく仕事ができなくて失敗が続いた。これは自分の問題だと思う。このままでは社会に出ても勤められるような気がしない」と語った。筆者は，彼のなかの体験の語りが変わったことに驚きを憶えた。そのとき，単にアルバイト先が変わっただけでは説明できない「彼の出来事の語り」を丁寧に聞いていく必要性を感じた。

　最初のアルバイト先での出来事は，「上司からのいわれのない攻撃」という相手の問題として語られていたが，次のアルバイト先での出来事は，「自分の問題」であると語られた。その違いをAと二人で確かめてみることにした。Aは，「最初の上司は，急に怒り出しました。そして，何が原因なのか教えてくれませんでした。結局はクビになってしまいました。それに対して，2番目の上司は，何が良くないかを教えてくれました。たとえば，廊下にワックスを塗るとき，後ろにバックしながら塗ることを教えてくれました。ただ，塗った直後にその上を歩いてしまい叱られました。でも，なぜ塗った直後に歩いてはいけないかを教えてくれたので，次からは気をつけることができました。それでも，場所が違うと同じ間違いをしてしまうので，そもそも自分に何か問題があるのではないかと思ったのです」と説明した。

　Aは最初のアルバイト先では，おそらくAだけが知らない"何か"があり，誰も教えてくれないままに辞めさせられたわけだが，2番目のアルバイト先で「体験の背景にある"何か"」が上司により言語的に明示化されたことによって，自分自身の行動と状況との関連を客体化し，認識することができたのである。Aの体験として整理すると，まずは「何が問題なのかわからない」段階から「相手が問題だ」という段階を経て，「自分自身の問題だが，どうすればよいのかわからない」段階へと移り変わっていったことになる。このことは単純に見えるが，発達障害のある学生にとっては，「自分と周囲との関係性」が大きく変わる体験であり，「周囲をどう理解し，そのなかで私はどのように行動するべきか」という自己存在に関わる重要な課題となる。これは青年期のアイデンティティの確立にも直結し，支援者として丁寧に取り扱うべきプロセスであると考える。

　Aとの出会いの後，これに類するエピソードで面談に訪れる学生が年々増加し，筆者は彼らの困りごとの背景にある「アイデンティティの

語り」に直面することとなった。

II　発達障害学生支援における語りとは

　富山大学では平成19（2007）年度より，発達障害のある学生を支援するための学生支援システムを構築した。支援の拠点を学生支援センター・アクセシビリティ・コミュニケーション支援室（以下，支援室）に置き，発達障害の知識と支援経験を有する常勤の支援者が中心となり，学内の教職員，あるいは学外の専門機関と連携しながら支援を行っている。

　支援室での支援は定期的・継続的な面談を基本としている。学生は定期的な面談のなかで支援者と共にこの1週間の振り返りを行い，現実的な修学が適切に行われているかを確認していく。支援者は実際に修学上の問題がどこにあるのかをアセスメントしながら，一人ひとりの特性に合った解決方法を導きだし，支援方法を選択する。何が適切な支援なのかは，結果的に修学上の問題が解決するかどうかによって判断される。学生の努力が報われているか，授業内容が適切に彼らに届いているか，あるいは過剰な支援になっていないかを，さまざまな角度からの情報を集約して確認していく。これらは，学生と支援者との語りの交錯と共有を通じたナラティブ・アセスメントとして位置づけられており，アセスメントプロセスが可視化されることによって，学生自身が問題解決への手続きを俯瞰することができ，さらにはその方法が彼らの知識として蓄えられていく。

III　コミュニケーションを通した自己理解

　筆者は，コミュニケーション上の困りごとを抱えている学生に対する支援は，「今ここでのコミュニケーション」を，学生が困ることなく体験できることが最も重要であると考えている。つまり，豊かなコミュニケーションの場を提供すること自体がコミュニケーション支援の第一歩なのである（西村・斎藤，2013）。支援者として学生とのコミュニケーション上の不都合を感じない対話が，学生にとって「コミュニケーション上の問題を感じない場」として機能すれば，人との関係性に問題を求める必要がなくなっていくと同時に，「本質的な問題は何か？」ということに焦点化された会話が展開されることが可能になる。White（2007）は，「外在化する会話は，問題を客体化することによって，人々は問題から離れたアイデンティティを経験できる。人ではなく，問題が問題となるのだ」と述べている。つまり，外在化する会話により，問題を客体化し，今ある問題を自己のアイデンティティから自由にしていくことができ，問題を解決するための選択肢に目を向けていくことができる。これは，筆者が発達障害のある学生との対話でしばしば体験しているところと一致している。

　対話を中心とした支援により，修学上の問題が減少し，学生は自分自身の特性を見つめる機会が増え，相談内容も自分自身の特性に関することに変化していく。理系学部の学生Bは，支援を始めて1年ほど経った頃，「人とのコミュニケーションは，いつも心の奥にある重いテーマです。一人で考えるのは怖いけど，考えることを手伝ってくれるとできるような気がします。一緒に考えるのを手伝ってもらえますか？」と語った。Bは支援者との対話のなかでさまざまな修学上の課題について語り，一緒に方策を練り，問題解決を進めていった。自分が問題解決に関与しているという事実が，学生の内に小さな自信を生み，自分自身への肯定的感情が芽生えていくのだと思われる。幾人もの学生との対話を通して，人は自分自身の重大なテーマに向き合おうとするとき，もう一方でそれに匹敵するだけの自己肯定的感情が必要であり，その自己肯定感が彼らの苦しい作業を下支えしていくことを実感している。

発達障害のある学生との対話は，現在の困りごとに焦点を当てているが，対話には，「過去の体験というフィルター（比喩的な意味での眼鏡）を通した現在の体験」についての語りであるという側面がある。対話のなかでは，つねに現在にスポットを当てながら，学生の意識のなかにある過去の経験を包含した語りとして聴いていく。支援者は時空を超えた「出来事の語り」を，時系列的に整理しながらも，「今の自分」と「今から続いている未来の自分に関する語り」として学生の意識のなかに布置していく作業を行う。

Ⅳ 出来事の語りからアイデンティティの語りへ

Cは自閉症スペクトラム障害の学生で，大学入学直後から保健管理センターでのカウンセリングを受けていた。単位取得は順調だったが，実験実習が始まった頃，グループ活動の場面が多くなり，そのなかでうまく話の輪に入ることができず，孤立感を持つようになった。Cは「小さいときからグループ活動は苦手です。話に入っていくタイミングがわかりません。自分の役割もこなせないまま突っ立っていることが多く，自分が情けなくなり，グループのメンバーに申し訳ない」と言い，他の学生から「役に立っていない」と思われているような気がして不安になった。その不安は実験実習だけにとどまらず，他の授業にも集中できない状態となった。保健管理センターのカウンセラーはCを支援室に紹介し，支援者はCと話し合った結果，授業担当教員にグループ編成の配慮を依頼することになった。担当教員はCの日頃の授業態度を高く評価しており，グループ編成への配慮を行った結果，Cは気持ちが楽になり，実習に出席することができるようになった。その後Cは，「大学では誰も自分を排斥しないので安心です。でも，ちょっとした孤立を感じると，昔のいじめられた体験を思い出します。私にとってコミュニケーションはとても難しい課題です」と，自身の社会的コミュニケーションの困難さを語るようになった。

その後の就職活動では一次試験を突破したが，面接でうまく話せず不採用になってしまった。するとCは面接への恐怖心でいっぱいになり，ハローワークから紹介された地域就労移行支援機関での訓練を受けることになった。その利用に関しては，医師の診断を経て，精神障害者福祉手帳の取得という手続きをとった。

Cの就労支援に関しては，大学支援者と就労移行支援事業所の支援者との協働を視野に入れた連携を行っており，事業所の許可を得て，訓練の合間に大学支援室の利用ができるようになっている。具体的には大学支援室を2カ月に1度のペースで利用し，個別面談を行い，支援室で行っている小集団活動にも参加している。

個別面談では，日頃気になっている話題を中心に話が展開するが，多くはコミュニケーションに関わる問題である。以下はある日のCとの面談である。

C：社長さん（就労移行支援事業所の代表）は，私に来てほしくないみたいです。
支：来てほしくない……とは？
C：私の存在が雰囲気を壊すのなら，いっそのこと出入り禁止にしてほしいです。
支：雰囲気を壊すようなことがありましたか？
C：そう，昨日のこと……そうしたら，社長さんが「外に出てもいいよ」と言ったんです。ここにいないほうがいいということですよね。
支：昨日，Cさんは何か雰囲気を壊すようなことをしたのですか？
C：はい……どうしても我慢できなかったんです。そういう自分がすごく嫌です。
支：我慢できないことがあったんですね。訓練中ですか？

C：そう……なんであんなミスをしたのかって！……自分で自分に腹が立ちました。

支：ミスをしたの？　社長さんはCさんが難しいデータを扱っていると言っていましたから、そこでミスをしたのですね。

C：いや……データ処理はわりと得意なことだし、慎重にするからミスはありません。ミスをしたのはごく些細なこと。なんであんなミスをしたのか……腹が立ちました。

支：ごく些細なミスをした自分に腹が立ったんですね。

C：そうです。些細なことだからこそ、ミスをした自分が許せなくて、思わず大きな声を出してしまったんです。イライラして……どうにも収まらなくて……昔からそうだった。そんなとき、どうしたら良いですか？

支：昔からそうだったんですね。些細なことだからこそ自分を許せないという気持ちはよくわかります。そんなときは、気持ちをリセットさせて、気分転換するといいかなあ……たとえば、飲み物を買いに外に出るとか、軽く身体を動かすとか……。

C：やっぱり気分転換ですか……私の場合は散歩かな……あっ、そうか！　社長さんが「外に出てもいいよ」と言ったのは、気分転換したらいいってこと？

支：なるほど……「外に出てもいいよ」というのは、ここを利用するなということではなく、「ちょっと外に出て気分転換したら？」ということだったのかもしれませんね。

C：そうか……小さいときに先生から「廊下に出なさい！」と叱られたことがあって……だから、ここにいちゃいけないと言われたと思いました。

支：社長さんは、おそらくクールダウンしてきなさい、という意味で言ったのだと思います。これからも、些細なミスでイライラするかもしれないけど、そういうときは、「ちょっと外で気持ちを落ち着かせてきます」と伝えて、外に出てみたらいいと思います。

C：クールダウンは、そういえば大学でもやっていました。大学から駅まで歩いたり、休みの日にはサイクリングをしたり。身体を動かすと気分をリフレッシュできました。

支：そうでしたね。散歩の途中できれいな花の写真を撮ったこともありましたね。見せてもらったことを覚えています。そういうことが働く上で大切なのかもしれませんね。

C：確かに！　そういえば、最近は好きなことをすることを忘れていました。

　Cとの対話では、現在から過去へ、そして現在から未来への語りが時空を超えて行われ、今ここでのアイデンティティの語りへと集約されていった。White（2007）は、相談者が「人生の厳選された出来事に意味を与えたり、出来事と自分の人生において貴重なテーマとの結びつきを解釈したり、自分にとって何が重要かという観点でこのことが何を反映しているかを考えたり、このことが、自分自身や互いのアイデンティティについてなにを語っているかを結論づけたりする」と表現しているが、これは、出来事の語りがアイデンティティの語りへと導かれていく対話の重要性を再認識する言葉である（図1）。

V　発達障害大学生に対する社会参入支援と課題

　富山大学では、発達障害のある大学生の支援を「社会参入支援」と名付け、「学生が新しい環境へ参入するプロセスを一貫して支援すること」

第6章 学校における支援 347

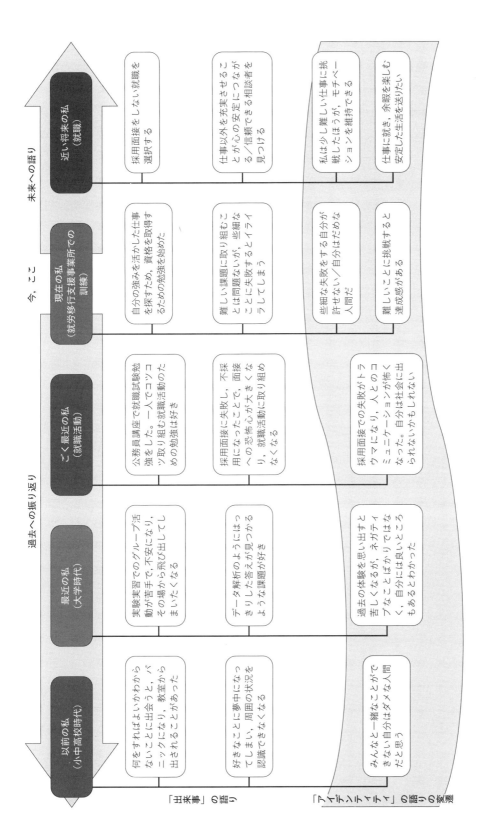

図1　「アイデンティティの語り」の変遷

と定義し、学生の成長モデルを基盤においた支援を行っている（西村，2011）。特に，3年生後期から4年生の時期に行われる就職活動では，それまでの人生にはなかった大きな立場の変化を体験することとなる。大学生から職業人に立場が変わることを認識し，未来の自分を想定しながら，職業選択や適性理解，自己分析や企業分析を行っていく必要がある。つねに「自分とは何者か」というテーマに直面化する就職活動は，ネガティブな過去の体験にとらわれていると苦しいものになりがちである。

未知の世界への社会参入を支えるものは，学生自身の内にある自己肯定感ではないだろうか。それは完璧な人間になるということではなく，等身大の自己像を持ちつつ，未来の自分に期待する自己肯定感を持ち続けることであると考えている。

このような社会参入支援を行うなかで，学生は不安を抱えながらも，「肯定的な自分」を携えながら一歩踏み出すことができるようになっていく。しかしながら，就職活動支援を行っていると，彼らの弱みを克服することを求める就労支援がいまだに多いという印象がある。たとえば「コミュニケーションが苦手でも，努力をしなさい」という指導が行われることがある。しかし，このような障害そのものを弱点として否定するような指導は，彼らの挫折感を呼び起こしてしまうだけでなく，弱みを強調される指導によって過去のネガティブな体験が想起され，積み上げてきた自己肯定感を無化してしまう可能性もある。これでは，彼らが社会人として社会参入するときに，自分がその主体であることを認識できないままとなってしまう。それだけでなく，彼らを採用する企業にとっても，「弱み」に隠れている「強み」を評価の対象にしないまま採用することになりかねない。大学支援者が就労支援機関の支援者と本人をつなぐ通訳となることによって，より効果的な就職活動が迅速に行える可能性があり（桶谷・西村，2013），今後，大学と就労支援専門機関との連携・協働によるスムーズな社会参入支援が行われることが期待される。

◆文献

西村優紀美（2011）高校から大学へのスムーズな社会参入を目指して．特別支援教育研究641；15-17.

西村優紀美，斎藤清二（2013）臨床心理ケーススタディ①　コアから思考する――大学学生相談．臨床心理学 増刊第5号．金剛出版，pp.122-128.

桶谷文哲，西村優紀美（2013）発達障がいのある大学生への支援――修学支援から就職支援への展開．学園の臨床研究12；45-52.

White M（2007）Maps of Narrative Practice. W.W. Norton.（小森康永，奥野 光 訳（2009）ナラティヴ実践地図．金剛出版）

◉学校における問題のアセスメントと方向付け

対人トラブルのためのアセスメントと方向付け

稲田尚子

I　はじめに

　筆者は，ある市の教育相談センターで，主に発達障害が疑われる事例についてカウンセラーに対するアドバイザーを数年間務めてきた。そのなかで，1～2年の面接の経過があるが状態が改善せず，改めて生育歴を聴取したところ発達障害を疑い始めた，というような事例が持ち込まれることが少なくない。発達障害の子どもたちとそうでない子どもたちへのカウンセリングや親面接は，基本的にアプローチがまったく異なる。そのため，まずは面接の初期段階で包括的なアセスメントを行い，その子どもと家族の課題を理解した上で支援の方向付けを行うべきである。

　アセスメントの際には，標準化され数量的に結果が求められるアセスメント（フォーマルアセスメント）が重要なのはもちろんだが，家族関係や生活環境の把握なども含めた一般的な面接，行動観察，学業成績などを通した質的なアセスメント（インフォーマルアセスメント）も同時に行い，統合的にケースを見立て，支援方法の方向付けをする必要がある。学校現場ではフォーマルアセスメントの実施が難しいといった事情もある一方で，一般的な親面接，子どもの行動観察，学業成績や教師からの情報収集などのインフォーマルアセスメントは相対的に容易である。フォーマルアセスメントについては黒田（2013）で詳しく紹介されているため，本稿では主に児童期の自閉症スペクトラム障害（Autism Spectrum Disorder：ASD）に焦点を当てて，直接行動観察によるインフォーマルアセスメントの視点を提供する。

II　対人トラブルの背景要因

　社会性の問題は，ASDに顕著にみられる特徴であり，学校場面で多くの対人トラブルを引き起こす。しかしながら，対人トラブルという現象を考えるとき，それを引き起こしている要因はASDだけとは限らない。「クラスメイトとよくケンカをする」という事象ひとつを例にとっても，知的障害のために言葉の理解が悪くやりとりについていけずケンカになる，注意欠如・多動性障害（Attention Deficit Hyperactive Disorder：ADHD）のために衝動性を抑えられずに相手を叩く，ASDのために相手の気持ちや状況が理解できず場違いな発言をして相手を怒らせてしまったり，柔軟性が乏しく本人独自のこだわりを主張（例避難訓練の際にクラスメイトが早足で避難していると「廊下は走らない！」と注意するなど）してトラブルになる場合など，対人トラブルを引き起こす可能性のある要因は複数考えられ，またそれらが重なり合っている場合も多い。環境要因の影響やそれらと個人要因との相互作用についても考慮するべきであり，対人トラブルを起こす子どもをすぐさまASDとみなすことはできない。そのため，アセスメントにより個人の特性を的確に理解し，支援方法を方向付ける必要がある。通常学級には軽度の知的障害のある，

あるいは境界知能の児童・生徒が在籍していることも少なくなく、学校でアセスメントに取り組む際には、まずは知的水準を把握することが大前提となるだろう。アセスメントはASDの側面だけでなく多面的に行った上で統合的に判断する必要があり、その他の側面に関しては後の項をご参照いただきたい。

ここでは、ASDのフォーマルアセスメントである自閉症診断面接改訂版（Autism Diagnostic Interview-Revised：ADI-R；Rutter et al., 2003）と自閉症診断観察検査第2版（Autism Diagnostic Observation Schedule-Second Edition：ADOS-2；Lord et al., 2012）を参考にして、ASDが疑われた場合の親面接と本人の行動観察に関するインフォーマルアセスメントの視点について簡単に紹介する。親面接では主に本人の幼少期の発達歴および現在の様子について幅広く情報収集でき、行動観察では本人の現在の様子を直接的に把握することが可能であり、両方を相補的に用いてケースの臨床像を明確にしていく。

III 親面接におけるインフォーマルアセスメント

親面接では、次の情報を得ることが重要である——①主訴の確認、②発達歴、③既往歴、④家族歴、⑤教育歴と支援歴、⑥社会性と遊びの発達、⑦行動（ソールニア＋ヴェントーラ、2014）。ここでは紙幅の都合もあり、主に①、⑥、⑦について述べる。

①主訴の確認では、問題の具体的内容と程度を把握するために、どのような状況でどのような行動が起きているのかを詳細に聞き取り、さらにその問題が子ども自身や家族、クラスメイトの生活にどの程度支障を及ぼしているかを丁寧に尋ねる。⑥社会性と遊びの発達では、特に注意を払うべき行動は、他者への関心、共同注意、模倣、ごっこ遊びである。これらの行動が年齢とともにどのように変化してきたのか、幼児期と学童期に分けて具体例を挙げてもらう。他者への関心は、身近な大人や同年齢の他児に関心を示すか、どのように関わるかを確認する。共同注意は、興味や関心を他者に知らせるための指さし、興味や関心があるものを他者と共有するために見せる行動などについて、その頻度や多様性、およびそれらの行動を視線と組み合わせて行っているかを尋ねる（特に幼児期においてどうであったかを確認することが重要である）。模倣は、自発性、頻度、多様性を確認する。ごっこ遊びは、自発的に人形を生き物のように動かして遊ぶかどうか、ストーリー展開の柔軟性と多様性、友達とのごっこ遊びの有無などを確認する。さらに学童期では、友人関係、学校以外で友人と遊びに行く機会や出かける機会の有無などを確認する必要がある。⑦行動では、子どもや家族の生活に影響を与える特異的な行動や問題行動がないかどうかを確認する。儀式的行動・強迫的行動・行動の同一性の保持、反復的な言語・行動、限局された興味、感覚的興味や感覚回避について現在と過去の様子を尋ねる。攻撃的な行動・自傷行為、不安など気分の問題についても記録しておく必要がある。行動を聞き取るなかで、親からのニーズが出てくることも多い。

IV 直接観察におけるインフォーマルアセスメント

学校での直接観察は、当然ながら目的をもって行うべきであり、観察の際に意識するべき項目（ソールニア＋ヴェントーラ、2014）を表1に示す。児童期のASD特性のアセスメントは、①対人コミュニケーション、②相互的な対人関係スキル、③自己や他者の感情の理解や洞察、④想像力／創造性や象徴化能力、⑤限定された反復的な興味や行動様式に焦点を当てる。上述した前者3つのアセスメントの際に重要となるいくつかの視点を表1にまとめたので参考にし

表1　児童期のASD特性を行動観察する際に重要となる視点

行動観察の目的（ソールニア＋ヴェントーラ，2014） ・親や教師の現在の心配は何か ・自分の要求を他者にどのように伝えられるか ・対人コミュニケーションスキルの水準はどの程度か ・個別の指示と集団への指示にどのように応えるか ・どのような非定型的な行動が現れているのか，何がそれらを引き起こしているのか ・非定型的な行動は，どの程度の頻度・強さで起きるのか ・行動に影響を与える効果的・非効果的な方法は何か ・時間やその前後の状況を通して，教えるのに好ましい機会はどのようなときか
1．対人コミュニケーション ・自分自身の経験を自発的に話すか ・出来事について面接者が補足質問をしなくても理解できるように説明できるか ・面接者の経験や感情についての質問をするか ・会話を適切に開始，維持，終了できるか ・自分自身が提供した話題ではなく，面接者が提供した話題を共有できるか ・多様な身ぶり（例叙述的，慣習的，道具的，感情的身ぶりなど）を使用するか ・抑揚，声量，リズム，速度など話し方に異常さがみられるか，など
2．相互的な対人関係スキル ・視線の使い方は適切か ・表情は多様か，また表情を他者に向けるか ・視線はその他の行動（例発声，身ぶりなど）と統合しているか ・他者の表情や身ぶりに適切に応答できるか ・やりとりを一緒に楽しむことができるか ・友人に関心・興味を示すか ・対人的距離は物理的／心理的に適切か（例過度に他者に近づきすぎる，見知らぬ他者にくだけた話し方をするなど） ・対人的に不適切な行動（例クラスメイトが怪我をしたときに笑うなど）はないか ・対人的文脈に一致していない行動（例唐突に別の遊びを始めるなど）はないか，など
3．自己や他者の感情の理解や洞察のアセスメント ・友人はいるか ・友人と遊ぶ頻度はどの程度か ・友人の年齢幅はどの程度か ・友人関係は相互的か（学校以外で約束して遊んだりするか） ・友人関係の本質を理解できているか（例親友とクラスメイトとの関係性の違いの理解など） ・これまでにからかわれたりいじめられたりした経験はあるか ・いじめやからかいの理由を理解しているか ・いじめやからかいに対してどのような行動を取ったか ・対人関係の中で自分の行動が他者に与えている影響（例他者を悩ませたり，イライラさせる）を理解しているか ・自分自身が経験している情動や感情を描写できるか ・これらの感情的な経験の意味を理解しているか ・感情的な経験を統制するための方法をもっているか，など

ていただきたい。①対人コミュニケーションスキルをアセスメントするためには，自由会話場面を設定するのが最適である。面接者が提示した話題を共有できるかどうか，また会話を発展させることができるかどうかをみるためには，質問をするばかりではなく，面接者が「私はペットを飼っているよ」「この間読んだ本はとても面白かった」など，自身の経験や考え，気持ちに関する情報提供を行い，その際の子どもの応答をみるとよい。②相互的な対人関係スキルのアセスメントの際には，やりとり全体を総合して判断する必要がある。やりとりを継続するために，面接者自身がどの程度対象に合わせて行動を調整しなければならないかにも注意を払う。③自己や他者の感情の理解や洞察のアセスメントでは，面接者からの質問に対する応答内容を評価する。文字がほとんどなく，キャラクターの表情が豊富な絵本や本を選んで，子どもにストーリーを話してもらい，登場人物の感情についてどの程度言及できるかどうかをみるのもよい。④想像力／創造性や象徴化能力のアセスメントでは，人形（フィギュア），食べ物やおもちゃのミニチュアなどを用意し，それらを使ってしばらく自由に遊んでもらい，次の点を観察する——（1）人形に役割を割り振って動かすか，（2）ものを見立てて使う能力（例箱をテレビに見立てる），（3）自発的に遊びを開始できる能力，展開させる能力，柔軟性など。その後，人形を使って面接者も一緒に遊ぶことにより，（4）やりとりの双方向性，（5）面接者が提案した遊びを共有できるか，などの相互的対人関係スキルもみることができる。⑤限定された反復的な興味や行動様式としては，身体を前後に揺する常同行動や手指をひらひら動かす反復的行動など，明らかな行動は年齢とともに減っていく場合が多い。しかしながら児童期まで続いているケースもあるため，注意して観察する。興味の限局は，会話場面や自由時間の活動を通してどのような話題や活動を選択するか，またそれを繰り返す頻度を観察する。強迫的行動，儀式的行動，同一性の保持などの反復的行動は，場面や場所に依拠して生じる行動であるため，短時間の観察や学校場面では確認できない場合もある。

V　ASDのフォーマルアセスメントツール

　通常学級に在籍する児童・生徒を対象に使用できるASDのフォーマルアセスメントツールを表2にまとめた。これらのツールのより詳しい概要は，黒田（2013）を参照されたい。表2にあるアセスメントツールは，二次スクリーニング（医療機関や相談機関を受診した集団のなかからASDの可能性がある対象を見つけること）あるいは診断補助目的で開発されているため，使用する目的に応じて適切なツールを選択する。

VI　おわりに

　本稿では，主に児童期のASD特性に関するインフォーマルアセスメントの視点を述べた。幼児期，成人期の行動特徴に関しては，児童期と共通するものもあるが異なる点も多く，ASDの臨床像はライフステージや発達とともに変化することに留意する必要がある。また，通常学級に在籍する児童・生徒におけるASD特性は連続的な分布を示し，ASDの診断閾下となるものも一定数存在する（Kamio et al., 2013）。このような児童・生徒もASDと共通する対人コミュニケーションの問題があり支援ニーズを有するため，診断の有無にかかわらずASD特性とその程度を的確に把握する必要がある。アセスメントでは，複数の情報源からの結果を統合して個人の特性を見立てるだけでなく，個人の強み，弱み，興味やモチベーションを理解し，対人コミュニケーション行動や適応行動を教えるのに好ましい機会や方法を把握することが重要である。適切な支援の第一歩はアセスメントなのだと，

表2 児童期のASDのアセスメントツール

名称	原著者	使用目的	適用年齢	形式	所要時間	評定項目数	領域	評定方法
SCQ	Rutter et al. (1999); 黒田ほか (2013)	二次スクリーニング	4歳0カ月～	保護者記入式質問紙	約10分	40項目（※日本語版では日本語文化に該当しない「人称代名詞の反転」項目が削除され39項目）	相互的対人関係・意思伝達	2段階
AQ児童用	Baron-Cohen et al. (2006); Wakabayashi et al. (2007)	二次スクリーニング	7歳～15歳	保護者記入式質問紙	約10分	50項目	5下位尺度（社会的スキル、注意の切換え、細部への注意、コミュニケーション、想像力）	4段階
PARS-TR	発達障害支援のための評価研究会 (2013)	二次スクリーニング	3歳0カ月～成人	保護者面接	約60～70分／短縮版約30分	57項目（幼児期：34項目、児童期：33項目、思春期・成人期項目：33項目）／短縮版23項目	4因子（社会的コミュニケーション・感覚性／困難性・常同行動・興味の限局）	3段階
ADI-R	Lord & Le Couteur (1994); 土屋ほか (2013)	診断補助	2歳0カ月～	保護者面接	約90分	93項目（※日本語版では日本文化に該当しない「人称代名詞の反転」項目が削除され92項目）	4領域（対人相互性の質的障害・意思伝達の質的障害・行動や興味の制限と反復的・常同行動様式・3歳以前の発症）	3～4段階
ADOS-2	Lord et al. (2012) (2015); 黒田ほか (2015)	診断補助	12カ月の幼児～成人	本人面接	約60～90分	乳幼児モジュール：41項目、モジュール1：34項目、モジュール2：29項目、モジュール3：29項目、モジュール4：32項目	5領域（意思伝達・相互的対人関係・想像力／創造性・常同行動と限定的興味・その他の異常行動）	3～4段階
CARS2-HF	Schopler et al. (2010)	診断補助	6歳以上・成人（高機能に限る）	親記入式質問紙＋専門家観察評価	約30分	親記入式質問紙36項目、専門家観察評価15項目		親記入式質問紙5者択一、専門家観察評価7件法
RBS-R	Bodfish et al. (2000); 稲田ほか (2012)	こだわり行動の評価	幼児～成人	保護者記入式質問紙／保護者面接	約10分	43項目	6下位尺度（常同行動・自傷行動・強迫的行動・儀式的行動・同一性保持行動・限局的行動）	4段階

SCQ＝Social Communication Questionnaire：対人コミュニケーション質問紙，AQ＝Autism Spectrum Quotient：自閉症スペクトラム指数，PARS-TR＝Parent-Interview ASP Rating Scale-Text Revision：親面接式自閉症スペクトラム症評定尺度テキスト改訂版，ADI-R＝Autism Diagnostic Interview-Revised：自閉症診断面接改訂版，ADOS-2＝Autism Diagnostic Observation Schedule-Second Edition：自閉症診断観察検査第2版，CARS2-HF＝Childhood Autism Rating School Second Edition-High Functioning Version：小児自閉症評定尺度第2版高機能版，RBS-R＝Repetitive Behavior Scale-Revised：反復的行動尺度修正版

強く思う。

◆文献

Kamio Y, Inada N, Moriwaki A et al.(2013) Quantitative autistic traits ascertained in a national survey of 22,529 Japanese school children. Acta Psychiatrica Scandinavica 128 ; 45-53.

黒田美保(2013)発達障害の特性把握のためのアセスメント．臨床心理学 13-4 ; 473-478.

Lord C, Rutter M, DiLavore PC et al.(2012) Autism Diagnostic Observation Schedule-Second Edition(ADOS-2). Los Angeles : Western Psychology Service.(黒田美保，稲田尚子 監修・監訳(2015) ADOS-2日本語版．金子書房)

Rutter M, LeCouteur A & Lord C(2003) Autism Diagnostic Interview-Revised(ADI-R). Los Angeles : Western Psychology Service.(土屋賢治，黒田美保，稲田尚子 監修(2013) ADI-R日本語版．金子書房)

スリーン・ソールニア＋パメラ・ヴェントーラ［黒田美保，辻井正次 監訳］(2014)自閉症スペクトラム障害の診断・評価必携マニュアル．東京書籍．

●学校における問題のアセスメントと方向付け

過敏反応への対応のためのアセスメントと方向付け

梅田亜沙子｜岩永竜一郎

I　はじめに

『精神障害／疾患の診断・統計マニュアル』（DSM-5）では，自閉スペクトラム症（ASD）の診断基準は，①社会的コミュニケーションおよび相互関係における持続的障害，②限定された反復する様式の行動・興味・活動，という2つの領域にまとめられた。そして，②の下位項目に，臨床上の特徴としてよく観察される感覚の過敏性・鈍感性など感覚処理の問題に関する項目が追加された。つまり，今日ASDの支援を組み立てるうえで，感覚処理の問題を的確に把握することの重要性が増大し，臨床現場におけるアセスメントスキルの拡充は急務となった。本稿では，日常生活のなかでよく見かける過敏の反応とその対応方法について紹介する。支援を拡充させる一端となれば幸いである。

II　感覚過敏とは？

日常生活のなかで受ける刺激によって"不快"になることが多く，他人が気にならないレベルの「音」「光」などの刺激で過剰に驚いたり，不快に感じたりすることがたびたび起こる場合を，感覚過敏と呼んでいる。感覚過敏の原因としては，下記の4点があると考えられる。

①知覚の違い：感覚過敏のある人は，他人が聞こえないような小さな音が聞き取れてしまったり，他人が気づかないようなにおいに気づいてしまったりするなど，感覚が鋭すぎる場合がある。

②そのときの気分や不安：感覚過敏の多くは，そのときの気分や感情によって影響を受け，体調不良や不安，恐れ，不快感がある場合には，特に強く現れることがある。ASD児では感覚刺激への過剰反応と不安の相関が高いと報告されていることからも（Mazurek et al., 2013），感覚過敏への対応において不安への注目が必要と考えられる。

③刺激に対する理解度：歯医者で何をされるかわからずに過敏反応を示すASD児が，治療の流れや道具について視覚的手段を用いて説明されると反応が軽減することがあるなど，その刺激がどういうものかを知っている場合と知らない場合とで，感覚過敏に大きな差が出ることもある。

④注意・集中の違い：好きなテレビ番組を観ている場面では，些細な音に気を取られたりせずストーリーを追いかけることができるが，苦手な課題を前にしている状況では，些細な音を不快に感じてしまうといったように，ヒトは何かに集中しているとき，別の刺激が気にならなくなることがある。

このように感覚過敏は，知覚の違い，そのときの気分や感情，自身を取り巻く状況や環境の違いによって現れ方が異なるため，学校現場では，しばしば"わがまま"として見過ごされ，支援の対象になりにくかった。

III 感覚の過敏さに対応するには？

　一方，医療機関などでは，標準化された尺度を用いて感覚処理の問題をアセスメントすることがあるが，日本で使用されている尺度は，利用できる年齢に制限があり，学童期の子どもたちすべてに対応することができない。そのため，支援の開始にあたっては，どの領域にどのような過敏さがあるのかを，観察に基づきアセスメントすることが重要になってくる。代表的な過敏の例として，聴覚領域では，うるさい場所でイライラする，赤ん坊の泣き声やキーキー声が不快，掃除機やドライヤーやバイクの音などを嫌う，突然の大きな音に過剰に驚き恐怖を感じるなどがある。視覚領域では，蛍光灯の光・カメラのフラッシュなどを嫌うといったことがある。触覚領域では，抱かれたり手を握られたりすることを嫌う，他人に触られることが不快，特定の感触の服やタグを嫌う，洗顔・散髪・歯磨き・爪切りなどのケアを嫌う，靴下や帽子などを嫌うなどがある。味覚・嗅覚領域では，トイレなどのにおいで吐き気がする，特定の部屋のにおいが苦手で入室できない，苦手な食べ物が多く好き嫌いが激しいなどがある。その他では，ブランコに乗っているときに他人から押されることに恐怖を感じる，鉄棒など急に姿勢が変わる活動が苦手，暑さにとても弱い，ちょっとした刺激をとても痛がるなどがある。

　こういった観点をもって日々の様子を観察していくことが，アセスメントにつながっていくと考えられる。感覚過敏は診察室などで見られることもあるが，学校など特定の場面でのみ起こるものもあるため，保護者や保育士，教師などからの情報が大切になる。そのため，感覚刺激への反応をとらえる質問紙を使ったアセスメントが有効である。感覚プロフィール（平島ほか，2013；伊藤ほか，2013；梅田ほか，2014）はそのアセスメントに使えるであろう。

　感覚過敏への対応として，最も良い方法は，原因となる刺激を取り除くことである。例えば，教室のスピーカーのスイッチを切る，声が大きい子どもと別室にするなどの対応がある。しかし，刺激を取り除くことが難しいことも多い。その際には，下記のような工夫が必要になる。

①道具を使う：よく知られている道具として，聴覚過敏に対しては，イヤーマフやヘッドフォン，耳栓など，視覚過敏にはサングラスなどがある。

②気分を安定させる：感覚過敏はそのときの体調や気分によって誘発されることもあるため，体を動かしたり，楽しいことや好きなもののことを考えたりなどして，体調を整えたり，気分を安定させるための自分なりのリラックス方法をもっておくことが有効である。

③不安の除去：不安が強まると，感覚過敏も起こりやすくなるため，苦手な刺激が入ってくる状況では，見通しがもてるようにスケジュールをはっきりさせることが有効である。その刺激がどうしても必要な場合には，必要な理由を明示し，理解を促すことも有効である。接する人との関係作りを進めることで対人的安心感を作り出すことも重要である。

④他のことに注意を向ける：ヒトは苦手な刺激以外のものに注意を向けることで，刺激の受け入れがしやすくなることがある。べたべたしたものに触れなかった子どもが，クッキー作りで生地の匂いや味，形の変化に集中するようになってくると生地に触れるようになることがある。このように不快に感じている感覚刺激から他の感覚に注意が移るように働きかけることも重要である。

⑤自分で刺激を入れる：自分の声や自分で刺激することに対しては，過敏反応は起こらないとされている。そのため，自分の体をマッサージしたり，自分で音を出して楽し

んだりする経験を積むことで，刺激を受け入れる練習になる。

Ⅳ 感覚過敏の種類と対応方法

感覚過敏は，主に5つの種類に分けられる。五感＝聴覚・視覚・触覚・嗅覚・味覚である。この感覚のどれか1種類ということではなく，いろいろな感覚領域に，それぞれ苦手な刺激がいくつか存在することが多く，過敏の症状が複数の感覚モダリティにまたがることも少なくない。以下に，各感覚領域の過敏について対応方法の例を挙げる。

1 聴覚の過敏

聴覚の過敏とは，音や声に対する過敏である。反応としては，強い不安感が惹起されて固まったり，不快に感じたり，我慢できないときには耳をふさぎうずくまったりする。対応方法は，騒音対策にイヤーマフ，ノイズキャンセリング・ヘッドフォンを利用することなどがある。また，音刺激を減らすための工夫として，机や椅子の足にフェルトを貼ったり，布を巻いたりすることも有効である。学校では，刺激に耐えがたくなってしまった場合に休憩できるよう，あらかじめ教室を出るための手順を決めておくことも有効である。

2 視覚の過敏

視覚の過敏とは，明るさや色に関する過敏である。人の視線を極端に嫌がるなどの反応は，区別して考える必要がある。対応方法は，サングラスの使用，蛍光灯から白熱灯への交換，間接照明への変更などがある。蛍光灯から白熱灯に交換したことでASDまたは不器用がある人の授業への参加度，気分の安定度に改善が認められたことも報告されている（Kinnealey et al., 2012）。また，カメラのフラッシュ撮影を避けるなどの配慮も有効である。学校では，必要なタイミングでカーテンを利用できるようにしたり，直射日光の当たらない席を選ばせたりするなどの配慮も有効である。

3 触覚の過敏

触覚の過敏とは，皮膚感覚に関する過敏である。対応方法として，シームレス（継ぎ目のないもの）の服を選んだり，苦手な刺激がないか試着したりして，できるだけ気にならない素材を選ぶこと，タグを全てとるなどの工夫が有効である。学校では，クラスメートに呼びかけ，急に触らないようにしてもらうことでトラブルが減少する場合もある。また，触覚過敏は，親しい人が触れた場合には，過敏が出なかったり，出ても軽かったりするなど，刺激の与えられ方で軽減する場合がある。さらに，見通しを伝えてもらうことで安心感がもて，過敏な反応を軽減できる場合もある。学校では，どうしたら安心できるのかを話し合ってみることも有効になってくる。触覚の過敏は，工夫することである程度受け入れられるようになる場合がある。自分で刺激をコントロールしながら，自分で刺激を入れてみたり，自分から人や物に触る機会を設けたり，しっかりと圧迫刺激を加えて触ってもらったりする経験をすることも有効なことがある。

4 嗅覚・味覚の過敏

野菜を食べるとアルミホイルを噛んでいるような感じがするなどといった感覚そのものが違う状態があり，どうしても食べることができない物があったり，ある特定のにおいが我慢できず，そのにおいがする範囲には近づくこともできなかったりする状態である。口腔内の触覚過敏では，一般的な好き嫌いと違い，口に入れることもできず，わからないように少しだけ混ぜても気がついてしまうこともある。対応方法は，調理法を変えたり，自分で試してみることを勧めたり，におい以外のことに集中できるように

することなどが挙げられる。試すことで受け入れの幅が広がり，苦手なものを限定する機会につながる。食べるとイライラしたり，気分が悪くなったりする物がある場合には，アレルギーなどが原因で体質に合わない可能性もあるため，無理して食べないようにすることも必要である。

5　その他の過敏

五感以外にも，感覚過敏は存在する。スピードや揺れ，暑さ・寒さといった温度に対する過敏，痛みに対する過敏などである。

スピードや揺れる感覚の過敏に関しては，ひどい車酔いをする人でなければ，練習によって改善される場合が多いため，ブランコで遊ぶ機会を意識して設け，親しい人に少しずつ背中を押してもらうなどして，安全で楽しい経験を積むことから始めるとよいだろう。

暑さ・寒さなどの温度に対する過敏は，成長に伴って耐性がつく場合もあるが，頑張っても耐えきれない人も存在する。そのため，冷房のある部屋で過ごすことを許可したり，アイスノンを使ったりする場合を想定しておくことが必要である。

痛みへの過敏は，痛覚刺激への反応が過剰であったり，触覚刺激に痛みを感じるなどの過敏が起こることがある。このような場合，まずは刺激を排除することや周囲の人に過敏について理解してもらうことが大切である。うつや不安症状など依存する問題と関連が疑われる場合もあるため，それらに対する治療や対応も必要になることがある。いずれの場合にも，本人がけがの大きさを適切にとらえることができるように，けがへの注目をうながし，けがの程度を知らせていくことが必要である。

V　まとめ

感覚過敏の問題は，知覚による個人差が大きく，成長とともに問題が変化してしまい，同じ感覚を共有することが難しい。そのため，理解が進まず，適切な支援が遅れてしまいやすい領域である。また，感覚過敏をもっているが，「痛い」「苦痛」と感じていても，言葉や表情に表わさないタイプや，感覚過敏による反応でフリーズする（その場に立ちすくみ表情も動かない状態）タイプなど，まわりの人に自分の状態をわかってもらうことが難しいタイプも存在する。このような場合は，本人では対処が難しく，より支援が遅れてしまいやすい。また，感覚過敏を引き起こす刺激の多くは，日常生活のなかに密接に組み込まれているため，本人の努力だけで対応するには限界もある。年齢が上がっていくことで，認知や理解が進んだり，対応方法を身につけたりして，受け入れられるようになる刺激もあるが，変化が可能な領域であるからといって，慣れさせようと無理強いすることは避けるべきである。感覚過敏に関しては，どの領域にどのような苦手な刺激があるのかをアセスメントすることから支援が始まる。苦手な刺激を把握した上で，そこから対応方法を試行錯誤していくことが望まれる。また，不快な刺激を避けること，不快なものがある場所から離れることを認めること，苦手な刺激を軽減するための道具の使用を認めることも，"ひいき"や"特別扱い"ではなく，学校現場においては重要な支援である。成長に伴い，少しずつ受け入れられる刺激の範囲を広げることが支援の目標になるが，感覚過敏は体質であり，鍛えて治るものではないことを，支援者は決して忘れてはならないと考える。

◎付記

本稿は，特定非営利活動法人アスペ・エルデの会 編『"感覚過敏って何だろう？"──このイヤな感覚どうしたらいいの？』に加筆修正したものである。

◆文献

平島太郎，伊藤大幸，岩永竜一郎ほか（2013）日本版乳幼児感覚プロフィールの標準化──信頼性および標準値の

検討．精神医学 55-8；785-795.
伊藤大幸, 平島太郎, 萩原 拓ほか（2013）日本版感覚プロフィールの標準化──信頼性および標準値の検討．精神医学 55-6；537-548.
岩永竜一郎（2010）ワークブック 感覚過敏って何だろう？──このイヤな感覚どうしたらいいの？ 特定非営利活動法人アスペ・エルデの会.
Kinnealey M, Pfeiffer B, Miller J et al. (2012) Effect of classroom modification on attention and engagement of students with autism or dyspraxia. Am J Occup Ther 66-5；511-519.
Mazurek MO et al. (2013) Anxiety, sensory over-responsivity and gastrointestinal problems in children with autism spectrum disorders. J Abnorm Child Psychol 41-1；165-176.
森 則夫, 杉山登志郎, 岩田泰秀（2014）臨床家のためのDSM-5虎の巻．日本評論社.
梅田亜沙子, 恵藤絢香, 岩永竜一郎ほか（2014）広汎性発達障害児における感覚刺激への反応異常──日本版Sensory Profileによる評定．小児の精神と神経 53-4；353-365.

◉学校における問題のアセスメントと方向付け

こだわり行動のアセスメントとつまずきに対する方向付け

白石雅一

はじめに

自閉症スペクトラム障害（以後，ASDと略す）の子どもたちは，例外なくこだわり行動をもっている（石井・白石，1993）。しかも，大半は，複数のこだわり行動をもち，それらのこだわり行動によって，学校生活のなかでつまずくことも多い。

具体的には，パニックや感情の変調，混乱，対応拒否，自傷，他害，不登校，発達の阻害などがそれである。

したがって，このこだわり行動をよく理解し，適切に見出し，的確に応じ，無理なく導ければ，ASDの問題の多くを未然に防ぐことが可能となる。本稿では，そのための基礎理解とアセスメントについて述べ，事例も紹介していきたい。

I　変えない・やめない・始めないの子どもたち

ASDの人のこだわり行動には，3つの特性がある（白石，2008, 2013）。それは，こだわり行動の代名詞でもある「変えない」と，始めたらストップがかからないという「やめない」，そして，それら「変えない」「やめない」が大きく影響して陥るところの「始めない」の3つである。それらがどのような"つまずき"を招いているのか，まずは簡単に説明する。

1　変えない

学校で初めての夏休みを経験する小学1年生。休みの初日，それでも「学校に行く！」と言って大騒ぎをするASDの子どもがいる。その反対に，長期の休み明けから不登校になって，以降，何年も学校に出てこられないASDの子どももいる。

ASDの人たちは一度身につけた習慣を「変えない」特性をもつ。したがって，この子どもたちは，これまでの生活が大きく変えられる年度替わりの時期に，状態を崩してしまう。また，時間割やスケジュールが変わる行事のたびごとに，不安定になったり混乱状態に陥ることを繰り返す。

2　やめない

音楽で使ったリコーダーをやめられないで，国語の授業になっても吹き続けるASDの子どもがいる。図工での粘土細工にこだわって，算数の時間でも粘土いじりをしている子どももいる。さらには，休み時間，ブランコに乗ったら降りられず，教室に戻る時間に毎回遅れて，いつも叱られている子どももいる。

彼らASDの人たちは，気に入ったことがあると「やめない」特性をもつ。そのことから，物事の区切りをつけることが苦手である。したがって，授業やその他の活動における切り替え場面でいつも問題を起こし，休み時間のたびごとにトラブルを発生させてしまう。

3 始めない

学校生活が始まってから何カ月も経過したというのに，鉛筆は持たないし，一切ノートも取らない（書写しない）というASDの子どもがいる。給食では偏食が強く受けつけない物が多過ぎて，指導に困る子どももいる。トイレも「家のトイレと違うから！」という理由で，使用を拒む子どももいる。

彼らは，新奇な状況や初めての事柄に接すると「始めない」という態度に出る特性をもっている。したがって，新しい学習に乗れず，新しい習慣も身につかないので，「発達が阻害」されやすい子どもたちなのである。

II 「一番こだわり」から垣間見えるASDの子どものこころ

これらの他に学校生活において特筆すべきこだわり行動として，「一番こだわり」（白石，2009，2010，2011，2013）がある。これは，自分が「一番にならないと気が済まない」「一番最初に指名されないと怒り出す」「100点を取って一番にならないと納得できない」という特徴的な言動で知られている。

巷では「一番病」などと称されることもあり，軽く扱われてしまうことも多いが，実は指導上，これを的確に分析，把握する意味は大きい。なぜならば，「一番！」にこだわらざるを得ないASDの子どもたちの「理由」が背景にあるからである。

例えば，精神的に幼いASDの子どもは，自分の順番を見通せずに「待てない」から不安になって「一番最初に！」と騒ぐのである。一方，人に注目されたいタイプのASDの子どもは，「目立ちたい」から「オレ，オレ！」と訴えるのである。そして，「きちっと君」（辻井ほか，2009a，2009b）タイプといわれる完璧主義のASDの子どもは，「100点という完璧な一番を目指して」自分を鼓舞し続けているのである。

したがって，「一番がいい！」と主張する子どもたちを十把ひとからげにして，ぞんざいに扱ってはならない。ASDの子どもそれぞれに適した対応がある。

具体的には，幼い子どもには，視覚支援で見通しをもたせる。目立ちたい子どもには，平素から十分に目をかけ，声をかけ相手をして，満足させておくと，時には「2番，3番でもいいよ！」と折り合ってくれるようになる。「きちっと君」タイプは，ストイックに自分を追い詰めていくタイプでもあるので，強迫性障害に陥る危険性があることを念頭に置きながら，心身のリラクゼーションの仕方を教えていきたい。

さて，「一番こだわり」には，こうした「自分を一番に！」ということの他に，「自分が一番と見なした人にしか従わない」という「対人的な一番こだわり」もある。この場合，父親がその対象であると，しばしば「父親以外の人には，たとえ校長先生であっても聞く耳を持たない」という横柄な態度に出ることがあるので，学校で大きな問題となる。

また，「自分を決して"一番にしないでほしい！"」と願い続けているASDの子どももいる。彼らは，積極的に人前で振る舞うことに苦手意識をもっていたり，人前で失敗して恥をかくことを恐れているので，彼らに先鞭をつけさせることは避けていきたい。しかし，自尊感情は強いので，一番に指名することは避けつつも，状況を見ながら指名したり，発言させることも必要である。

このように，「一番こだわり」だけを取ってみても，こだわり行動は奥深いものなのである。

ちなみに，ASDの子どもの「学校におけるこだわり行動」を一覧にしたので参照されたい（表1）。

表1 学校でのこだわり行動一覧

変えない
- 描く絵を変えない。
- 時間割を変更すると怒る，混乱する。
- クラス替えに強く動揺する。
- 教室の変更が受け入れられない。
- 担任の交替が受け入れられない。
- 特定の先生から離れられない。
- 一人の先生の言うことしか聞かない。
- 同じ友だちとつねに一緒にいようとする。
- 一番でないと怒ったり，泣き叫ぶ。
- 体操服や上履きを持ち帰らない。
- 自己流の書き順を変えない。

やめない
- 授業中に好きな事柄に遭遇するとずっとそのテーマでしゃべっている。
- 音楽の時間が終わっても楽器を吹いている。
- お絵描きをやめない。
- 粘土をずっといじっている。
- ブランコを降りない。
- トランポリンから降りない。
- 砂遊びがやめられない。
- プールから上がれない。
- 唾を溜め続ける。
- 特定の物を集め続ける。
- 特定の友だちへの嫌がらせや暴言をやめない。

始めない
- 新規の筆記具や文具を使わない。
- 書写しない。
- 新しい登校班を嫌がる。
- 学校のトイレや校外のトイレは使わない。
- 新しい友だちや先生の名前は覚えない。
- 一度覚えた楽器以外は触らない。
- 新しい絵本や教材，ビデオなどを喜ばない。
- 遠足や野外活動を嫌がる。
- 合宿や修学旅行に参加したがらない。
- 給食を受けつけない。
- 新しい食材には箸をつけない。
- 掃除当番を無視する。

Ⅲ こだわり行動のアセスメント

1 アセスメントとレーダーチャート

　これまで見てきたように，こだわり行動は，多種多様で対象も千差万別である（表1）。しかも，ASDの人たちは一人で複数のこだわり行動を現すことでも知られている。

　したがって，「ASDのこだわり行動」という大雑把な捉え方では，個々人への個別的な対応は難しい。

　そこで，筆者は，①個人のこだわり行動の「基本的特徴」を把握するためのアセスメントと，②枝葉のごとく派生していく個々のこだわり行動を明らかにするためのアセスメントの，2つを行っている。

　①のアセスメントは，図1のレーダーチャート1「生活とこだわり行動」を用いる。そこでは，その個人の現すこだわり行動の全体的なイメージと，拡大性，こだわり行動の他に楽しみがあるかないか，知的な遅れの状況，人とのやりとりの状況，そして，周囲の人が感じる困り度の計6項目を4段階で評定する。

　②のアセスメントは，図2のレーダーチャート2「こだわり行動の分析」を用いる。ここでは，個人がもつ個々のこだわり行動について，その強さ，頻度，継続期間，マンネリ度，持続時間，変更が利くかどうかの計6項目を4段階で評定する。

2 レーダーチャート1 「生活とこだわり行動」の解説

　それでは，それぞれの項目について解説をしていく。

- **こだわり**：個人がもついくつかのこだわり行動を想起して，こだわり行動全体のイメージを〈激しく強い・強い・時々・少ない〉の強さの順に評定する。
- **拡大性**：ASDの人のこだわり行動は，対象

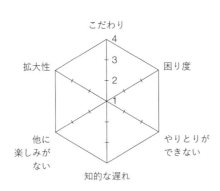

- こだわり
  ④激しく強い・③強い・②時々・①少ない
- 拡大性
  ④大・③中・②小・①ない
- 他に楽しみがない
  ④全くない・③1～2つはある・②3～4つはある・①たくさんある
- 知的な遅れ
  ④重度・③中度・②軽度・①ない
- やりとりができない
  ④ほとんどできない・③限定的にしかできない・②多少できる・①できる
- 困り度
  ④非常に困る・③とても困る・②やや困る・①困らない

図1　レーダーチャート1「生活とこだわり行動」

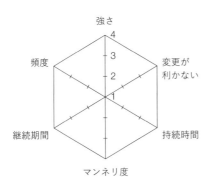

- 強さ
  ④激しく強い・③強い・②やや強い・①弱い
- 頻度
  ④つねに・③事あるごとに・②時々・①まれに
- 継続期間
  ④何年も・③何カ月も・②何週間も・①最近
- マンネリ度
  ④無理して行っている・③飽きている・②平然と行っている・①目を輝かせている
- 持続時間
  ④延々と続く・③比較的長く続く・②一定の時間内で終わる・①すぐ終わる
- 変更が利かない
  ④全く変更が利かない・③元に戻すことを前提にすれば変更が利くこともある・②交換条件がよければ変更が利くこともある・①説明すれば変更が利く

図2　レーダーチャート2「こだわり行動の分析」

を拡大させていく傾向にある。これは，放任や強圧的な接し方で助長される。この項目は，周囲の関わりをチェックする意味もある。〈大・中・小・ない〉の順に評定する。

- **他に楽しみがない**：こだわり行動だけが楽しみである，という状態では，こだわり行動は強まっていく。逆に，他に楽しみがあるのなら，それを活用して，徐々にこだわり行動を減らすことも可能となる。それを見出すために，〈全くない・1～2つはある・3～4つはある・たくさんある〉の順に評定する。

- **知的な遅れ**：知的障害が重度の場合，こだわり行動の他に楽しみを見つけることは難しい。その状態のときは，療育の原点に帰り，発達を底上げしていくことから始めたい。逆に，遅れがなかったり軽微な場合は，事前説明や言い聞かせによって，ある程度，こだわり行動を我慢させたり，変更を理解させたりすることも可能となる。そのため

に，ここで知的な遅れの状況を評定する。
- **やりとりができない**：人とのやりとりの状況によって，こだわり行動への対処の仕方が変わってくる。人とのやりとりが楽しめれば，こだわり行動の代替案も提示できる。こだわり行動に限らず，ASDの人に関わるうえでの重要なポイントである。
- **困り度**：周囲の人が感じている「困り具合」を指す。これは，評定する人の立場や経験によって意見は異なってくる。この項目はあえてその「関係性」を見るために設けられている。

3　レーダーチャート2「こだわり行動の分析」の解説

- **強さ**：特定のこだわり行動の強さを〈激しく強い・強い・やや強い・弱い〉の順に評定する。
- **頻度**：特定のこだわり行動が現れる頻度を〈つねに・事あるごとに・時々・まれに〉の順に評定する。
- **継続期間**：特定のこだわり行動を「これまで続いてきた期間の長さ」で評定する。何年にもわたって続けられているこだわり行動は，習慣化されて変更しにくい反面，「マンネリ度」が高まって「飽きている」可能性もある。それは，次の「マンネリ度」で改めて評定する。
- **マンネリ度**：ASDの人たちのなかには，自分のこだわり行動に「飽き飽きしている」にもかかわらず，「無理をして行っている」という人がいる。この状態にある人には，指導的な介入がしやすい。反対に「目を輝かせて」こだわり行動を遂行しているケースは，介入が難しい。平素から，このマンネリ度に注目して，こだわり行動の強いASDの人に接していく必要がある。
- **持続時間**：特定のこだわり行動が生起した際に，それが続く時間を評定する。「一定の時間内で終わる」レベルや「すぐ終わる」レベルであれば，対処する緊急性は低いと言える。しかも，自分で「終える頃合いを知っている」ならば，"自律的"であるとも言えて，評価する（誉める）対象となる。
- **変更が利かない**：ASDの人が有している「固さ」と「介入の可能性」とを推し量るべく設定された項目であり，〈全く変更が利かない・元に戻すことを前提にすれば変更が利くこともある・交換条件がよければ変更が利くこともある・説明すれば変更が利く〉の順に評定する。

IV　事例

※本事例は，本人を特定できないように加工してある。

1　A君の状態とレーダーチャート

A君は，小学1年生で通常の学級に在籍している。彼は，物おじせず，相手の都合にはお構いなしでよくしゃべった。1年生ながら，休憩時間は平気で上級生の輪に入り込んで遊んでもいた。それで時には，6年生と対等に渡り合ってしまい，ケンカになって，見かねて仲裁に入った校長先生にさえも「うるせぇ，このやろーっ！」と暴言を吐いて，以来，「元気過ぎる要注意人物」と目されるようになった。

A君は，授業中は鉛筆を持たず，先生の板書を書写しようとはしなかった。彼は，皆が一生懸命ノートに綴っている間は，暇をもて余して手いたずらをしたり，好きなサッカーの実況中継などの独り言に専念していた。

担任の先生がA君に「鉛筆を出して書きなさい」と命じると，彼は無視したので，先生が彼の筆箱に手を伸ばしてフタを開けてみると，中は空だった。そこで先生が「なんだ？　A君は鉛筆を忘れてきたのか？　だったら言いなさい。先生のを貸してあげるから」と言うと，A君は

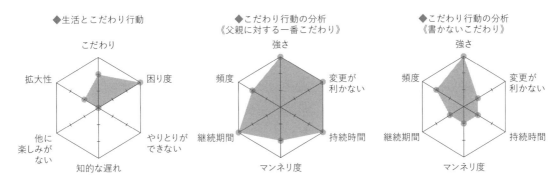

図3 A君のレーダーチャート

先生の手を払い除けて,「わーっ,やめろー,この人殺し！」と大声を出して抵抗したのである。

ところがである。新年度最初の授業参観日,いつものように「書かない」A君の姿に触れて「お前は何やってるんだ！」と怒った父親に促されて,A君は「鉛筆を貸してください」と担任の先生に申し出たのである。「父親になら,従順に従うんだ」と担任の先生は察したという。

それからしばらく経って,母親から学校に電話があった。母親は「うちの子は,毎日学校で友だちに鉛筆を盗られてしまうので"書けない"と言っている。だから,筆箱を空にして帰ってくる」と訴えた。

ここにきて,真相が明らかになった。実はA君は,毎朝,母親が揃えてくれていた鉛筆や消しゴムを自ら,登校途中で"捨てて"学校に来ていたのである。

4月の末,筆者はこの学校に呼ばれ,先生方と両親も交えて対応を協議した。その際,筆者は,これまでの経緯と,A君の様子を直接参観した印象から,彼が「社会性の障害」と「コミュニケーションの障害」を併せもち,かつ「いろいろなこだわり行動」をもっている,ASDの範疇にいる子ども,と見立てていた。

そこで,先生方や両親から聞き取りをしてまとめたのが,図3のA君のレーダーチャートである（紙数の関係で一部の提示に留める）。

筆者は,先生や両親に「A君には,お父さんに対する一番こだわりがある」こと,「書かないこともこだわり行動で,強く鉛筆を拒んでいるのも"始めない"こだわりである」ことを告げた。

そして,「サッカーもこだわりでしょうか？」と尋ねると,両親は「その通りで,しかも,Aが着たがる服の色は好きなサッカーチームのチームカラー（オレンジ）に限られている」ことを明かした。すると,担任の先生がA君は給食時に強い偏食を見せることを指摘し,母親も「好き嫌いがとても多い」ことを付け加えた。筆者は,「偏食もこだわり行動のひとつである」ことを説明した。

父親が「これだけの"状況証拠"が揃ったのだから,今後も専門職の先生にアドバイスをいただきたい」と申し出た。先生方も「今後のことも考えて,専門機関で診てもらいましょう」と言って話を進めていった。

ちなみに,その後A君は,専門病院で「自閉症スペクトラム障害」と診断され,引き続き筆者の巡回指導を受けることになった。

2　レーダーチャートによるアドバイス

筆者は,「生活とこだわり行動」のレーダーチャート（図3左）の結果から,「こだわりは総じて強く,結果,周囲の困り度は高いけれど,拡大性は低く,こだわり行動の他に楽しみがあ

り，知的な遅れもなく，人とやりとりができる状態だから，うまく指導はできる」と概観した。

そして，「こだわり行動の分析」のレーダーチャートでの「父親への一番こだわり」（図3中央）からは，「強さ，頻度，継続期間，持続時間，変更が利かない，という項目がどれも高いポイントを示しているので，父親へのこだわりは"大変に強い"状況と捉えた。しかし，だからこそ，それを利用して，父親からA君に"他の大人や先生の言うことを聞きなさい"と指示してもらえばよい」と提案した。実際，マンネリ度も高かったので，「A君もそろそろ，父親以外の人の存在も気になる頃だ」と補足説明した。

さらに，「書かないこだわり」（図3右）については，「変更が利かない」という項目の「交換条件がよければ変更が利くこともある」にチェックが入れられたことを重く見た。それは，先生が「図画のとき，クレヨンを提示したら，喜んで絵を描いてくれた」と証言したことに基づく。つまりA君は，保育所時代に使っていたクレヨンにこだわって，鉛筆を強く拒否して，「書かなかった」のである。

したがって，筆者は，両親に「A君の場合"書かない"のは，自閉症スペクトラム障害の特徴であるこだわり行動によるもので，叱って書かせるものではない」と前置きをして，「太くて小さい幼児用の鉛筆を筆箱に入れて，"クレヨンみたい"だからこれを使おう，と言い聞かせてください」とお願いした。

3　結果

父親がA君に「担任の先生は昔，サッカー部に属して活躍していたこと」やA君と同じ「サッカーチームが好きで，チームカラーのオレンジも好きだ」ということを伝え，「だから，お父さんは先生のことが大好きだし，先生を尊敬するし，お父さんも先生の言うことなら聞く」と宣言した。A君は「じゃあ，僕もそうする」と言って，以来，担任の先生の話に耳を貸すようになった。そして，担任の先生がYシャツの下にサッカーチームのTシャツを着ていることが判明すると，なおのことA君は先生をリスペクトするようになった。

一方，「書かない」ことは，「幼児用のクレヨンのような鉛筆」を使用することでうまく克服された。今では，「廃棄寸前の使い古されたチビ鉛筆」をA君は集めて回り，楽しく学校生活を送っている。

V　おわりに

以上のように，こだわり行動をレーダーチャートによって内容分析すると，関わり（対処）の糸口が見えてくる。それを関係者で協議すると，一層子どもへの理解が深まり，関係者も落ち着く。現場での使用を推奨したい。このレーダーチャートは，複写使用可として文献（白石，2013）に掲載されているので利用されたい。

◆文献

石井哲夫，白石雅一（1993）自閉症とこだわり行動．東京書籍．

白石雅一（2008）自閉症・アスペルガー症候群とこだわり行動への対処法．東京書籍．

白石雅一（2009）無理なく×2，楽しく×2，療育を──ガンバレ父さん！の巻．アスペハート 22；42-55．

白石雅一（2010）自閉症スペクトラム──親子いっしょの子どもの療育相談室．東京書籍．

白石雅一（2011）おくのふかーい一番こだわりの理解と対処法．アスペハート 27；48-52．

白石雅一（2013）自閉症スペクトラムとこだわり行動への対処法．東京書籍．

辻井正次，吉橋由香，田倉さやか，林陽子（2009a）きちっと君の練習帳①．特定非営利活動法人アスペ・エルデの会．

辻井正次，吉橋由香，田倉さやか，林陽子（2009b）きちっと君の練習帳②．特定非営利活動法人アスペ・エルデの会．

◉学校における問題のアセスメントと方向付け

コミュニケーションの難しさへのアセスメントと方向付け

水間宗幸

I はじめに

　発達障害児が学校などで起こすトラブルはコミュニケーションの問題をはらむものが多く，その指導もまたコミュニケーションによって行われる。ただ，乳幼児と母親のやりとりや，企業におけるプレゼンテーションもまたコミュニケーションであり，コミュニケーションが意味する範疇は際限がない。そこで本稿ではひとまず，コミュニケーションという用語を便宜上，「日常生活における音声言語を中心としたやりとり」と限定し，このなかで発達障害児がもつコミュニケーションの難しさとアセスメント，さらにそれに対する支援の方向性について述べる。

II コミュニケーションにおける三項関係を拡げる

　コミュニケーションは単なる二者間における言語のやりとりではない。日常的なコミュニケーションはテーマという共有物を中心にした三項関係である。例えば「野球」というテーマを共有することによって二者がやりとりを行っているのである。つまり豊かなコミュニケーションを行う上では，このテーマが共有されていることが前提となる。自閉症スペクトラム障害（以下，ASD）児の場合，興味が限局的であるため，コミュニケーションを行う上で多彩なテーマを扱うことが難しく，そのためパターン化したやりとりや同じ話題に終始し，相手が知らないことでも話し続けるといった状態に陥りやすい。このテーマを増やす／育む方法として考えられるのは，「楽しい共有体験を増やす」ことである。これは日常的な学校生活において十分支援が可能なものである。

　例えば「体育の授業でサッカーをして楽しかった」「給食がおいしかった」などは，みんなで味わった「楽しい共有体験」である。このときに重要になるのは「楽しかった」という想いである。「楽しかった」という想いを「誰かに伝えて」「それが伝わった」という経験が，「もっと誰かにこの思いを伝えたい」という気持ちを育てる。これがコミュニケーションの基盤となり，子どもたちのコミュニケーションの意欲を掻き立てる。これは学校のみならず家庭においても同様であり，「伝えたい相手」は大好きな母親であったり学校の先生であったりする。つまり，学校と家庭が有機的に連携することによって，家庭での楽しかった想いを学校の先生へ，学校での楽しかった想いを家族へ伝えることが可能となり，それぞれの関わり手（おとな）がその想いを受け止めることによって，コミュニケーションに対する意欲の向上につながるのである。

III 言語学的側面からのアセスメントと支援の考え方──音韻論・意味論・統語論・語用論的視点からのとらえ方

　音韻論とは，ことばは音素から成り立っているという考え方である。この音素を正しく弁別

し使用することが可能か否かという考え方である。音韻論的側面からみたコミュニケーションの困難さは、学習障害などを伴う場合、「ぱ・ば」「む・ぬ」など似た音を正しく区別して表記できないことに現れる。これは聴覚弁別（正しく聞き分けること）ができていないため、表記する文字も書き分けがうまくいっていない可能性がある。例えば「ぱんくん」「ばんくん」と名前を付けた人形で遊びながら、「ぱんくん取って」と声をかけた後、正しい人形を手渡すことができるかという課題を通して確認が可能である。またこのような遊びのなかで弁別のトレーニングを行うこともできる。

意味論は、ある単語がもつ意味の構成概念が対象となる。この領域の困難として、ある事例では「食器は全てガラス製品」という理解をする子どもがいた。この場合、日常的なコミュニケーションで「食器」がテーマになると、二者間でのコミュニケーションのすれ違いが起きるだろう。また抽象的なことばであればあるほど、認知の偏りが見られるASD児では概念化が困難になる。また、難しいことばを好んで使いながらも、その実意味をよくわかっていないということも多い。つまり教科書に出てくる何気ないことばも、意外と理解できていない可能性が高い。そのため、個別の指導などのなかで単語の理解を確認することが大切である。またWISC-IVの言語理解指標の得点もさることながら、具体的な解答の内容は子どもを理解する上で大きな参考となる。このような困難さをもつ子どもに対しては、丁寧な意味の説明とともに、可能であれば体験に基づいた意味理解も有効である。「ざらざら・つるつる」の意味がわからなかった中学生には、「紙やすり・本の表紙」「アスファルト・ガラス」などを実物に触りながら比較し、それぞれの意味を体験的に学ばせるといった方法である。

統語論とは、文法にのっとって言語を操り表現することである。例えば、質問に対し同じ質問の文章を使うことによって自分の要求を伝えるといったエコラリア的側面も、統語論的問題としてとらえることができる。しかしこの問題は、ある程度の「型」を提供することにより解消される部分もある。例えば要求の場合は「○○をください」という定型表現、学校での発表の仕方や朝の会の司会進行のセリフなど、定まった「型」がそれである。

最後の語用論であるが、これはいかに文脈に適した言語を使用できるかというものである。おそらくASD児が最も苦手とする側面がこれであろう。文法通りに正しい日本語を話せたとしても、それが文脈に即したものでなければ、適切なコミュニケーションとは言えない。日常における「雑談」などは、会話のターンを観察し、変化し続けるテーマを追い続け、それに即したコメントを、他の人の発言を遮らないようにタイミング良く発しなければならないため、この作業は非常に複雑で困難となる。

IV コミュニケーションのプログラムを組み立てる前に

コミュニケーションは、言語的コミュニケーションと非言語的コミュニケーションに分けられるが、これはコミュニケーションの道具として何を用いているかという考え方である。このことをコミュニケーションのなかで何が行われているかという側面から考えると、「情動の交流系」と「情報の伝達系」という2つに分けることができる（表1）。「情動の交流系」とは、「楽しかったね」「おいしいね」など気持ちを分かち合うタイプのものであり、「情報の伝達系」とは、「おしょうゆとって」「はい、どうぞ」など必要な情報を正確に相手に伝えるタイプのものとして考えることができる。つまりASDの子どもたちにとってわかりやすく、なおかつプログラムとして作りやすいのは、言語を中心とした情報の伝達系ということになる。

表1 コミュニケーションの分類とASDの子どもたちのわかりやすさ

	情報の伝達系	情動の交流系
言語的コミュニケーション	わかりやすい	少しわかりにくい
非言語的コミュニケーション	少しわかりにくい	わかりにくい

　実はコミュニケーションにおいて，慣れ親しんだ家族や友人以外とは，それほど情動の交流を行う必要はない。むしろ生活上のスキルとして学校教育のなかで身につけておけるのは，情報の伝達としてのコミュニケーションの能力とも考えることができる。そこで本稿では，筆者が臨床現場で用いている情報の伝達系を中心とした具体的なコミュニケーションに関するプログラムの一部を，以下に紹介する。

V　具体的なプログラム

1　自己紹介のプログラム

　自己紹介は多くの場面で必要となるため，このスキルを獲得している子どもは多い。獲得できていなければそこから始めるのだが，ここでコミュニケーションであることを意識させる。まず，①名前，②誕生日，③血液型，④好きな食べ物といった枠組みを作っておく。2人組で交互に自己紹介をするときに，聞き手には相手の自己紹介の内容を項目ごとに記録させる。このとき自己紹介をする側は，1項目ずつしか言ってはいけない。そして，聞き手は記録が終わったらうなずき，話し手は相手がうなずき終わってから次の項目を話す。聞き手が字を書くことが苦手な場合は，書くまねだけでも良い。これを交互に行う。

　このプログラムは，話し手が聞き手の存在を意識し，相手に合わせて話をすることを目的としている。ASD児は，自分のペースで話をし，相手に合わせることが難しい。しかし「うなずく」ことが「わかりました。次のことを話してください」の合図であるという非言語的サインを理解し，相手のペースに合わせて待つ，ということがポイントである。また聞き手の側も，うなずくという非言語的サインを意識して使うトレーニングができるプログラムとなっている。

2　質問のプログラム

　あいさつや自己紹介などのほかにも，「型」として獲得しやすいものに，「質問」がある。しかしASD児を観察していると，相手がどう反応するかを確かめず，「○○を貸してください」「○○ってどういう意味ですか」など突然話しかけるだけ，という場面をよく見る。コミュニケーションは相手が存在していることを前提にすると考えると，これはやはり適切ではない。そこで，このプログラムでは「すいません」と声をかけるところから始める。声をかけられた側がしばらく待って，「何ですか？」と振り返ったところで，話し手が自分の要求を伝えるというものである。また質問の場合も「聞いてもいいですか？」から始め，自分の聞きたいことを聞き，最後に「ありがとうございました」で終わるというトレーニングである。

　このトレーニングは，コミュニケーションには聞き手が存在するということを前提にし，「すいません」や「聞いてもいいですか」という声かけのあと，相手の反応を待って自分の要求を伝えること，そして「ありがとうございました」と最後につけることで，これで私の質問は終わりですよと伝えることを意識させるという目的がある。いずれも自分のことだけではなく，コミュニケーションには相手がいることを意識させることが重要となる。

3　もっと楽しい質問のプログラム

　雑談ができないというのは，ASD当事者や母親がよく訴えるコミュニケーションに関する悩

みである。そこには話の広げ方がわからないという悩みが含まれている。そこで筆者が開発したのが，簡単にこれを身につけるきっかけを作るプログラムである。自分の聞きたいこと，例えば「好きな食べ物は何ですか？」などの質問の後に，「どうしてですか？」と再度質問を重ねるものである。「どうしてですか？」と聞くことで，「リンゴが好きだから」「あまい食べ物が好きだから」など新しい情報を聞くことができる。すると，「あ，ぼくもリンゴが好きだ」と返したり「じゃあ，ミカンはどう？」など次の質問につながりやすくなる。実際，よく観るテレビ番組が好きな理由を聞いてみたら，相手の好きなタレントが自分と同じだったと発見することができ，話が膨らんだ子どももいた。

またこのプログラムでは，質問を考えること自体が苦手な子どもも多いため，あらかじめ「質問おみくじ」を作って質問の「型」を用意しておき，自分で考えなくても楽しい質問ができるように工夫することもできる。例えば「宝くじで100万円当たったらどうしますか？」だったり「透明人間になったら何をしたいですか？」などの質問例を用意するのである。これも面白い質問があるということを知るきっかけとなる。ここでの工夫は支援者の側の腕の見せ所ともいえる。

4　話の順番を守るプログラム

5〜6人程度のグループによる話し合いが望ましい。人の話を遮ったり，自分だけが話をしたりする子どもにも，話し合いのルールが理解できるようなプログラムである。粘着テープで新聞紙などを丸めたボール状のものを用意し，これを持っている人だけが話をするというルールで活動を行う。そして，先生が質問をしたことに対し一人ひとり答えてもらう場面から導入し，最初に答える人にボールを渡す。答え終わったら，次の人にボールを渡し自分の話を終える。

このプログラムのポイントは，誰が話してよいのか明確な目印があり，さらに目印を持っている人が話をするルールがあるため，誰に注目すればよいかわかりやすいというところにある。ここで本物のボールを使わない理由は，本物のボールであればそれで遊んでしまうことがあるため，それを避けることにある。ボールはあくまでも目印なので，なるべく無意味なものが望ましいだろう。

VI　プログラムを作る上で優先させること

先述のように，コミュニケーションを行うことは楽しいという感情が，さらなるコミュニケーションの意欲を生む。つまりこれらのプログラムを実行するときは，楽しみながら活動をするという姿勢が大切になる。面白い質問を考える理由はここにある。そして「楽しかった」「ちゃんと伝わった」という実感が得られる活動を基盤に，さらなるコミュニケーションの技術を発展させていく。つまり，他者とのやりとりが楽しいから，もっと仲良くなりたいという想いを育てることが，コミュニケーション支援の一番大切な方向性なのである。

◆文献

竹田契一，里見恵子，西岡有香（1997）LD児の言語・コミュニケーション障害の理解と指導．日本文化科学社．

辻井正次ほか（2012）楽しい毎日を送るためのスキル——発達障害のある子のステップアップ・トレーニング．日本評論社．

水間宗幸（2013a）さらに豊かな「やりーとり」の世界へ——双方向コミュニケーションプログラムの試み（第1回）双方向コミュニケーションプログラムの前提と構想．アスペハート12-1；132-135．

水間宗幸（2013b）さらに豊かな「やりーとり」の世界へ——双方向コミュニケーションプログラムの試み（第2回）基本的なプログラムとその構成内容の理解．アスペハート12-2；122-126．

水間宗幸（2013c）さらに豊かな「やりーとり」の世界へ．双方向コミュニケーションプログラムの試み（第3回）プログラムの応用編．アスペハート12-3；122-126．

◉学校における問題のアセスメントと方向付け

不注意や落ち着きの問題のためのアセスメントと方向付け

村山恭朗

I　はじめに

　近年，全国の小中学校600校（53,882名）を対象とした調査が行われ（文部科学省初等中等教育局特別支援教育課，2012），知的発達に遅れがないものの「不注意」または「多動性－衝動性」の問題を示すと担任教員が評価した児童・生徒の割合は，3.1%（95%信頼区間2.9～3.3%）に及ぶことが報告されている。これは，1クラスが30名として換算すると，担任教員が不注意や落ち着きのなさの問題を抱えると評価する児童・生徒は，おおむねクラスに1人存在する結果である。つまり，不注意や落ち着きのなさに由来する問題行動を示す児童・生徒はどのクラスにも存在し得るのである。また不注意や落ち着きのなさは，数年後に認められる情緒の不安定，友人関係におけるトラブルの多さ，問題行動の多さ，学業不振を予測することが見出されており（伊藤ほか，投稿中），早期に不注意や落ち着きのなさの問題に介入することは，児童・生徒の心理・社会的問題の抑止につながり得る。そこで本稿は，児童・生徒が示す不注意と落ち着きのなさに関するアセスメント法や，学校現場で取り組めるこれらの問題行動への介入法を検討する。

　「不注意」「落ち着きのなさ」という言葉を耳にすると，多くのスクールカウンセラー（SC）などの心理職や発達障害の知識をもつ教員の方は，すぐに「注意欠陥／多動性障害（ADHD）」を連想することと思う。確かに，過剰な不注意や落ち着きのなさといった問題を抱える児童・生徒が，ADHDの診断基準を満たす可能性は高いであろう。これを評定するためには，教員や保護者など複数の視点から児童・生徒の状態を評価できるADHD-RSが有効である。しかし，学校現場への支援の適用を鑑みると，ADHDのアセスメントを行うだけでは不十分であると思い至る。ADHD特性が強い児童・生徒であっても，不注意や落ち着きのなさの問題が常時表面化しているわけではない。時に彼らは教員の言葉に適切に注意を向け，落ち着いて授業に参加しているはずである。学校現場での取り組みを考える上では，全般的な発達特性を把握することも必要であるが，それ以上に当該児童・生徒がどのような状況で注意が散漫になり，どのような場合に落ち着きのなさという問題が顕在化するのかについてアセスメントしなければ，介入を計画し実行するための有益な情報を得ることはできない。そこで本稿では，行動的側面からのアセスメントおよび介入法を論じることにする。

II　行動的アセスメント──応用行動分析

　先にも論じたように，不注意や落ち着きのなさという問題を示す児童・生徒は常時そのような問題を示し続けているわけではない。授業のどのような場面でその問題行動が引き起こされるかについて，教員やSCは把握する必要がある。しかし，質問紙法では，このような状況と

児童・生徒が示す問題行動における関係性を十分に，そして的確に把握することはできない。そのため，より直接的（観察的）で，より詳細なアセスメントが必要になる。これを可能にするのが応用行動分析（Applied Behavior Analysis：ABA）である。ABAは当該児童・生徒への行動的介入の立案に必要とされる基礎データを教員やSCに提供してくれるものでもある。

1　ABAの基本

ABAの基本は「ABC」である。"A"とは，Antecedent（先行条件）の頭文字を指しており，具体的には，子どもが特定の行動を示す前に何があったのか，その行動が生じた状況や環境はどのようなものであったのかに関する情報である。"B"は当該児童・生徒が示す行動（Behavior）である。"C"は当該児童・生徒が特定の行動を起こした後，結果的に彼らが何を得たのかに関する情報である。つまり，行動により得られた結果（Consequence）や"報酬"である。ここで注意すべきことは，"報酬"とはその児童・生徒自身が「ご褒美」として感じられるものを指していることである。実際，多くの児童・生徒にとって，教員に叱られることは嫌悪的なもの（弱化子）であるが，一部の児童・生徒にとっては報酬（強化子）になり得る。例えば，教員に叱られることで，周囲の児童・生徒から肯定的な注目を集めることもあるし，教員に叱られることでやるべき課題から逃げられることもあろう。このような場合，通常ならば問題行動を止めさせるはずの教員の叱責は，児童・生徒にとって「ご褒美」となり，かえって問題行動を促進する強化子として機能することになる。このようにABAは，対象となる児童・生徒が示す問題行動のメカニズムの一端を我々教員やSCに提供し，彼らが示す問題行動に対して適切に介入する手がかりを与えてくれる方法なのである。

2　ABAのステップ

ABAを用いたアセスメントのプロセスは3ステップある。1つ目は情報収集の段階である。このステップでは，当該児童・生徒が特定の状況で示す問題行動，その行動の結果として何を得ているかについて観察し，当該児童・生徒が示す「状況－行動－結果（ABC）」に関するデータを収集する。この際，当該児童・生徒のあらゆる行動に関して観察を行うのではなく，特定の問題行動（授業中に隣の席の生徒と私語を始める，離席する）に着目し，データを収集する必要がある。

このステップでは，単独の視点から当該児童・生徒の問題行動を観察するのではなく，SCを含めた複数の教員の視点から行うことが望ましい。これは観察者のバイアスを抑止するだけではなく，当該児童・生徒が示す「状況－行動－結果」の包括的な理解を促すことに寄与する。そして，このステップで得られる当該児童・生徒のデータの質と量は，次のステップにおける「仮説」の良し悪しを左右する。

問題行動の前後のデータを収集した後，「仮説」を生成するステップに移る。ここでは，当該児童・生徒が示す問題行動の前後関係についてのデータに基づき，注意散漫や落ち着きのなさという問題行動が引き起こされるメカニズムに関する仮説を立てていく。やはり，このステップにおいても，複数の視点から検討することが望まれる。

最後のステップは，想定された仮説が妥当なものであるかを検証する段階である。検証がなされていない「仮説」は言うなれば，単なる憶測に過ぎない。それゆえ，この憶測が実際に当該児童・生徒が問題行動を引き起こすメカニズムと一致しているかについて検証する必要がある。この作業は，意図的に問題行動が生じる状況（先行条件）や，問題行動の後の強化子を操作することを通して行う。この段階においても妥当な仮説が得られない場合には，「状況－行動

－結果」に関するデータの収集を行う過程（ステップ1），もしくは得られているデータを再吟味し新たな仮説を検討する過程（ステップ2）を再度行う必要がある。

3　SCの役割

ABAを行う上でのSCの役割は，要はコンサルテーションである。多くの教員はABAに精通しているわけではない。そのためSCは教員にABAの基本を伝え，教員自らがABAの観点から対象となる児童・生徒の行動観察ができるよう導き支援していく必要がある。このようなSCの支援は，学校全体で当該児童・生徒の行動を観察するシステムを構築し，教員が中心となって当該児童・生徒への行動的介入を実行する土台を形作る過程でもある。

具体的な支援としては，まずターゲットとなる問題行動の特定が挙げられる。日々，児童・生徒が示す不注意や落ち着きのなさに悩まされている担任教員にとっては，当該児童・生徒が示す行動すべてが"問題"と見なされてしまうため，当該児童・生徒の中核となる問題行動を抽出することは難しい場合がある。SCは当該児童・生徒の核となる問題行動を一方的に指摘するのではなく，教員の悩みに配慮しながら，認知療法で使われているソクラテス式問答のように，教員に適切な質問や疑問を投げかけ，教員自らが問題行動を特定できるよう支援する必要がある。

同じように，「状況－行動－結果」の関連性を探る作業にも，SCの支援が必要とされる。私が経験したことでもあるが，「状況－行動－結果」の関連性を探る際，ABAの視点に慣れていない支援者はどうしても，問題行動の原因を児童・生徒の気質／パーソナリティ（「もともとの気性が悪い」）や家庭環境（「しっかりと親が躾をしていない」）に求めてしまい，議論が問題行動への介入法には結びつかない場合が多い。もちろん児童・生徒の気質や家庭環境は問題行動の一因になっていることもあるが，そこに原因を求めてしまっては学校現場での介入が疎かになろう。SCは適宜ABAの視点を教員に認識させ，後の行動的介入につなげるために「状況－行動－結果」の検討を推し進める必要がある。

III　行動的介入

児童・生徒が示す問題行動が引き起こされるメカニズムを理解した後，「仮説」に基づき，介入計画を立案し実行していく。以下に，行動的介入を行う上でのポイントを挙げる。

1　適応行動を強化する

問題行動を止めさせることのみに固執すると，当該児童・生徒に対する教員の指摘や叱責は徐々に強まっていく可能性がある。しかし，強い叱責はかえって当該児童・生徒反発を招き逆効果になる（Pfiffner & O'Leary, 1987）ため，当該児童・生徒の問題行動を抑止するには，その問題行動に代替し得る適応行動へと彼らを導く必要がある。例えば，授業中に集中できず他児とおしゃべりしてしまう児童・生徒に対して，「おしゃべりを止めなさい」と注意するよりも，授業中に求められる適応行動を具体的に示し，授業中に当該児童・生徒がその適応行動を示したときに（それがたとえ周囲の児童・生徒が当たり前のようにしている行動であっても），適切に強化子を与えるほうが効果的である。

2　理解しやすいルールの提示

不注意や落ち着きのなさを示す児童・生徒には，すぐに理解できる明確なルール（求められる適応行動）を提示することが必要である。例えば，口頭で伝えるよりも視覚的な方法で児童・生徒に伝えるほうが有効である。またADHD特性が強い児童・生徒は実行機能の障害が認められること（Rapport et al., 2013）から，教員やSCは授業内において一度ではなく複数回にわた

りルールを認識させる必要があることも忘れてはならない。ルールの内容は，「1　適応行動を強化する」でも述べたように，「私語はしない」など不適応行動を押さえる内容よりも，「手を挙げてから発言する」など適応行動を示すほうが効果的である。

3　強化子のタイミング

適応行動を示した児童・生徒を褒める（強化子を提示する）タイミングは，その行動が示された直後が理想的である。特に，問題行動を示す児童・生徒に対しては，他の児童・生徒よりも素早く強化子を提示する必要がある。強化子は，言語的な形（声に出して褒めるなど）でも，視覚的な形（当該児童・生徒への笑顔，視線，うなずき）でも効果的である。この点に関して，SCは教員が授業内で適切に強化子を当該児童・生徒に与えることができているかについて確認する必要がある。

4　強化子は繰り返し提示する

強化子は素早く提示するのみならず，当該児童・生徒の適応行動に対して繰り返し提示する必要がある。例えば，授業内で適応行動を示した直後に褒めるだけではなく，授業が終了した後や帰りの学活などの際に，時間内（授業内やその一日の学校生活）に複数の適応行動を示せたことに対して強化子を提示することもできよう。強化子を繰り返し当該児童・生徒に与えることで，彼らの適応行動を促進するのみならず，適応行動を継続しようとする意欲を高めることもできる。

5　環境調整

ABAの結果，注意の散漫さや落ち着きのなさの背景に学業問題が明らかになるケースもある。具体的には授業内容が理解できないために，一部の児童・生徒は注意が散漫になったり落ち着きがなくなったりする。このような児童・生徒は，通常の授業内ではほとんど強化子を受けることがないため，授業へのモチベーションが低下していると考えられる。そこで，このようなケースでは，当該児童・生徒が強化子を適宜受けられるように，当該児童・生徒の状況を操作（環境調整）する必要がある。たとえば，周囲の児童・生徒が計算ドリル1枚をやるべきところ，当該児童・生徒がその半分までできたときに褒めるなどである。このように学習面の問題を抱える児童・生徒の授業へのモチベーションを高め適応行動へと導くために，彼らの課題は周囲の児童・生徒よりもハードルを下げ，より強化子を受けやすくなるように配慮する必要がある。

6　家庭との連携

問題行動を示す児童・生徒を適応行動へと導くためには，彼らにとって魅力的な強化子が必要である。しかし，学校現場では，お菓子など物質的な強化子を児童・生徒に与えることは困難である。強化子の魅力が不十分である場合，適応行動へのモチベーションが高まらず行動的介入に支障が生じる恐れがある。これを解消するためには，当該児童・生徒の保護者からの支援が不可欠である。具体的な方法としては，トークンシステムを利用する。トークンシステムでは，対象児が適応行動を示すたびにその証（トークン）が与えられ，獲得したトークンの数に応じて対象児はさまざまな強化子をもらうことができる。具体的には，当該児童・生徒が授業中にルールに則った適応行動を示すたびに，教員はシールなどのトークンを与え，その児童・生徒は1日に獲得したシールの数に応じて，帰宅後に特定の強化子がもらえるようにする。トークンシステムを利用することで，家庭と協働することもできる。強化子の例としては，10枚のシールで好きなお菓子を購入できたり，20枚以上で30分間TVゲームをすることができたりするなどが考えられ，学校現場では与えることができない，児童・生徒にとって十分に魅力

的なご褒美を用意することができる。もちろん，このようなシステムを導入するに当たっては，保護者に対して十分に情報（当該児童・生徒の見立てや行動的介入など）を提供する必要があり，このときのSCの役割は教員と家庭をつなぐことである。

IV まとめ

本稿では，不注意や落ち着きのなさを示す児童・生徒のアセスメントと介入法を行動的側面から論じた。関係者や関係機関の努力があり，現在，SCは小中学校に欠かせない存在となっている。しかし一方で，問題行動の効果的な介入であるABAはそれほど浸透していない。それゆえ，今後は，ABAを学校現場に適用していくことが望まれる。本稿が，少しでも，教育現場でABAを行うSCや教員の方の実践に寄与できれば幸いに思う。

◆文献

伊藤大幸，野田航，中島俊思，田中善大，浜田恵，片桐正敏，髙柳伸哉，村山恭朗，辻井正次（投稿中）保育士の発達評価に基づく就学後の心理社会的不適応の縦断的予測——保育要録用発達評価尺度の開発.

文部科学省初等中等教育局特別支援教育課（2012）通常学級に在籍する発達障害の可能性のある特別な教育的支援を必要とする児童生徒に関する調査結果について．(http://www.mext.go.jp/a_menu/shotou/tokubetu/material/__icsFiles/afieldfile/2012/12/10/1328729_01.pdf［2014年5月19日閲覧］).

Pfiffner LJ & O'Leary SG (1987) The efficacy of all-positive management as a function of the prior use of negative consequences. Journal of Applied Behavior Analysis 20 ; 265-271.

Rapport MD, Orban SA, Kofler MJ et al. (2013) Do programs designed to train working memory, other executive functions, and attention benefit children with ADHD? : A meta-analytic review of cognitive, academic, and behavioral outcomes. Clinical Psychology Review 33 ; 1237-1252.

◉学校における問題のアセスメントと方向付け

学業不振や理解のためのアセスメントと方向付け

片桐正敏

I はじめに

臨床家（本稿では特に心理職）が学業不振のある子どもを理解する際にまず肝に銘じておくべきことは，どんな子どもでも「知りたい」「わかるようになりたい」という知的欲求が存在する，ということである。筆者は学業に困難を抱えている児童生徒やLD（学習障害）のある児童生徒と多く関わってきたが，例外なく彼／彼女らには知的欲求が存在した。学業に困難を抱えている児童生徒を理解する際，まずはこうした気持ちに寄り添い，その上で適切なアセスメントバッテリーを組む必要がある。知的欲求があるにもかかわらず，努力をしても学業がうまくいかず勉強が嫌いになった子どもは，「わかるようになりたいのに，わからない」という辛い気持ちを抱えたまま学校生活を過ごしている。さまざまな心理検査を通して得られたアセスメントの結果は，子どもの問題解決の一助になり得るが，一方で検査を実施することによる「心理的侵襲性」も考慮した上で慎重に行いたい（片桐・松井，2014）。すなわち，検査には「心理的侵襲性」がある以上，子どもや保護者，学校に適切な形でフィードバックされることが必須であり，指導や支援に活かされないのなら検査は実施してはならない。学校現場では，個々の実態把握だけではなく，支援法の検討およびその支援の評価も含めてアセスメントになることを，はじめに明確にしておきたい。

また，対人相互交渉などの社会性の問題，不安や抑うつなどの心理的な問題は，学業不振の一因となり，支援すべき重要な側面である。情緒的な安定なくして学業など成立しない，といっても過言ではない。まずは落ち着いて安心して学習に取り組める環境の整備を，学習支援者は保障しなければならない。本稿では，心理的問題を理解するアセスメントやコミュニケーション問題を理解するアセスメントは一部をのぞき扱わず，他稿に譲る。だが，あくまでもこれらの環境整備と情緒的安定が一定程度保障されてこそ，認知発達特性に基づく学習支援が可能になることを強調しておきたい。

II 学習アセスメントの手続き

児童生徒が学業不振に陥る理由は大きく分けて3点あるだろう。1点目は，先に挙げたように社会性や心理的な問題である。2点目は，学習環境の問題であり，これは心理的側面にも影響を与える。3点目は，得手不得手という学習モダリティの背景に存在する個人の認知特性である。知的発達障害とされるような全般的に認知処理が一定程度低下している児童生徒の場合は，一般的に高度な学習が困難になり学習不振に陥る。限定されたある能力のみが低下している場合，学習能力に偏りが見られ，学習不振に陥る。この場合，全般的知能は境界域から正常域であり，LDの存在が推定される。このような子どもの場合，とりわけ全般的な知的発達と学年相応の読み書きの到達度および理解力との

乖離を評価する必要がある。学習アセスメントでは，子ども一人ひとりの認知特性を把握し，その子の強い認知的側面を支援に活かし，弱い認知的側面を補うような学習支援計画を策定することが強く求められる。

　学校で取り組める学業不振や理解のための主要なアセスメントツールを表1に示す。学習アセスメントの実施者は，表1にある検査を実施し解釈を行う際，認知心理学や神経心理学，加えて発達心理学の知識が求められる。学校教員のなかには，心理学の知識が必ずしも十分ではない方がいるので，スーパーバイズを受けてきた心理職が結果の解釈を行い，適切な学習支援が行えるよう具体的にフィードバックすることが求められる。なお，これ以降アセスメントの手続きを簡単に述べていくが，表1の検査をすべて実施することは困難であるし，アセスメントに用いる検査は必要最小限に厳選すべきである。かといって，教育計画や支援計画を作成する上で不十分な検査しか実施していないと，それまで実施した検査を的確な支援につなげられず，結果的に無駄になる。アセスメントの実施者は，日常生活場面での様子や学校での学習面での様子などから，事前に子どもの状態像を大まかに把握しておいて，仮説を持ちながら検査を選んでいく必要がある。

1　スクリーニング検査

　教育現場では，一般的に用いられている教研式全国標準学力検査などの標準学力検査や到達度学力検査を通して，学業不振の子どもを発見することがある。これらの検査は，単に学習指導要領で定められている学年相応の標準的な学力があるかを知る上で参考にはなる。だが，支援も含めたアセスメントということを考えるのであれば，より認知心理学や神経心理学の知見に基づいて設計された検査を用いる必要がある。

　子どもの学習能力を十分に把握できていない段階では，個別式の検査に入る前に，大まかにLDを検出するスクリーニングテストを行い，読み書きに関わる能力の遅れなどを把握した後，個別の教育的なアセスメントを実施する方法がある。教育現場で用いられているスクリーニング評価尺度は，「LDI-R（Learning Disabilities Inventory-Revised）」や「LD児（学習障害）・ADHD児診断のためのスクリーニング・テスト（PRS）」であり，いずれも教師が記入する。特に読み書きの問題が強く疑われる場合，稲垣（2010）の「特異的発達障害 診断・治療のための実践ガイドライン」にある「読み書きの症状チェック表」を利用して，読字と書字の問題を大まかに把握してもよいだろう。心理職は教師が記入したこれらの評価尺度を参考に，実際の教科学習での評価やノートなどの学習記録も検討した上で，子どもの特徴を大まかにつかみ，テストバッテリーを検討していく。

2　知能検査

　心理職が学業に困難を抱えている児童生徒の学習アセスメントを行う際，まずはWISC-IVを実施する。当該児童生徒に全般的に知的発達の遅れがないか，認知的なアンバランスが存在しないかを知るためである。WISC-IVでは，下位検査のプロフィール分析などを行うことで子どもの実態を大まかに推定でき，その後のアセスメントバッテリーを組む上での重要な手がかりを提供する。特に認知のアンバランスが想定される場合，WISCの検査結果は，大まかな子どもの見立てを行う上で，さらに必要な検査を選別する上で重要な情報を提供する。WISCを実施できない場合，「レーヴン色彩マトリックス検査（Raven's Colored Progressive Materices：RCPM）」を使う方法もある。宇野ほか（2005）はRCPMの信頼性と妥当性を確認しており，知的能力，特に非言語的な類推能力の測定が可能である。この検査は，知能との関係が比較的強く，特に動作性検査との強い関係性が報告されている（藤田，1971）。日本版は45歳以降を対

表1　学校で実施可能な学業不振や理解のための主要なアセスメントツール

発達検査・認知検査名	対象年齢	特徴
日本版WISC-IV知能検査	5歳〜16歳11カ月	全検査IQのほか，言語理解指標，知覚推理指標，ワーキングメモリ指標，処理速度指標を算出する知能検査。
日本版WAIS-III知能検査	16歳〜89歳	全検査IQのほか，動作性IQと言語性IQ，4つの群指数を算出する成人版のウェクスラー式知能検査。
日本版DN-CAS認知評価システム	5歳〜17歳11カ月	ルリアのモデルに基づき，プランニング，注意，同時処理，継時処理が評価できる。
KABC-II	2歳6カ月〜18歳11カ月	認知，習得およびCHC総合尺度からなる。語彙，読み書き計算の尺度があり，最大19の検査項目を実施する。
ベントン視覚記銘検査	8歳〜64歳	10枚の図版で1セット，3種類の同質図版セットがある。再検査の際の練習効果と習熟を配慮することが可能。
フロスティッグ視知覚発達検査	4歳〜7歳11カ月	視覚と運動の協応，図形と素地，形の恒常性，空間における位置，空間関係の5つの視知覚技能を評価できる。
Rey-Osterreith Complex Figure Test	小学生〜	複雑な図形を模写し，その直後，記憶を頼りに再生課題を実施し，さらに時間をおいて再生課題を実施する。
『見る力』を育てるビジョン・アセスメント（WAVES）	小学生	眼と手の協応動作や形態・空間認知，視覚記憶，図形構成のほか，視覚的注意・眼球運動の課題などで構成されており，集団実施が可能。
レーヴン色彩マトリックス検査（RCPM）	児童期	日本版は45歳以上が対象年齢だが，宇野ほか（2006）が児童期の子どもの標準値を出しており，知的水準の評価が可能。
小学生の読み書きスクリーニング検査（STRAW）	小学生	小学生のひらがな，カタカナ，漢字単語の音読と書字に関して調べることができる検査。
特異的発達障害　診断・治療のための実践ガイドライン	小学生	単語連続読み，単語速読，単文音読検査があり，ひらがなを読むことで評価する。特異的算数障害も評価できる。
包括的領域別読み能力検査（CARD）	小学生	読みプロセスを構成する「流暢性」「語彙」「読解」の3領域を領域別，包括的に評価できる課題であり，集団実施が可能。
URAWSSウラウス 小学生の読み書きの理解	小学生	有意味文と無意味分の視写課題（各3分），短文読み課題（10秒）で構成されている。流暢性のみを評価し，集団実施が可能。
多層指導モデルMIM 読みのアセスメント・指導パッケージ	小学校低学年	課題は，「絵にあうことばさがし」と「3つのことばさがし」で構成され，清音のほか特殊音節とカタカナをそれぞれ1分間黙読し，点数を評価する。集団実施が可能。
絵画語い発達検査（PVT-R）	3歳〜12歳3カ月	4つの絵から検査者が言った単語に最も相応しい絵を選択する課題。語彙力と理解力の発達度を測定する。
標準抽象語理解力検査	幼児以降	抽象語のみを刺激とした言語理解力検査で，小学校の学年別，年齢別の平均値と標準偏差が比較可能。
LD児（学習障害）・ADHD児診断のためのスクリーニング・テスト（PRS）	5歳〜15歳	5分野24項目を担任教師などが5件法で評定する。教育現場でスクリーニング目的に使用されている。
LDI-R——LD判断のための調査票	小学校1年〜中学校3年	基礎的学力（聞く，話す，読む，書く，計算する，推論する，英語，数学）と行動，社会性の計10領域を担任教師などが4件法で評定する。
Vineland-II適応行動尺度	全年齢	コミュニケーション，日常生活スキル，社会性，運動スキル（〜6歳まで）の各領域のほか，適応行動総合点のプロフィールを出すことができる。この他不適応行動の評価も可能。保護者に対する半構造化面接により評価する。
感覚プロファイル	全年齢	自記式と保護者評定の2種類ある質問紙検査。低登録，感覚探求，感覚過敏，感覚回避の4象限の評価と感覚処理や調整機能，行動や情動反応の評価が可能。

象として標準化されているが，年齢別，学年別の平均値と標準偏差，パーセンタイル値は，宇野ほかの「小学生の読み書きスクリーニング検査（Screening Test of Reading and Writing for Japanese Primary School Children：STRAW）」に掲載されている。

WISC-IVは，子どもの学力に対してさまざまな情報を与えてくれる検査である。だが，得られた結果からの解釈は，あくまで推論の域を出ない。より詳しく子どもの学力の問題を知るには，WISCで得られた知見と行動観察の結果を基に，仮説を立てて，その仮説を調べるための直接的な検査を実施することが必要であろう。例えるなら，WISCは目盛りの間隔が広いモノサシであって，より細かい部分や異なった側面を検討するには，専用のモノサシや特殊なモノサシを用いないとわからない。WISCの検査結果を通して，知能に大きな遅れが認められないが，認知のアンバランスが認められた場合は，具体的な仮説を想定してアセスメントバッテリーを組み，認知特性の把握に努める。ここで認知のアンバランスの存在が認められない場合でも，主訴として学業の困難があるのであれば，考え得る要因を想定して，適切なアセスメントバッテリーを組むべきである。どういった検査・モノサシを組み合わせるかは，検査者の力量が強く問われる。

3　認知特性を把握するためのアセスメント

実行機能や記憶力，推論能力，処理速度，読み書きの能力は，学習能力を予測する上で重要な認知機能である。これらの能力はWISC-IVでもある程度知ることができるが，より詳細な部分を知るためには，これらの能力を検出するために特化した検査を用いる必要がある。「DN-CAS」は，プランニング，注意，同時処理，継時処理という4つの能力を測定することができる。下位検査項目には，系列つなぎ（Trail Making Testに相当）や数字探し（Visual Search Testに相当），表出の制御（Stroop Test）といった代表的な神経心理課題が含まれている。

「KABC-II」は，旧版に比べて学習アセスメントを強く意識して改訂されている。最大の変更点は，習得総合尺度を構成している語彙，読み，書き，算数の尺度が追加されたことである。この習得総合尺度は，9つの下位検査を実施することで各尺度の評価点を算出する。認知総合尺度を構成している同時，継時，計画，学習尺度は，習得総合尺度の4つの尺度との比較ができるようになっており，学習のつまずきと認知の問題との関係がわかるようになっている。

4　読み書き困難な子どもへのアセスメント

上述した検査を実施することで，学習能力に関するかなりの情報が得られる。しかしながら，読み書きに困難を抱えた学業不振の児童生徒に対しては，より読み書きに特化した検査を実施する。読みや書きの学習の到達度を調べる検査として現在広く使われているのが，宇野ほかが開発したSTRAWと稲垣（2010）が開発した「特異的発達障害 診断・治療のための実践ガイドライン」である。STRAWと稲垣（2010）の実践ガイドラインとの違いとして，前者は主に音読の正確性を評価しているのに対し，後者はひらがなの音読の所要時間と読み飛ばし，読み誤りを評価しているため，流暢性の評価を意識した検査となっている。なお，STRAWでは書字の評価ができるが，稲垣（2010）の実践ガイドラインではできない一方，特異的算数障害の評価ができるのが特色である。

河野・平林・中村のURAWSS（understanding reading and writing skills of schoolchildren）は，読み書きの流暢性を評価する検査である。書き課題では，文章を書かせる課題（有意味文課題）と有意味文の文字をばらばらに再配列して無意味な文章にした課題（無意味文課題）があり，読み課題は，短文を10秒の間黙読し，読み速度を測定する。この検査の特徴として，あくまでも読

み書きの速度を評価しており，正確さは問うていない。海津の「多層指導モデルMIM 読みのアセスメント・指導パッケージ（以下，MIM）」は同様に流暢性を評価している。URAWSSとの違いは，このMIMは書き課題がないことのほかに，正確に読めないと回答できないので読みの精度も求められることである。MIMは，特殊音節の読みを中心に問題が構成されているため，特に音韻処理の課題がある子どもの評価に適している。両検査はどちらも集団で実施でき，それほど時間がかからないことから，スクリーニング用途での使用ができる。他の検査に見られない特徴として両検査では，支援法の提案が具体的になされていることから，小学校の授業で指導と結びつけて実施しやすい。

これらの検査に加えて，KABC-IIの読み尺度（「ことばの読み」は音読課題，「文の理解」は読解課題に相当）との関連性を見たりすることで，より多面的な評価が可能となる。例えば，文字を年齢相応のスピードで読むことができるが，意味を尋ねても理解していない，というケースを見かけることがある。宇野（2013）は，音読成績が読解成績よりも高い場合には，音読できても意味が把握できない意味理解障害を疑い，この意味理解障害がある場合，音声言語表出面での障害があることが少なくない，と述べている。このケースの場合，ワーキングメモリの容量も関係しているかもしれない。つまり，音読に集中することで，処理資源が奪われてしまい，意味理解まで処理ができない，ということも考えられる。包括的領域別読み能力検査（Comprehensive Assessment of Reading Domains：CARD）は，拍削除音認識課題によって音韻認識の能力を評価することができる。CARDは流暢性，語彙，読解能力を評価することができ，集団実施も可能な検査となっている。

視覚情報処理や不器用さ，目と手の協応動作の問題を評価する上でよく用いられているのが「フロスティッグ視知覚発達検査」である。この検査は，対象年齢が7歳11カ月までと適用年齢は低い。奥村と三浦が中心となって開発したWAVES（wide-range assessment of vision-related essential skills）は，個別に視覚認知や視覚記憶能力を詳細に評価できるほか，スクリーニング目的で集団実施が可能な検査である。この検査は，9つの基本検査のほか，要素的視知覚分析を評価する補助検査で構成されており，全て実施すると教示や準備なども含めて1時間半弱かかるため，スクリーニング用に短縮版も用意されている。WAVESは，視知覚指数，目と手の協応全般指数，目と手の協応正確性指数とこれらを合わせた総合指数がそれぞれ得られる。学校教員が実施することを想定して開発された検査であるため，実施や評価に際して特定の専門性を必要とせず，具体的な支援につなげるためのトレーニングドリルも付属されている。検査用紙をコピーして使用することが可能なので，コスト面でもメリットが高い。ただし，この検査単体でやってもアセスメントとしては不十分であり，まずは子どもの実態に応じた検査バッテリーを組んだあと，より詳細な視知覚認知のアセスメントとして実施を検討するのが望ましい。

LDのある子どもには，ゲシュタルト知覚や視覚記憶の問題が隠れている場合がある。「Rey-Osterrich Complex Figure Test（レイの複雑図形課題）」は，宇宙船のような図を模写し，その後すぐに記憶を手がかりに絵を描いてもらい，30分後に再度絵を描いてもらう課題であり，図形を18のユニットに分け採点する。子どもが絵を描いている際，検査者は図形を描く順番と反応時間を記録する。日本では出版されていないが，「Developmental Eye Movement Test：DEM」という眼球運動の発達をみる検査もある。

テストバッテリを組む際の流れをまとめると，全般的な知能の遅れはないか，読みや書きの問題はないかをはっきりさせるために，まずはWISC-IVのほか読み書きの能力を評価する検査を実施する。次いで，必要に応じてDN-CASや

KABC-IIを実施し，より詳細な認知特性の把握を行う。これらの結果に応じて視覚認知や微細運動などに特化した検査を選択し，実施する。注意すべきは，子どもの能力の問題を把握するために検査を実施するだけではなく，得意な認知能力や情報処理能力を把握するための検査も実施するということである。すなわち，苦手さの克服だけではなく得意な能力を活かした支援をどう実施していくかが重要である。例えば音声言語の記憶が良好な場合，川崎・宇野（2005）は漢字を音声言語化する聴覚法による支援の有効性を報告しており，片桐ほか（2009）は視覚的短期記憶の弱い子どもに対する口唱法による効果を報告している。こうした子どもに対しては，ひたすら書いて覚える，という従来型の書き取り指導は，自己効力感を低下させる大きな原因となり得るために注意が必要である。

5　境界域知能の子どもへのアセスメント

知的発達障害の基準である全検査IQが70以上85未満の子どもは，（知能が正規分布しており1SDが15である場合）おおよそ14％存在するはずである。このなかでも，全般的に認知能力が落ちている子どもはLDと診断されず，また知的発達障害ではないために特別支援教育の対象外にされてきた。筆者は，境界域知能または軽度の知的発達の遅れのある子どもの学習支援こそが，今まさに急務であると感じている。この子どもたちを単なる「勉強のできない子」で済ませてはならない。学びは遅いが，適切なアセスメントに基づく支援を実施すれば着実に伸び，基礎的な学力を習得できるはずである。このような子どもは，概して小学校の高学年くらいになると応用問題でつまずき，つまずきを解決できぬまま中学校へと進学し，やがて自己効力感の低下とともにメンタルヘルスなどの心理的問題が顕在化する。

筆者が今でも決して忘れられないケースを紹介する。筆者は，高校に入学後のAさんと関わる機会を得た。その時点で，彼女には中等度以上の知的障害があることに気づいた。Aさんは名前とごく簡単な漢字くらいしか書けず，ひらがなもやっとであり，四則計算もままならない状況である。保護者に伺うと，「ちょっと勉強ができないくらいにしか思っていませんでした」とのことであった。驚いたことに，小学校，中学校では通常学級に在籍し，彼女の知的な遅れに対して何も教育的手立てを講じていないばかりか，保護者にも知的発達障害による学力の遅れを伝えていなかったのである。実はこういったケースはまれではない。落ち着いて席に座り，他者に危害を加えることもなく，教師の言うことを素直に聞いている子どもは，勉強ができなくとも教師にとって手がかからない「よい子」なのである。手がかからない，ということは，手をかけない（かけなくて済む），ということでもある。こうして小学校は中学校に，中学校は高校に子どもを進学させ，Aさんの大切な義務教育期間が過ぎていったのである。

境界領域知能の子どもへのアセスメントとしては，WISC-IVに加えて日本版Vineland-II適応行動尺度と感覚プロファイルを実施するとよいだろう。境界領域知能の子どもは，特に学業における指導プランを作成する上で，適応行動の把握とその子に応じた環境調整が重要となるからである。辻井・村上が監修した日本版Vineland-II適応行動尺度は，全般的な生活適応度のアセスメントが可能な検査である。この検査では，コミュニケーション，日常生活スキル，社会性，運動スキル，不適応行動の5領域の標準スコアが得られる。コミュニケーション領域の下位領域には，受容言語，表出言語の他に読み書き能力を評価することができるため，学業を含めた包括的な指導プランを作成するには適している。この検査の結果，知能と比較して適応行動が低いと評価されれば，普通学級のみでの指導には限界があり，通級や特別支援学級での指導も考えるべきである。また適応行動が極端に低ければ，

DSM-5での診断基準では知的発達障害の診断が可能となる場合がある。何れにしろ，適応行動は日常生活や学校生活に大きな影響を与えるものであるため，個別の指導計画を作成して，学習とともに取り組むべきである。

学習不振の要因の一つとしては，感覚処理の特異性も関係していることもある。例えば，子どもによっては一定の刺激があることで落ち着くことがある。音が何もない状態で記憶課題の一つである自由再生課題を実施したところ，不注意のある子どもは不注意のない子どもよりも成績が悪かったが，ノイズを聞かせたところ，不注意のある子どもの成績は不注意のない子どもよりも良くなったという報告がある（Söderlund et al., 2010）。読者の方も音楽を聞いたほうが集中できるという経験をお持ちの方も多いだろう（もちろんその真逆の人もいるだろう）。ADHDのある子どもでは，一定のノイズがあることで認知課題の行動成績が向上するが，これは自然界でよく見られる確率共鳴（一定の強度があるノイズを加える事でこれまで弱い信号であった信号が検出しやすくなる現象）という現象で説明することができるようである（Söderlund et al., 2007）。感覚プロファイルによるアセスメントでは，子どもの感覚特性を詳細に理解することが可能になる。上述した例のように，子どもの感覚特性に応じて本人が集中しやすい環境や落ち着ける環境を整えたり，支援したりすることが可能となる。特に境界領域の子どもは学習に集中させる工夫が必要となるため，こうした感覚特性を上手に利用しながら支援を行うと良いだろう。

6　知能の高い子どもへのアセスメント

一般的に知能は学業成績と高い相関を示すが，一方で「アンダーアチーバー（underachiever）」と呼ばれる子どもも存在する。アンダーアチーバーは一言で言うと，高い知能に見合った学業成績が得られていない人を指す。近年よく聞く「ギフテッド（gifted）」の子どもの中にアンダーアチーバーの子どもが存在することが知られている。ギフテッドの定義は様々であるが，主要なギフテッド研究を概観すると一つの基準として知能指数が概ね130以上としているものが多いようである。高い知能を持つにもかかわらず，学業不振に陥っている理由としては，前述した学業不振に陥る理由のうち，個人がもつ特異な認知特性の存在は見逃せない。Guénolé et al.（2015）は，ギフテッドの子どもの4分の1に15以上の言語性知能の乖離が見られ，言語性知能の乖離がある子どもたちは情動制御の問題などが存在することを指摘している。Vaivre-Douret（2011）は，LDや発達性協調運動障害，注意欠如多動性障害といった発達障害は，ギフテッドの子どもが示す学習の問題と関連し，不安や抑うつ，アパシーといった精神的な問題も示すことを指摘している。

知能の高い子どもへのアセスメントにおいて，WISC-IVの実施は比較的重要な手がかりを与えてくれるだろう。特に知能の高い子どもには10検査のみではなく，15検査の実施は非常に意味があるし，子どもの認知特性がより見えてくることがある。更に必要に応じてKABC-IIなどを実施することでより詳細な認知特性の把握が可能となり，学習の困難さと支援の手がかりが得られる。なおVaivre-Douret（2011）が指摘したようにギフテッドの子どもと発達障害を併せ持つ子どもが少なからず存在する。こうした人は2E（twice-exceptional）と呼ばれているが，2Eの子どもには発達障害特有の認知特性を活かした学習支援のほか，Vineland-IIによる適応行動のアセスメント，感覚プロファイルによる感覚特性のアセスメントなども行うことで，支援に対する有効な手がかりを得ることができるだろう。

III 学校教員が実施する
アセスメントの留意事項

　読者のなかには，臨床心理士や臨床発達心理士，特別支援教育士の資格をお持ちの学校教員などもいるだろう。教員など学校現場で子どもと関わっている人たちには，何よりも日々の実践から得られる行動観察を重要視してほしい，ということを筆者は強調しておきたい。検査の知識があると，日々の観察よりも検査に頼りがちになるが，これは本末転倒である。WISCを実施したところで，子どもの学習不振の原因が即座にわかるようになるものではない。あくまでも検査は，子どもの日常の生活や学習を観察し，得られた情報（見立て）に対して確かな証拠（エビデンス）を与えるものである。もちろん日々の行動観察では気づかなかった特性に，アセスメントを実施することによって気づくこともある。だがその結果は，全く納得のできない結果ではないはずである。検査を行えば数値が出てくるが，得られた数値から導き出された解釈を支えるのは，アセスメント中の行動観察や学校・日常生活場面での様子である。

　学業不振にかかわる要因が，将来の精神的健康などにどう縦断的につながるのかも学校教員にとって興味深い点だろう。例えば不注意や不器用さは学業成績の低さと関連があり，書字能力と抑うつ，攻撃性の間には関連があることが我々の調査で明らかになっている（片桐ほか，2016）。今後縦断コホート研究が行われることによって，子どもの学業の問題と精神的な問題の関連性が明らかになってくるだろう。学校教員は，まさに縦断的に子どもと関わる職業である。学習面でのアセスメントの結果のみならず，フォーマル／インフォーマルなアセスメントの結果を丁寧に縦断的に追うことで，自身が実施した支援法の検討や評価を行っていただきたいと，筆者は切に願うところである。

　教師にとって一人の生徒は，受け持ちの生徒の40分の1であるかもしれない。だが，生徒にとって，保護者にとって担任教師は1分の1である。日本の教師の能力，特に教科教育に関する能力は，先進国のなかでもトップクラスだと筆者は思っている。今，身近に勉強がわからなくて困っている子どもがいないだろうか。教師がその子どもに気づいたのなら，是非とも一緒に勉強の楽しさ，わかる喜びを分かち合う時間を「その子のために」作ってあげてほしい，と筆者は切に願っている。どんな子どもも「勉強ができるようになりたい」のである。

◆文献

藤田和弘（1971）R.C.P.M.（Raven's Coloured Progressive Matrices）に関する一考察．特殊教育学研究 9-2；50-60．

Guénolé F, Speranza M, Louis J, Fourneret P, Revol O & Baleyte JM（2015）Wechsler profiles in referred children with intellectual giftedness : Associations with trait-anxiety, emotional dysregulation, and heterogeneity of Piaget-like reasoning processes. European Journal of Paediatric Neurology 19；402-410.

稲垣真澄 編（2010）特異的発達障害診断・治療のための実践ガイドライン——わかりやすい診断手順と支援の実際．診断と治療社．

片桐正敏，小泉雅彦，田近健太ほか（2009）特別な教育的ニーズのある子どもたちへのIEP実践の検討——北海道大学におけるIEPシステムに基づく指導法の課題と可能性．子ども発達臨床研究 3；9-28．

片桐正敏，松井三枝（2014）小児心身医学に必要な心理検査・発達検査．子どもの心とからだ 22-4；278-286．

片桐正敏，伊藤大幸，上宮愛ほか（2016）低学年児童の書字能力と抑うつ，攻撃性との関係．LD研究 25；49-58．

川崎聡大，宇野彰（2005）症例 発達性読み書き障害児1例の漢字書字訓練．小児の精神と神経 45-2；177-181．

Söderlund G, Sikström S & Smart A（2007）Listen to the noise : Noise is beneficial for cognitive performance in ADHD. Journal of Child Psychology and Psychiatry 48；840-847.

Söderlund G.B, Sikström S, Loftesnes JM & Sonuga-Barke EJ（2010）The effects of background white noise on memory performance in inattentive school children. Behavioral and Brain Functions 6；55.

宇野彰（2013）読み書きに関する検査．小児内科 45；1420-1423．

宇野彰，新家尚子，春原則子ほか（2005）健常児におけるレーヴン色彩マトリックス検査——学習障害児や小児失語症児のスクリーニングのために．音声言語医学 46；185-189．

宇野彰，春原則子，金子真人，Taeko N. Wyden（2006）小学生の読み書きスクリーニング検査——発達性読み書き

障害（発達性dyslexia）検出のために．インテルナ出版．
Vaivre-Douret L (2011) Developmental and cognitive characteristics of "high-level potentialities" (highly gifted) children. International Journal of Pediatrics, 2011, Article ID 420297.

◉教室における支援

通常の学級における指導と課題
井澤信三

I 発達障害のある児童にまつわる通常の学級での指導・支援

　我が国における一般的な定義として，発達障害は知的障害を伴わないため，教育制度上，通常の学級に在籍することがほとんどである。そのため，30数名のクラスにおける「適応」が求められる。しかし，その通常の学級という環境に「適応」することは，非常にハードルが高い場合もある。

　発達障害のある児童，もしくは診断名はないものの発達障害に類する特性を有している児童が，通常の学級で呈しやすい課題（もちろん発達障害のある児童のなかでも良好に適応できている児童もいる）として，以下のようなものが挙げられる。

①学習上の課題：一斉授業では十分な学習ができない，または学年相応の学習内容が難しい場合がある
②友人関係の課題：友達から孤立してしまう，ある特定の友達に過剰に関わってしまう，関わり方が不適切な場合がある
③クラス全体の課題：学習参加について求められる基準（例離席の容認，クラス全体とは異なる学習内容）が他の児童と異なることへの説明と対応が必要となる場合がある
④個別的な行動上の問題：パニック，暴言，暴力，器物破損など
⑤二次的に生じる問題：不登校，いじめ・からかいの対象など

　では，このような課題に対し，学校ではどのような指導が求められるのだろうか。

1　学習面への指導

　発達障害だからというのではなく，多くの児童がいれば個別的な学習課題は多様な状態を示す。たとえば，基本的なところでは，漢字の読み書き，計算・文章問題，体育・音楽・図工などの実技，話し合い活動への参加，集団活動・行事への参加などなど，数多くの学習上の課題がありうる。そこでは，その個人の特性に応じた，わかりやすく丁寧な教え方を見つけていくプロセスが重要となる。そのためには，どこにつまずきがあるかを探る姿勢，援助レベルや教授法を変更して児童の反応を見極める姿勢が求められる。

　また，「注意を向けること・持続すること」「視聴知覚」「ワーキングメモリー」「長期記憶」「目と手の協応」「同時に複数の情報を処理すること」「学習動機づけ」「衝動性」「固執性」などなど，後述するような認知上の課題に対応するために一斉授業のスタイルを改変する必要もある。

2　社会性への支援

　「友達から孤立してしまう」「友達に不適切に関わってしまう」など，社会性の課題を有している発達障害児も多い。そこで彼らの社会性を高めていくために，ソーシャルスキルを学ぶ機

会を教育のなかに組み込むようになってきている。一般的に，ソーシャルスキルズトレーニング（Social Skills Training：SST）における「教示→モデリング→リハーサル→フィードバック」といった要素が含まれている。友達関係などにおいてトラブルが生じる特定の児童生徒を対象に指導するといった形式が基本となるが，特別な支援を必要とする児童生徒のソーシャルスキルを高めるだけでは不十分であり，社会性の課題をクラスメートとの相互作用として捉え，全体を底上げする必要もある。そのため，発達障害などのある児童生徒への個別指導だけではなく，学校生活で関わる仲間にも参加してもらう，クラス全体を対象として展開するプログラム（クラスワイドSST）も実施されている。たとえば，1回ごとのテーマを決め「自己紹介」「あいさつ」「相手の話の上手な聞き方／話し方／断り方」などについて，複数回のシリーズを設定するといった方式がある。また，授業中に，クラス全体に広めたい適切な社会的行動をある生徒が偶発的に実行したときを指導機会と捉え，クラス全員に対し，その行動の良さ・意義を伝えた上で，「モデル→リハーサル→フィードバック」といった学びの機会を提供するという方式（機会利用型SST）もある。

3 行動問題への理解と支援

行動問題への支援では，ABC分析に基づいた理解と支援が実効性も高く，有用とされている（井澤，2011）。ABC分析とは，「いつ，どこで，誰に対し，どのような状況で」「どのような行動が生起し」「その行動が起きた結果どうなったか」という観点から行動問題を理解・支援する枠組みである。ポイントは，行動の機能（何を伝えるための行動か）に基づくことである。行動問題の解決に向けた基本方針としては，①環境の変更・調整（行動問題が起きにくい／望ましい行動が起きやすい環境づくり），②本人のスキルアップ（行動問題に代わりうるソーシャルスキルを教える），③段階的なステップアップ（よりよい環境づくりを目指し，苦手な課題・活動に少しずつチャレンジする）と整理することができる（井澤，2012）。それ以前に，児童の特性に応じた援助的な関わり，児童の意向を尊重した対応法の選択，明確な目標設定とそれに対するフィードバックなどの日常的な関係づくりがベースとなる。

II 教育システムとしての支援

発達障害に類する特性のある児童の存在によって，通常の学級における変革が強く求められ，特別支援教育として形作られてきた。現在の特別支援教育システム（井澤，2013）について，簡単に紹介していく。

発達障害のある児童が教育・支援を受ける場は通常の学級が中心となるが，後述するような「授業のユニバーサルデザイン」といった授業の工夫が重要視されている。加えて，通常の学級における個別・全体への支援を充実させるために，特別支援教育支援員（地域によってはスクールサポーターなどのように名称が異なる）が配置されたり，近隣の大学と連携し，大学の授業単位として認めるシステムにより，大学生ボランティアが活用されていたりする。

また，通級による指導という教育形態もある。通級指導教室とは，通常の学級に籍を置きながら，月1回〜週数時間，別教室で個別または小集団指導を受けるシステムである。自校通級，拠点校への他校通級の2つがある。学習障害，注意欠陥多動性障害，自閉症が明確に対象とされている。現在，この通級指導教室の設置拡大が推進されており，今後さらに拡大することが求められている。

III 発達障害的な特性に応じた支援の拡大

個に応じた教育という視点は，発達障害の有無によらず，一人ひとりを理解した適切な指導を目指すものであるが，そこで得られた知見は多くの他の児童にも効果的であることが示唆されてきている。その一つが授業のユニバーサルデザインであり，これには以下のようなポイントがある。

教室の物理的な環境
- 刺激の少ない教室（前方の黒板周辺の掲示など）
- 刺激の少ない机（必要なものだけ机上に出させることや道具箱の用意など）
- 予測性を高める工夫（スケジュールや時間割の提示や，残り時間が見てわかる時計など）
- 忘れ物箱の設置
- 席配置の工夫

授業の進め方
- 授業導入時の工夫による学習動機づけ
- 授業のねらいの明確化（例本時のねらいの提示，授業の手順など）
- ワークシートの活用
- 板書計画（例構造化された見やすい板書，ポイントのわかりやすい板書など）

適切な教授
- 課題に対する指示（例注意を向けさせる短く具体的な指示，できる行動の指示など）
- できないときの援助（例理解しやすい説明，各種ツールの活用など）
- フィードバック（即時的で，わかりやすい，具体的なフィードバック）
- 静的活動と動的活動の組み合わせ

個別化された配慮・対応
- 教材に児童の好みのものを活用
- フィードバックの工夫（例言葉だけではなく，シールや活動を利用することなど）
- 嫌悪性を低下させる工夫（例プリント学習の際，少ない課題数を繰り返す，本読みで読む行を少なくしたリレー方式など）

これらは，発達障害の特性に応じた配慮，支援として求められる対応である。しかし，通常の学級における個別的な配慮は可能な限り実行するとしても，本人が自分だけみんなと違うプリントを使用することを拒否することも起こりうる。そのため，クラス全体に2種類のプリントを用意したり，わからないことがあったときのヒントカードをみんなが利用できるようなシステムを導入したりしているクラスもある。

同様に，全員が居心地の良い学級づくりも，大切な視点として挙げられる。まずは，個々の違いを認め合えるクラスが基盤であり，授業（例道徳，クラスの時間，総合学習における障害理解教育など）や学校生活全般を通して，その理解を促していく。さらに，発達障害のある児童が教室で安定して過ごしていくための1つのポイントとして，すべきこと・努力すべきことといった目標と基準（ルール）が明確であることが重要となる。さらに，そのルールを遵守できた際に認められることが，安定したクラスにもつながっていく。

IV 通常の学級における発達障害支援の課題

通常の学級における発達障害児童への課題は多々指摘されよう。ここでは，対人関係という視点から検討を加えてみたい。

まず，教師の立場から見てみよう。発達障害のある児童・生徒に関わる教師の困難，支援の必要性などを調査した研究（坂井ほか，2006）では，教師が感じる困難として，「校内や外部との連携（例学校側の対応が保護者に受け入れら

れない，担任のみにその子をまかせている，子どもの支援について，他機関でのアドバイスと学校側の方針とが合わないなど）」と「児童・生徒の問題行動（例自分で学習に取り組もうとしない，片づけができない，騒いでしまうなど）」といった2つの因子が抽出された。また，教師が感じる支援の必要性として，「児童・生徒の問題行動（例授業に集中できない，一人で遊ぶことが多いなど）」「校内と外部との連携（例教師全体の統一した対応ができないなど）」「児童・生徒の衝動性（例暴言・暴力，離席や教室からの飛び出しなど）」「人的支援（例教員が相談できる窓口が少ない，対応できる人員が少ない，保護者が子どもの障害を認めないなど）」といった4つの因子が抽出された。最後に，教師が感じる対応の実行可能性について，「適応行動や肯定面の支援（例失敗したことを蒸し返さない，良いことと共に，間違いやいけないことをはっきりと伝え，曖昧な態度はとらないなど）」「校内や外部との連携（例専門的知識をもった人員（SCなど）の確保，保護者が不安定な場合，医療機関との連携をはかるなど）」「課題や指示の工夫（例変更点は言うだけではなく書いて伝える，いつ始まってどれだけ取り組めいつ終わるのかをわかるように，課題の量や達成基準，時間を前もって提示するなど）」「自立的行動への配慮（例一律に禁止するのではなく，その子に必要のあるものは，柔軟に認めたり自己管理を促す，他の児童・生徒について，その子の障害の説明をしたり関わり方についてみんなで話し合う機会を持つなど）」といった4つの因子が抽出された。

次に，保護者の立場から見てみる。高機能自閉症・アスペルガー障害の子どもたちと親の支援ニーズに関する調査（宋ほか，2003）では，保護者が回答した子どもが困っている学校での出来事として，回答が多い順に，「友だちとの関係（例友だちがいない，からかい・いじめ・迷惑がられるなど）」「学習面（例学習の遅れ，意欲がない，間違い・点数・順位にこだわるなど）」「行動上の問題（例集団行動が苦手，指示に従えないなど）」「先生との関係（例障害について理解してもらうのに苦労する，的確な対応をしてもらえないなど）」が挙げられた。次に，親自身が困っていることとして，「先生との関係（例子どものことをわかってくれない，説明しても面倒な顔をされるなど）」「他の親との関係（例子どものことを説明していない，説明するきっかけがつくれない，どのようにどこまではなせばわかってもらえるか困っているなど）」が挙げられた。

このような調査結果を別の視点で捉えると，発達障害のある児童への適切な支援を実行していく上で，教師の理解，教師間の相互理解，学校と他機関との相互理解といった支援する側の共通理解の課題，および支援する側と当事者・保護者との関係のような重要な二者間の関係が鍵になっていることが示唆される。そのほかにも，集団内での対象児童，保護者自身が抱える問題への悩みも大きいようである。ここから，個々に良好な関係を作り出すコミュニケーションを支援していくことの大切さ，関係を取り持つ支援の必要性・重要性があらためて強調できる。

視点を変えると，教師の真摯な対応・協働的な態度は，当事者や保護者との関係を補強し，支援の基盤を作り出していき，それに伴う子どもの成長の実感とともに，保護者の子育てやしつけの喜びにつながっていくと考えることができる。

また，現在の特別支援教育システムにおける校内委員会，個別の教育支援計画，個別の指導計画が形式的にならない質の充実が必要となる。そのためには，管理職のリーダーシップのもと，特別支援教育コーディネーターが中心となり，学校全体の取り組みを促進しなければならない。

◆文献

井澤信三（2011）行動上のつまずきがある子どもへの支援の実際——応用行動分析に基づくアプローチ．LD研究 20-2；151-156．

井澤信三（2012）クラスではじめる応用行動分析の基礎基本（4）——行動上の問題を理解・支援する（2）．LD & ADHD 40；54-57．

井澤信三（2013）特別支援教育における発達障害のある児童生徒へのアプローチ．デイケア実践研究17-2；56-61．

坂井千沙都，免田 賢，久保義郎ほか（2006）学校における軽度発達障害の児童・生徒についての調査研究——教師の困難と支援の必要性，対応方法の検討．吉備国際大学臨床心理相談研究所紀要3；35-60．

宋 慧珍，伊藤良子，渡邉裕子（2003）高機能自閉症・アスペルガー障害の子どもたちと親の支援ニーズに関する調査研究．東京学芸大学紀要第I部門55；325-333．

◉教室における支援

通級指導教室における指導と臨床心理的課題

城　和正

I　はじめに

　このテーマで執筆依頼が来たとき，正直言ってどう書かせてもらえばいいのか頭を抱えてしまった。臨床心理学を詳しく勉強したことがなかったし，それが通級指導とどう関連していくのか見当がつかなかったからである。筆者は香椎小学校在職中に「かしい教室」という情緒障がい通級指導教室の担当をしていた（福岡市では「障害」を「障がい」と表記する）。そこで，九州大学大学院人間環境学府の学生たちが毎年2～3名ほど通級指導教室に実習を受けに来ていることを思いだした。

　彼らのテキスト「臨床心理 学外実習の手引き」には，臨床心理現場との連携を深めつつ，種々の現場に即応できる高度専門職をめざすことを意義とし，実習先の施設・機関や対象者の理解が目的として挙げられている。また，教育領域では，実習担当者（通級指導担当）の下で，各施設（通級指導教室）に来ている子どもとの接触，施設の行事への参加等を通して子どもの理解を深め，心理的援助のあり方を学ぶと記されている。そこで今，実習を行うに当たってどういうことを伝え，どんなことを一緒にやっていけばいいのかを改めて考えてみた。

　実習生の計画書には，通級指導教室の具体的な取り組みや支援を実際に見てみたい，通級指導教室の役割や機能について理解を深めたい，児童一人ひとりとの接し方を学びたい，通級指導を見て心理に携わる者として何ができるかを考え教育臨床における理解を深めたい，といった要望・願いが書かれていた。それらをふまえて，通級指導のどのような面を伝えていけばいいのかを考え実習計画を作成してきた。表1は実習計画の一例である。児童との活動や保護者との面談を実習生と共に取り組み，通級指導や発達障がいについての講義研修を行ってきたが，その実習を振り返ることで臨床心理的課題が見えてくるのではないかと考えた。

II　通級指導教室
　　　──福岡市立香椎小学校の場合

　まず研修の初めに，かしい教室の概要を実習生に話している。どういった子ども達が，どういう過程を経て通級指導教室に入ってくるのか，どういうシステムでどのような指導を行っているのかである。かしい教室は情緒障がい通級指導とLD・ADHD等通級指導の2クラスで，通常学級に在籍するサポートが必要な児童が自校や他校から24名通ってきている。通級指導を受けるかどうかは，教育委員会が行う就学相談で検討されるが，そこで判定されたからといってすぐに措置されるわけではない。次に観察相談会があって，緊急度が高いと判断されて初めて通級指導教室に措置される。これは財政難の関係で指導教員および指導教室の数が少ないからである。

　年々通級希望者は増加の傾向にあり，通級判定を受けても措置してもらえない児童が多くい

表1　教育臨床領域実習計画案

2013年度九州大学大学院教育臨床領域実習計画案（かしい教室）「臨床心理学実習Ⅱ」「臨床心理学地域援助額実習Ⅱ」
1. 期　　　日——前期：2013年5～7月／毎週○曜日／計10回
2. 実　習　者——九州大学大学院人間環境学府臨床心理学コース1・2年生
3. 実習内容——教育臨床全般の内容を理解すること，通級教室の教育指導を理解し児童に自立活動の指導を行うこと，保護者や在籍学級担任の心情を理解すること，他の専門機関との連携を理解すること

1日の流れ（午前のみ通級指導）

時間	実習生の行動
8:30	入室・着替え
8:45	指導打ち合わせ
	プレイ（遊び）学習
	児童入室，あいさつ
9:00	指導開始，朝の会（小集団活動および個別指導）
11:00	指導終了・帰りの会（保護者面談に参加）
12:10	終了後記録の整理
12:25	給食準備（通常学級で）
	昼食
13:15	休憩（清掃）
14:15	研修
16:00	学級事務その他
	実習日誌記入
16:50	着替え等
17:00	退室

※指導は低学年3人グループ

研修計画（全10回）

回	研修内容
1	午前グループ・通級授業参観14:15～研修 ・通級指導教室，通級措置等について
2	授業参観・通級児童在籍学級授業参観15:00～研修 ・通級指導および発達障害について
3	授業参観14:45～研修 ・通級教室，保護者との連携について
4	授業参観・在籍担任との面談14:45～研修 ・発達アセスメントについて
5	授業参観・通級児童在籍学級・授業参観15:00～研修 ・担任との連携について
6	授業参観14:45～研修 ・指導の組み立て方について・通級指導案作成
7	授業研修・一部の活動のみ14:45～研修 ・授業・指導の考え方・指導案作成
8	授業研修・全体を通しての活動14：45～研修 ・授業の振り返り・指導の実際
9	授業参加・お楽しみ会（校外学習）引率14:45～研修 ・校外学習などについて
10	保護者会参加14:15～研修 ・保護者の思いについて ・全体のまとめ

る。福岡市では2013年度の通級判定の児童が154名だったのに対し，通級指導教室に通えるようになった児童は85名だった。措置されなかった児童の保護者は，在籍学校の支援や学校カウンセラーとの連携を依頼したり，発達教育センターの短期療育を申し込んだりして苦労している。民間の療育は費用がかかり，専門の病院は初診を受けるのに何カ月も待たなければならないのが現状である。かしい教室でも「やっと入ることができました」と喜び，すがるような気持ちで入級してくる保護者も少なくない。

福岡市の「『通級による指導』実施要領」には，「通常の学級に在籍している軽度の心身障がい児に対して，心身の障がいに応じた特別の指導を行い，障がいの克服・改善を図り，社会参加と自立をめざす」と記されている。それに則り，かしい教室では「児童への支援」「保護者への支援」「在籍学校への支援」「社会への理解・啓発」の4点をその役割に掲げ，心理的な安定やコミュニケーションの向上など自立活動全般の指導を行っている。

指導のプロセスは，まず発達アセスメントを

行い，次に個別の指導計画を練り，小集団指導および個別指導を行っていく形である。アセスメントは，担任教諭からの情報，保護者からのフェイスシート，教室内での行動観察などからプロフィールの表を作成する方法を採っている（森，2001）。

III 通級指導教室の実際および実習生の目線から

1 通級指導の内容

かしい教室は，情緒障がいとLD・ADHD等の2クラスあるのだが，一緒に指導を行っている。児童は週に1回通ってきて，主に小集団グループ（2〜4人）で約2時間の指導を受ける。指導するのは2名の教諭と指導補助教員の3名で，指導後は40〜50分程度保護者と面談を行っている（各指導教室でシステムは異なる）。表2は，日頃行われている活動の指導案である。

2 児童への支援

通級指導教室に通う児童は，通常学級に在籍しているが何らかの支援が必要な子どもたちである。苦手な集団のなかでどうにか我慢して頑張っている子，コミュニケーションがうまくいかずトラブルになってしまう子，どうしても多動になっていつも叱られている子などである。そのような子どもに対し，かしい教室では次のような指針で指導に取り組んでいる。まず，楽しい活動を設定することである。そして，話をしっかりと聞き認めてあげることで自尊感情を高めていく。せっかく週に1回通ってきているのだから，楽しく活動することでリフレッシュの場になってほしい。とにかく細かいところまで褒め，自信を持たせることを念頭に置いて指導を行っている。そして，スモールステップで少しずつ子どもたちの成長を支援していくのである。

次に挙げるのは，通級指導を参観した実習生たちの感想である（以下，実習生の感想は〈　〉で囲んで記す）。

〈子どもたちが落ち着かなくなる場面があったが，指導者はできていないところには目を向けず，些細なところでも上手にできているところに目を向け褒めている。また，マグネットなどを使い目に見える形で賞賛している。それによって活動に対して意欲的になり，集中して取り組んでいた〉

〈日記指導では，やる気の出ない子には隣室の母親に相談に行かせたり，大好きな運動から活動を始めたり，その日の子どもの調子に合わせて指導方法を変更していた。指導の柔軟性が重要だと感じた。また，書きしぶる子どもに「今書くか後で書くか」選択肢を出していたのも印象的だった。選択肢があると子どもは意思表示がしやすくなることを実感した〉

〈運動ゲームの結果発表のときは，1位も最下位も関係なくお互いを褒め合うことを意識されていて，子どもたちは負けても納得した終わり方ができるのだなと感じた〉

また，実習生が指導に携わった際に，発達障がいの特性を目の当たりにして，対応に困ったという感想もあった。

〈約束の時間になっても玩具をなかなか片付けない子どもに対して，どう促していけばよいのか対応に困った〉

〈「先生，一緒に遊ぼう」と声をかけてくれて遊びに加わっても，自分ルールを作り勝手に始めてしまうので戸惑ってしまった〉

しかし，最初は戸惑いながら子どもと関わっていた実習生たちも，回数を重ねるうちにだんだんと対応のコツがわかり，褒め上手な指導者になっていっていることもわかる。

表2 通級指導教室指導案（例）

平成25年度1学期　○曜日午前　○月○日　かしい教室　学習の流れ（例）
福岡市立香椎小学校　かしい教室　指導者　リーダー：城　サブ：飯田・戸川

1. 指導目標

A児（2年）	B児（2年）	C児（2年）
○相手の気持ちやその場の状況を考えて行動する適切なスキルを習得し、人と円滑なコミュニケーションが取れるようにする。 ○葛藤場面では、自分で気持ちを切り替えて、課題に最後まで取り組むことができるようにする。 ○粗大運動能力を伸ばす。	○葛藤場面や困難場面での感情・行動をコントロールする力を養う。 ○場面や状況の理解や、相手の気持ちを理解する力を伸ばすとともに、その場に応じた言動ができるようにする。 ○粗大・微細運動能力を伸ばす。	○活動に見通しを持ち、自分で緊張を和らげることができる。 ○自己コントロール力を伸ばし、状況に応じて適切な行動がとれるようにする。 ○自分の気持ちを言葉で表現できるようにし、コミュニケーションの能力を伸ばす。

2. 指導計画

時・場所	学習活動	ねらい（観察の項目）・留意点等
職員室	・職員室に入りあいさつをする。 ・出席カードを記入する。	○対人関係　○指示の受け入れ ・落ち着いて挨拶ができる・学習意欲を持つ
9:00 学習室	1. 朝の会 ・先生の話を聞く。 ・スケジュールをプリントに書く。 ・「こんなとき、ぼくは……」SST	○視覚・聴覚的注意　○姿勢の保持　○書字 ・活動の見通しを持つことができる。 ・ホワイトボードを見てプリントに書き写す。 ・状況を考えて、自分の気持ちを表現することができる。
9:25 プレイルーム	2. 準備運動（動作模倣等） ・ストレッチ ・色つきゲーム	○視覚的記憶　○全身の協応　○バランス ・教師のモデルを見て、体を動かすことができる。
9:35	3. ゲーム運動 ・ころがしドッジ ・ドッジボールボウリング	○左右の協応　○全身の協応　○協調性 ・順番等ルールを守ることができる。 ・うまくいかなくても怒らず最後まで続ける。
10:05	4. 個別学習（プリント学習等） 　A児（プレイ）／B・C児（学習室）	○形の区別　○視覚的記憶　○空間位置の区別 ○目と手の協応　○学習プリント等
10:30 学習室	5. パネルクイズ ・20枚の裏返しのカードから同じ図柄のカードを探す。	○視覚・聴覚的記憶　○協調性　○表現力 ・仲良く友達とゲームをすることができる。 ・場所を記憶して、カードを当てることができる。
10:55	6. 終わりの会 ・今日のことを振り返る。	○対人関係　○聴覚的注意　○共感性 ・考えを発表する。 ・友達の発表を聞く。
11:00		保護者面談

〈何かが気にくわなくて机を離していったA君だったが、書いた字を褒めると機嫌良く机を元に戻し、課題を始めてくれたので良かった〉

3　保護者との連携

かしい教室では毎回、活動の様子や、最近1週間の家庭や学校での出来事などについてグループ面談を行う。発達障がいを持つ児童は見た目が健常児と変わりがないため、両親が「しつけが悪い」などと非難されることも多い。たくさんの苦労を抱えてきている保護者の思いをしっかり受け止めて、悩みを一緒に考えていかなくてはならない。話を聞くだけで気持ちがすっきりとされる保護者も多い。また、実習に対して協力的で、実習生が面談に参加することも快く引き受けてくれている。

〈活動に入れない子が、実は学校で嫌なことがあったということが後の面談でわかった。その子の背景もできる限り理解した上で接することが大事であると感じた〉

〈「友達の気持ちや思いを教師が代弁することで、気づきが生まれる」という話が勉強になった〉

〈保護者の方の日々の悩みが語られていたが、我が子をよく見ているなと思った。一人で悩まないようにサポートすることの大切さを改めて感じた〉

また、定期的に全体の保護者会も開いている。そこでは保護者が自分の子どもについての意見交換を行う。同じような悩みを抱えている方が多いため、みんながしっかり聞いてくれるし本音も出しやすい。悩んでいる1年生のお母さんに先輩のお母さんが励ましたりアドバイスをしたりすることもあり、指導者側も大変勉強になる。

〈保護者の生の声を聞くことができ、大変参考になった。日々悩んでなかなか気持ちをわかってもらえなかったり、うまくいかない自分を責めてしまったり、苦しい思いをされている保護者も多いなか、同じ思いの人たちと共有できることは大きな励みになると思う〉

保護者会に参加した実習生は、改めて切実な親の思いを実感したようである。

4　在籍学校（担任）との連携

通級児童の担任とは学校訪問を行ったり、通級教室に参観に来てもらったりして連携をはかっている。もちろん定期的な訪問だけでなく、緊急の場合は電話で連絡を取り合ったりケース会議を開いたりすることもある。次は、担任との面談に参加した実習生の感想である。

〈担任の先生の話を聞いて、普段いかに大変で対応が難しいか、いかに〇〇君のために工夫されているかを知ることができた〉

〈担任の先生の考えと保護者の思いとの間にずれがある場合どうすればよいのか、何が〇〇君にとって良いことなのか、改めて連携の難しさを感じた。そのすり合わせに通級指導教室の先生が働きかけているのを見て、両者をつないでいくというのも通級指導教室の大事な役割だなと思った〉

〈担任の先生は保護者に話せないようなこともたくさん話されていて、通級指導教室の先生は担任の先生に頼られているということを強く感じた〉

担任と保護者と通級指導教室担当者がつねに連携し合うことの大切さに気づいてくれている様子がわかる。

IV　おわりに

通級指導教室では、通級児童でない子の相談もよく受ける。通常の学級に支援の必要な児童

がかなりいるからである。ある程度専門的な知識や経験を持つ指導者がいる教室のため，保護者や教師が相談に訪れるのだが，実際にはどの学校にも通級指導教室や発達障がいの特別支援学級があるわけではない。仕方なく保健室が教室に入れない子どもの居場所になったり，いくつも仕事を抱えた特別支援教育コーディネーターが相談を受けたりして，どうにか凌いでいるのが現状ではないだろうか。1995年にスクールカウンセラー事業が始まり，心理職が教育領域で活躍をしている。児童が学校に楽しく行けるよう支援していくこと，保護者や教師を支え両者を良好な関係に導くことは，通級指導教室担当者と違って当事者と関わりの少ないスクールカウンセラーには大変難しいことかもしれない。はっきりと浮き彫りにはできなかったのだが，臨床心理的課題というものはその点にあるのではないだろうか。

心理職の卵である実習生がすべて教育職に就くとは限らない。しかし，研修に真摯に向かっていく学生たちの生き生きとした姿に強い希望を感じている。最後に，実習生の意気込みを感じた感想を挙げて終わりにしたいと思う。

〈保護者会で自分の体験をポジティブに話されるお母様がいて，改めて「親は強い」と思いました。そんな悩みを持ちながら頑張っている保護者を少しでも支えられる人になりたいと強く感じました〉

◆ 文献
福岡市発達教育センター（2013）「通級による指導」実施要領.
九州大学専門職大学院 人間環境学府実践臨床心理学専攻（2010）臨床心理 学外実習の手引き.
森 孝一（2001）LD・ADHD特別支援マニュアル――通常クラスでの配慮と指導．明治図書．

◉教室における支援

特別支援学校における関わり

森 孝一

I　はじめに

　平成24（2012）年2月から3月にかけて文部科学省が実施した「通常の学級に在籍する発達障害の可能性のある特別な教育的支援を必要とする児童生徒に関する調査」の結果によると，学習面または行動面で著しい困難を示すとされた児童生徒の割合は6.5%であった。

　この調査の対象は公立の小・中学校の通常の学級に在籍する児童生徒を母集団としており，特別支援学校は対象となっていない。つまり，特別支援学校には自閉症スペクトラム障害を除く発達障害（学習障害（LD），注意欠陥多動性障害（ADHD）など）のある児童生徒はいないことが前提となっている。

　学校教育法によると，特別支援学校は，視覚障害，聴覚障害，知的障害，肢体不自由，病弱・身体虚弱の5つの障害種に対応して設置されており，発達障害に特化した特別支援学校はない。しかし，発達障害のある児童生徒はいないという前提であっても，特別支援学校は，発達障害に関して，これまで培ってきた特別支援教育のノウハウを活かした，センター的機能としての効果的な取り組みが期待されている。

　筆者に与えられたテーマは特別支援学校に限定されているので，筆者が所管する150万の人口を抱える政令指定都市F市の情報を背景にして，特別支援学校における発達障害への関わりについて論じたい。

II　特別支援学校と発達障害

　筆者が過去に校長を務めていた「高等特別支援学校」は，高等部単独で設置され，一般企業に就職できる可能性の高い生徒に対して，就労に重点を置いたカリキュラムで教育を行っている。

　受検する生徒は知的障害があることを条件に実施され，合格した者だけが入学を許可される。入学する生徒のなかには，小・中学校時に病院等から発達障害の診断を受けてくる者がおり，学校生活の大半を通常の学級で過ごすなかで，発達障害への正しい理解と適切な支援・指導を受けられずに不登校など二次障害に苦しんできたケースがみられた。

　また，高等特別支援学校の受検で不合格となった生徒は，次の進路先として，学区の特別支援学校高等部に進学することが少なくない。特別支援学校高等部でも受検を行うが，おおむね希望する生徒は入学できる。その結果，本来の知的障害のある生徒の増加と重なって知的障害特別支援学校高等部への生徒数は年々増え続け，教室や教員不足を招いている。

　実際の教育活動においては，対象児童生徒の障害の重度・重複化への対応のみならず，軽度化への対応が新たな課題となっている。

　さらには，平成19（2007）年度にスタートした特別支援教育では，特別支援学校の新しい役割として地域のセンター的機能が位置付けられ，小・中学校における特別支援教育推進に際して支援することが求められている。その際に，発

達障害への理解と支援について適切なコンサルテーションが必要となっており，特別支援学校の全ての教員は，発達障害について研修を深めておかなければならない。

Ⅲ 特別支援学校等の現状

1 F市における特別支援教育対象者数の推移

表1は，F市における特別支援教育対象者数の10年間の変化を教育の場ごとに示したものである。

通級指導教室や特別支援学級の対象者の増加は10年間で2倍を超えており，発達障害や知的障害の境界域にある児童生徒の増加が読み取れる。

特別支援学校の対象者数は1.4倍の増加であるが，中学校特別支援学級対象者は，言うまでもなく特別支援学校高等部に入学するため，結果的に特別支援学校全体の対象者数の増加につながっている。

2 特別支援学校在籍者数の推移

障害種別に述べると，知的障害特別支援学校に在籍する児童生徒数が増加傾向にあり，他の障害はほぼ横ばいである。なお，複数の障害を有する児童生徒については，文部科学省の調査では在籍する学校の障害種以外の障害は集計されないため，実数としては不明である。

F市では，図1に示したように平成16（2004）年度にF市立の知的障害特別支援学校に在籍していた児童生徒数781人が平成25（2013）年度は1,100人に増えており，F市の人口増に伴い，平成30（2020）年度には1,326人になると推計している。

繰り返しになるが，中学校における通常の学級および知的障害特別支援学級に在籍する生徒が特別支援学校高等部に入学することが多く，結果的に高等部生徒数の増加率が高くなる。このなかに，発達障害のある生徒が混在していると思われる。

図2は，F市の中学校の通常学級に在籍する3年生のうち，発達障害の診断を受けている児童生徒を対象とした進路調査の結果である。ほとんどの生徒は高等学校に進学しているが，特別支援学校高等部に進学している生徒が3.2%存在している。進学した高等学校の過半数は，図3に示したように私立の高等学校である。

今後，私立高等学校において，主体的に特別支援教育を推進し，発達障害のある生徒の不登校，ひきこもり，中途退学などの二次障害を予防し，卒業後の社会自立に向けた支援を充実させることが課題である。

3 特別支援学校のセンター的機能

地域において特別支援教育を推進する体制を整備していく上で，特別支援学校は中心的な役割を担っている。特に，通常の学級に在籍する発達障害などのある児童生徒を含め，その教育的ニーズに応じた適切な教育を提供していくためには，特別支援学校が，教育上の高い専門性を活かしながら地域の小・中学校を積極的に支援していくことが求められている。F市では，市立特別支援学校7校に対して7区のエリアをそれぞれ担当校として位置づけ，エリア内の小・中学校等を支援する「各区特別支援教育連携協議会」を設置し，要請に応じた支援活動を行っ

表1 F市における特別支援教育対象者数の変化

F市における特別支援教育の対象児童生徒の増大

H16→H25年度まで（過去10年間）
- ①通級指導教室　233人→501人
　　約2.2倍増
- ②特別支援学級　667人→1,367人
　　約2.0倍増（小2.3倍増，中1.6倍増）
- ③特別支援学校　1,058人→1,353人
　　約1.3倍増（知的障害は1.4倍増）
- ★全体　1,958人→3,221人（約1.6倍増）

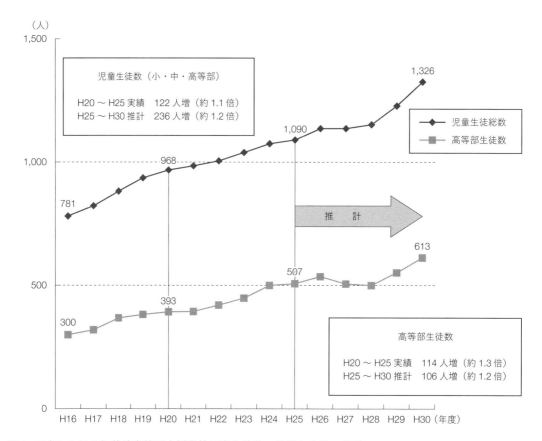

図1　F市における知的障害特別支援学校児童生徒数の推移と今後の推計

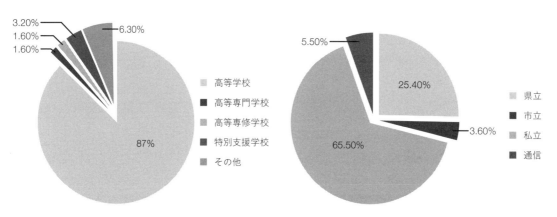

図2　F市における発達障害のある中学3年生の進路調査（平成25年度卒業）

図3　F市における発達障害のある中学3年生の高等学校進学者対象の調査（平成25年度卒業）

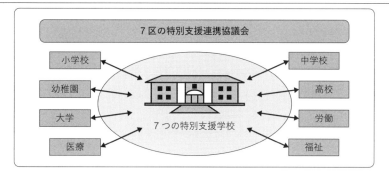

図4　F市立特別支援学校のセンター的機能

ている（図4）。

4　校種別の校内支援体制

図5は，校種別に，全市の平均と校内支援体制状況を5段階で評価した結果である（高等学校は市立のみを対象）。校種別にみると，特別支援教育推進の状況に温度差があることがわかる。特に，市立高等学校における校内支援体制に課題が残っており，発達障害のある生徒の多くが進学する私立高等学校においてはさらに厳しい状況があるのではないかと推測される。

IV　課題解決に向けて

高等学校には，発達障害に限らず，さまざまな課題を抱えている生徒が入学してくるため，生徒や保護者の相談に応える体制を整備することが必要である。F市の市立高等学校でも，校内支援委員会の設置や特別支援教育コーディネーターの指名や活用，関係機関との連携については定着しつつあるが，実際の学習や生活支援および個別の教育支援計画作成と活用に依然課題が残っている。

特に，私立高等学校においては，学校ごとに独自の教育方針や歴史と文化があり，全日制，定時制，通信制という違いや，普通科，専門学科，総合学科など学科が多様であることが，特別支援教育が浸透しにくい原因になっていると思われる。しかし，特別支援教育の重要性や有用性を教員一人ひとりが認識するならば，発達障害のある生徒のニーズに応える教育を提供することは可能である。

以前，筆者が関わった発達障害のある生徒が通信制の高等学校に入学した。3年生になって，この生徒は就労を希望していたが，学校側からは「障害者の就労についてはわからないし，何もできないので，ハローワークに相談してください」という助言のみだったという。

保護者からの相談を受け，高等特別支援学校の校長だった筆者は，自分の学校で実践していた進路指導マニュアルに沿って丁寧に助言を行い，保護者と生徒が関係機関と連携していった結果，一般企業への就労が実現したのである。つまり，私立高等学校は，高等特別支援学校などのカリキュラムや進路指導を真摯に学び，積極的に活用することによって，発達障害のある生徒たちへの効果的な支援を実行できるのである。

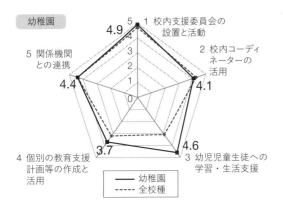
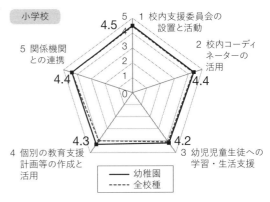
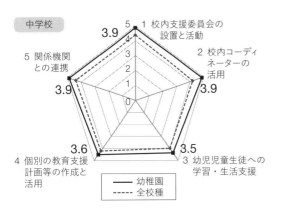
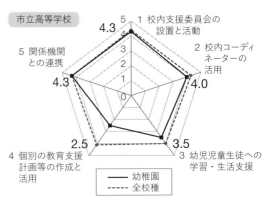

図5 平成25年度校内支援体制アンケートの結果

V おわりに

　特別支援教育は新たな段階を迎えようとしている。しかし,そのことを認識している幼・小・中・高等学校の教育関係者は少ないと思われる。

　今後,インクルーシブ教育の実現に向け,特別支援学校の教員一人ひとりの専門性に磨きをかけるとともに,「さすが特別支援学校ですね！」と評価されるようセンター的機能を発揮し,粘り強く実践的努力を続けることが最も重要なことであると考えている。

○教室における支援

特別支援学級における指導と臨床心理学的ニーズ

青山新吾

　特別支援学級とは，学校教育法第81条によって規定された障害種別に設置されている学級である。知的障害，聴覚障害，自閉症・情緒障害などの種別によって学級が設置されている。また特別支援学級では，同法第138条の規定により，特別な教育過程を編成することが可能であり，子どもたちの実態に合わせた教育内容を扱うことができる。加えて1学級あたりの在籍人数の上限は8名が標準であり，通常の学級よりも少人数の学級編成を可能としている。

　本稿では，このような特別支援学級で学ぶ子どもたちの「暮らしと学びのかたち」を具体的に描き出し，その教育学的意味を検討するとともに，臨床心理学的な視点で捉えたときのニーズを明らかにすることを目的とする。なお，特別支援学級といってもその種別はさまざまであるため，ここでは特に，自閉症・情緒障害特別支援学級を例に検討する。

I　自閉症・情緒障害特別支援学級における教科指導の場面

　自閉症・情緒障害特別支援学級は，平成21 (2009) 年度の文部科学省からの通知により，それまでの情緒障害特別支援学級から改称された。そこには，自閉症スペクトラムの子どもたちが中心に学んでいる（国立特別支援教育総合研究所，2006）。

　筆者が研究面で関わっている小学校の自閉症・情緒障害特別支援学級（以下，学級とする）について，以下のような報告を行った（青山，2011）。小学校4年生の国語の授業において今西佑行の「一つの花」を教材として扱った。「一つの花」とは，光村出版の『国語4年下巻』に掲載されている教材であり，太平洋戦争中にまだ幼い子どもと妻を残して父親が出征した家族の姿を淡々とした筆致で描いた反戦文学である。報告では，その授業でのエピソードを担任のようこ先生（仮名）から聴取し記述した。以下，そこに筆者の現時点でのメタ的な記述を重ねて再構成したものを示す（物語の内容は，光村出版の『国語4年下巻』からの引用である）。

1　エピソード1

　物語の冒頭に「毎日，てきの飛行機が飛んできて，ばくだんを落としていきました」という一節がある。ようこ先生は，授業でこの箇所を指導しているときに，学級に在籍していた4人の児童の様子が，何かしら楽しそうであったことに違和感を持ったという。そこで，児童たちにこの場面の状況を尋ねてから動作化を求めた。すると子どもたちは，ミサイルの発射や戦闘機など，現代戦争のイメージを口々に述べた。

2　メタ的記述1

　この学級に在籍していた児童は4名とも広汎性発達障害の診断を有していた。戦争の認識の違いそのものは，子どもたちの障害特性というよりも，4年生という子どもたちの年齢によるものかもしれなかった。しかし，戦争を知らな

い子どもへの配慮として映像を見せようと考えたとき，映像のどこに注目するのか，また映像に示されたものだけが当時の戦争であると捉える心配があるという，ようこ先生のことばが印象に残った。これこそ，情報の整理が難しく1つのことだけに集中しやすいシングルフォーカスや，入ってくる情報を整理統合して全体の文脈のなかで理解するセントラルコヒーレンスの弱さといった自閉症の特性が，国語の授業場面で顕著に現れる場面だと考えられる。

3　エピソード2

「すると，ゆみ子のお母さんは『じゃあね，一つだけよ』と言って，自分の分から一つ，ゆみ子に分けてくれるのでした。『一つだけ，一つだけ』と，これが，お母さんの口ぐせになってしまいました」という一節がある。この部分の読み取りに際して，ゆみ子の母親は，子どもを甘やかす悪い母親であると考えた子どもがいた。この子どもは，このように言えば何でももらえることをゆみ子に教えてしまったのだと考え，ちゃんと子育てができないダメな母親だと考えているのだった。

4　メタ的記述2

　ようこ先生の説明によると，この子どもには，日常生活のなかで「いくらやりたくてもダメなものはダメである」という考え方を指導してきた経緯があり，本人もそれを納得して受け入れ，自制して暮らしているとのことであった。その自分自身の経験をこの物語の登場人物に重ね，「許せない！」と怒っていると思われた。ちなみに登場人物のゆみ子は，まだ幼い子どもであると思われる。しかし，「一つの花」の文中で，ゆみ子の年齢は記述されていない。そのため，ようこ先生がゆみ子の年齢を考えさせることで，この子どもの考えを広げようと試みたが，どこにも書いていないことを理由に受け入れなかったとのことだった。これは，直接に言語化されていない「行間」の読み取りや心情推察の困難さなどが顕著に現れているエピソードである。この困難さも，自閉症の特性に起因しているように思われた。逆説的な形ではあったが，国語の授業での子どもの「学び」に影響を与えた場面であると思われる。

5　小考察

筆者の聴取によれば，上に挙げたエピソードは，この学級で偶然起きたことではなく，他の学級においても生じていることだと考えられる。また，「一つの花」の教材に限ったことではなく，「お手紙」「白いぼうし」（共に光村出版の国語教科書に掲載）など，他の物語文教材によっても生じていることだと考えられる。そのような時に，ようこ先生は，子どもたちが学べるための方策として「丁寧な言語化」を指摘していた。これは適切な支援だが，教科指導においては，各教科は標準時数に従って指導計画を立てている。実際には多少の増減は当然であるが，無尽蔵に国語の指導時数を増やせるものでもないところが悩みの種である。また，国語の授業で，子どもたちの障害特性に配慮することは，教育の枠組みでは自立活動の指導に当たるものである。自立活動の内容としては6つの区分と26の項目が規定されているが（文部科学省，2008），そのなかでも認知特性への対応である「環境の把握」やそこから生じる心理面への対応である「心理的な安定」といった区分の指導は，ここで示したエピソードと密接に関わっている。特別支援学級では，教科指導に自立活動を取り入れて指導していくことが重要であり，そのための工夫が求められている。

II　自閉症・情緒障害特別支援学級における交流及び共同学習

ある小学校の学級にお邪魔したときのことである。その時間は交流及び共同学習で，音楽の

時間であった。交流及び共同学習とは，特別支援学級の子どもたちと「通常の学級」の子どもたちが共に授業に参加したり活動したりする学習形態のことである。ここでは，その場を一緒に過ごした筆者のメモを元に記述したエピソードに，さらに現時点での筆者のメタ的な小考察を書き加える形で考えていきたい。

1　エピソード

2時間目の音楽は，学年合同授業であると聞いた。学級に在籍する6年生は3人。卒業式を間近に控え，今日は卒業生を送る会で在校生に向けて歌う歌の練習らしい。筆者は校舎の端に位置する音楽室に案内された。すでに授業は始まっており，音楽室の外には6年生の歌声が聞こえている。邪魔しないように，そっとドアを開けた。カーペット敷きの音楽室は普通教室が3つは入りそうな広さである。教室の前方に，本番と同じような隊形なのだろうか，整列した子どもたちが教室後方を向いて立っていた。目を教室後方に向けると，そこには木琴や鉄琴が合わせて5台ほど置かれている。よく見ると，その足下に2人の子どもたちがうずくまっていた。

担任のこうた先生（仮名）が僕の近くに来て，学級の3人のうち，1人はみんなのなかに入っていることを教えてくれた。あとの2人は教室後方にいるわけである。2人のうち1人は，「体育座り」をして，顔を下に向けている。しかし，その身体は歌っている子どもたちのほうを向いている。それに，下を向いているとはいえ，それは真下ではなく，時折その視線は前方を向いていた。もう1人の男の子は，同じように木琴の下にいるが，ダンゴムシのように丸まり，制服を頭からかぶっていた。身体の向きは，教室前方に対してほぼ垂直である。こうた先生は，僕のところに来た後，すぐに子どもたちの近くに戻った。べったりつくでもない，でも離れるでもない距離感で，その距離約2メートルといったところだろうか。

その光景を見ながら，僕にはある疑問が浮かんでいた。音楽室のなかにある，明らかに苦戦している2人の男の子の姿。歌の練習とは離れた光景。しかし，不思議と教室のなかに冷たい空気が流れていないように感じるのが不思議だった。なぜだろう……。

前方では，6年担任の2名と音楽専科と思われる先生の3名が指導に当たっていた。よく見ていると，その先生方は，時々後方にいた2人の男子に視線を向けていた。何をするでもないけれど，その視線は明らかに2人の存在を気にかけているものだと思えた。30分ほどで1人は限界に達し音楽室から出た。授業終了後，こうた先生が僕に言った。「青山先生！　今日，彼らは初めて練習に参加できたんです！　初めて入ったんです！　それで，長い時間過ごせたんです！」と弾むような声で教えてくれた。その声と表情が，こうた先生の喜びを如実に表していると思えた。その後，こうた先生は6年の担任たちと話をしながら音楽室を出た。先生方は一緒に廊下を歩きながらことばを交わされて，それぞれの教室に戻っていったのだ。

2　小考察

このとき出会った子どもたちは，いわゆる自閉症スペクトラム障害の診断を有していた。そのうちの1人は，日常的に頭から服などを被って周囲の刺激を遮断するように過ごしていたのである。感覚の過敏さのある子どもたちであることは事実であったと思われる。しかし，感覚の過敏さがあって，常に周囲の刺激を遮断しているように見えることと，周囲とのかかわりを遮断していることには大きな違いがある。彼らは，この授業の後，初めて教室に行った筆者のところに少しずつ近づき，授業時間の終わりには一緒にカードゲームをするようになった。そして，このあと彼らは，自分から被っていた服を脱いで，卒業式の練習に参加したという。それを支えたこうた先生をはじめとする先生方や

保護者と彼らの細やかなやりとりを記述することは紙数の関係で叶わない。しかし，そこには障害特性が環境要因との関係で変化する（消えるのではなく）ことを如実に示している事実があった。

また，ここでもうひとつ押さえておきたいことがある。それは，こうた先生の立ち位置である。こうた先生は，これまで通常学級担任として学校の中心的な立場で仕事をしてきた教師である。このエピソードは，この年初めて特別支援学級を担任し，1年が終わろうとしていた頃のできごとである。そのこうた先生が音楽室で筆者に対して発した弾むようなことばは，彼が苦戦している子どもたちと本気でかかわり，本気で一緒に生きていることを示しているのだと思う。特別支援学級の担任は，小・中学校のなかで中心的な立場になれず，肩身が狭かったり隅のほうで遠慮がちに仕事をしているなどということも起きている（はずである）。あってはならないことだが，実際にないとは言い切れない事実がある。こうた先生は，音楽室を出るときに同僚と一緒に話しながら歩いていた。この時間のことを同僚と話す姿は，紛れもなく彼が一人で「戦っていない」ことを示している。このエピソードは，特別支援学級という場において，担任と子どもたちだけが「孤立して戦う」のではなく，他の子どもたちや先生方と「一緒に戦う」姿を表している。特別支援学校とは違い，特別支援学級には一般社会に近い構造があり，障害のある子どもたちとその担当教師は「少数派」である。それゆえ特別支援学級では，子どもだけではなく教師の「孤立の構造」も含めて，周囲との関係構造を捉え，つなげていくことが重要である。

III 自閉症・情緒障害特別支援学級における臨床心理学的ニーズの検討

本稿では，特別支援学級で学ぶ子どもたちの「暮らしと学びのかたち」を，エピソードと筆者のメタ的な記述によって具体的に描き出してきた。最後に，それらを臨床心理学的な視点で捉えたときに浮かび上がる支援のニーズについて検討する。

まず1つは，子どもへの心理的な支援である。子どもたちの有する認知特性などを把握し，それを踏まえた教科指導を展開するためには，子どもの正確なアセスメントが必要である。

実際に日常生活のなかで，支援があれば何ができていて，支援がないために何ができていないのかを把握するのが非常に有用と指摘されている通り（辻井，2014），教科指導や学校生活，家庭生活のなかでの子どもの様子を把握することが必要である。本稿で示したように，特別支援学級では，それに基づいた教科学習の指導や感覚過敏に対する支援が「日常生活の1ページ」として重要になるからである。また「日常生活の1ページ」には，クラスの子どもたち同士のカードゲームであったり，授業で学びあったりという場面が何気なく流れているものである。しかし，それこそが実は，子どもたちにとって一人で生きるだけでは得られない楽しさ，嬉しさ，そしてしんどさなどを学ぶ場なのである。対人交流の苦手な子どもたちへの療育的支援は「いま目の前のしあわせ」を繰り返しひとと分かちあえる体験の積み重ね（滝川，2013）の指摘の意味を噛みしめたい。

2つめは，保護者や教師など，子どもの周囲の大人への心理的な支援である。先述したように，周囲の大人は「孤立の構造」に陥る危険性のなかで生活していることが多い。発達障害のある人の傍らにある人々や集団をそっと支えることが，発達障害の人と他の人々や環境を繋いでいくことにもなる（村瀬，2014）ことは，本

稿に登場した，こうた先生と周囲の関係構造が示している。紙数の都合で記せていないが，実際には子どもたちの保護者と教職員の関係にもさまざまな「物語」があったと聞いた。特別支援学級においては，支援対象となる子どもたちだけではなく，周囲の人々に対する支援も必要なのである。

ここまで述べてきたように，特別支援学級における臨床心理学的ニーズは，学級における教科指導や交流及び共同学習などの学校生活や地域での生活，つまり，子どもや大人の日常生活に内包されている。支援者は，これらが学校の文脈，生活の文脈に内包されていることを認識することが重要なのである。そのため，臨床心理学的ニーズに応えていくためには，教科指導などの学校の教育カリキュラムや生活の流れを理解し，教育の用語，教育の文脈，生活の文脈を理解しつつ，子どもたちと周囲の人々の関係のなかで相互に支援を紡ぎ出して解決に結びつけていく必要がある。その意味で，障害のある子どもや家族の生き様を物語として捉え，過去，現在，未来の物語の積み重ねすべてが個々の発達障害児者に固有の物語であるとする指摘（津田，2012）は重要である。だからこそ支援者は，特別支援学級の子どもたちそれぞれの臨床心理学的ニーズを日常生活から切り離さず，生活の文脈のなかで捉えて「個別の物語」として把握し検討していくことが求められている。

◆文献

青山新吾（2011）自閉症を有する児童の国語科学習における「学びやすさ」の探求 その1――特別支援学級の国語の授業の検討を通して．第49回大会日本特殊教育学会発表論文集，652

国立特別支援教育総合研究所（2006）小・中学校における自閉症・情緒障害等の児童生徒の実態把握と教育的支援に関する研究――情緒障害特別支援学級の実態調査及び自閉症，情緒障害，LD，ADHD通級指導教室の実態調査から．課題別研究（平成19年度）研究報告書，6-11

文部科学省（2008）特別支援学校学習指導要領解説自立活動編．pp.34-76.

村瀬嘉代子（2014）発達障害のある人の人生に寄り添うこと．臨床心理学 14-1；11-15.

滝川一廣（2013）自閉症治療・療育はどうあるべきか．そだちの科学 21；2-7.

津田英二（2012）物語としての発達／文化を介した教育――発達障がいの社会モデルのための教育学序説．生活書院．

辻井正次（2014）発達障害のある人が障害特性を持ちながら生活することを支える研究と支援．臨床心理学 14-1；16-20.

第7章
社会的支援の発展に向けて

◉発達障害の社会的支援

社会的支援と発達障害❶

尾辻秀久｜村木厚子
下山晴彦｜辻井正次｜村瀬嘉代子｜森岡正芳

I　発達障害私論

下山：私は，東京大学大学院教育学研究科臨床心理学コースの教員をしております下山と申します。東京大学バリアフリー教育開発研究センターのセンター長も兼任しておりました。臨床心理学では認知行動療法を研究しており，特に子どもの認知行動療法を専門に仕事をしてきております。強迫性障害を研究と臨床の対象としていた当初は，発達障害と違うタイプの方を専ら対象としていました。しかし，最近は発達障害とかなり重なる強迫性障害のご本人やご家族が相談に来るようになりまして，この7，8年のうちに発達障害が非常に重要だと気づきつつあります。臨床と研究の幅を発達障害にも広げなければならないと考えていたところ，ひとつは大学で発達臨床心理学という講座の主任になったこと，もうひとつはバリアフリー教育開発研究センターのセンター長になったことで，そのことが一気に現実的になってきています。発達障害に起因する「バリア」をどう「フリー」にしていくかということが私の関心ですが，そのためにはまず社会のバリアをどのように変えていくかが重要になってくると考えております。

森岡：はじめまして，神戸大学で臨床心理学の担当をしております森岡と申します。大学では発達科学部という学部に所属しておりますが，発達障害に関わる問い合わせは非常に多くなってきたという印象があります。所属する学生や院生の発達障害への関心も非常に高いものがあります。この座談会ではそれほど時間はないかもしれませんが，こうした大学での研究熱の高まりということについても，話題にさせていただきたいと思っています。またもうひとつ私が関心をもっているのは，発達障害支援において心理職の力をどのように伸ばしていくかということです。心理職の活動が国策制度上においても必要であることは，私たち自身も臨床の現場で感じています。また，発達障害の概念がある意味で非常に広がっていますが，そのことによって救われた人もいれば，逆に，この概念が生活場面でさまざまに使われ，障害の表れ方も多様になり，わかりにくくなってしまったという一面もあります。発達障害の専門知識をもつ心理職が必要とされるのは，こうした正しい知識を伝えるところでもあると考えています。

村瀬：村瀬と申します。日本臨床心理士会々長でございます。大正大学で名誉・客員教授をし大学院生の他，院修了後3年以内の臨床心理職の授業をいたしております。毎月1回北海道にある北翔大学大学院人間福祉学研究科へ参りまして，そこでは障害をもつ方が地域の中で暮らしていきやすいように支援する実務家を育てること，メンタルヘルスに携わるさまざまな方々の研究会を幾つか開催してまいりました。そもそも発達障害に関心をもちましたのは，今から半世紀前に家庭裁判所の調査官になった頃のことでした。非行少年の

なかには今で言う発達障害の子どもが多く，発達障害というものが行動の問題が起こる大きな原因になっていると感じておりました。当時は今のように発達障害という角度から非行行動を取り上げて支援することは，少なくとも制度上は積極的に行なわれていない頃でございました。けれども，個別に即して当人が世の中で生きていく道を見つけられるか，ということを考えないで，ある犯罪行為という事実だけが一人歩きをして動いていると考えるだけでは違うと感じておりました。これが私の問題意識の始まりです。

その後は産業領域以外ほぼすべての領域の心理臨床に携わってまいりました。発達障害をもつ方々の支援をしてまいりまして，いつも出会う問題は，学齢期はともかく成人してから社会でどのようにその人らしく生きていく居場所を見つけていくか，ということに尽きます。現在のように経済事情が厳しくなってまいりますと，大変な努力をしてなんとか働いていらしたのに，一番先に失職されるのは障害をもつ方です。そして，学校ではしっかりその方々なりに努力してきても，熟練しない労働者の就労先は見つかりにくく，どこに生きていく場所を見つけたらいいのかという問題が残されます。このような問題に気づきはじめたのは私の過去の臨床実践からでしたが，どのようにして社会に障害をもつ成人の居場所を見つけるか，更に加齢されてからどうサポートを得るかなどという深刻な問題は，喫緊の課題だと痛感しております。

村木：村木厚子でございます。本日はこのようなテーマの座談会にお招きいただき，ありがとうございます。実は厚生労働省では障害関係についての仕事は多くなくて，障害者雇用対策課長としての仕事が最初です。その後は障害保健福祉部で企画課長を務めたときに，尾辻厚生労働大臣のもとで障害者自立支援法の作成に携わりました。最近では内閣府で共生社会政策担当の政策統括官[1]を務めましたが，障害も共生社会の大事なテーマで，そこで障害者基本法の改正を担当してきました。一度そのポストに就くと，わからないなりに手探りで大汗をかきながらやっているという感じで，正直ここに来るのは恥ずかしかったんですけれど（笑）。しかし，長らく女性の問題に関心をもってまいりましたので，「できない」と思われていたことが「できる」ようになる可能性を探して，それまでスポイルされていた人たちが社会のメンバーとしてきちんと活躍するという点では，障害者福祉政策にも似ているところがあって，私自身の仕事のうえでも強い関心のある分野と考えております。本日はいろいろと勉強していきたいと思っておりますので，どうぞよろしくお願いいたします。

II 前提としての障害者自立支援法

尾辻：村木次官（当時）とのご縁から少しお話ししてまいりますと，私が厚生労働大臣任期中に成立させた法案のなかでは，先ほどの障害者自立支援法が一番大きな法案だったと思います。一番苦労もいたしました。あの法案は一度廃案になったものでした。あれだけの法案が一度廃案になったものですから，省全体にはもう無理だという雰囲気が漂ったのですが，私が一人廃案になった翌日から「絶対やりなおして通す」と言って発破をかけて，ようやく参議院を通過して，そして大臣を辞める最後の瞬間に成立したというものでした。

---

[1] 共生社会政策担当・政策統括官は，子ども・子育て支援，貧困対策，障害者施策，高齢社会対策，自殺対策，薬物乱用対策など，社会や国民生活に関わる様々な課題についてのヴィジョン・目標・施策の方向性を政府の基本方針として定め，政府一体の取り組みとして推進することを職務とする（内閣府ホームページ「共生社会政策」= http://www8.cao.go.jp/souki/index.html?sess=b3ed011528439c2409581b40a3985301）

第7章 社会的支援の発展に向けて

あの法案は廃案になった後，参議院先議で参議院から衆議院へと通過させるというルートをたどりました。そして衆議院本会議で成立して，その場で私は頭を下げて，その足で首相官邸に行って辞表を書いた。このように任期中の最後の最後に上がったというのが障害者自立支援法であります。したがってきわめて重い法律ではありましたが，またきわめて思い出深いものでもあります。そして村木次官とは言うならばタッグを組んで，この障害者自立支援法を最初から終わりまで仕上げたものですから，そういう意味でもきわめて思い出が深いし，今日も村木次官が来られるのなら仕方がない，断るわけにもいかないと思って来たというのが正直な話であります（笑）。

障害者自立支援法というものにはいろいろな側面があるのですが，ここは本音の話をひとつしましょう。障害者自立支援法以前，障害者の予算は法律に基づいて必ず組まなければいけない予算ではありませんでした。いわば「裁量的経費」というものでありまして，毎年毎年必死になって財務省に訴えて獲得してくるという予算分類になっていたわけであります。しかし障害者の皆さんの予算を裁量的経費で組みますと，年度末になると必ず足らなくなる。それをどうしていたかというと，厚生労働省のなかを駆け巡って，「ちょっと余ってるお金ない？」と言いながら，頭を下げてあっちこっちの残高を拾い集めてなんとかしのいでいく，ということを毎年やっていたわけであります。

しかし，毎年これでは障害者の皆さんの必要に応えることはできないと思いまして，「義務的経費」という必然的に予算案に組まなければいけない経費にしようとしました。義務的経費にするにあたって財務省は，厳しい条件を提示してきました。その条件の最たるものが「利用者負担1割」というものでした。利用者負担1割という条件をクリアできれば義務的経費にしてよろしいというわけです。ここは当時の私たちも非常に悩みました。村木次官ともじっくり相談しました。そしてまずは1割負担という条件を呑んで，そこから負担割合を減額したり免除したりする特例措置を盛り込みながらスタートしました。審議の最中も，1割負担という条件のために傍聴席からはずいぶん批判をされました。それも村木次官だからこそ耐えることができたのだと思います。結果的に法律が成立するにあたっては，1割負担という条件が現実には3％負担へと縮小されることになりましたが，時間が経てば必ず後世が評価してくれるだろうということを支えに，省内を叱咤激励して審議中の非常に厳しい状況を耐えてまいりました。障害者自立支援法は，そのような過程を経て仕上げたものなのであります。実際，法案が成立してみれば，非常に高い評価をいただいています。あのときに頑張られた村木さんのお姿はとても印象的で，今では次官になられたことも大変良かったと思っております。

尾辻秀久

III 発達障害支援の現状

下山：先ほど，それぞれの立場から発達障害の重要性をご説明いただきましたが，あらためて私は，社会的には2004年に成立して2005年に施行された発達障害者支援法がひとつの社会的なムーブメントだったと考えています。そして現在，あれから10年を経過して，もうひとつの発達障害の新しいムーブメントがこれから始まっていくのではないかと思っております。それは，DSM-5に大きく関わります。DSM-5では自閉症スペクトラム障害あるいは自閉症スペクトラムという概念が提示されています。この概念自体は以前から使用されていたのですが，それがDSM-5に基づく正式な診断名になると，自閉症ひいては発達障害というものの見方に影響してくると思います。

　先ほど村瀬先生がおっしゃった，触法心理臨床などでは，たとえば犯罪者の問題や学校のひきこもりや不登校，さらには精神障害者の背景に，実は自閉症スペクトラムがあったことが見えてきます。ある意味で，精神障害の理解というものが根底からくつがえされていくという状況がさらにはっきりしてくる。つまり，障害理解ということそのものが発達障害あるいは自閉症スペクトラムを通して変わってくる，さらに言えば発達障害支援の方法も変わってくると思っております。そして臨床心理職もできるかぎりそれに即した理解や支援をしていきたいと考えております。ただわれわれ臨床心理職は，今まで心理学に基づいて個人の内面というものを対象としてきましたので，今はまだ社会へのアプローチなど見えていないところが多くあります。そのなかで，社会における臨床心理職の活動を位置づけていくとともに，現実に貢献できる活動とは何かということを，公共政策を担当されている尾辻先生と村木先生からご意見を伺いながら考えてまいりたいと思います。

IV 発達障害と障害者福祉制度

下山：それでは次に，発達障害にずっと以前から関わっていて，日本の発達障害支援の限界を指摘されるとともに，自身が先頭を切って支援に奔走しておられる辻井先生から，支援の現状把握と今後の課題などをお話しいただければ幸いです。

辻井：発達障害ということを考えるにあたっては，発達障害と障害ということを2段階で考えていく必要があります。僕は臨床心理学者であり心理療法家として，来談してきたクライエントとおつきあいをするというスタンスで仕事をしてきました。そこでできる範囲の仕事をするということを考えていたのですが，発達障害の人たちとおつきあいをしていくなかで，発達障害者支援法が施行される以前は，障害者福祉制度の対象から外れてしまっていることに気づきました。障害者福祉制度の対象から外れているということは，社会からの支援を受けられないままになることを意味します。発達障害者支援法を作成する過程に参加するなかでいろいろなことを学んだのですが，一方，特に臨床心理学を学ぶ若い方たちというのは，たとえば障害者自立支援法と障害者総合支援法[2]といった法律がなぜ必要なのか，法制度というものがどのようにつく

---

[2] 障害者総合支援法は，2012（平成24）年3月に閣法として閣議決定され，同年4月に衆議院にて修正・可決，同年6月に参議院にて可決・成立，同月27日に公布され，2013（平成25）年4月1日に施行された。本法律では，2013（平成25）年4月1日から「障害者自立支援法」を「障害者総合支援法」とするとともに，障害者の定義に難病等を追加し，2014（平成26）年4月1日から，重度訪問介護の対象者の拡大，ケアホームのグループホームへの一元化などが実施される（厚生労働省ホームページ=http://www.mhlw.go.jp/stf/seisakunitsuite/bunya/hukushi_kaigo/shougaishahukushi/sougoushien/index.html?utm_source=dlvr.it&utm_medium=twitter）。

られるのか，そしてそのなかで支援者としての自分はどのような位置で仕事をする必要があるのか，ということをあまりに知らずにいます。つまり，障害をもつ人の未来をもっと良くするために何ができるのかということが見えずに仕事をしている人たちが多いんですね。それは誰にとって一番の不幸かというと，発達障害やその他の障害をもつ支援サービスのユーザーの（障害のある）方たちにとっての不幸です。支援サービスを受けているユーザーが，さらに生活しやすくなるための障害者福祉サービスへとつないでくれる支援者と出会えないと，カウンセリングだけで終わってしまって，悪い状態をそのままキープしてしまうことになりかねない。僕はそういう懸念をもっているんです。その意味では，なぜ障害者自立支援法や発達障害者支援法が必要なのか，その基本的な考え方や枠組を臨床心理職の人たちはもっと知る必要がある。

　そしてもうひとつ重要なことは，このような法律ができることによって，それに則した制度が整備されていくことは行政内においては当然のことだと思うのですが，臨床心理職はそのプロセスも理解しているとは言い難い。しかし同時に，法律に基づいて制度が整備されていくプロセスに合わせて，どのように新しい支援サービスを提案していけばよいのかということは，行政の外部からは見えないところもありますから，これらのつながりがまず整理できるといいのではないかと思っています。発達障害者支援法が成立に至る過程のなかで，2000年豊川市主婦殺人事件という事件がありました。あの事件は，愛知県豊川市の当時17歳の男子高校生が，「人を殺してみたかった」というありえない理由で罪もない主婦を殺害した事件でした。そのころアスペルガー障害なんていう言葉は専門職以外はほぼ誰も知らない名前でしたので，地元新聞が一面トップで犯人の少年はアスペルガー障害だという記事を掲載しました。僕はNPOのアスペ・エルデの会という当事者・専門職による支援団体を運営していました。そして，この事件のことは大変大きな意味をもつことになりました。「うちの子はアスペルガー障害です」ということをカムアウトしていた当事者家族たちは，この事件によって周囲の偏見にさらされていました。この地域に住むある当事者家族の子どもは，むしろおとなしいタイプの女の子なんだけど，事件以後，友達が遊んでくれなくなったと言っていました。友達の親が「あの子はアスペルガーだからキレると危ない」というよくわからない理由で，自分の子どもに教えていたようなんですね。われわれ支援者は，それでは困るから正しい知識を伝えていかなくてはならないということを確認し合いました。そして同時に，たとえばアスペルガー障害の人たちが障害者福祉制度の対象から外れているという現状がある以上，たとえば大人になって働けなくても障害者福祉制度さえ利用できないということも再確認しました。そうすると本当に支援は行き届かなくて，ひどい場合になると当時の職業安定所（現・ハローワーク）に行っても，障害者手帳を持っているのかと詰問されて，持っていないと答えると，「じゃあそんなのはなまけているだけだ」と，相談に行ったのに逆に叱られて帰ってくることも現実に起きていました。これでは障害を抱えて生きていくうえで不都合が大きいし，これに限らず困ったことが他にも多く起きてくるから，しっかりした制度が必要だろうという話をしていました。

　それからもうひとつ，発達障害研究ということでは，ちょうどその頃，被虐待児をあらためて診断してみたところ，その半数以上が発達障害の子どもだということもわかってきました。これは要するに，発達障害の特性ゆえに子育てが難しく，結果的に親による虐待

につながってしまうということです。親が問題を抱えているから子育てができない，だから虐待に至ってしまうということではなく，もともと子どもに育てにくい特性があるというデータが発表されたのは，ちょうど2000年頃でした。それを受けて，このまま放置することはできないという意見も出されはじめて，発達障害に関心をもっておられた自民党の野田聖子先生たちが先頭を切って，議員立法で発達障害者支援法を成立させることになりました。その後，2004年に超党派による「発達障害の支援を考える議員連盟」を設立されました。

ここでは，とても基礎的なことかもしれませんが，なぜ法律によって定めなければ基本的な支援さえできないのかということ，具体的には発達障害の人たちがなぜ発達障害者支援法が成立するまで十分な福祉サービスが受けられずにきたのかということに関して，両先生からお教えいただけないでしょうか。

V　ゆるやかな制度設計

下山：辻井先生から非常に大切な問いを述べていただきました。すでに臨床心理職として仕事をしている人も，今後は自身の職務の幅を広げて行政機関ともチームを組んでいく可能性があります。ですので，支援においてなぜ法律や制度が必要なのかという先ほどの問いに，ぜひお答えをいただければ幸いです。

村木：大所高所のお話は後ほど尾辻先生にお願いしたいと思いますが，まず私からいくつかお話をさせていただきます。

私が発達障害や自閉症というものに出会ったのは，1997（平成9）年から1999（平成11）年のことで，まさに先ほどの豊川主婦殺害事件のあった2000年前後です。その当時，特例子会社という障害者の人たちを雇うための特別な会社に視察に行ったことがありました。するとそこは顕微鏡を作る会社で，ほとんど自閉症スペクトラムの人たちばかりが働いていました。なぜかというと，自閉症スペクトラムの人たちは大変物事へのこだわりが強くて，時に適当なところでやめることができないけれど，顕微鏡のレンズを徹底的に磨くとかその精度を上げるという仕事については天才的な能力を発揮するというんですね。だから高級な顕微鏡の製作をそこでやっているのだということでした。当時から，支援のための制度があって障害者手帳を持っていれば就職に有利になるのに，現実にはそれが行き届いていないということが言われていました。そして一方で，ある特性をもつ人たちが自分の特性を活かして活躍している現場があるという現実にも気がついていました。つまり，たとえ特性ゆえに現実の生活で苦労をする人でも，支援制度の枠内でカバーしていくことで生きやすくなる部分がある。私にとってこれもひとつの課題として，現実に見えてきていました。

一方，労働行政のシステムについて説明しますと，たとえば個人のニーズに応じて個別の支援をするという「ソフトな制度」は，その対象がとても幅広いのが特徴です。一方，「ハードな制度」，たとえば雇用率制度のように，障害をもつ人を一定数雇わなければいけないといった企業に責務を課す制度もあります。支援のなかでも大きなコストや義務が課せられるハードな制度は，どうしても対象を明確にせざるをえないということがあります。つまり，企業に義務を課したりするハードな制度は，まずその対象を明確にすることが前提で，そして，その制度の対象から外れるものについても，やはり困っていることは事実ですから，これを広範に助成金とか相談支援といったソフトな制度でカバーしていくという発想で成り立っています。その意味では，先ほど尾辻先生のお話にもありましたけれど，

福祉の分野である人が支援サービスを受けたら、その費用は必ず国家が負担するという障害者自立支援法で取り入れた義務的経費の仕組みはハードな制度といえるでしょう。その支援サービスに必要性が認められれば、たとえ予算が足りなくても補正予算を組むというように考えます。しっかりとした手厚い支援サービスを目指すのであれば、まず法律の条文のなかで内容や対象や定義をして、法律だからこそ実行できる責務を規定していきます。このようにひとつの法律を作成するということは、手厚い支援を必ず誰かが行なうと約束するものですから、法律の条文に記載されることは非常に重要です。もちろん予算は毎年確保していかなければならなくて、その苦労は大変なものですが、法律に「この支援の予算は国が負担しなければならない」と記載されれば、ほぼ恒久的にその予算枠は確保されるわけです。その意味では、支援の安定性や恒久性ということを考えると、法律に基づいて制度を定めるということが最も確実な選択肢です。

ただ、まだ対象も定義もよくわからない、しかし支援の必要性がある、実際に支援を進めていくうちに見えてくるかもしれないという場合は、法律でハードに明文化しないほうがいいこともあります。むしろ、支援対象をゆるやかに広く受け入れたほうがいいということです。障害者の雇用率あるいは障害者福祉サービスということを考えますと、ゆるやかに法律に明文化していって、徐々に安定した財政支援やサポート体制をつくるということが、制度構築のひとつの流れです。

最近では今説明したような制度設計が評価されていて、これは特に発達障害支援に特徴的な流れです。今はまだ発達障害の診断を受けていない人、まったく自覚がない人、家族も気がついていないという人がたくさんいらっしゃるのが現状です。学校で就学しているときは比較的スムーズに生活できていたけれど、就職した途端につまずき、自身の障害に気づく人もいらっしゃると聞きます。そして、仕事がうまくいかなくて生活に困ったとき、あるいは犯罪行為に至ったときにはじめて障害が見えるという場合もあるでしょう。ですが、制度が厳密すぎて、そのようなケースをサポートできないとすれば、それは社会全体で見たときに結局マイナスのコストが発生していることになります。ではどうすればいいかと考えると、定義や診断はともかく、また本人が自覚しているかどうかはともかく、現に困って現につまずいてる人がいるならば、「障害者手帳をもらってから来なさい」とか「診断書をもらってから来なさい」といった対応では不十分です。その場合、困っている人に「あなたは困っている状況にいるのだから相談にいらっしゃい」と呼びかけて、実際に相談に乗っていくと、その人はどのようなハンディキャップがあるのかもわかります。そのことがわかってくると、専門的なサポートにつなげられる。ですから、あまり厳しく定義をせず、「誰でも来てください」と言っておいて、そこで実態をつかんだ後に必要なサービスを提供していくという方法が、今はハローワークや職業能力開発では積極的に行なわれています。法律はあくまで目的ではなく手段ですから、支援サービスについては法律に記載する内容を後から仕分けていくという流れになりつつあるというのが、私の今の印象ですね。

下山：つまり、今おっしゃった幅広いサポートというのは、法律というよりは政策として実現すべきものということでしょうか。つまり、まずは政策によって意図的に入口を広げてサポートをしていくという方法として理解してよろしいでしょうか。

村木：そうですね、まずはじめに支援の入口を広げてみるという発想です。実際に支援サービスを提供していくなかで、支援においてコ

アになるもの，ここだけは絶対に手厚く支援しなければならないというように，しっかり見えてきた支援のコアな部分を吸い上げていく。そして次に，法律や制度に仕上げていくという形が，本当の意味でもれなく支援を提供できる上手な方法だと考えています。

尾辻：今の話に尽きているのですが，発達障害ひとつサポートするのにも必ずコストがかかるわけです。世の中必ず先立つものが必要となりますから。ではその予算をどこから調達してくるかというときに，当然国家予算に組み込むのが一番確実で，国家としてもやるべきことのひとつでありますから最優先です。しかし今のお話の通り，そのときに法律がなければ予算が組まれませんから，実際はなかなか難しい。要するに，必要な予算を確保するという意味で，法律はどうしても必要なわけであります。そして法律をつくるということになると，たとえば「発達障害の皆さんのためにこのことは実行しましょう」ということを法律に書く。当然法律ですから，そのためには「そもそも発達障害とはどういうものか」という発達障害の定義もしなければいけない。そういうことで法律をつくることによって，いろいろなことが整理されます。

やや話は脱線しますが，やはり今はまだ発達障害のことが世間の皆さんになかなかわかってもらえていないところがあります。これが一番悩ましいことのひとつだと思います。法律をつくることで，当然その対象はどのような人たちなのか，そしてその人たちに何をすればいいのか，ということが決まってくるわけですから，そのようにして定義ができると世間にも説明ができるようになる。法律があるということが，発達障害の認知度を高めることにもなります。これはやや副産物的なものですが，とにかくまずは法律をつくらないと，支援サービスも含めてなかなか事は始まらないと思っていただければいいと思います。

VI 発達障害者支援法成立の背景

下山：ここまで法制化についてのお話をうかがってきました。発達障害については様々な支援が必要ですが，そのことが一般に認知されているとは言い難いところがあります。この状況のなかで，しかし同時に公共政策の観点からは，支援のための財源を確保しなければならず，関係者の説得も必要になる。そのためには，ある種の論理を組み立てなければならないと思います。発達障害については社会的認知が十分だったとは言い難い状況ですから，いわば世論の後押しがないところで説得力のある論理を組み立てることには大変な苦労があったかと思います。このように論理を構築する過程においては批判も当然予想されますし，ロジックを組み立てながら同時に関係各所へ説得に赴かなくてはならない。

森岡：本当にその通りです。このような苦労をされながら，障害者自立支援法や発達障害者支援法という大変意義のある法律をよくおつくりになったと感服いたします。

村木：発達障害者支援法は議員立法で成立した

村木厚子

ものですが，あれは私がちょうど厚生労働省で障害者自立支援法の策定に関わっていたときのことでした。私が作業をしている隣にある狭くて薄暗い部屋のなかで，夕方になると（元）公明党の福島豊先生たちも一緒になって集まって，部屋の隅で何か作業をしているのが見えるわけですよ（笑）。

発達障害者支援法の「おもしろさ」は，ほぼ同時進行で作業が進められていた障害者自立支援法と対比させるとよく見えてきます。障害者自立支援法は，さまざまな種類の障害をまずは一括して，そこで必要な基礎的サービスを網羅して，利用者はそれらのサービスを選びながら受けられることを明文化したものです。ある意味でいえば，発達障害も含めたすべての障害をカバーするというのが障害者自立支援法の基本的発想です。そこで同時に発達障害者支援法をつくっていたワーキンググループは，生涯を通じて一貫したサポートをしていくことが重要だと考えていました。そして，発達障害の子どもたち，子どもの両親，子どもの通う保育園，学校，そして就職先において，すべて同じ理念で支援していかなければならない。同時にそれらをつなぐ支援センターも必要になってくる。つまり発達障害者支援法は，発達障害の支援は他の障害とは少し違う形になるため，別の発想が必要であるということを，法律の形で上手に書き表わしたものでした。それは同時に，発達障害というものを世の中にわかってもらって，その認知度を高めるという意味でも，とても重要な法律だったと思います。すべての障害をカバーしようとする，いわば横に広がる障害者自立支援法が策定されている傍らで，その適用対象の一部を取り出して，いわば縦糸を通そうとする発達障害者支援法が策定されていたことになります。しかしそれは偶然ではなく同時進行で進められる必然性があったということです。障害者自立支援法の作成作業を進めながら，「ああ，また向こうでやってるな」とずっと私が気になっていたのも，ですから偶然ではなかったわけですね（笑）。

尾辻：まず法律というものには，大きく分けて2種類，閣法と議員立法というものがあります。閣法は政府が作成して政府が提案する法律，議員立法は議員主導で提案するものです。先ほどから話題になっている発達障害者支援法は，ちょうど私が厚生労働大臣のときの議員立法でした。当然これに大臣の私が関わるわけにはまいりませんでしたので，あの法律に関してはあまりお役に立てていない。ちょうどあのときは障害者自立支援という障害者全体を包括する閣法に，厚生労働省を挙げて取り組まなくてはなりませんでした。その関連法案である発達障害者支援法の必要性も承知しておりましたが，このように相補い合う法案が両立した場合は一方が議員立法になることが多く，このときもその慣例に従っていました。

これまでにも私は議員立法で多くの法案を提出してきました。皆さん気楽に「議員立法をつくってください」とおっしゃるわけですが，これはもう極めて大変な作業で，それほど気安く言わないでくださいと言いたくなるわけでして（笑）。議員立法で法案を成立させるということは，本当に大変なことでありまして，たとえば厚生労働省のようなところはそれが本業でもあり人員も多いのでいいのですが，議員がそれを担うとなると，まず法制局との厳しい交渉が控えております。また，ひとつの法律を成立させると，たくさんの別の法律に抵触してくる可能性があって，両法の整合性を取るためには既存の法律を少し変えなくてはならないことも場合によってはあります。そのような作業のためには，それこそありとあらゆる法律が頭に入っていなくてはなりませんから，「こちらを変えたらあちらが成り立たない」ということを把握している

法制局に委ねるほかありません。力を尽くしてこれらの作業を進めて，最後の最後は必死で頭を下げて歩くわけでありまして，そのような苦労を乗り越えて議員立法が成立するわけです。

あえてこのようなお話をするのは，発達障害者支援法において私はあまりお役に立てませんでしたから，当時の担当者に会う機会があったら，「本当にお疲れ様でした」くらいは言っていただきたいという思いからです。ひとつの法律を成立させるということは，まさに死ぬ思いをするものですから。

◉発達障害の社会的支援

社会的支援と発達障害❷

尾辻秀久｜村木厚子
下山晴彦｜辻井正次｜村瀬嘉代子｜森岡正芳

I　公共政策としての発達障害支援

辻井：最近の発達障害支援に関連する事項として，日本は障害者権利条約を批准しました。障害者基本法（2011年7月29日成立）や障害者差別解消法（2013年6月19日成立）の成立に伴って，2013年12月4日の参議院本会議で国内の法律が条約の求める水準に達したとして障害者権利条約の批准を承認したことが，各種報道でも大きく取り上げられました。その後日本の批准は2014年1月20日に国際連合事務局によって承認され，一般に「障害者の権利に関する条約」と呼ばれています。このことは，地域社会で障害をもちながら生活することに直接関わってくることだと思います。発達障害者に関する障害者手帳の取得や障害年金受給については，発達障害者支援法に続き，障害者基本法の本文に明文化されました。発達障害者支援法に続き障害者権利条約が批准されたことで，法律の本文に支援の対象と内実が書き込まれるということは，本当に大切なことだと思います。

　そこであらためて障害者関連法がなぜ必要かということを考えますと，同時に，どのように発達障害者が地域社会で生活していくのか，そして臨床心理職はどのようにそれに貢献できるのか，ということも頭に浮かんできます。これは公共政策とも連動することだと思います。そこで，障害者権利条約の批准，発達障害者の地域生活支援，そして臨床心理職の支援の形態ということに焦点を当てると，公共政策としてはどのような展望がもてるのか，またどのような制度上の整備が行われるのかについて，尾辻先生と村木先生のご意見をおうかがいしたいと思います。

尾辻：ご質問にお応えする前に，ぜひお願いしたいと思うことがあります。いくつかの関連する議員集会に行くと，「それで，発達障害って結局何なの？」という声が今でも聞かれることが私は気にかかっています。

辻井：なるほど（笑）。

尾辻：発達障害にはいろいろなタイプがあって，アメリカの研究ですと子どもの3割は発達障害だとするものまであると聞きます。そのようなものを目にすると，一体実態はどうなっているのかと思うこともあります。ですから，法案策定にあたって，明文化のためにある程度の障害の定義は行なっておりますが，もう少し非専門職にもわかりやすく知識を整理することから始めていただく必要性を痛感しております。ですから，ぜひ専門職の皆様には，あらためてこの作業に取り組んでいただきたい。先日の会議のときも「トゥレット障害」という障害名を初めて聞きまして，お子さんがトゥレット障害だという親御さんのお話もうかがいました。そのような話を聞くと，「ああ，ここにも支援が必要だ」と思ったりもするのですが，トゥレット障害という言葉に関しては法律に明文化されていないのですね。その会議での親御さんのご不満のひとつも，

法律に書き込まれていないためにサポートの対象になりにくいということにありました。私もその会議では，法律にトゥレット障害という言葉を入れなくては始まらないことに気づきましたが，こうした知識や概念を整理してわかりやすくしていただくことが必要だろうと思います。

　障害者自立支援法の良かったところとして，知的障害，身体障害，精神障害という三障害を一元化したことがよく挙げられます。特に精神障害の部分が障害者福祉のなかの「谷間」になっていたのですが，そこからすくいあげたという点を高く評価されています。ただ，発達障害支援法の議員立法化の作業も進めておりましたが，そのなかでトゥレット障害が明文化されないなどの改善点も，あのとき実は生じていたことになります。こういったことを解消するためにも，専門職には障害の実態を周知するための努力をお願いしたいと思っております。辻井先生のご質問へのお応えにはなりませんが，それと関連する要望として述べておきました。辻井先生のご質問への回答は，村木さんにお任せしようと思います。

下山：つまり，これはわれわれ専門職の力量不足であると思っています。ある意味では課題を提示していただいたということになりますね。この座談会では，尾辻先生と村木先生にいただいたご質問に対して，それを臨床心理職への課題として受け取り，可能な限りこの場でお応えしてまいりたいと思います。

村木：地域で暮らすということに関して，障害者自立支援法が平成17（2005）年に成立したときに，障害者福祉関連の法律においてはじめて，「障害の有無にかかわらず，個性と人格を尊重されて，地域社会の中で暮らせること」という目的が第一条に記載されました[1]。そして，そのような一文が，改正された障害者基本法[2]，障害者総合支援法にも記載されることになりました。やはり地域で暮らすという課題があの当時から明確になりはじめていて，施設に隔離せずに普通の場所で普通の暮らしを営むための基盤が整いつつありました。そこでまずはじめに，障害者自立支援法で三障害を一括することになって，福祉サービスの対象から外れていた精神障害もその対象に含まれることになりました。先生方もご存知かと思いますが，障害者自立支援法によって，発達障害も精神障害のひとつとして福祉サービスの対象になりました。しかし，なかなか完全には切り替わらなかった。そのなかで改正後の障害者基本法や障害者総合支援法には「発達障害を含む」という一文がはっきりと書き込まれることになりました。このように法律に書き込まれるということには大変な訴求力がありまして，問題の所在が明らかになり，支援の必要性も明らかになります。その意味では，そこに制度的な前進があったのだと考えています。

　そのうえで，では実際にどのようなサポートを提供するのかを考えると，そのためには求められるサポートの実態が見えてこなくては始まりません。法律で「枠」を作っている

---

[1] 第一条より抜粋──「（…）障害者及び障害児がその有する能力及び適性に応じ，自立した日常生活又は社会生活を営むことができるよう，必要な障害福祉サービスに係る給付その他の支援を行い，もって障害者及び障害児の福祉の増進を図るとともに，障害の有無にかかわらず国民が相互に人格と個性を尊重し安心して暮らすことのできる地域社会の実現に寄与することを目的とする」。

[2] 改正障害者基本法は，平成23（2011）年8月に施行され，第一条ではその目的が以下のように示されている──「全ての国民が，障害の有無にかかわらず，等しく基本的人権を享有するかけがえのない個人として尊重されるものであるとの理念にのっとり，全ての国民が，障害の有無によって分け隔てられることなく，相互に人格と個性を尊重し合いながら共生する社会を実現するため，障害者の自立及び社会参加の支援等のための施策に関し，基本原則を定め，及び国，地方公共団体等の責務を明らかにするとともに，障害者の自立及び社会参加の支援等のための施策の基本となる事項を定めること等により，障害者の自立及び社会参加の支援等のための施策を総合的かつ計画的に推進することを目的とする」。

のですから，次に，地域社会で暮らしていくためにはどのようなサポートが必要で，どのようなサポートがあれば生活しやすくなるのかを考える。そして，その内容を法律でつくった「枠」に当てはめていく。もし「枠」がなければそれを創っていく作業も必要になってきます。このようにして個別のサポートを整備していく作業は，一面的な視点だけでは不可能で，専門職と当事者，つまり必要なサポートがわかっている人たちが共同で行なっていくべきものだと思います。発達障害にはまだ認識されていない部分があるという難しい側面がありますから，サポートを整備していく準備段階として，辻井先生にもご協力いただきながら所沢市の情報支援センターで支援マニュアル開発を進めたり，サポート提供や相談業務を進めたり，ということにも取り組んできました。

そして今は，さらに次の段階が待たれている時期だと思います。たとえば知的障害者を支援している福祉事業所，教育を担っている学校などでも，発達障害支援のニーズを実感していると思います。こうしたところを活用して，発達障害の疑われる人が身近で利用できる福祉サポートを増やしていくことが必要になってきます。これまで，雇用でも福祉でも各都道府県にある一施設がサービスや情報を提供してきました。しかしそうではなく，ゆくゆくはサポートできるところを増やしつつ，サポートする人をサポートする中核センターを育てていかなくてはならない。幅広いサポートと実際にサポートするスタッフをつなげていく中核センターが，これからは必要になってくるでしょう。そのためには，支援の内実の開発が当然必要です。例えるなら，これまでのサービスが個別対応に限定された「点」だったとすると，サポートを求める幅広い当事者と家族の層という「裾野」も見えてきて，そこから必然的に到達すべきサポートの理想という「山の頂上」も見えてきたというイメージです。もし限られた主要な施設だけがあればいいのだとしたら，サポートの提供者も受給者もそこに集まればいい。ですが，当事者と家族が地域社会で普通に生活することを目指すのですから，今は，サポートする人をサポートするシステムをつくる段階にあると考えています。

II 支援システムの〈実装〉とチームワーク

辻井：村木先生がおっしゃった支援システム構築というマクロの視点が，臨床心理職にはなかなか理解しにくいところがあります。また，これまでの臨床心理職は，ある特定の療法を職人芸的に極めようとする傾向が大勢を占めていて，まるで人間国宝を目指しているようなトレーニングを積んできた一面もあります（笑）。しかし，村木先生がおっしゃったのは「普及のモデル」，つまり誰にでもできるモデルをいかに構築するかということだったと思います。ですから，数人しか到達できない職人のレベルが求められているのではなく，臨床心理職の平均値の向上ということが問われているのだと考えています。本来ならば臨床心理職のなかから自発的に生まれるべき観点ですが，そもそも支援のモデルを創るという作業が得意な人が少ないというのが現状でしょうね。

下山：つまり，そのようなモデルを構築するトレーニングを，私たちは行なってこなかったということですね。

辻井：その意味で，これまで臨床心理職は発達障害支援において，あまりお役に立てずにきたところがありました。そしてもう一点，専門的にはスクリーニングツールと呼びますが，生活を難しくしている発達の特性を理解するためのツール開発に関しても，世界標準のツールがある一方で日本版が充実していませ

んでした。これは心理学の専門職である臨床心理職が担うべき仕事でしたが，ここでもまた世界水準から見て立ち遅れてしまっています。厚生労働科学研究費にも助けていただきながら，いくつかのツールが揃いはじめたのは，ようやく最近になってからのことです。特に，適応行動を検査するツール，つまり日常生活行動がどの水準まで行なえるのかを調べるツールも日本版がありませんでした。世界標準のツールがあれば，すぐに誰にでもわかりやすい数値として結果がわかるわけですから，適応行動を検査するツールの日本版の作成は急務でしたが，そこもやや後手に回ってしまいました。

下山：今のお話をまとめさせていただくと，やはりチームワークが重要だということに尽きると思います。法律を策定するプロセスのなかでは，当事者やそれを支える家族の方，そして行政スタッフの方が，ある問題に気づいてそれを解決する法律を策定するわけですが，当然さまざまな困難も生じます。先ほどの村木先生のお話から考えますと，良い法律というものは，一人の人間の人生を長い目で見通す視点が必要で，ライフステージごとに存在する特定のニーズをすくいあげていくものだと思います。このような長期的視点に立って障害者をサポートする法律を策定しようと関係者が努めるわけですが，もちろん法律が完成したからといってそれで終わりではありません。法律に明文化された内容をどのように実現していくかということに関しては，そのための具体的な行動も必要ですし，場合によっては新たな障害の定義も必要になってくるでしょう。いわば「器」のあとには「内容」，実際に法律を実装した支援システムが必要になってくるわけです。ところがそうなると，専門職もしっかりと研究と実践を積み重ねて，当事者や家族の方に新しい情報や新しい支援システムを提供していかなくてはならない。

このような法律の策定を基点とするチームワークが今まさに必要とされていると思います。そして，臨床心理職もこのニーズに応えていかなくてはならない段階にあるということだと思います。ただ職人芸を磨いている場合ではないということですね（笑）。障害者自立支援法と発達障害者支援法という重要な2つの法律を策定していただいたわけですから，私たち支援者としてはその「内容」をしっかりと固めていかなくてはならない。しかも医療とは違う形で支援システムを構築して起動することも追求すべき課題です。臨床心理職は当事者と家族の生活により近いところで活動をしていますから，そのような視点からの貢献は今後可能だろうと思います。それはまた時代の要請でもあるように思います。

III 公共性を志向しつつ〈個〉を支援する

下山：今申し上げたような視点というのは，まさに村瀬先生がこれまでに実践されてきたことではないかと思います。家庭裁判所調査官として勤めていらっしゃった頃，つまり発達障害という言葉が人口に膾炙していない頃から，現在であれば発達障害と呼ばれる当事者と臨床現場で接していらっしゃったことと思います。また，家庭裁判所に勤務されていたことから，日常的に法律にも接していらっしゃったご経験を踏まえて，ぜひこれまでの議論を受けてご意見をお聞かせいただけないでしょうか。

村瀬：非常に難しい課題でございますね。全体の流れに水を差すわけではありませんが，私がこれまでの議論をうかがいながら考えたことをご説明してみたいと思います。私はこれまで重篤な障害をもつ方々，重複障害のなかでも特に聴覚障害と発達障害をあわせもち，社会の底辺で忘れ去られたように生きている人たちの施設にうかがって支援をしてまいり

ました。それから一方では，学業は優れていて一流大学から一流企業に進んだものの，いざ仕事を始めてみると人間関係が破綻してしまうという方にも多く接してまいりました。最初はその方の性格や行動が原因とされていたけれど，支援を進めていくと本人の障害特性が原因であることがわかってくる。事実そのような例はかなり多くあるでしょう。たとえば最近の大学教育のなかでも，そのような障害特性をもつ学生を受け入れると謳ったところまではいいのですが，実際その学生を担当することになった教員は，どのように対応すればいいのかわからない。これはつまり，個別に即した的確なアセスメントがいかに重要であるかを，逆説的に物語っていると思います。辻井先生がおっしゃったように，海外ではスクリーニングツールのスタンダードが確立されて，標準化された支援の方法論も確立していることは事実です。しかし，個別のアセスメントが的確になされないままスクリーニングツールや方法論だけを輸入しても，やはり根本的な問題の解決にはならないでしょうし，場合によっては混乱が深まるでしょう。ですから，個別に即して一人一人を理解していくということ，そして支援者が「自分はどのような条件で働き，何を目的にして働いているのか」と内省することも必要になります。特定の法制度の下で財政的な裏付けがあって支援をしているわけですから，臨床心理職は専門職として，当事者に対して説明責任が果たせなくてはなりません。実際の支援においては，すぐには解決できない難しいせめぎあいが生じることも多くありますが，そのなかでも説明責任を果たし，しかも個別に支援を進めて支援の網の目からこぼれおちる人がいないようにしていくということが，臨床心理職の大きな目的だと考えております。そのためには，謙虚に実力を磨いていくことも欠かせないでしょう。

下山：きめこまかなアセスメントで介入するという視点と同時に，行政職を含めたチームメンバーにどのようにアセスメントと介入の内容を伝えていくかという視点も必要になりますね。しかしどちらか一方に固執してしまうと，支援システムはうまく機能しなくなる。このバランスが重要ですね。

村瀬：そうですね，臨床というものは多くの場合，二律背反の課題に対応せねばなりませんから。個別のことがわかるということは大切ですが，臨床家が自分だけわかっていればいいというものではありません。現象を正確に理解して，しかもわかりやすく公共性のある形で支援チームのメンバーに伝えていく。これはもちろん当事者に対しても同じことで，自分の実像を理解してくれていると感じられるように伝える必要があります。つまり，個別性と公共性という相反するものをどのように両立させて表現していくかということを，臨床家はつねに問われています。これらのことが表現できて同時に当事者に関われるか。これは私たち支援者の習熟を表わす指標だと考えます。

森岡：おっしゃる通りですね。私もそのことは臨床の現場に関わりながら日々感じるところです。

辻井：臨床心理学以外であっても，専門領域一般において，個別の事柄ができない人は専門職とはみなされないわけですから，個別性を追求する技量は専門職にとって必須です。そのうえで，自分が理解したことが他人にもわかるように説明する必要がある。臨床心理学の領域で考えれば，支援者自身の理解を当事者・家族・協働スタッフにわかりやすく伝えるためには，基本的なスクリーニングツールが非常に役に立つと思います。この開発が日本において遅れてきたことで，先ほど村瀬先生がおっしゃったような専門職の習熟も遅れてきたという現状がある。この両側面は別の

ものではなくて，連動しているものだと私は理解しています。そして，福祉的支援が立ち遅れるという結果に，ある意味で臨床心理職が「加担」してきてしまったのかなとも思います。

IV 当事者の地域生活と専門職の役割

村木：特に発達障害の方の場合，地域で暮らしていくとなると，地域の保育所や学校に通うことになり，やがて職場で働くことになります。そう考えますと，さまざまな方が当事者を支援していくことになります。ただ，たとえば小学校の場合ですと，担任の先生は毎年変わっていき，卒業したら別の中学校に進学して，サポートをする人は次々に必要になっていきます。障害者権利条約が批准されたことで，そのようなサポート体制はますますの充実を目指していくことになります。ですから，それぞれの支援者が当事者のことを理解して関与していくときに，そのためのコツを身につけることも重要になっていきますよね。つまり，専門職の知識と経験がこれまで以上に求められるということです。ですが，当事者が生活する学校や施設や企業において，専門職だけが関わりつづけるということはありません。当事者が地域社会で暮らしていくなかで直接実際に関わるのは，家族や教員やクラスメート，職場の上司・同僚です。だからこそ，その人たちのためのわかりやすい支援の方法が必要とされていきます。とはいえ，もちろん地域の人たちは支援においては素人ですから，本当に困ったら専門職に頼るでしょう。そのときに，この要求を受け止める専門職の層が充実していることも必要になります。サポートする人をサポートする人材の育成，このこともまた大きな課題となるでしょう。

尾辻：発達障害者の方を拝見していますと，障害の特性はさまざまでも，地域社会で生活するうえで共通して必要なものがわかってきました。それは，当事者の思いや希望をわかりやすく解説してくれる「通訳」の存在だろうと思います。ただ，発達障害者の「通訳」は誰なのかと考えると，これは果たして専門職だけの役割なのだろうかと疑問に思うことがあります。たとえば当事者の方を職場でサポートする制度を各企業でつくるとします。すると，職場で働いている同僚が「通訳」になる可能性があります。そうすると「通訳」は専門職に限定されないのではないかと思うわけです。このようなことについて，皆さんはどう思われますか。

下山：今のご質問は，まさに私たち臨床心理職への課題ということになるかと思います。また，専門職による発達障害のわかりやすい定義の必要性ということが先ほど話題になりましたが，このテーマにも重なってくるでしょう。発達障害者への支援の内容が法律によって規定されたわけですから，次に検討すべきは，どのような支援者が必要とされているのかということです。いわば，支援者モデルの定義が求められているわけです。特に発達障害の場合，身体的なハンディキャップとは異なり，対人関係コミュニケーションなどの対人スキルに課題を抱えているわけで，そのための支援はどうあるべきかを考える必要があります。そして，当事者が地域社会で生活するときに，学校教員などさまざまな方が支援者になりうることを考えると，これまでの専門職中心の支援モデルでは立ち行かないことは明らかです。ですから，この支援モデルを再構築していくことも重要になってくるでしょう。私たち臨床心理職はこれまで，面接室でクライエントが来談するのを待って，来談してきたクライエントに面接をする，ということを支援モデルと考えてきました。しかし，このような面接室で待つといった静的支援モデルでは立ち行かない現状があるわけで

す。そこで，私たち自身が当事者の生活に入っていって，どのような支援と支援者が求められているのかを再考していく必要が生じている。これは同時に，発達障害支援のあり方を全体として抜本的に見直していかなくてはならないということだろうと思います。

尾辻：今のような議論について争点を整理して提案していただくと，行政機関としても動きやすくなります。発達障害研究といっても，現状ではなかなか実生活には結びつかないというのが私の印象です。臨床研究を強化していただくことで，具体的にどのような社会資源が必要なのか，行政施策として補強すべきことは何か，といったことも明らかになっていくわけですから，ぜひ支援にとって役に立つ専門職の発達障害研究を充実させていただきたいと願っております。

下山：今まさに進行中の発達障害研究では，次々に新しい発見があって，それは人間の本質に関わるような内容も含まれています。私たち臨床心理職のこれからの課題は，最新の研究成果を咀嚼して，新しい支援へと成形していくということになるでしょう。

V 当事者の主観的体験に迫ること

森岡：先ほど尾辻先生もおっしゃったように，発達障害についてわかりやすく伝えることが専門職に求められている現状があることを，一人の専門職として重く受け止めております。まず発達障害という概念が広まったことで，発達障害という現象が非常にわかりやすくなったことは事実です。たとえば，ある親御さんにとって子育てが難しかったのは子どもに発達障害があったから，あるいは親御さん自身に発達障害があったから，というように，発達障害という概念のフィルターによってすんなり理解できる現象も多くあります。この概念は，当事者が抱える社会生活の困難さを

より理解しやすくしてくれたという意味で，非常に大きな功績がありました。ただし一方で，発達障害という概念が生まれたことで，よりわかりにくくなった側面があることも見過ごせません。発達障害が遺伝因子で決まるのか環境因子で決まるのかという論争が，それを象徴しています。つまり，発達障害がどのような原因で生じてくるのかは，現時点で決定的なことは断言できないわけです。また，発達障害支援のなかではさまざまなタイプの支援者が関わってくるため，支援システムも非常に複雑なものとなります。当事者と家族はこの複雑な支援システムのなかで，独自に何をすべきなのか，あるいはどの部分を専門職に委ねればいいのか，明確な回答を見つけられずにいます。実際，当事者は誰にでも等しく当てはまる障害一般を生きているわけではありません。当事者は，一人ひとり異なる障害特性を生きていて，またさまざまな支援者が関わるという複雑な体験をしているわけですから。そのようなことも踏まえて，私自身，当事者の声や支援者の声を集めるナラティヴ研究を専門領域としています。この研究領域はいわば，当事者や家族も含めた支援者の体験の個別性を重視するという特徴があります。そして，標準的医療モデルといったドミナントストーリーに回収されがちな個別の体験を保護し，そこから個人の人生そのものを見据えようとするものです。発達障害支援が広まれば広まるほど，一般的な支援のフレームから外れていく当事者も生じてくるでしょう。だからこそ，こういった視点も非常に重要になってくると考えています。

先ほど村木先生が，サポートする人をサポートする専門職が必要であるとおっしゃいました。この支援というものも，実際には一回限りのものではありません。支援は継続されなくてはなりませんから。この支援の継続のために支援者が何を考えながら行動しているのかを

研究することも，支援システムの充実のためには必要かもしれません。こういった支援者側の主観的体験も重視されてくると，発達障害支援はより多層的なものとなるでしょう。

　また，成人になるまで障害告知を受けてこなかった当事者がどのように成人期を過ごしていくのかという課題も，同じように見過ごすことができません。当事者にしてみれば，障害告知の前後で，まさに自分の捉え方が一変するわけですから，その衝撃の大きさは想像を絶します。この衝撃は，たとえば障害を告知されるまでに会社を転々としてきたのは発達障害が一因だったとわかったとき，ある種の開放感に変わるかもしれません。しかし一方で，「なぜ自分が発達障害なのか？」という行き場のない怒りも当事者を襲うでしょう。こういった矛盾する体験を当事者は抱えるわけですから，支援者はそのこともしっかりと理解しなくてはなりません。もちろん発達障害という一般概念が意味するものを把握することも大切ですが，当事者一人ひとりの個別の体験に迫ることも必要だろうと思います。私が懸念するのは，発達障害という言葉が独り歩きしてしまうことです。サポートする人をサポートする専門職は，当事者が自分の言葉で捉える障害観を見逃さないようにしたい。私たち臨床心理職は心理学の専門職ですから，こういった当事者の主観的体験というものを大切にしていきたいと考えています。

◉発達障害の社会的支援

社会的支援と発達障害❸

尾辻秀久｜村木厚子
下山晴彦｜辻井正次｜村瀬嘉代子｜森岡正芳

I 発達障害の認知と副作用

尾辻：これまでの議論のなかにありましたように，「発達障害」という言葉の認知が世間でも進んできていることは確かです。しかしながら，ご指摘にもありましたように，認知が進む過程で副作用というべき誤解も生じています。たとえば最近，ある事件の裁判で起こったことはその最たるものかもしれません。この裁判では，被告が発達障害であることを理由に，求刑を超える判決がなされました。このように発達障害という言葉自体は認知されるようになりましたが，その特性が理解されておらず，誤解されたまま一人歩きしているのが現状です。今はまだそのような副作用が多くみられる段階にあると思います。そこを乗り切って，発達障害の特性，当事者の生活，当事者家族の苦しみが，社会のなかで本当に理解されることが必要でしょう。

森岡：発達障害という概念が浸透したことで，一方で，弊害と呼ぶべきものを生み出してしまったということですね。こうした誤解にもとづく痛ましい事件が少しでも減るために，私たち心理職にできること，またなすべきことはまだ多くあるように思います。

II 〈育ち〉と〈老い〉を支援する

辻井：残りの時間のなかで，ぜひ検討したいことが2点あります。1つは私たち専門職が厚生労働省と進めている早期の子育て支援のことです。専門的な支援を簡単な形で普及するために地域の保育士等が実施できるプログラムを目指して，まず被災地である宮城や福島から「ペアレント・プログラム」の取り組みを始めています。この「ペアレント・プログラム」では，子どもの状態を単に障害とはとらえずに，育てるのが難しい状態であると考え，子育てに難しさを感じている保護者を支援します。この新しいプログラムの研修は，障害児を支援する事業所の職員や保育士たちが集まって，チームをつくりながら進めています。これまでの日本的な子育ては，子どものできていないところを叱ることが多かったように思います。いわばパターナリズムの子育てですが，叱ることに効果があるのは，子どもに保護者の意図を読む能力がある場合だけです。ところが発達障害のある子どもは他者の意図を読むことが難しいため，親に叱られてもその意図を理解できません。そこで，できないことを叱る代わりに適切な方法を教え，できたことを褒める。つまり，子どものできるところを伸ばすような働きかけを保護者に教示していきます。発達障害者支援法の施行とも連動して，発達障害者支援センターというハードウェアは随分整ってきましたが，そこで行なわれる実際のサービスというソフトウェアの部分には，共通のものがまだありません。これまではそれぞれの施設が独自に支援を行なっており，その成果を測るはっきりとした

基準もありませんでした。このままでは支援の内容を施設間で共有することも難しい。そこでこの「ペアレント・プログラム」を最初のプラットホームとして，そのうえに各施設や各支援者の専門性を加えていくことで，これまでにない一歩先の支援ができるようになることを期待しています[1]。

　もう1つは，発達障害のある人たちの親亡き後の問題です。支援を行き届かせることが非常に難しく，深刻な問題として危惧されていますが，最悪のケースとして，子どもの行く末を案じた親子心中に至ることも報告されています。あるいは障害の重いケースの場合，いわゆる老障介護と呼ばれる状況になり，親が心臓発作で突然亡くなり，直接の支援者を失った子どもが餓死して亡くなるといった事件も起きています。発達障害者とその家族を地域で支援することが重視されている以上，一番身近な支援者である親が亡くなった後も地域で支援していく仕組み，親亡き後の問題を解決していく枠組みが必要になってくるでしょう。そこまでの仕組みができてはじめて全ライフステージをカバーした支援だといえるのではないかと思います。これまでを振り返ってみると，ライフステージの最初と最後の部分，つまり当事者の「育ち」と当事者・家族の「老い」の部分に対する支援が弱かった。その中間部分のところについてはさまざまな支援が積み上げられてきていますが，とくに「老い」の部分については支援が行き届かず，今後のサポートシステムの大きな課題と考えています。

森岡：親御さんが安心して利用できる社会資源の整備は緊急の課題ですね。生まれて間もない時期の早期診断・早期支援も必要になるでしょうし，子どもの成長とともに年老いていく親を支える地域の社会資源の整備は，心理職単独の仕事ではなく，福祉職や行政職との連携によって可能になるものでしょう。

尾辻：障害者支援には精神障害支援が抜け落ちてきていて，いわば谷間があると申し上げてきましたが，親亡き後の支援というところも精神障害支援全般の谷間になっています。障害のある子どもをもつご両親も，それを一番に心配しています。知的障害の場合には，親亡き後の支援を心配した親御さん自身が施設をつくって活動をしてきていました。そのように自分たちの子どものためにつくられていますから，極端にいえばオーダーメイドの施設となっているのが特徴です。ただ，障害者自立支援法のときも議論となりましたが，このように独立運営されている施設も，公共の支援サービスが定められていく過程で，国が引き受ける形にしなければなりません。国が引き受けるからには基準を定め，その基準に合わせた施設にしていく必要があります。そうなると各施設にオーダーメイドの設備や支援内容を認めることは難しくなり，既成服のように，ある程度は画一化していく必要もあります。当然，親御さんたちからしてみれば，せっかく自分たちが子どもに合わせてつくってきたものに対して一方的に基準を当てはめられることになるわけですから，反発もあり議論にもなります。

　あえてこのような話をいたしましたのは，他の障害では親御さんたちが自分たちで先手を打って活動していたところがありますが，精神障害ではまだこの段階にまで進んでいないと見えるからです。ですから，辻井先生がおっしゃったようなことも，これから制度化していくとすれば，具体的にはどのような形になるのかを考えなくてはなりません。親御さんが自分の亡くなった後も安心できる施設や制度をつくっていく必要があると思います。その点に関しては，身体障害・知的障害・精

---

[1]「ペアレント・プログラム」の詳細については，本書「ペアレント・プログラム入門——発達障害や子育てが難しい時の最初のステップ」を参照。

神障害という三障害のうち，他の2つに比べ，精神障害が谷間になったままだとあらためて思います。そのようなことに対して先生方に議論を進めていただくことは今後必要なことですし，実にありがたいことです。

III 支え合いの精神文化

村瀬：今のお話を伺いながら，私がこれまでに出会った方々のことを想っておりました。幼児期に初めてお会いした方々も今は50代になろうとされていて，以前ほど繁くお会いはしておりませんけれども，折々にお便りをいただきその暮らし向きを知らせて下さいます。ある方は離島に住み，経済的余裕はなくともコミュニティのなかで居場所を見いだし，精神的に豊かに暮らしていらっしゃいます。小学生のときに出会い，今も折りにふれ連絡がある発達障害を抱える人は，周りの人たちに相談しつつ親御さんを看取り，見送ったあと，働きながら地域で暮らしていらっしゃいます。先年，スイスのある地方で，発達障害をもつ高齢の方が施設に暮らしながら，地域社会と繋がりをもち，応分の力を生かして生きておられる，そういう精神風土があるのを目の当たりにして改めて考えさせられました。こうした方々は，人として誇りをもって，この世に居場所を得て生きておられます。

　ここまでのお話では，当然のことではありますが，支援の専門職がどのようにサービスをより良くしていくかということに重きが置かれていました。私はそのほかに，ごく普通の隣人や市井の方々との良い出会いが，専門的な支援サービスやいろいろな制度，施設とのすきまを埋めるのではないか，ということも考えております。コミュニティ全体が当事者を支える社会のなかで，豊かな精神文化に多く出会えた方々は，後年になっても生きる希望をもつことができているように思います。

仮に同じような素質をもつ人であっても，豊かな出会いに恵まれないと，その予後は良くないということがあるでしょう。適切な政策にもとづく制度が展開され，充実した支援サービスが定められていき，その支援サービスを私たち専門職が担っていくことが，まずはすべての基盤として重要なことです。ですが，必要なことはそれだけではありません。それに加えて，ひとつの社会の精神文化の醸成というものが必要であるように思います。一人の当事者が経験する困難をさまざまな人々が一緒に分かち合い，そのなかで一人ひとりの個人の生には意味があるという当たり前のことを，社会のなかで確認していく必要があるでしょう。これは単に支援サービスの充実ということだけではなく，ひとつの社会がどうあるべきかが問われることですから，すべからく教育の問題ともいえるかもしれません。ぜひ政策・制度の面からも，お力添えをいただきたいと思います。もちろん私たち一人ひとりがそのことを自覚することが大事ではありますけれど。

村木：今のお話とも関連するテーマとして，2013年に公布された生活困窮者自立支援法[2]を挙げたいと思います。法案策定の前段階と「生活困窮者の生活支援の在り方に関する特別部会」という審議会で議論を行なったのですが，その報告書がとてもよくまとめられているので，ここでご紹介いたします[3]。報告書では，支援にとって大切な4つの視点がま

---

[2] 生活困窮者自立支援法（平成25年法律第105号）は，平成25（2013）年12月13日に公布され，平成27（2015）年4月1日に施行された法律であり，「生活保護に至る前の段階の自立支援策の強化を図るため，生活困窮者に対し，自立相談支援事業の実施，住居確保給付金の支給その他の支援を行うための所要の措置を講ずる」ことを目的としている。

[3] 社会保障審議会 生活困窮者の生活支援の在り方に関する特別部会 報告書（http://www.mhlw.go.jp/stf/shingi/2r9852000002tpzu-att/2r9852000002tq1b.pdf）

とめられています。1つ目は，支援を受ける当事者の自立尊厳を守ることが支援のベースになるということです。2つ目は，公的支援制度ですべてをサポートするのではなく，最終的には地域という受け皿に返すということ。3つ目は，子どもについてはその子の家庭状況によってサポートに差が生じないようにすること。4つ目に，税金でまかなう公的支援制度である以上，制度そのものが国民から支持されることも挙げられています。

この4つの視点のほかに，4つの視点が形になった具体的なサービスについて，その3つの形が挙げられています。1つ目は，包括的であり個別的であることです。これは，サービス提供者が縦割りに組織されることで連携が失われ，結局は役に立つサービスが受けられないことがないように，サービス受給者をトータルに支援し，かつ一人ひとりに応じてカスタマイズされた支援をつくっていこうとするものです。2つ目は，早期の発見とフォローアップを重視することです。アウトリーチにより早期に支援を開始すること，最終的には当事者が生きていく地域に戻ることが大切ですが，地域に戻った後も必ず専門職がアフターケアをしていく支援を推奨したものです。そして3つ目が，分権的で創造的であることです。もちろん，地域によって利用できる社会資源は異なります。ですから，その地域の社会資源を活かしたその地域に合ったサポートができるように，国は当事者をサポートする地域をサポートします。国がすべてのサポートをトップダウンで主導するのではなく，地方分権的な仕組みが整うように支えていくのです。これらは発達障害者支援を考えるときにも，とても役に立つ視点ではないかと思います。

公的サービスというものは，金銭を介して専門職が提供するサービスともいえますが，発達障害の支援においてもそれが一方にあります。そしてもう一方には，金銭を介さない，サービスを受ける当事者・家族を取り巻く人間関係に支えられた一般的な生活というものがあります。発達障害支援においては，つねにこの両方の軸が必要であると私は考えています。そこで行政が何をすべきなのかという悩ましい部分もありますが，やはり地域を耕すお手伝いも行政が進めていくべきだろうと思っています。『生き心地の良い町』[4]という本が2013年に出版されました。この本には「この自殺率の低さには理由がある」という副題が付いています。著者である岡檀さんは保健師で，日本で一番自殺率の低い徳島県海部町という町で約4年間のフィールドワークを行なって論文にまとめたものを，一般の方にもわかりやすいようにして出版されています。先ほど村瀬先生がおっしゃった，住民が生きやすく障害者も受け入れられやすい地域の特性というべきものがやさしく書かれていて，とても参考になりました。

IV 社会保障の重点化のなかで

尾辻：アカデミックな先生方のなかで，一人最初から政治的な発言を繰り返しており申し訳なく思っておりますが，最後にもう一点だけ率直にお話しさせていただきます。障害者自立支援法を策定する作業のなかで非常に驚いたことがあります。それは，いざ制度を策定して国がどのようにサポートしていくかという段階での，身体障害・知的障害・精神障害という三障害の間での折衝の激しさです。はっきり申し上げてしまいますが，当時は身体障害の当事者と支援者の皆様から特に強い要望をいただきました。ここにいらっしゃる先生方は，このような政治的な部分にあまり

---

[4] 岡檀（2013）生き心地の良い町——この自殺率の低さには理由がある．講談社．

関わりたくないとおっしゃるかもしれません。ですが，今後発達障害支援を充実させていくためには重要なことです。この三障害の間の折衝は非常に激しいもので，その後の公的支援サービスの質の向上にも関わってくることですから，ぜひ力を注がれたほうがよいでしょう。この折衝で遅れを取ることがありますと，ふたたび精神障害者支援が谷間に落ちる可能性もあるということをご諒解になって，ぜひ対応していただきたいと思います。

また先ほど子育て支援や保育のお話がありましたが，これもまたきわめてタイミングの良いことだと思います。これまでは「社会保障三分野」とよく言われておりまして，この言葉は社会保障が高齢者に偏っていると指摘される際に使われたりもするのですが，年金，（高齢者）医療，介護の3つの分野を指す言葉です。2014年の消費税増税の目的のひとつとして，社会保障の充実がうたわれていますが，その具体的な内容を検討する際に村木次官が尽力され，三分野に子育て支援を加え，社会保障四分野とすることに決まりました。社会保障の充実を具体的に表わす証拠として，この検討の議論のなかで十分な額の予算が確保されることになりました。もちろんそのすべてを新しい事業に使えるわけではありませんが，子育て支援を充実させていくなかで，最も重要な事業のひとつに障害児保育が挙げられています。ここで心理職の皆さんに，障害児保育の重要性や緊急性を訴えていただき，さらなる拡充を呼びかけていただくと非常にタイミングが良いと思います。もちろん競争を煽るつもりではありませんが，三障害の間にはこうした政治的な力学が働いていることはご承知おきいただき，だからこそ本当に必要と思われることには声を上げていただくことを，行政としては強く願っております。

村木：これからの子育て支援のなかでは，保護者の皆さんが気軽に相談に行けるような施設を充実させることも検討されています。そこに保護者に対応できる専門知識をもった専門職がいれば，障害の早期発見にもつながるのではないかと期待しています。全国の小学校くらいの施設数で2万ほどの施設があるのが理想ですが，現状では1万程度の規模を目指して議論が進んでいるところです。

V 心理職の課題と展望

下山：まだまだ議論は尽きませんが，そろそろ終了のお時間も迫りつつあります。発達障害概念の変遷，発達障害研究の紹介，発達障害支援の現状から始まり，障害者自立支援法や発達障害者支援法などの法制度，公共制度としての障害者福祉サービスの議論，それを受けた心理職の専門的支援の現状と課題まで，実に幅広い視点から議論が展開され，さまざまな課題も見えてきました。もちろん課題が見えてくるだけではなく，すぐにでも私たち心理職が対応していかなければならないと切実に感じることのできた議論になったと思います。この議論を踏まえつつ発達障害支援というテーマをさらに深く掘り下げていき，心理職による専門的支援の質を向上させ，エンドユーザーである当事者・家族の皆様のお役に立てるような情報を提供していきたいと考えております。それだけではなく，心理職の職能団体や各種学会を挙げて貢献していきたいと思いますので，尾辻先生と村木先生にも今後ご指導いただけることを願っております。

村木：心理職の皆様が医療，教育，保育，産業などさまざまな領域で活躍されていらっしゃることは，厚生労働省でも話題に上がっています。その心理職の方々に発達障害とその支援についての理解を共有していただくことは，福祉サービスの一層の底上げにつながるものと期待しています。法制度も整備されるなかで発達障害支援は今後ますます本格化してい

くことと思いますが，そのなかで支援の直接の提供者である心理職と私たち行政職が理解や理念を分かち合うことが，より大きな相乗効果を呼んで，当事者・家族の皆様に還元できることを願っています。

下山：本日は長時間にわたる議論にご参加くださり，ありがとうございました。

◉社会的支援の現状と課題

社会的支援と発達障害

辻井正次

I 社会的支援につながらない心理臨床の残念な実践から考えること

　多くの心理職が目の前のクライエントに誠実に向かい合おうとしていることは紛れもない真実である。しかし，誠実に向かい合うやり方がクライエントの望むものと異なっていたり，目の前のクライエントの描く将来の人生に向けて自分ができることを考えない場合，とても残念な結果になる。

　ある時，17歳の少年が母親と来談してきた。聞いてみると，小学校1年生から中学校3年生まで，たまに登校することはあっても，基本的にはずっと不登校であったという。来談歴を聞くと，相談には行っており，保育園段階から他児と関わろうとせず不安が非常に高いことで発達相談に行き，「自閉傾向」と言われていたことが語られた。そして，小学校1年生の時から大学の相談室に来談し，大学院生の遊戯療法を受けていた。中学生からはスクールカウンセラーの相談を継続していたそうである。卒業まで不登校が続き，その後のことも心配だったのだが，スクールカウンセラーからは次の相談先の紹介などもなく，結果，進学もできず家にひきこもることになっていた。発達歴からも早期からの社会性の障害，こだわり・過敏性が明確に見られ，自閉症スペクトラム障害と医師からも診断された。生来の学校での生活の難しさがあったわけなので，本人の〈障害特性〉に合った形での特別支援教育の機会もあったのだろうが，保護者（特に父親）の理解が得にくかったことと，相談をしていた心理職による最初の説明（これは母子関係の問題であり，愛着関係の障害による母子分離不安だという説明）が保護者のなかに入ってしまって，学校の教師たちの提案などもなかなか通ることがなかったようだ。そこで，実際，どういう助言を受けてきたのかを聞くと，どういう対応をしたらよいかと尋ねる母親に，解決は自分で見つけるものだからと，母親の気持ちについての話を求められるばかりだったというのが母親の印象であった。

　こういう残念な症例の話をすると，担当していた心理職が「センスがなかった」といったコメントをするベテランの心理職がいるのだが，現状，臨床心理士指定校での教育には一定の偏りがあるようで，発達障害のある子どもへの基本的な対応の手法の指導は受けていないまま現場に出ているようである。発達障害といった日常生活に困難が生じる生来の特性をもっている子どもには，各々の困る場面での対応を丁寧に教えていかないと，学校生活のなかでつまずく場合があることを，心理職教育のなかで明確に教えていく必要があると筆者には思える。なお，この症例の詳細は辻井（2013）に示したが，障害者福祉制度を利用することに同意し，就労訓練へと移行していった。

　もう1人，成人期になって自閉症スペクトラム障害の診断を受けた男性は，やはり中学校時代にいじめられた経験をもち，対人関係で悩んできた。ある大学の相談室に来談したことが

あったそうである。しかし，面接では具体的な助言はなく，母親面接では母子関係などに焦点化された話を聞かれるので，母親は自分の子育てが悪かったと責められているように感じていた。面接で彼は箱庭を作っていたそうで，たまに現実的な助言を求めても，心理職（大学院生）は「君はどうしたいの？」と問い返すだけだったそうである。発達障害について特性を把握されることもないまま，学年が変わっていじめる同級生とクラスが変わったところで来談をやめたそうである。彼にとって箱庭は意外と楽しかったそうだが，余暇支援以上の意味はなかったようである。ただ，相談をした経験は，成人してからの相談を利用しやすくする利点はあったようで，大学卒業後，就職が決まらなくて悩んでいるときに，発達障害という言葉を聞いて専門医を探して受診し，その後，いろいろ悩んだ末に障害者枠での就労訓練へ進んでから企業就労している。その後は，時折，調子を崩しながらも何とか就労を続けている。

　ここで紹介した心理職に何か不誠実があったと言うつもりはない。ただ，①基本的な発達障害特性がある場合には，社会的支援につなげることが不可欠な場合が多いにもかかわらず，必要なアセスメントをしっかり行い，必要な支援に向けての方向付けをしなかったこと，②クライエントが現実的な助言を求めてきた場合，それをクライエントにそのまま返しても仕方ないわけで，どのような選択肢があるのかを考えつつ，一緒に各選択肢のメリットとデメリット（あるいは特別支援教育や社会的支援の可能性）を考えるなど，クライエントの支援ニーズに対応しようという基本的なスタンスがなかったこと，という2点に関して，指導した大学院教官に落ち度があったと言わざるを得ない。特定の流派がどうこう言うのは，基本的な生活への適応に向けた心理的支援技術を習得してからのことでよい。発達障害は，生来の脳機能の非定型発達のために，多くの人（定型発達者）が自然にできる行動を学習しないとできない（学習すればその場面では行動できる）ことや，その困難さは生涯にわたることから，社会のなかでの，母子保健，子育て支援，保育，教育，就労，福祉といった，異なる社会的支援のバリエーションを駆使して，楽しい人生を構築していくためには，その支援に工夫が求められるものである。

II　発達障害者支援法とライフステージを通じた支援の重要性

　本書の座談会にもあるように，2004年12月3日に発達障害者支援法が成立し，2005年4月より施行されている。そこでは，発達障害者の定義をしたうえで，生涯にわたる支援の必要性を明記している。また，発達障害を早期発見・早期支援し，教育や就労においても支援を行うことを義務付けている。発達障害がなくならないものである以上，社会が支援をしなければならないことを明確にしたことは本当に意味のあることであった。発達障害者支援法と議論が並行していた障害者自立支援法には発達障害を明記できていないこともあって，せっかく障害者自立支援法が施行されても，発達障害の人がサービスをうまく受けられない市区町村もあったりしたのだが，障害者自立支援法の改定法（現在の障害者総合支援法）が2010年12月3日に成立したことで，例えば精神障害者保健福祉手帳や障害年金の申請書式においても，発達障害者がいる前提での書式の変更が行われるなど，支援が受けやすくなっていった。学校教育においても，いまだに学校教育法での位置づけが不明確で問題を残しているものの，特別支援教育が推進され，利用する児童生徒は増え続けている。インクルージョン（社会的包摂）のなかで，分け隔てることなく，学校生活や地域生活を送ることが保障されるようになっているが，それはあくまでも「合理的配慮」のうえでのことである。わが国が義務教育段階での「落第」をとら

ず，しかしなお，学年ごとで単一のカリキュラムで指導を行っていく以上，また，学力上の凸凹があったり，数十人もの児童生徒とともに過ごさざるを得ない以上，特別支援学級の利用や通級指導教室の利用などは「合理的配慮」の範囲内である。そこで発達障害があたかも存在しないかのように（特別な支援を受けさせない）対応をすることに，スクールカウンセラー等の心理職が加担することはあってはならない。差別が生じることなく，しかし，必要な特別な教育的支援が届くよう，発達障害特性に対する理解促進だけではなく，具体的な心理アセスメントや必要なスキルトレーニングの提供が求められている。現在，高校教育段階での教育支援体制に課題が残っており，地域ごとでどのような進路を考えればいいのか，アセスメントに基づくスクールカウンセラーの助言が求められる。

成人期以降においても，就労支援とともに，地域のなかで当たり前に暮らしていくことができる仕組みづくりに向けて，発達障害のある人の支援ニーズを客観的に把握し，支援程度区分判定などに反映させていくことが課題となっている。「親亡き後」の暮らしを組み立てていくためには，障害者福祉領域のみが考えればいいのではなく，臨床心理領域も含めた具体的なアセスメントと支援の技術が求められている。しかし，わが国の障害者福祉領域においては，アセスメント・ツールを用いることも十分にできていない（松本ほか，2013）。心理臨床の仕事は医療や教育だけではなく福祉領域に非常に大きなニーズがあるのだが，福祉領域に臨床心理専門職が参加できていないことは，必要な支援ニーズを把握されないという意味で，発達障害のある本人にとっても残念なことになっている。

心理職が出会う目の前のクライエントに対して精一杯関わることは大事なのだが，保育臨床には幼児期の課題，学校臨床には学齢期・思春期以降の課題がある以上，それぞれの次のライフステージを見据え，大人になるまでに何が必要なのかを考えた支援を，家族や本人と創っていく姿勢が求められる。

支援体制としては，全国の都道府県と政令指定都市に発達障害者支援センターが設置され，発達障害の人たちの支援体制整備の要として位置づけられている。実際には，十分な取り組みができていないセンターもあるが，このセンターを地域のなかで有効活用できる支援者ネットワークの構築が不可欠である。少なくとも，センターは地域ごとでの支援のリソースについては把握していることが多い。地域においては，児童であれば地域の児童発達支援センター，成人では障害者就業・生活支援センター等が，実際の支援先の紹介など実務的な相談にのってくれる場合が多い。ただ，いまだに発達障害者，特に知的障害のない自閉症スペクトラム障害の支援経験が薄い場合も少なくないため，実際に相談を受けてもらいつつ，支援方法を覚えていただくようなスタンスでお願いすることもある。

III 社会問題化した発達障害の人たちの課題にどう取り組めるのだろうか

発達障害児者の支援が推進されたきっかけのひとつは，発達障害，特に自閉症スペクトラム障害の少年たちによる凶悪事件である。司法関係者や弁護士たちの理解が進むなかで，事件の加害者が司法鑑定を受けるようになり，診断を受ける少年が目立つようになっている。放火，性犯罪，親族殺人など，極めて残念な事件が起きてはじめて，少年自身の〈障害特性〉に気づかれるということはとても不幸なことである。筆者のところにも年に数件は弁護士からの相談がある。事件を起こした少年のなかには，学齢期に発達障害の診断を受けていたり，継続的にスクールカウンセラーの相談を受けていた場合もある。しかし，診断を受けただけで受診が途切れたり，怒りに対する具体的な対応は教えられず，ただ話を聞くだけの受け身的な相談しか

なされておらず，相談を受けることで得られるものは多くはなかったようである。実際，なかなか再犯を防げない困難な事例もあり，ベストの対応ができていたからといって，本当に予防できたかは疑問である。だが，それでも，できるだけの取り組みをしていかなければならない。どのような不適応行動があり，それに対してどのような予防的な対処を本人と周囲が行えるのか，それらを把握するにはやはりアセスメントと自己コントロール手法の提案と取り組みが必要であろう。

「累犯障害者」（山本，2009）と呼ばれる，触法行為を繰り返す障害のある人たちの支援は社会全体の問題である。また，森口（2014a，2014b）のわが国初めてのまとまった発達障害当事者の手記『変光星』『平行線』にもあるように，彼女のような才能ある当事者でも，周囲の無理解やいじめのなかで，精神的健康を害していく過程など，心理職が知っておくべき課題は多い。ひきこもりやホームレスなど，成人の人たちの社会問題は，社会自体の問題であると同様に，発達障害などの支援が必要な人たちへの必要な支援が届いていないことと強く結びついている。成人期の幸福な生活を子ども時代からの予防的取り組みで創っていくという支援者側の視点が必要とされている。

子ども虐待や，親子心中・子殺し事件において，被害者が発達障害児者であることも少なくない。親が将来を悲観して心中したり子どもを殺したりする背景には，母親に抑うつ状態などの精神的健康の不調があり，家族への支援をどう提供していけるのか，課題は大きい。母親の認知への働きかけを可能にするためにも「ペアレント・プログラム」等の取り組みの普及は重要であり，子どもの問題に現実的に対処し，適応行動ができることを認めていける視点の置き方を学ぶ機会はやはり重要である。そうした方向づけられた支援と個別の関係性の支援は矛盾しないので，関係性の支援だけに偏らない工夫が求められる。

「親亡き後」の問題は，わが国のみならず，世界的な課題であり，発達障害のある人本人がどういう暮らしを望むのかを考えてもらいながら，家族とともに先の受け皿を考えていかなければならない。80～90歳代の母親たちが老年期に入りつつある状況では，ひきこもり相談などのなかで，どう福祉的支援のネットワークに結び付けていくのか，若年段階からのライフステージを見越した取り組みがないと，来談時だけで何かができるわけではない。「どこで，誰と，どんな風に暮らしていきたいか」は難しい問題である。すべての人がそうであるように，就職や結婚は本人の努力で結果が出るようなものではない。本に書いてある通りに女性にアプローチをしたらストーカー扱いされるようなこともあるだろう。発達障害の人たちが生活保護受給者にならずに就労を維持し，しかも地域での充実した生活を実現するためには，本当に多くの課題がある。

Ⅳ 発達障害において特に社会的支援が重要である理由
——心理臨床の専門性の力は発達障害のある人たちに支援を届けるエビデンスを提供し，生きやすさを高める

現在，筆者は厚生労働省の障害児支援の在り方に関する検討会の構成員として議論に参加している。そこでは，「障害児」として診断される前の段階からの支援をどう構築するか，また児童養護施設にいる発達障害の子どもたち，しかも虐待を受けて対応の難しい状況の子どもたちにまで必要な支援を届けることが社会としての役割だということに関して発言をしてきている。実際に，発達障害とは診断されていない発達障害の子どもや成人がたくさんいる。診断されなくても幸福に就労し地域生活を送っている人はいいとして，そうではない多くの人たちも，本

人が支援を望んだ際に必要な支援を提供できるようにしていくことが重要である。しかし，そのための仕組みづくりは容易ではなく，社会の支援のさまざまな仕組みに参加している臨床心理専門職の果たすことができる役割の可能性は，非常に大きいと考えられている。

自分の目の前にいるクライエントの背後に，相談に来ることもできない多くの支援を求める人たちがいる。その人たちに支援が提供できるためのアセスメント・ツールの開発ができ，実際に（特別な専門性や技術がない）保育士や教師が取り組んでもうまくいく支援の方法が開発されて提供できれば，発達障害のある人たちの生活をさらによりよくすることにつながる。地域の支援ネットワークに臨床心理専門職が必ず参加し，必要な情報や支援技術を提供できることが，発達障害の社会的支援において求められている。

◆ 文献

発達障害者支援法ガイドブック編集委員会 編（2005）発達障害者支援法ガイドブック．河出書房新社．

松本かおり，伊藤大幸，小笠原恵ほか（2013）医療・福祉機関における発達障害に関するアセスメントツールの利用実態に関する調査．精神医学55-11；1093-1102．

森口奈緒美（2014a）変光星——ある自閉症者の少女期の回想．遠見書房．

森口奈緒美（2014b）平行線——ある自閉症者の青年期の回想．遠見書房．

辻井正次（2013）発達障害のある子どもたちの家庭と学校．遠見書房．

辻井正次 監修（2014）発達障害児者支援とアセスメントのガイドライン．金子書房．

山本譲司（2009）累犯障害者．新潮社．

◉社会的支援の現状と課題

発達障害の生活支援等の施策について

日詰正文

I 「生活」に支援が必要な状態を考える

本稿では発達障害者への生活支援を紹介していくが，その前にまず，精神保健福祉手帳の「日常生活能力の判定」の項目に沿って，発達障害者の抱えている「生活」するうえでの困難さを感じる場面の一例を紹介する（奥山，2010）。

- 適切な食事摂取：偏食が著しく特別な食事でないと食べられない，食事量の調整が必要な場合がある。
- 身辺の清潔保持：注意散漫の程度が著しく，親や教師が何回も言わないと歯磨きや洗面，手洗いをしない，散らかしたものを片付けられないなどの場合がある。また，感覚の過敏さがありこだわりも強く，清潔保持の行動自体を拒否するなどの場合がある。
- 金銭管理と買い物，持ち物の管理：書字や計算が特異的に苦手であって金銭管理ができない，衝動的にお金を使いすぎることが頻繁に起こるなどの場合がある。また，注意散漫の程度が著しく，自他の持ち物の区別がつかない場合や頻繁に忘れ物をするなどの場合がある。
- 通院および服薬：採血などの検査や服薬などを極端に嫌がり，家族が相当の工夫や強制をしないと治療に応じられないなどの場合がある。また，睡眠リズムを乱し，通院ができないという場合もある。
- 対人関係・他人との意思伝達：他人との距離感がうまく取れずに相手を怒らせてしまう，周囲の特別な理解によって集団での行動がこなせているような場合がある。また，言葉を使うことそのものの遅れや，頻繁に一方的な内容の話をして会話がかみ合わないなどの場合がある。
- 身辺の安全保持・危機対応，状況に合わせた対応：衝動的に道路に飛び出す，危険な状況でも身動きが取れずに助けを求められないなどの場合がある。
- 社会的手続きや公共施設・交通の利用：窓口などで順番を待つことや適切な記入ができない，人ごみに入れずに交通機関が利用できないなどの場合がある。
- 趣味・娯楽への関心，文化的社会活動，学習機会への参加：興味・関心の幅が狭く仲間との交流をせずに一人で楽しむ，家庭にひきこもり外出しない，親が言えば活動に参加するが自発的には参加しないなどの場合がある。

II 「生活」の相談・支援が開始される状況

近年の発達障害者支援センターにおける相談は，成人期の相談が増加しており，「診断」や「就労」に関するもののほかに，「生活」に関する相談が増えている。相談者には，以下のような共通点が見られる（志賀，2011）。

- 成人期になってから比較的若年層の段階で職場や家庭生活におけるトラブルが生じ、その段階で初めて発達障害の可能性に気づいている。
- 経済的な支援や生活上の支援を同居している家族が行っているが、家庭内の対人関係の問題、生活リズムの乱れなどが生じている。
- また、一人暮らしに向けた金銭管理、スケジュール管理、余暇活動、危機管理などについてもさまざまな問題を抱えている。

都道府県、指定都市に設置されている発達障害者支援センターでは、上記のような相談者に対して、次のような支援を行っている。

- 発達障害の特性に関する情報、当面のストレスマネジメントや生活リズムを整えるための工夫、地域のなかで利用すべき相談機関やサービス事業所の紹介
- 地域のなかで具体的な支援を行える支援者の育成、その支援者同士が一貫性のある支援を行うための連携体制づくり
- 家族や職場の関係者などに対する理解啓発

III 現在の「生活」支援の体制

発達障害者支援法第11条には、地域での生活支援について、「市町村は、発達障害者が、その希望に応じて、地域において自立した生活を営むことができるようにするため、発達障害者に対し、社会生活への適応のために必要な訓練を受ける機会の確保、共同生活を営むべき住居その他の地域において生活を営むべき住居の確保その他必要な支援に努めなければならない」としている。

ここでいう「社会生活のために必要な訓練」とは、具体的には、障害福祉サービスの提供に関するものが挙げられる。たとえば、自立訓練（生活訓練1,191事業所）、就労移行支援（2,478事業所）、共同生活援助（8,277事業所）などであり、地域活動センターなどがその受け皿として考えられる。これらのサービスは、障害支援区分によって利用が制限されるものではないため、生活上の困難さが客観的に理解されにくい状況の発達障害者も利用しやすい。そのほかに施設入所支援（2,627事業所）を利用する場合もある。

また、障害福祉サービス事業所以外にも、精神科医療機関（精神科デイケアなど）、発達障害者支援センター（89箇所）、精神保健福祉センター（67箇所）、地域若者サポートステーション（160箇所）、障害者就業・地域生活支援センター（323箇所）、当事者会などにおいても、相談に引き続き「社会生活のために必要な訓練」を提供していることがある（以上、文中の施設数は直近のデータによる）。

上記のさまざまな機関では、それぞれの役割は異なるが、支援の中身は「感覚の過敏さに配慮した環境を確保したうえで、少しずつ自分の得意な能力を生かしながら仕事や対人関係についての自信を取り戻していくための支援を行う」という点では比較的共通している。

IV 長期的な「生活」支援の経過からわかっていること

さまざまな「生活」支援を必要とする発達障害者に対して、どのような視点に着目して支援に当たることが効果的なのか、厚生労働科学研究報告書のなかから、危機的な状況を乗り越えることができた事例の分析例を紹介する（塚本,2011）（取り上げた事例は精神科医療につながった一部の事例であって、ただちに一般化はできないことに留意されたい）。

〈支援の必要性が高まりやすい時期〉
- 高校と職場で、周囲と協力しなければなら

ない状況で，作業課題が多く複雑化しており，なおかつ支援者がいない場合。
- 結婚後に配偶者が不安定な対応（特性理解ができずに本人の社会的逸脱に一貫性のある対応ができない）をする場合，子どもに障害がある場合。

〈適応を向上させる要素と低下させる要素〉
- 適応を向上させる要素
「本人の要因」本人の人や社会への親和性，適度な本人の自己理解
「家族の要因」家族の特性理解，一貫性のある対応
「学校・職場の要因」限局した興味を持った人が多い集団での友人の許容的な態度，変化が少なくマニュアル化された職場，職業として探求心が求められる職場，職場の上司の理解，時には適切な職場への転職
「支援環境要因」精神科医療機関，発達障害者支援センターなどの相談先の確保
- 適応を低下させる要素
「本人の要因」他者や外界の拒否，自己理解が全くない，執拗すぎる（飽きっぽすぎる）性格，対人関係上のトラウマ，ギャンブルやアルコールや薬物への依存
「家族の要因」拒否，甘やかし，一貫性のない対応
「学校・職場の要因」学習内容や作業内容の高度化・複雑化，友人や同僚からの孤立，職場での昇進（指導的役割の負荷）
「支援環境要因」相談者の不在

V 「生活」が困難になる前にしておくべきこと

発達障害者は「生活」全体の困難さに直面しているのではなく，部分的な困難さがあり，その他のことは困難さがなく生活できているということが多い。そのため，外見的には大きな問題がないように見えるし，本人の努力と周囲の配慮がある場合には落ち着いた生活が続けられる。

しかし，さまざまな環境の変化が生じると「生活上の困難さ」が浮かび上がってくる。それ以前に，どの程度の困難さが生じてきたら支援を求めたらよいのか，または周囲も支援を勧め支援を行ってよいのかなど，あらかじめ準備をすることは多くの場合行われておらず，また，明確な基準もないため，何らかの支援が開始されるのは，どうしても本人や周囲が頻繁に困難さを意識するようになってからとなる。

このような現状を踏まえると，あらかじめ（学齢期のうちから）「生活上の困難さ」について本人も周囲も把握し，どのようなときにはどのような相談機関や支援が利用できるのかという知識を持ち，困難に直面したときのために準備しておくことの重要性が見えてくる。

VI 発達障害者支援施策

発達障害のある人が，「生活」の困難さに対する準備を行えるようにするために，厚生労働省として現在は以下の取り組みを行っている。

- 自分の特性を客観的に説明できるようにするため，感覚の過敏さや鈍感さ，ストレスのためやすさ，読み書きの苦手さや不器用さなどについて把握できる標準的なアセスメント（例えば，PARSなど）の普及を行う。また，生活上の困難さが生じやすく支援が必要になりそうな場面をあらかじめ予想し対策を立てておくために，生活日課や生活環境に沿って適応状況を把握できる標準的なアセスメント（例えば，Vineland-II（適応行動評価尺度））の普及を行う。
  → 〈国立障害者リハビリテーションセンター学院における発達障害研修の実施〉
- 発達障害者が学齢期のうちから関係者（当

人の参加ができる場合は本人も）が情報を共有し，次の年代の支援者にも確実に引き継ぎを行う仕組みを作る。
→〈都道府県，指定都市における発達障害地域支援体制整備事業への財政的補助〉
- 社会全体での理解形成を進める。
→〈発達障害情報・支援センターにおけるWEBサイト運営，世界自閉症啓発デー・シンポジウムなどの啓発イベントの実施〉

VII まとめ

発達障害者への「生活」支援が必要となる状況，対応機関，困難さを感じたときの対応策の準備などについては，発達障害者支援法制定以後，徐々に知識の蓄積と技術の普及，体制整備が進められているが，医療的支援や就労支援に比べるとエビデンスの確認されている取り組みは少なく，確かな知識と技術の普及が十分に進んでいるとは言えない。

本書を参考に「生活」について標準化されたアセスメントや支援手法の重要性が認識されることを期待し，その結果を施策に反映させることを行政の任務としてさらに強化したいと考えている。

◆文献

奥山眞紀子（主任研究者）(2010) 平成19〜21年度厚生労働科学研究「発達障害者の新しい診断・治療法の開発に関する研究」報告書．

志賀利一（分担研究者）(2011) 発達障害者支援センターと他の福祉・就労支援分野との連携についての研究．In：近藤直司（主任研究者）平成20〜22年度厚生労働科学研究「青年期・成人期の発達障害者に対する支援の現状把握と効果的なネットワーク支援についてのガイドライン作成に関する研究」報告書, pp.14-20.

塚本千秋（分担研究者）(2011) 高機能広汎性発達障害の青年・成人の治療において精神科医はどのような支援を求めているか．In：近藤直司（主任研究者）平成20〜22年度厚生労働科学研究「青年期・成人期の発達障害者に対する支援の現状把握と効果的なネットワーク支援についてのガイドライン作成に関する研究」報告書, pp.21-32.

◉施設・地域における支援

児童養護施設の発達障害の子どもたち

宮地菜穂子

I はじめに

Gil（1991=1997）は，虐待等によるトラウマを受けた子ども達への心理療法の要素を修正的接近と回復的接近とに分けた。児童養護施設においては，前者を児童指導員や保育士等の日常的に直接的な支援を行う職員（以下，直接ケア職員）が，後者を心理療法担当職員（以下，心理職）が担うものと考えられている。

しかし，この回復的接近を心理職の役割として強く意識するあまり，直接ケア職員との連携や施設文化，運営方針との間でさまざまな問題が生じ，心理職として本来持てる潜在的な活躍の可能性を考えると，十分に力を発揮できていないのではないかと感じるのである。

そこで，本稿では児童養護施設で生活する発達障害の子ども達の現状を踏まえて，心理職の役割と今後期待される活躍に関して，心理職とは立ち位置を異にした児童指導員としての勤務経験を有する筆者の私論を述べたいと思う。

II 児童養護施設で生活する発達障害の子ども達の実態

現在，児童養護施設で生活する子ども達の半数以上が被虐待経験を有する状況のなか，発達障害を有する子ども達も増加している。児童養護施設入所児童等調査（厚生労働省：以下，厚労省）によると，2008年2月1日現在で心身の状況について「障害等あり」の割合は23.4%（前回20.2%），障害内訳では最多が知的障害（9.4%）であり，ADHD（2.5%），LD（1.1%），広汎性発達障害（2.6%），その他の心身障害（7.3%）他となっている。三重県の児童養護施設（10箇所）における調査（谷口，2006）では，医師または児童相談所の心理判定によって発達障害と診断された児童は全体の37%，栃木県の児童養護施設（10箇所）における調査（後藤・池本，2008）では発達障害児の入所率は18.3%，横谷ほか（2012）による調査（児童養護施設11箇所）では発達障害の診断・評定を受けている子どもは全体の21.8%との報告がある。

さらに児童養護施設入所児童の適応行動に関しては，日本版Vineland-II適応行動尺度（以下，Vineland-II）を用いた調査（宮地ほか，2014）の結果，適応行動尺度では身辺自立を除く全ての下位領域で標準値を有意に下回る平均値が示された。一方，不適応行動尺度では内在化問題，外在化問題，総合得点のいずれも標準値を有意に上回る平均値が示されている。

では，現場で子ども達と生活を共にする職員は発達障害等を有し日常的な支援に工夫を要する子ども達の入所率をどのように捉えているのだろうか。職員の主観を把握するため2009年に全国の児童養護施設および情緒障害児短期治療施設を対象として実施した質問紙調査（宮地，2012）のなかで，「医療機関や児童相談所等において発達障害の診断を受けている児童（以下，診断有り児童）」の割合と「診断は受けていないものの，発達障害という考え方で子どもの特性

を考えた方が，支援がうまくいきやすいと感じる児童（以下，疑い有り児童）」の全入所児童に対する割合について回答を求めた。その結果（回収率36.29％），「診断有り児童」では全体の「1割程度」とする回答者が最多（49.1％），次いで「2割程度」とする回答者（27.2％）が多かった。「疑い有り児童」では全体の「2割程度」とする回答者が最多（27.1％），次いで「3割程度」とする回答者（22.6％），「1割程度」とする回答者（21.5％）が多かった。以上より，診断の有無にかかわらず特別な配慮や支援を要する子ども達が多数在籍していると多くの職員が認識している現状が把握されている。これは厚労省が報告する約2割（23.4％）の「障害等あり」とされた児童のうち，知的障害と発達障害（LD・ADHD・ASD）が占める割合15.6％に鑑みて，現場の職員の捉える主観の方がこの割合は相対的に高いことを示唆している。

III 現場職員が抱える支援の難しさ

児童養護施設において子ども達を集団（集団の規模は一様ではない）のなかで支援する職員は，発達障害と虐待の影響が絡み対応がより困難になっていると感じているものの，比較的多くの職員において虐待の問題と発達の問題とが全体像として見えていない可能性があるのではないかと解釈できる結果が，先述の全国調査の分析（宮地，2012）から得られている。さらに発達障害に対する具体的な支援方法について学びたいと感じている職員は8割を超えるなど多数存在しており，専門性向上の機会を求めていることも把握されている。

近年の傾向として，児童養護施設職員を対象とした研修は，子ども虐待，発達障害，性に関する内容をテーマとしたものが多くなっているが，「計画的研修がなされておらず知識研修が主体であること，さらにOJT（職務を通じての研修）が意識化されておらずスーパービジョンが明確化されていない」（萩原，2008），「被虐待支援分野以外の支援技術を修得するトレーニングの機会が不足して」（宮地，2013）いること等が把握されている。特に子ども虐待および発達障害への支援の基本となる子どもの見立てや特別な配慮や支援を要する子ども達に対する支援，支援計画策定等に必要な技術を取り扱う演習・トレーニングが不充分であることから，最も基礎的基本的な支援技術の獲得，向上を促す教育機会が抜け落ちてしまっているのではないかとも懸念される現況にある。増沢（2011, p.4）は，子どもの虹情報研修センターにおける研修参加者の多くが必要な研修内容として「アセスメント」あるいは「見立て」を挙げていること，そして事例検討の際に必ずといっていいほど指摘され続けているのがアセスメントの不充分さに関することであると述べている。また，多くのケアワーカーが子どもを適切に理解し有効な手立てを講ずるべきと考え，自身のアセスメント力を高めたいと願っているものの，これに関して教育を受ける機会や，力を養う教材等が求めるほどには存在しないのが実情であるとの指摘もある（増沢，2011, p.4）。

このように我が国の児童養護施設には発達障害等の特別な配慮や支援を要する子ども達が数多く生活しているものの，職員を育て支える仕組み自体が整っていないのである。

IV 現場職員を育て支える取り組み

こうした現況から筆者は職員の基礎的な支援技術の向上を促すトレーニングの必要性を強く認識し，研修のツールとして有効ではないかと判断されたペアレント・トレーニングプログラムを児童養護施設の子ども達および職員の実態に応じて改変した「児童養護施設スタッフトレーニングプログラム（以下，ST）」の開発と実証を進めてきた。STで修得を目指すのは主にアセスメントと計画的支援を行うための技術で

あり，施設内研修版にはチームワーク支援（連携・協働による支援）の技術修得を促す取り組みも追加される。そして子どもの状態像を行動レベルで捉え，不適応行動を適応行動へと置き換えていくための具体的な手順，方法も学び，実際に介入まで実践していく。

これまでのSTを通して，そもそも直接ケア職員は在職の前後において子どもの状態像を行動レベルで具体的に捉える視点や自立支援計画策定の方法を学ぶ機会が保障されていないこと，そして発達障害特性に対する理解や環境調整の方法に対する認識も不十分な上，日常的な支援をどう展開していくべきかという非常に具体的な技術を学ぶ機会も少ないことが再確認された。そんななか，STの試みは具体的な方法論を学ぶことで職員個々および集団の技術の向上，ひいては子ども達に提供される支援の質的向上に繋がる有効な取り組みであるものと理解された。

V 心理職に期待されること

児童養護施設に1999年から心理職が配置できるになり，2006年に常勤化，2011年には配置の義務化が厚労省より通達された。心理職が導入されて10年あまり経過した現在，活動内容等に関して先行研究（木村，2009；鵜木・栗原，2013；吉村，2010他）から把握されていることは，心理職の多くは複数の業務を担当している場合が多く，施設によって業務内容に差異があるということである。心理職の役割について現状と課題に関する文献的検討を行っている木村（2009）は，①心理アセスメント，②個別心理療法，③生活場面面接，④集団療法的アプローチ，⑤心理コンサルテーションと連携，⑥ケアワーカーの心のケア，⑦家族支援の7つに心理職の役割を分類している。その一方で，子どもの虹情報センターからなされている研究報告（増沢・内海ほか，2010）によると，心理職の業務は（おおむね週に何分間かという）業務時間の長いものから「個別心理療法（448分）」「記録作成・面接準備（375分）」「生活支援（355分）」「生活場面面接（228分）」「職員へのコンサルテーション・情報交換（176分）」「施設内でのカンファレンス・会議・申し送り等への出席（171分）」「職員との雑談・世間話（134分）」であり，個人心理療法とその前後の時間，生活のなかでの時間，他職員との情報交換の時間に多くを費やしていることがわかっている。また最もやりがいを感じている仕事は「個別心理療法」，最も困難を感じている仕事は「職員へのコンサルテーション・情報交換」，チームの一員として機能するために最も大切だと感じている仕事は「職員へのコンサルテーション・情報交換」だとする結果も出ている。これらから推測されることは，少々乱暴な表現をすれば，児童養護施設では比較的多数の心理職が子どもに対する個別心理療法を中心的に行ってはいるものの，それらが直接ケア職員との連携が必要不可欠な日常の治療的支援に有効的に繋がっていないのではないかということである。

Trieschman et al.（1969=1992）は，1時間あまりのセッション以外の23時間を治療的に利用する方法，つまり子どもの自我機能や自我発達を支え育むために環境構造を計画的に活用していく方法を示しており，非常に重要な示唆を得ることができる。杉山（2007, p.134）は「被虐待児の心の傷をケアするためには，そのための環境が必要であり，ケアそのものが生活を基盤とするものである。被虐待児へのケアは，第一に安心して生活できる場の確保，第二に愛着の形成とその援助，第三に子どもの生活・学習支援，第四に初めて心理治療が登場する」と述べている。つまりトラウマに対する治療は，日常的な環境を治療的に組織化した上でなされなければならない。現在の児童養護施設における子ども達を取り巻く環境，特に人的環境として捉えられる直接ケア職員の支援の在り方は，治療的に組織化されているだろうか。先述の通り，

まず子どもの特性，個性を正しく把握するというアセスメントの部分から，学びの機会を提供すべき段階にあるのである。そこへ子ども虐待に対する支援の難しさが加算され混乱が増している現状にあると言える。

　心理職には，上記のように直接ケア職員が支援に難しさを感じるときに中心的課題となるアセスメントの方法や発達障害特性に対する支援方法に関する助言，日常生活のなかにおける個別的な支援の方向付けを行ってもらいたい。というのは，本来アセスメントは心理職の得意分野であり，非常に専門性を発揮できるところだと考えるからである。具体的には知能検査とVineland-IIによる適応行動評価を基に正しく支援ニーズを把握することである。さらに必要かつ重要なのはその評価結果を踏まえ，どのように自立支援計画を策定していけばよいか，日常的な支援のなかでいかに支援を展開していけばよいかという非常に具体的な提案と助言を，心理学的な知見を基に直接ケア職員に対して行っていくことである。こうしてまずは子ども達を取り巻く日常の生活環境を治療的に組織化しなければならない。その際，発達障害を切り口にして行動で捉え，修正を促していけるよう職員を手助けしていくことは，現場にとって非常に役立つ有益な取り組みであるものと認識している。

VI　おわりに

　本稿では，児童養護施設現場へのサポートの優先順位を考えるのであれば発達障害の観点が必要であり，心理職によるアセスメントと計画的な支援の方向付けが重要であることを述べてきた。これらが十分になされ，子ども達の日々の生活が安全に計画的に保障される体制・治療的な環境が整備された上で，サイコセラピーを生活のなかの支援と関連させながら有効的に実施していくことが望まれる。

　さらに今後，各施設内で心理職が直接ケア職員に対してSTを行うことも可能かつ有益ではないかと考えている。心理職と直接ケア職員との連携の円滑化を図り，お互いの専門性を最大限に発揮し合わなければ，児童養護施設において子どものケア体制を確立することは難しいだろう。心理職の潜在能力は，今後より一層発揮されるものと期待している。

◆文献

Gil E (1991) The Healing Power of Play : Therapy with Abused Children. New York : Guilford.（西澤　哲　訳（1997）虐待を受けた子どものプレイセラピー．誠信書房．）

後藤武則，池本喜代正（2008）栃木県の児童養護施設における発達障害児の実態と処遇．宇都宮大学教育学部教育実践総合センター紀要 31；357-363．

萩原總一郎（分担研究者）（2008）子ども虐待に対応するソーシャルワーカー及びケアワーカーのトレーニングに関する研究．厚生労働科学研究費補助金（子ども家庭総合研究事業）「児童虐待等の子どもの被害，及び子どもの問題行動の予防・介入・ケアに関する研究」（主任研究者：奥山眞紀子），「平成17-19年度総合研究報告書」（2008年3月）．

木村恵里（2009）日本における児童養護施設の心理療法担当職員の役割——現状と課題に関する文献の検討．お茶の水女子大学公募研究成果論文集 8；163-172．

増沢　高（研究代表者），大川浩明，南山今日子ほか（2010）児童虐待に関する文献研究（第6報）子ども虐待と発達障害の関連に焦点をあてた文献の分析．子どもの虹情報研修センター紀要 8；154-162．

増沢　高（研究代表者），内海新祐，古谷みどりほか（2010）平成22年度研究報告書　児童養護施設における心理職のあり方に関する研究．子どもの虹情報研修センター．(http://www.crc-japan.net/contents/guidance/pdf_data/H22_shisetu.pdf［2013年12月25日取得］)．

増沢　高（2011）事例で学ぶ　社会的養護児童のアセスメント——子どもの視点で考え，適切な支援を見出すために．明石書店．

宮地菜穂子（2012）子どもの集団生活支援を行う職員が抱える支援の困難さ——児童養護施設及び情緒障害児短期治療施設の発達障害等の日常的な支援に工夫を要する子ども達に関する調査結果から．子ども家庭福祉学 12；67-79．

宮地菜穂子（2013）児童養護施設職員を対象とした研修の現状と課題——愛知県内の児童養護施設ベテラン職員に対するインタビュー調査から．子ども家庭福祉学 13；1-12．

宮地菜穂子，伊藤大幸，村上　隆，辻井正次（2014）児童養護施設入所児童の適応行動——日本版Vineland-II適応行動尺度による検討．精神医学 56-1；43-52．

杉山登志郎（2007）子ども虐待という第四の発達障害．学習研究社．

谷口由希子（2006）児童養護施設における特別な支援を要する児童の支援ニーズ．日本の児童福祉 21；190-198．

Trieschman A, Whittaker J & Brendtro L (1969) The Other 23 Hours : Child-care Work with Emotionally Disturbed Children in a Therapeutic Milieu. Chicago : Aldine.（西澤哲 訳（1992）生活の中の治療――子どもと暮らすチャイルドケアワーカーのために．中央法規出版．）

鵜木恵子，栗原直樹（2013）X県内児童養護施設に勤務する心理職の業務形態及び内容に関する実態調査．子ども家庭福祉学 13 ; 47-55.

山本佳代子（2011）児童養護施設における実践研究に関する一考察．山口県立大学学術情報 4（社会福祉学部紀要通巻代17号）; 37-49.

横谷祐輔，田部絢子，内藤千尋ほか（2012）児童養護施設における発達障害児の実態と支援に関する調査研究――児童養護施設の職員調査から．東京学芸大学紀要総合教育科学系 63-2 ; 1-20.

吉村 譲（2010）児童養護施設における心理療法担当職員の活動の場作りについて――岐阜県内の児童養護施設の心理療法担当職員への面接調査から考える．東邦学誌 39-2 ; 13-30.

◉施設・地域における支援

児童自立支援施設の発達障害の子どもたち

望月直人

　筆者の児童自立支援施設とのかかわりは5年になるが，心理職・研究者として，実践・研究を通したかかわりであり，ケアワーカーや心理職として施設の職務に就いている立場ではない。したがって，児童自立支援施設に関して十分に理解できていない部分もあることをお断りしておきたい。また，筆者のかかわりのある施設も数カ所に限られるため，本稿の記述が全国の児童自立支援施設に共通するものとはいえないことも記しておく。

I　児童自立支援施設とは

　近年，児童養護施設や児童自立支援施設をはじめとする児童福祉施設における社会的養護の子どもたちのなかに，発達障害（傾向）や被虐待経験のある子どもたちが増えていることが指摘されている（厚生労働省，2006）。児童自立支援施設においても，施設で生活する子どもたちの効果的な自立支援を実施するための適切なアセスメントや支援スキルの向上が求められている（厚生労働省，2006）。このような背景のもと，藤澤（2013）は，広汎性発達障害をもつ子どもへの支援が，関係性の構築や集団のもつ力を活用してきた児童自立支援施設にとって新たな課題となっていることを指摘し，専門的支援の必要性を示唆している。

　心理臨床の現場としては比較的新しく開拓された場所であることから，十分にその存在が周知されていないため，まず児童自立支援施設が

どのような施設であるかを概観していく。児童自立支援施設とは，児童福祉法第44条に「不良行為をなし，又はなすおそれのある児童及び家庭環境その他の環境上の理由により生活指導等を要する児童を入所させ，又は保護者の下から通わせて，個々の児童の状況に応じて必要な指導を行い，その自立を支援し，あわせて退所した者について相談その他の援助を行うことを目的とする施設」と定義されている。1998年に「教護院」から「児童自立支援施設」に名称が変更され，さらに2009年の児童福祉法改正により，通所児童も支援の対象とすることが加えられた。この児童福祉法の改正は，家庭環境の調整，地域支援，アフターケアなどの機能充実を図りつつ，非行ケースへの対応はもとより，他の施設では対応が難しくなったケースの受け皿としての役割を果たしていくことを目的とする（厚生労働省，2011）。つまり，非行行為をする子どもに加えて，被虐待児や他施設で問題行動の激しい子どもをも支援する，地域の担い手となることが求められている。

　非行行為をする子どもを対象としていることから，少年院（法務省管轄）に近い施設と思われるかもしれないが，児童自立支援施設は厚生労働省管轄で，矯正教育を行う施設ではなく，子どもの自立支援を行う児童福祉施設である。全国に58カ所あり，国立は武蔵野学院ときぬ川学院の2カ所，都道府県立・市立が54カ所，私立が2カ所となっている。原則18歳以下の児童・青年を対象としているが，中学生が児童自

立支援施設の中心世代である。近年は小学校中学年くらいの子どもが入所に至ることも増えているが、全施設での子どもの人数は1,500人ほど（2010年10月時点）であり、定員数を下回る施設が多い。星野（2013）は児童自立支援施設の特徴として、「施設の敷地内で子どもの一切の生活が完結する」「教育的支援の比重が（歴史的にも）高い」「24時間、職員が子どもから目を離すことはほとんどない」といった3つを挙げている。生活指導、作業指導、学習指導を基本とし、集団での生活支援が重視されている。小舎夫婦制や小舎交替制による寮職員の温かな眼差しのもと、子どもたちは安全な環境で集団生活を送る。学校、作業、日課などほとんど空き時間がないように、1日のスケジュールが組まれている。生活には一定の制約（外泊以外の無断外出禁止など）はあるものの、少年院に比べると自由度は高く、施設の立地や雰囲気も穏やかである。多くの児童自立支援施設では、施設内に小中学校の分校が配置され、義務教育が受けられる環境にある。ただし、現在でも全施設に小中学校が配置されているわけではなく、早急に義務教育が全施設で実施されることが望まれている。

II 児童自立支援施設における支援の基本方針——"withの精神"

児童自立支援施設は、1998年以前は教護院と呼ばれていたが、それ以前に遡ると明治時代の創設当初は感化法（1900年）のもと「感化院」という名称であった。当時から子どもへの支援には、処罰よりも家庭的雰囲気のある生活を提供する重要性が意識されていた（藤澤、2013）点は興味深い。第3代国立武蔵野学院の院長であった青木（1969）は、職員と子どもとの間で、精神分析理論の「感情転移と同一化」が生起するような信頼関係の構築を重視した。さらに、彼は人間関係の基本である"withの精神"を支援方針に定着させている。"withの精神"とは、自閉症研究で有名な児童精神科医のKannerが提唱したもので、「人間関係設定の基本として『子どもと共にある精神』が絶対不可欠」というものである。この2つの理念は、現在でも支援のあり方の基本となっているという（星野、2013）。児童自立支援施設は100年以上の歴史があるが、各施設長のさまざまな理念が現在においても各々受け継がれている。

III 生活する子どもたちの特徴
——アセスメント結果をもとに

筆者らは、支援困難な子どもへの対応方法を開発する試みの一環として、児童自立支援施設と協力した実践研究として、発達障害傾向や被虐待の有無などについて、入所する全ての子どもを対象にアセスメント調査を継続している（望月、2013）。まず認知機能についてウェクスラー式知能検査を実施し、ASD（自閉症スペクトラム障害）傾向とADHD（注意欠陥多動性障害）傾向については、職員や保護者への面接調査によるPARS（広汎性発達障害日本自閉症協会評定尺度）、職員による質問紙評定であるADHD-RSを実施した（N＝82）。被虐待経験については、個別フェイスシートや職員への聞き取りから確認し、子どもの解離傾向についてはA-DES（Adolescent Dissociative Experience Scale：児童期・青年期の解離症状を測定する本人評定尺度）、CDC（The Child Dissociative Checklist：子どもの解離症状を測定する他者評定尺度）から査定した。アセスメント調査における具体的な手続きや経緯などの詳細は望月（2013）に譲るが、本稿ではこれらの調査結果から、児童自立支援施設で生活する子どもの実態について検討していく。

認知検査の結果から、IQ（知能指数）が70未満の知的障害を有する子どもは1.2％（1名）であったのに対し、66％（54名）の子どもが正常

知能に位置していた。IQ 100を超える子どもは少なくIQ 90前後や境界知能の子どもたちが大半であった。この結果から，知能指数の低さが直接的に非行などの問題行動につながるとは言えず，環境などによる二次障害の影響をより重視する可能性が示唆された（ただし，動作性知能と言語性知能の差など，認知機能の偏りについては，非行との関連が先行研究で示されている）。

ASD，ADHDの診断を受けている子どもの割合は，それぞれ28％（23名），13％（11名），愛着障害については12％（10名）であった。全体の63％（52名）が何らかの精神疾患や身体疾患の診断を受けていた。PARS，ADHD-RSのそれぞれの結果から，ASD傾向，ADHD傾向が陽性となる子どもはそれぞれ71％（50名），49％（34名）であった。また，ASD傾向，ADHD傾向の両傾向を併せもつ子どもも43％（30名）であることが明らかとなった。子どもがASDやADHDの特徴を併せもつことは臨床的にはよく見受けられることであり，納得できるものである。

被虐待経験について，子どもたちの73％（60名）が，身体的，心理的，ネグレクト，性的いずれかの虐待を経験していた。A-DES，CDCの結果から，明確な解離が認められた子どもは18％（15名）であった。被虐待経験を有する子どもの多くが，2つ以上の虐待にチェックされており，繰り返される被害体験のなかを，乳幼児期より必死に生き延びてきたことが想像できるだろう。

児童自立支援施設における発達障害の子どもについて，厚生労働省（2009）の全国調査によると発達障害系の診断の割合は11％，疑いを含めると27％と算出されている。被虐待経験を有する子どもについては，厚生労働省（2009）では65％と報告されている。全国調査においてもASDやADHDの一般有病率に比して，一目瞭然の高率である。また，筆者らの調査からは，診断を受けている子どもの割合のみで，疑いを含めた全国平均を上回っている。そして，PARSやADHD-RSの結果（疑い）を含めると，それをさらに大きく上回る結果となる。これは全国調査の手続きの問題（標準化されたアセスメントツールを使用しているか不明であることなど）に加えて，調査協力施設が大学や医療との連携が進んでいる環境にあることが関係しているのかもしれない。今回の結果は調査協力施設が1カ所と限定されており，結果の妥当性という問題は除外することができないため，当然その解釈は慎重にすべきである。しかしながら，筆者らは5年間調査を継続しており，現在では160名を超える子どものデータを蓄積している。継続して同様の傾向が認められることを鑑みると，ある程度，他の児童自立支援施設でも似たような状況と想定できるのではないかと思われる。

全国調査の結果との比較だけでは，現場での子どもの対応への指針とはなりにくい。実際の支援では，例えば，生活場面で生起する発達障害傾向の強さや弱さといった一人一人のスペクトラムの特徴を，日々丁寧に捉えていくことが重要となるからである。筆者らは診断の有無や被虐待経験といった情報だけでなく，その周辺の子どもたちの支援ニーズや行動傾向を検討できる手続きを取っており，より現場の支援に生かせる工夫を行っている。具体的には，アセスメント結果のフィードバックを，児童自立支援施設の職員や教員，児童相談所などの関係者らと事例検討会方式で実施していることが挙げられる。子どもの日常生活のエピソードを加えて，検査結果の見立てを修正することもある。特に，ASD傾向，性的虐待の経験や解離の有無については，アセスメント結果では陰性であっても，具体的状況から陽性と考えざるを得ない子どもが数多く見られている。実践研究というものは，実際の支援に生かしてこそ意味があると考えている。

IV 発達障害と被虐待を併せもつ子どもたち

　発達障害傾向や被虐待経験が単独で個別に存在するのではなく，当然，両者が子どもに併存することとなる。これは，発達障害×虐待という最も治療困難な状態像を示すこともある。最新の脳機能の研究成果からは，共感性の欠如やポジティブなかかわりへの反応が弱いことも想定される。田中（2010）は，定型の発達障害枠さえも逸脱し，診断が困難な子どもであると述べている。状態像から，発達障害と虐待がどのようなバランスで子どもに影響を与えているのかを正確に把握することは至難であり，トラウマ治療を本格的に導入するかどうかの見極めも重要となるだろう。

　当然，生活面においても難しさが現れる。学習場面や作業場面でも指示の入りにくさによる定着支援の難しさ，自分にとって都合の悪いことは何度指導しても行動の修正につながりにくいなど，解離症状に起因する問題が表出する。特に，発達障害がベースにある子どもは，被害体験が記憶に残りやすくフラッシュバックが頻回に起こりやすいなど，子どもの行動上の問題にもつながることが容易に考えられる。

　子どもたちは自ら望んで児童自立支援施設に入所してくるわけではない。非行や問題行動による罰としての意味合いを強く感じるだけである。虐待環境であっても，親を求めている子どもがそれ以外の生活をイメージすることは難しい。入所して間もない時期には，どんな子どもたちでも，大なり小なり混乱や抵抗が表出されるのは，そういった影響もあるのだろう。

　発達障害のある子どもは，より生活変化への戸惑いや混乱が強くなるのではないか，と思われるかもしれない。ところが実際には，予想とは異なる姿を見せていくことが多い。入所期の混乱はあるとしても，生活リズムが一定しており，自分のやるべきことがわかりやすい環境は過ごしやすい場所となる。さらに，職員が常に傍で見守っている環境というのは，愛着障害を併せもつ子どもにとっても，原家庭より安全で安心して生活していけるはずである。

　児童自立支援施設への入所理由は，非行など加害性に起因することが多い。しかしながら，彼らのほとんどがそれまでの人生において被害体験をしている事実がある。つまり，行動上の問題のほとんどが，二次障害によってもたらされているということである。反抗挑戦性障害や素行障害とも診断される可能性がある彼らの多くは中学生という思春期にある。この段階で，心理職として，予後の適応を確信して，本人や家族を支援していくことは，非常に難しいと言わざるを得ない。そのような子どもたちに日々向き合い，彼らが少しでも自分らしい生き方を見つけ，自立していくことを支援する役割が，児童自立支援施設には求められているのである。職員の方には，心から頭が下がる思いである。

V 子どもの支援を充実させるために

　厚生労働省の調査に加え，筆者らのアセスメント調査からは，発達障害傾向がある子どもが児童自立支援施設の多数を占める可能性があることが示された。したがって，子どもへの対応については，今後は特別支援教育的かかわりを基本とすることが求められていくであろう。口頭指示はシンプルかつ具体的に伝えたり，視覚支援を導入した環境を寮や学校に取り入れたりするなど，状況に応じて工夫することも可能である。ただ支援の根本には，子どもと職員の関係において，"withの精神"の基盤が必要となるであろう。

　職員が子どもの実りある未来を願い，人間として真摯に向き合っていることは，まさに"withの精神"を体現していると言えよう。しかしながら，実際にお会いする職員が疲弊されていることも多い。複雑な困難さを抱える子どもたちが増えるなかで，密度の濃い支援を維持するに

は相当なエネルギーを要する。一方で，職員の増員や建物の改築などのハード面は，十分にフォローできている体制になっているだろうか。支援体制の不足部分を"withの精神"という職員側の"気持ち"でのカバーに期待していくだけでは，負担が増大するだけである。その結果として，子どもへの支援が不十分になっていく可能性が危惧される。職員への支援は，子どもの支援と同様に，より重視され拡充されていくべきである。

職員の拡充は，アフターケアに対応するためでもある。支援方針では，施設退所後（施設外）のフォローも支援の一環として示されているものの，施設内に比して支援は十分に進んではいない。子どもが家庭に戻る場合，自立支援を確実なものにするためには，地域生活をどのように組み立てるかが鍵となる。具体的には，定期的な生活状況の確認や，中学・高校卒業後のキャリア支援，福祉制度や相談機関との連携や利用方法が，本人に必要な支援として挙げられる。また，家族に対しても，継続したかかわりを維持することが重要となるだろう。アフターケアで重要なことは，子どもや家族に直接顔を合わせたうえで支援を行うことである。言い換えれば，"withの精神"の理念を地域でも実践していくことと言えるかもしれない。そのためには，アウトリーチで援助していくシステムが不可欠である。一方で，戻る家庭がない場合，家庭からの搾取から守らなくてはいけない場合は，さらに支援が難しくなることが予想される。

施設内においても，リービングケアとして支援できることはある。退所前の一定期間，地域生活を想定した生活経験の練習を導入することである。まず，通常時より生活のルールやスケジュールを緩め，地域生活に近づけた状況を提供する。そして施設外で，児童相談所や福祉施設などと連携して生活体験などができるようにする。子どもへの説明や地域との連携など，実現には難しいハードルがあるが，施設での安全な環境と家庭での生活に格差がある分，その中間的な環境での"慣れ"は退所前には必要であると思われる。

これらのアフターケア，リービングケアの支援には，専門の職員が配置されるべきであるが，現状は兼任で行われていることが多い。不十分な支援に留まっているのは当然である。予算や人員の不足が主な原因と思われるが，わが国に対しては，本気で子どもの未来を考えていただきたいと強く願っている。

児童自立支援施設は長い歴史を有しており，現在でも職員の考え方や支援方針などには，伝統的精神が反映されている。当然ながら，その外部にある筆者が，その文化や歴史を共有しているわけでないので，本来は何も言える立場ではない。しかしながら，現在，藤澤（2013）や厚生労働省（2006）が，児童自立支援施設は変革期であると指摘するように，外側からの視点を取り入れて，新たな発展が求められている時期でもあるのではないだろうか。伝統的な支援をベースにしながら，筆者のような外部の視点が加わることで，異なる理解の仕方が施設内だけでなく各自治体や国家に生まれることを期待している。筆者はその役割を担うのが研究者の責務と感じている。本稿では，この点も意識しながら記述したことを付記しておきたい。

◆ 文献
青木延春（1969）少年非行の治療教育．国土社．
藤澤陽子（2013）児童自立支援施設における生活臨床と心理職の役割．In：増沢 高，青木紀久代 編著：社会的養護における生活臨床と心理臨床．福村出版，pp.131-142．
星野崇啓（2013）児童自立支援施設における子ども虐待へのケア．In：杉山登志郎 編著：講座 子ども虐待への新たなケア．学研教育出版，pp.151-169．
厚生労働省（2006）児童自立支援施設のあり方に関する研究会報告書．厚生労働省雇用均等・児童家庭局家庭福祉課．
厚生労働省（2009）児童養護施設入所児童等調査結果の概要報告書．厚生労働省雇用均等・児童家庭局家庭福祉課．
厚生労働省（2011）社会的養護の課題と将来像．児童養護施設等の社会的養護の課題に関する検討委員会・社会保

障審議会児童部社会的養護専門委員会とりまとめ. http://www.mhlw.go.jp/bunya/kodomo/syakaiteki_yougo/dl/08.pdf［2014年1月20日取得］.

望月直人（2013）発達障害×虐待の非行——児童自立支援施設における全児童調査から. そだちの科学 20 ; 83-87.

田中康雄（2010）発達障害が示す特性を日常生活で活用すること——目の前にいる人に合わせた支援の創造を. 子どもと福祉 3 ; 92-101.

全国児童自立支援施設協議会（1999）児童自立支援施設（旧教護院）運営ハンドブック. 三岳出版.

◉施設・地域における支援

触法障害者が地域で生活できるための取り組み

岡本英生

I はじめに

　非行少年・犯罪者は，社会への適応がうまくいっていないことが背景としてある場合が多い。そのような者たちに非行・犯罪をやめさせ，社会にうまく適応できるようにするためには，大きく分けて2つの方法がある。1つは，当の非行少年・犯罪者にさまざまな知識やスキルを身につけさせ，適応力を高めさせるための教育や訓練である。2つめは，非行少年・犯罪者をとりまく状況を改善するために，住むところや働ける場所を紹介できるようにする，あるいは必要なケアを提供するといった社会的な環境整備である。

　この2つは，非行少年・犯罪者を社会に適応させるために必要な両輪である。ところが，従来の非行少年・犯罪者処遇では，1つめの方法に重点が置かれすぎていた。もちろん，教育や訓練は重要であるが，それだけでは限界がある。特に，発達障害をはじめとした精神障害を有する非行少年・犯罪者には，むしろ福祉につなげるといった社会環境整備のほうが重要になる。

　矯正施設（少年院や刑務所など）に入所している障害者や高齢者のうち，退所後に自立した生活を営むことが困難な者に対して，退所後ただちに福祉サービスが利用できるよう必要な調整などを行う地域生活定着支援センターが設置されたのは，2009年になってからである。これは，障害等を有する非行少年・犯罪者を社会のなかにソフトランディングさせ，再犯を防止するための1つの試みである。本稿では，この地域生活定着支援センター設置の背景要因，同センターの業務内容，今後の課題について説明する。

II 地域生活定着支援センター設置の背景要因

　矯正施設には多くの精神障害者等が入所しているが，彼らは入所前も出所後も福祉サービスを受けておらず，それが非行・犯罪を繰り返す背景となっているのではないか，という問題提起となったのは，2003年に出版された『獄窓記』であった（山本，2003）。この本の著者は，自身の受刑体験をもとに，刑務所に重い障害を持った者や認知症の高齢者がいることを明らかにした。さらに，障害等を有する非行少年・犯罪者の多くが，福祉のネットから漏れており，必要な援助を受けていないために，非行・犯罪を行い，矯正施設への入退所を繰り返しているのではないかといった指摘も行った（山本，2006，2008）。

　2007年に法務省が公表した調査によると，知的障害または知的障害が疑われた者は，刑事施設（刑務所など）入所者27,024人（全国の刑事施設からのサンプリング調査であり，なおかつ男子のみである）のうち1.5%にあたる410人，少年院入院者4,060人（全数調査で，男女を含んでいる）のうち3.2%にあたる130人であった（椿，2008）。厚生労働省の調査では，日本における知的障害者の割合は1,000人中4人（0.4%）

となっていることから，それと比べれば刑事施設や少年院に入っている者の知的障害者の割合は多いことになる（内閣府，2013）。

これだけでは，知的障害が非行・犯罪の原因となっているように思えてしまうが，答えはそう単純なものではなかった。上記の知的障害または知的障害が疑われた者のうち，療育手帳を所持していたのは，刑事施設入所者で6.3%の26人，少年院入院者で22.3%の29人しかいなかった（椿，2008）。通常，知的障害での療育手帳取得の手続きは，本人ではなく家族に行ってもらうものであろうから，彼らがいかに家族から適切に対応されていなかったかがわかる。そして，療育手帳を取得していないことで，福祉のネットにもかからず，社会からの援助も受けてこなかった。つまり，障害よりも，その障害に対する家族や社会からの適切なケアがないことのほうがより問題であったと言えるだろう。

非行少年のなかに注意欠陥多動性障害（ADHD）をはじめとした発達障害者が高い率で存在するという調査は我が国でもいくつかある（犬塚，2006；松浦，2008など）。しかし，むしろそのような資質的な問題が非行と結びつくとするよりも，そのような問題があるにもかかわらず，虐待などの不適切な養育を受けることが非行リスクを高めると考えたほうがよさそうである（Moffitt, 1993；杉山，2006）。つまり，障害があるから非行・犯罪をするというよりも，その障害に対して適切に対応しないことで非行・犯罪が起こりやすくなるということである。

このような障害を持つ非行少年・犯罪者の再犯を防止するためには，本人に働きかける教育・訓練だけでは有効な策とはならない。やはり，福祉につなげるといった社会環境整備が重要となる。このような観点から，2006年度から3カ年にわたって，厚生労働科学研究「虞犯・触法等の障害者の地域生活支援に関する研究」（主任研究者：田島良昭）が行われ，障害を持つ矯正施設収容者の退所後の福祉施設あっせん等の実践研究などを経て，矯正施設と福祉を円滑につなぐための機関の必要性が提言された（田島，2007）。

これにより，2009年度から各都道府県に，地域生活定着支援センターが設置されることになった。ただし，都道府県によっては設置が遅れ，すべての都道府県の設置が完了したのは2011年度の末である（厚生労働省，n.d.a）。

III 地域生活定着支援センターの業務内容

地域生活定着支援センターは，高齢あるいは障害を有することで，矯正施設を退所したあとに自立した生活を営むことが困難と認められる者を対象とし，主に，コーディネート業務（矯正施設退所前に，対象者の福祉サービス等に係るニーズの内容の確認等を行い，受入れ先施設等のあっせんまたは福祉サービス等に係る申請支援等を行うこと），フォローアップ業務（矯正施設を退所後に，対象者が利用している社会福祉施設等に対して必要な助言を行うこと），相談支援業務（矯正施設を退所後に，福祉サービス等の利用に関して，相談その他必要な助言を行うこと）を実施することとなっている（厚生労働省，2009）。

当初は，上記の業務のうち，コーディネート業務が主要な業務とされていたが，2012年度からフォローアップ業務と相談支援業務も拡充し，矯正施設入所中から退所後まで一貫した相談支援を行うようになっている（厚生労働省，n.d.a）。

全国の地域生活定着支援センターの2012年度の業務実績は，コーディネート業務1,240件，フォローアップ業務1,081件，相談支援業務926件となっている（厚生労働省，n.d.b）。これらは重複して計上されている場合もあるため，単純に合算して支援業務の対象者総数とするわけにはいかないが，初期の段階の実績としてはかなりの数であると言えるだろう。

地域生活定着支援センターの実際の取り組み

については，副山（2011）に紹介されている。そのなかの知的障害であるにもかかわらず58歳になるまで福祉のネットにまったくかかっていなかった者の事例では，刑務所出所後に住むことができる場所を確保し，療育手帳も取得させたうえ，就労できるようになるまでフォローアップを続けた。このケースからは，障害を持った犯罪者が社会にソフトランディングできている様子がうかがえる。地域生活定着支援センターがなければ，出所後ただちに再犯となっていてもおかしくない。地域生活定着支援センターの活動は効果を上げていると考えられる。

IV　今後の課題

地域生活定着支援センターの現在の主要な対象者は，障害等を持つ非行少年・犯罪者のうち，矯正施設に入所している者，あるいは退所した者である。このような矯正施設入所者・退所者だけではなく，矯正施設に入る前の段階の者，つまり被疑者や被告人にも必要な援助を行うべきであろう。この試みは，これまで一部の地域で，試験的に行われている（南高愛隣会，n.d.）。将来的には，全国的に実施されるよう制度化されるものと思われる。しかし，障害等を持つ非行少年・犯罪者の再犯を防止するためには，いくら制度が充実しても，それだけでは不十分であろう。

2012年，発達障害を持つ殺人犯に，検察側の求刑（懲役16年）を超える懲役20年という厳しい判決が裁判員裁判で出された。再犯可能性が高いが，発達障害者の社会的受け皿がないため，犯罪者を可能な限り社会から隔離したほうが良いという判断であった（朝日新聞2012年7月31日付夕刊）[1]。地域生活定着支援センターが2009年から活動を開始しているにもかかわらずこのような判決が出たということは，社会における認知度がそれだけ低かったか，あるいはそれほど効果を上げていないと捉えられていたか，いずれにせよこれが一般の人の認識であったとして，謙虚に受け止める必要があるだろう。

犯罪対策閣僚会議が2012年に出した「再犯防止に向けた総合対策」でも指摘されているように（法務省，2012），地域生活定着支援センターでは，支援を必要とする全ての精神障害者等の受入れ先を確保できているわけではない。さらに実績を上げるためには，今後はスタッフのさらなる拡充などが必要になる。しかし，それ以上に重要なことは，社会全体の協力体制であろう。福祉施設であっても，矯正施設出所者の受入れに二の足を踏む，あるいは拒むところが多くあることから（神戸新聞2011年12月6日付「居場所はどこに――『累犯』高齢，障害者／③福祉施設で」），地域生活定着支援センターが調整に苦慮していることは間違いない。

何も障害等を持つ矯正施設出所者だけが社会から疎外されているのではない。障害等を持たない矯正施設出所者であっても，排除しようとする人々は多い。刑務所から仮出所する者を一時的に宿泊させ，社会復帰のための援助・指導を行う施設として，国は自立更生促進センターを建設しようとしたが，各地で住民の猛烈な反対にあい，建設を断念した地域もあった（斎藤，2010；読売新聞社会部，2011）。ここから垣間見えるのは，犯罪をするような危険な者は社会から徹底的に排除しようとする態度である。犯罪者の多くは罰を受けたあとで，いずれは社会に戻ってくる。そして，彼らに再犯をさせないためには，何とかして社会のなかに組み入れていくしかない。いつまでも排除していては，結局のところ安全な社会をつくることができない。障害等を持つ非行少年・犯罪者の再犯を防止するためには，さまざまな機関・制度も必要だが，人々の意識の変革も必要であろう。

---

[1] なお，控訴審では，地域生活定着支援センターがあり社会に受け皿がないとは言えないとして，この判決は破棄され，懲役14年となった（朝日新聞2013年2月27日付）。

◆文献

法務省（2012）再犯防止に向けた総合対策．(http://www.moj.go.jp/content/000100471.pdf［2014年1月16日取得］)．

犬塚峰子（2006）児童相談所における非行相談――非行相談に関する全国調査から．現代のエスプリ 462 ; 117-129．

厚生労働省（2009）地域生活定着支援センターの事業及び運営に関する指針．(http://www.mhlw.go.jp/bunya/seikatsuhogo/dl/kyouseishisetsu04.pdf［2014年1月16日取得］)．

厚生労働省（n.d.a）矯正施設退所者の地域生活定着支援．(http://www.mhlw.go.jp/stf/seisakunitsuite/bunya/hukushi_kaigo/seikatsuhogo/kyouseishisetsu/index.html［2014年1月16日取得］)．

厚生労働省（n.d.b）地域生活定着支援センターの支援状況．(http://www.mhlw.go.jp/seisakunitsuite/bunya/hukushi_kaigo/seikatsuhogo/kyouseishisetsu/dl/sankou01.pdf［2014年1月16日取得］)．

松浦直己（2008）少年院在院者の発達的問題性と自尊心との関連．教育実践総合センター研究紀要 17 ; 35-40．

Moffitt TE（1993）Adolescence-limited and life-course-persistent antisocial behavior: A developmental taxonomy. Psychological Review 100 ; 674-701.

内閣府（2013）平成25年版障害者白書．

南高愛隣会（n.d.）社会福祉推進事業 罪に問われた高齢・障害者等の社会内処遇を支える支援体制の構築について．(http://www.airinkai.or.jp/hasshin/kenkyu/shakaifukushi/index_h24.html［2014年1月16日取得］)．

斎藤充功（2010）ルポ 出所者の現実．平凡社新書．

副山明則（2011）長崎県地域生活定着支援センターの取組事例について．更生保護 62-2 ; 36-39．

杉山登志郎（2006）ADHDと行為障害（非行）．そだちの科学 6 ; 72-79．

田島良昭（2007）罪を犯した障がい者の地域生活支援に向けての提言．南高愛隣会．(http://www.airinkai.or.jp/hasshin/teigen001.html［2014年1月16日取得］)．

椿百合子（2008）知的障害のある受刑者等の社会復帰支援について．刑政 119-8 ; 28-36．

山本譲司（2003）獄窓記．ポプラ社．

山本譲司（2006）累犯障害者――獄の中の不条理．新潮社．

山本譲司（2008）続獄窓記．ポプラ社．

読売新聞社会部（2011）贖罪．中央公論新社．

第Ⅲ部
当事者・家族の視点

◉人として生きる道を求めて

これまでの道・これからの道

浅利俊輔 | 浅利吉子 | 村瀬嘉代子

I　ぼくの生きる道

1　学校時代

　ぼくが幼稚園のときはひらがなの「あ」がむずかしくて書けなかった。漢字のほうが直線で書きやすいが，ひらがなは曲線で苦手だった。小学校に入ってから書けるようになってよかった。辞書で漢字を見るのが面白くて次々覚えていった。とうとう辞書を取り上げられてしまった。

　小学校に入ると，初め先生が厳しくて永平寺の修行のようだなと思った。でも先生は，学校の帰りによく家に来てくれた。

　中学校ではよくいじめられた。こわくてやめたくなったけど，頑張った。毎日あわただしかった。今なら地下鉄で楽に行かれるけど，高校へ行くのはバスの乗り換えに時間がかかり，イライラしていた。技術専門校の測量科に入り，実習になると川原に出たけど，暑さに負けて落伍してやめさせられた。

　最後に福祉作業所に入った。それ以来休まずに通っているということはぼくに合っているのかもしれない。就職はしたかったけど，残念ながらぼくには無理かもしれない。家の人は会社の人とトラブルになるから反対する。どうしても電車とかカードとか，仕事以外のことで頭が一杯になる。

2　趣味のこと

　小学校のときはキーホルダーや切手を集めていた。あるときキーホルダーは要らなくなり全部捨てた。さんざん夢中になったのに，一気に処分したくなるのは悪いくせだと言われている。スタンプや朱印帖ももう集めなくてもいいと思ったが，長いことかけて集めたので「捨ててはだめだ。捨てるんならこっちへ預けなさい」と母が言う。そんなわけで今大切にしているのは記念のメトロカードやオレンジカード類である。

　休みの日はCDやカードの店に行く。CDは何回も繰り返し聞くのですぐ駄目になる。「きっぷまつり」があれば朝早くから行く。休みの日の外食は必ずそばである。

　以前休みは1泊か2泊の旅行に行った。小さい頃は家族旅行だったが，みんなで行くのは無理になり，二人が三人で行くことになった。ご朱印もかなりもらった。

　3年前に父が亡くなり，旅行は全て無理になった。この先どこも行かないわけにはいかないので，昨年，初めて一人で大阪へ行き1泊して来た。地下鉄全線や大阪環状線の半分に乗り，道頓堀で食事をするので，これは一人でないと出来ない。1泊したのに午前中に帰ってしまったので，今年は5月に同じ大阪へ行ったが夕方までいた。来年もやはり大阪にしようと思う。1回ごとに泊まり方がうまくなっているような気がする。

3　これからのこと

　自分の短所は一日乗車券やフリーきっぷを見ると興奮してしまうことだ。安定剤をきちんと飲んで家族とも仲よくやりたい。

万一，母が亡くなった場合でも困らないようにするには，大塚福祉作業所の仕事をきちんとし，趣味のことでうかれないようにする。

一人になったら施設に入って仕事をしたい。今までどこの施設も見たことはないが，自分に合う所を見つけたいと思っている。

［浅利俊輔］

II　私たちの生きる道

1　小学校まで

息子は現在46歳，福祉作業所に通所している。仕事は書籍の梱包，検品などの軽作業，欠勤はほとんどない。「就職をする気があるか」と聞けば，立ちどころに「就職したい」と答える。理由はお金が欲しいからだという。しかし，新しい職場への適応性，人間関係については未だ問題があり，それを軽視して就職すれば，過去に味わった経験を再び繰り返すことを考えると，就職活動をする気にはなれないでいる。今は，かつて最も問題だった暴言を吐くこともないし，知性に劣るところがあっても性格は善良で優しいので，親としては心の安らぐ時間が多くなっている。

極めて健康に生まれたけれど，歩くのも言葉も遅く，あまり笑わずキョトンとしていて，時々天井の片隅をじっと見つめていたりした。2歳前には漢字に興味を持ち，散歩のときには表札の字を指して「昭和」とか「高木」とか読み始めた。3歳のとき，国立小児病院で「1年ちょっとの精神発達遅滞」と診断された。月1回通院するが，電車のなかで泣きわめくので駅ごとに降りてはまた乗った。薬を服用しても変化がないので，医師からは保育園など集団のなかに入れるようにいわれる。しかし，面接のとき，話しかけても答えず，自分の名前を書いて鉛筆を放り出したりするのでどこからも断られた。教育センターへ週1回，のちには週2回通い，相談，指導を受ける。4歳半，医師は自閉的なところがあるから遊戯治療が効果があるという。福祉センターに入所，2年通う。小学校入学前の11カ月だけ，ようやく幼稚園に入れてもらえた。

小学校に入ると，1，2年は友人に言動に過敏に反応し，意に沿わないと興奮して奇声を発した。漢字や計算は得意で，寝床のなかに辞書を持ち込み懐中電灯で照らして見ていた。漢字博士などと呼ばれたが，情緒不安定で歌う，大声を出す，泣き騒ぐ，特に頭や肩に触れられるのは禁物で，暴言を吐いて抵抗した。担任は2年から6年まで受け持っていただいたので，3年生頃には「この子には強制は通じず」と理解された。それ以来，集団生活について行く心のゆとりが生まれ，当番もこなすようになった。卒業前には「幅広く対応できる。不安定さはあるがよく成長した」と評された。しかし実際には，頭ごなしに叱言をいわれたり，大声を出されたり，しつこくいわれたりすると興奮し，自身も大声で暴言を吐いたりした。当人からすると対抗上やむを得ず発する言葉であろうが，周囲を大いに驚かせた。

2　中学校へ

小学校卒業後は，引き続き地元の中学へ進む子がほとんどだったので，このまま何とか続けて行けるのではないかと思っていた。しかし，中学はあらゆる芽が出て来る時期でもあり，受験も控えていて，そのうえ越境入学も多かったから，3年間で馴れるのは難しかった。休み時間となると一部の生徒に口をおさえられて撲られ蹴られ，「保健室へ行くなよ」といいながらカッターで突かれたりした。本人に「いじめられたのか」と聞くと，いじめるほうが「お相撲だ，お相撲だ」といいながらやっているので「お相撲をとってくれた」という。双方がそういうので先生もそれ以上はいえない。恰好のおもちゃ代わりになっていた。本人は「○○がやった。○○は△△のせいにするなんて悪い」などと訴えるが，相手方は弁が立つので話にならな

い。やがて工作室で熱したハンダゴテを押しつけられ，病院通いをする事態になった。翌日から大人の声，こどもの声でいたずら電話が日に40回「心障学級へ行け」「皆迷惑している」など。翌日は無言電話。欠席していると「なんで来ないんだよ」「もう来るなよ」と電話してくる。そのうち学校側の聞き取りも進んで，電話も大きな騒ぎも起きなくなった。例の子がそばへ来て，にらみつけたり何かをチラつかせておどすことはあったが，「いじめるな」と防いでくれる子もいた。担任や教務主任には随分心配をかけたが，「頑張って都立を受けろよ」と励まされた。

3 高校へ

高校生活は格別のことはなく，仲間の関心も呼ばないようで，本人にとってかえって気楽な生活を送った。それは教室にいるのがこわくて，職員室に入り浸っていたせいもある。授業中ノートを取らず，予習も復習もしない。電車の話ばかりする。週に1回，大正大学でカウンセリングを受け，大学生に勉強を見ていただいて辛うじてついていった。厳しく叱られたりすると，大声を上げたり「刑務所へ行け」「自殺してやる」などとわめいた。

郵政外務員の試験不合格。専門学校の選考を受けることになったが，なかなか本人に合う科目がない。元来手仕事は不得手。難しいとは知りながら測量科に入った。実習に出て川原などで測量すると，能力的に無理なので日光浴になってしまう。結局職業に結びつくことはなく退学してしまった。

4 さて仕事

翌年，働く機会を見つけたいと，アルバイトをさがしては応募してみる。1日だけの本の整理など。製本は2週間の予定だったがくたびれて続かず1週間でクビになった。チラシ配りもしたが，先方に見つかると「入れるな」と怒られておしまい。

職業能力センターへ入所したが，他の人と一緒に更衣室に入れず，皆が済んで出て行くまで待っていたり，職業を身につける以前の問題があって退所した。結局職業の紹介はムリ，家で手伝えることはないか，といわれる。家事や町会の手伝いはこころよくしてくれるが，日々それだけで暮らすわけにもいかず，福祉事務所で実習のうえ入所した。相変わらず一人で行動することが多いのだが，年上の人と休み時間に将棋をさしたりする。それ以上に発展して一緒に出掛ける関係とはならないが，摩擦もない。集団のなかでは，うまく過ごしているといえる。コンサートや美術展，演劇に招待されると，理解度は今ひとつだろうが眠くもならず鑑賞してくる。

いじめのあった中学時代に登校拒否もせず「休まないだけ始末が悪い」といわれただけに，とにかく休みたくない人である。これ以上の仕事を望まないほうが，本人も心の平安を得られていいのではないかと思う一方，もう少し教えてやれるはず，と親は思ってしまう。

5 家庭の事情

我が家には姉と妹がいるが，2歳下の妹が自閉症で福祉センターへ通所している。当初，妹までがそう診断されるとは思わなかった。本人が病院通いを始めたころは妹が1歳未満で，家でおとなしく留守番していてくれることは大いに助かった。妹も同じ病気になるのではと予測していたら救えただろうか。当時は二人を保育園へ，幼稚園へ，センターへ，病院へと駆けまわっていたので，深く考える余裕もなかった。

しかし，年を経て，今ではこの二人が面白い関係になっている。純粋な兄に向かって，したたかな妹が，意地を焼かせるような行為を仕掛けると，初めは随分腹を立てていたのだが，怒られた妹は物ともしないので，次第に兄は仕切られる立場になった。兄が食事に来る。妹はそ

れっとばかりにお茶を注ぎ，これをどうぞとばかりに皿を並べて世話を焼く。妹は自分のいらない物を出しているのだが，兄は礼をいっている。私が説明すると，兄は「いいんです，食べるから」と呑気なことをいい，せいぜい「○○ちゃん，いけないねえ」とこぼすくらいのものだ。妹が兄の分まで食べてしまうと，早々に食器を洗って片づけてしまうので一切わからなくなる。1人1個という物を余計食べたときなど，空袋は兄の部屋へ捨てに行く。兄は常に被害者になり，損得勘定にも弱い。人のいいなりになってしまう危うさがある。この小悪人の妹を媒介にして，少しでも世間の渡り方を教えたいと思っている。

6 終わりに

特技ともいえないが，日付の記憶が正確で，過去の出来事など尋ねるとすぐに〇年〇月〇日と答えてくれる。年号と西暦，漢字についても自分で調べるより便利である。

暴言を抑えられるようになったのは「ちょっと聞きたいことがあるんだけどいいかな」とか「話が長くなるけど大丈夫？　あとにする？」などと予告をしてから話すようにしたせいもあるが，何より環境がよく，刺激を与える人がいないことだと思う。

大学では教授の指導で，学生がアンケートを取りに来ることがある。かつて訪問されてあれこれ答えていたとき，最後に「こういう子がいて，他の姉妹に対して申し訳ないと思わなかったか」といわれた。何だかんだと謝ってばかりの時期でもあり，優しそうな学生さんだったというのに答えようがなく，胸が詰まってしまった。でも，こうした積み重ねで学生さんも優秀な指導者になっていくのだと思い，道を究めて欲しいと願った。

現在に至るまで，どんなに多くの人に支えられて来たことだろう。この先，親としてどれほどのことができるのかわからないが，夫亡き今，大切に思っている息子たちを少しでも伸ばしてやりながら，楽しくつき合っていきたいと思う。

　　　　　　　　　　　　　　　　［浅利吉子］

Ⅲ　浅利俊輔さんとそのご家族に出会って

当事者の立場から執筆していただける方，しばし考え込んだ。当事者でも生きづらさが大きい方ほど，微妙な思いや気持ちを他者にわかりやすく表現することは容易ではないであろう。出会ってきた重篤で日々多く難渋されて成人した方々の来し方や現在のあれこれを思い巡らし逡巡したが，苛めやその他苦難に出会いながらも一貫して誠実な生き方をしておられる浅利さんに，今の想いを記していただくことができた。

浅利俊輔さんは小学1年生時に集団生活のなかに居場所が見いだせず，ほとんど限界という学校からの紹介で出会った。虚ろに視線を彷徨わせている俊輔さんに向かって挨拶した後，「毎日がつらいのね，大変ね，小さなことでも楽しいことを一緒に探していきましょう」と話しかけると，突然身を持たれかけさせてこられた。咄嗟にそっと支えるようにさしのべた私の手は浅利さんの頭に触れて，そのまましばらく時が過ぎた（後でお母様から，頭に触れられるとパニックが起き，洗髪や散髪は大変な難事なのに驚いた，と伺った。毎日の養育にご苦労されているお母様，身近な家族の方のお気持ちにそのとき思い及ばなかったあの瞬間を反省したことであった）。制止や教え込む雰囲気にならぬよう，自然に関心の幅と生活のスキルが増すような工夫をした。過食気味なのを自宅の工作で，段ボールの空き箱利用で船を作り，マストに食べたいお菓子の名をつけた旗を次々つけることで「食べ物船」と名付け，お菓子の食べ過ぎをその制作活動で置き換えたりした。楽しさが実感できるように，そしてスキルの会得もでき，日常生活の質が少しでも良くなることにつながるように意図したセラピーを心懸けた。この間，

ご両親は細やかに粘り強く，いわゆる教え込むのではなく楽しみを共有しようと意図されながら，関わられた。テレビの前に座り込み，運動不足の俊輔さんと毎タ30分お母様は軽いマラソンをされ，道筋で季節の変化を見せる木々の美しさや街の表情を話題にされ，我が子の関心の幅を自然に広げようとされた。ご両親はゆっくりと俊輔さんの言葉に耳を傾け，そのときの状態に応じて言葉を添え，コミュニケーション力を俊輔さんのペースで増すように意図された。こういうご両親の努力に担任の先生も感服され，俊輔さんのこだわりを「漢字博士」と名付けて，国語の答え合わせの助手などを務めさせるなど，出番を用意して自信を持てるように，ひいては過敏さや新しいことへの怖れが減るようにと心懸けられた。小学校卒業時にはクラスの中くらいまでの成績となり，「正義感があり，努力する生徒」と評された。先生は級友たちに，人には個性がある，上手に仲良く交わるということを考えるようにと指導されていた。

容易ならざる日々にあって，お姉さんの言動も俊輔さん，いやこのご一家にとって貴重であった。弟妹のことで学校で揶揄されても「私のすることをちゃんとしていればいいのだから」と。また，小学6年のとき，ヘレン・ケラーの伝記映画を真夜，視聴した後，「がんばろうね」と燈火を暗くしたなかでご両親の手を握って語りかけられたなど……。お母様も弟妹の療育で親は一杯ということになってはと，お姉さんを宝塚歌劇へ伴われたり心配りをされていた。

中学時代は受験過熱，おりしも学校内の荒れが盛んな時代で，お母様の記述の通りであった。治療者的家庭教師やそのガールフレンドが大学へ新しい体験ができるように伴ってくれたり，校内の苛めについてもさまざまな対応が試みられたりはしたが，「人と分かち合って生きる」という精神文化の乏しさに対しては対症療法であった。

何と「自宅学習」を学校側は提案されたが，俊輔さんは屈せず登校された。悔しさ，つらさを耐え，小学校のころのような興奮はめったになかった。屋上から暮れなずむ街を見ながら，教科書の太宰治を引き「ボクは人間失格です！」と叫ばれるのに「絶対違う，努力家で正直な浅利君」と応えたときの筆者の複雑な苦しさ……。

高校はそれぞれ生徒がマイペースという校風もあって，中国語などを選択され，いわゆる学園生活を少しは享受できたようであった。

何も悪意はない，ただ事実に忠実である発言は，その後の就職の支障となった。いくつかの就職の試行錯誤の後，お父様は「悪意はなくても，周囲の人に違和感を与え，俊輔も傷つくのですから」とご本人と話し合って現在の就労先へ落ち着かれた。

「まあ，給料がもらえて（作業所の基準である），趣味を休日に楽しめる（地下鉄敷設が期待される土地へ行き，立地条件など観察する）生活です，結構です」といわれ，「村瀬先生とかけて何と解く？ 良薬は口に苦し」などのジョークには脱帽してしまう。

「自分は教師として俊輔から本当に多くを教えられた，ご両親を尊敬する」と語られ，後には全国小学校校長会の役員も務められ，特別支援教育の質的向上に尽力された元担任K先生も亡くなられた。

今も，お母様は一人旅の仕方が少しずつ世慣れたものになるように，人の言葉のニュアンスを感じ取れるようになど，無理のないペースで俊輔さんの学びを進めていらっしゃる。お父様は数年前亡くなられた。お写真のなかのお父様は微笑みをうかべていらっしゃる。俊輔さんは自分の人生を受け止め，お母様亡き後のことも考えておられる。不便を抱えつつも穏やかにその生を享受されているかのようである。ただ，指導教授の指導の下に，お母様にアンケートの回答を求めた大学生とのエピソードで語られていることの意味を，心理臨床の営みに関わるものは，いや人としてしっかりとこころに留めたい。

［村瀬嘉代子］

◉当事者の視点

発達障害当事者と日々の生活

上嶋一華

本稿では発達障害当事者へのインタビューを行い，支援のあり方について考察する。

発達障害は近年になって注目されてきたため，発達障害が取り上げられる以前の高齢の発達障害当事者の声を聴く体験や，研究発表は少ない状況である。そこで，本稿では，最初に高齢の発達障害当事者にお話をうかがった。次に，成人期を迎えた方へのインタビューを行い，支援のあり方について考察する。

I　Aさん（64歳・男性）

Aさんは笑顔が明るくおしゃべりが好きで，色の明るいTシャツが似合う男性である。一人暮らしをして10年になるが，近くにお姉様が住んでおり，本人の生活を見守っている。軽度の知的障害と学習障害傾向を示唆されてきたが，当時はまだ診断などはなく，施設を利用するために50代を過ぎてから障害者手帳を初めて取得された。

普段は明るく穏やかなAさんだが，ふとしたきっかけで情緒が不安定になることがあり，つねに見守りと温かい穏やかな関わりが必要である。あるときのAさんの言葉が印象に残った。

　自分のなかにまだ小学生の自分がいるんです。自分は子どもの頃とまったく変わってないよ。でも鏡をみると，そこには白髪頭の立派なおじさんがいるんだよね。首や腰も痛いし……。本当の自分は今どこにいるのか，自分は何歳なのか，わかんなくなっちゃうよ。毎日おじさんになったり，子どもになったり……。若い利用者さんを好きになって気持ちがわくわくしても，どうしていいのかわからないよ。

話された言葉のなかに，実際の年齢と自分の気持ちのあり様との間にギャップを感じ，自分のアイデンティティを持ちにくく，揺れ動いている様が受け取れた。Aさんの生い立ちをうかがった。

1　Aさんのお話

小学校では算数が得意で，4年生までに九九を全部覚えました。クラスメイトにつつかれたりバカにされたりして，頭にきて家に帰ってしまったことがありました。言葉が鼻声だったから「フガフガ」とか「モガモガ」とか，下級生にもからかわれました。大切な物をとられたり暴力もありましたが，担任の先生は助けてくれませんでした。このまま大人になるのが嫌でした。

今も調子が悪いときは，街で小さな子をみると嫌な気持ちが蘇ります。道を歩いているとき，小学生から「バカ」とか「メタボ」とか言われた気がしてくるのですが，空耳かもしれません。

中学や高校では数学が好きで，特に簿記が得意でした。英語は苦手でした。いじめがひどくなり，ある日，椅子をストーブで

燃やされたことがありました。先生が教室に入ってきて「何突っ立っているんだ」というので，「椅子を燃やされて，ないんだ」と言いました。それで，ストーブは使用しないことになったことがありました。

その後，父母は体力的に衰え農業をやめ，花屋をすることになりました。お店が軌道に乗るにつれて，種から育てるだけでなく草花や鉢を仕入れるようになりました。仕入れたものをただ売るのではなく，追肥や水をあげ，枯葉を取り，害虫を駆除し，さまざまな手入れをすることで「○○園芸」のプライドを草花に注ぎました。

なかでも一番注いだのは「愛情」でした。「愛情」を込めることは家族のなかでも私が一番だったと自負しています。

私は草花と話すことを心がけていました。そうすると，相手も私に訴えかけてくるのです。草花が私に水を求めたり，もっと美しくしてほしいと願ってくるのです。不思議ですが本当にそうなのです。市場に行くと，花のほうから私を買ってくださいと話しかけてきます。だから，私は草花の気持ちになって丁寧に手入れをすることができたのです。

父の体調が悪くなってからは，私が仕入れを全て任されました。急な話で混乱しましたが，「○○園芸」の看板を守るために全力を尽くしました。市場でより良い草花を選ぶために，自分の見る目を肥やしました。いろんな草花の相場を先輩たちに教わり，自分の足を使って市場を研究した結果，値段の動きを予想して，より良い物をより安く仕入れることができるようになりました。慣れるにしたがって，父の言いつけだけではなく，私の独自色を出すためにより勉強に励みました。

お客さんを心から和ませたいという思いが花に込められ，「○○園芸」はさらに鮮やかになり，お客さんの気持ちを明るくさせました。「おにいちゃん，今日は何が入ったの？」と期待して尋ねる常連さんの顔を見るのが，私は嬉しかった。

父のすすめでお見合いをし，結婚しました。30代からお見合いを始めましたが，なかなか縁がなく，最後には国際結婚をしました。女性はカタコトの日本語をしゃべりました。結婚には夢も希望もなかった。妻はお金ばかり要求し，自分のことを馬鹿にして家事や育児をしませんでした。やがて娘が生まれましたが，妻は出かけていないことが多く，娘が赤ちゃんのとき，おっぱいを欲しがって泣いてしかたないので，砂糖水を飲ませたこともありました。

結局，家族が間に入って妻とは別れました。娘とはその後会っていません。娘は明るくて賢い子でした。娘は僕のことをわかってくれていると思う。今はもうすっかり成人になっているだろうな。娘に会いたいです。

ひとりでいると寂しいこともあります。今は，家族がいたほうがいいのか，ひとりがいいのか，心がパニック状態になってしまうことがあります。レンタル家族があったらいいのにな，とふと思います。できれば生まれ変わったら，今度は優しい女性と結婚したいです。

その後，父が病気になり他界してしまいました。父は，身体は細かったけれど力強かった。誰よりも大きい手をしていました。その後，母も持病が悪化して亡くなりました。

僕はついにひとりになりました。最初はご飯を自分で炊いたりみそ汁など簡単なものは作っていましたが，今は面倒になって作らなくなってしまいました。

姉が私に「ひとりでいるのはよくないよ」と心配してくれて，それから施設探しを始めました。いろんな施設を見学し，そのな

かで一番良かったところに決めました。私が今の施設を選んだ理由は，①家族的な優しい雰囲気，②仲間と仲良くできそうだったから，③職員の人相というか「心」が良かったからです。

　私の将来の希望は，自分が70歳，80歳になっても，この施設に通いたいということです。職員も利用者も仲間です。早い話が家族のようなものです。職員でも利用者同士でも気持ちは通じ合うのです。そんな気持ちの通じ合いをこれからも大切にしていきたいです。

2　Aさんの姉より

お姉様は結婚されて，Aさんの住む家の近くに住みながら週に何回かAさんの様子を見に行かれている。お姉様に弟のAさんのことについてお聞きした。

　学校ではよくいじめられていたが，すぐにカッとなって家に帰ってきてしまうので，担任の先生はいじめという認識はなく，自分勝手で我がままだと思っていた。だから本人は学校が嫌いだった。

　昔は障害があることを隠していた時代だった。家でも弟の発達の障害について外ではしゃべるな，という空気だった。両親から弟の障害について聞かされたことは一度もない。

　中学のときと親が倒れたときに発作を起こした。自分の気持ちが伝わらなくて，手足がつってしまい動けなくなって入院したが，原因はわからなかった。どうして普通の人と違うのか，ああいう性格なのか，発作が起きたのか，どこへ相談してもいつもわからなかったし，本人の苦労は誰にも理解してはもらえなかった。

　今は通うところがあり，話を聞いてもらえる人がいて家族も助かっている。この状態が続くことを願っている。

あるときお姉様が，Aさんが離婚されるときのことを話されたことがある。

　すさまじい日々でした。相手の女性に問題があることがわかった。両親は孫がかわいいし，離婚することには世間の目もあるし迷いがあったが，自分は弟を守るために必死だった。「鬼」だと言われても構わない覚悟だった。離婚した後も親には愚痴を言われたりしたが，自分はこれでよかったのだと思っている。

いつも柔和で穏やかなお姉様のなかにある，Aさんへの思いの強さを感じた一瞬であった。

3　成年後見補助人Kさんによる支援

Kさんは補助人として，Aさんの財産管理，身上監護，生活支援などを行っている。身近な支援者としてお話をうかがった。

　月に1回面談をしている。Aさんを支えるなかで心がけていることは，彼の世界観を大切にすること。彼なりの考え方や，ものの見え方を大切にしている。彼の世界に自分が入っていって，同じ方向からものごとを見るようにする。そこから外に出て，現実的に必要なことをどう伝えるか。やんわりと物の見方を変えるような言い方をしてみたり，どうしていったらいいか一緒に話し合ったり。

　施設に通っている今の生活は彼に合っているし，今が一番本人にとって良い時だと思う。年齢的に心臓や脳の疾患が出てくる可能性もある。通所途中などで転倒や骨折する可能性もある。肥満の問題も深刻で，一緒に万歩計を買って運動量や毎日の食事の記録をつけてもらっている。お金の使い

方についても，おこづかい帳をつけてもらいながら話し合っている。

本人は気持ち的には若い感覚でいるので，先の可能性や見通しを持ちにくい。本人のなかに先の視野を少しずつ入れていくことが大事だと考えており，そのためにも今後通院同行して，主治医に相談する予定でいる。

4　最後に

地方の地主の長男として生まれ，障害を持ちながらも家の跡取りとして結婚し，家業を継ぎ頑張ってきたAさんの半生は，ひたむきという言葉そのものだと感じた。施設にいるAさんは，はるかに年齢の若い仲間と違和感なく楽しく過ごされている。Aさん自身の持つ人なつっこい性格と柔軟性が，新しい環境に適応することに大きく寄与したのだと思われる。気持ちが不安定になったときは，すぐに職員や成年後見人に相談ができており，今の平穏な生活が続くような支援が望まれる。

II　Bさん（28歳・男性）

Bさんは非常に痩せていて背が高く，寂しそうな目もとをした成年。誰にでも挨拶をきちんとし，目上に対して非常に礼儀正しく，仕事には真面目に取り組み，家では病気になった犬を熱心に看病している。

お母様の話によると，幼少期から発達の問題を疑われ，児童相談所や教育センターに相談した。数々の名だたる病院にも通い，広汎性発達障害と軽度の知的障害，強迫性障害と診断されている。うつ状態，母子分離不安とも言われている。

1　Bさんへのインタビュー

1.　幼少期

最初の記憶。3歳のときに両親が離婚した。父と母が口論していた。母のきょうだいが迎えに来て，自分と母を連れて家を出た。父親がストーブの前に立っていて「バイバイ」と言い，自分は訳もわからず母と出て行った。

母は実家に戻り，仕事を始めた。自分は母に連れられて保育園に行ったが，なぜ保育園に行かされるかわからず，泣いた。自分は母親とずっと一緒にいたかった。そばにいてほしかった。離婚さえしなければ一緒にいられたのに，どうして離婚して，勝手に仕事に行って，自分は保育園に入れられなければならないのか，怒りに悶えた。

他の子もいるし，仕方ないことだから慣れようと頑張った。しかし一番許せなかったのは，みんなは5時に迎えに来るのに，自分の母だけは迎えに来なくて自分は毎日遅番の残り組だったこと。残り組は7～8人いて，ひとりずつ迎えが来て帰っていくが，自分は必ず最後だった。

記憶にあるのは，いつも玄関のところで体育座りをして母の帰りを待っていたこと。真っ暗ななか，クリスマスツリーの明かりだけが灯っていた。それと非常灯の緑の明かりが自分の原風景。母が許せなかった。

2.　小学校時代

1～2年の頃は順調だったが，3年の終わり頃から登校を渋り始め，4年のときに登校できなくなってしまった。母は無理矢理にでも行かせようとしたが，本当はあのとき休ませてほしかった。勉強も急にできなくなった。算数はできたが，漢字は苦手だった。ひらがなの小さい「つ」がどうしても抜けてしまう。「を」が「お」になってしまう。クラスメイトとはコミュニケーションがうまくとれなかった。

イラついてくると矛先を母にぶつけた。母は仕事ばかりで，自分を見ているようで見ていないと感じた。物にあたったり，ガ

ラスを足で蹴ったりした。

 3年の終わりから母に連れられて病院に通うようになった。自分はどうして行かなければならないのかわからなかった。途中から入院の話が出たが，自分は絶対に入院しないと決めていた。

 ところがある日，母から「明日病院に行く」と言われた。入院しない約束だったのに，大人が2人来て無理やり両脇を持たれ，200メートル程の長い距離，廊下を引きずられ入院させられた。

 部屋には二重に鍵を閉められ，独房みたいなところだった。そのとき，自分は母親に捨てられた，これから自分はひとりで生きていかなければならないと思った。「一生恨んでやる」と金網に向かって誓った。

 病院内はまさに弱肉強食の世界だった。ケンカが始まっても誰も止めてくれない。何もしていないのに，いきなり噛みついてくるやつがいる。独房のなかで死ぬんじゃないかという恐怖を感じた。

 自分は生き残るために周りに気に入られることを覚えた。とにかくやられないためには先にやれ。そして自分を守るために味方をつける。大人は全員敵だと思っていた。先生が自分を閉じ込める，鍵を閉める。自分は水道の水をぶちまけた。

（母親より：病院ではBを自宅で育てることは無理と言われたが，年齢的に入所できる施設もなかった。医師に，「私が家で育てたらどうなりますか？」と聞いたら，「お母さんの心がボロボロになります」「子どもには内緒で，おもちゃを帰りに買ってあげると言って，とにかく連れてきてください」と言われた。ストレスからか入院して以降の3年間は身長が全く伸びなかった）

 半年後に退院したが，小学校には帰れなかった。すでに5年生になっていた。消えるような形で父親が住んでいる町に転居し，新しい小学校に移った。

 病院から出てきたら勉強がまったくわからなくなっていた。周りの子とうまく接することもできなかった。入院していたことは誰にも言えなかったし，自分は人とは違う。人にはわかってもらえないと思っていた。誰も信用できなかった。結局学校でも暴れてしまい，病院にいたときからの連鎖。病院にいた自分がそのまま小学校にいた。

 普段はおとなしいが，ちょっとしたきっかけでキレてしまう。例えば給食のサラダにドレッシングがかかっていないことがわかったとたん，物を壊してしまう。

 修学旅行では，皆とうまくやっていけるか不安だった。2日目の山登り。飴はなめてもいいが，水は飲んではいけないと先生に言われ，「はあ？　ふざけんな」と思った。汗だくになりながら我慢してなんとか頂上まで登り切った。ところが学校が用意したお弁当のおにぎりが自分の嫌いな梅干しだった。それが目に入った瞬間，我慢が限界を越え体を投げ出すように道じゃないところを突っ走って転げ降りていった。もう死んでもいいやと思って。頂上から飛んで降りたかった。人に従って降りるよりも自分で降りたかった。

 小学校時代は，クラスメイトの名前もあまり覚えていない。あの頃の自分は漠然と生きていたと思う。ゲームをしたり，ボールを蹴っているときだけは嫌なことを忘れることができた。

3. **中学校時代**

 中学校に籍は置いていたが，行ける心理状態になく，1回も通っていない。自分を受け入れてくれるところはどこにもないと感じていた。

（母親より：中学1年生の3月に入院した。心理検査では，刃物とか尖っているものばかりいっぱい描かれていた。この子はものすごく怒っていると言われた。攻撃性が高い。とても家庭でみられる状況にないと入院を勧められた）

入院は嫌だったが，どうしたらいいかわからないし，症状もひどく，不安が強かった。結局1年半入院した。

最初は個室で任意入院だったが，すぐに医療保護入院に切り替わり，部屋に鍵がかかった。1カ月半は個室，ひとりで食事を食べ，トイレはポータブル。デイルームの出入りも禁止されたが，その後鍵がとれ，デイルームに行ける許可が降り，食事も皆と一緒に食べるようになり，3カ月後に4人部屋に移った。つらいなかでも楽しもうと努力した。

病院の学校でも行事がだめで，修学旅行のバスでの帰り道，感想をみんな聞かれて，自分は正直に「面白くなかったです」と言った。先生に失望され，「お前はもういいから」と言われた。

退院する5カ月前。入院仲間と遊んでいるときに羽目を外してしまい，ルール違反で保護室に入れられた。なぜ自分だけが個室に入れられなくてはならないんだと腹が立った。拘束され，全く動けない。トイレも許されない。点滴をされて食事もできない。しばらくして拘束がとれ，狭いトイレが置かれた。点滴が外され，食事を与えられひとりで食べた。部屋には唯一小さなテレビがあって，それをみて時間をやり過ごしていた。結局60日間保護室にいた。

退院した中学3年生の10月，学校には通えず相談学級に行った。先生は卓球をしてくれたり，優しくて親切で，とてもよくしてくれた。

4. 高校時代

定時制高校に進学したが，うつ状態で通うことができなかった。教頭先生が気にかけてくれて，教室に入れなくても職員室で勉強を教えてあげると言ってくれた。職員室にこっそりと入って，小学校1年のドリルを少しずつやった。先生は自然体で優しく接してくれた。先生との出会いがなかったら，高校を辞めていたと思う。少しでも行く場所ができたことが嬉しかった。

職員室に通っているとき，あるテレビアニメの主人公が堂々としていて勇敢な心を持っていることに感銘を受け，自分もそうありたいと思うようになり，勇気を出して教室に行けるようになった。

勉強は相変わらずわからなかったが，体育のサッカーが楽しかった。痩せていて体力はないが，サッカーの授業では，試合でゴールを決め得点をとれるので，周囲に認められるようになった。サッカーで結果を出せるようになった。

何とか進級でき，2年と3年は皆勤賞をとることができた。アルバイトを始めたり，部活も頑張った。少しずつ光がみえてきたが，まだ課題だらけだった。

高校4年の修学旅行。2日目に自由行動があり，好きな人同士で班を作ることになり困ったが，先生が何とかあるグループに入れてくれた。今度は，班でどこに行きたいかを決めることになったが，当日自分が希望したところだけが時間切れで取りやめになった。頭に来て，ひとりで無理やり行ってしまった。夜先生が部屋に来て，話し合いがもたれた。自分は情けなかった。また失敗してしまった。いつも自分は友達とうまくいかない，小学校のときと何も変わっていない。どうしてこうなってしまうのか，悔しくてボロボロ泣いた。

高校卒業を控え，進路を決めないといけ

ない時期がやってきた。自分も就職できるかと思っていたが、その考えは甘かった。担任の先生は、自分の進路について親身に考えてくれているようには見えなかった。ずっと自分だけが決まらず、相談しても「高望みするな」とか、自分を否定するような話しぶりだった。次第に自分はホームルームにも出なくなり、卒業間近には学校に行けなくなった。自分は進学したいと思っていたが、どこへ行けばいいかわからなかった。

卒業式は何とか参加したが、とても気分の悪い卒業式だった。皆進路先が決まっているなか、自分だけどこも決まっていないまま卒業を迎えた。ひとりだけ取り残され不安でいっぱいのなか、自分はまたひとりぼっちだった。

5. 卒業後

自分はこれから何をやりたいのか考えた。何か好きなことを学びたかった。

専門学校を探したがやりたいことが見つからなかった。自分は好きなことでないと続かないし、納得しないと前にいけないタイプ。どうしようかと悩んだ。

自分は今まで生きてきて、誰かに認めてもらったことがない。誰かに自分は認めてもらいたい、自分がここに生きているという証がほしい。生まれてきたからには自分が生きた証を残したい。誰かに覚えていてほしいと強く思った。

パン屋で3年間アルバイトもしたが、手抜きができずまじめにやりすぎて、疲れてしまいがちだった。

その後、家にいてもよくないし、生活を立て直そうと役所に相談したところ、障害者施設を紹介された。とにかくどこか居場所がほしかった。他の利用者と出会い、裏表のない真っ白い心に接して癒された。今日を健康に生きていられること、ご飯が食べられること、当たり前の日常に感謝を感じるようになった。徐々に自分の障害を受け入れ、将来のことも考えるようになり、いつしか就労のための訓練を受けようという気持ちになった。

2 母親へのインタビュー

赤ん坊のとき、ミルクを飲まなかった。生まれたときは普通だったが、小さいときからすごくバランスが悪く、育てにくい、わかりにくい子どもだった。

暴れるときのエネルギーがすごい。怒りの発作みたいなものが起き、その後、バタンと倒れて泡をふく。胃液を吐いてしまう。脳波では、てんかんとは言われなかった。

毎日何が起きるかわからない、普通でいられる日がない毎日だった。仕事をしていた頃も、祖母から電話がきて、Bが暴れているから帰ってきてくれと言われる。テレビや電話を粉々になるまでとことん壊す。自分も骨折したし、他人にも暴力を振るう。家を飛び出していって、夜中に探し回ったりしていた。

変化を嫌い、私が髪形を変えるだけでパニックになってしまう。時間のこだわりが強く、自分の大切な物を触られたり、位置がずれるのが駄目だった。偏食が激しく、夜は寝ない。怒りだすと止まらなくて8時間くらい続くこともあった。交番まで走って行って警察を呼ぶこともあった。

時折自分の息子であっても息子として考えられなくなってしまうくらい壮絶な日々だった。今2人で生きているのが不思議なくらい。やってしまうか、やられていたかのぎりぎりの生活だった。

純粋すぎて、それゆえ傷ついて、悪い条件が幾重にも重なってしまった。Bを病気にしてしまったのは、本人の特性に気づかなかった私が悪いのだと思う。以前は「な

んてひどいこと言うんだ」と思っていたが，最近は本人の気持ちをわかろうとするように自分を変えた。お互いの関係が良くなってきたのはここ1年くらいだと思う。B自身も少しずつ自分の気持ちを表現できるように変わってきた。

　自分の母が元気だったときはずいぶん助けられた。先日，祖母の誕生日だった。Bは仕事を休んで祖母のいる老人ホームに来て誕生日を一緒に祝ってくれた。あの瞬間が持てたことが本当に信じられない。嬉しくて……（涙）。

3　最後に

Bさんは5年近く福祉施設に籍を置いていたが，その間，Bさん自身が「冬眠」と称する通り自宅に籠り，通所できない時期もあった。また，今まで自分の足りない点ばかりに焦点を当てて生きてきたBさんであったが，施設に通うなかで，自分が普通に歩けること，話せること，ご飯が美味しく食べられたことなど，当たり前にできていることに意識を向け，感謝の気持ちが芽生えたという。

現在Bさんは，施設を出て，就労移行支援施設に通っている。施設を移る前は，今の施設に籍がなくなってしまうことへの不安や，2年間の訓練を最後までやり切れるか悩み，相談を受けたが，「初めは誰でも不安。結果を出せるか案じるよりも良い経験だと思ってチャレンジしてみては？　ダメならいつでも戻ってくれば良い」と話すと安心した様子であった。

就労移行支援施設のスタッフに誤解されたり衝突することもあるが，ひと呼吸置いて自分で考えたり，元の施設の職員に相談することができている。自分の思ったことや感情をメモするようになり，相手に言葉で伝えたり，現実と何とか折り合いをつけながら通っている。

支援側としては，必要に応じてスタッフやご家族と話し合いをしている。Bさんには，社会に出てもひとりではなく，困ったときはいつでも話に耳を傾け，共に悩み考える仲間が後ろにいることを支えにしてほしいと願っている。人を信じる力，自分を尊いと感じる力を再び自分の手に取り戻してほしい。1かゼロの思考ではなく，その中間のさまざまな形があってよいこと，「正解」はひとつではないこと，「そうは言ってもねえ……」というグレーの部分をそのまま内包しつつ前に進んでいく力が，Bさんには育まれはじめている。

不条理な外側の世界と何とか折り合いをつけながらやっていこうとする柔軟性と，自分が大事に思っていることは曲げないが，折れるところは折れて相手に譲るような，たおやかな強さが育ちはじめているBさんを，後方から応援していきたいと思っている。

◆文献

村瀬嘉代子（2014）発達障害と生活臨床．臨床心理学14-5；622-628.

下山晴彦，村瀬嘉代子 編（2013）発達障害支援必携ガイドブック――問題の柔軟な理解と的確な支援のために．金剛出版．

辻井正次（2014）発達障害のある人が障害特性を持ちながら生活することを支える研究と支援．臨床心理学14-1；16-20.

◉当事者の視点

発達障害と交友・恋愛・結婚

高橋今日子

I 交友について

1 子どもの頃のこと

　私には友人がほとんどおりません。それは幼少の頃からです。友だちと楽しく遊びたい，友だちに囲まれて楽しく過ごしたいと強く思っていましたが，それは叶わぬ夢のようです。

　小学生の頃は学校の先生など周りから「友だちを作りなさい」と言われ，自分から話しかけようと人の輪に入ろうとしても入れないままか，いつの間にか出されてしまっていました。友だちがいないので1人遊びをすれば批判をされ，公園に1人で遊んでいたことで親に怒られたこともありました。

　世間では"友だちがいない＝悪いこと，嫌われ者，人と関われない人，寂しい人""1人で過ごす＝悪""友だちの数で人の価値が決まる"とされることを子どもながらに感じました。本当は友だちの数や有無でどういう人か決めてはいけないはずですが，子どもの頃は大人の言うことは正しいと思っていたので，疑いもしませんでした。

　でも，友だちが作れなくて，数が少なくて怒られて責められて，本当はつらかったです。

　親から「クラスで誰と仲が良いの？」と聞かれたら，仲の良くない同級生の名前を挙げてウソをついていたことがありました。友だちがいないか少ないと言って怒られたことがあるからです。

　「友だちを作りなさい」「なんでできないの？」「◎◎（姉の名）は友だちがたくさんいるのに」「休みなのに誰とも遊ばないなんて」「誰からも家に電話が来ないじゃない。友だちいないのね」（親からすれば"電話が来る＝友だちがいる"）。そのようなことはイヤと言うくらい言われました。「これでは将来が思いやられる」と私を不安にさせることを言うこともありました。

　自宅の窓から近所の同世代の子たちが遊んでいる姿を見て，「みんな，友だちと遊んでいるよ。アンタも遊んできなさい」と無理矢理家から追い出されたこともありました。それで仲間に入れなくて家に帰ってくると怒られ，つらい気持ちになりました。親が自宅から監視をしているので，仲間に入れない姿を見て怒られることもありました。

　親には，友だちの有無や数，そして人と関われるかどうかで人の価値や人の全てを決めないでほしかったです。そして，1人で過ごすことを許してほしかったです。友だちはどうすればできるかと聞いても「自分から話しかければいい」「積極的になればいい」という健常者目線のアドバイスしかもらえず，それだけでは作ることができませんでした。

　自分から話しかけても逃げられ，話しかけられることはない。積極的になっても逃げられる，嫌がられる。これでは友だちを作ろうとしても作れませんでした。小学校から中学校までいじめに遭っていたので，それも多くの人が私をいじめたりバカにしていたので，そういう人と友だちになるのは私にとってハードルが高すぎま

した。

　子どもの頃はなぜ友だちができないのか，勉強や運動ができなくてグズでノロマで頭が悪くて，大人しくて弱虫でいじめられていて嫌われても仕方がない人間だと理由はわかっていました。でも，悪いところをどう改善していけばいいかわかりませんでした。

2　大人になってからのこと

　友だちは大人になった今も作れません。ネットで友人は作れるのですが，ネットではお互いの素性（私の場合は発達障害的な部分）を隠せるので，表面的な付き合いや距離を置いた付き合いが可能です。相手からの交流が途絶えたり，飽きられて友だち関係をバッサリ切られることもあります。現実となりますと，自分の素性を隠すことはできないので友だちはなかなか作れません。

　私は健常者から見れば話しかけにくいタイプ，一緒に居たくないタイプではあります。健常者の方たちから聞いたのですが，多くの人は言動が奇異な人とは関わりたくない，避けたい，距離を置きたいとのことです（もちろん，そういう人を避けない人もいます）。私は健常者から見れば言動が奇異なタイプに当てはまるからです。私は普通にしようとしてきましたが，努力をしてもムリでした。私のどこが変か健常の方たちに聞いても「何となく」しか言ってくれず，直すのに限界がありました。私は経験でなく人に教わらないとわからないことが多く，どうすれば普通にふるまえるか，どういうことが普通か教えてほしかったです。「あなたは普通だと思っていたのに，こんな人だとは思わなかった」「黙っていれば普通」と言われたことは何度もあります。私は相手を裏切っているみたいで，教えてくれた相手に対して申し訳なく思うことしかできずにいます。

　それでも私と仲良くしてくれる人はいました。ただ，「あなたみたいな人と仲良くしてくれる人はいないから感謝して」「普通はこんな人，相手にしないよ」と上から目線の言葉を投げつけられることがありました。時には私の人格や言動を否定する人もいました。友だちならそんなことをするだろうか？　私の批判をしながら友だちでいるとはどういう考えなのだろう？　嫌な人であれば関わらなければいいのに，と疑問に思いながら，「私みたいな人を相手にしてくれる人はいないから感謝しないと」「感謝の気持ちが持てないなんて私は冷たい人なのかもしれない」と自分の非を感じていました。

　そのような友だち関係は20代半ばか後半辺りまで続いていたような気がします。今思うと，他人を下に見て優越感を感じたい人にとって，私は有益なマストアイテムなのかもしれません。私はそういうタイプの人を寄せ付けやすいのだと思います。

　この体質を何とかしたいと人に相談をしても，「あなたは言いやすいタイプなのよ」「そういう人が寄りつきやすいタイプだから仕方がない」と言うだけでした。なかには「強く言い返せばいい」と言う人がいて実践をしてみましたが，私が1つ言えば10倍か100倍になって返ってくるだけで効果はありませんでした。私は話下手で相手にうまく言い返せないので，相手に言い負かされてしまいます。

　それでも，「ここまで言ってくれる人はいないよ」「あなたはどこに行っても同じことを言われるから」と私が友だち関係に疑問を持っていることを見透かしたようなことを言われて，離れられないでいました。完全に洗脳状態でした。「ここまで言ってくれる人はいないから変わらないといけない」と思って行動しても，変えられない自分が嫌でした。

　でも，ある日，目が覚めました。相手は私に変わることを望むだけ，自分は正しいと思い込み，反省をしないで私に反省ばかり求める，これはおかしい，と。今はそういう人とは距離を置いたり離れたりするようになったので，ほと

んど関わることはありません。昔の私に会ってアドバイスをしたいくらいです。

3 現在の交友関係について

今の私の交友関係はどうなのか書きたいと思います。休日に友人と会って遊ぶことはほとんどありません。数少ない友人と年賀状のやりとり程度です。友だちと旅行に行くこともほとんどありません。私はノロくてそそっかしいので，観光に行くのにリサーチ不足で迷って目的地に着かない，乗り物の時刻を間違えてしまうなど人をイラつかせてしまい，人と旅行に行くのが性に合わないようです。友だちと旅行をするなどの健常者が行っているような交友関係を築きたいのですが，どうしてもできません。友だちと旅行に行けるような関係は築けないので，旅行に行くときは1人で行っています。海外も国内も1人です。1人であれば計画倒れになっても，リサーチミスでも誰にも文句を言われないので，ある意味楽です。

私は友だちがいないからと家に籠るのは好きではなく，遊ぶときは1人で外出し遊ぶことが多いです。1人で行くことがあまりないディズニーランド，クリスマスイブに1人でイルミネーションを見ること，海水浴に行くなどのハードルが高い一人行動をしています。こう書くと1人でいるのを楽しんでいるように見えるかもしれませんが，実はやむを得ず1人でいるのです。あとは友だちがいない分，ネットで遊んだり，習い事をしています。

私は健常者社会で積極的に人と関わってはいけない，健常者社会では発達障害の特性が顕著に出てしまうので，健常者の迷惑にならないよう大人しくしていたほうがいいのかもしれないことに気づきました。健常者の輪の中で1人ぽつんといるのは仕方がない，1人で居てもいい，と自分に言い聞かせ，割り切るようにしています。

友だちを作るのは，なかなかあきらめられないというのが本音です。健常者であれば相手から話しかけてくれたり，友だちになりたいと思ってくれる。でも，私にはそんな経験がないので，惨めで仕方がありません。私は居なくてもいいのか，死んだほうが皆のため世のためじゃないかと考えたこともありました。ですが，そんなことを話しても誰もわかってくれません。自分が想像できないこと，経験をしたことがないことは否定したくなるでしょうから，わからなくはないのですが。

私は6年前に結婚をしているのですが，周りに友だちがいなくて困ると言ったら，「だんなさんが居るからいいじゃない」「結婚をすれば友だちは減るし，誘いも減る」と言う人がいました。独身の頃から友だちがいなくて人から誘われることはないので，結婚が原因ではないのです。友だちが少ないうえに，結婚式に呼べるような深い関係の人もいないので，結婚式はやりたくないと夫にお願いをしたくらいです（その結果，結婚式は行いませんでした）。

II 恋愛関係について

相手のことがあり詳しく書くことはできないので，自分のことのみ書かせていただきます。学生の頃は好きな人ができても周りに気づかれないようにしました。相手に自分の気持ちは伝えず，好きという気持ちを悟られないようにしていました。私なんかが人を好きになるのは良くないこと，周りに知られたらバカにされるかいじめのネタにされると思ったからです。そして，相手に好きだと知られたら，「こんなヤツに好かれるなんて嫌だ」と迷惑がられては申し訳ないからです。または私を嫌うよう冷たくされる恐れもあるからです。修学旅行の夜，旅館の部屋で好きな子を教え合ったり恋の話をすることがありましたが，私には無縁すぎて話の輪に入れませんでした。

私は小学校から中学卒業までいじめられていて，特に異性にいじめられることが多かったの

で，ずっと男性恐怖でした。目を見て話せない，話せても小さい声でボソボソとしか話せませんでした。自分から話しかけるなんて，ありえませんでした。男子から話しかけられることはありましたが，話しかけられるのは私をいじめるときくらいでした。

　高校に入ってからはいじめがなくなり，男子は中学生の頃ほど子どもではないのでいじめてくる人がいなくなり，何とか話せるようになりました。

　初めて男性と付き合ったのは20代前半の頃でした。もう，この頃には男性恐怖は完全になくなっていました。でも，付き合ってもうまくいかず，私がグズでノロマでそそっかしくて，発達障害的特性で相手を怒らせることがありました。待ち合わせ時間や場所を間違えることはよくあり，映画館に行ったときは上映期間を調べ間違えて，映画が観られないで怒られたことがありました。

　今まで付き合ってきた人は普通の人で，私みたいな人と付き合うこと，出会うことは初めてで，相手も戸惑っていました。相手からは私の人格否定ばかりを聞かされて自分に自信がなくなり，相手と会う前は今日は何を言われるだろうかと胃が痛みだしました。当時はお付き合いをしていることは誰にも言わないでいました。付き合ってすぐ別れたら私に何か問題がある，こらえ性がないと思われると思ったからです。初めて付き合った相手とは合わなくて体調を崩し，私から連絡を取らなくなって自然消滅をしました。

　2回目に付き合ったときも同じでした。私の発達障害的な悪いところが出てしまい，相手を怒らせてばかりで，次第にオドオドするようになり，オドオドすることで怒られ，堂々としようとしてもできませんでした。そんな付き合いは楽しくなく，楽しそうな顔をしないと怒られました。街ゆくカップルは幸せそうで楽しそうで，私がちゃんとしていないから恋人関係が築けないんだと自分を責めるばかりでした。初めて付き合ったときはすぐに別れてしまい，それも相手と話し合わないまま私から自然消滅をしたので，これはよくない，長く続くよう頑張ろうとしました。

　恋愛関係と友だち関係のつまずきの原因は同じものでした。恋愛でも私は，人を下に見て優越感に浸りたい人に狙われてしまうのです。私は当時，発達障害の診断を受けており，発達障害の特性だからわかってほしいと伝えました。すると「お前を矯正する」と言われて，さらに人格否定が酷くなりました。相手を卑下したいタイプにとって発達障害はいじめる格好のネタになってしまうと，このときに感じました。

　会うたび，電話するたびに人格否定をされ，メールでも毎日長文メールで私の人格否定をしてきて，どうかなってしまいそうでした。相手には「怒らせるお前が悪い」「俺をそうさせるお前が悪い」「別れて誰と付き合っても同じことを言われるだけ」とよく言われました。私が変われば何も言われなくなる，私が変わるチャンスと信じ，別れないで頑張りました。周りからは別れたほうがいいと言われましたが，それでも別れませんでした。別れたいと言ったら何て言われるかわからないから怖い，別れたら付き合ってくれる人は現れないと思い，別れなかったのもあります。私が変わらないまま別れるのは良くないとも思っていました。自分に自信がなく，別れても相手も見つけられるとは思えなかったのです。

　見かねた知り合いから「相手はあなたがいくら変わっても粗を探して叩いてくるよ。こういう相手とは関わってはいけない」と言われて目が覚め，相手からさんざん文句を言われ，暴言を吐かれましたが別れました。別れてからも暴言メールや電話がありましたが，別れてホッとしました。恋愛ができて人に愛されれば自分に自信が付くと思っていた自分が恥ずかしかったです。

私は引きずらないタイプなので，相手を見る目を養おうといろいろな男性と接してみようと思い，ネットで社会人サークルや社会人向けカップリングパーティーを検索し，何度か参加をしました。カップルになることが目的というより，男性を見る目を養うのが目的でした。ただ，これで男性を見る目が養われたかどうか自分でもわかりません。

　中学校の同窓会が30歳のときにあり，たまたま参加し，同級生と再会をして，なんとお付き合いをするようになったのです。相手が細かいことを気にしたり，私にアレコレ求める人でなかったので，お付き合いは私としてはうまくいったほうだと思います。

III　結婚について

　夫とは2年間付き合ってから結婚をしました。夫は家事に口出しをせず，世間一般の基準を求めてこないので，アレコレ注意をされることはありません。発達障害の女性にありがちなことですが（そうでない人もいます），パートナーに家事の不出来を指摘されたり，家事ができないことで離婚されるということがあります。

　私は家事ができるほうではないのですが，夫が世間一般に期待される主婦像を求めてこないので，私としては，家事を自由に自分のペースでさせてもらって感謝をしています。結婚をしている割に我が家は自由が利く家だとは思います。束縛や暴力とは無縁です。当事者の女性は恋愛や結婚でパートナーから暴力を受けることがあると聞いたことがありますが，今の私は怒鳴られることすらありませんし，夫と助け合って生活をする事が出来ます。

　「発達障害があると結婚ができてもうまくやっていけないのでは？」と心配する人がいるかもしれませんが，相手に完璧を求めない人や細かい人でなく，穏やかな性格の人を選ぶなど，当事者自身それぞれが持つ特性と合う人を選べばやっていける可能性があるかもしれないと結婚を通じて感じました。これから私達夫婦はどうなっていくかわかりませんが，助け合いながら生きていきたいと思います。

◉当事者の視点

成人発達障害当事者による居場所づくり

金子磨矢子

I　はじめに

　私は発達障害の当事者である。発達障害当事者たちとの付き合いを深めていくうちに，彼らの放つ限りない魅力にどんどん引き込まれていった。彼らはひとりひとり違う個性を持ち，そのユニークなキャラクターはきらきらと輝いている。子どもたちはもとより，成人になってからもますます磨きがかかる。どんなタイプの人であれ，それぞれがたまらなく愛おしい存在なのである。とうとう私は好きが高じて居場所まで作ってしまった。

　今回執筆の依頼を戴き，4年間順調に続いて来ている居場所について知ってもらう予定であった。

　ところが原稿締切間近になり，突然東京都から認可を受けていた就労継続支援B型事業所「ゆあフレンズ」が指定取り消し処分を受けてしまった。いくつもの，特に行政絡みのイベントからは参加を次々に断られ途方に暮れた。私はこの論文の掲載も当然なくなったものと諦めていたのだが，編集部から連絡を頂き，書いても良いとのこと。誠にありがたく感謝の気持ちが湧いてきて私の折れそうになっていた心に力が溢れた。

　指定取り消しのことには触れないで執筆しようとも考えたが，やはり3年間みんなで頑張ってきた「ゆあフレンズ」のことは切っても切り離せるものではない。当事者による当事者のためのB型事業所で，当事者同士で助け合っていくモデルケースとして注目されているピアサポートの実践が，なぜ上手く続けられなかったのか。私はこの問題についてオープンにしていくことが大切だと思い至った。本書には，当事者から発信する生の声が必要であると考え直した。とは言っても全ては書ききれないので，今回はこの居場所の誕生までを，書かせていただくことにする。

　Alternative Space Neccoを立ち上げ4年の月日が流れた。東京新宿区西早稲田のビル2Fにあるカフェには毎日数十人が訪れる。スタッフは全員，お客様もほとんどの人が何らかの発達障害を抱えている当事者という非常にユニークなカフェである。この発達障害当事者による当事者のための憩いの場ができるまでを語るには，1997年までさかのぼらなくてはならない。

II　発達障害との出会い

　初めて自分の発達障害を知った時の感動は忘れられない。1997年，駅前書店の本棚に『のび太・ジャイアン症候群』（司馬，1997）が陳列された。手にしたとたんに驚愕した。なんとそこに書かれているのは私のことではないか。まさか私と同じような人たちが，この世に存在しているとは思いもよらなかった。嬉しさのあまり何度も何度も読み返した。

　その日から私は自分がADHDであると確信し人生が一変した。今までは自分が他人と違うのは，自分の努力が足りないからだと思って生

きていたのだ。自分はダメな子だけどみんなは偉いなと。

その後2000年に出版された『片づけられない女たち』（ソルデン，2000）が注目を集め一気にADHDが知られるようになり，自閉症，アスペルガー症候群，LDなど，発達障害に関連する言葉も定着してきた。

何の事はない，よく見れば私の家族は親も子もなんと夫までが発達障害だということが判明し，日本自閉症協会東京都支部（現在の東京都自閉症協会）を見つけ入会した。

III　自閉症協会との出会い

それはまさに現在の高機能自閉症・アスペルガー部会を作らんとしている時で，今思えば日本における発達障害の歴史の幕開けに遭遇していたようなものであったと言っても過言ではないように思う。毎月の定例会では熱心な勉強会が行われていた。

それまでの自閉症協会は，カナー型の自閉症児者を中心に家族が協力しあって作りあげてきた親の会であった。アスペルガー症候群の出現により，発語の少ない子と同じ自閉症でありながら，流暢な言葉で話す人たちがいることがわかった。今まで理解することができなかった子どもたちの気持ちや心の声を，親の代わりに当事者たちが代弁してしゃべってくれる。確定診断を受けた当事者たちは貴重な存在であり，こぞって彼らの話を聴きたいと講師に招いた。

彼らもそれぞれの体験談を真剣に語ってくれた。さまざまな感覚過敏があること，こだわりが強くて生きづらいこと，親に配慮してもらいたかったことなど，どの話も新鮮で，皆で真剣に聴き入った。

そのころから，徐々に発達障害の認知も進みはじめ，子どもに対する支援は少しずつだが整いつつあった。発達障害者支援法が公布され，それでも発達障害は子どもの障害と見られていて，まるで大人になれば自然と治る障害のように誤解される時代が長く続いた。

高機能自閉症・アスペルガー部会には，診断を受けた小さな子どもの親子から，ちょっと大きな子どもの親子，また成人を過ぎている当事者本人の参加も増えてきていた。「成人の当事者たちのためにも集える会を作りましょう！」高機能自閉症・アスペルガー部会創設の立役者の一人尾崎ミオの一声で現在のASN（アダルトスペクトラムネットワーク）の前身である発達障害を持つ成人当事者の会もできあがった。

IV　成人の当事者たちとの繋がり

記憶に残っているイベントは新宿御苑へのピクニック（2006）だった。十数人の当事者と親子が新緑のなかに集合した。どんな人たちが来るのだろうと想像を張り巡らせていたのだが，やってきたのは何処にでもいるような普通の青年たちであった。どちらかというと，真面目でおとなしく爽やかなタイプ。ヘアカラーもピアスも程遠い感じの人たちだった。

レストランでランチを食べながら順番に簡単な自己紹介。そのあとは芝生の上で閉門になるまで元気に遊んだ。今でも思い出すのは，輪になって座りオニになった人が歌いながら回るフルーツバスケット。レストランではうつむいて自分の名前を言うのがやっとだったしんちゃんが，お笑い芸人のものまねをした。あまりにも上手すぎてみんなでお腹の底から笑いあった。

そんな楽しい出会いから当事者の輪はどんどん広がっていった。

私自身も当事者として，仲間に入りたいと思うようになり診断を受けたところ，高機能広汎性発達障害という結果が出た。自己診断では不注意優勢型のADHDだと思っていたが，いろいろな特徴が混ざっているということだろう。ともかくこれで成人当事者の会に当事者として正式参加できることになったのだ。

若い当事者の間にはインターネットのSNSが普及してきていた。私もmixiに招待してもらい，さっそくユーザーになった。mixiのなかには発達障害に関するコミュニティがいくつかあり，オフ会と呼ばれている実際に集まって対面してみる会が，あちこちで名乗りを上げはじめていた。東京や大阪が主な開催場所であり，全国から集まってきた。お金を節約する人はゼロ泊3日の日程で，往復を夜行バスで寝る人も珍しくなかった。そこまでして，当事者は自分と同じような当事者に会ってみたいという思いが強かったのだろう。

最初の頃は，居酒屋やファミレスで待ち合わせをしていた。しかし，がやがやしていて煩いし，時間もあっという間に過ぎてしまう。もっと静かなところでゆっくり話したいと考え，公民館や地域センターなどの部屋を予約して会を開くように

なっていった。

会場にお茶とお菓子を持ち込み，思い思いのあるある話をしていると，時間はいつまでも尽きることがなかった。初めのうちは親睦会という茶話会形式が多かったが，徐々に自分たちで研究したことを発表し合う勉強会の形式が増えていった。次回の幹事を決めて，その人たちが次回のテーマを考えるということも続いていた。

また，独自に当事者会を立ち上げる人も増えてきて，特徴のあるグループがいくつかできはじめた。今でもNeccoで毎月欠かさず続いている「ほんわかカフェ」は加茂谷洋子，「発達障害を一緒に語る会」は山本純一郎が主催していた。

ブログを書く当事者も次々に現れた。ITに強い人も多く，なかには自分でSNSを作ってしまうつわものもいて，発達障害者専門のSNSがいくつも存在していた時代もあった。当事者たちの望みはいつでもふらっと行ける居場所であり，いつでも情報を共有できる空間と仲間なのであった。

V　仲間とのネットワークが救った命

看護師の川島美由紀は，成人当事者の会にさまざまな情報を持ってやってきた。難病の団体であるJPA（日本難病・疾病団体協議会）は我々を受け入れてくれ，ロビー活動を教えてくれた。初めて衆議院会館を回った時に私は山井和則議員のグループに入った。山井議員は応接室で全員の訴えを熱心に聴いてくれた。「発達障害者の支援を考える議員連盟」を野田聖子議員らと超党派で作り，ご尽力頂いている方で，このときもその意見交換のためにうかがっていた。

そのような活動を続けていた折，たまたま隣り合った女性は，お子さんの脳下垂体の難病ということで参加していた。子どもが同年齢とのことで話が弾み，長い廊下を歩きながら闘病の話を聴いた。帰って検索すると，そのページには自分にも全く当てはまる症状が載っていた。なんと，私もアクロメガリー，つまり脳下垂体に良性の腫瘍ができる病気に罹っていることを知ったのだ。

すぐに掛かりつけの病院で病名を告げると，主治医は気が付かなかったことを謝ってくれた。すでに重症高血圧症という病名で6年以上前から通院していたのだ。主治医もこの病気を知ってはいたが，まさか自分の患者にいるとは思わなかったのだろう。なにしろ10万人に3～4人だそうだ。先端巨大症と言われている病気で成長ホルモンが過剰分泌され，手，足，鼻，唇，舌，顎等が大きくなる。顔の変わる病気といわれる。しかし実際は見えていない部分もかなり変化しているらしく，体中に不具合も起きていた。私は産後から太り続けてきたので，靴のサイズが大きくなっても，指輪が全く入らなくなっても，自分が太ったからだと考えていた。まさかこの病気のせいだとはとは思いもよらなかった。

治療法は第一に手術である。比較的早期発見だったために腫瘍は小さかったが，頸動脈に覆い被さっていた。手術前日に家族が呼ばれ，腫

瘍が固かった場合は取りきれないこと，頸動脈に触れたら生命に係ることなどの説明を受けた．幸いにも腫瘍は柔らかく，手術は大成功であった．

発達障害の啓発活動をしていたからこその偶然の出会いで，私は命拾いをしたのだった．まさに，発達障害の人たちは私にとって命の恩人である．仲間とつながり合い共に歩むことで生きていけることを知った．これからの人生はこの仕事をライフワークに生きて行くことを，麻酔から覚めた私は固く決心した．

VI 新宿フレンズという家族会で

当時私はうつ病を発症していた．今思えば二次障害と言えるのかもしれない．家族にも診断が出ていたこともあり，精神障害者の家族会にも所属していた．

新宿フレンズは，40年以上前に新宿区役所の保健師さんたちが作った古い歴史を持つ会である．月2回開く定例会は昼の会と夜の会がある．昼の会は厳選した講師陣による講演会が開かれ，その後は参加者による懇親会が夕方まで行われる．夜の会では家族と当事者が，ひとりの話題について，詳しく知っている人がアドバイスをしたり，寛解状態の人が自分の経験談を語ったりする．今悩んでいることや困っていることなど，お互いに深い話のできる数少ない会である．最近は「今まで統合失調症だった診断名がアスペルガー症候群に変わりました」という人が多い．

5年ほど前に，会員である一人の母親から，千葉県で地域活動支援センターを作り，とても上手くいっているというエピソードが紹介された．自分と子どものみではなく，地域の似たような障害を持つ仲間たちが集まって来る．安心して共に仕事や楽しみを分かち合える場を仲間たちに提供できる．良いことばかりですよと熱心に勧めてくださった．私は，素直にそれができたらなんて素敵なのだろうと感動した．

しかし家族会の役員の方は皆忙しい．会自体は従来の方法でとてもうまく回っているので，今更やり方を変える必要がない．新宿フレンズ会長の岡嵜清二さんは「それなら若い金子さんがやればいいじゃないですか．僕が手伝うから」と背中を押してくれた．昭和28年生まれの私は決して若くはないのだが．

VII 場所探しに苦労する

「まずは場所を確保してください」と，ノウハウを教えてくれた先輩に真っ先に言われていた．しかし，物件を探すのがこんなに困難だとは予想だにしなかった．不動産屋は発達障害とか精神障害と聞くと取り合ってもくれないのが普通だった．隠して始めるわけにはいかないが，どんなことに使ってもいいと言われた物件ですら，精神障害や発達障害というと，それだけはだめ，と断られ何度もがっかりした．

そんな時インターネットの不動産情報で偶然理想的な物件が目に止まった．『事務所店舗可』と書いてある．翌日現地で待ち合わせた不動産屋さんは笑顔の人で安心した．外国人向けのゲストハウスが入っているビルで，私たちにぴったりの多文化共生を実行している建物だった．「発達障害をご存じですか？ 私自身も発達障害の当事者なんです．発達障害の人たちが集まる場所をつくりたいのです」といつものように説明すると，にこにこ頷きながら聞いていた不動産屋さんは「それはいいことを始めますね．応援しますよ」とまで言ってくれた．大家さんも理解のあるすてきなご夫婦ですぐに打ち解けることができた．ああ，やっと場所を確保できた，そんな感無量の出会いだった．

VIII Neccoのお披露目会

2010年11月に50平米余りの場所が確保された．まだ何もない部屋をどうしていこうか，毎日当事者の仲間が集まってきて話し合いが続い

た。とりあえず12月1日にお披露目会を企画しそれを目標に備品を揃えた。お披露目会には50人以上が駆けつけて皆で喜び合った。人が入りきれなくて外にも溢れていた。

その後新宿区に活動をサポートしてもらうために相談したところ、就労継続支援B型事業所なら許可できるというアドバイスを受けた。しかし、それはハードルが高すぎ、そもそも確保した場所の面積もB型にするには狭すぎた。困っていたら、新宿フレンズでかつて講演をしてくださった元・全国精神障害者家族会連合会の滝沢武久先生がB型にするサポートを引き受けてくださった。その途端に、信じられないことに、上の階の事務所が引っ越していき、さらに2010年12月の暮れに国会で障害者自立支援法のなかに、「発達障害も障害と認める」との一文が入ったのだ。世の中にこんな偶然が続くものであろうか。これは神様が手を貸してくれているかのように思えた。

IX 「ゆあフレンズ」

翌年になり、上の階の事務所を借り、2階の店舗もカフェにしようと話が進んでいった。その後4月に一般社団法人を作り、9月から就労継続支援B型事業所「ゆあフレンズ」が始まった。同時にNeccoカフェもオープンしたのである。

事業所の運営規定には管理者1名、サービス管理責任者1名、職業指導員1名、生活支援員1名がそれぞれ常勤で必要とある。私たちはスタッフも当事者なので、人員配置は通常より多く置いた。特にカフェには人手が必要なのでシフトを手厚くしている。発達障害の人の特徴は、とにかく疲れやすいことである。気分も体調も波がある。感覚も超過敏と超鈍麻を持ち合わせている。できる限り環境には配慮していることと、無理をさせないことなど、スタッフのみならず、利用者のことも大切に考えている姿勢にかわりはない。皆一人ずつ障害の状態は違うが、疲れ感、困り感は共有できる。その点を許容しながら助け合っていけば最高のピアサポートができると確信している。我々はできること・できないことに偏りがある。一人で一人前のことができなくても、何人かで協力し合えば一人前以上の素晴らしい結果を必ずや残せるはずである。

X おわりに

こうして、幸運な偶然が重なり続け、日本初の「発達障害者の発達障害者による発達障害者のための居場所」はスタートを切った。今ではまるで発達障害の名所のようになり、全国からのお客様が連日のようにやってくる。

私たちは初心をいつも忘れない。孤独だったあの頃の気持ちを。共感できる相手が欲しかった、わかってくれる人と話したかった、誰もが居場所を求めていたあの時のことを。

だからNeccoは土日も祝日も休みなしでオープンしていて、平日仕事のある人にも、地方から来てくれる人にも、訪ねてくれた人に悲しい思いをさせず、初めてのお客様にほっとしてもらえるように、そして誰も排除しないことをコンセプトに掲げている。

Neccoカフェのコーヒーは生豆から焙煎して一杯ずつ丁寧に心を込めて淹れている。お客様の喉にも心にも沁みる自信作で、温かい会話とコーヒーを提供している。

「ゆあフレンズ」は東京都の指定を失った。しかし、そのことを知った方々から心配の声や励ましの声が毎日届くようになった。講演依頼も当初は断られたが、しばらくすると逆に増えるようになってきた。「ゆあフレンズ」は終了になったが、Neccoはカフェもフリースペースもイベントもやめる訳にはいかない。ここを必要とする人がいる限り、今まで通りの営業を続け居場所を守っていくつもりでいる。

◆文献

司馬理英子（1997）のび太・ジャイアン症候群——いじめっ子，いじめられっ子は同じ心の病が原因だった．主婦の友社．

サリ・ソルデン［ニキ・リンコ 訳］（2001）片づけられない女たち．WAVE出版．

◉当事者研究

発達障害当事者研究
目的と現実をつなぐ知識を求めて

綾屋紗月

I 「困りごと」は当事者研究の原動力

1 「誰が」「何に」困っているのか

　私は2006年から発達障害当事者として自身の当事者研究に取り組み，2011年からは当事者研究会を主催し，発達障害の仲間とともに当事者研究を続けている。すると時々，支援者や家族から「当事者研究をやらせるにはどうすればいいか」といった質問を投げかけられることがある。また当事者から「当事者研究をやりたいが何を研究すればいいか」と問われることもある。このとき私は，当事者研究の原動力である「困りごと」や「苦労」はどこにあるのか，を問い返すことになる。

　「当事者研究は，症状，服薬，生活上の課題，人間関係，仕事などのさまざまな苦労を，自分が苦労の主人公——当事者——となって，自ら主体的に『研究しよう！』と取り組み，従来とは違った視点や切り口でアプローチしていくことによって起きてくる困難を解消し，暮らしやすさを模索していこうというもの」（べてるしあわせ研究所・向谷地，2009，p.13）である。この「主人公・当事者・主体的」という言葉についてさらにわかりやすく言えば，「当事者研究の一番の特徴は，自分のかかえる苦労への対処を専門職や家族に丸投げしたり，あきらめたりするのではなく，自分らしい苦労の取戻しを通じて『苦労の主役』になろうとするところ」（同，p.20）にある，ということになる。つまり，当事者研究は，誰かにやらせるものでも，やらされるものでもなく，困りごとを抱えている本人が自ら取り組む点が醍醐味だと言えよう。よって1つ目の質問には，「誰かに困らされているあなた自身が，自分の困りごとの研究をしてみては？」とお答えすることになる。

　また，研究はしたいが何を研究してよいのかわからない場合は，困りごとが「特にない」か「あるけれどうまく自覚できていない」可能性がある。いずれにしても，当事者研究の研究テーマは，誰かに与えるものでも，与えられるものでもなく，自らのなかに「困りごと」や「苦労」としてすでに存在しているものなので，2つ目の質問には，「困りごとが見当たらないのであれば，仲間の当事者研究に協力してみると，これまで自分一人では気づかなかった自分のなかの困りごとに気づくかもしれません」とお答えすることになる。

2 「困りごと」とは現実と目的が離れてしまうこと

　このように当事者研究とは，困りごとを抱えている本人が仲間とともに研究に取り組むものである。では，そもそも「困りごと」とは何だろう。たとえば，食べたり休んだり，適度に健康を保てる作業や運動に取り組もうとしたりと，身体が恒常性を維持するために内側から湧き上がる「欲求」や，自分の身体に適しているかどうかにかかわらず，社会との相互作用のなかでインストールされた「欲望」など，「こうあるべき」「こうなりたい」「こうしたい」といった目

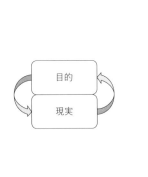

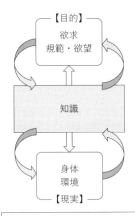

【A. 困りごとがない状態】
等身大の目的と現実が循環しており、目的と現実に差がない。
「思い通りに進んでいる」と感じる。

【B. 困りごとがある状態】
何らかの理由で目的と現実が離れている。
「期待や予測通りではない」と感じる。

【C. 困りごとと共に生きる】
離れてしまった目的と現実の間に知識を置くことで再び目的と現実が循環する。

図1 「目的」と「現実」の乖離を埋める「知識」

標，理念，価値などを，ここではまとめて「目的」と呼ぶとすると，その目的と現在かかえている実態に差がなければ，人々は思い通りに現実が進んでいるととらえ，「困っている」とは感じないはずである（図1-A）。しかし，目的と現実に差が生じ，期待や予測通りに事態が進まないとき，人々はそれを「困りごと」「苦労」としてとらえるであろう。つまり「困りごと」とは現実と目的が離れてしまった状態である（図1-B）。そして，このように離れてしまった目的と現実の間を，自分や環境についての知識を整理することで埋めようとする行為が，当事者研究だと言える（図1-C）。知識は，現実から目的にいたる道順や，その途中にある標識を示して，両者をつなぐ役割を果たしてくれる。そのため，もし知識によって道順に関する見通しが得られていれば，人はある程度，困りごとがあっても持ちこたえられるのではないかと思われる。

なお，「困りごとがある」ということは，すなわち，「期待や予測の結果としての目的を必ず持っている」ということを，ここで強調しておきたい。

II 「目的−知識−現実」の循環の難しさ

さて，当事者研究がすんなりと目的と現実の間を埋めて，困りごとがない状態にしてくれるかというと，事はそう簡単ではない。たとえば知識と現実の循環が難しいタイプの場合，日常を生きる自分自身の現実のデータの取得が乏しくなるので，たとえば，「こんなにひどくなる前に，体調の異変を感じなかったの？」と問いたくなるくらい病気や傷を悪化させてしまうケースがある。また，あとから事実確認をしようとしたときにその人のなかに情報がなく，「ほんとに聞いてた？」と聞きたくなるケースなどもある。そこから派生する状況としては，取得できなかったデータを想像で補って話すため「適当な嘘をつくな！」と思われてしまうケース，かつて他者が言ったことなのか自分がいま考えたことなのか判別しづらく，「それはあなたがいま思いついたことじゃなくて，この前○○さんが話していたこと

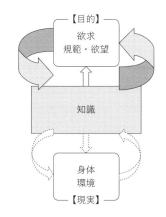

図2 知識と現実の循環が難しいタイプ

の受け売りだよね」と指摘されるケースなども出てくる。一方、それなりに現実のデータが取得できていれば、世間の定める「こうあるべき」という規範や欲望を、その人固有の身体や置かれている環境と照らし合わせながら吟味できるので、社会的な目的（規範・欲望）と自分との間に一定の距離を置くことが可能である。しかし、現実のデータを取得しづらいタイプの場合、自分の身体・環境と社会的な目的とのすり合わせが少ない分、良く言えば素直に、悪く言えば頑なに、多数派の規範や欲望を絶対的なものとして鵜呑みにしがちになる（図2）。

逆に知識と現実は人並み以上に循環しているが、目的とは循環しづらいタイプの場合、具体性のある現実のデータはあふれるほど記憶していても、その知識をもとに、「次はこうする」「明日からこう生活していく」といった具体的な目的につなげるのが難しい、というパターンとなって現れることがある（私個人はそちらのパターンだと言える（綾屋・熊谷、2008））。しかし2011年に当事者研究会を始めた際に直面した問題は、先に述べた、知識が現実と循環していないことのほうだった。発達障害当事者同士で当事者研究を進めるにあたって、研究素材となる我々の現実を言い当てる言葉が、あまりにも不足していたのである。参加者の語りからは「どうすれば結婚できるのか」「なぜ就労できないのか」という困りごとが少なからず聞かれた。しかし、自身がどのような身体を持っており、現在自分がどのような環境に置かれているのかといった知識が少ない場合、生身の人間として存在しえないマンガのキャラクターのような配偶者の条件を列挙したり、団塊世代が置かれていた社会経済的な状況でしか実現しえなかったライフスタイルを求めたりするなど、現実から乖離して肥大した欲望を語ってしまうことがわかってきたのである。

そこでまずは、目的ありきの「困りごと」を研究することを一度保留し、私たちの現実を具体的に記すデータベースづくりを中心に当事者研究会を進めていくことにした。たとえば「こだわりが強いってどんな感じ？」「片づけられないのはどんな時？」というように、具体的な身体や環境について語りやすいテーマを毎回設定した。さらに、それについて対話するのではなく、一人ひとりが仲間のなかでモノローグ的に自分の経験を語っていく「言いっぱなし聞きっぱなし」スタイルでデータを収集していった。

研究会を始めて丸3年が経った2014年現在、参加者が共有できるデータベースができ、また、現実の身体や環境を具体的に語れる「場」も育ってきたので、4年目の課題として、この8月からようやく、目的と循環する「困りごと」について研究するチャレンジを始めている。

III 他者とのつながれなさ
―― 言葉の持つ2つの側面のすれ違い

ここまで個人レベルにおける「目的－知識－現実」の循環について述べてきたが、この循環を他者と共有しようとすると、どうなるだろう

か。当然，個人の特性が他者との関係に反映されるので，「目的－知識－現実」の循環の特徴に先述のような多様性があるならば，集団においてはその組み合わせの数だけ，膨大なすれ違いが生じることになる。

一人ひとりが「目的－知識－現実」の循環を持ち，複数の人々の間でそれを共有しようとするとき，言葉の果たす役割は大きい。言葉による知識の交換を行うことによって，目的と現実のそれぞれを他者のそれとすり合わせ，更新していくことが，困りごとを抱えたままでも生きていける状態へと導いていく。当事者研究のキャッチフレーズのひとつに「一人ひとりでともに」というものがあるのも，言葉による他者との知識の交換がなければ，知識の更新が得られないからだと考えられる。

しかしこの「言葉」なる道具も一筋縄ではいかない厄介な代物である。なぜなら言葉の機能には「現実を記述する機能」と「相手に目的を強いる機能」という2つの側面があるからだ。

私の経験談で言えば，幼少期，キャンディ・キャンディのキャラクターハンカチが欲しいとねだったのだが，母親が買ってきたのは類似した別キャラクターだと私には思われた。真偽のほどを確かめるために，「これはキャンディ・キャンディなの？」と尋ねたところ，母親はイライラした口調でぴしゃりと「キャンディ・キャンディよ！」と言い放った。ここで私は母親からの「黙れ，これ以上聞くな」という命令を感受し，それ以降しつこく聞くことはしなかった。しかし私のなかにはその後，「どうしても違うように思われる」「私の感覚が間違っているのだろうか」という悩みが何十年もぐるぐると渦巻くことになった。これは二者間において「黙れ」という目的は共有したが，「キャンディ・キャンディか否か」という現実は共有できなかった例だと言える[注1]（図3-A）。

一方で，クラスの女子同士の，「この前そこのコンビニに入ろうとしたらさ」「えー，あそこは

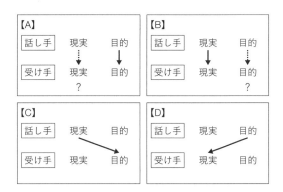

図3　言葉によるすれ違いのパターン

やめたほうがいいよー」「でも限定品があるの，あそこだけなんだよねー」「え，まじでー？」と延々と続く会話において，私は単語1つひとつの意味も，話している内容もわかるのだが，一体どんな目的を共有して，そんなに楽しそうに話しているのかは，いまもって謎のままである。こちらのケースは，現実は共有したが，目的は共有できていない例であろう（図3-B）。

以上は，言葉が持つ2つの機能のうち，一方だけしか共有できないすれ違いの例だったが，ほかにも，これら2つの機能が交差してしまうすれ違いが思い当たる。たとえば，話し手は「現実を記述する機能」で言葉を発しているにもかかわらず，受け手が「相手に目的を強いる機能」で受け取る例としては，「今日は都合が悪いからまた来週ね」という言葉に対し，「実は私のことが嫌いで，もう来るなと言われているのかもしれない」と被害妄想的に相手からの命令を読み込み，不安になって具合を悪くするケースがあるだろう（図3-C）。

逆に「相手に目的を強いる機能」として用いた言葉を，「現実を記述する機能」として受け取ったことによる齟齬の例としては，片づいていない子ども部屋を見た母親がイライラしなが

[注1] 今回ネット検索したところ，やはりキャラクターは別物で，ポスト・キャンディをねらった「プティアンジェ」というキャラクターだった。

ら「ちらかってるわね」と言うのに対し，子どもがゲームをしながら「そうだね」と言う，といった状況が思いつく。その直後に母親が「そうだね，じゃないでしょ！ さっさと片づけなさい！」と声を荒げる様子が目に浮かぶ。これは，母親が「ちらかってるわね」という言葉によって「片づける」という目的を子どもに強いたにもかかわらず，子どもは単に現実の記述として受け取った，というすれ違いである（図3-D）。このケースは，一般的に発達障害者の「コミュニケーション障害」とされているパターンのひとつであり，通俗的に「字義通りにとらえる」「言葉の裏が読めない」といった言葉で表現されているので，聞いたことのある方も多いだろう。

IV 多数派／少数派の視点で見えてくる個体内の循環不全の原因

本稿において私は，①現実と目的が離れ，困りごとを抱えてしまうこと，②知識で目的と現実の間を埋めようとしても「目的−知識−現実」の循環の難しさを抱えてしまうこと，③言葉が持つ2つの機能である「現実を記述する機能」と「相手に目的を強いる機能」においてすれ違いを抱えてしまうこと，について述べてきた。しかしこれらのことを「発達障害者の生まれもった特性であり，変えられない部分としての障害である」と考えるのは早計だろう。

我々が住むこの社会は，多数派の身体の在り方や欲求に合わせて，規範・欲望・知識・環境がデザインされている。したがって，そのなかに住む少数派は，自分の身体・欲求に合わない多数派のデザインに包囲され，しかもそのデザインを把握しきれないまま過ごすしかなくなる。そのように考えると，個体内における「目的−知識−現実」の循環不全は，少数派の身体・欲求のデザインにフィットしない，多数派向けのデザインを無理やりねじこまれたことによってこそ，引き起こされている可能性も否定できない（図4）。

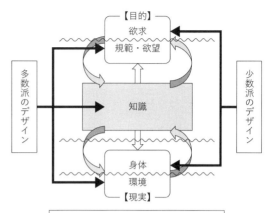

図4　2つのデザインの衝突と循環不全

波線は多数派のデザインと少数派のデザインが衝突し，個体内の循環不全を起こす場所。

以上のように考えると，当事者研究は，多数派向けのデザインを一度脇に置き，個々の等身大の身体や欲求に根差した新たな規範・欲望・知識・環境を，仲間とともに生成し，再構築していくことを目指しているのだと言うこともできるだろう。

◎謝辞

本研究は第44回（平成25年度）三菱財団社会福祉助成および文部科学省科学研究費補助金新学術領域研究「構成論的発達科学」（No.24119006）の助成を受けた。

◆文献

綾屋紗月，熊谷晋一郎（2008）発達障害当事者研究――ゆっくりていねいにつながりたい．医学書院．

べてるしあわせ研究所，向谷地生良（2009）レッツ！ 当事者研究1．NPO法人地域精神保健福祉機構・コンボ．

●当事者研究

発達障害当事者研究
当事者サポーターの視点から

熊谷晋一郎

I 問題の所在

障害学では，しばしば障害をインペアメント（impairment）とディスアビリティ（disability）の2種類に分類する。インペアメントとは多数派と異なる身体特徴のことであり，ディスアビリティとは，多数派向けにデザインされた人為的環境と，インペアメントを持った身体との間に生じた齟齬のことである。例えば，エレベーターが設置されていない映画館では，車いす利用者は映画を楽しむことができない。このとき，関節の可動範囲や身体運動の仕方の面で多数派と異なるその人の身体特徴がインペアメントであり，「映画を楽しめないこと」がディスアビリティに相当する。ここで重要なのは，ディスアビリティを解決するためには，医学的な方法によってインペアメントを除去し，身体を映画館のデザインに適応させる以外に，少数派の身体に映画館のデザインを適合させる方法があるという点である。バリアフリーやユニバーサル・デザインと呼ばれる考え方は，後者の方向性を目指すものだと言える。

多数派向けにデザインされているのは映画館だけではない。わたしたちの社会が共有している知識や言語，規範や欲望も，多数派に合うようにデザインされていると思われる。

実際，同じ世界に生きていても，事象をどのようにカテゴリー化するかについては個人差があるが，認知言語学によれば，多数派のカテゴリー化水準を短文で効率よく表現できるように自然言語はデザインされている（Taylor, 2004）。それが事実なら，自分の経験を他者と共有するための語彙を自然言語のなかから調達できない少数派がいても不思議ではない。

また，どの事象に価値を付与し，どれを忌避の対象にするかといった価値づけの仕方も，元をたどれば身体の恒常性を保とうとする「欲求」が重要な動因となっていると考えられるが，身体が異なれば欲求の向かう先も異なりうる。社会神経科学によれば，社会が共有する欲望や規範は，多数派の身体が求める欲求に突き動かされつつ，同時に互いの欲求が衝突せず協働していくように交通整理していくなかで，一つの平衡状態として実現されている可能性がある（Frith, 2012）。だとすれば，社会の欲望・規範と自分固有の欲求との折り合いがつかない少数派が生じることも理解できる。

一人だけではその実在を十分に確信できない事象について，人々は，言語を介した明示的コミュニケーションを行うことで確信度を高めていく（Frith, 2012）。逆に言えば，自分の経験を他者と共有するための言語を持たない少数派の場合，自らが見聞きしている世界が，本当に実在しているかどうかさえ自信が持てなくなるかもしれない（綾屋・熊谷, 2010）。また，欲求と，欲望・規範との間に齟齬があると，自分の過去を何度もネガティブに思い起こす反芻傾向が生じやすくなると言われているが（Thomsen et al., 2011），身体の求める欲求と社会によって水路付けられた欲望・規範との間に深刻な齟齬

が生じている少数派の場合，反芻回路から抜け出しがたくなったとしても無理はない（綾屋，2011，2013）。

当事者研究とは，類似した身体や経験を持つ当事者が協力し合って，自分の経験や欲求に根差した知識・言語・規範・欲望を，他者と部分的に共有しながら生成していく実践である。北海道の浦河にある「べてるの家」において，精神障害を持った人々の間で始まった当事者研究は，現在では依存症，認知症，発達障害など，さまざまな当事者団体で注目され，広まりつつある（石原，2013）。当事者が行う自助活動にはさまざまなものがあるが，当事者研究の新規性は「研究」という枠組みを前面に押し出したところにあると言えるだろう。本稿では，そもそも研究とはどのような営みかという視点から，当事者研究について考えてみる。

II　真理と回復──当事者研究の理論

研究とはさしあたり，真なる知識を得ようとする実践ということができる。宇宙物理学は宇宙に関する真なる知識を探究し，社会学は社会的事実に関する真なる知識を探究する，というように，それぞれの研究分野は，研究対象の違いによっても区別することができる。では当事者研究は，何を対象にした真なる知識を得ようとする実践だろうか。本稿ではこの問いに対して，以下のような仮定を置くことにする。

1　仮定1：当事者研究とは，自己の経験やその記憶に関する，真なる知識を得ようとする実践である

先行研究では，自己の経験に関する知識の総体である自伝的知識基盤（Autobiographical knowledge base：AKB）や，そのつど想起された自分の経験に関する記憶である自伝的記憶（Autobiographical memory：AM）をキーワードにした一連の研究蓄積がある（Conway, 2005）。心理学者のConway（2015）によると，AKBやAMの性質は，哲学のなかで主張されてきた2つの真理論（知識体系の内的な整合性が保たれているときにそれらの知識が真理とみなされるという「整合説」と，知識内容と事実との対応が保たれているときにその知識が真理とみなされるという「対応説」）の区別を用いて説明されるという。

人間のAKBは，欲求・欲望・規範といった目的論的構造を維持できるように，書き換えられたり，歪められたり，時には捏造さえされたりする。Conwayはこのような記憶の性質を，自己整合性（self-coherence）と呼んだ。自己整合性は，記憶の符号化，想起，および再符号化のすべての段階で強く作用すると言われている。

他方，整合性の力に拮抗する性質として，知識の内容が事実に対応していなくてはならないという要求がある。ただし，各瞬間の詳細な記録を維持し続けると，容量および検索の面で負荷が大きくなるため，詳細な記録は短時間でアクセスが抑制され，長期的目標に資するものだけが長期記憶に保存される。

Conwayのモデルによると，長期記憶として保存されているAKBの構造は，抽象的な概念やナラティブによって表象される「自伝的知識（Autobiographical knowledge）」と，具体的な感覚運動レベルで表象される「エピソード記憶（Episodic memories）」という2つの異なるサブシステムからできあがっている。前者は自己整合性を優先して構築されるが，後者はいったん短期的に現実対応を優先して構築されたのちに，自己整合性の条件をも満たすもののみ長期記憶になる。こうして2つの記憶システムがうまく結合されたときに，AKBは自己整合性と現実対応の両条件を満たすようになる。

以上のConwayのモデルを，AKB以外の知識にも拡張することで，以下のような2つ目の仮定を置くことにする。

2 仮定2：人間の脳神経系は，真理を反映した知識を構築・維持・更新する機構を備えている

ここで，真理という概念をもう少し明確にしておく必要がある。真理を巡る哲学的な議論（真理論）のなかでは，ある命題的知識が真であるか偽であるかが何によって決められるのかについて，議論が重ねられてきた。表1は，その議論のなかで有力とされてきた4つの説を簡単に列挙したものである。また，詳細は省略するが，近年の神経科学や脳科学の知見をふまえて，4つの真理条件を構築・維持・更新する神経基盤に関して推定を行ったものが，図1・2になる（熊谷，2014）。

冒頭で述べたように，多数派の身体・欲求に合わせてデザインされた知識しか調達できない少数派は，4条件からの逸脱を余儀なくされ，そのことが後述のようにさまざまな苦悩を引き起こしている可能性がある。だとすれば，少数派固有の経験や欲求に根差した真なる（4つの条件を満たす）知識を，部分的に他者と共有しつつ生成していく実践である「研究」が，苦悩の緩和にもまた役に立つかもしれない。

AKBの真理性への信憑が失われることによる苦悩と痛み，そして研究によるそこからの回復について説明するために，女性薬物依存症者の回復を支援する自助グループ「ダルク女性ハウス」によって行われた当事者研究を紹介することにしよう。この研究では，シラフになった後襲ってくる身体の症状について仲間同士で語り合い，その成果を『Don't you?』という一冊の美しい本にまとめた（ダルク女性ハウス当事者研究チーム，2009）。これを読んでいると，薬物をやめた後の苦労の多くが，シラフという新しい体を受け入れていく過程で生じる，身体的な痛みにまつわるものだとわかる。

彼女らの多くはそれまで，「痛い」と感じてまわりの大人に話しても，相手にされなかったり逆に落ち度を責められたりしてきた。このことは，痛みを感じているという経験が，合意条件

表1 真理論における4つの説

整合説（coherence）
　すでに獲得された知識体系と，新しく獲得された知識を関連づけ，新しい知識が知識体系と整合的な場合に，知識が真理であるとする説である（mechanistically coherent）。

対応説（correspondence）
　知識（思惟）と現実（事物：res）が一致ないし対応している知識が真理であるとする説である。

合意説（consensus）
　複数の人々の間で合意された知識を真理であるとする説である。対応説では，知識以前にあらかじめ現実というものが存在しているという前提に立っているが，そのような現実の存在を保障できる根拠はどこにもない。実際は，複数の主観的知識の内容が一致することで，その知識が現実であるとみなされるにすぎないという考え方である。
　このことは，真理が合議的な手続きによって判定されるということを意味するが，それは同時に，多数派とは異なる主観的経験の構造を持った少数派の知識が，真理条件を満たしにくくなる可能性を示唆する。当事者研究では，類似した経験構造の持ち主同士による民主的手続きに基づく知識構築が目指される。

有用説（cost-benefit）
　生にとって実用的な知識を真理であるとする説である。目的論的な整合性（teleological coherence）を持った知識と言い換えることもできる。有用な（目的と整合性のある）知識は，何度も利用され，その知識はそのたびごとに，use-dependentに強化される。
　整合性，現実対応，合意，有用性を追求していけば，知識の総量は詳細かつ膨大になり，知識を獲得・維持・検索するのにcostがかかる。benefitとcostの両方を考慮に入れると，詳細度を犠牲にしてでも，抽象レベルのカテゴリーに知識を縮減する必要が出てくる。

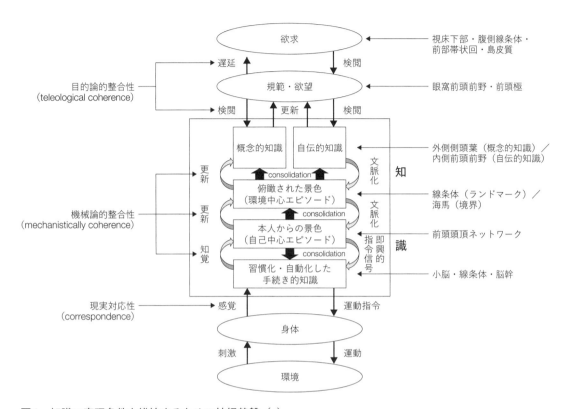

図1　知識の真理条件を維持するための神経基盤（a）
固有の感覚運動的特徴を持った「身体」，ある状態がより好ましいという価値を指定する「欲求」，そして「環境」の相互作用によって，〈知識〉や〈規範・欲望〉が構築される様子

欲求と現実の身体状況との間に乖離が生じると，前頭頭頂ネットワーク（FPCN）と皮質下の自動運動制御系（小脳・線条体・脳幹）の制御の下で，環境に志向した探索運動が引き起こされ，その過程は現実対応性の高い「本人からの景色（作業記憶）」として短期的に記録される。この記録は反復や徐派睡眠時のsystem consolidationによって，海馬依存的に抽象化・離散化され，既存の明示的知識（概念的知識や自伝的知識）と整合的な長期記憶に変換されたり（機械論的整合性），自動化された手続き的知識に変換される。短期作業記憶のうち，どの部分をどの粒度で長期の明示的知識に変換するかは，当該の知識が欲求の実現にとって有用なものかどうかという検閲を受けて行われるため（目的論的整合性），その過程で，欲求実現に寄与する状態や行動の離散的表象が欲望・規範として登録される。つまり，欲望・規範は，欲求と知識の双方に拘束されている。

を満たされてこなかった状態ということができる。それゆえに，どのくらいの痛みなら「痛い」と言っていいのかさえわからないという。ダルク女性ハウス代表の上岡も，「実はみんな想像を絶するレベルで身体の感覚がわからなくなっています」（上岡・大嶋，2010）と述べるほど，彼女らの自己身体のイメージは混沌としている。その結果，「アルコールや薬が止まって身体の存在を感じるようになり，いちいち痛みに驚きおののき，その都度のちょっとした身体の変化にびびって」しまう不確実性の高い日常を過ごすことになるのだ。この身体的な痛みは，薬物使用や再使用のきっかけになる（上岡・大嶋，2010）。

したがって薬物をやめた後には，類似した体験を持つ仲間とともに（合意性），痛めつけてき

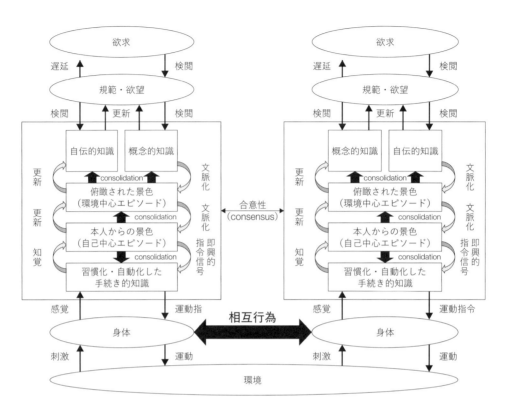

図2 知識の真理条件を維持するための神経基盤（b）
複数の身体の相互行為によって，互いの知識や欲望・規範がすりあわされていく様子

ある程度類似した身体や欲求を持っていれば，「こういう運動指令を出すと，こういう感覚入力が戻ってくる」「こういう欲求状態のときにはこういう振る舞いが出現する」という対応パターン（身体図式）も互いに似通ってくる。そこに，自己中心座標系の回転によるメンタル・ローテーションや環境中心座標系による視点取得をあわせることで，他者の行為に関する感覚情報から，他者の直近の運動指令（短期的意図）や欲求状態，他者からの景色が推論できる（同定あるいは非明示的メンタライジング）。さらに，他者の行為をより広い時空間的文脈に置いて，その行為の背景にある長期的な理由や目的を推測（帰属）するには，概念的知識や自伝的知識といった明示的知識のすりあわせ（合意説の条件）も必要になるが，言語などの明示的記号の交換は，このすりあわせにおいて重要な役割を果たす（明示的メンタライジング）。

た自分の身体の声を聞き（現実対応性），身体の反応や変化がどのような規則性を持っているかを考え（機械論的整合性），薬物以外の方法で生身の身体とつきあう方法を模索していく作業が欠かせない（目的論的整合性）。

III　知識の更新──当事者研究の方法

　薬物依存症を持つ人々の多くが，心的外傷後ストレス障害（Post-traumatic stress disorder：PTSD）に罹患していることも，よく知られている。PTSDとは，トラウマ的な出来事によって引き起こされた，再体験，回避行動，感情鈍麻，過覚醒を特徴とする重大な疾患である。一般にトラウマとは，自分や世界がこうなってほしい，こうなるべきだという「期待」や，こうなるだろうという「予測」を，大きく侵害する想定外の出来事の知覚や記憶と言えるだろう。それは言い換えれば，AKBをはじめとした知識体系の真理性を揺るがすようなエピソードの侵

入を意味する。

このようなエピソードを検出したときに，旧来の知識はそのままに，薬物使用による刹那的な鎮痛へ向かうのか，それとも知識の更新と信憑の回復に向かうのか。ダルク女性ハウスの当事者研究は，後者の方法の重要性と困難さを伝えている。当事者研究の枠組みでは，フラッシュバックを惹起するとも限らない世界のなかを，つねに動き，情報を得て，身体や環境についての知識を更新させ続けることで，知識の真理性を高めていくことが要求される。これは，当事者研究を始めたばかりの当事者にとっては大きな挑戦である。上岡は言う。

> それなりに変化していくことを受け入れてみんな生きていますよね。でも依存症の私たちって，変化したくないんです。不安だから今日のままでいたい。幸せであるほど，この一瞬や人間関係が永遠に続いてほしい。今日の友達のままで，今日の夫との関係のままで，親友ともこのままでいたいと何十年も真剣に思っている人たちです。薬物を使うと時が止まったかのようになるのですが，まさにそれを求めて薬物を使うわけです。（上岡・大嶋，2010，pp.62-63）

こうした知識更新の難しさをふまえたうえで，4条件を満たすようなAKB構築を実現するために，当事者研究はどのような方法をとるべきかについて考えなくてはならない。表2は，現在行われているさまざまな方法の共通項である。

問題とは，規範・欲望といった目的論的な構造があってはじめて生じるものである。①の段階は，日常実践のなかで問題を抱えた個人が，その問題を生み出している目的論的整合性条件を弱め，現実対応性条件を優位にすることを意味する。②の段階は，仲間と共にその問題が発生する規則性についての仮説を考えることで，機械論的整合性条件や，合意性条件を優位にし

表2 当事者研究の方法

①〈問題〉と人との切り離し作業を行うことで，「〈問題を抱える自分〉を離れた場所から眺める自分」という二重性を確保する。
②苦労の規則性や反復の構造を明らかにし，起きている〈問題〉の「可能性」や「意味」を共有する。
③自分の助け方や守り方の具体的な方法を考え，場面を作って練習する。
④結果の検証と研究成果のデータベース化。

ていくステップと言えるだろう。そして対処法を実験的に探りながら検証していく③の段階は，②で得られた仮説的知識の現実対応性条件を補強する段階である。またその段階で，当初持っていたものとは異なる目的論構造（規範・欲望）が再構築される場合もありうる。そして最後の④の段階は，新しく獲得された知識を，研究コミュニティが共有するデータベースに登録することで，合意性条件を補強するものと言えるだろう。このように，当事者研究の方法は，少しでも4つの条件を満たすAKBを生成できるように組織化されているとみなすことができる。

発達障害者による当事者研究会を主宰している綾屋は，エスノメソドロジー・会話分析や，自伝的記憶研究，質問紙票調査の手法を組み合わせて，研究会の場面がどのように組織されており，研究会への参加によって個々のメンバーの語りの内容や，反芻傾向，発達障害特性がどのように影響を受けるかについて，検討を始めている。

IV 当事者研究におけるサポートとは

当事者研究においては，当事者とサポーターの区別はあいまいである。Aさんの研究をBさんが支援した直後に，Bさんの研究をAさんが支援するというような役割交代が常である。合意説をふまえれば，研究には他者が必要不可欠であることは自明であり，誰もが共同研究者と

して,互いの研究を支援している。相手がどのような世界を生きており,自分の生きている世界をどうしたら伝えられるか,自分の経験にはどのようなパターンが隠れているか,そのパターンは可変なものなのか不変なものなのか,相手のパターンと自分のパターンの同じところと違うところはどこなのか,といった知的好奇心に貫かれた実践であり,相手の問題を解決するとか,症状が楽になるように支援しようという態度は比較的薄いと言える。

特定の価値観を自他に押し付けることは,自分にとって都合のいい部分だけを語って問題や弱さを情報公開しないだとか,相手が自らの問題や弱さを公開したときに多数派の価値観のもとで裁くなど,データの取捨選択や解釈にバイアスをかけることにつながるため,研究倫理上好ましくないものである。とくに,支援者として自己規定し,自分の弱さや困難を語ることに禁欲的なものほど,この研究倫理を踏み外しやすくなる。また,常に反証可能性に開かれ続けているという態度も重要であり,自他のパターンについての仮説的知識や価値観を絶対視せずに,常に暫定的なものとして自覚し,日々のエピソードによって検証・更新し続ける態度が要請される。

真理条件と回復との関係,真理と回復を実現する方法論の探索,当事者研究から生み出された仮説の学術研究へのフィードバックなど,残された課題は多い。今後は,こうした課題に応えていくための経験的研究が必要である。

◎謝辞

本研究は文部科学省科学研究費補助金・新学術領域研究「構成論的発達科学」(No.24119006),基盤研究(A)「知のエコロジカル・ターン」(No.24242001),および,基盤研究(B)「精神医学の科学哲学」(No.24300293),基盤研究(C)「自閉症スペクトラム障害児における心の理論の獲得と言語および実行機能の発達との関連」(No.00248270)の助成を受けた。

◆文献

綾屋紗月(2011)痛みの記憶――成長の終わり いまの始まり.現代思想 39 ; 56-70.

綾屋紗月(2013)当事者研究と自己感.In:石原孝二 編:当事者研究の研究.医学書院, pp.217-270.

綾屋紗月,熊谷晋一郎(2010)つながりの作法――同じでもなく違うでもなく.日本放送出版協会.

Conway MA (2005) Memory and the self. Journal of Memory and Language 531 ; 594-628.

ダルク女性ハウス当事者研究チーム(2009)Don't you?〜私もだよ〜からだのことを話してみました.ダルク女性ハウス出版.

Frith CD (2012) The role of metacognition in human social interactions. Philosophical Transactions of the Royal Society B : Biological Sciences 367 ; 2213-2223.

石原孝二(2013)当事者研究の研究.医学書院.

上岡陽江,大嶋栄子(2010)その後の不自由――「嵐」のあとを生きる人たち.医学書院.

熊谷晋一郎(2014)当事者研究に関する理論構築と自閉症スペクトラム障害研究への適用.博士論文.東京大学.

Taylor JR (2004) Linguistic Categorization (Oxford Textbooks in Linguistics). Oxford : Oxford University Press.

Thomsen DK, Tønnesvang J, Schnieber A et al. (2011) Do people ruminate because they haven't digested their goals? : The relations of rumination and reflection to goal internalization and ambivalence. Motivation and Emotion 35 ; 105-117.

Tomasello M (2005) Constructing a Language : A Usage-based Theory of Language Acquisition. Cambridge : Harvard University Press.

◉当事者家族の視点

当事者家族として心理職にわかっていてほしいこと❶

河島淳子

I はじめに

特別支援学校や特別支援学級に重度発達障害の子どもたち全員が通えるようになった。しかし，対応しきれない学校現場では，この子たちは自立活動のみで未学習状態に置かれている。医師も心理職もこの障害に希望をもっていない。この現実が，告知されたときの家族の絶望感となっている。だが本当に絶望的な障害なのだろうか。断じてそうではない。

II 私の子育て

息子は1971年生まれ。言葉の発達の遅れには1歳半で気づき，心痛みながら育てた。やりとり遊びはできず，バギーでの散歩を喜んでいた。発語がなくても乳幼児期の排泄や食事のしつけはできたが母子関係は希薄だった。しかし信頼関係がなかったわけではない。好きな物事は喜んでしたが，指示は通らなかった。3歳頃には固執とパニックがどんどん増し，言語は遅れたままだった。幼児後期（3～6歳）は飛躍的に知的発達が進む時期であり，何とかしなければ知的発達はますます遅れてしまう。4歳の応答しない息子に，背後から手を添えて始めたのが，ひらがな積み木を使った五十音のマッチングと数字100並べのマッチング学習だった。この課題はお気に入りの遊びとなり指示が通るようになった。しかし数概念を獲得するのに何年もかかり，賢そうな外見からは想像もできない深刻な認知機能の障害があった。「社会のなかで心豊かに自由に幸せに生きてほしい」と願って執念で育ててきた息子は今42歳。ひとりで自由に旅行や買い物を楽しみ，地域で生きていける幸せを実感できるまでになっている。責任をもって仕事をし，他者の役に立ち，感謝できる人に育っている。18歳で個別指導を受け始めた洋裁を今も継続し，スーツやコートなどもその仕上げは見事で誇りをもっている。その職人として磨いた手で，教材作りを大いに助けてくれている。

III トモニ療育センターの設立（1994年）

自閉症は親の育て方が悪くて発症するものではないが，その育児が適切でなければ未熟・未発達のまま行動障害を増していく深刻な障害である。当センターには，告知を受けてショック状態の家族や行動障害で困窮した家族が助けを求めてやってくる。心痛みながら療育指導に携わっており，希望があれば定期的個別セッションで，必要な課題学習を心理職と私が直に子どもに実施し，母親が上手に子育てができるように支援している。当センターは，母と子の心の拠り所になっている。

IV 詳細な問診票と行き届いた検査

初回は，母親が詳細に記載した問診票から，生育歴や今の発達の状態，家族の悩みを把握したうえで，一日をかけて，検査者（心理職）が

直接検査と課題学習を実施し，私自身は検査の状況を撮影しながら，同席の両親に，リアルタイムで子どもの実態を把握しながら解説し，問診票に記載された悩みにも応えていく。今まで療育機関で検査不能だったり，大泣きし言葉も通じない多動な子どもにも，譲らないで手をとって検査に導入していくが，子どもは傷ついていない。検査によって障害の実体が浮かびあがり，教育への手がかりと可能性が見えてくると，家族は明るい表情になられる。

言葉の発達状況は予後のバロメーターにはならない。おしゃべりができ普通学級に在籍していても，視覚的判断力が非常に弱い子どももいれば，発語が全くなく理解言語も乏しくても，理論的に考え関係性を理解し，教育の可能性が大いにある最重度自閉症の子どももいる。

検査では，マッチングや分類する力，分類し整理して考える力はあるのか，手指を適切に使って行動できるのか，視覚的な判断力はあるのか，どのくらいの援助が必要か，苦手な課題ではどのように反応するのか，応答することに気づいているのか，表出言語の有無に拘わらず指示の言葉をどのくらい理解できるのか，文字や数字の読み書きはどの程度か，物事を系列的に考えることができるのか，周りの状況を理解できているのか，これらのことを把握していく。

詳細な実態把握後に始める課題学習は，子どもを傷つけず，むしろわかる喜びと安心して学ぶ喜びを与え，勉強好きにさせていく。両親は多いに希望を見出し，元気になる。

V　課題学習──数字100並べは事始め

言葉の指導では生きる力を身につけられない。時計もお金も使えない。どんな子にも手を添えて，まず数字1〜100並べに取り組む。同時に手を添えて運筆で数字の練習をすると，視覚的に弱くなぞりや模倣では書けなかった子どもも手の動きで書けるようになる。ひらがなや漢字

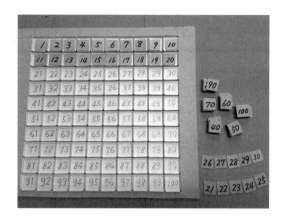

図1　数字100並べとタイル算指導法

も書けるようになり，読み・書き・計算の基本的な学習が加速していく。やがて学習態勢も整い，本格的に教育が可能となる。地域社会で自立して生きるうえで必要となる基本的なこと（基礎概念・数の概念・計算・国語・金銭・時間・重さ・長さ・空間位置・料理・買い物・理科・折り紙・手芸・工作）を課題学習として，学童期・思春期・青年期を通して継続して学ばせていく。私が開発した数字100並べ（図1）と，遠山啓氏の水道方式を自閉症の特性を考慮して改良したタイルによる算数指導法は，低機能自閉症児者から高機能自閉症児者に役立つだけでなく，高度難聴児，健常のきょうだい児（幼児），施設で暮らしている自閉症の人たちにも役立っている。

VI　心を育てるための育児と教育

下記の目標を念頭に置いて，私は母親たちと喜怒哀楽を共にしながら歩んでいる。

①基礎学習と家庭科（料理）技術と職業技術の3種を**同時進行**で獲得させていく。
②早朝マラソン，早朝ウォーキング，山歩き，粗大運動に取り組む。

③手指を磨き熟練させ，将来は職人を目指す。
④基本的生活習慣の確立をする。
⑤コミュニケーション力をつける
⑥心を育て，問題となる行動（行動障害）やパニックを克服する。
⑦社会的に受け入れられる行動や奉仕作業ができるようにする。
⑧余暇を楽しみ，生活を楽しむことができるようにする。

基礎学習と家庭科（料理）技術と職業技術の**3種を同時進行で**獲得させていくと，幼児から青年まで一貫した指導が継続でき，どの子にも生きる力をつけることができる。

表出言語のない重度の自閉症の子どもも，タイル算で，四則計算，分数，小数，文字式，幾何学を学習し，文字の読み書きができ，今では腕時計をして財布を持って買い物をし，楽しんで誇りをもって家事を分担し，家族は幸せになっている。また，行動障害のための薬物服用は不要になっている。

Ⅶ　おわりに

　自閉症の子どもたちは，教育のやりがいがあり，大いなる可能性をもっている子どもたちである。何としても幼児期から課題学習に取り組み学習態勢を整えて就学期を迎えさせたい。幼児期は学齢期である。遊びでは就学には導けない。心理職の方々には家族を救う覚悟で教育の可能性を見いだす発達検査をしていただき，得られた情報を家族や保育士・教師に伝え，生きていくうえで必要な育児と教育を推進していただきたい。そうすれば多くの発達障害の子どもと家族が救われる。心理職の果たす役割は大きい。そんな切なる期待をもって，当事者家族として息子と共に歩んできた軌跡と，トモニ療育センターでの実践を紹介した。

◆文献
服部祥子（1991）精神科医の子育て論．新潮社．
河島淳子（2012）自閉症スペクトラム児のための心を育てる育児と教育．トモニ療育センター．
遠山　啓（1984）わかるさんすうの教え方（小1～6年）．むぎ書房．

◉当事者家族の視点

当事者家族として心理職にわかっていてほしいこと❷
私の受けたカウンセリングで思うこと

森口奈緒美

かつて筆者は拙著『変光星』『平行線』（いずれも絶版だったが，遠見書房より2014年復刊）のなかで，発達障害当事者の一人として自らの学校体験について記したが，当時はまだ発達障害という言葉すらなく，自分のような特性を持つ者への支援は，学校の中でも外でも，そもそもありえないことだった。

例えば，中学校では（例えばいじめなどの）困った問題が生じても，学校の中で相談できるような人たちは先生たちを含めておらず，（拙著にも書いたように）むしろ先生たちがいじめに加担していたものだった。高校に入ってからは比較的良心的な先生に恵まれたものの，障害に対する無理解（当時は時代背景ゆえに仕方のないことだったが）のために，せっかくの先生たちの善意も結局は生かされなかった。そののち学校に行けなくなり校外の相談機関や専門職に頼っても，カウンセラーたちと大喧嘩になり，そのために混乱して精神的に非常に不安定となり，それが学校での不適切行動のトリガーとなり，高校を実質中退同然の状態になったりもした（その詳細については前述『平行線』[遠見書房版，以下同]のpp.74-98を参照）。またその後，不登校支援の関係者や今でいうNPOにも相談しようとしたが，そこでも「手に負えない」「期待のしすぎ」などと言われ，必ずトラブルになったものだった（『平行線』pp.297-299）。

そもそも筆者のような困難を持つ者が誰かに相談するということは，本来はとてもハードルの高いことである。というのは，本人が「困った感」を自覚できていないことがあり，加えて，本人による周りの状況の認識がなかなかうまくいかないこともあり，また「困った感」を本人が自覚している場合でも，どのように他者に助けを求めたらよいのかがわからない場合も多いからである。

このように，自閉症の人はいろんな「困った感」を持っているが，その最大の一つが，コミュニケーションが苦手である，ということである。そしてその困難は，とくに他者に相談する際に顕著になる。さらには，自分の持つ「困った感」を，うまく伝えることができないために，自身の持つ「伝えられなさ」に，本人が苛立ちを感じることもある。だからまず，そのあたりへの支援が必要になる。つまり発達障害当事者たちには「助けを求めるための助け」（メタ助け）が必要ということであり，そのうえで，うまくいくやり方がわからないで困っている本人たちに，「困ったときの現実的な対応の仕方」を教える必要がある。

もう30年前のことになるが，筆者の場合，なぜ相談がうまくいかなかったのか。これには時代や相手が悪かったという以外にも，筆者自身のコミュニケーションのマズさがかなりの程度，関与しているかと思われる。なぜ，マズかったのかというのを客観的に振り返ると，上記拙著で掲げた以外にも，以下の点が考えられると思う。

- 自閉症者自身がカウンセリングを受けるためには，まず，本人自身の持つコミュニケー

ションの問題を解決しなければならないということ。
- また，カウンセラーの側からも，自閉症者の持つコミュニケーションの困難さを理解したうえで，相談者側に歩み寄る必要があるということ。

前者については，本人がカウンセリングを受けるまでに，それに耐えられるだけのコミュニケーション能力を身につけておかなければならないということである。

また後者であるが，これらの他にも，当時はまだカウンセラーの側で，筆者のようなタイプは自閉症として認識されていなかったために，"自閉症"を巡る見解の相違が生じ，互いの信頼関係が崩れたということがあった。それに加え，そのカウンセリングでは，「自閉症は育て方の問題」「母親が悪い」などといった意見との対立が待っており，「いじめ」に関する相談についても，これまた「いじめられる側に問題がある」「いじめられる側の性格がよくなればいじめはなくなる」などという考えでもって対峙された。

これは思い切り筆者の偏見であるが，どうやら筆者の出会ったカウンセラーというものは，1979年という時代のせいもあろうが，自閉症のことにせよ，「いじめ」の問題にせよ，人間関係のことにせよ，あるいは不登校のことにせよ，「育て方が悪い」「あなたの側に問題がある」という答えしか用意していないようでもあった。もし「育て方が悪い」のなら，代わりにどういう育て方がよかったのか。「問題がある」なら，では具体的にどうすればよいのか。もし相手の意見を否定するのであれば，それに代わる考え方を提示することは必要なことだろう。

不登校の相談にしても，「どうやって（高校を）卒業したらいいのか」という筆者の問いに対して，カウンセラーたちは，「じゃあ，学校休めばいいじゃない」と返したが，答えになっていないので，「いかにしたら高校卒業までの間，持続させるか」と問うたところ，そのカウンセラーたちのうちの一人は，「ふーん，急場凌ぎね」と言った（拙著『平行線』p.87）。

このように，相談に来た人を批判するだけで，築き上げるようなアドバイスは何一つできないようであるならば，いったい何のためのカウンセリングなのであろうか。さらには建設的なアドバイスを与える場合でも，それを受け入れるかどうかは，相談者本人の自主性が尊重されてもいいと思うのだがどうだろう。

このように，（前述『平行線』のpp.79-91で詳細を書いたように）筆者がクライエントとなったカウンセリングの現場では，相談者は，最初から悪い人，また嘘を吐いていると決めつけられ，それが前提となって「カウンセリング」が進んでいった。さらに，そのカウンセラーたちとのやりとりのなかで，どんどん険悪になっていく空気を，筆者が和めなければならなかったが，それも無駄だった。

そもそも当時にあって，相談者である筆者は，助けの必要な人としてではなく，詰問と糾弾の対象でしかなかったのである。そのカウンセラーたちは筆者のことを，矯正の対象，また間違った考えを持つ人と見なしていたようだが，むしろできるなら，相談に来るすべての人に対して，疑心暗鬼ではなく，偏見や先入観のない状態で向き合っていただきたかったと願う。

筆者の気持ちとしては，「わかってくれる」などという以前に，もっと相談者のことを信頼してほしかったというのが，その昔，筆者が学生の頃に実際にカウンセラーに対して感じた正直な感想である。少なくとも，もし当時筆者がお世話になったカウンセラーが相談者を信頼していたならば，次のようなありがたいお言葉は，彼らの口から決して出てこなかったように思う。

「なぜ，嘘を吐くの？　はっきりと言いなさい。これは反論じゃないからね。アドバイスなの。正直に言いなさい」

「ごまかして,逃げないで」

「そんなの,自分勝手な人を作るだけよ。これはアドバイスだから,勘違いしないで」

「これは喧嘩じゃないの。私たちは『アドバイス』をしてるの」

◎付記

本稿は以下を初出とする。

森口奈緒美(2003)私の受けたカウンセリングに関する考察.アスペハート 4;28-35.

森口奈緒美(2013)はじめに——推薦にかえて.In:辻井正次:発達障害のある子どもたちの家庭と学校.遠見書房,pp.3-5.

◆文献

森口奈緒美(1996)変光星——ある自閉症者の少女期の回想.飛鳥新社.［遠見書房より2014年再版］

森口奈緒美(2002)平行線——ある自閉症者の青年期の回想.ブレーン出版.［遠見書房より2014年再版］

◉当事者家族の視点

当事者家族として心理職にわかっていてほしいこと❸

明石洋子

I　はじめに

 1975年（3歳のとき），「不幸な子をもつ不幸な親」と嘆いた障害児の親が，変化に富んだ人生を，今楽しんでいる。障害＝不幸と思ったのは，差別や偏見を受け，生きる場が狭まれるから。幸せになるにはどうすればいいか？　同情，差別や偏見が無知・無関心から起こるなら，とにかく知ってもらおう。また「憐れみはいらない。同情を買うような親の行動こそが人権侵害」と当事者から知らされ，まさに目から鱗。「不幸な子をもつ不幸な親」から脱却し，最高の理解者・支援者になろうと決心し，「入所施設以外の生きる場」を模索した。地域のなかに欲しいサービスがないなら，自らつくるしかない。1989年八百屋を業とする地域作業所からスタートし，無認可からNPO法人そして社会福祉法人となって，社会的ネットワークを結びながら，現在，14事業を行い，社会システムを動かす一端を担っている。

 環境整備を模索しながら，わが子に楽しい体験を通じて概念形成させ，意味がわかるように工夫した「選択肢」を提示することで，彼の意志を確認し，生きる力を育んできた。その結果，「医学モデル」（本人の障害に視点をあわせること）ではまったく不可能な「高校・公務員」の道を彼は選んだ。本人の自己決定を尊重して，「前例がないなら前例になるしかない」と支援の輪を広げ（環境を整備する「社会モデル」での実践），彼は高校生にも公務員にもなれた。共感し支援してくださった方々に心より感謝している。このたび，「心理職にわかっていてほしいこと」の原稿を依頼され，41年前の誕生から振り返って，どのような出会いがあり，どのようなかかわりをもち，どのように考え行動したかの事例をいくつかありのままに書き出し，皆様に考えていただきたいと思う。

II　「自己決定が鍵！」と気がついたきっかけについて

 障害児と宣告された今から39年前は，将来わが子が働くことなどありえない，働かせるなんてかわいそうと思っていた。その彼がK市職員としてもう20年以上働いている。専門職の誰もが，彼が一般試験に合格して，しかも20年以上も働き続けられることなど，想像できなかったと思う。逃げ足は早いのに，かけっこはビリ！　なぜ？　私は「意思が働いているときのみ，彼は素晴らしい力を発揮する」と気がついた。ゆえに，意思がどこにあるかを探ることを子育て（教育）の基本に据えた。追いつけないほど全力で疾走するのと同様，自分の意思が働くときは，能力を最大限使って努力をしている彼が今もいる。

 高校や公務員の試験への挑戦も，私が希望すれば，「親のエゴ，高望み，無理強い」と非難されるだろう（実際非難された！）。しかし決めたのは本人。自分で自分の進路を決め，信じられないほど努力して，潜在能力を開花させた。健

気に一生懸命がんばる姿に，皆が共感して支援の輪が広がり，高校生にも公務員にもなれた。まさに鍵は「自己決定」と支援のネットワーク。まず専門職の皆様には，「医学モデル」と「社会モデル」を両輪として支えてほしい。特に自閉症は，積極的に人と関わることが苦手で，自らネットワークを構築することが難しい。適切なサポートが不可欠である。親のネットワークから，本人および第三者のネットワークに移行したときに，真の自立がそこにあると思う。

III 幼児期から学齢期の「出会いと関わり」の実体験から

1 「様子を見ましょう」

誕生と同時に社宅内に「母親クラブ」をつくり，核家族の母親たちがお互いに助け合って楽しく子育てをした。10人以上の同年代の子どもたちと遊んでいたので，わが子が言葉も出ず，目を合わせない，数字やアルファベット，水やトイレに異常なまでも興味を示す等々，他の子と違うことは早い時期に気づいた。1歳9カ月のとき，保健師さんに家庭訪問を頼んだ。「個人差があるから気にしないで。神経質にならないように」と注意された。「個人差と男の子であること」を心の支えに，私は不安感を打ち消し，結果1年間は不安のままに子育てをすることになった。

2 初めての診断名「アティピカルチャイルド」

次男の出産に際し，超多動になった長男を企業戦士の主人に託すことができず，F県に里帰り出産。「様子がおかしい」と電話で相談しても「自分の孫が障害児のはずはない」と母は思っており，前述の保健師さんと同様に言っていた。しかし4カ月の日々を共に暮らすうちに，小児科医の母（現在96歳）は，「利口そうな顔なのに変わった行動をする，今まで見たこともない子ども」と心配し，大学病院小児科を受診させた（2歳10カ月）。診断名は「アティピカルチャイルド」（後に聞くと，誤解の多い自閉症に代わって当時つけた診断名とのこと）。「発達にずれがあり，動作性は高いが言語性が極端に低い」と言われた。言葉がなくしつけもできず，超多動に振り回される大変さと不安感はぬぐえなかったが，障害とは思わず，「発達のずれなら弱いところ（言葉）を訓練して，小学校までに普通児に近づけよう」と前向きに考え，言葉の特訓をした。しかし結果は「パニック・自傷・他害」を引き起こした。また弟の育児から「話したいと思う気持ちを育てるのが先」と気がつき，言葉の特訓をやめた。長男のありのままを認め（障害を受容），苦手な部分（障害）は支援の手立てを工夫しよう，興味がある得意な部分のほうを伸ばそうと考えた。

3 「こだわりは取り除きなさい」

専門職からの指導で，私はこだわりを取り除こうと何度も試みた。しかし「ダメ！」という否定的な態度は，彼に一層の混乱を引き起こしパニックに陥らせた。パニックの対応に疲れた私は，全てを丸ごと受け入れざるを得なかった。①パニックは私が彼の気持ちをわかってないから。彼に強い意志がある証拠。思いを育てるチャンス。②こだわりは知恵がフル回転している証拠。利用しない手はない。自立に役立てよう。③超多動は好奇心旺盛ゆえ。興味が見つかる。いたずらも隣人との関係づくり。支援者が増える……等々，逆転の発想をしてプラス思考で乗り切った。水やトイレが好きならトイレ掃除やふろ掃除をさせよう。実際「好きこそものの上手なれ」で，スモールステップのプログラムに沿って，5年間でスキルを次々に獲得。「汗水流して働く」が彼の信条になり，働いたお金を自分の生活や趣味に使うことで，就労が今も継続できている。

4 「重度の自閉症だから地域生活は無理」

私は「仲間が欲しい」と考え、保健師さんのご協力を得てつくったK市での親の自主運営の「地域訓練会」で、支援してくれた専門職からノーマライゼーションを、身体障害者の方から当事者性を教えてもらった私は、主人の転勤で引っ越したS県でも「地域に生きたい」と願った。彼が7歳の頃、S県児童相談所の判定は療育手帳Aで、診断名は「小児自閉症」。「地域生活は無理。寄宿制の養護学校」が進路とされた。そこには重度の障害者の地域生活の発想は全くなかった。K市でノーマライゼーションを学んだ私は「地域のなかで育てる」ことを希望した。県の教育センター（心理）と国立療養所（心理と言語）に水曜と土曜の午後に通いながら普通学級に通った。その教育センターでの最初の対応で、「お母さんは自分で子育てしましたか」「母乳で子育てしましたか」等の質問を受け、針金のお猿の実験の話をされた。何の実験か知らなかったが、「愛情不足で自閉症になった」と言われているようだった。私は「ご質問の内容がきっかけで自閉症になるのなら、弟のほうがなっています」と反論した。兄が「子どもの集団（保育園）」を得るため、弟は7カ月で保育園に入ったのだから。当時のS県は、「青少年の育成を考える」等の公の冊子にも、「自閉症は子育てのまずさが原因」と書かれ、自閉症児者の親たちは障害を隠さざるを得なかった。「地域のなかで」という素地がないなかで、親への非難や辛らつな質問、奇異なものを見るまなざしに、地域に飛び出す勇気が萎えることもあったが、地域のなかで生きる場を広げ自立する力をつけること以外、幸せな人生は保障されない。地域で生きる術は地域に飛び出してこそ学べる。彼の周りに「知って理解し工夫して支援する人」を少しでも多くと願って、「地域に生きること」を実践した。普通学級のクラスメートやPTA役員さんの協力のもと、社会参加のイベントを企画開催しては、自閉症の誤解の解消と、障害児の親たちのレスパイト等を、積極的に行った。出会った専門職の先生方は、すぐに理解してくださって惜しみなく協力してくれた。「地域に生きること」をむしろ積極的に意図して行動したS県での5年間が、彼の「明るくひょうきんで肯定的な性格」を形成してくれた。当時の学生さんたちが今は自閉症の専門職になって活躍しており、うれしく思う。

5 そして今（親の会の仲間たちの話）

以上、逆境のなかでも頑張ってきた親の思いをわかっていただきたく、紙幅の都合上、学齢期までの出会いとかかわりから私が学んだことを思いつくまま書いてみた。

さて現在はどうか？　私の周りの臨床心理専門職の方々はこれらのことはすでに解決しており、感謝しているが、親の会の若い仲間たちは、「様子を見ましょう」「親の育て方が悪い」などと言われることがまだまだあるという。特に他害行為などの問題行動に悩んで支援を仰いでも、「解決のプログラムを作れない」「プログラムがあっても使えない」専門職の方がいると嘆いている。今後ともさらに支援のスキルの向上を期待し、専門性をますます発揮して支援していただきたいと切に願っている。

◆文献

明石洋子（2002）ありのままの子育て──自閉症の息子と共に①．ぶどう社．

明石洋子（2003）自立への子育て──自閉症の息子と共に②．ぶどう社．

明石洋子（2005）お仕事がんばります──自閉症の息子と共に③．ぶどう社．

◉当事者家族の視点

当事者家族として
心理職にわかっていてほしいこと❹

高森 明

I　はじめに

　当事者家族からの提言という依頼を受けて，少し考えこんでしまった。当事者家族とは発達障害と診断された当事者に伴走している家族のことなのだろうか。それとも，発達障害と診断されたメンバーによって構成されている家族なのだろうか。少なくとも私は，当事者に伴走している家族という立場ではないので，後者の立場から発言をしていこうと思う。

II　妻と私

　2011年に私は妻と結婚した。妻も私も医学的には発達障害の範疇に含まれる診断を受けている。しかし，同じ発達障害と診断された当事者であっても，妻と私の特性は正反対と言えるくらい異なっている。
　私のほうは，文章など動きのない情報を見て物事を理解するのは得意なのだが，動作，口頭での会話など動きがある情報にはあまりついていけない。その結果，対人関係と運動面で小回りが利かない当事者として，労働市場で辛酸をなめることになった。他には機械の操作が苦手で，パソコンのメンテナンスはほとんど妻か業者任せになっている。
　一方，妻は私には真似ができないぐらい，対人関係と運動面で小回りが利く。電子機器も購入すると説明書もほとんど読まずに操作できるようになるので，本当にうらやましいと思う。

そのため，職場でも重宝されやすいのだが，小回りが利くことが逆に仇になってしまうこともある。妻は人一倍疲れやすいし，対人関係においても打たれ弱い。周りの期待に応えようとして，無理をしすぎてしまうところもある。繊維筋痛症という診断もなされており，心身のストレスが蓄積すると身体の痛みがひどくなるようだ。その結果，限界を超えてしまうと感情のコントロールがうまくいかなくなり，同僚との衝突が増えてしまうことが多かった（もっとも，上司や同僚の心ない言葉に反応して衝突してしまうので，本人の感情のコントロールの困難だけを問題視することはできないのだが）。小回りが利くからといって，本人の許容範囲を超えるほど働かせないというのが，妻に対する最大の配慮ということになるだろう。

III　ワークライフ・バランス

　本題に入ろう。妻と私が結婚してから，夫婦間で特に大きなテーマになったのは，ワークライフ・バランスの調整だった。仕事，家庭生活を息長く続けるために，双方の許容範囲（キャパシティ）を超えないように生活を組み立てていくことだと考えていただければよいだろう。
　家庭生活については，家事などでやることを最低限にして，自分たちに無理がないペースで生活を回していけばいいのだから，許容範囲を超えないように工夫するのは難しくなかった。しかし，仕事のほうはそれほど簡単ではなかっ

た。妻も私も決して収入は高くなかったので，生計を維持するためには共働きをしなければならなかった。結婚当初の私は職場に障害をオープンにせず就労していたうえ，しかも職場は週10回以上宿直のある入所施設だった。

「なぜそんな無謀な就労を？」と思われた読者もいるかもしれないが，若いときに離転職を繰り返していた私は，30代になると中途採用者を広く受け入れている業界で就労するしか方法がなくなっていた。中途採用者を広く受け入れ，しかも月20万円以上の収入を得ることができる職種と言えば，福祉業界では入所施設だけだった。この時期の私は仕事とのミスマッチ，睡眠障害が特にひどく，仕事をしている時間以外は横になっていることが多かった。他人から話しかけられても，すぐに反応できない状態になっていた。

一方，妻のほうはと言えば，結婚してからしばらくして量販店で働くようになった。例によって小回りが利くため，職場では重宝された。しかし，本人の疲れやすさがなかなか職場に理解されず，許容範囲を超える業務をさせられては，休職，病欠を余儀なくされるという就労状態が続いた。調子を崩し感情がコントロールできなくなったときは，気持ちを受け止めてくれる相手が必要だったのだが，当時の私は疲弊しすぎて受け止めることができなくなっていた。妻と私の不調が重なると，夫婦間で衝突が発生し，共倒れを起こしかねないという状況が何度か続いた。

結局，妻も私も就労を一旦リセットすることになった。私のほうはなぜか入所施設で自分自身が拘禁反応を起こし，健康状態が悪化したときに，障害者手帳を取得し，2013年2月から障害者雇用で働くことになった。相変わらず福祉業界に身を置いているが，睡眠を十分に確保できるように，勤務形態は日勤にした。体調は入所施設に勤務していたときよりはだいぶ改善したのではないかと思う。

妻はその量販店よりも障害者雇用に慣れている外資系の会社に転職することになった。この文章を書いている2014年1月の時点でトライアル雇用中だが，今のところは順調である。

今も，妻と私は自分たちに合ったワークライフ・バランスを模索中である。

IV 心理職に伝えたいこと

お伝えしたいことを1点に絞って述べておこう。

まれに人前で発達障害のことについて話すよう求められることがある。「発達障害の本質とは何か」という趣旨の質問を受けることも多い。その質問に対して，私は「発達障害に本質などなく，雲のように相手，場面，状況に応じて変化流動していく存在である」と答えることにしている。

禅問答を仕掛けようとしているのではない。職場で過緊張を起こし，こわばった表情をしている私も，感情がコントロールできず周囲と衝突している妻も，発達障害の本来の姿ではない。許容範囲を超えた社会参加に長期間さらされ続けたために「そうなっている」に過ぎない。無理のない生活をしているときの私はマンボウのようにボーッとしているし，妻はひょうきん者である。人は試験管のなかで誰とも関わらずに生きているのではない限り，「本来の姿」や「ありのままの自分」などにはなれない。その人が参加している職場の設計，所属している集団の関係性のあり方によって，「そうなっている」に過ぎない。

このように捉えることにより，「発達障害者とどのように関わればよいのか」「どのような配慮をすればよいのか」という問いについては原理的な回答を与えることができる。当事者本人の表情が冴えないときや，周囲との衝突が多発しているときは，本人が許容範囲を超えた社会参加を強いられているときなので，無理がない社会参加ができるように，職場の設計や関係性の

あり方を調整していけばよいことになる。本人の許容範囲がどのようになっているのかは、その当事者によって異なる。それは目の前にいる当事者と直接関わりながら試行錯誤を続けていくしかないだろう。

当事者本人が、それぞれの許容範囲に応じて社会参加できるように制度設計をしていくことこそが、持続可能な家庭生活を営むためにも必要なことだと考える。

◉当事者家族の視点

当事者家族として
心理職にわかっていてほしいこと❺

岩本導子

　45歳になる娘は，自閉症と重度の知的障害を併せ持っています。その現実を受け入れ，理解し，そして当事者家族，支援者としての自覚に至るまでのプロセスにおいてさまざまな葛藤や切ない体験がありました。

I　「様子を見ましょう」

　小さい頃から表情や声かけへの反応が乏しく，目が合わない，言葉が出ない，必要なときにしか発信がない，限られたものしか食べない，触られることを嫌がるなど，当時の私には理解できないことが多く，繋がりを感じにくい子どもでした。他の親子が，楽しそうにやり取りをしている様子を見ては落ち込み，焦りや不安を抱えて，生後10カ月頃から病院行脚が始まりました。近所の病院を皮切りに，耳鼻科，小児精神科，相談センター……勧められたところはどこにでも行きましたが，返事はいつも「これといって……様子を見ましょう」でした。その言葉に一旦はホッとするのですが，それだけでは「どんな子なのか」が判らず，「どうしたらいいのか」という対処法も手に入らずで，悩み事はどこへ行っても解消されませんでした。そして，近所の子どもとの差は広がるばかりに感じ，次第に追い詰められていきました。「様子を見ましょう」という言葉は優しそうに聞こえますが，「一緒に」という言葉の後にあってこそ，初めて救われる言葉になるのだと思います。困り果てて「助けて」とすがっているのに「様子を見ましょう」の言葉で体よくあしらわれることは，目の前でぴしゃりと扉が閉められたように感じられ，娘を抱えて途方に暮れながら次の相談先を探すしかありませんでした。

　ある相談センターでは，手のひらのレントゲンや尿検査など，それまでにはしたことのないような検査をしたのですが，それで何が判るのかの説明がなく，また，娘の顔をまじまじと見て「眉毛が濃いけど繋がってまではいないし……」と，不安をあおるような医師の独り言もあり，どんなことを宣告されるのかと不安で胸が張り裂けそうでした。ところが，ここでも「検査では異常がない」という結果を聞き，一気に緊張が解け「助かった！」と思いました。ところが，その後に出てきた担当者に，療育手帳の申請方法と障害児の通園施設の紹介を事務的に淡々と告げられて仰天しました。「異常がないと言いながら，なぜ手帳？　障害児の施設？」それまでには誰一人，娘に「障害がある」とはっきりは言わなかったし，私自身「うちの子に限って！　いつかは普通になるんだ！」と，頑なに信じ込んでいたときだったのです。その最中に浴びせられた言葉に，ここの扉も突然閉ざされたように感じました。

　相談を受ける側は日々聴き慣れたことで，簡単な仕事なのかもしれませんが，求めるほうは，子どもに何が起きているのか，どこに相談すればいいのかと藁にもすがる思いで走り回っているのです。それなのに，たらい回しのように次の行先を告げられるだけ……またもや見放さ

た，と思いました。

II 「お母さん何やっているの！」

娘は偏食が激しくて決まったものしか食べませんでした。楽しいはずの食事は，いつも「食べなさい」→「拒否」のバトル……困り果てて，健診のときに保健師さんに相談したのですが，いきなり一喝されました。「そんなものしか食べさせないで……栄養が偏る！」と，親の責任だと言わんばかりでした。普通に育ち，明るくはしゃいでいる大勢の親子のなかで，私たちだけがポツンと取り残されたようでした。保健師さんの一言は親としての自信をなくすには十分なほどに強い言葉であり，辛く居場所のない健診でした。

III 「とにかく母子で関係を築きなさい」

そんななかで，唯一私の不安や焦りをしっかり聞いてくれたところがありました。「受容」がベースのところで「お魚のご飯とオレンジジュースとポテトチップスは食べられているじゃない！」と，初めて肯定的な言葉を聞きました。「やっと守ってくれるところに出会えた。救われた！」と思いました。そして，初めて扉の先に繋がりました。

それから定期的に通い始めたのですが，娘の神経が細かすぎて「怖くてさわれない」と言われ，娘への直接の指導はありませんでした。そして，母子関係を築くために，日中は家事を一切せず，ひたすら娘に寄り添うように一緒にいること，当時2歳だった弟は，その存在すら恐怖なので，一緒の時間を少なくするようにと指導されました。息子を保育園に入れ，言われたような生活を始めたのですが，感覚過敏なのか手を繋ぐことも嫌がり，感情も見せず，触れ合いがない娘とじっとしているだけの時間は，例えようもなく辛いものでした。ちょっとしたことで我慢のブレーキが外れて娘をきつく叱ってしまい，後で後悔して落ち込む……そんな繰り返しもありました。やっと夜になって寝かせても，指と指をこすり，歯ぎしりをしながら暗い天井の一点を見つめていて，眠るまでとても時間がかかりました。ようやく眠ったのを確認して，そっと動くと，またギリッと歯ぎしりの音。ほんの少しの動きでも目を覚ますのです。毎晩神経戦をしているようで，耐えられずに涙が止まらないことも度々でした。ようやく解放されるのは真夜中過ぎで，それから洗濯や台所の片づけをする日々。日中のストレスと夜中の家事の疲れと寝不足でふらふらになり，そして，私はいつも孤独でした。そんな生活でも，目の前で扉を閉められたような経験の末に辿りつき，やっと受け止めてもらえたところでしたし，その指導が当時テレビでも放送されていたので，信じ込み，耐えて頑張るしかないと言い聞かせていました。

IV 「無駄な2年を過ごしたね！」

そんな毎日を過ごしているうちに，娘も学校へ行く年齢になりました。相談先からは「家族にさえ心を開けないのに，外の集団に入れるなんてとんでもない」と，就学猶予を勧められました。当時は障害児も全員就学になっていましたが，指導に従い，2年間学校へは出さず，日中は母娘二人で同じような生活を続けました。そして2年遅れで新入生になったとき，就学相談でお会いした先生に，ギロリと睨まれながら言われた一言が「無駄な……」という言葉でした。私自身，精神的に追い込まれながらも，指導を信じることで何とか過ごしてきただけに，この一言は心に容赦なく突き刺さりました。

V 最後に

　我が家は地方出身の核家族で，身近に頼れる人がおりませんでした。娘を抱え，救いを求めて走り回ったものの，必要な支援には恵まれず，むしろ専門職の言動に傷ついて帰ることが多くありました。子どもの混乱の意味が理解できず，不安ばかりの日々では，冷静な判断やいい子育てができるはずもなく，大切な時を母娘で苦しんで過ごしてしまいました。私たちは障害をもつ子のすべてを専門職に委ねることはできません。日々共に暮らす親だからこそ，ある意味では，子どもにとっての一番の支援者にならなくてはいけないと思います。専門職がこのときに，子どもの障害についての正しい理解を示すとともに，足踏みをしている背中を押してくだされば，どれほど助けになったことか。ですが，私の場合，事あるごとに専門職から厳しい言葉と態度を突き付けられました。そのときのことや言葉は今でも忘れられませんし，そして，娘にはその当時の影響がいまだに残っています。あのときもっといい出会いがあったらと今更ながら悔やまれます。私たち障害をもつ子の親は，程度の差はあれ，終わりのない子育てが現実です。その日々が穏やかで，少しでも充実したものであってほしいと思います。頼りない親が，自分の悩みを超えて，学び，支えていく側として自立するために，専門職の皆様には，是非，当事者と共に，親への支援も大切なこととして，ご理解とご支援を頂きたいと心より願っております。

　40年も昔の体験を書かせていただきました。最近は発達障害への理解も進み，情報も簡単に手に入るようになりました。しかし，子どもに障害があることを受け入れるまでの親の気持ちは，今も大きな差はないのではないだろうかと思います。若いお母さんたちが，私のような体験をすることなく，支えられながら，自信を持って子育てができるような支援の枠組みを作っていただけたらと，重ねてお願いをいたします。

◉当事者家族の視点

当事者家族として心理職にわかっていてほしいこと❻

堀田あけみ

I はじめに

障害のある子の親であることは難しい。困難だから迷い、結果としてさまざまなパターンの「障害者の親」の像ができあがる。支援する側から見て、何かと厄介なこともあるだろう。親同士でも軋轢は生じる。

ここでは、特に診断前後、幼少期に必要とされるであろう幾つかの点に触れていく。

II 家族にとって障害は未知のものである

障害に関わることを生業としていると、時として多くの人は未だ発達障害を理解していない、という考え方を忘れることがある。これだけ教育の現場で認識され、メディアでも取り上げられているのだから、誰もが知っているはずだと考えることは不自然ではない。また、子どもの発達に不安を感じたら、すぐにネットでいくらでも情報を手に入れることができる時代である。

しかし現実的には、専門職でない限り、なんとなく知っているだけであったり、場合によっては誤った解釈をしていることもある。わかっているだろうと思っている人と、わかっているつもりだが実はわかっていない人との間で、誤った解釈が増幅されていくこともある。

診断を受けたら、まずは「障害に関する基礎知識」といった内容の冊子等を渡されることが多いが、専門職によって監修されたそれらの冊子ですら難解だということもある。

家族が本当にわかっているのか、誤った情報（例えば、食事を変えれば完治する、愛情不足が原因である、というような）を正しいと思っていないか確認をし、理解が不十分であれば、より詳しく教えてほしい。それでも、理解できないこともあるが、まず、教えてほしいのである。

III 診断の肯定的な受け止め方を教える

ありのままの我が子と向き合う。これからどうしたら良いのかを前向きに考える。これらは診断が出た後、家族に課されるミッションである。しかし、障害があるという事実は、家族にとって現在のトラブルが将来的にも続くということである。子育てが困難だと感じている親に対して、周囲は往々にして「小さい子はそういうものだ」「そのうち良くなる」と反応する。「そのうち良くなるわけではない」と言われては、簡単に前向きにはなれない。しかし、具体的な表現ひとつで、家族の考え方は前向きにできるものでもある。

家族、特に母親にとって、それまでの我が子は「躾のできていない悪い子」であり、自分は「子どもを上手く育てられない悪い親」であった。障害が明らかになるということを、家族に対する「あなたは悪い親ではない、ましてやその子は悪い子ではない」というメッセージだと正しく受け止めさせることが第一歩である。

そして、今まで「何をしても駄目だった」のは、世間的な「常識」の範囲を自分が出ていな

かったせいであり，投薬を含む専門的な裏付けをもつ対応によって，改善の可能性が格段に広がることへの理解も必要となるだろう。

どうしても，診断名が付くことは「レッテル貼り」に見えてしまいがちである。しかし，実際問題として，同じ問題行動を起こした際，診断名がなければ「とんでもない奴」と低い評価を受けるが，診断名が明らかになっていれば，「彼（もしくは彼女）なりに努力はしているのだろう」と肯定的に受け止めてもらえることも多い。

具体的な可能性を示すことによって，家族は，やっと前を向けるようになるのである。

Ⅳ 心の揺れを受け止める

多くの先天性障害は出生時もしくは出生前に親に告知される。しかし，発達障害は字義通り発達のプロセスにおける「不順」であり，ある程度の発達を見てからでなければわからない。そのため，親は診断を境に「普通の親」であることを辞し，「障害児の親」という新しい自分を構築し直す必要がある。だからこそ，よく解る説明と具体的な思考や行動の例が必要だとされてきたが，それでも家族の心は揺れる。平静ではいられない。その揺れが，他者への否定的な態度として表出することもある。

例を挙げると，担任の先生に報告をした際，「普通に接しますから」（＝偏見等はもちませんから）という先生の言葉に，真意はわかっていながら，「普通じゃ困るから，お話ししているんでしょう！」と反論したり，夫から「ありのままのこの子を大切にしよう」と言われて「ありのままじゃ困るでしょ，何か手を打つために受診したんでしょう！」と食ってかかるなどである。

それらは，一時的な心の揺れのなす業でもあるが，「一時」は案外長いかもしれない。落ち込んだり腹を立てたりして，いつもの自分とは違う行動を取ることは，人間なら間々ある。「親がそんなことでどうする」と言わず，受け止めていただきたい。受け止めてくれるのが支援者だけ，という人もいるのだ。

Ⅴ 他者の無理解のクッションになる

支援者は多くの場合，月に数度会えたら多いほうで，月に1度から数ヵ月に1度のペースで家族と会う。家族は，発達障害に関する知識が多いとは言えない人々のなかで，圧倒的に長い時間を過ごす。その理解のなさが，さまざまな形で家族を圧迫することがある。

よくある古いタイプの教育者が「発達障害なんて学者のまやかしで，親の育て方が悪い」と主張するような，明確な悪意のあるケースは，むしろ対応しやすい。これは反論するか聞き流すかすれば良いからである。対処に困るのは第三者からの「厄介な善意」である。宗教や治療法を勧める，子どもを預かってあげると無責任に請け負う，「障害のある子ほど心は純粋」と不必要に持ち上げるといった行動は，家族にとって大きな負担となるのだが，善意から生じているだけに，否定の仕方に気を遣う。また，教育者が熱心さのあまり，その子に今は必要ではない能力をつけようと躍起になったり，不用意な発言をすることもある。「障害があるとは思えないくらい，いい子ですね」といったような例である。

このような事象は，家族を精神的に疲弊させるが，「他者の善意を曲解する人」という評判を立てられかねないため，周囲への相談は難しい。

相談に来る家族は，子どものために苦しんでいるから来る。そこで，本当に辛いのは当の子どもなのだと気付かされて，子どもを受け容れるのだが，やはり家族も辛いのだと感じるようになる。無意識のプレッシャーから，家族が少しでも楽になれるように手を貸すのも，支援者の役割であろう。

VI おわりに

障害への支援は家族への支援でもある。家族には家族の心得があり，もっと上の年齢の当事者をもつ家族には，また異なるニーズがあるので，稿を改めて触れることができる日を待ちたい。

●当事者家族の視点

当事者家族として
心理職にわかっていてほしいこと❼

鈴木慶太

I 専門職に求める支援

あるとき，大学で心理職として働いている専門職の方の話を聞いた。その大学のキャンパスは寒い地方にあるため，冬場は暖房が欠かせない。そこに，温暖な九州から，発達障害の疑われる学生が来た。初めての北国の冬で毎日凍えそうだという。心理相談のときに聞き出すと，その学生は石油ストーブを購入することや使い方を理解しておらず，部屋の中でも外気と変わらない温度のままで過ごしているということを知った。そのときに，相談支援を行っていた心理職は，上司にこう言ったという。「学生に石油ストーブの使い方を教えるために，私は心理職になったのでしょうか？」と。

それを聞いて何より驚いた。発達障害の支援にはライフスキルの獲得支援が重要であり，古典的な心理アプローチの必要性は少ないケースが多く，より広義の支援が必要とされていると感じていたからである。支援で必要とされる知識・経験は心理面だけでなく，非常に幅広い。医療や福祉の資格を持たず，その勉強も一切したことがない私が支援者の一人となれるのは，そうした幅広い知見を活かしているからだと思う。

一方で当事者や当事者家族は，支援してくれる人として「専門職」を探している。私自身，発達障害児の親であり，発達障害者支援の会社を創業していて，日々当事者家族に接しているが，当社の説明をする際，「どのような専門職の人がスタッフとしていらっしゃるのでしょうか？」という質問をたびたび受ける。

このような質問を投げかける側は，専門職に対していったいどのような期待をしているのだろうか？　私の経験からは，専門職に求められるものは，当事者の年齢に応じておおむね変わってくるように思う。

II 幼少期・学齢期における支援

幼少期の場合は，言葉の発達の遅れや特異な行動で集団になじめないなどのケースが多いと思う。まだ親としても子どもが生まれてからの年数しか経っておらず，特性を理解・納得するだけの時間を子どもと過ごしていない状態である。とかく診断名にショックがあったり，巷の情報をわが子にすべてあてはめすぎてしまったりと，混乱も多い。この場合，当事者家族が求めるものは，本人のアセスメントである。つまり言語や非言語の分野での適切かつ冷静な分析が求められると思う。

決して診断名をしっかりと付けてほしいというわけではない。むしろ診断名は邪魔になることが多い。というのも，発達障害系の特性は自閉症スペクトラム障害（ASD）にしろ，注意欠陥多動性障害（ADHD）にしろ，学習障害（LD）にしろ重なることが多く，ある特定の診断名を付けると，ご本人も親御さんもその診断名に引きずられすぎてしまうからである。診断名を出さずとも，気になる特性を1つひとつ解説し，対応法をお伝えすることが必要になってくる。

学齢期に入ってくると、さまざまな組織に所属する機会が増えて、心理検査などを行わなくても、状況の聞き取りをしていくだけでおおむね支援の方向性が見えてくることが多い。ただし教育関係者のなかには、精神論を重視し、気持ちだけで指導をするという熱血漢が多く、曲者といえる。専門職の仕事としては、このような善意で発達をゆがめる可能性のある関係者にいかに理解してもらえるかが課題になってこよう。

貧困層や単親家庭など、障害以外の課題を抱えて疲弊している家族も多い。発達障害児の支援は、子どもの支援を通じた子育て支援ともいえる。そのため、当事者家族やきょうだいの支援など複数の視点から支援を行っていく必要がある。教育者の無理解も困るが、親・家族から理解されなかったことで大人になって社会適応が難しいケースは非常に多く見られるからだ。

学齢期に注意すべき点は、ADHDの場合に多動の傾向が徐々におさまってくることである。また一方で周りのお子さんがどんどん発育して"ませていく"ので、発達の差がよりくっきり見えることもある。後者の点については発達障害が「社会依存」であり、つまり、所属する組織によって特性が見えやすくなったり見えにくくなったりするものであることと関係している。絶えず、「このお子さんは今どのような同級生、周囲の大人に囲まれているのだろうか」という視点を忘れないようにしていただきたい。

III 高等教育の場に求める支援

昨今の発達障害の理解で必須になりつつあるのは、高等教育の場で、発達障害の特性をもった学生が増えてきていることだと思っている。これまで障害のある子どもの進学は、高校までが多く、大学など専門的な学習機関に進む例は限られていたと思う。実際、現在でも、日本学生支援機構のデータを見ると、障害学生の占める割合は1%未満にとどまる（日本学生支援機構, 2014）。しかし、文部科学省のデータでは通常の学級に在籍する6.5%の子どもに発達障害の傾向が疑われている（文部科学省, 2012）。都内では大学進学率は3人に2人となっているし、大学だけでなく専門学校を含めると、全国的に見ても8割程度の子どもたちが高校卒業後に就職せず学習を続けている。データとして目に見えるのは氷山の一角であろう。実際には、大学全入時代になり、かなりの発達障害系の子どもが大学に進学できるようになってきている。

大学生や専門学校生になると、それまで与えられていた時間割がなくなり、発達障害の人たちが苦手な構造化されていない人間関係や授業時間の流れに適応する必要がある。こういった場で専門職に求められるのは、非構造の世界への対応を教えること、見通しの利く学生生活のナビゲートであり、それには冒頭の逸話でお話ししたライフスキルの獲得なども入ってくると思う。それまでは学校や家の中でルールとして枠組みが示されていたために見えなかった知識・経験不足や応用力の乏しさが、大学という自由度の高い環境で際立つのではないかと私は考えている。

これは私の肌感覚だが、大学になると、女子学生の支援事例が増えてくるように思っている。女子は発達障害の傾向があっても、言語の発育に遅れがないケースが多く、特異な行動もそれほど目立たないので、学校生活にある程度適応してきた人が多いように思う。しかし大学などの環境では徐々に周囲のノリについていけないことが多くなり、クラスという単位もなくなり、孤立化している例が目立つ。だいぶ長い間支援をしていても、「これが発達障害なのか？」と感じることも多いと思うが、本人たちは必死に支援を求めているケースがある。この障害特性が見えづらい女子学生の支援も、専門職に対して必要とされることになるであろう。

学校教育の最後の場面は就職支援である。それまでのマイペースでも許された世界から、他

人のペースに合わせることが必要となる働く世界への移行はかなり難しい。専門職としても，幼児期は本人のアセスメントというミクロの部分でのサポートが主だったが，年齢が上がるうちに徐々に俯瞰的に見ることが必要となり，就職の現場になるとマクロに外の組織とのつながりを意識しないといけなくなってくる。ここでの専門職としての仕事は，本人にとって情報の管理をしてくれる場所になることである。さまざまな情報に惑わされる就職活動をシンプルに見通して支援をする，時に適切な組織・団体につなぐという力が，すべての支援者にとって必要になってくると思う。

◆ 文献

文部科学省（2012）通常の学級に在籍する発達障害の可能性のある特別な教育的支援を必要とする児童生徒に関する調査結果について．

日本学生支援機構（2014）平成25年度（2012年度）大学，短期大学及び高等専門学校における生涯のある学生の修学支援に関する実態調査結果報告書．

◉当事者家族の視点

当事者家族として
心理職にわかっていてほしいこと❽

星先 薫

I　はじめに

　我が家には転勤族の夫と，2人の娘がいるが，現在29歳になる次女が自閉症である。

　娘が幼かった当時は自閉症という言葉を聞いたことがなかった。普通学校に特殊学級が併設されはじめた時期のことだった。進学予定の小学校に特殊学級がない場合は，遠くの養護学校に行くしかない。それで，多くの障害児の保護者が，特殊学級を開設するために役所や学校を相手に文字通り闘っておられた。

　それに対して，我が家はいつ転居するかわからない状態である。そこで，娘の環境を整えることよりも，本人に生きていく力をつけるしかない，と考えた。そして，「娘を一歩ずつ成長させる」ことを目標にして取り組んだ。その結果，娘は無事に大学の芸術学部を卒業し，現在は切り絵作家として制作活動をしている。ここではその娘への取り組みを中心に書いていきたい。

II　次女の自閉の様子

　2歳の誕生日を迎えた月に，話しかけても目を合わせようとしない次女を見て，「やはりこの子はおかしい」と思い，病院に連れて行った。するとそこでは，中程度の自閉症と言われた。私は「やっぱりそうか」とかえってスッキリした。

　娘は8カ月で歩き出したが，とたんに多動。目で追うのも大変で，無事故が一日の目標になる。洗髪はもちろん洗顔，歯磨き，着替え，睡眠，食事，すべてのことを嫌がる。そして，気に入らないと一日何回もパニックを起こす。

　また，娘には次のような特徴があった。感覚障害があって疲れを感じない。お腹がすいているのかお腹がいっぱいなのかもわからない。睡眠障害もあって，昼寝をしないのに夜もなかなか寝ない。ほとんど私の話を聞いているようには見えなかったし，言葉の発達も遅かった。

III　腹が決まった出来事

　療育の先生からは「成長は諦めてください」と言われるだけだったし，何の希望もなかった。それでも諦めるわけにはいかない私は，悩んだ結果，健常児にしたほうがいいことをたくさんするしかない，と考えた。

　聞いていないような娘を相手に，話しかけ，笑いかけ，歌いかけを続けた。毎日登ったり飛び出したりと危ないことばかりなので褒めることなどないが，幸い女の子なので「かわいい，かわいい」と言い続けた。すると，毎月の療育相談の先生からは「このレベルの障害のお子さんにしては，大変な成長です」と言われた。しかしあせっている私にはまだ娘の成長が見えないでいた。そういう時期（3歳前）に次のような出来事があった。

　娘は牛乳が大好きだが，飲みたいときに牛乳がない場合は大パニックになっていた。あるとき，牛乳を欲しがる娘にどうしても「牛乳」と言ってほしくなった。そこで私は「牛乳，牛乳」

と娘に言い続けたが，娘は泣き叫ぶだけだった。二人でお互いに叫び続けたあげくに，睡眠障害の娘が疲れて寝てしまった。私はそれから一人で泣くだけ泣いた。そうすると，熱いものがお腹のなかから湧き上ってきた。「他の誰でもない，この母親の私がベストを尽くす！」という固い固い決意だった。それ以後の私は悲嘆も諦めもなく，娘と一緒に次の一歩に向かってこれまで前進を続けてきた。

IV　我が家の取り組み

娘に小学校の中学年くらいの読み書き計算の力がつけば，なんとか世の中で生きていけるかもしれないと私は考えた。そして，その力がつくまでは何十年かかっても取り組みを続けようと決めた。

まず，なんとしても読む力をつけさせたかった。文字が読めたら，一人で自分の行きたいところに行けるのではないか，と思った。

でも，娘は座ってくれない。幼稚園の年長になっても，絵本を見ようとはしない。そこで私は全く文字がない絵本を見つけた。その絵本を見ながら語りかけていると，娘は絵本に目を向けた。文字が1ページに1字だけの絵本，2字だけの絵本，3字だけの絵本……そして1行，2行，3行と文字数を増やしていった。行き詰まれば，トレーシングペーパーに絵本を書き写した。印刷物は見ないけれど，私の手書きの絵本は見てくれた。こうして幼稚園時代から図書館に通い続けた。小学校3年のときに，明朝体の文字は嫌いだが，太いブロック体はOKだと気づく。それから読む冊数が飛躍的に増えた。図書館から月に30冊は借りた。何回も読むので毎月のべ100冊にはなるだろう。小学校では国語のテストで点数が取れるようになり，中学校では日本史オタクになった。娘の成長を振り返るとき，読書がどれほど彼女の人生に生きる力を与えてきたか，計り知れない。

V　切り絵作家への道

娘は指先に力が入らなかった。私は座りたがらない娘に，1本の線を引かせることから始めた。1枚の紙に1本の線を引かせる。それを1日3枚，つまり毎日3本の線引きからスタートした。①一緒に手を取って書く，②私が書いた線をなぞり書きさせる，③写し書きさせる――そうやって，何年もかかって少しずつ数字やひらがなが書けるようになった。

それでも，指先の力が弱いので，とにかく何でもいいからたくさん指先を使ってほしかった。2歳年上の長女がお絵描きを好きなのが良い影響を与え，彼女も絵を描くようになった。私は家中いたるところに，お絵描き帳，色鉛筆，クレヨン，色紙，ハサミ，糊，紙コップ，紙皿などを置いて，好きなだけ使わせた。たくさんの量をこなしただけあって，描くことは得意になってくれた。

卒園式や入学式ではハラハラしながらも，一つひとつの階段をギリギリで登っていき，ついに娘は大学（芸術学部）を卒業した。それでも，フルタイムで仕事するのは難しいため，パソコンの専門学校に通った。その時期に造形教室の先生とご縁があり，その先生の指導で現在は切り絵作家となった。現在は，教室で先生のアシスタントをしながら，毎年全国で切り絵の個展を開催している。

彼女の個性的な作品を観ていると，たくさんの絵本の読み聞かせや，その後の一人読みのとき，彼女は読むだけでなく，膨大な挿絵を同時に観ていたことに気づいた。

VI　振り返って思うこと

障がいのある子どもたちは周りの大人が自分の味方かどうかを瞬時に判断していると思う。事務的に会ってるだけなのか，くつろいで自分の側にいてくれる人なのか，何も言わないけれ

ど正しく判断している。でも，優しいだけでは，彼らに何かをしてもらうことはできない。指示されることが嫌いな彼らに，こちらの望む行動をさせるには，私たちに気合いが必要。彼らの強い拒否の態度に負けない気合いである。

　彼らに愛情を注ぎながら同時に気合いを維持するには，私たちはかなりのエネルギーを必要とする。彼らの心配性と落ち込みやすい弱さ，しつこい繰り返し，自己中な強気に，私たちは振り回されてしまうからだ。そのうえ，私たち親は子どもが迷惑をかけた周りの人たちへお詫びをしたり，障害を説明したりする対話力も必要になる。

　それでも彼らは，あの潔さ，真面目さ，正直さ，自分を良く見せようとしない高潔さを持っている。本当に不思議な人たちだ。

　最後に伝えたいことは，彼らの周りの保護者や療育関係者が，彼らの側にいて彼らが発する癒しのオーラを感じられたら，双方にとってどれだけ幸せなことだろう。そしてそれを感じる力がこちらにあれば，彼らの成長や結果に必ずつながっていくのではないか，と私は思っている。

◉当事者家族の視点

当事者家族として
心理職にわかっていてほしいこと❾

大屋 滋

I はじめに

　私には重度の知的障害と自閉症のある2人の子どもがおり、現在は成人し家族とともに暮らしている。幼少期から、医師、教師、心理職、福祉職などのさまざまな発達障害の専門職と接する機会があった。専門職に望むことを一言で言えば、親に対する支援以上に、本人の支援、障害の困難さとそのバリアフリーを理解したうえでの、現在および将来の生活に役に立つ仕事をしてほしいということである。

II 親の抱える問題

　子どもの年齢によって、私が親として抱える問題点は変遷し、専門職、特に心理職に期待することも変化してきた。
　幼少期は、同年代の他の子どもと比べて言葉や発達の遅れ、理解不能な行動の数々、親や周囲の人との関わりの難しさなどによって、混乱状態になっていた。得も言われぬ不安や解決できない焦燥感で、出口のない精神状態に陥っていた。この時期には寄り添いや共感、悩みを聞いてもらうことが必要だった。
　入学前には学校選びに大きな決断と覚悟が求められた。学齢期から思春期には周囲の人たちとの軋轢に悩まされ、卒業後の不安が徐々に高まっていた。子どもの障害とそれに伴う問題行動を理解し、受け入れてくれる人を求めていた。
　成人になり福祉施設に通所するようになってからは、見通しのない漠然とした不安は少なくなったが、現在、将来の生活を考えて何が必要なのかに思い悩むことには変わりない。

III 成人期の障害福祉

　障害のある人の人生のなかで最も長い時間を過ごすのは、幼少期・学齢期ではなく、卒業後・成人期である。心理職は、教育、医療、保健、司法、労働、学術などさまざまな場面で活躍しているが、当事者や親にとって福祉は最も重要な領域のひとつである。
　現代の日本の障害福祉支援の枠組みは、サービス事業本体のみならず、相談支援と権利擁護を加えた三本柱を軸としている。
　障害福祉サービス事業には、生活介護や就労支援などの日中活動、移動支援やホームヘルプなどの生活の支援、グループホーム、入所施設などの住まいの提供などがある。これらの現場では、定型的なサービスを提供するのみでは不十分であり、一人ひとりの障害の特性に合わせた支援が必要である。身体障害の人の場合、その生活の困難さは一般の支援職員にとっても想像がつきやすく、施設全体や個人のバリアフリーの方法も多く存在している。しかし、発達障害の人の場合、その生活の困難さ、バリアフリーの必要性は容易に理解されない。対応方法がある場合も画一的ではなく、一人ひとり、場面場面で個別の方法が必要なことが多い。心理職は発達障害について最も深く理解している専門職

であり，福祉職員と連携して発達障害者のより良い支援サービスを作るための重要な役割を担うことが望まれる。

相談支援では，本人のアセスメント，ニーズ把握に基づき，ケアマネジメント，サービス利用計画の作成を行う。権利擁護のひとつの形である成年後見制度では，身上監護や金銭の管理を行う。いずれにおいても，当事者本人が理解できる選択肢を用意し，本人の最も望む生活の組み立てを，できるだけ自分で判断し意思を表明できるように支援しなければならない。心理職は当事者独自の個別，固有の特徴を明らかにし，意思決定のバリアフリー方法を探り，二次的な心の問題も含めた援助を行うことが期待される。

IV 幼少期・学齢期をふりかえると

種々の心理テストや観察面接を通じてのアセスメントは，心理職の最も重要な専門業務のひとつである。幼少期に子どもの発達に悩む親にとって，適確な評価と，それに基づいた診断は極めて重要であり，子どもについての説明に納得できるだけで心の安らぎを得る親も多い。臨床心理面接を通じた，クライエントとの人間関係が構築される過程での共感といった心情も貴重である。

しかし最も重要なのは，発達障害のある本人を適確にアセスメントし，それに基づいて療育や支援を行うことである。さまざまな臨床心理学的技法のなかには，その目的にかなっているとは言えないものもある。幼少期，学齢期を担当する心理職の障害理解やアドバイスが不適切な場合，その人柄，熱意，責任感が優れていることを理由に親の信頼が大きい場合ほど，子どもの長い人生におけるマイナスの影響力は大きくなる可能性がある。自分の技法を押し付けるのではなく，将来を見通して本人にとって本当に意味のある支援を柔軟に考え続けなければな

らない。そのためには，成人期の発達障害をもつ人の生活についての知識をしっかりと理解しておく必要がある。

何ができて何ができにくいのか評価し，将来を見通してどのようなバリアフリーが必要かを考える。成人になって社会で生活し，自分のことをできるだけ自分で決定しながら充実した人生を送るために，幼少期・学齢期に何を行うのが適切なのかアドバイスする。そのことが長い人生のなかで本人が本人らしく生きていくための最も重要な基盤となり，親や当事者本人からの人生を通じた信頼を得ることになる。

V 職業倫理

調査・研究も心理職の大切な専門業務のひとつである。しかし，最初から自らの理論に基づいた結論を強引に導き出すような非論理的な論文や発表，さらには，一般社会の人たちの発達障害に対する無理解を助長するようなマスコミへの喧伝は慎むべきである。

医師や教師，保育園，幼稚園，学校，福祉施設，行政などの他機関との連携，コンサルテーション活動も重要である。心理職は，発達障害，自閉症を最も理解し，援助の道筋を作るための中心的存在になることができる。もちろん個人情報保護は重要だが，それにとらわれすぎたり，もしくは言い訳にしたりして，関係者間との情報共有に後ろ向きの姿勢を取るべきではない。親や本人へのインフォームドコンセントのもと，適切な情報共有を行うことこそが本人の生活を豊かにする。

VI 最後に

発達障害当事者本人の障害特性や個性を理解し，多種多様な価値観を尊重し，その自己実現を手伝うためには，多くの職種が連携しなければならない。発達障害の知識と当事者の立場に

立った視点が必須であり，本人の現在と人生全体のための支援を模索し実践していく必要がある。その目的を実現するために，ライフスパンの最初で最大の協力者が親であり，心理職は指導的役割を果たす専門職であると私は考えている。

◆文献

大屋 滋（2006）発達障害 医師・医学・医療に望むもの．In：加我牧子ほか編：医師のための発達障害児・者診断治療ガイド．診断と治療社，pp.2-8.

大屋 滋（2011）親として期待する早期発見と早期支援のあり方．教育と医学 691；4-12.

大屋 滋（2012）発達障害児の父親だからできること・やるべきこと・やっておけばよかったこと．アスペハート 31；14-19.

大屋 滋（2012）社会的な関係を築くために学校教育に期待すること．特別支援教育研究 658；10-12.

◉当事者家族の視点

当事者家族として
心理職にわかっていてほしいこと❿

村上由美

I 3つの立場の当事者

　私は幼い頃に母の知り合いの心理職から自閉症を指摘され，専門職や母の療育を受けて育ちました。その後，大学で心理学を勉強してから言語聴覚士の養成校（国立身体障害者リハビリテーションセンター学院）に進学し，卒業後は医療機関や保健センターなどで働いてきました。

　体調を崩して一時退職・休養していましたが，コーチングの勉強を始めたことをきっかけに，発達障害関係の仕事に加えて一般の方に声と話し方を指導し，トレーニングなどを行うようにもなりました。

　私生活ではアスペルガー症候群の男性と18年前から一緒に暮らし，15年前に婚姻届を出しました。そのため発達障害の当事者・支援者・家族という3つの立場から情報発信をしていく活動も行っています。

II 本当に必要な支援

　私がまず心理職にお願いしたいのは，当事者や家族の言動を何でも精神的，あるいは「愛情が足りない」といった曖昧な理由に帰結させないでほしい，ということです。

　家族の立場で一緒に暮らしてみるとわかりますが，どんなに愛情があってもお互いの意思が通じ合わないことが続けば，次第にストレスが溜まって冷たい態度になりますし，むしろ愛情や期待があればこそ失望も生まれるのではないでしょうか。だとしたら家族に必要なのは，下手な共感や叱咤激励よりも，より相手に伝わりやすい声掛けの仕方や日常生活での工夫といった具体的なことで，それらを教えてもらったほうが，より望ましい結果になると私は感じています。

　また，発達障害は得てしてコミュニケーション障害の側面ばかり強調されがちですが，日常生活でむしろ困るのは感覚過敏や時間，物，お金の管理といった快適に暮らすための土台になる項目です。コミュニケーション障害についても自分と他人との距離感や感覚の違いの大きさが理由で生じることも多いため，表面的な受け答えばかり練習しても効果に限りがあると思うことがあります。最近は詐欺や勧誘などの手口も巧妙になっており，一般的には好ましい応対も相手につけ入る隙を与えてしまうこともありえます。

　対策が難しいと思われがちな感覚過敏についても，よく聞いてみると睡眠不足や不規則な生活，そして偏った食生活などのように生活習慣が崩れていて悪化していることがあります。まず生活リズムを整えて食事や睡眠の時間を決めて徐々に守る，身支度にかかる時間などを割り出していく，といった地道な支援から入ったほうがいいこともあります。もちろん医療的な介入も重要ですが，同時に生活面の改善も重要で，車の両輪のようにどちらが欠けていてもうまく回っていきません。

　ここで難しいのは，頭では「生活面の改善が

必要」ということがわかっていても，なかなか実行に移せないことです。当事者と話していると一番いい結果以外は受け入れられないことも意外と多いため，家族と感情的にこじれていることも往々にして見られます。理由を外的要因に押し付けて「自分は悪くない」と頑なに主張する場合も少なくありません。

その場合，家族以外の人が客観的な視点で冷静に，目標に向かうにはスモールステップで段階を踏みながら，実行可能なことを1つずつこなしていくしかないことを伝える必要があります。そして，定期的にどこまでできているかを確認することや現状に合っているか検証していく作業こそ，支援者だからできることだと私は思います。

そして多くの人が見落としがちなのは，発達障害は日常生活のなかにこそ落とし穴があるということです。どんなに学問などでは優秀であっても，それは抽象的な世界のできごとです。例えば算数の問題で速度を求めることができたとしても，それはおおまかな目安にはなりますが，実際は算数の問題のようにずっと同じ速度で走り続けることはありえません。信号などで停車する時間もあるし，道路事情によって加速・減速していきます。学問の世界はわかりやすくするため実生活よりずっと単純化されたルールで成立しています。

言い換えれば日常生活は頭のなかで考えていることよりもはるかに具体的な行動の積み重ねですし，そのうえで知識をつなげていくことが必要になります。そして具体的な行動のあとには必ずエラーやハプニングが起こりえます。これに対する修正や調整に関してはほとんどが言語化・数値化されないことばかりです。

III 日常生活と家族支援

大半の人は阿吽の呼吸で頭のなかに考える抽象の世界と実際に行動する具体の世界を行き来できますが，当事者に多く見られるのは，考えすぎて行動できなくなっている，あるいはよく考えずに行動して失敗するという極端な状況です。それに家族が振り回されていることが問題になっています。

家族が一番いら立ち，教えづらいのもこの行動の修正や調整に関することです。コミュニケーション障害が問題になってくるのは，むしろこういったお互いの感覚や基準の違いをうまく理解できず，うまく考えなどを引き出せないことが理由だと私は思っています。

明文化されにくい行動の調整を教えることは負担が大きいため，家族支援においてはもっとこの点を楽にするための方法を探ることも必要になります。そして家族側も，悪気なく当事者を傷つけてしまう対応を洗い出していく作業も大切です。

家族として暮らしていくためには協力が必要ですが，そのためにはコミュニケーションを取って，お互いの情報を伝え合う必要があります。しかし，当事者の多くが互いに協力することやコミュニケーションを取る必要性自体を認識していないか，あるいは認識していてもどうするといいのかがわからないのです。そして家族も自分たちは感覚でわかっていることなので，当事者にうまく教えられません。人間は苦労せずにできたことについては相手にうまく教えられないからです。そして多くの人は自分ができるようになると，できなかった頃のことを忘れてしまいます。そうなると「どうしてできないの？」と責めてしまい，お互いさらにつらい状況になります。

支援者や家族も自分が苦手なことを教わる経験も必要なのではないかと感じることがあります。自分がやってみて，そのとき湧き起こる感情を整理し，どうやっていくと苦手なことでも徐々にできるようになるかといった自己分析をすると，それが他人に物事を教えたりアドバイスする際にとても役に立ちます。

そこで人が必ずぶつかるのが，弱い自分とそこに向き合いたいが現実を直視するのがつらくて逃れたいと思う自己との矛盾の感情です。その折り合いを上手に付ける方法こそ，当事者や家族が切実に求めていることではないかと私は最近感じています。矛盾のない人はいないこと，矛盾を減らす努力を地道に続けることが問題解決の近道であること，人間は弱いから時に過ちを犯してしまうこともあること，疲れたら休むことも必要だということも，つねに意識していただきたいと願ってやみません。

◉当事者家族の視点

当事者家族として心理職にわかっていてほしいこと⓫
安定した環境で広がる子どもの可能性と
二次障害予防について

氏田照子

I はじめに

　私たち人間は，初めて出会うことや科学的な証明がなされていないこと，予測がつかないことに対して不安や恐れ，時には偏見といったようなものを抱くことがあります。自閉症の子どもと初めて出会ったときに感じたさまざまな驚きや困惑は，親である私たちにとってまさにそのようなものでした。長男は40歳になりますが，自閉症の診断を受けたのは当時にしては大変早く2歳のときでした。診断を受けたものの原因もわからず，教育方法もわからない。言葉もなく毎日動きまわる我が子をどう育てていけばよいのか，予後の見通しもなく毎日が手探りの子育ての日々でした。70年代前半には「自閉症」が心因性の疾患ではないこと，自閉症の支援には構造化された指導が必要であること，自閉症は子どもの統合失調症ではないことが実証され，親原因論はいくぶん払拭されたものの，療育方法もまだ混沌としている時代でした。

II 発達障害支援法が広めた発達障害への理解と支援

　それから30年以上が過ぎた2005年4月に，ようやく自閉症が初めて法律に明記され，自閉症をはじめとする発達障害のある人たちの環境を整備し，乳幼児期から成人期までの地域における一貫した支援を国や自治体の責務として定めた「発達障害者支援法」（発達障害の早期の気づきとライフステージに合わせた支援の必要性を明らかにするなど啓発法または理念法としての役割を担った）が施行されました。発達障害者支援センターもこの法律により設置が推進され，現在では全自治体に整備されています。

　イギリスの故ローナ・ウィング博士が「自閉症児に対してまったく普通児と同じように対応すると，子どもたちは混乱してしまい，欲求不満になってしまう」とかつて述べたように，長い間，知的障害のひとつの個性として対応されてきた自閉症がはじめて法律に明記されたことの意義は大きく，医療，保健，福祉，教育などの場で自閉症をはじめとする発達障害への理解と支援の輪が少しずつ広がってきていると感じています。

　支援法が施行されてから10年が経ちましたが，今後も，診断，子どものニーズの評価（アセスメント），発達支援，家族への支援，教育，就労支援，住宅，医療などの専門職によるサービス，余暇活動とレクリエーション，スタッフの研修，他のサービスとの協力，民間組織との連携など，自閉症スペクトラムの人たちへの総合的な支援を，ライフステージに合わせて，質量ともに整備していく必要があります。同時に広く一般市民への理解啓発も欠かせません。

III 当事者家族と専門職との パートナーシップによる取り組み

　この間，当事者家族と専門職との協働により，日本自閉症協会などの当事者団体も，早期からの支援の構築，学齢期・成人期の本人および家族への地域における支援ネットワークづくりを進めてきました。また，ライフステージにあわせた支援体制づくりやPARSなどの評価尺度の研究開発と普及，家族同士の支えあいの仕組みづくりとしてのペアレント・メンター養成事業などを活発に実施するとともに，自閉症の手引きやガイドブックの発行，公共広告機構の活用などにより，広く一般市民への理解啓発を図ってきました。特に同じ自閉症児を育てた少し先輩の家族たちによる相談支援の取り組み（ペアレント・メンターの養成）は，若い母親たちの子育ての悩みを同じ障害児を育てた経験から共感をもって傾聴することができる，信頼のおける相談相手を身近な地域で創出することができ，専門窓口への橋渡しの役割も果たせていると感じています。

IV 自閉症に関する世界の動き

　2014年1月20日，私たちの国も障害者制度改革を経て「障害者権利条約」を批准しました。権利条約は，障害のある人は物として見られるべきではなく人として平等な尊厳と待遇を受けるべきであるとし，障害の社会モデルを取り入れ，障害のある人への合理的配慮が義務づけられました。自閉症の人たちへの合理的配慮と言えば，まずは彼らの情報の取り込み方への配慮や特有の学習スタイルに合わせた支援の構築が早急に求められます。

　世界においても自閉症をめぐる大きな動きがあります。2012年12月，ニューヨーク国連総会において採択されたバングラデシュ政府代表部および世界50カ国以上が共同スポンサーとなって提出された決議案「自閉症スペクトラムのマネジメントにおける包括的で協調した取り組み」（Comprehensive and Coordinated Efforts for the Management of Autism Spectrum Disorders）は，翌年5月に世界保健機関（WHO）執行理事会において2014年の世界保健総会（WHA＝WHOの最高意思決定機関）の議題として採択されました。さらに，2014年5月，スイス・ジュネーブで開催された世界保健総会は，自閉症を世界公衆衛生の重要課題と位置付け，全加盟国に対して，自閉症の支援に対する取り組みへのコミットメントを促す決議を採択しました。決議はWHO加盟国に対して，当事者，家族や関係者を支援するための明確な行動を促すものであり，とりわけ，自閉症の人への支援能力の向上（人材育成）や疫学研究，およびエビデンスに基づいた早期療育や，ライフスパンを通した支援方法を明らかにすることを求めています。

V 成人期──一人ひとりのその人らしい生き方を支える仕組みを！

　保健所や療育施設などにおいて，乳幼児期からの早期の発達支援が必要な子どものニーズへのアセスメントや教育プログラムの提供が可能となってきています。その一方で，大人になった自閉症の人の支援ニーズのアセスメント実施や，コミュニケーション障害をもつ自閉症の人の自己選択，自己決定，意思決定を支えるための支援については，まだまだ取り組みが遅れています。人生を80年と考えるとすれば，学校卒業後，20歳を過ぎてからの時間のほうがずっと長いわけですし，大人になった息子や仲間たちを見ていると，いろいろなことがありながらもそれぞれに逞しく生活している姿に感動すら覚えますが，今の世の中で障害をもちながら生きていくことの困難さ，もっと豊かに生きることへの支援の乏しさを感じざるを得ません。

　「もっと多様な人たちと接してほしい」「もっと

友だちとの関わりを」「もっと違った仕事の経験を」「誰とどこで暮らしたいのか」などの声をよく聞きます。そのためには，彼らが利用できる社会資源や福祉サービスを増やしていくことも大変重要ですが，同時に一人ひとりの夢や希望を丁寧に聞き取り，その人らしい社会参加を可能とするための支援が求められています。そのためには，自閉症の人の障害特性を理解したうえで，自閉症の人とのコミュニケーションの取り方を習得し，本人の気持ちや主張を聞きとることができる支援者を増やしていくことが必要ですが，その育成はそうたやすくはありません。また機能レベルの高い自閉症の人たちのなかに二次障害を併発しているケースが増えていますが，一般のカウンセリングを受けてかえって状態を悪くしてしまったケースも多く，こちらも発達障害を熟知した心理職の支援が必要です。

　児童相談所や療育施設のみならず，福祉施設，そして教育領域において，あるいは家庭裁判所や少年院，警察，一般企業，ハローワークなどに配置され活躍されている発達障害を熟知した心理職の皆さんには，発達障害者本人たちの地域生活を送るさまざまな場面で，引き続き支援の一翼を担っていただけたら大変うれしく思います。

◉当事者家族の視点

当事者家族として心理職にわかっていてほしいこと⓬

佐伯比呂美

I 息子にとっての成長を思う

　息子は2歳半で自閉傾向があると診断され，就園前に療育手帳を取得した際はA判定，重度の知的障害をともなう自閉症と診断された。ブロックなどを一直線に並べたり，紙コップを積み上げたりして，時々手をひらひらさせながら声を発しないで口を大きく開けて楽しそうに笑う。視線が合わず，働きかけに反応することも母親を認識することもなく，全く別の世界に生きているようだった。

　このような知的に障害を持っていると見られる自閉症スペクトラムの子どもは，どのような成長をしていくのだろうか。

　特に自閉症スペクトラムの子どもたちは「困っている時，抑制させられている時，恐怖を感じている時，外からの情報を受け入れる容量は残っていない。よって，学習できない，次の行動に移れない，指示が入らないなどが起きてくる」（佐伯，2012）ので，環境作りが重要になる。

　以下では，（簡単ではあるが）安定できる環境を目的とした事例を紹介しながら，自閉症スペクトラムの子どもの持つ可能性についてお伝えできれば幸いに思う。

II 安定できる環境作りの取り組み
　——2006年小学校入学時

　小さい頃から息子は，頻繁に額を床や壁に打ち付けるなどの自傷行為や，苦手なことが多く，それを場所や場面で記憶してしまう。またその時の恐怖感が数カ月または1年以上フラッシュバックとなって表れる。そんな息子にとって，全ての取り組みの前提には「安定した環境作り」が不可欠であった。

　息子の通ったI小学校はもともとインクルーシブが主流で，特別支援クラスの子どもたちはほとんどの時間を「交流学級」で過ごす。したがって担任は4人受け持っていれば4つのクラスを走り回ることになる。

　その限りあるマンパワーのなかで，息子への支援策が結果的に先生の負担を減らせるような提案を念頭に，「特性に応じた支援」の目的や効果を伝え，あわせて，実行可能な配慮や支援策を具体的にお願いした。このような提案は，比較的受け入れられやすかったと感じる。

特性

　感覚過敏／集団での指示聞き取りが困難／1～2語文程度の理解力／視覚優位／読字可能／自分の思いや考えを言語化したり表出することはできないが2択3択から選ぶことができる／パニックの引き金は失敗，忘れ物，遅れること，注意されること，ネガティブな言葉かけ，突然の大きな音（声），状況がわからないこと etc.

取り組み

　個別の一日の予定表。特別支援クラス担任が毎朝その日必要な情報を，1枚の紙に

時間割形式で，授業内容，介助が入る時間，介助の先生の名前，移動教室とその際の持ち物などをわかりやすく書き込み，毎朝5〜10分間を割いて本人と確認をし，説明後「オッケーですか？」「オッケーです」というやりとりがなされる。時々，「先生の付き添いは国語と音楽のどちらがいいですか？」などの質問をし，本人が必要を感じている教科に振り替えるなどアップデートする。目標は学校が嫌いにならないこと。クールダウンのための部屋も確保してもらう。

手だての考察と結果

教室内には時間割が右前方の壁に大きく貼ってあり，移動教室や持ち物は黒板に書いてあった。しかし，就学前までのコミュニケーション手段が1枚の紙上に指示や説明を直接書き同時に口頭で伝える方法で，それをもとに行動できていたことから，指示形態（情報入手経路）の変更はせず，必要な情報は「個別の一日の予定表」を見れば良い，とした。

息子のように意思疎通が困難で必要な情報を自主的に認識して行動した経験がない子どもの場合，情報入手経路の明確化や一本化（頼るべき人も含む）は，本人の安心材料であると同時に，支援受援間のやりとりを容易にし混乱を防ぐ利点もあった。下校時に予定表にいただくハナマルは強化子になった。また，視覚から入った情報は記憶しやすく，それを継続すれば年間の学校生活のパターンを読み取りやすい。このサイクルの定着とともに，特別支援クラス担任の状況確認頻度は徐々に減った。学年が上がるにつれ経験値が上がり，予定表はシンプルなものに変化していった。ピンチは4年生のときに一度あった。これは大きな音や声への配慮が欠けたためであった。見直し後5〜6年生を順調に過ごせた。

補足

1年生1学期中は，予定表の変更の必要性の有無や定着度を注意深く観察した。内科／外科検診などは手順を文字と絵で説明するようにした。運動会や音楽会など特別な行事の際には詳細な予定表を作成し，なるべく介助などの支援を可能な範囲でお願いするようにした。学習については，主にキーワードやパターンを使う，いわゆる特性に応じた指導方法を用いた。

現在までの様子

中1後半に本人から高校進学の希望があった。中2からは黒板に記された時間割をもとに行動する練習をし，試験も皆と同じものを同じ教室で受けている。私立高校での自立した学校生活を想定し，わからないことを自ら質問できることなどを目標に取り組んでいる。そして中3になり，特別支援クラスに在籍し交流学級で学ぶ「受験生」になった。

Ⅲ 安定できる環境作りの取り組みで感じたこと

1 安定できる環境は学びの準備につながる

安定できる環境設定は安定した心理状態を作り，外部からの新しい情報を受け入れることができるようになる。それは学びの準備ができることであり，新しい経験ができることへとつながる。

成長過程において「経験する」ことが不可欠な特に低年齢の自閉症の子どもたちにとっては，安定できる環境が学びをスムーズにする。さらに，特性に応じた手段で情報提供（学習内容を含む）し，達成感や自己肯定感，「できる」「できた」ということを具体的に経験することを優先し，課題解決策を検討することが望ましい。

2 安定できる環境は二次障害予防につながる

心の中にはコップがある。そのコップは不安という水が増えたり減ったりしている。水が溢れるとパニックや問題行動，二次障害となって現れる。コップの中の水の量は環境を整えることで減らすことができる。経験を積み不安な要素が減っていくに連れて水の量も増える速さも減っていく。

二次障害は回復に大変な労力，時間を費やすことになる。不安定な心理状態では「学び」を吸収することが不可能になり，問題行動の対処に追われるばかりになりやすい。また，二次障害の症状（自傷行為など）が自閉症の特徴だと，誤って認識されていることも少なくない。したがって，ストレスの原因が長期間改善されなかったり，周囲の不適切な対応による精神的な苦痛が暴言，自傷，他傷などを引き起こすことは，なかなか気づかれにくい。

IV 最後に

特別支援教育では，成長したいと願う子どもが直面する大きな壁に，周囲の大人がどれだけ解決策を提示できるかが問われている。伸びる可能性のある子どもたちが本来の力を発揮できるよう，一日も早く体制が整い解決策の引き出しが増えて，子どもたちが笑顔で学校生活を送れるようになることを願う。

心理職の皆様にとって，教育現場の限られた条件のもとで最善の方策を捻出しなくてはならないということは大きなミッションであると思うが，子どもたちは「知りたい」「わかりたい」と望んでいる。どうか個々の可能性を見出し，適切で具体的な，また効果的な支援の提案を期待する。

◆文献
佐伯比呂美（2012）ぷちスピリチュアルな母と息子とオーティズム．文芸社．

執筆者一覧（50音順）

青島多津子……国立きぬ川学院
青山新吾……ノートルダム清心女子大学人間生活学部児童学科
明石洋子……（社福）あおぞら共生会 副理事長／（一社）川崎市自閉症協会 代表理事
浅利俊輔……福祉作業所
浅利吉子……主婦
綾屋紗月……東京大学先端科学技術研究センター／東京大学大学院総合文化研究科博士後期課程／おとえもじて代表
井澤信三……兵庫教育大学大学院
伊藤亜矢子……お茶の水女子大学
稲田尚子……日本学術振興会／東京大学大学院教育学研究科
井上雅彦……鳥取大学
岩永竜一郎……長崎大学大学院医歯薬学総合研究科
岩本導子……自閉症支援グループおしゃべりの会 代表／NPO法人東京都自閉症協会 役員
上嶋一華……社会福祉法人紫苑の会 理事長
浮貝明典……NPO法人PDDサポートセンター グリーンフォーレスト
氏家 武……医療法人社団 北海道こども心療内科 氏家医院
氏田照子……一般社団法人日本発達障害ネットワーク 専門委員
梅田亜沙子……児童通所支援事業所わっくる
大屋 滋……千葉県自閉症協会／旭中央病院脳神経外科
小笠原恵……東京学芸大学
岡本英生……奈良女子大学生活環境科学系
越知眞智子……こころみ学園
尾辻秀久……参議院議員
片桐正敏……北海道教育大学旭川校
加藤 潔……札幌市自閉症者自立支援センターゆい
門本 泉……東京少年鑑別所
金子磨矢子……Necco
金生由紀子……東京大学大学院医学系研究科こころの発達医学分野
神尾陽子……国立精神・神経医療研究センター精神保健研究所 児童・思春期精神保健研究部
河島淳子……トモニ療育センター
菊池哲平……熊本大学教育学部
木谷秀勝……山口大学教育学部
熊谷晋一郎……東京大学先端科学技術研究センター
黒木俊秀……九州大学大学院人間環境学研究院臨床心理学講座
高森 明……発達障害当事者
米田英嗣……京都大学白眉センター
近藤直司……大正大学人間学部臨床心理学科
佐伯比呂美……NPO法人あっとオーティズム
実藤和佳子……九州大学大学院人間環境学研究院
鮫島奈緒美……特定非営利活動法人ネスト・ジャパン／宮崎県発達障害者支援センター
下山晴彦……編著者略歴に記載
白石雅一……宮城学院女子大学教育学部教育学科
城 和正……福岡市立長住小学校
杉山登志郎……浜松医科大学
鈴木慶太……（株）Kaien

鈴木康之……杜蔵心理相談室
千住 淳……Centre for Brain and Cognitive Development, Birkbeck, University of London
髙貝 就……浜松医科大学児童青年期精神医学講座
高橋亜希子……株式会社エンカレッジ
高橋今日子……成人発達障害と歩む会「シャイニング」
髙栁伸哉……愛知東邦大学人間学部
田中康雄……こころとそだちのクリニックむすびめ
辻井正次……中京大学
中島俊思……佐賀大学学生支援室
中田洋二郎……立正大学心理学部
永田雅子……名古屋大学 心の発達支援研究実践センター
西村優紀美……富山大学保健管理センター
野村和代……常葉大学教育学部
野村理朗……京都大学大学院教育学研究科
萩原 拓……北海道教育大学旭川校
原口英之……国立精神・神経医療研究センター精神保健研究所
肥後祥治……鹿児島大学法文教育学域教育学系
日詰正文……厚生労働省
別府 哲……岐阜大学教育学部
星先 薫……NPO法人コミュニケーション・アート
堀田あけみ……椙山女学園大学国際コミュニケーション学部
本田秀夫……信州大学医学部附属病院子どものこころ診療部
増田健太郎……九州大学大学院
松尾理沙……沖縄大学
松﨑敦子……慶應義塾大学文学部心理学研究室／慶應義塾大学先導研究センター
松田裕次郎……社会福祉法人グロー
水間宗幸……九州看護福祉大学看護福祉学部社会福祉学科 専任講師
宮地菜穂子……特定非営利活動法人アスペ・エルデの会
明翫光宜……中京大学心理学部
村上由美……ボイスマネージ
村木厚子……前厚生労働事務次官
村瀬嘉代子……編著者略歴に記載
村山恭朗……神戸学院大学人文学部
望月直人……大阪大学キャンパスライフ支援センター
森 孝一……福岡市発達教育センター
森岡正芳……編著者略歴に記載
森口奈緒美……作家／自閉症当事者
山岡 修……一般社団法人日本発達障害ネットワーク 専門委員
山末英典……東京大学医学部附属病院精神神経科
山根隆宏……奈良女子大学研究院生活環境科学系
山本淳一……慶應義塾大学文学部心理学研究室／慶應義塾大学先導研究センター
山本智子……近畿大学教職教育部
吉田友子……ペック研究所
米田衆介……明神下診療所

編著者略歴

下山 晴彦……しもやま・はるひこ

東京大学大学院教育学研究科臨床心理学コース教授。1983年,東京大学大学院教育学研究科博士課程中退。東京大学学生相談所助手,東京工業大学保健管理センター講師,東京大学大学院教育学研究科助教授を経て,現職。博士(教育学),臨床心理士。

主要著訳書

『臨床心理アセスメント入門』(単著),『子どもと若者のための認知行動療法ガイドブック』(訳),『子どもと若者のための認知行動療法実践セミナー』(共著),『認知行動療法を学ぶ』(編),『山上敏子の行動療法講義with東大・下山研究室』(共著),『学生相談 必携GUIDEBOOK』(編),『認知行動療法臨床ガイド』(監訳),『発達障害支援必携ガイドブック――問題の柔軟な理解と的確な支援のために』(共編)(すべて金剛出版),『今,心理職に求められていること』(共編・誠信書房),『臨床心理学をまなぶ1――これからの臨床心理学』,『臨床心理学をまなぶ2――実践の基本』(単著・東京大学出版会),『山上敏子の行動療法カンファレンスwith下山研究室』(共著・岩崎学術出版社)ほか多数。

村瀬嘉代子……むらせ・かよこ

1959年 奈良女子大学文学部心理学科卒業,1959-1965年 家庭裁判所調査官(補),1962-1963年 カリフォルニア大学大学院バークレイ校留学,1965年 大正大学カウンセリング研究所講師,1984年より同助教授,1987-2008年 同教授,1993-2008年 大正大学人間学部並びに大学院人間福祉学科臨床心理学専攻教授,2008年より北翔大学大学院客員教授,大正大学名誉教授(2009年より,同大学客員教授)。臨床心理士,博士(文学),日本臨床心理士会会長。(財)日本心理研修センター理事長。

主要著訳書

『心理療法家の気づきと想像』,『新訂増補 子どもと大人の心の架け橋』,『子どもの心に出会うとき』,『子どもと家族への援助』,『子どもと家族への統合的心理療法』,『統合的心理療法の考え方』,『心理臨床という営み』,『心理療法と生活事象』,『電話相談の考え方とその実践』(共著),『詳解 子どもと思春期の精神医学』(共編),『統合的心理療法の事例研究』(共著),『心理療法の基本[完全版]』(共著),『村瀬嘉代子のスーパービジョン』(共著)(すべて金剛出版),『聴覚障害者の心理臨床』,『聴覚障害者への統合的アプローチ』(すべて日本評論社),『柔らかなこころ,静かな思い』,『小さな贈り物』(すべて創元社)ほか多数。

森岡正芳……もりおか・まさよし

立命館大学総合心理学部教授。1982年 京都大学大学院教育学研究科教育方法学専攻博士課程後期課程単位取得退学,京都大学教育学部助手,天理大学人間学部助教授,奈良女子大学文学部教授,神戸大学大学院人間発達環境学研究科教授を経て,現職。臨床心理士,博士(教育学)。

主要著書

『うつし――臨床の詩学』(単著・みすず書房),『ナラティヴと心理療法』(編著・金剛出版),『臨床ナラティヴアプローチ』(編著・ミネルヴァ書房),『揺れるたましいの深層――こころとからだの臨床学』(編著・創元社),『自伝的記憶と心理療法』(分担執筆・平凡社),『人間性心理学ハンドブック』(分担執筆・創元社),『遊びからみえる子どものこころ』(分担執筆・日本評論社),『質的心理学ハンドブック』(分担執筆・新曜社)ほか多数。

※本書掲載論文の初出は『臨床心理学』(金剛出版) 第14巻第1号〜第6号「シリーズ・発達障害の理解」であり，再録にあたって内容を再編している。

必携 発達障害支援ハンドブック
ひっけい はったつしょうがいしえん

2016年9月10日　第1刷印刷
2016年9月20日　第1刷発行

編著者────下山晴彦　村瀬嘉代子　森岡正芳
発行者────立石正信
発行所────株式会社 金剛出版
　　　　　〒112-0005 東京都文京区水道1-5-16　電話 03-3815-6661
　　　　　振替 00120-6-34848

装幀◉岩瀬 聡
組版◉石倉康次
印刷・製本◉シナノ印刷
ISBN978-4-7724-1503-3 C3011
©2016 Printed in Japan

好評既刊

発達障害支援 必携ガイドブック

問題の柔軟な理解と的確な支援のために

下山晴彦　村瀬嘉代子［編］

A5判｜並製｜512頁｜定価［本体5,800円＋税］

当事者中心の支援のために
今こそ求められる支援者必携ガイドブック決定版！

　発達障害の基礎理解，診断学，アセスメント技法により，今ここにある問題を柔軟に理解すること。そしてこの理解をベースに，当事者のニーズに応える的確な支援を協働的につくりあげること。この両輪は，いわば発達障害支援の要といえる。

　4部構成全11章33論文からなる本書は，理解から支援への移行をより正確なものとすることを目的に，「第Ⅰ部　序論」「第Ⅱ部　問題の理解から支援へ」「第Ⅲ部　学校生活を支援する」「第Ⅳ部　社会生活を支援する」という4つのフェイズから発達障害を考えていく。本書の目指すロードマップを語った第Ⅰ部，発達障害理解の方法を語った第Ⅱ部にひきつづき，第Ⅲ部では学校生活において直面する問題解決支援の具体的方法を，特別支援教育，応用行動分析を軸として解説する。これにつづく第Ⅳ部では，大学生活や就労などの社会生活支援，親訓練や家族教育プログラムなどの家族支援，そして障害受容の先で当事者と家族が「発達障害と共に生きる」という社会環境までを視野におさめた困難な課題を考え抜いていく。

株式会社　金剛出版

東京都文京区水道1-5-16　Eメール eigyo@kongoshuppan.co.jp　電話 03-3815-6661　FAX 03-3818-6848